Weltbank und Internationaler Währungsfonds: Ihre Mandate und deren Abgrenzung

SCHRIFTEN
zum internationalen und zum öffentlichen
RECHT
Herausgegeben von Gilbert Gornig

Band 71

PETER LANG
Frankfurt am Main · Berlin · Bern · Bruxelles · New York · Oxford · Wien

Natalie Rowohl

Weltbank und Internationaler Währungsfonds: Ihre Mandate und deren Abgrenzung

Stand und Reformvorschläge

PETER LANG
Internationaler Verlag der Wissenschaften

Bibliografische Information der Deutschen Nationalbibliothek
Die Deutsche Nationalbibliothek verzeichnet diese Publikation in der Deutschen Nationalbibliografie; detaillierte bibliografische Daten sind im Internet über <http://www.d-nb.de> abrufbar.

Zugl.: Bonn, Univ., Diss., 2006

D 5
ISSN 0943-173X
ISBN 978-3-631-55849-2

www.peterlang.de

Vorwort und Danksagung

Die vorliegende Arbeit widmet sich der Frage, inwiefern sich die Geschäftstätigkeit der Weltbank und des IWF überschneidet und welche völkerrechtlichen Konsequenzen diese Überschneidungen auslösen. Die anhand der Weltbank und des IWF dargestellte Konkurrenzsituation steht beispielhaft für die Problematik der Mandatsabgrenzung im Geflecht internationaler Organisationen. Da sich die Mandate der Weltbank und des IWF größtenteils auf die Finanzhilfe an unterentwickelte Mitgliedstaaten bezieht, beschreibt die Arbeit gleichzeitig die Bemühungen der internationalen Gemeinschaft um eine erfolgreiche Entwicklungshilfe während der vergangenen 60 Jahre.

Die effiziente Arbeitsaufteilung der Sonderorganisationen der Vereinten Nationen, zu denen die Weltbank und der IWF gehören, ist wohl aufgrund ihrer hohen Abstraktheit und der geringen Möglichkeit, juristische Ergebnisse ohne den vorhandenen politischen Willen umzusetzen, in der Literatur wenig besprochen worden. Die Frage nach einem Gebot der Zusammenarbeit zwischen internationalen Organisationen oder der Pflicht zur Selbstbeschränkung der eigenen Geschäftstätigkeit wird in dieser Arbeit am Beispiel der Weltbank und des IWF diskutiert. Dabei konnte die Autorin auf teilweise sehr ausführliche Beschreibungen der Geschäftstätigkeit beider Organisationen zurückgreifen. Ein in die Tiefe gehender Vergleich der Mandate, angefangen bei der Aufgabenzuteilung in den Statuten bis hin zu den Entscheidungen der Exekutivdirektorien und den einzelnen Geschäftspraktiken lag dagegen in der Literatur bisher nicht vor.

In verschiedenen Gesprächen betonten Mitarbeitern der Weltbank und des IWF in Washington D.C. mehrfach, dass beide Organisationen die formal vereinbarte Trennung der Geschäftstätigkeiten einhalten würden und die Zusammenarbeit zu keinen Ineffizienzen führe. Teilweise schwang in den Antworten der Interviewten Unverständnis über die Frage nach möglichen Überschneidungen mit, welches zu einem detaillierten Vergleich der Geschäftstätigkeit und möglichen Abgrenzungsschwierigkeiten anregte.

Sehr herzlich bedanke ich mich bei meiner Familie für die anspornende Unterstützung während der Entstehungszeit dieser Arbeit. Weiterhin gilt mein Dank meinem Doktorvater, Herrn Prof. Dr. Dr. Rudolf Dolzer, für das Stellen dieses interessanten und herausfordernden Themas und die motivierende Begleitung desselben sowie Herrn Prof. Dr. Matthias Herdegen für das Verfassen des Zweitvotums.

Summary

As organizations that share the same membership, the purposes, tasks, and responsibilities of the World Bank and the IMF complement each other insofar as they promote international economic relations and world trade. According to its statutes, the IMF strives for a balanced account of payments of its member states and focuses on the area of general macroeconomic conditions. The World Bank promotes productivity, living standards and working conditions in developing countries. With its policy of stability, the IMF thus lays the foundation for the World Bank's microeconomic approach.

In practice, both organizations have developed the activities laid down in their statutes in order to live up to the challenges of the global economy. This dissertation describes the different developmental stages of the organizations and their respective cooperation. Since the early 1990s, the return to their original tasks has lead to a reinforced focus on poverty in the programmes of the World Bank and a concentration on the prevention and combating of financial crises on behalf of the IMF. However, this development was not accompanied by a limitation of the scope of tasks; it merely changed the priorities within the extensive activities of the respective organization. Simultaneously, the standardization of the development strategy and the entrustment of the member states with the elaboration of the reform programmes necessitated closer consultations between the organizations and began to create synergies in their fields.

This led to rivalries and collisions between the activities vis-à-vis developing countries and the activities vis-à-vis war-ravaged developed countries. Rivalries, i.e. a competition in accomplishing the same purposes, between the IMF and the World Bank arise with regard to their strategies of realizing the international development goals and a sustainable development of the member states based upon governmental "ownership" of the reform programmes and popular participation in the reforms. Other common realms of activity involving rivalries and overlaps are the design of the Financial Sector Assessment Programme (FSAP), the Joint Staff Assessment (JSA), and the Poverty Reduction Strategy Paper (PRSP). Furthermore, the World Bank competes with the IMF in certain areas where it has extended its activities in the original realm of competence of the IMF, such as the assessment of the economic stability and the monetary system and the suitability of the macro economic policy as a foundation for sustainable economic growth in the design of a Country Assistance Strategy (CAS) or individual research programmes.

A partial incompatibility of activities (collision) results from the clash of the IMF's conditionality or, rather, monitoring activity with the World Bank's policy dialogue. The latter emphasizes a growth related structural adjustment and pursues microeconomic demand-driven and socially acceptable reform measures. The IMF, on the other hand, strives for a stabilization of the economy through macroeconomic and supply-side oriented measures, primarily in the area of monetary, fiscal, and exchange rate policy. This competition of reform measures leads to collisions in the allocation of technical and financial assistance to developing countries (Poverty Reduction and Growth Facility, PRGF).

Due to a strict separation of responsibilities, both organizations cooperate well in supporting states after armed conflicts, the drafting of the report on the Observance of Standards and Codes (ROSC), and the realization of the Heavily Indebted Poor Countries Initiative (HIPC-Initiative).

Even though the IMF heavily encroaches upon the World Bank's sphere of competence by helping developing countries to reduce poverty, it does not act *ultra vires*, as long as the achievement of economic growth represents an intermediary step on the path to a balanced account of payments. Thus there exists a rivalry with regard to norms between the activities of the World Bank and the IMF.

This rivalry with regard to norms cannot be solved by collision law because of the fundamental equality between international organizations and because neither a pre-eminence clause nor the interpretive methods of the Vienna Contract Law Convention applies between the IMF and the World Bank. In the area of the organizations' secondary law, and especially in the framework of the goal of poverty reduction in low-income countries, anchored in the IMF's secondary law, the dictate of cooperation (Art. V, Sec. 8, litera a, Clause 1 IBRD-Statutes; Art. X, Clause 1 IMF-Statutes) interferes with the independence of the organizations. Despite the efforts to coordinate the realms of activity and cooperate in common committees in individual areas, the fundamental proviso of decision concerning the realization of proper programmes prohibits their conflict free realization.

The existing overlaps between the IMF and the World Bank could be resolved through reforms within the organizations. The loss of fruitful rivalry and the immovability of the resulting mega-organization speak against merging the organizations.

The pursuit of economic, social, and ecologic development goals within the framework of the PRGF of the IMF leads to a stress ratio internal to the organization vis-à-vis the efficient achievement of the stability goals as a part of the short-term financial assistance and the monitoring activity. Without forfeits for the developing countries, this conflict can be resolved only through moving the PRGF to the World Bank. But the competence for the macroeconomic reform measures should remain with the IMF that should assist the member states in generating the PRSP.

Furthermore, an improved cooperation is desirable in the development of the CAS for states with medium income and the reform programmes of the Extended Fund Facility. In order to prevent delays, a common strategy could be negotiated in a joint committee and the results of these negotiations could be presented to the member as the uniform opinion of the two organizations.

Moreover, a coordinated research activity and the limitation of topics on the websites or, rather, more links to the respective other organization could contribute to a reduction of the duplication of work.

Inhaltsübersicht

Inhaltsverzeichnis

Abbildungs- und Tabellenverzeichnis

Abkürzungsverzeichnis

Abs.	Absatz
Absch.	Abschnitt
ACC	Administrative Coordination Committee (Verwaltungsausschuß für Koordinierung der UN)
Art.	Artikel
BIP	Bruttoinlandsprodukt
BP	Bank Procedures (WB)
BRD	Bundesrepublik Deutschland
BSFF	Buffer Stock Financing Facility (Fazilität zur Erleichterung der Finanzierung internationaler Rohstoffauffanglager; IWF)
bzgl.	bezüglich
bzw.	beziehungsweise
CAS	Country Assistance Strategy (Länderhilfsstrategie; WB)
CCFF	Compensatory and Contingency Financing Facility (Kompensatorische und Eventualfall Finanzierungsfazilität; IWF)
CCL	Contingent Credit Lines (Kreditlinie für den Eventualfall; IWF)
CDF	Comprehensive Development Framework (WB)
CFF	Compensatory Financing Facility (Kompensatorische Finanzierungsfazilität; IWF)
CPC	Committee for Programme and Coordination (der UN)
CPP	Country Program Paper (WB)
DDO	Deferred Drawdown Option (Option der verzögerten Inanspruchnahme; WB)
ders.	Derselbe
d.h.	das heißt
dies.	Dieselbe
DPL	Development Policy Lending (Kredite für Entwicklungspolitik; WB)
DRL	Debt Reduction Loan (WB)
DSA	Debt Sustainability Assessment (IWF)
ECOSOC	Economic and Social Council (Wirtschafts- und Sozialrat der UN)
EDI	Economic Development Institute (Institut für Wirtschaftsentwicklung; WB)
EFF	Extended Fund Facility (Erweiterte Fondsfazilität; IWF)
EG	Europäische Gemeinschaft
EMRK	Europäische Menschenrechtskonvention
EPU	European Payments Union
ERL	Emergency Recovery Loans (Notfallhilfe; WB)

ESAF	Enhanced Structural Adjustment Facility (Erweiterte Strukturanpassungsfazilität; IWF)
ESW	Economic and Sector Work (WB)
et al.	et altera (und andere)
etc.	et cetera
EU	Europäische Union
EuGH	Gereichtshof der Europäischen Gemeinschaften
FAO	Food and Agriculture Organization (UN)
Fn.	Fußnote
FSA	Financial Sector Assessment (Bewertung des Finanzsektors; WB)
FSAP	Financial Sector Assessment Program (Programm zur Bewertung des Finanzsektors; WB und IWF)
FSL	Fixed-spread Loans (WB)
FSLC	Financial Sector Liaison Commission (Ausschuß für die Zusammenarbeit im Finanzsektor; WB und IWF)
FSSA	Financial System Stability Assessment (Bewertung der Stabilität des Finanzsystems; IWF)
G-5	Gruppe der 5 (USA, Japan, BRD, Frankreich, Großbritannien)
G-7	Gruppe der 7 (Gruppe der 5 und Italien, Kanada)
G-10	Gruppe der 10 (Gruppe der 7 und Belgien, Niederlande, Schweden, Schweiz)
GATT	General Agreement on Tariffs and Trade (Allgemeines Zoll- und Handelsabkommen)
GDDS	General Data Dissemination System (Allgemeines System über die Weitergabe von Daten; WB und IWF)
GEF	Global Environmental Facility (Globale Umweltfazilität; WB und IWF)
ggf.	gegebenenfalls
H.	Heft
HIPC-Initiative	Heavily Indebted Poor Countries-Initiative (Initiative für hochverschuldete, arme Staaten; WB und IWF)
Hrsg.	Herausgeber
HS	Halbsatz
IBRD	International Bank for Reconstruction and Development (Internationale Bank für Wiederaufbau und Entwicklung)
IDA	International Development Association (Internationale Entwicklungs-organisation)
IEO	Independent Evaluation Office (IWF)
IF	Integrated Framework for Trade-Related Technical Assistance to least-developed countries (IWF)
IFF	Intermediate Financing Facility (WB)

IMF	International Monetary Fund (IWF)
IMFC	International Monetary and Financial Committee (Internationaler Währungs- und Finanzausschuß)
i.V.m.	in Verbindung mit
IWF	Internationaler Währungsfonds
JIC	Joint IMF-World Bank Implementation Committee for the HIPC Initiative and the PRSP Program (WB und IWF)
Jg.	Jahrgang
JSA	Joint Staff Assessment (WB und IWF)
LIBOR	London Inter Bank Offered Rate
LICUS	Low Income Countries Under Stress
lit.	littera
LLDC	Low and Least Developed Countries
Mill.	Millionen
Mrd.	Milliarden
MSAC	Most Seriously Affected Countries
m.w.N.	mit weiteren Nachweisen
NRO	Nichtregierungsorganisation
OED	Operations Evaluation Department (WB)
o.O.	ohne Ortsangabe
OP	Operational Policies (WB)
OPEC	Organization of Petroleum Exporting Countries (Organisation der Erdöl exportierenden Staaten)
o.V.	ohne Verfasser
PCF	Post Conflict Fund (WB)
PCG	Partial Credit Guarantee (WB)
PD	Program Document (Programmdokument; WB)
PFP	Policy Framework Paper
PPA	Participatory Poverty Assessments (Partizipatorische Armutsbewertungen; WB)
PPM	Post-Program Monitoring (IWF)
PRG	Partial Risk Guarantee (WB)
PRGF	Poverty Reduction and Growth Facility (Fazilität für Armutreduzierung und Wachstum; IWF)
PRSC	Poverty Reduction Support Credit (Kredite zur Unterstützung der Armutsreduzierng; WB)
PRSP	Poverty Reduction Strategy Paper (WB und IWF)
PSIA	Poverty and Social Impact Analysis (WB)
Rn.	Randnummer
ROSC	Report on the Observance of Standards and Codes (Bericht der Überwachung der Standards und Kodizes; WB und IWF)
S.	Satz oder Seite

SAF	Structural Adjustment Facility (Strukturanpassungsfazilität; IWF)
SAMA	Saudi Arabian Monetary Agency
SDDS	Special Data Dissemination Standard (Spezieller Standard über die Weitergabe von Daten; WB und IWF)
SDRM	Sovereign Debt Reduction Mechanism (Mechanismus zur Restrukturierung von Schulden; IWF)
Sel. Dec.	Selected Decisions
SFF	Supplementary Financing Facility (Ergänzende Finanzierungsfazlität; IWF)
SMP	Staff-monitored Programs (IWF)
SPA	Special Program of Assistance (Sonderhilfsprogramm; WB und IWF)
SRF	Supplementary Reserve Facility (Zusätzliche Reservefazilität; IWF)
SSP	Sector Strategy Papers (Sektorsprategiepapieren; WB)
STF	Systematic Transformation Facility (IWF)
SZR	Sonderziehungsrechte (IWF)
TSS	Transitional Support Strategy (WB)
u.a.	unter anderem
UN	United Nations (Vereinte Nationen)
UN-Charta	Charta der Vereinten Nationen
UNCTAD	UN Conference on Trade and Development (Welthandels- und Entwicklungkonferenz der Vereinten Nationen)
VSL	Variable-spread Loans (WB)
WB	Weltbank (IBRD und IDA)
WTO	World Trade Organization (Welthandelsorganisation)
WVK	Wiener Vertragsrechtskonvention (Wiener Übereinkommen über das Recht der Verträge)
zit.	zitiert

1. Einleitung

Die Weltbank[1] und der Internationale Währungsfonds (IWF) sind rechtlich unabhängige, internationale Organisationen, deren Ziele, Aufgaben und Handlungskompetenzen sich gegenseitig darin ergänzen, die internationalen Wirtschaftsbeziehungen zum Nutzen und Wohlstand aller Mitgliedstaaten zu fördern. Bei ihrer gemeinsamen Gründung übertrugen die Mitgliedstaaten der Weltbank die Aufgabe, die wirtschaftliche Entwicklung bedürftiger Staaten mit mittleren und geringen Einkommen zu unterstützen, und der IWF sollte die Stabilität des internationalen Währungssystems überwachen. Ausgehend von diesen Zielsetzungen in den Gründungsverträgen reagierten Weltbank und IWF flexibel auf die sich ändernde Weltwirtschaftslage und richteten ihre Geschäftstätigkeit auf die Bedürfnisse ihrer Mitgliedstaaten aus. Daher veränderten sich im Laufe der nunmehr 60 Jahre dauernden Geschäftstätigkeit nicht nur die Mandate der Organisationen sondern auch ihre Beziehung zueinander stetig. Ihr Verhältnis begann mit Gleichgültigkeit und Neutralität, die nur durch persönliche Kontakte einzelner Mitarbeiter durchbrochen wurden, und in der Aussage einer der Gründungsväter der Organisationen, Harry D. White, zum Ausdruck kommen:

> „Those two tasks should be kept distinct. Though in some of their facets and in many of their consequences there is considerable interdependence and interaction, the two are different enough to call for separate instrumentalities.[...] While either agency could function without the existence of the other, the creation of both would nevertheless aid greatly in the functioning of each.“[2]

Als wahre "Zwillinge" – wie John M. Keynes die Weltbank und den IWF bezeichnete[3] –, die nicht nur zu derselben Zeit gegründet worden sind, sondern denen eine charakterielle Ähnlichkeit in ihrer Geschäftstätigkeit zukommt, erwiesen sich die Weltbank und der IWF seit der Vergabe finanzieller Anpassungshilfen Anfang der 80er Jahre. Ein Auseinanderhalten ihrer Aufgaben erschwerte sich weiterhin, als sich beide Organisationen dazu verpflichteten, die Internationalen Entwicklungsziele der Vereinten Nationen (UN) zu verfolgen, die auf eine Lösung der Armutsproblematik in der unterentwickelten Welt gerichtet sind. Dieser Schritt erweiterte die Entwicklungsansätze der Weltbank und des IWF auf eine umfassende Planung von wirtschaftlichen, umweltpolitischen

---

1 Seit der Gründung der Internationalen Entwicklungsorganisation (IDA) wird diese zusammen mit der Internatinalen Bank für Wiederaufbau und Entwicklung (IBRD) als "Weltbank" bezeichnet.

2 White, Proposal for United Nations Stabilization Fund and a Bank for Reconstruction and Development of the United and Associated Nations, Entwurf aus April 1942, Nr. 5; in: Horsefield III, S. 39.

3 Keynes, Meeting of the Board of Gouverneurs, Savannah, Georgia, in März 1946: „The gestation has been long; the lusty twins are seriously overdue [...].“; in: Boughton, Silent Revolution, S. 995.

und sozialen Aspekten unter Mitarbeit aller gesellschaftlichen Gruppierungen. Das Bemühen um nachhaltige Entwicklung zur Reduzierung der Armut unterstreicht die Überschneidungen zwischen den Mandaten der Weltbank und des IWF. Der ehemalige Geschäftsführende Direktor des IWF, Horst Köhler, beschrieb die Ausrichtung der Geschäftstätigkeit des IWF auf seine unterentwickelten Mitgliedstaaten, die subventionierte Darlehen im Rahmen der Fazilität für Armutsreduzierung und Wachstum (PRGF) erhalten können, folgendermaßen:

> „I consider the PRGF to be an innovative instrument in the Fund's efforts to make globalization work for the benefit of all. First, because it aims at tackling poverty from its root causes; second, because its concessional character demonstrates practical solidarity with the poor."[4]

Diese Beschreibung läßt eine eindeutige Zuordnung der Hilfe zur Geschäftstätigkeit der Weltbank oder des IWF nicht mehr zu, da die grundlegenden Charakteristika der Fazilität im Bestreben nach Armutsbekämpfung und in den konzessionären Konditionen und damit im Bereich der Entwicklungshilfe liegen, die ursprünglich die Aufgabe der Weltbank darstellte.

Neben dem Bereich der Armutsbekämpfung konzentriert sich der IWF weiterhin auf seine ursprünglichen Regulierungs- und Kontrollaufgaben des internationalen Währungssystems.[5] Dabei bildet die Überwachungstätigkeit, in der wirtschaftliche und finanzpolitische Stärken bzw. Schwächen seiner Mitgliedstaaten aufgedeckt und Sicherungsstrategien geplant werden, das vornehmliche Instrument, mit dem der IWF seinen Mitgliedern hilft, Finanzkrisen zu vermeiden bzw. zu bekämpfen.[6]

Diese wechselnde Schwerpunktsetzung in der Arbeit der Organisationen führt teilweise zu Verwirrung über ihre Mandate. Häufig erfolgt die Beschreibung ihrer Ziele daher ohne eine vergleichende Analyse der Arbeitsschwerpunkte und beschränkt sich vielmehr auf eine Auflistung der Art. I der Statuten.[7]

---

4 Köhler, Rede Prag, S. 7.

5 Köhler, Rede Prag, S. 4: „To strengthen its efficiency and legitimacy, the Fund needs to refocus. The Fund's focus must clearly be to promote macroeconomic stability as an essential condition for sustained growth. To pursue this objective, the Fund has to concentrate on fostering sound monetary, fiscal, and exchange rate policies, along with their institutional underpinnings and closely related structural reforms. And more important than ever in the modern economy is the IMF's mandate to oversee the international monetary system and to ensure its effective operation." (vgl. auch Stanley Fischer, Changing Role, S. 2-5).

6 IWF, Jahresbericht 2004, S. 22.

7 Vgl. für viele die Arbeiten von Vocke, Zusammenarbeit, S. 100-102 und Driscoll, IWF/ Weltbank, S. 2-4, welche die Untersuchung der Beziehungen zwischen Weltbank und IWF zum Thema haben. Eine pauschale Erklärung über eine gute Zusammenarbeit zwischen Weltbank und IWF erfolgt in Bernstein/ Boughton, IMF and the Poor, S. 17; Dec-

So beschreibt beispielsweise Salda[8] die Kooperation zwischen den beiden Organisationen als „always been close at all levels" und unterscheidet ihre Wirkungsbereiche mit der Aufzählung, welche Berufsqualifikationen die jeweiligen Mitarbeiter mitbringen, nämlich Wirtschaftler aus den Gebieten Finanzpolitik und Makroökonomie im IWF und Experten aus den Bereichen Landwirtschaft, Kommunikation, Bildung, Ingenieurswissenschaften, Gesundheit, Transport, Wasserversorgung und Wirtschaft in der Weltbank. Weitere Kriterien für eine klassische Abgrenzung der beiden Organisationen sind die Vergabe von kurzfristiger Finanzhilfe durch den IWF und langfristiger von Seiten der Weltbank oder das Befassen des IWF mit makroökonomischen Problemen im Gegensatz zum engeren Blickwinkel der Weltbank auf einzelne Entwicklungsprojekte.

Die wechselnde Beziehung und Ausrichtung der Geschäftstätigkeit der Weltbank und des IWF werfen somit die Frage nach dem genauen Inhalt ihrer Mandate und deren Abgrenzung auf. In dieser Arbeit werden daher die Bereiche, in denen Konkurrenzen oder Kollisionen zwischen den Mandaten der Weltbank und des IWF auftreten, anhand der Statuten der Organisationen, ihrem Organisationsrecht sowie der späteren Praxis in der Geschäftstätigkeit untersucht und anschließend rechtlich beurteilt.

1.1. Aufbau der Arbeit

Das Recht einer internationalen Organisation unterteilt sich in ihre Gründungsverträge, in denen die Mitgliedstaaten einen Auftrag an die Organisation formuliert haben (Primärrecht), und die Regelungen bzw. Verträge, welche die Organisation aus eigener Handlungskompetenz erlassen (Sekundärrecht). Das Mandat der Organisation setzt sich daher aus dem Auftrag der Mitgliedstaaten und aus ihrer späteren Praxis bzw. Geschäftstätigkeit zusammen. Diese Unterteilung spiegelt sich im Aufbau der Arbeit wider.

In Teil 2 werden die Ziele, Aufgaben und Handlungskompetenzen der Weltbank und des IWF, wie sie aus den Statuten zu entnehmen sind, dargestellt und miteinander verglichen. Als Ergebnis steht die Feststellung, in welchen Bereichen Berührungspunkte, Konkurrenzen oder Kollisionen zwischen den Organisationen bereits von den Gründungsparteien in Kauf genommen oder beabsichtigt worden sind.

In welchem Umfang diese Zusammenhänge zwischen der heutigen Geschäftstätigkeit der Weltbank und des IWF bestehen, beinhaltet Teil 3 der Arbeit. Die darin vorgenommene Analyse stützt sich auf den Bereich des Sekun-

---

ressin/ Ebrahim-zadeh/ Dicks-Mireaux, Structural Reform, S. 180; Stuart, Structural Adjustment, S. 114.

8 Salda, Dictionary, S. 203.

därrechts der Organisationen, welches Regelungen über die Arbeitsweise und die Ausgestaltung der Handlungskompetenzen enthält (Organisationsrecht).[9] Eine Betrachtung des sekundären Vertragsrechts, das die Verträge zwischen der Organisation und ihren Mitgliedern enthält, hat dagegen keine Auswirkungen auf das Mandat und wird daher nicht behandelt.

Das Ergebnis der Betrachtung der heutigen Geschäftspraxis der Organisationen zeigt eine Diskrepanz gegenüber den ursprünglich beabsichtigten Aufgabenbereichen und Mandatsgrenzen auf. Wie sich die Beziehung zwischen Weltbank und IWF während ihres Bestehens entwickelt hat und welchen äußeren Zwängen sie unterlag, wird daher in einer geschichtlichen Darstellung des Verhältnisses der Organisationen zueinander beschrieben (Teil 4).

Nach der Betrachtung und Abgrenzung der Mandate, dem Aufzeigen von Konkurrenzen und Kollisionen sowie der Analyse ihrer Herkunft stellt sich die Frage einer rechtlichen Beurteilung der Beziehung zwischen Weltbank und IWF. Zu Beginn von Teil 5 wird daher diskutiert, ob eine Normenkonkurrenz vorliegt und wie diese gelöst werden kann. Anschließend werden die Möglichkeiten der Kooperation und Koordination zwischen den Organisationen aufgezeigt und eine Bewertung dieser Ansätze zur Vermeidung ineffizienter Arbeitsweisen abgegeben. Da die Kooperation und Koordination zwischen der Weltbank und dem IWF nicht dazu ausreicht, alle Konkurrenzen und Kollisionen zwischen ihrer Geschäftstätigkeit auszuräumen, beinhaltet Teil 5 außerdem Vorschläge zu einer Reform der Organisationen.

1.2. Begriffsbestimmungen

Zur Vermeidung von Mißverständnissen geht der Arbeit eine kurze Beschreibung einzelner Begriffe voraus. Dabei werden keine allgemeingültigen Definitionen entwickelt, sondern der Leser soll auf die Hintergründe der Wortwahl in dieser Arbeit aufmerksam gemacht werden.

Die Weltbankgruppe besteht aus der Internationalen Bank für Wiederaufbau und Entwicklung (International Bank for Reconstruction and Development; IBRD) und ihren rechtlich und finanziell unabhängigen Tochterorganisationen, deren Organe teilweise mit denen der IBRD übereinstimmen. Die 1960 gegründete Internationale Entwicklungsorganisation (International Development Association; IDA[10]) unterstützt die Entwicklung der ärmsten Mitgliedstaaten mittels zinsfreien Darlehen und Zuschüssen, soweit diese das Kriterium der Kreditwür-

9 Vgl. Graf Vitzthum, Quellen des Völkerrechts, Rn. 39; Klein, Internationale Organisationen, Rn. 114; Verdross/ Simma, Völkerrecht, § 625.

10 Literatur zur IDA: Weltbank, IDA; van de Laar, World Bank, S. 56 ff.; Rettberg, Währungsfonds, S. 367 ff.; Weaver, IDA, S. 38 ff.; Lange, Banken, S. 10-12; Frankenfeld, IDA, S. 304-310; Golsong, IDA, S. 75-77.

digkeit für Ausleihungen bei der IBRD nicht erfüllen können. Eine gezielte Förderung des privaten Sektors bietet die Internationale Finanz-Corporation (International Finance Corporation; IFC[11]) seit 1955 an, die entgegen der IBRD für Ausleihungen privater Unternehmen keine Garantie des Mitgliedstaats fordert. Außerdem umfaßt die Weltbankgruppe seit 1988 die Multilaterale Investitions-Garantie-Agentur (Multilateral Investment Guarantee Agency; MIGA[12]) deren Aufgabe darin besteht, den Fluß von Investitionen für produktive Zwecke durch die Vergabe von Garantien sowie Mit- und Rückversicherungen für nichtkommerzielle Risiken zu fördern. Das Internationale Zentrum zur Beilegung von Investitionsstreitigkeiten (International Center for the Settlement of Investment Disputes, ICSID[13]) ist von der Weltbank im Rahmen des Übereinkommens zur Beilegung von Investitionsstreitigkeiten zwischen Staaten und Angehörigen anderer Staaten vom 18. März 1965 mit dem Ziel gegründet worden, ein Klima gegenseitigen Vertrauens zwischen Investoren und Staaten zu fördern, das zunehmend Mittelzuflüsse in die Entwicklungsländer begünstigt. Diese Politik der "Erneuerung durch Erweiterung" führte zu Verwirrung im Umgang mit dem Begriff "Weltbank". Der Verwendung innerhalb der Weltbankgruppe folgend[14], fallen in dieser Arbeit die IBRD und die IDA unter diese Bezeichnung. Lediglich in Zusammenhängen, in denen Unterschiede zwischen der Tätigkeit oder Politik dieser beiden Organisationen bestehen, wird die gemeinte Organisation durch den Gebrauch ihres Namens gekennzeichnet.

Der Begriff "Mandat" wird als Überbegriff für den an eine internationale Organisation übertragenen Auftrag und deren Geschäftstätigkeit verstanden und umfaßt daher sowohl die Ziele, Aufgaben und Handlungskompetenzen der Organisationen als auch ihre spätere Praxis.[15]

Bei der Abgrenzung der Mandate kann es zu unterschiedlichen Graden der Berührung kommen. Nachdem die "Kohärenz" lediglich einen Zusammenhang zwischen der Geschäftstätigkeit der Organisationen bezeichnet, bestehen im Rahmen der Konkurrenz oder Kollision konkrete Berührungspunkte. Die "Konkurrenz" umschreibt einen Wettstreit beim Erreichen der gleichen Zielsetzungen. Im Falle der "Kollision" sind die Geschäftstätigkeiten oder deren Wirkungen im Mitgliedstaat nicht miteinander zu vereinbaren.

---

11 Beschreibungen der IFC: Portmann, Weltbank; Rettberg, Währungsfonds, S. 504 ff.; Silkenat, Role, S. 620 f.; Lange, Banken, S. 7-10; Petersmann, IFC; Ferber/ Winkelmann, Währungsfonds, S. 77 f., 103 ff.; IBRD, Weltbank, S. 100-107; Bell, IFC. Ausführliche Darstellung bei Haralz, IFC, S. 805-899.

12 Zur Arbeit und Funktionsweise der MIGA: Potocnik, MIGA, S. 1 ff.; Wallace, MIGA, S. 1 ff.

13 Ausführliche Beschreibung des ICSID und dessen Schiedsverfahren in Lörcher, Neue Verfahren, S. 155-174, 381-391; Arnoldt, Weltbankübereinkommen.

14 Weltbank, Jahresbericht 2003 I, S. 8.

15 Zur späteren Praxis als Auslegungsfaktor internationaler Verträge siehe Karl, Spätere Praxis, S. 116, 123 ff; 166.

2. Abgrenzung der Mandate in den Statuten des IWF und der Weltbank

Die Mitgliedstaaten einer internationalen Organisation normieren in den Gründungs-übereinkommen deren Ziele und Aufgaben und übertragen der Organisation Handlungskompetenzen, mit denen die Zielsetzungen praktisch umgesetzt werden sollen. Die Ziele sind in den Artikeln I der Statuten von IWF, IBRD und IDA aufgezählt, wobei die unterschiedliche Übersetzung des englischen Wortes "purposes" in den deutschen Texten mit den beiden Begriffen "Ziele" oder "Aufgaben" eine übersetzerische Ungenauigkeit darstellt.[16]

Die Ziele aus Art. I der Übereinkommen bilden Grundlage und Leitfaden der Geschäftspolitik und der Beschlüsse der Organisationen. So beinhaltet der jeweils letzte Satz der Art. I IBRD-, IDA- und IWF-Statuten, daß die genannten Ziele als Leitfaden für jegliche Entscheidungen der Organisationen dienen sollen.[17] In Ergänzung dieses Grundsatzes verweisen verschiedene Artikel ihrerseits auf die Ziele der Organisationen, die auch im Rahmen von Maßnahmen, welche unter Ausschluß jeglicher Regelungen aus den übrigen Normen der Statuten zugelassen sind, als letzter Handlungsmaßstab eingehalten werden müssen.[18] Die grundlegende Bedeutung der Ziele einer Organisation als Maßstab für ihre Geschäftstätigkeit kommt auch in der Einschränkung der juristischen Auslegungsmethoden zum Ausdruck. Die Analyse der Ziele eines völkerrechtlichen Vertrages ist insbesondere mittels der wörtlichen und systematischen Auslegung vorzunehmen, da die teleologische Auslegung möglicherweise einen nicht im Vertrag vorhandenen Parteiwillen unterstellt, soweit sie losgelöst von anderen Auslegungsmethoden angewandt wird.[19]

Einzelne Ziele benennen Handlungskompetenzen der Organisationen, mit denen sie erfolgreich umgesetzt werden sollen. Diese Handlungskompetenzen

---

16 Die Wahl der Überschriften der Artikel I der beiden Übereinkommen verwirrt die Begriffsbestimmung, da der englische Begriff "purposes" einmal mit "Ziel" (IWF-Statuten und Art. I, letzter Satz IBRD-Statuten) und an anderer Stelle mit dem Wort "Aufgaben" (Überschrift und Satz 1 von Art. I IBRD-Statuten) übersetzt wird.

17 Art. I, letzter Satz IWF-Statuten heißt: „Der Fonds läßt sich in seiner Geschäftspolitik sowie bei allen Beschlüssen von den in diesem Artikel niedergelegten Zielen leiten.“ Parallel dazu nennt Art. I, letzter Satz IBRD-Statuten und IDA-Statuten: „Die Bank/IDA wird sich in all ihren Entscheidungen von den oben niedergelegten Zielen leiten lassen.“

18 Bzgl. der Geschäftstätigkeit des IWF sind Verweise auf die Ziele der Organsation im Zusammenhang mit der Erbringung von finanziellen und technischen Dienstleistungen (Art. V, Absch. 2, lit. b, S. 1 IWF-Statuten) und der Hilfe für Entwicklungsländer in schwierigen Verhältnissen (Art. V, Absch. 12, lit. f, Abs. ii IWF-Statuten) normiert. Auch für die Arbeit der IBRD sollen ihre Ziele aus Art. I als Leitfaden der Vorgehensweise der Mitarbeiter dienen (Art. V, Absch. 10 IBRD-Statuten).

19 Ipsen, Völkerrecht, § 11, Rn. 15.

beeinflussen die Mandate der Organisation in doppelter Hinsicht. Zum einen unterstreichen sie die hervorgehobene Bedeutung der Ziele, da die Mitglieder die erfolgreiche Durchführung des Ziels mit der Koppelung an eine Handlungskompetenz absichern wollten; zum anderen setzen sie Schwerpunkte in der Geschäftstätigkeit der Organisation.[20] Die in den Zielen genannten Handlungskompetenzen sollen daher als "Aufgaben" der Organisation bezeichnet werden.

Die zum Erreichen der Ziele notwendigen Handlungskompetenzen finden sich in den weiteren Artikeln der Übereinkommen. Von diesen Mitteln, die direkt zum Erreichen der Ziele eingesetzt werden, sind Handlungskompetenzen in den Statuten zu unterscheiden, mit denen die Durchsetzung der Aufgaben erst ermöglicht werden soll, wie die Aufnahme von Finanzmitteln, die eine Vorbedingung zur Vergabe von finanzieller Hilfe darstellt. Auf diese "Hilfsmaßnahmen" soll im Folgenden nicht eingegangen werden, da sie lediglich indirekt auf die Mandate der Organisationen einwirken.

Nach der Darstellung der Mandate, welche die Mitglieder der Weltbank und dem IWF in den Statuten übertragen haben (Kapitel 2.1. und 2.2.), beinhaltet Kapitel 2.3. eine Untersuchung möglicher Kohärenzbereiche der Ziele, Aufgaben und Handlungskompetenzen.

2.1. Das Mandat des IWF in seinen Statuten

2.1.1. Ziele und Aufgaben gemäß Art. I IWF-Statuten

Die Bildung des IWF gründete auf dem Wunsch, die wirtschaftlichen, politischen und sozialen Turbulenzen der ersten Jahrzehnte des 20. Jahrhunderts zu vermeiden. In diesem Rahmen übernahm der IWF die Funktion, ein Währungssystem zu errichten und damit die Devisen- und Finanztransaktionen zwischen den Mitgliedstaaten zu sichern und zu überwachen. Die Ziele des IWF in Art. I seiner Statuten, die trotz der drei Änderungen des Übereinkommens bis auf eine Ausnahme unverändert blieben[21], haben folgenden Wortlaut:

---

20 So unterscheidet auch Köck, Implied Powers, S. 281, zwischen den programmatischen Erklärungen in einer Präambel, die teilweise als Ziele bezeichnet werden, allerdings ein mittelbares Ziel der Organisation darstellen, und den direkten Zielen, auf deren Erreichen die konkrete Aufgaben- und Kompetenzzuteilung der Organisation zugeschnitten ist.

21 Die erste Änderung der Statuten des IWF beinhaltete die Einführung der SZR (Gouverneursrat, Resolution Nr. 23-5 vom 31. Mai 1968, in Kraft getreten am 28. Juli 1969); in der zweiten Änderung paßten die Mitgliedstaaten die Statuten auf die neue Praxis des Währungssystems mit einer freien Wahl der Wechselkursbestimmungen an (Gouverneursrat, Resolution Nr. 31-4 vom 30. April 1976, in Kraft getreten am 1. April 1978); mit der dritten Änderung der Statuten wurde die Aussetzung des Stimmrechts und anderer Rechte eines Mitglieds festgelegt, wenn dieses einer Verpflichtung gegenüber dem

„Der IWF hat folgende Ziele:

die internationale Zusammenarbeit auf dem Gebiet der Währungspolitik durch eine ständige Einrichtung zu fördern, die als Apparat zur Konsultation und Zusammenarbeit bei internationalen Währungsproblemen zur Verfügung steht;

die Ausweitung und ein ausgewogenes Wachstum des Welthandels zu erleichtern und dadurch zur Förderung und Aufrechterhaltung eines hohen Beschäftigungsgrads und Realeinkommens sowie zur Entwicklung des Produktionspotentials aller Mitglieder als oberste Ziele der Wirtschaftspolitik beizutragen;

die Stabilität der Währungen zu fördern, geordnete Währungsbeziehungen unter den Mitgliedern aufrechtzuerhalten und Währungsabwertungen aus Wettbewerbsgründen zu vermeiden;

bei der Errichtung eines multilateralen Zahlungssytems für die laufenden Geschäfte zwischen den Mitgliedern und bei der Beseitigung von Devisenverkehrsbeschränkungen, die das Wachsen des Welthandels hemmen, mitzuwirken;

das Vertrauen der Mitglieder dadurch zu stärken, daß ihnen zeitweilig unter angemessenen Sicherungen die allgemeinen Fondsmittel zur Verfügung gestellt werden und ihnen so Gelegenheit gegeben wird, Unausgeglichenheiten in ihrer Zahlungsbilanz zu bereinigen, ohne zu Maßnahmen Zuflucht nehmen zu müssen, die dem nationalen oder internationalen Wohlstand schaden;

in Übereinstimmung mit Vorstehendem die Dauer der Ungleichgewichte der internationalen Zahlungsbilanzen der Mitglieder abzukürzen und den Grad der Ungleichgewichte zu vermindern.“

Die hervorgehobene Bedeutung dieser Ziele für die Interpretation des Übereinkommens wird durch ihre Stellung in Art. I der Statuten angedeutet, durch die sie zu einem integralen Bestandteil des Übereinkommens im Gegensatz zu einer vorgezogenen und in ihrer praktischen Bedeutung nachstehenden Präambel werden. Diese Einbeziehung der Ziele unterstreicht auch der letzte Satz von Art. I der Statuten, in dem es heißt:

"Der Fonds läßt sich in seiner Geschäftstätigkeit sowie bei allen Beschlüssen von den in diesem Artikel niedergelegten Zielen leiten.“

Art. I, Abs. i IWF-Statuten nennt die Förderung der internationalen Zusammenarbeit auf dem Gebiet der Währungspolitik und verbindet diese mit der Aufgabe, eine ständige Einrichtung für Konsultationen und Zusammenarbeit zu bilden, die internationale Währungsprobleme diskutiert und löst. Korrespondierend zu die-

---

IWF nicht nachkommen sollte (Gouverneursrat, Resolution Nr. 45-3 vom 28. Juni 1990, in Kraft getreten am 11. November 1992).

Bei der ersten Änderung des IWF-Übereinkommens (1969) nahmen die Mitglieder die langjährige Praxis des IWF, seine Finanzmittel als "zeitweilige" Hilfen zu vergeben, in Art. I, Abs. v IWF-Statuten auf.

ser Aufgabe ist dem IWF die Förderung der Stabilität der Währungen, die Aufrechterhaltung geordneter Währungsbeziehungen und die Vermeidung von Währungsabwertungen aus Wettbewerbsgründen (Art. I, Abs. iii) sowie die Mitwirkung bei der Errichtung eines multilateralen Zahlungssystems und bei der Beseitigung von Devisenverkehrsbeschränkungen (Art. I, Abs. iv) übertragen worden. Zwar nennt Art. I keine Aufgabe, durch welche die letztgenannten Ziele erreicht werden können, das Übereinkommen stellt allerdings in Art. VIII IWF-Statuten Verpflichtungen der Mitglieder auf, die den Grundstock eines stabilen, internationalen Währungs- und Finanzsystems definieren, und überträgt dem IWF in Art. IV, Absch. 3 IWF-Statuten das Recht, die Einhaltung dieser Regelungen durch Konsultationen und Zusammenarbeit zu überwachen. Art. IV IWF-Statuten fungiert somit als Bindeglied zwischen den Zielen in Art. I, Abs. iii bzw. Abs. iv und Art. I, Abs. i IWF-Statuten.

Die Vergabe der Fondsmittel stellt kein eigenständiges Ziel des IWF dar, sondern ist die Aufgabe, um „das Vertrauen der Mitglieder zu stärken" (Art. I, Abs. v IWF-Statuten) und damit zu allgemeiner, wirtschaftlichen Stabilität beizutragen.[22] Neben der Stärkung des Vertrauens besteht ein weiterer Sinn der finanziellen Unterstützung darin, den Mitgliedern „so Gelegenheit [zu geben], Unausgeglichenheiten in ihrer Zahlungsbilanz zu bereinigen, ohne zu Maßnahmen Zuflucht nehmen zu müssen, die dem nationalen oder internationalen Wohlstand schaden". Die Verbindung der Satzkonstruktion mit dem Wort "so" verdeutlicht, daß grundsätzlich eine ausgeglichene Zahlungsbilanz[23] das Vertrauen der Mitglieder stärkt. Dieses Zahlungsbilanzgleichgewicht soll allerdings nicht durch Maßnahmen erreicht werden, die dem Wohlstand schaden, sondern durch die zeitweilige Inanspruchnahme der Fondsmittel.[24] Damit zielt die Mittelvergabe primär auf eine Vermeidung von international schädlichen Maßnahmen und die Stiftung von Vertrauen ab und lediglich sekundär auf den Ausgleich der Zahlungsbilanzen. Die Vergabe der allgemeinen Fondsmittel wird durch die

---

22 Korrespondierend zur Vergabe von Geldern aus den allgemeinen Fondsmitteln steht dem IWF gemäß Art. XVIII, Absch. 1, lit. a seiner Statuten die Aufgabe zu, durch die Zuteilung von Sonderziehungesrechten über die Liquidität seiner Mitgliedstaaten zu bestimmen. Diese Aufgabe ist in der ersten Änderung des IWF-Übereinkommens begründet, allerdings nicht in den Katalog der Ziele des IWF in Artikel I aufgenommen worden, da die Vertragsparteien eine umfassende Änderung der Statuten vermeiden wollten. Sie hängten daher die Regelungen über die Sonderziehungenrechte an die vorhandenen Artikel an (Gold, Legal Aspects, S. 4 f.).

23 Die Zahlungsbilanz eines Staates entspricht einer nationalen Gewinn- und Verlustrechnung und spiegelt damit die Forderungen und Verbindlichkeiten gegenüber dem Ausland wider (Caspers, Zahlungsbilanz, Box 1, S. 9 f).

24 Eine Übersicht zu möglichen Maßnahmen, mit denen ein Ausgleich der Zahlungsbilanz erreicht werden kann, und eine Analyse, in wie weit sich Ungleichgewichte automatisch regulieren und damit ein wirtschaftspolitisches Eingreifen überflüssig werden lassen, ist zu finden in Caspers, Zahlungsbilanz, S. 207-227.

Voraussetzung der zeitweiligen Bereitstellung und des Vorhandenseins von angemessenen Sicherungen eingeschränkt.[25]

Die in den Artikeln IV und VIII IWF-Statuten spezifizierten Ziele (Art. I, Abs. i, iii und iv IWF-Statuten) enthalten die „Schlüsselfunktion des Abkommens“.[26] So definiert Art. IV Absch. 1, S. 1 IWF-Statuten, daß der „eigentliche Zweck des internationalen Währungssystems [und damit des IWF, dessen Ziel die Errichtung eines multilateralen Zahlungssystems und die Zusammenarbeit bei internationalen Währungsproblemen ist[27], in der] Schaffung von Rahmenbedingungen zur [...] Aufrechterhaltung eines gesunden Wirtschaftswachstums“ liegt. Dieser Satz hebt im Folgenden weiter hervor, „daß ein Hauptziel darin besteht, die geordneten Grundbedingungen ständig weiterzuentwickeln, welche für die Währungs- und Wirtschaftsstabilität notwendig sind“. Das internationale Währungssystem bietet die Voraussetzung für einen internationalen Handel und damit das Bestehen von Zahlungsbilanzen einer Volkswirtschaft. Der IWF legt daher mit der Erfüllung dieser Ziele die Grundlage für eine florierende, internationale Wirtschafts- und Handelsgemeinschaft, in der seine Finanzierungsaufgaben lediglich eine Ausgleichsfunktion für Vertrauensverluste in Problem- und Krisenfällen bildet.

Art. I, Abs. vi IWF-Statuten stellt die Zahlungsbilanz erneut in den Mittelpunkt der Aufgaben des IWF, indem er anmahnt, die Dauer und den Grad der Ungleichgewichte zu verkürzen bzw. zu mindern. Auf welche Weise dieses Ziel erreicht werden soll, nennt der Absatz nicht. Dieses Fehlen eines Pendants in den Handlungskompetenzen der Organisation und die Formulierung „in Übereinstimmung mit Vorstehendem“ lassen den Schluß zu, es handele sich bei dem Ziel um eine Klarstellung und Abrundung der vorher genannten Ziele.

Das Verhältnis der „Ausweitung und [des] ausgewogene[n] Wachstums des Welthandels“ (Art. I, Abs. ii IWF-Statuten) zu den übrigen Zielen des IWF erlangt seinen Stellenwert aus der systematischen Auslegung des Textes. Art. I beläßt es bei dieser Aussage und benennt keine Mittel, mit denen der IWF dieses Ziel erreichen kann. Diese werden auch in den übrigen Bestimmungen der Statuten nicht konkretisiert. Vielmehr gehen Art. I, Abs. v und Art. IV, Absch. 1, S. 1 IWF-Statuten indirekt auf das Wachstum der Weltwirtschaft ein, indem sie das Bestehen des IWF als eine "Grundvoraussetzung" für den internationalen Handel ansehen. So wird der IWF zu einem Instrument, mit dem Devisenverkehrsbeschränkungen beseitigt werden sollen, „die das Wachsen des Welthandels hemmen“ (Art. I, Abs. iv). Außerdem liegt gemäß Art. IV, Absch. 1, Abs. i IWF-Statuten „der eigentliche Zweck des internationalen Währungssystems [in der] Schaffung von Rahmenbedingungen zur Erleichterung des Waren-, Dienstleistungs- und Kapitalverkehrs zwischen den Ländern“. Aufgabe und damit

25 Art. V, Absch. 3, lit. b, Abs. i IWF-Statuten.

26 Lucke, IWF, S. 20.

27 Art. I, Abs. i und iv IWF-Statuten.

Handlungskompetenz des IWF ist es daher, ein stabiles internationales Währungssystem aufzubauen, welches den Welthandel fördert und erleichtert.[28]

In Zusammenhang mit der Erleichterung des Welthandels nennt Art. I, Abs. ii IWF-Statuten die „Förderung und Aufrechterhaltung eines hohen Beschäftigungsgrads und Realeinkommens“ sowie die „Entwicklung des Produktionspotentials aller Mitglieder“. Es handelt sich hierbei um Sekundärziele, die mit dem Welthandel dergestalt verbunden sind, daß "dadurch" (thereby), d.h. durch die Ausweitung und das Wachstum des Handels, zu ihrem Erreichen beigetragen werden soll. Bemerkenswert in diesem Zusammenhang ist, daß auch der Welthandelt ein Sekundärziel des IWF darstellt, da sein Wachstum durch die anderen Aufgaben insbesondere durch die monetäre Stabilität erleichtert (facilitate) werden soll.[29] Hervorzuheben ist in diesem Zusammenhang, daß der Begriff "Entwicklung" eine Einschränkung auf den Bereich des Produktionspotentials erfährt und unmißverständlich die Wirtschaft aller Mitglieder fördern soll, ohne die Entwicklungsländer in besonderer Weise hervorzuheben.[30]

Abschließend bleibt festzustellen, daß Art. I IWF-Statuten die folgenden Aufgabenbereiche vorsieht: eine ständige Einrichtung als Apparat zur Konsultation und Zusammenarbeit bei internationalen Währungsproblemen zu bilden und die allgemeinen Fondsmittel zur Verfügung zu stellen, um Unausgeglichenheiten in der Zahlungsbilanz zu bereinigen. Zur Erreichung der Ziele in diesen Aufgabenbereichen sind dem IWF Handlungskompetenzen übertragen worden.

2.1.2. "Code of Conduct" und Handlungskompetenzen des IWF

Bevor die einzelnen Handlungskompetenzen des IWF dargestellt werden sollen, ist auf die grundsätzliche Zweiteilung der Regelungen in den Statuten des IWF hinzuweisen. Zum einen beinhalten die Statuten einen "code of conduct", d.h. grundlegende Regelungen und Verpflichtungen über die Ausgestaltung eines internationalen Währungssystems, und zum anderen werden die Handlungs-

---

28 Die Aufgaben des IWF in seinen Statuten beziehen sich ausschließlich auf die Abschaffung von Devisenbeschränkungen und auf Leistungsbilanztransaktionen. Diese Interpretation spiegelt sich auch in der Absicht der Gründer des IWF wider, drei gleichberechtigte, internationale Organisationen zu gründen: den IWF zur Bereitstellung und Überwachung der grundsätzlichen Regelungen, auf denen der Welthandel aufbaut, eine Handelsorganisation als Überwacher und Förderer des Handels und die Weltbank, die es unterentwickelten Staaten ermöglicht, am Welthandel teilzunehmen und ihre Wirtschaften auf diesen vorzubereiten (vgl. Gold, Relationship, S. 499).

29 Gold, To Contribute, S. 276; Denters, IMF Conditionality, S. 125. Auch Driscoll, ein Redakteur aus der Abteilung für Außenbeziehungen des IWF, beschreibt das geordnete Währungssystem als Grundvoraussetzung für internationales Wohlergehen, welches den Handel fördert, Arbeitsplätze schafft und das Erreichen weiterer Sekundärziele erleichtert (Driscoll, IWF/ Weltbank, S. 3 f.).

30 Eine ausführliche Zusammenstellung der konkurrierenden Meinungen bei den Verhandlungen über die Gründung des IWF ist in Gold, To Contribute, S. 270-276 zu finden.

kompetenzen benannt, mit denen der IWF seine Ziele erreichen soll. Im Folgenden soll zuerst ein Überblick über die Grundlagen des internationalen Währungssystems gegeben und anschließend der Tätigkeitsbereich des IWF laut seinen Statuten erläutert werden.

2.1.2.1. Grundlagen des internationalen Währungssystems

Die Mitglieder des IWF einigten sich auf die Einhaltung von Verhaltensnormen ("code of conduct"), welche ihre sich überschneidenden, volkswirtschaftlichen Interessen regeln. Die Statuten des IWF enthalten daher Regelungen über die Durchführung von Devisen- und Finanztransaktionen, die Wahl der Wechselkurs- und Währungssysteme sowie die Ausgeglichenheit der Zahlungsbilanzen.

Der Bestand und die Einhaltung dieses "code of conduct", dem sich die Mitgliedstaaten mit ihrem Beitritt unterwerfen, bilden die Existenzberechtigung des IWF und begründen gleichzeitig seinen Auftrag, nämlich die Fortentwicklung und Überwachung der Verhaltensgrundsätze sowie die Unterstützung der Mitglieder bei der Einhaltung derselben. Der Zweck des internationalen Währungssystems liegt in der Durchsetzung und „Schaffung von Rahmenbedingungen zur Erleichterung des Waren-, Dienstleistungs- und Kapitalverkehrs zwischen den Ländern und zur Aufrechterhaltung eines gesunden Wirtschaftswachstums" (Art. IV, Absch. 1, S. 1 IWF-Statuten).[31] Nachdem durch die 2. Änderung des IWF-Übereinkommens das Paritätensystem der festen Wechselkurse abgeschafft worden ist[32], sieht der IWF die wirtschaftliche Stabilität seiner Mitgliedstaaten, gemessen an der Preisstabilität, als den Garanten eines funktionierenden Währungssystems an, das auf der freien Wahl der Wechselkurssysteme aufbaut. Daher sind in Art. IV, Absch. 2, lit. b IWF-Statuten folgende Möglichkeiten für die Wahl der Wechselkursregelungen vorgesehen:

> „Aufrechterhaltung des Wertes einer Währung durch das betreffende Mitglied in Sonderziehungsrechten oder in einem anderen, vom Mitglied gewählten Maßstab außer Gold, Gemeinschaftsregelungen, nach denen Mitglieder den Wert ihrer Währungen im Verhältnis zum Wert der Währung oder Währungen anderer Mitglieder aufrechterhalten, oder andere Wechselkursregelungen nach Wahl des Mitglieds."[33]

---

31 Masson/ Mussa, Role, S. 26 f. bezeichnen das Hauptziel des IWF, nämlich das Wachstum des Welthandels ohne Restriktionen und die Schaffung eines stabilen Wechselkurssystems als "international public goods", deren Erhalt neben dem Aus-gleich von Marktverzerrungen die Grundlage für die finanzielle Hilfe des IWF bieten.

32 Die Funktionsweise des damaligen Bretton-Woods Systems der festen Wechselkurse wird in Aschinger, Währungssystem, S. 27 ff. ausführlich beschrieben. Kürzere Darstellungen sind in Aschinger, Neues Währungssystem, S. 11-22; Niehans, Außenwirtschaftstheorie, S. 178-181 und Caspers, Zahlungsbilanz, S. 165-178 zu finden. Die Reform des Währungssystems, die zur 2. Änderung der IWF-Statuten geführt hat, stellen Aschinger in Neues Währungssystem, S. 23-110 und de Vries I, S. 123-273 dar.

33 Zwar nennt Art. VIII, Absch. 2, lit. b IWF-Statuten drei Möglichkeiten, Wechselkursregelungen zu treffen, diese Aufzählung erfolgt jedoch „unter anderem". Eine Über-

Die Mitgliedstaaten verpflichten sich, dem IWF die Ausgestaltung ihres Systems und gegebenenfalls dessen Änderungen mitzuteilen.[34]

Das Währungssystem sieht neben der Freiheit der Wechselkursbestimmungen – bis auf einige Ausnahmetatbestände – die Konvertibilität der Währungen vor.[35] Deren wirtschaftliche Bedeutung liegt in der Förderung der internationalen Arbeitsteilung, indem auf Beeinträchtigungen des Waren- und Dienstleistungsaustausches verzichtet wird, und in der Ermöglichung internationaler Kapitalbewegungen.[36] Allerdings duldet der IWF die Mitgliedschaft von Staaten, deren Währungen nicht konvertibel sind, und räumt ihnen gemäß Art. XIV, Absch. 2 IWF-Statuten Übergangsfristen ein, während denen Zahlungsbeschränkungen aufrechterhalten werden dürfen. Allerdings sollen die Mitglieder die Konvertierbarkeit ihrer Währungen zu einem möglichst frühen Zeitpunkt anstreben (Art. VIII, Absch. 2, letzter Satz IWF-Statuten). Hat ein Mitglied sich einmal den Bestimmungen des Art. VIII IWF-Statuten unterworfen, endet die Übergangszeit und eine Rückkehr zu Devisenrestriktionen ist nicht mehr möglich.[37]

Die Mitgliedstaaten verpflichten sich, die Funktionsfähigkeit des internationalen Währungssystems dadurch zu erhalten, daß sie zur Gewährleistung von geordneten Wechselkursregelungen und zur Förderung eines stabilen Wechselkurssystems mit dem IWF und den übrigen Mitgliedern zusammenarbeiten.[38] Diese Kooperation soll dazu beitragen, daß die Grundbedingungen, die für eine Erhaltung von Währungs- und Wirtschaftsstabilität als notwendig angesehen werden, ständig weiterentwickelt werden. Sie umfaßt zusätzlich Konsultationen über ausnahmsweise erlaubte oder vorhandene Devisenverkehrsbeschränkungen und die Zusammenarbeit im Bereich der Reservepolitik der Mitgliedstaaten.[39]

Neben der Kooperationspflicht unterwerfen sich die Mitgliedstaaten den folgenden Verpflichtungen:

---

sicht der möglichen Systeme ist in Caspers, Zahlungsbilanz, S. 142-143; Gabler, Wirtschaftslexikon, Wechselkurspolitik und Neldner, Geld, S. 290-294 zu finden. Die in den einzelnen Staaten angewandten Wechselkursregelungen sind ver-öffentlicht in Deutsche Bundesbank, Devisenkursstatistik, S. 50-51.

34 Art. IV, Absch. 2, lit. a IWF-Statuten. Eine Rückkehr von diesem gemischten Wechselkurssystem zu dem bis 1973 bestehenden Paritätensystem der festen Wechsel-kurse ist gemäß Art. IV, Absch. 4 IWF-Statuten mit einer Mehrheit von 85% aller Stimmen möglich.

35 Art. VIII, Absch. 4, lit. a IWF-Statuten mit Ausnahmen von der Konvertibilität in lit. b. Konvertibilität ist ein Element liberaler Außenwirtschaftspolitik, bei der das Recht besteht, Währungsguthaben in andere Währungen umzutauschen und zu transferieren. (Gabler, Wirtschaftslexikon, Konvertibilität).

36 Gabler, Wirtschaftslexikon, Konvertibilität, Nr. 3.

37 Aschinger, Währungssystem, S. 72; Lucke, IWF, S. 16.

38 Art. IV, Absch. 1, S. 1 IWF-Statuten.

39 Art. VIII, Absch. 6 und 7 IWF-Statuten.

„Insbesondere wird jedes Mitglied bestrebt sein, seine Wirtschafts- und Währungspolitik unter angemessener Berücksichtigung seiner Situation auf das Ziel eines geordneten Wirtschaftswachstums bei angemessener Preisstabilität auszurichten; um Stabilität bemüht sein, indem es geordnete Wirtschafts- und Währungsverhältnisse und ein Währungssystem anstrebt, das nicht dazu neigt, erratische Störungen auszulösen; Manipulationen der Wechselkurse oder des internationalen Währungssystems mit dem Ziel, eine wirksame Zahlungsbilanzanpassung zu verhindern oder einen unfairen Wettbewerbsvorteil gegenüber anderen Mitgliedern zu erlangen, vermeiden und eine Wechselkurspolitik verfolgen, die mit den Verpflichtungen aus diesem Abschnitt vereinbar ist. “[40]

Diese Grundsätze in Bezug auf die nationale Währungs- und Wechselkurspolitik werden durch das Verbot von Devisenverkehrsbeschränkungen[41], d.h. von Beschränkungen der Zahlungen und Übertragungen für laufende internationale Geschäfte, und durch das Verbot von diskriminierenden Währungsregelungen ergänzt.[42]

2.1.2.2. Konsultationen und Zusammenarbeit

Gemäß Art. I, Abs. i IWF-Statuten soll „die internationale Zusammenarbeit auf dem Gebiet der Währungspolitik durch die ständige Einrichtung“ des IWF erreicht werden. Dieser steht als „Apparat zur Konsultation und Zusammenarbeit bei internationalen Währungsproblemen zur Verfügung“ (Art. I, Abs. i IWF-Statuten). Die Notwendigkeit, Konsultationen abzuhalten und mit Mitgliedern zusammenzuarbeiten, enthalten mehrere Regelungen des Übereinkommens. So obliegt es dem IWF, vor einem Kauf oder Verkauf von Währungen bzw. der Annahme von Gebührenzahlungen die Mitglieder, deren Währungen an den Transaktionen und Operationen beteiligt sind, zu konsultieren.[43] Außerdem basiert die Überwachungstätigkeit des IWF auf vorherigen Konsultationen mit dem Mitglied über dessen Wechselkurspolitik (Art. IV, Absch. 3, lit. b, S. 2 IWF-Statuten).

---

40 Art. IV, Absch. 1, S. 2 IWF-Statuten. An dieser Verpflichtung zeigt sich die Neuorientierung des internationalen Währungssystems des IWF, dessen grundlegendes Ziel in der internationalen Zusammenarbeit nicht mehr die Wechselkursstabilität, sondern die wirtschaftliche Stabilität ist, die sich in der Preisstabilität äußert (Aschinger, Neues Währungssystem, S. 112).

41 Von dem Verbot der Devisenbeschränkungen sind die Bestimmungen ausgeschlossen, die zum Zeitpunkt des Beitritts bereits in Kraft gewesen sind. Die Aufrechterhaltung dieser Bestimmungen ist allerdings nur während eines Übergangszeitraums erlaubt, in dem der Mitgliedstaat ständig prüfen sollte, ob die Bestimmungen weiterhin mit den Zielen des IWF vereinbar sind und ihre Beibehaltung für den Erhalt einer stabilen Zahlungsbilanz unabkömmlich ist (Art. XIV, Absch. 2 IWF-Statuten).

42 Art. VIII, Absch. 2, lit. a und Absch. 3 IWF-Statuten.

43 Konsultationen zwischen dem IWF und seinen Mitgliedern sind in Art. V, Absch. 3, lit. d, Absch. 7, lit. h und Absch. 8, lit. e IWF-Statuten vorgesehen.

Die Zusammenarbeit zwischen dem IWF und seinen Mitgliedern ist für die Herstellung geordneter Wechselkursregelungen, die Vereinbarung von Devisenkontrollbestimmungen und eine Abstimmung der Reserve- und Liquiditätspolitik, welche die SZR zu einem Hauptreservemedium machen soll, geregelt.[44] Sie spiegelt damit die Ziele in Art. I, Abs. iii und iv IWF-Statuten – nämlich die Förderung der Stabilität der Währungen und die Regelung des Devisenverkehrs – wider, ohne in diesen als Aufgabe genannt zu sein. Daneben ist die Verpflichtung der Mitglieder, dem IWF Informationen für dessen Arbeit zukommen zu lassen, als eine spezielle Ausgestaltung der Zusammenarbeit zu nennen (Art. VIII, Absch. 5 IWF-Statuten).

2.1.2.3. Überwachung der Wechselkurs- und Wirtschaftspolitik

Dem IWF obliegt gemäß Art. IV, Absch. 3 seiner Statuten die Überwachung der Wechselkursregelungen, die im "code of conduct" festgeschrieben worden sind. Daher verteilt sich die Überwachungstätigkeit auf das internationale Wirtschaftssystem und dessen Funktionsfähigkeit sowie die Einhaltung der binnenwirtschaftlichen Verpflichtungen.[45] Davon zu unterscheiden ist die „strikte Überwachung“ der Mitglieder im Bereich der Wechselkurspolitik. In diesem Rahmen informieren und konsultieren die Mitgliedstaaten den IWF, der auf die unterschiedlichen Situationen seiner Mitglieder einzugehen hat.[46]

2.1.2.4. Transaktionen und Operationen des IWF

Das Übereinkommen des IWF nimmt eine grundlegende Unterscheidung zwischen der Allgemeinen Abteilung, in der die Subskriptionen der Mitglieder und aufgenommene Kredite gehalten werden, und einer Sonderziehungsrechts-Abteilung vor.[47] Über letztere werden alle Operationen und Transaktionen in Sonderziehungsrechten (SZR) abgewickelt (Art. XVI, Absch. 1, S. 1 IWF-Statuten). Der IWF trennt die Vermögenswerte beider Abteilungen streng voneinander; dies äußert sich nicht zuletzt in Art. XVI, Absch. 2, S. 2 IWF-Statuten, nach dem die Vermögenswerte einer Abteilung nicht dazu benutzt werden dürfen, Verbindlichkeiten der anderen Abteilung zu erfüllen oder Verluste zu decken. Diese grundsätzliche Trennung wirkt sich auch auf eine Suspendierung oder Aussetzung von Mitgliedsrechten in einer der beiden Abteilungen aus.[48] Obwohl beide Abteilungen unabhängig voneinander – allerdings durch dieselben Organe

---

44 Die Zusammenarbeit in den beschriebenen Bereichen ist in Art. IV, Absch. 1, S. 1, Art. VIII, Absch. 2, lit. b, S. 2, Art. VIII, Absch. 7 und Art. XXII IWF-Statuten geregelt.

45 Art. IV, Absch. 1 und Absch. 3, lit. a, 1. HS IWF-Statuten.

46 Der Umfang der Informationsrechte des IWF und der weiteren Gebiete der Zusammenarbeit und Konsultation zwischen ihm und seinen Mitgliedern werden in Art. VIII, Absch. 5-7 IWF-Statuten genannt.

47 Einführungsartikel, Abs. ii IWF-Statuten.

48 Lucke, IWF, S. 27.

– verwaltet werden, besteht eine Abhängigkeit der Sonderziehungsrechts-Abteilung von der Allgemeinen Abteilung. Gemäß Art. XVII, Absch. 1, S. 1 IWF-Statuten steht die Teilnahme an SZR jedem Mitglied des IWF und damit den Staaten zu, die vorher ihre Subskription in die Allgemeine Abteilung geleistet haben (Art. II, Absch. 2, S. 2 IWF-Statuten).[49] Außerdem werden SZR proportional zur Höhe der Quoten eines Mitglieds ausgezahlt.[50]

Die finanziellen Mittel des IWF teilen sich innerhalb der beiden Abteilungen in Transaktionen und Operationen ein. Art. XXX, lit. h und i IWF-Statuten definieren diese beiden Begriffe folgendermaßen:

> „Unter Transaktionen des Fonds [bzw. in Sonderziehungsrechten] ist der Tausch von monetären Vermögenswerten [bzw. Sonderziehungsrechten] durch den Fonds gegen andere monetäre Vermögenswerte zu verstehen. Unter Operationen des Fonds [bzw. in Sonderziehungsrechten] sind andere Arten der Verwendung oder der Entgegennahme von monetären Vermögenswerten [bzw. Sonderziehungsrechten] zu verstehen."

Abgesehen von diesen Definitionen, die in der Beschreibung der Transaktionen in Art. V, Absch. 2, lit. a IWF-Statuten wiederholt wird, und der Regelung, daß Operationen, die im Zusammenhang mit der Verwaltung von mitgliedstaatlichen Mitteln getätigt werden, nicht auf Rechnung des IWF vorgenommen werden (Art. V, Absch. 2, lit. b IWF-Statuten), nehmen die Statuten keine Unterscheidung zwischen Transaktionen und Operationen vor. Auch die Verwendung von SZR ist im Zusammenhang mit beiden Geschäften möglich.[51] Im Folgenden soll daher zur Vermeidung einer auseinandergerissenen Darstellung auf Transaktionen und Operationen des IWF gemeinsam eingegangen werden.

2.1.2.4.1. Geschäfte der Allgemeinen Abteilung des IWF

Um den Mitgliedern die Möglichkeit zu geben, Zahlungsbilanzungleichgewichte zu mindern „ohne zu Maßnahmen Zuflucht nehmen zu müssen, die dem nationalen und internationalen Wohlstand schaden"[52], und um durch den Ausgleich der Zahlungsbilanzen das Vertrauen der Mitglieder zu stärken, stellt der IWF Währungsreserven in seiner Allgemeinen Abteilung zur Verfügung. Die finanzielle Hilfe ist dahingehend beschränkt, daß sie „zeitweilig" und „unter angemessenen Sicherungen" erfolgt.[53] Da das Ausleihvolumen auf die Subskriptionen der Mitglieder und die bei Mitgliedern entliehenen Beträge beschränkt ist, ist der IWF auf eine schnelle Rückzahlung der Ziehungen zur Aufrechterhaltung seiner Liquidität angewiesen. Die Mitgliedstaaten sind daher verpflichtet, Rückkäufe bei Verbesserung der Zahlungsbilanz- bzw. Reservesituation oder min-

49 Vgl. Lucke, IWF, S. 27.
50 Art. XVIII, Absch. 2, lit. b, S. 1 IWF-Statuten.
51 Art. XIX, Absch. 1 IWF-Statuten.
52 Art. I, Abs. v IWF-Statuten.
53 Art. I, Abs. v IWF-Statuten.

destens 5 Jahre nach dem Kauf der Gelder zu tätigen.[54] Dieser revolvierende Charakter der Kredithilfen wirkt sich nicht nur zugunsten aller Mitglieder aus, der IWF ist damit auch in der Lage, die Währungsreserven, die er von den Mitgliedern hält, jederzeit auszahlen zu können.[55]

Die Voraussetzungen und Modalitäten für die Vergabe der allgemeinen Fondsmittel sind in Art. V, Absch. 3 IWF-Statuten spezifiziert.[56] Danach ist

> „ein Mitglied unter folgenden Bedingungen berechtigt, vom Fonds gegen Zahlung eines entsprechenden Betrages in seiner Währung die Währungen anderer Mitglieder zu kaufen: die Inanspruchnahme der allgemeinen Fondsmittel durch das Mitglied entspricht den Bestimmungen dieses Übereinkommens und den hiernach beschlossenen Geschäftsgrundlagen; das Mitglied legt dar, daß dieser Kauf wegen seiner Zahlungsbilanz- oder Reservesituation oder wegen der Entwicklung seiner Reserven erforderlich ist; der beantragte Kauf stellt einen Kauf in der Reservetranche dar oder bewirkt nicht, daß die Bestände des Fonds an der Währung des kaufenden Mitglieds 200 Prozent seiner Quote übersteigen; der Fonds hat nicht vorher [...] dem am Kauf interessierten Mitglied die Berechtigung zur Inanspruchnahme der allgemeinen Fondsmittel entzogen."[57]

Von den Regelungen in Ziffer iii) und iv) kann der IWF allerdings „nach seinem Ermessen und unter Wahrung seiner Interessen" gemäß Art. V, Absch. 4 IWF-Statuen abweichen.

Die Allgemeine Abteilung unterteilt sich in das Allgemeine Konto und das Konto für Sonderverwendungen[58]. Im Allgemeinen Konto werden Subskriptionszahlungen der Mitglieder und durch Darlehen aufgenommene Mittel gehalten. Welche Formen die Ziehungen einnehmen können, bleibt der Ausgestaltung der Geschäftsgrundsätze des IWF überlassen, der „für besondere Zahlungsbi-

---

54 Art. V, Absch. 7, lit. b und c IWF-Statuten.

55 Über den revolvierenden Charakter siehe Stratmann, IWF, S. 239, der diesen mit der Natur des IWF als „verwalteten Währungspool" begründet, in dem der Gesamtumfang der Reserven begrenzt sind, die konvertiblen Währungen nur einen geringen Teil der Gesamtreserven ausmachen und eine Refinanzierung nur in beschränktem Maße möglich ist.

56 Weitere Regelungen über die Vergabe von finanzieller Hilfe an Mitgliedstaaten befinden sich in den darauf folgenden Abschnitten. So regelt Art. V, Absch. 7 IWF-Statuten den Rückkauf der eigenen Währung aus den Beständen des IWF, Absch. 8 die Gebühren und Absch. 9 die Vergütung bei Ziehungen.

57 Art. V, Absch. 3, lit. b IWF-Statuten.

58 Im Konto für Sonderverwendungen des IWF werden gemäß Art. V, Absch. 12, lit. f IWF-Statuten die Gewinne aus Goldverkäufen gehalten, die als einmalige Zuschüsse an Entwicklungsländer oder als Transferzahlungen an andere Konten bzw. Fonds des IWF gegeben werden. Außerdem kann der IWF in der allgemeinen Abteilung ein Investitionskonto eröffnen, in dem Gewinne durch die Investitionen erwirtschaftet und zur Kostensenkung eingesetzt werden können. Bis heute hat es allerdings keine Entscheidung zur Einrichtung eines solchen Investitionskontos gegeben. (IMF, Financial Organisation, S. 24).

lanzprobleme besondere Geschäftsgrundsätze beschließen kann"[59]. Grundlage aller Finanzierungspolitiken und damit auch Ausgangspunkt für die Ausgestaltung der konkreten Vergabevoraussetzungen bildet die Wiederholung der Regelung des Art. I, Abs. v IWF-Statuten im zweiten Halbsatz von Art. V, Absch. 3, lit. a IWF-Statuten, in dem es heißt:

> „diese Geschäftsgrundsätze sind darauf auszurichten, daß sie den Mitgliedern bei der diesem Übereinkommen gemäßen Lösung ihrer Zahlungsbilanzprobleme helfen und ausreichende Sicherungen dafür schaffen, daß die allgemeinen Fondsmittel nur zeitweise in Anspruch genommen werden."

Dem IWF steht im Rahmen der Bewertung dieser genannten Voraussetzungen und Umstände ein Ermessen zu, von dessen Ausübung lediglich die Käufe in der Reservetranche ausgenommen sind.[60] Darunter ist der Teil der Quote zu verstehen, den die Mitgliedstaaten bei ihrem Beitritt an den IWF zahlen mußten, zuzüglich der Summe der Beiträge die andere Mitgliedstaaten in dieser Währung vom IWF gezogen haben, so daß die Ziehung in der Reservetranche in der Höhe möglich ist, bis zu der die im Allgemeinen Konto gehaltenen Bestände des IWF an der Währung des Mitglieds dessen Quote nicht übersteigen.[61] Da diese Ziehung den Währungsbestand eines Mitgliedstaats im IWF noch nicht erhöht, kann das Mitglied jederzeit über diesen Betrag verfügen, sobald es einen Zahlungsbilanzbedarf geltend macht. Aufgrund dieses Automatismusses wird die Reservetranche als Bestandteil der Währungsreserve eines Landes angesehen.[62]

Für die Ziehungen der Mitglieder verlangt der IWF Gebühren und vergütet korrespondierend das Ziehen der Währung eines Mitglieds durch andere Mitglieder.[63]

Erzielt der IWF beim Verkauf des von ihm gehaltenen Goldes Gewinne, so werden diese auf das Konto für Sonderverwendungen gezahlt.[64] Die Beträge können neben der Übertragung auf das allgemeine Konto des IWF auch für Zahlungen verwendet werden, die mit den Zielen des IWF in Einklang stehen und die auf die Hilfe für Entwicklungsländer in schwierigen Verhältnissen beschränkt sind. Der IWF umgeht damit die Ziehungsvoraussetzungen für Gelder aus dem Allgemeinen Konto sowie das Gebot, seine Mittel allen Mitgliedstaaten

---

59 Art. V, Absch. 3, lit. a, 1. HS IWF-Statuten.

60 Art. V, Absch. 3, lit. c IWF-Statuten.

61 Art. XXX, lit. c, 1. HS IWF-Statuten. Die Unterscheidung zwischen Reservetranche und Reserveposition, die Lucke, IWF, S. 33 vornimmt, spiegelt sich nicht in der Definition der IWF-Statuten wider, sie beschreibt allerdings die Zusammensetzung der Reservetranche (bei Lucke der Reserveposition) zutreffend. Die Reservetranche ist in ihrer Höhe variabel und entspricht der Differenz zwischen dem Betrag der Währung des ziehenden Mitglieds, den der IWF hält, und der Höhe der Quote des Mitglieds.

62 Lucke, IWF, S. 33; Cornelius, Konditionalität, S. 93.

63 Art. V, Absch. 8 und 9 IWF-Statuten.

64 Art. V, Absch. 12, lit. f, S. 2 IWF-Statuten.

in gleicher Weise zur Verfügung zu stellen, und ist lediglich daran gebunden, daß den Ziehungen ein Zahlungsbilanzproblem zugrunde liegt und sie sich auf eine zeitweilige Inanspruchnahme beschränken. Weiterhin besteht die Möglichkeit, Mittel aus dem Konto für Sonderverwendungen an Entwicklungsländer in Höhe eines Proporzes ihrer Quoten in Form von Zuschüssen zu verteilen.

2.1.2.4.2. Vom IWF verwaltete Konten

Neben der Allgemeinen Abteilung und der Sonderziehungsrechts-Abteilung ist der IWF gemäß Art. V, Absch. 2, lit. b, S. 1 seiner Statuten dazu berechtigt, von den Mitgliedern zur Verfügung gestellte Mittel zu verwalten. Die Vergabe dieser Mittel unterliegt wie auch die Zahlungen aus dem Konto für Sonderverwendungen ausschließlich der Übereinstimmung mit den Zielen des IWF und hängt außerdem von der Zustimmung des als Geber oder Empfänger involvierten Mitglieds ab (Art. V, Absch. 2, lit. b, S. 3 IWF-Statuten).

2.1.2.4.3. Geschäfte der Sonderziehungsrechts-Abteilung

In Übereinstimmung mit den Zielen des IWF, die Stabilität der Währungen zu fördern, geordnete Währungsbeziehungen aufrecht zu erhalten und die Dauer sowie den Grad von Zahlungsbilanzungleichgewichten zu verkürzen (Art. I, Abs. iii und vi IWF-Statuten), teilt der IWF seinen Mitgliedern Sonderziehungsrechte als Ergänzung der bestehenden Währungsreserven zu.[65] Diese SZR sollen nach Art. VIII, Absch. 7 und Art. XXII IWF-Statuten zum Hauptreservemedium des internationalen Währungssystems werden. Ihr Wert entwickelt sich nicht nach den Gesetzen von Angebot und Nachfrage auf dem freien Markt, sondern wird gemäß Art. XV, Absch. 2 IWF-Statuten durch den IWF bestimmt. Dieser übernimmt ebenfalls die Aufgabe, die Höhe der Zinsen, die ein Teilnehmer für die Verwendung von SZR zahlen muß, und der Gebühren, die der Teilnehmer erhält, dessen Währung gegen die SZR ausgegeben wird, festzulegen. Dabei entspricht der Gebührensatz dem Zinssatz, so daß der IWF keinen Gewinn bei den Transaktionen macht.[66] Vielmehr fungiert er als "Vermittler" der SZR-Geschäfte zwischen den Teilnehmern, deren Verwendungsrecht nicht gegenüber dem IWF, sondern gegenüber der Gesamtheit der übrigen Teilnehmer besteht.

Wie schon beschrieben, werden SZR von den übrigen Finanzmitteln des IWF getrennt in der Sonderziehungsrechts-Abteilung gehalten und verwaltet.[67] SZR entstehen oder erlöschen durch die Zuteilung bzw. Einziehung von Seiten des IWF und damit durch einen "unabhängigen Willensakt"[68], bei dem der langfristige weltweite Bedarf nach Ergänzung der vorhandenen Währungsreserven

65 Art. XV, Absch. 1 IWF-Statuten.
66 Art. XX, Absch. 1-3 IWF-Statuten.
67 Art. XVI, Absch. 1 und 2 IWF-Statuten.
68 Lucke, IWF, S. 28.

prognostiziert wird. Der IWF versucht damit wirtschaftliche Stagnation und Deflation ebenso zu vermeiden, wie Übernachfrage und Inflation.[69]

Teilnehmer am System[70] der SZR sind die Mitglieder des IWF nach Hinterlegung einer Urkunde. Der IWF kann „sonstige Inhaber“ bestimmen, zu denen Staaten, Institutionen, welche Zentralbankaufgaben für mehr als ein Mitglied erfüllen, und andere amtliche Stellen zählen.[71] Da der IWF neben den Teilnehmern und sonstigen Inhabern selber Inhaber der SZR ist, kann er diese bei allen Operationen und Transaktionen außerhalb der SZR-Abteilung verwenden.[72]

SZR erhalten ihre Stellung als Reserveeinheit durch die Garantie in Art. XIX, Absch. 2, lit. a IWF-Statuten, nach der „ein Teilnehmer berechtigt ist, seine SZR zum Erwerb eines entsprechenden Währungsbetrags“ zu verwenden. Korrespondierend zu diesem Recht verpflichten sich die Teilnehmer, dem Tauschverlangen insoweit nachzukommen, als der IWF ihre Zahlungsbilanzposition und ihre Bruttoreserven für stark genug einschätzt (Designierung).[73] Neben diesen Transaktionen mit dem IWF können die Teilnehmer ihre SZR auch in Geschäften untereinander verwenden und gegen konvertible Währungen tauschen.[74] Die zwar teilweise vom IWF vermittelten, aber unabhängigen Geschäfte haben gegenüber den Transaktionen den Vorteil, daß sie nicht an das Erfordernis des Bedarfs gebunden sind (Art. XIX, Absch. 3 IWF-Statuten). Dieses soll verhindern, daß ein Teilnehmer SZR verwendet, um die Zusammensetzung seiner Reserven zu verändern und ohne sich einer problematischen Entwicklung in der Zahlungsbilanz- oder Reservesituation gegenüber zu sehen. Allerdings bedeutet die Notwendigkeit eines Bedarfs an SZR lediglich eine relative Beschränkung der Verwendungsgarantie, da gemäß Art. XIX, Absch. 3, lit. b, S. 1 IWF-Statuten der Verwendung der SZR nicht widersprochen werden kann. Der Nichteinhaltung der Bedarfsregelung folgen allerdings „Vorstellungen“ (representations) des IWF.

2.1.2.5. Technische Hilfe

Die Berechtigung des IWF, seine Mitglieder mit der Bereitstellung von technischer Hilfe und der Beratung bei der Umsetzung einer angemessenen Währungs- und Wechselkurspolitik sowie bei der Einhaltung der Verpflichtungen gemäß

---

69 Art. XVIII, Absch. 1, lit. a IWF-Statuten. Über die Zuteilung oder die Einziehung von SZR entscheidet der IWF grundsätzlich in Perioden von 5 Jahren, die allerdings geändert werden können (Art. XVIII, Absch. 2, lit. c und Absch. 3 IWF-Statuten).

70 Daß es sich bei der Verwendung der Sonderziehungsrechte um ein System mit wechselseitigen Beziehungen zwischen verschiedenen Teilnehmergruppen handelt, weist Theile, SZR, S. 154-157 nach.

71 Art. XVII IWF-Statuten.

72 Art. XIX, Absch. 1 und Art. V, Absch. 3, lit. f IWF-Statuten.

73 Art. XIX, Absch. 4, lit. a und Absch. 5, lit. a IWF-Statuten.

74 Art. XIX, Absch. 2, lit. b und c IWF-Statuten.

Art. IV und VIII IWF-Statuten zu unterstützen, geht aus Art. V, Absch. 2, lit. b seiner Statuten hervor. Danach sind die technischen Dienstleistungen daran gebunden, mit den Zielen des IWF vereinbar zu sein.

2.2. Das Mandat der Weltbank in ihren Statuten

2.2.1. Ziele und Aufgaben der IBRD gemäß Art. I IBRD-Statuten

Wie schon der Name der Internationalen Bank für Wiederaufbau und Entwicklung aussagt, liegt ihr vorrangiges Ziel[75] darin, „den Wiederaufbau und die Entwicklung der Gebiete der Mitglieder zu unterstützen".[76] In Art. I ihrer Statuten sind der IBRD daher Aufgaben gegeben und Mittel zugestanden worden, die das wirtschaftliche Wachstum und die Produktivität sowie den internationalen Handel fördern sollen. Im Einzelnen lautet Art. I wie folgt:

> „Die Aufgaben der Bank sind:
>
> Den Wiederaufbau und die Entwicklung der Gebiete der Mitglieder zu unterstützen durch Erleichterung der Kapitalanlage für produktive Zwecke, einschließlich der Wiederherstellung durch den Krieg zerstörter oder zerrütteter Volkswirtschaften, der Umstellung der Produktionsanlagen auf den Friedensbedarf und der Förderung der Entwicklung von Produktionsanlagen und Hilfsquellen in weniger entwickelten Ländern.
>
> Die private ausländische Investitionstätigkeit durch die Übernahme von Garantien oder durch Beteiligung an Darlehen und anderen von privaten Geldgebern durchgeführten Investitionen zu fördern, und wenn privates Kapital nicht zu annehmbaren Bedingungen erhältlich ist, die private Investitionstätigkeit dadurch zu ergänzen, daß sie aus ihrem eigenen Kapital, aus von ihr aufgebrachten Geldern und aus ihren anderen Mitteln zu geeigneten Bedingungen Kapital für produktive Zwecke bereitstellt.
>
> Eine auf lange Sicht ausgewogene Ausdehnung des internationalen Handels und die Aufrechterhaltung des Gleichgewichts der Zahlungsbilanzen durch die Anregung internationaler Investitionen zwecks Entwicklung der Produktionsquellen von Mitgliedern zu fördern und damit zu einer Hebung der Produktivität, des Lebensstandards und der Arbeitsbedingungen in deren Gebieten beizutragen.

---

75 Daß die Überschrift zu Art. I IBRD-Statuten von Aufgaben spricht, ist eine Folge der ungenauen Übersetzung des in Englisch verfaßten Vertragstextes, der – wie auch in den Statuten des IWF – den Begriff "purposes" verwendet. Diese Auslegung wird durch die Nennung des Wortes "Ziele" im letzten Satz von Art. I unterstützt, in dem es heißt: „Die Bank wird sich in all ihren Entscheidungen von den oben niedergelegten Zielen leiten lassen."

76 Art. I, Abs. i IBRD-Statuten.

Die von ihr gewährten oder garantierten Anleihen mit auf anderem Wege gewährten internationalen Anleihen abzustimmen, so daß die nützlicheren und dringlicheren Projekte, große und kleine in gleicher Weise, zuerst bearbeitet werden.

Ihre Geschäfte unter gebührender Berücksichtigung der Wirkung internationaler Investitionen auf die Geschäftsbedingungen in den Gebieten von Mitgliedern zu führen und dazu beizutragen, daß in den ersten Nachkriegsjahren ein reibungsloser Übergang von der Kriegswirtschaft zur Friedenswirtschaft erfolgt.

Die Bank wird sich in all ihren Entscheidungen von den oben niedergelegten Zielen leiten lassen."

Bei einer Analyse der Ziele der IBRD lassen sich dadurch Schwerpunkte erkennen, daß die Formulierungen allgemein oder konkret gefaßt sind bzw. Aufgabenbereiche und Handlungsspielräume zur Umsetzung der Ziele genannt werden. Der erste Absatz des Art. I IBRD-Statuten enthält eine Generalklausel[77] für das Handeln der IBRD, indem er das Ziel nennt, „den Wiederaufbau und die Entwicklung der Gebiete der Mitglieder zu unterstützen", verbunden mit der Aufgabe der „Erleichterung der Kapitalanlage für produktive Zwecke". Diese Formulierung läßt allerdings die Frage offen, mit welchen Mitteln und Maßnahmen die IBRD erleichternd eingreifen soll. Auch die folgende Aufzählung der „Wiederherstellung durch den Krieg zerstörter und zerrütteter Volkswirtschaften, der Umstellung der Produktionsanlagen auf den Friedensbedarf und der Förderung der Entwicklung von Produktionsanlagen und Hilfsquellen in weniger entwickelten Ländern" trägt wenig zur Klärung der konkreten Handlungskompetenzen der IBRD bei, sondern verstärkt den Eindruck ihrer Handlungsfreiheit im Bereich der Erleichterung der Kapitalanlagen für produktive Zwecke. Diese Interpretation wird zusätzlich durch den Begriff "einschließlich" unterstützt, der verdeutlicht, daß die Aufzählung nicht abschließend sondern zur Klarstellung und Prioritätenbildung erfolgte.

Eine Konkretisierung erfahren die Ziele "Wiederaufbau" und "Entwicklung" in den Absätzen ii und iii des Art. I IBRD-Statuten, welche die Förderung, Ergänzung und Anregung der Investitionstätigkeit in den Mitgliedstaaten beinhalten. Die Aufgabe der IBRD besteht in der Vergabe von Garantien und Kofinanzierungen an ihre Mitglieder, die eine private, ausländische Investitionstätigkeit fördern und ergänzen sollen. Zur Optimierung der privaten Investitionstätigkeit steht der IBRD außerdem die Vergabe von Darlehen sowohl an ihre Mitgliedstaaten als auch an Private zur Verfügung. Durch die Anregung der internationalen Investitionstätigkeit (Katalysatorfunktion) trägt die IBRD zu einer Ausdehnung des internationalen Handels und der Aufrechterhaltung der Zahlungsbilanzgleichgewichte bei. Ferner dienen die Investitionen dazu, die Produktivi-

77 Eine Generalklausel ist eine Rechtsnorm, die nur einen allgemeinen Grundsatz aufstellt und die konkrete Bestimmung seines Inhalts der Auslegung im Einzelfall überläßt (Köbler, Generalklausel).

tät, den Lebensstandard und die Arbeitsbedingungen zu heben. Bei diesen 3 Zielbestimmungen handelt es sich um Sekundärziele der IBRD, die durch die Entwicklung der Produktionsquellen erreicht werden sollen, wie die Konjunktion „damit" verdeutlicht.

Den genannten Zielen der IBRD (Art. I, Abs. i bis iii IBRD-Statuten) ist gemein, daß im Mittelpunkt der Entwicklung eines Mitglieds produktive Zwecke und die Entwicklung der Produktionsanlagen stehen. Diese Ausrichtung gibt der IBRD einen weiten Handlungsspielraum in den verschieden strukturierten Volkswirtschaften und sektoralen Schwerpunktgebieten, zeigt ihr andererseits aber auch die Grenzen ihres Handelns auf.

Die letzten beiden Abschnitte von Art. I der IBRD-Statuten beinhalten keine von den Mitgliedern der Organisation übertragenen Mandate sondern Arbeitsanleitungen, nach denen sich die IBRD bei ihrer Geschäftstätigkeit richten soll.[78] Danach erhalten diejenigen Projekte eine vorrangige Behandlung und Unterstützung, die den meisten Nutzen abwerfen und als dringend angesehen werden. Nach welchen Maßstäben die Dringlichkeit oder der Nutzen beurteilt werden sollen, wird allerdings nicht dargelegt, sondern erschließt sich aus dem Zusammenhang mit den ersten drei Abschnitten, die, wie gerade ausgeführt, in Verbindung mit allen Aufgabenbereichen der IBRD die Verfolgung produktiver Zwecke als Maßstab ansehen. Außerdem hat die IBRD die Wirkungen der Investitionen auf die Geschäftsbedingungen in den Mitgliedstaaten zu beachten.

Die Aufgabe des Wiederaufbaus wird neben der Erwähnung im generalklauselartig formulierten Art. I, Abs. i IBRD-Statuten auch in der Aufgabe, einen reibungslosen Übergang von der Kriegs- in die Friedenswirtschaft zu gewährleisten, genannt.[79]

2.2.2. Handlungskompetenzen der IBRD

Entgegen der Bandbreite an Mitteln, die dem IWF zur Umsetzung seiner Aufgaben zur Verfügung stehen, beschränken sich die Statuten der IBRD auf die Nennung der Vergabe von Darlehen, Kofinanzierungen und Garantien an ihre Mitglieder oder diejenigen privaten Unternehmen, die eine Bürgschaft ihres Mit-

---

78 Vgl. Shihata III, S. 75.

79 Art. I, Abs. v IBRD-Statuten. Daß sich die Verweise „den Krieg" (im Gegensatz zu der allgemeiner gehaltenen Formulierung „durch Kriege") und „in den ersten Nachkriegsjahren" ausschließlich auf die Hilfe für Zerstörungen während des 2. Weltkriegs beziehen, ist aus historischer Sichtweise denkbar, da die IBRD als Reaktion auf die starken Zerstörungen der nationalen und internationalen Wirtschaft während des 2. Weltkriegs gegründet worden ist (vgl. Art. XIV, Absch. 1 IWF-Statuten (1945), in dem es zur Abgrenzung der Arbeit der IBRD heißt „Der Fonds hat nicht die Aufgabe, Erleichterungen für Hilfswerke oder den Wiederaufbau zu gewähren oder sich mit der aus dem Krieg entstehenden internationalen Verschuldung zu befassen"). Der Wortlauf schließt eine Anwendung auf andere Kriege und gewaltsame Auseinandersetzungen jedoch nicht aus.

gliedstaates vorweisen können.[80] Die Voraussetzungen für die Vergabe dieser Mittel ist in Art. III IBRD-Statuten geregelt, wohingegen der darauf folgende Art. IV die Art und Weise der Auszahlung beinhaltet. Als Begünstigte der finanziellen Hilfe der Weltbank kommen ihre Mitglieder bzw. deren Gebietskörperschaften und private Unternehmen in Betracht, obwohl die Vertragspartnerschaft mit letzteren durch das Vorweisen einer Garantie von Seiten des Mitgliedstaats, auf dessen Gebiet das Vorhaben durchgeführt wird, über die eingegangenen Verpflichtungen gegenüber der IBRD beschränkt ist.[81]

Die Besonderheit der Arbeit der IBRD liegt darin, Mitgliedern zu helfen, die aufgrund ihrer ausweglosen wirtschaftlichen Situation keine anderen Möglichkeiten besitzen, Investitionsmittel zu erlangen. Daran gekoppelt sind die Bedingungen, zu denen die Hilfen gewährt werden sollen. So lassen Art. III, Absch. 4, Abs. iv und vi IBRD-Statuten der IBRD einen weiten Interpretationsspielraum bei der Festsetzung der Höhe des Zinssatzes und anderer Spesen bzw. der Entschädigung für das Eingehen einer Garantie, solange diese angemessen und dem Vorhaben angepaßt ist. Letzteres gilt ebenfalls für die Ausgestaltung des Tilgungsplans. Allerdings konkretisiert eine systematische Auslegung der Statuten die Höhe der Nebenverpflichtungen gegenüber der IBRD, da es sich bei den Begünstigten um Mitglieder handelt, die einerseits gemäß des folgenden Absatzes (Art. III, Absch. 4, Abs. v IBRD-Statuten) als kreditwürdig einzustufen und andererseits nicht in der Lage sind, Gelder aus anderen Quellen zu mobilisieren. Eine Festlegung der Gebühren unterhalb des Marktsatzes ist daher notwendig. Gleichzeitig ist die Erhebung in einer Höhe, die zur Deckung der bei der IBRD entstehenden Kosten ausreicht, wünschenswert, da die IBRD neben den Interessen der begünstigten Mitglieder auch die Interessen der Gesamtheit aller Mitglieder zu berücksichtigen und zu vertreten hat.[82] Die gerade erwähnte Kreditwürdigkeit der von der IBRD unterstützten Mitglieder umfaßt die Prognose, daß das Mitglied „voraussichtlich in der Lage sein wird, seinen aus dem Darlehen oder der Garantieübernahme herrührenden Verpflichtungen nachzukommen".[83] Die Beurteilung dieser Voraussetzung erfolgt nach einer Interessenabwägung zwischen dem Wohl des einzelnen Mitglieds und der Gesamtheit aller Mitglieder.

Neben den Voraussetzungen, die sich mit den Eigenschaften des Darlehens- oder Garantienehmers befassen, enthalten die Statuten der IBRD Regelungen, die eine Beschreibung der zu fördernden Sachverhalte beinhalten. So sollen die Investitionen „außer in besonderen Umständen nur für bestimmte Wiederauf-

80 Art. III und IV IBRD-Statuten.

81 Art. III, Absch. 4, Abs. i IBRD-Statuten.

82 Der Verweis auf die „Gesamtheit aller Mitglieder" erfolgt neben Art. III, Absch. 4, Abs. v, 2. HS IBRD-Statuten auch in Verbindung mit dem Umgang mit Mitgliedern, die in Zahlungsverzug geraten sind (Art. IV, Absch. 4, lit. c, S. 2 IBRD-Statuten).

83 Art. III, Absch. 4, Abs. v IBRD-Statuten.

bau- und Entwicklungsvorhaben verwendet werden".[84] Außerdem ist die Verwendung der Gelder der IBRD daran gebunden, daß sie wirtschaftlich und nutzbringend eingesetzt, sowie von politischen und nicht-wirtschaftlichen Erwägungen und unabhängig von Dritten[85] verwandt werden.[86]

2.2.3. Ziele, Aufgaben und Handlungskompetenzen der IDA

Die Ziele der IDA (Art. I IDA-Statuten) umfassen zwei Bereiche, nämlich die Förderung der wirtschaftlichen Entwicklung und die Erhöhung der Produktivität, durch welche eine Steigerung des Lebensstandards in ihren Mitgliedstaaten erreicht werden soll:

> „Zweck der Organisation ist es, in den in die Mitgliedschaft einbezogenen Entwicklungsgebieten der Welt die wirtschaftliche Entwicklung zu fördern, die Produktivität zu steigern und auf diese Weise den Lebensstandard zu heben; zu diesem Zweck stellt die Organisation insbesondere Finanzierungsmittel zur Deckung der wichtigsten Entwicklungsbedürfnisse dieser Gebiete zu Bedingungen bereit, die elastischer sind und die Zahlungsbilanz weniger belasten als die Bedingungen herkömmlicher Darlehen; hierdurch sollen die Entwicklungsziele der Internationalen Bank für Wiederaufbau und Entwicklung [...] gefördert und ihre Tätigkeit ergänzt werden.
>
> Die Organisation wird sich bei allen ihren Beschlüssen von den Bestimmungen dieses Artikels leiten lassen."

Im Gegensatz zu den Aufgaben der IBRD beziehen sich die Bemühungen der IDA lediglich auf die am wenigsten entwickelten Staaten der Welt, die gleichzeitig Mitglied der Organisation sind. Die wirtschaftliche Entwicklung und die Erhöhung der Produktion sollen durch die Finanzierung der wichtigsten Entwicklungsanforderungen zu flexiblen und die Zahlungsbilanz wenig belastenden Bedingungen erreicht werden, wobei weitere Betätigungen der IDA nicht ausgeschlossen sind. Diese Auslegung wird durch die Worte „insbesondere" angezeigt. Die Umsetzung dieser Maßnahmen zielt gleichzeitig auf die Unterstützung der Entwicklungsziele der IBRD und die Ergänzung ihrer Aktivitäten ab.

---

84 Art. III, Absch. 4, Abs. vii IBRD-Statuten.

85 Die Unabhängigkeit des Einsatzes der verliehenen Gelder bzw. – wie Art. III, Absch. 5, lit. a IBRD-Statuten formuliert– das Verbot einer „Bedingung [...], wonach die Darlehensbeträge in den Gebieten eines bestimmten Mitglieds oder bestimmter Mitglieder zu verwenden sind", ist eine Folge der gebundenen Entwicklungshilfe, bei der sich Geberstaaten als Bedingung für die Vergabe von bilateraler Entwicklungshilfe vorbehalten haben, daß der Nehmerstaat diese Gelder für Importe aus dem Geberstaat zu verwenden hat. Diese Verfahrensweise sicherte dem Geberstaat somit eine Steigerung seines Exports zu und knebelt den Nehmer in Bezug auf die Wahl seiner Vertragspartner.

86 Art. III, Absch. 5, lit. a und b IBRD-Statuten. Als weitere Voraussetzung für die Vergabe einer Projektfinanzierung oder einer Garantie soll sich ein Darlehensausschuß, dessen Zusammensetzung in Art. V, Absch. 7 IBRD-Statuten beschrieben ist, mit dem Vorhaben befassen und eine positive Prognose unterbreiten.

Die der IDA zur Verfügung stehenden Mittel drücken die Ähnlichkeit der Ziele von IBRD und IDA aus. Die Statuten bleiben in der Beschreibung der möglichen Mittel sehr vage und setzen eher Rahmenbedingungen, in denen die genaue Ausgestaltung der Finanzierung fallbezogen vereinbart werden kann. So bestehen Unterschiede zur Mittelvergabe durch die IBRD darin, daß die Kreditwürdigkeit des begünstigten Mitglieds keine Voraussetzung für den Erhalt von Geldern bildet. Eine Prüfung der Kreditwürdigkeit sollte allerdings beachten, daß die Darlehensvergabe der IBRD derjenigen der IDA vorrangig ist (Art. V, Absch. 1, lit. c IDA-Statuten). Letztere beschränkt ihre Finanzierung ausschließlich auf Maßnahmen, die „im Hinblick auf die Bedürfnisse des oder der betreffenden Gebiete für deren Entwicklung vordringlich sind“[87] und zieht als zusätzliches Kriterium zur Bereitstellung der Gelder für bestimmte Zwecke den Wettbewerb des internationalen Handels heran.

Der hohe Grad an Flexibilität in Bezug auf die Einsetzbarkeit und Verwendbarkeit der Finanzhilfen der IDA spiegelt sich insbesondere in Art. V, Absch. 2, lit. a IDA-Statuten wider, der zwar ein Darlehen als grundsätzlich zu verwendende Finanzierungsform der IDA vorschlägt, jegliche andere Finanzierungsmöglichkeiten jedoch unter bestimmten Bedingung ermöglicht. Die Einschränkungen beziehen sich größtenteils auf die Herkunft der Finanzmittel. So sollte es sich um Gelder aus der ursprünglichen Subskription oder den Wiederauffüllungen der IDA handeln oder unter besonderen Umständen um bereitgestellte Gelder, deren Geber der besonderen Art der Verwendung zugestimmt haben. Auf welche Weise und zu welchen Bedingungen den Mitgliedern die Gelder zur Verfügung gestellt werden, hängt von der Beurteilung der wirtschaftlichen Position, den entwicklungspolitischen Aussichten der Region und der Ausgestaltung der zu fördernden Projekte ab (Art. V, Absch. 2, lit. b IDA-Statuten).

Ein weiterer Unterschied zur Finanzierung von Projekten durch die IBRD liegt in der Möglichkeit begründet, daß die IDA neben den Devisenkosten gemäß Art. V, Absch. 2, lit. e IDA-Statuten in besonderen Fällen auch Kosten, die gegenüber dem Inland anfallen, begleichen kann.[88]

87 Art. V, Absch. 1, lit. b IDA-Statuten.

88 Wie eine Regelung in den Statuten der IBRD erhält auch Art. V, Absch. 1, lit. d IDA-Statuten eine Formvorschrift, nach der vor der Entscheidung über ein Projekt ein Ausschuß, der mit dem Gouverneur des betreffenden Staates und Mitarbeitern der IDA aus dem technischen Bereich besetzt ist, eine Analyse vornimmt und die Erfolgs-aussichten des Vorhabens bewertet.

2.3. Abgrenzung und Kohärenzen zwischen den Mandaten

Der auffallendste Unterschied zwischen den Mandaten der Weltbank[89] und des IWF besteht in der Würdigung der Mitgliedschaft. Obwohl der Beitritt allen Staaten offensteht[90], beschränkt die Weltbank ihre Geschäftstätigkeit auf die „weniger entwickelten Länder".[91] Zwar bezieht Art. I, Abs. i IBRD-Statuten diese Einschränkung lediglich auf die Aufgabe der „Förderung der Entwicklung von Produktionsanlagen und Hilfequellen" und öffnet ihre Wiederaufbauhilfe allen Mitgliedstaaten, die Vergabe der Garantien und Darlehen setzt allerdings gemäß Art. III, Absch. 4, Abs. ii IBRD-Statuten voraus, daß die Empfängerstaaten nicht in der Lage sind, anderweitige Finanzhilfen zu erlangen. Die IBRD-Statuten nehmen damit eine Gewichtung vor, die in der grundsätzlichen Gleichbehandlung der Mitglieder des IWF nicht wiederzufinden ist.[92] Die Geschäftstätigkeit der Weltbank in lediglich einem Teil der Mitglieder des IWF beschränkt Berührungspunkte grundsätzlich auf Maßnahmen in den weniger entwickelten Ländern. Daß die Weltbank in einem Staat agiert, mit dem der IWF nicht zumindest im Bereich der Konsultationen und Zusammenarbeit in Kontakt steht, schließt Art. II, Absch. 1, lit. b IBRD-Statuten aus, indem er die Mitgliedschaft in der IBRD an diejenige im IWF koppelt. Diese Voraussetzung setzt sich in der IDA durch die Bindung ihrer Mitgliedschaft mit der in der IBRD fort.[93]

Die Ziele und Aufgaben der Organisationen weisen jeder von ihnen einen gesonderten Auftrag im internationalen Staaten- und Wirtschaftssystem zu. Der IWF ist zuständig für die Zusammenarbeit und Konsultationen[94] im Rahmen der

---

89 Da die IDA in ihren Zielen dazu aufgerufen ist, die Entwicklungsziele der IBRD zu unterstützen (Art. I IDA-Statuten), gelten die Abgrenzungen zwischen der IBRD und dem IWF, die sich auf die Vergabe von Entwicklungshilfe beziehen, auch für die Abgrenzung zwischen der IDA und dem IWF.

90 Art. II, Absch. 2 IWF-Statuten, Art. II, Absch. 1, lit. b IBRD-Statuten, Art. II, Absch. 1, lit. b IDA-Statuten.

91 Art. I, Abs. i IBRD-Statuten; die Hilfen der IDA stehen lediglich den am wenigsten entwickelten Gegenden der Welt offen (Art. I und V, Absch. 1, lit. a IDA-Statuten). Gleichzeitig unterscheidet die IDA bei der Art der Subskription und Einzahlung des Kapitals zwischen den entwickelten und weniger entwickelten Mitgliedern. Eine Aufteilung in diese beiden Gruppen ist in Weltbank, Jahresbericht 2003 I, S. 181 zu finden.

92 Daß die Mitgliedschaft im IWF auf einer grundsätzlichen Gleichbehandlung beruht, die sich insbesondere auf die Vergabe der Finanzmittel der allgemeinen Abteilung bezieht, kommt deutlich in Art. I, Abs. ii IWF-Statuten zum Ausdruck, der die „Entwicklung des Produktionspotentials aller Mitglieder" vorsieht. Eine Ausnahme dieses Uniformitätsgedankens bildet die Möglichkeit der Kreditvergabe in Art. V, Absch. 12, lit. f, Abs. i IWF-Statuten und die Verwaltung von Geldern in getrennten Konten (Art. V, Absch. 2, lit. b, 1. HS IWF-Statuten).

93 Art. II, Absch. 1, lit. b IDA-Statuten.

94 Die Verpflichtung, Mitgliedstaaten zu konsultieren, wird in den Statuten der Weltbank nur in Art. IV, Absch. 1, lit. b IBRD-Statuten genannt, der die Aufnahme von Kapital

internationalen Währungspolitik, er übt eine Aufsichts- und Lenkungsfunktion gegenüber den Mitgliedern aus und ist mit der Aufgabe betraut, ein multilaterales Zahlungssystem ohne Devisenverkehrsbeschränkungen aufzubauen und mittels der Zuteilung von SZR über den Umfang der internationalen Liquidität zu wachen.[95] Auch die Hauptziele der Weltbank sind ihr ausschließlich vorbehalten und finden kein Pendant in den Regelungen des IWF. Sie umfassen den Wiederaufbau der Friedenswirtschaft und die Entwicklung der Gebiete der unterentwickelten Mitgliedstaaten, die insbesondere im Wege der Förderung und Ergänzung der privaten ausländischen Investitionstätigkeit erreicht werden soll.

Aus dieser unterschiedlichen Ausrichtung der Mandate von Weltbank und IWF resultiert ein verschiedenartig gewichteter Einfluß auf die Politikgestaltung der Mitgliedstaaten. Während sich die Mandate der Weltbank auf die Unterstützung von einzelnen Projekten und lediglich im Ausnahmefall anders gearteter Finanzhilfe beziehen und dadurch eine Beeinträchtigung der Politik mitgliedstaatlicher Regierungen weitgehend ausgeschlossen ist, verpflichten sich die Mitglieder des IWF gemäß Art. IV, Absch. 1, Abs. 1 IWF-Statuten, ihre „Wirtschafts- und Währungspolitik unter angemessener Berücksichtigung seiner [des Mitglieds] Situation auf das Ziel eines geordneten Wirtschaftswachstums bei angemessener Preisstabilität auszurichten".[96] Zusätzlich schreibt Art. I, Abs. ii IWF-Statuten die Förderung und Aufrechterhaltung eines hohen Beschäftigungsgrads und Realeinkommens sowie die Entwicklung des Produktionspotentials als oberste Ziele der Wirtschaftspolitik vor. Der Einfluß auf die Politikgestaltung der Mitglieder wird nicht zuletzt durch die Hauptaufgaben des IWF, nämlich der Überwachung der Umsetzung dieser Grundsätze, bestimmt.[97]

Im Weiteren soll auf die Ziele und Geschäftsbereiche der Organisationen eingegangen werden, in denen Berührungspunkte und damit ein bestimmter Grad an Kohärenz zu finden sind. Der langjährige Leiter der Rechtsabteilung der Weltbank, *Ibrahim F. Shihata*, benennt diese Bereiche deutlicher als "overlap".[98] Über die konkreten Schnittpunkte der Ziele und Kompetenzen hinaus erhalten funktionale Verbindungen zwischen grundsätzlich unabhängigen Zielen eine wichtige Bedeutung. So bedingen sich beispielsweise die Verfolgung der Wech-

---

auf dem Kapitalmarkt regelt. Es handelt sich hierbei im Gegensatz zu den Konsultationen des IWF nicht um den Aufbau eines stabilen, internationalen Zahlungsverkehrs zur Lösung von Währungsproblemen.

95 Wie bereits erwähnt, fand die Zuteilung der SZR durch den IWF keine Aufnahme in dessen Ziele, da die Mitglieder eine umfassende Änderung der Statuten vermeiden wollten.

96 Weitere Verhaltensvorschriften in Bezug auf die Regierungspolitik der Mitgliedstaaten des IWF sind in Art. IV, Absch. 1, Abs. ii – iv und Art. VIII, Absch. 2 und 3 IWF-Statuten enthalten.

97 Art. IV, Absch. 3 IWF-Statuten.

98 Shihata, Relationship, S. 775.

selkursstabilität durch den IWF und die Förderung internationaler Investitionen durch die IBRD gegenseitig.[99]

2.3.1. Kapitalanlagen für produktive Zwecke und das Produktionspotential der Mitgliedstaaten

Die Statuten des IWF enthalten in Art. I, Abs. ii einen Bezug auf die „Entwicklung des Produktionspotentials aller Mitglieder". Fraglich ist, in wie weit dieser Verweis mit der Entwicklungsaufgabe der IBRD kollidiert, nach der diese:

> „[...] die Entwicklung der Gebiete der Mitglieder [...] unterstütz[t] durch Erleichterung der Kapitalanlage für produktive Zwecke, einschließlich [...] der Förderung der Entwicklung von Produktionsanlagen [...]."[100]

Wie in Kapitel 2.2.1. bereits ausgeführt worden ist, handelt es sich bei der Aufgabe der „Förderung der Entwicklung von Produktionsanlagen" durch die IBRD um einen Teilaspekt der „Erleichterung der Kapitalanlage für produktive Zwecke". Letztere kann daher auch unabhängig vom Aufbau einzelner Produktionsanlagen mittels der Gestaltung positiver Rahmenbedingungen auf staatlicher, regionaler oder individueller Ebene angestrebt werden.[101] Diese weite Auslegung der produktiven Zwecke, die der IBRD die Möglichkeit gegeben hat, zu einer Entwicklungshilfeorganisation zu werden, zielt allerdings auf die „Erleichterung der Kapitalanlage" ab und ist daher im Zusammenhang mit ausländischen Investitionen für einzelne Projekte zu sehen. Dagegen umfaßt das Ziel des IWF die Verbesserung der volkswirtschaftlichen Gesamtlage eines Mitglieds, die im Produktionspotential ihren Ausdruck findet.

Neben dieser unterschiedlichen Zielrichtung der Förderung der Produktion in einem Mitgliedstaat nennen die Statuten des IWF die Entwicklung des Produktionspotentials als Sekundärziel, welches durch „die Ausweitung und ein ausgewogenes Wachstum des Welthandels"[102] erreicht werden soll. Dem IWF sind jedoch keine Aufgaben zur direkten Umsetzung dieses Ziels zugeteilt worden. Daß ihm in diesem Zusammenhang lediglich eine passive Rolle zugedacht worden ist, unterstreicht der Hinweis, daß die Entwicklung des Produktionspotentials „als oberste[s] Ziel der Wirtschaftspolitik" angesehen werden soll. Das Ziel rückt damit auf die Ebene der in Art. IV, Absch. 1 IWF-Statuten genannten Verhaltensregeln für die Ausgestaltung der mitgliedstaatlichen Wirtschaftspolitik. Die ohnehin indirekte Erwähnung der Entwicklung der Mitgliedstaaten wird

---

99 Shihata, Relationship, S. 775.

100 Art. I, Abs. i IBRD-Statuten. Der Bezug auf „produktive Zwecke" erfolgt außerdem in Art. I, Abs. ii und iii IBRD-Statuten.

101 Beispiele für Maßnahmen auf den verschiedenen Ebenen sind die Errichtung von funktionstüchtigen Gerichts- oder Banksystemen, die strukturelle Gestaltung eines Wirtschaftssektors oder die Anhebung des Lebensstandards und die Befriedigung der Grundbedürfnisse einzelner Bevölkerungsgruppen.

102 Art. I, Abs. ii IWF-Statuten.

außerdem durch den Bezug auf „alle [...] Mitglieder" von dem Entwicklungshilfeauftrag der IBRD unterschieden.[103]

Je nach Auslegungsgrad des Begriffs „Erleichterung der Kapitalanlage" durch die IBRD wirkt sich deren Arbeit auf die Wirtschaftspolitik ihrer Mitgliedstaaten aus. Die Möglichkeit einer Kohärenz besteht daher in dem Fall, daß der IWF bei Konsultationen auf die Entwicklung des Produktionspotentials im Rahmen der nationalen Wirtschaftspolitik hinwirkt.[104] Die unterschiedliche Schwerpunktsetzung zwischen der mikroökonomisch[105] ausgelegten Kapitalanlage für produktive Zwecke (IBRD) und dem makroökonomisch[106] orientierten Produktionspotential (IWF) birgt die Gefahr gegensätzlicher Empfehlungen an die Mitgliedstaaten in sich.

Die zwischen Kapitalanlagen und Produktionspotential erkannte Teilung der Aufgabenbereiche in mikroökonomische und makroökonomische Maßnahmen, setzt sich in weiteren Sekundärzielen der Organisationen fort. So strebt die Weltbank die „Hebung der Produktivität, des Lebensstandards und der Arbeitsbedingungen in deren Gebieten [der Mitglieder]" an, wohingegen der IWF „zur Förderung und Aufrechterhaltung eines hohen Beschäftigungsgrads und Realeinkommens als oberste Ziele der Wirtschaftspolitik" beitragen soll.[107]

2.3.2. Die Gleichgewichte der mitgliedstaatlichen Zahlungsbilanzen

Die Ausgewogenheit der Zahlungsbilanz steht im Mittelpunkt der Arbeit des IWF, der an deren Gleichgewicht das Wachstum einer Volkswirtschaft und die Stabilität einer Währung abliest. Art. I, Abs. vi IWF-Statuten nennt daher das Ziel, „die Dauer der Ungleichgewichte der internationalen Zahlungsbilanzen der Mitglieder abzukürzen und den Grad der Ungleichgewichte zu vermindern". Da sich jegliche Wirtschaftsfaktoren auf die Ausgewogenheit einer Zahlungsbilanz

---

103 Diese Klarstellung stellte einen Kompromiß mit einem Antrag von Indien während den Verhandlungen bei Gründung des IWF dar, der die Formulierung „to assist in the fuller utilization of the resources of economically underdeveloped countries" vorschlug (Shihata, Relationship, S. 777).

104 Ähnlich Shihata, Relationship, S. 775, der die „Entwicklung der Produktionsquellen" (IBRD) der Unterstützung des internationalen Handels durch die Entwicklung des Produktionspotentials (IWF) gegenüberstellt, auf die zum Erreichen dieser Ziele vorgesehenen Mittel jedoch nicht eingeht.

105 Die Mikroökonomie analysiert die Koordinationsvorgänge, die aufgrund der Arbeitsteilung des Produktionsprozesses notwendig werden. Sie setzt grundsätzlich an den Individualitäten der Wirtschaftsprozesse an, nämlich den Wirtschaftssubjekten (Haushalte, Unternehmen, Staat) einerseits und den einzelnen Gütern andererseits (Gabler, Wirtschaftslexikon, Mikroökonomik).

106 Die Makroökonomie befaßt sich als Teil der Volkswirtschaftstheorie mit dem gesamtwirtschaftlichen Verhalten ganzer Wirtschaftssektoren (Gabler, Wirtschaftslexikon, Makroökonomik).

107 Art. I, Abs. iii IBRD-Statuten und Art. I, Abs. ii IWF-Statuten.

auswirken können, eröffnet diese Zielsetzung einen weiten Handlungsspielraum für den IWF. Eine Einschränkung erfährt dieses Mandat allerdings durch die Worte „in Übereinstimmung mit Vorstehendem“. Die Aufgabenbereiche des IWF erstrecken sich danach nicht auf jegliche Modalitäten, durch die eine ausgeglichene Zahlungsbilanz erreicht werden kann, sondern halten sich im Rahmen der Bereitstellung von allgemeinen Fondsmitteln sowie der Zusammenarbeit, Konsultation und Überwachung des internationalen Währungssystems. Eine weitere Einschränkung enthält Art. I, Abs. v IWF-Statuten mit der Bereitstellung der Fondsmittel an einen Mitgliedstaat, um diesem Gelegenheit zum Ausgleich seiner Zahlungsbilanz zu geben, „ohne zu Maßnahmen Zuflucht nehmen zu müssen, die dem nationalen oder internationalen Wohlstand schaden“.[108] Diese Regelung bezieht sich nicht auf die Auswahl der Handlungskompetenzen des IWF, sondern schränkt die durch die Vergabe von Finanzmitteln geförderten Politikansätze ein. Alleine der Verweis auf Schwierigkeiten in der Zahlungsbilanz reicht danach zu einer Finanzierung nicht aus. Vielmehr dürfen die Maßnahmen dem nationalen und internationalen Wohlstand nicht zuwider laufen.

Eine ähnlich zentrale Stellung der mitgliedstaatlichen Zahlungsbilanz ist in den Statuten der IBRD nicht vorhanden. Vielmehr beschränkt sich ihre Erwähnung auf Art. I, Abs. iii IBRD-Statuten, nach dem die Anregung internationaler Investitionen zur Aufrechterhaltung des Zahlungsbilanzgleichgewichts beitragen soll. Es handelt sich somit nicht um eine direkte Finanzierung der Zahlungsbilanz, sondern eine ausgewogene Zahlungsbilanz soll die Folge der Anregung internationaler Investitionen zur Entwicklung von Produktionsanlagen bilden, welche die IBRD gemäß Art. I, Abs. ii ihrer Statuten mit Garantien, Darlehen und Kofinanzierungen fördert. Allerdings können Darlehen „in besonderen Umständen“ unabhängig vom Vorhandensein eines bestimmten Projekts unbestimmte Zwecke verfolgen, wie beispielsweise die Finanzierung von Strukturreformen oder institutionellen Reformen.[109] In den Fällen dieser Ausnahmeregelung erfolgt daher eine direkte Finanzierung der Zahlungsbilanz durch die IBRD und eröffnet damit eine Kohärenz zwischen den Mandaten der Weltbank und des IWF. Die unterschiedliche Zielrichtung der Finanzhilfen schließt Konkurrenzen jedoch aus.

2.3.3. Bereitstellung finanzieller Mittel für Mitglieder

Trotz dieser grundlegend unterschiedlichen Zielsetzungen der Organisationen in ihren Statuten besteht die wesentliche Gemeinsamkeit zwischen ihnen in der Aufgabe, ihre Ziele mittels der Bereitstellung finanzieller Mittel zu erreichen.

---

108 Art. I, Abs. v IWF-Statuten. Weiterhin bilden Probleme in der Zahlungsbilanzsituation eine Voraussetzung zur Ziehung von Geldern gemäß Art. V, Absch. 3, lit. b, Abs. ii IWF-Statuten.

109 Art. V, Absch. 4, Abs. vii IBRD-Statuen; Art. V, Absch. 1, lit. b IDA-Statuten.

Daß die Statuten des IWF in diesem Rahmen von einem Kauf der Währungen gegen die Währung des ziehenden Mitglieds oder gegen SZR sprechen und die Statuten der Weltbank die Rechtsform vom Darlehen, Kofinanzierungen und Garantien vorsehen, hat keinen Einfluß auf die wirtschaftliche Wirkung der finanziellen Hilfe, nämlich die Bereitstellung von Devisen zu weicheren Bedingungen als sie der Kapitalmarkt ermöglicht.[110]

Unterschiede in der finanziellen Unterstützung der beiden Organisationen neben ihrer Zielsetzung bestehen in den Voraussetzungen und dem unterschiedlichen Begünstigtenkreis. Die Ziehungen des IWF sollen seinen Mitgliedern lediglich zeitweilig zur Verfügung stehen und ihrer Zahlungsbilanz- oder Reservesituation dienen.[111] Dagegen werden Darlehen, Garantien oder Kofinanzierungen der IBRD für produktive Projekte an ein Mitglied, eine Gebietskörperschaft desselben oder an ein Unternehmen im Gebiet des Mitglieds verliehen, deren genaue Verwendung nach den Gesichtspunkten der Wirtschaftlichkeit und des Nutzeffekts ausgewählt werden.[112] Bei der Hilfe der IDA liegt der Bewertungsschwerpunkt auf der hohen Priorität, die ein Projekt für die Entwicklung eines Mitgliedstaates besitzt.[113]

Ferner differiert die Bewertung der Rückzahlungs- bzw. Rückkaufsrisiken des IWF von denen der IBRD.[114] Dem IWF steht ein Ermessen bei der Bewertung zu, ob seine allgemeinen Mittel den Mitgliedern unter angemessenen Sicherungen zur Verfügung gestellt werden.[115] Die Sicherung des Rückkaufs der eigenen Währung, ohne daß das Mitglied einen Verstoß gegen die Ziele des IWF begeht[116], stellt somit eine Bedingung der Mittelvergabe dar, die im Spannungsverhältnis zu den Problemen des Mitglieds mit seiner Zahlungsbilanz- oder Reservesituation steht. Die Sicherung der Rückzahlung kann daher ledig-

---

110 Vgl. IMF, Financial Organization, S. 21, Box II.1.; Meng, Conditionality, S. 267.

111 Art. I, Abs. v , Art. V, Absch. III, lit. a, 2. HS und Absch. III, lit. b, Abs. ii IWF-Statuten.

112 Art. III, Absch. 4, Abs. i und vii und Absch. 5, lit. b IBRD-Statuten.

113 Art. V, Absch. 1, lit. b IDA-Statuten.

114 Die IDA kennt die Bewertung der Kreditwürdigkeit ihrer Mitglieder nicht, da ihre Aufgabe gerade in der Bereitstellung von Hilfe für am wenigsten entwickelte Mitglieder liegt.

115 Art. V, Absch. 3, lit. b, Abs. i i.V.m. Art. I, Abs. v IWF-Statuten. Als weitere Sicherung ihrer Mittel unterliegt die IBRD der Beschränkung, daß der ausstehende Gesamtbetrag ihrer gewährten Finanzhilfen ihr Kapital und ihre Reserven nicht übersteigen dürfen (Art. III, Absch. 3 IBRD-Statuten).

116 Die Eingrenzung, nach der die Rückzahlung ohne Verstoß gegen die Ziele des IWF, wie beispielsweise die Einführung von Devisenverkehrsbeschränkungen oder die Aufhebung von Preisstabilität, erfolgen soll, erschließt sich aus Art. V, Absch. 5, S. 1 IWF-Statuten, nach dem eine Verwendung der „allgemeinen Fondsmittel in einer Weise [...], die den Zielen des Fonds zuwiderläuft," zu einer Beschränkung oder dem Verlust des Ziehungsrechts führen kann.

lich mittels begleitender Reformen in der Wirtschafts- und Währungspolitik des Mitglieds erreicht werden. Auch die IBRD beachtet das Verlustrisiko der bereitgestellten Gelder bei der Zusage von Finanzhilfen. Sie prüft die Kreditwürdigkeit des Mitglieds im Rahmen einer Interessenabwägung zwischen dem begünstigten Mitglied und der Gesamtheit der Mitglieder und stellt eine Prognose über die Fähigkeit des Mitglieds an, seinen Verpflichtungen nachzukommen.[117] Die Bewertung der Zahlungsfähigkeit durch die IBRD umfaßt daher eine punktuelle und dem Darlehen vorgelagerte Analyse der Wirtschaftspolitik des Mitgliedstaates.

Allerdings läßt die Ausgestaltung der Vergabemodalitäten insbesondere aufgrund der weiten Handlungsfreiräume, die der Weltbank eingeräumt worden sind[118], und der Möglichkeit des IWF, von den Voraussetzungen für die Vergabe der allgemeinen Fondsmittel im Rahmen der verwalteten Konten und der ausschließlichen Hilfe für Entwicklungsländer abzuweichen[119], verschiedene Berührungs- und Konfliktmöglichkeiten zwischen den Organisationen zu. Zwar verweisen die Regelungen des IWF auf dessen Ziele in Art. I, welche unter Absatz v eine zeitweilige Inanspruchnahme der Fondsmittel unter angemessenen Sicherungen vorsehen, dieser Absatz schränkt die finanzielle Hilfe jedoch ausdrücklich auf die allgemeinen Fondsmittel ein, so daß die Finanzhilfe des IWF außerhalb der allgemeinen Fondsmittel keinen besonderen Voraussetzungen unterliegt. Unter Beachtung der Tatsache, daß die Weltbank von ihren Beschränkung der Mittelvergabe auf Projekte „unter besonderen Umständen" absehen kann[120], besteht im Bereich der Schnittmenge dieser Ausnahmevorschriften eine Kohärenz zwischen den Mandaten der Organisationen.[121]

2.3.4. Förderung des Welthandels

Sowohl die Statuten der Weltbank und als auch die des IWF verweisen auf das Ziel, ein ausgewogenes Wachstum des internationalen Handels zu erreichen.[122]

---

117 Art. III, Absch. 4, Abs. v IBRD-Statuten.

118 Vgl. Art I, Abs. i IBRD-Statuten sowie Art. I und Art. V, Absch. 2, lit. a IDA-Statuten.

119 Art. V, Absch. 2, lit. b und Absch. 12, lit. f, Abs. ii IWF-Statuten.

120 Art. III, Absch. 4, Abs. vii IBRD-Statuten und Art. V, Absch. 1, lit. b IDA-Statuten.

121 Eine mögliche Einschränkung des sich überschneidenden Kompetenzbereichs ergibt sich erst im Rahmen einer systematischen Auslegung, die den Einsatz von Geldern des IWF mit den Bereichen der Währungspolitik und Zahlungsbilanz sowie die Bereitstellung von IBRD-Geldern mit der Verfolgung von produktiven Zwecken verbindet.

122 Art. I, Abs. iii IBRD-Statuten; Art. I IDA-Statuten, der auf die Unterstützung der Ziele der IBRD verweist; Art. I, Abs. ii IWF-Statuten. Der Tatsache, daß in den deutschen Texten der Übereinkommen zwischen dem „ausgewogenen Wachstum des Welthandels" (IWF) und der „ausgewogenen Ausdehung des internationalen Handels" (IBRD) unterschieden wird, kommt keine Bedeutung zu, da es sich in beiden Fällen um die Übersetzung der gleichlautenden Worte „balanced growth of international trade" im englischen Originaltext handelt.

Neben dem ausgewogenen Wachstum umfaßt die Arbeit des IWF auch die Ausweitung des Handels (expansion) auf weitere Wirtschaftszweige (Art. I, Abs. ii IWF-Statuten). Bei einer Gegenüberstellung mit der Formulierung der IBRD-Regelung scheint der Auftrag an den IWF eher vage formuliert zu sein. Schon die Wahl der Verben „erleichtern" (to facilitate, IWF) und „fördern" (to promote, IBRD) deutet die unterschiedliche Intensität der Zielsetzung an. Zusätzlich wird der IBRD die Aufgabe zugeteilt, die Förderung des Welthandels „durch die Anregung internationaler Investitionen zwecks Entwicklung der Produktionsquellen von Mitgliedern" „auf lange Sicht" voranzutreiben.[123] Dies erfordert eine ausgewogene Planung der Gewichtung und Prioritätensetzung. Die Förderung des Welthandels gehört daher zu den direkten Zielen der Weltbank, stellt allerdings lediglich ein Sekundärziel des IWF dar.

Ebenfalls zu einer unterschiedlichen Schwerpunktsetzung führt die Betrachtung der Wirkungen, die mit der Förderung des Handels angestrebt werden. Auf der einen Seite umfaßt das Ziel des IWF die Aufrechterhaltung eines hohen Beschäftigungsgrads und Realeinkommens sowie die Entwicklung des Produktionspotentials aller Mitglieder. Da diese Gesichtspunkte Teil der Hoheitsrechte eines jeden Mitglieds sind, beschränkt sich die Aufgabe des IWF auf den Beitrag, daß diese Maßnahmen „als oberste Ziele der Wirtschaftspolitik" von den Mitgliedern verfolgt werden. Er ist damit auf die Beeinflussung der Mitglieder im Wege seiner Lenkungs- und Überwachungsfunktion gebunden. Auf der anderen Seite strebt die IBRD eine Hebung der Produktivität, des Lebensstandards und der Arbeitsbedingungen in den Gebieten der Entwicklungsländer an. Entgegen der logischen Beziehung im IWF-Übereinkommen, die zwischen den genannten Bestrebungen als Teil der Wirtschaftspolitik der Mitglieder und dem Wachstum des Welthandels besteht, knüpfen die von der IBRD angestrebten Änderungen an der Aufgabe derselben an, mittels internationalen Investitionen die Produktionsquellen zu errichten. Diese kausale Verknüpfung läßt das Ziel der Ausdehnung des Handels in den Hintergrund treten und hebt vielmehr die Entwicklung der Produktionsquellen und die Hebung des Lebensstandards hervor. Die Aufgaben der IBRD und des IWF ergänzen sich daher gegenseitig: die IBRD fördert die Produktivität, den Lebensstandard und die Arbeitsbedingungen in den Entwicklungsländern, indem sie Produktionsanlagen baut oder deren Bau durch Investitionen unterstützt (Art. I, Abs. iii IBRD-Statuten). Gleichzeitig unterstützt der IWF das Produktionspotentials des Staates durch die Steigerung des Realeinkommens und des Beschäftigungsgrads als Teil der Wirtschaftspolitik (Art. I, Abs. ii IWF-Statuten). Die Gesamtheit dieser Maßnahmen führt zu

---

123 Vgl. Shihata, Relationship, S. 775. Bei der Zuteilung der Aufgabe ist jedoch anzumerken, daß sie im Vergleich zu den Aufgaben der IBRD, die mit anderen Zielen verbunden sind, unspezifisch formuliert ist. Die Anregung internationaler Investitionsquellen findet kein Pendant in den Handlungskompetenzen der Organisation und wird damit auf die Möglichkeiten der Darlehens- und Garantievergabe beschränkt.

einem Wachstum der Wirtschaft und als Folge daraus zu einem gesteigerten internationalen Handel.

Als Ergebnis bleibt daher festzuhalten, daß die Regelung der beiden Art. I über die Förderung des Welthandels keine Konkurrenzbereiche enthalten, die einer genauen Abstimmung der Arbeit der Organisationen bedürften.

2.4. Zusammenfassung: Abgrenzung und Kohärenz der Mandate in den Statuten der Weltbank und des IWF

Die Weltbank und der IWF sind in ihren Statuten mit Zielen und Aufgaben ausgestattet worden, die teilweise klar voneinander zu trennen sind, sich in bestimmten Bereichen allerdings bedingen und fördern.

Mit dem Beitritt zum IWF unterwirft sich ein Mitglied Verhaltensnormen, nach denen er seine Wirtschafts- und Währungspolitik zum Wohle der internationalen Gemeinschaft und zur Förderung des Welthandels einsetzen soll. Der IWF bietet ein Forum, in dem diese Verpflichtungen weiterentwickelt und internationale Währungsprobleme diskutiert werden. In Konsultationen und Zusammenarbeit fördert er ein stabiles Währungssystem und die Beseitigung von Devisenverkehrsbeschränkungen und überwacht die Einhaltung der Verhaltensnormen in den Mitgliedstaaten. Außerdem wirkt er darauf hin, daß seine Mitglieder einen hohen Beschäftigungsgrad und ein hohes Realeinkommen sowie die Entwicklung ihrer Produktionspotentiale als oberste Ziele ihrer Wirtschaftspolitik verfolgen. Die zweite Aufgabe des IWF besteht darin, den Ausgleich der Zahlungsbilanz seiner Mitglieder zu unterstützen und mittels der Bereitstellung von finanziellen Mitteln das Vertrauen der Mitglieder zu stärken. Daneben kann der IWF technische Hilfe zur Verfügung stellen, Gelder Dritter verwalten und die internationale Liquidität durch die Verteilung oder Einziehung von SZR beeinflussen.

Die Weltbank ist mit der Generalklausel ausgestattet worden, den Wiederaufbau und die Entwicklung der Gebiete ihrer Mitglieder durch Erleichterung der Kapitalanlage für produktive Zwecke zu unterstützen. Die "Erleichterung" konkretisieren die Handlungskompetenzen der IBRD und der IDA, indem sie diesen die Aufgabe übertragen, Garantien, Darlehen und Kofinanzierungen zu vergeben und internationale Investitionen anzuregen. Die Förderung der produktiven Zwecke mittels Gelder für bestimmte Projekte oder in Ausnahmefällen auch ohne ein bestimmtes Vorhaben soll sich positiv auf den internationalen Handel und die Ausgeglichenheit der Zahlungsbilanz des Mitglieds auswirken und gleichzeitig die Produktivität, den Lebensstandard und die Arbeitsbedingungen heben. Dabei ist die Hilfe auf Nehmerstaaten beschränkt, die nicht in der Lage sind, ihren Bedarf an Devisen aus anderen Quellen zu decken.

Neben diesen unterschiedlichen Zielen und Aufgaben, sind die Organisationen im Rahmen ihrer Mitgliederschaft eng miteinander verbunden. So ist eine Mitgliedschaft in der IBRD direkt und in der IDA indirekt an die Mitgliedschaft im IWF gebunden, damit das von der Weltbank geförderte Wirtschaftswachstum nicht aufgrund von Stabilitätsmängeln der Währung seine Wirkung auf die Entwicklung und Armutsreduzierung im Mitgliedstaat verliert. Die enge Verbundenheit der Organisationen kommt ebenfalls darin zum Ausdruck, daß ihre Hauptziele jeweils ein Fernziel der anderen Organisation darstellen. So nennen die Ziele des IWF die Entwicklung des Produktionspotentials aller Mitglieder und die IBRD fördert die Aufrechterhaltung des Gleichgewichts der Zahlungsbilanzen. Im Zusammenhang mit dieser Parallelität zeigen die Sekundärziele der Organisationen allerdings eine deutliche Trennung der Politikausrichtung. Der IWF strebt nach einem Ausgleich der Zahlungsbilanz und einem Wachstum des Welthandels und setzt Schwerpunkte auf dem Gebiet der makroökonomischen Bedingungen der nationalen Wirtschaftspolitik. Die IBRD fördert das Zahlungsbilanzgleichgewicht, um eine Hebung der Produktivität, des Lebensstandards und der Arbeitsbedingungen zu ermöglichen. Das Ziel des IWF legt damit die Grundlage für den mikroökonomisch ausgerichteten Ansatz der Weltbank.

Konkurrenzen und Kollisionen zwischen der Geschäftstätigkeit der Weltbank und des IWF können lediglich in Mitgliedstaaten auftauchen, in denen die Organisationen gleichzeitig arbeiten. Dies beschränkt den betroffenen Mitgliederkreis auf Entwicklungsländer und entwickelte, allerdings aufgrund eines Krieges zerstörte Länder. Berührungspunkte können in den Bereichen auftreten, in denen der IWF das Produktionspotential eines Mitglieds mittels der Durchsetzung makroökonomischer Maßnahmen im Rahmen von Art. IV-Konsultationen fördern und die Weltbank die Kapitalanlage für produktive Zwecke erleichtern möchte und dazu Reformen von einem Mitgliedstaat fordert, die sich nicht auf ein bestimmtes Projekt beziehen, sondern im Bereich der Strukturpolitik anzusiedeln sind. Die hierbei möglichen Kollisionen der Reformmaßnahmen werden durch eine Kohärenz zwischen der Weltbank und dem IWF im Bereich der direkten Zahlungsbilanzfinanzierung ergänzt, die aufgrund der Ausnahmeregelung in den Statuten der IBRD und der IDA, unabhängig von einem bestimmten Projekt Gelder zu entleihen, eröffnet wird.

Der Ausnahmetatbestand der Weltbank eröffnet zusätzlich die Gefahr einer Kohärenz gegenüber der Politik des IWF im Rahmen der von ihm verwalteten Konten. Die Verwaltung von Geldern aus Drittquellen ermöglicht es dem IWF, von seinem Grundsatz der Gleichbehandlung aller Mitglieder abzuweichen und Hilfen zu vergeben, die auf die Bedürfnisse der Entwicklungsländer abgestimmt sind.

Die Förderung des internationalen Handels soll sowohl von der Weltbank als auch vom IWF vorgenommen werden. Da keiner der Organisationen Handlungskompetenzen zur Erreichung dieses Zieles zugeteilt worden sind, handelt es sich um eine indirekte Förderung, die Berührungspunkte auf Aufgabengebiete mit anderen Primärzielen verlagert.

3. Konkurrenzen und Kollisionen in der Geschäftstätigkeit der Organisationen

Die Statuten einer internationalen Organisation werden durch die spätere Praxis, d.h. durch ihre Auslegung im Rahmen der Geschäftstätigkeit, geprägt. Das Organisationsrecht (Sekundärrecht) als Grundlage der Geschäftstätigkeit der Organisation ist Ausdruck dieser Praxis und bildet zusammen mit den Statuten das Mandat der Organisation.[124] Die Mandate der Weltbank und des IWF, basierend auf dem Organisationsrecht, sollen in diesem Kapitel beschrieben und abgegrenzt werden. Als Ergebnis des Vergleichs ist festzustellen, ob zwischen der Geschäftstätigkeit der Organisationen ein Zusammenhang besteht, sie im Erreichen ihrer Ziele miteinander konkurrieren oder die von ihnen vorgenommenen Maßnahmen in den Mitgliedstaaten zu Kollisionen führen.

Die Abgrenzung der einzelnen Arbeitsbereiche erfolgt unter den Aufgabenbereichen Überwachung, Analyse und technische Hilfe (Kapitel 3.2.), Konditionalität und Politikdialog (Kapitel 3.3.), Vergabe finanzieller Hilfe (Kapitel 3.4.), Programme zur Entschuldung der Mitgliedstaaten (Kapitel 3.5.) und Bereitstellung unbedingter, internationaler Liquidität (Kapitel 3.6.). Innerhalb der Prüfungsabschnitte wird die Geschäftstätigkeit der Organisationen dargestellt und bei der Möglichkeit von Konkurrenzen oder Kollisionen ein Vergleich der Mandate angestellt. Den genannten Aufgabenbereichen ist eine Darstellung der Strategien der Weltbank und des IWF vorangestellt, die es erleichtern soll, die einzelnen Tätigkeiten in den Gesamtkontext des Mandats einzuordnen.

3.1. Strategien hinter der Geschäftstätigkeit

Von den Zielen und Aufgaben der Weltbank und des IWF sind deren Strategien zu unterscheiden, auf denen ihre Geschäftstätigkeit basiert. In Abhängigkeit der sich verändernden Bedürfnisse ihrer Mitgliedstaaten haben Weltbank und IWF im Laufe ihres Bestehens ihre Arbeitsschwerpunkte variiert und damit auf Entwicklungen der Weltwirtschaft und Erkenntnisse der Entwicklungs- bzw. Wirtschaftstheorien reagiert. Die in diesem Abschnitt dargestellten Strategien spiegeln das heutige Arbeitsspektrum der Organisationen wider.

3.1.1. Holistische Entwicklungsstrategie der Weltbank

Die Weltbank versucht in den letzten Jahren, ihre in den Statuten festgelegte Zweiteilung zwischen dem Wiederaufbau zerstörter Gebiete und der Entwicklungshilfe zu einen. Sie beschreibt ihre Aufgabe daher als umfassende Kompetenz in der Entwicklungshilfe, die sich auch auf den Bereich der Hilfe für Staa-

124 Vgl. Begriffsbestimmung Kapitel 1.2, S. 28

ten, die an Zerstörungen nach einem bewaffneten Konflikt leiden, bezieht. Dieser einheitliche Entwicklungsauftrag kommt durch die Neubenennung der Hilfe zum Wiederaufbau (reconstruction) als "Post-Konflikt Entwicklungsprogramm" (post-conflict development programm) zum Ausdruck.[125]

Die Strategie, nach der die Weltbank ihre Entwicklungshilfe ausrichtet, korrespondiert mit ihren eigenen Erfahrungen und den Forderungen, die NROs, Mitgliedsregierungen, Akademiker, Kirchen und andere Interessierte an sie stellen. Ausdruck erhielten die gemeinsamen Zielsetzungen dieser Interessengruppen in den Internationalen Entwicklungszielen (International (Millennium) Development Goals)[126]. Darin unterstreichen die Mitgliedstaaten der Vereinten Nationen ihr Bestreben, Armut, Hunger und mangelhafte Bildung sowie Gesundheitsversorgung weltweit zu bekämpfen und einer nachhaltigen Entwicklung[127] oberste Priorität einzuräumen.

---

125 Der Ausdruck "post-conflict development programm" stammt von Wolfensohn, Rede 1995; die neue Ausrichtung als einheitlicher Entwicklungsauftrag kommt außerdem in der Überschrift "Development Cooperation and Conflict" in Weltbank, Bank Procedure (BP) 2.30 zum Ausdruck. Vgl. auch Ciorciari, Prospective Enlargement, S. 304.

126 Die Internationalen Entwicklungsziele wurden bei der Sitzung der UN im September 2000 in New York verabschiedet. Sie setzen sich aus Vereinbarungen und Resolutionen zusammen, die auf der Vollversammlung der UN während der letzten Dekade getroffen bzw. verabschiedet wurden, und bilden im Rahmen der Millennium Declaration die Grundlage des Entwicklungsfortschritts (vgl. United Nations, Millennium Declaration, S. 1 ff.). Die Entwicklungsziele bestehen aus den folgenden 8 Hauptzielen, die mit Unterzielen und Indikatoren versehen sind: 1. Beseitigung von extremer Armut und Hunger; 2. Abschluß primärer Schulbildung für alle; 3. Förderung der Gleichstellung von Männern und Frauen und Empowerment der Frauen; 4. Verringerung der Kindersterblichkeit; 5. Verbesserung der Gesundheit der Mütter; 6. Bekämpfung von HIV/AIDS, Malaria und anderen Krankheiten; 7. Sicherstellung von ökonomischer Nachhaltigkeit; 8. Aufbau einer Partnerschaft für Entwicklung. (Auflistung aus Michaelis, Nachhaltige Entwicklung, S. 322-327, Tabelle 5).

127 Der Begriff der nachhaltigen Entwicklung ist in großen Teilen umstritten (einzelne Definitionen werden von Michaelis, Nachhaltige Entwicklung, S. 25-36, aufgeführt). Gemeinsamkeiten bestehen allerdings darin, daß die drei Bereiche wirtschaftliches Wachstum, ökologische Erwägungen (Mangel an Ressourcen) und soziale Themen (intra- sowie intergenerative Gerechtigkeit und Verteilung) in der Weise aufeinander abgestimmt werden, daß „der Bedarf der heutigen Generation gedeckt ist, ohne den Bedarf künftiger Generationen zu gefährden" (Brundtland-Kommission von 1987; zit. in: Serageldin, Umweltverträgliche Gestaltung, S. 7). Nachdem die Weltbank bereits Anfang der 90er Jahre die nachhaltige Entwicklung als ein Leitmotiv ihrer Geschäftstätigkeit entdeckt hatte (der Weltentwicklungsberichts 1992 der Weltbank befaßte sich mit dem Thema der nachhaltigen Entwicklung), blieb die Schwerpunktsetzung vorerst auf den voneinander getrennt betrachteten Themenbereichen der Strategie der Armutsbekämpfung und der Umweltstrategie stehen (vgl. die Ausführungen in Serageldin, Umweltverträgliche Gestaltung, S. 7; Munasinghe, Ökonomen, S. 16 ff.; Rees, Ökologen, S. 14; Cernea, Soziologischer Ansatz, S. 12). Die Strategieelemente der Welt-

Die Weltbank legt die Internationalen Entwicklungsziele ihrer Strategie der Armutsbekämpfung zugrunde und mißt die Entwicklungserfolge an deren Vorgaben.[128] Spätestens seit dem Weltentwicklungsbericht 2000/ 2001 der Weltbank verfolgt diese das Ziel einer nachhaltigen Entwicklung, die auf den drei Säulen wirtschaftliches Wachstum, Ökologie und sozialer Ausgleich basiert. Danach kann wirtschaftliches Wachstum allein nicht die Lösung aller sozialen Probleme erbringen.[129] Zwar steht die wirtschaftliche Entwicklung unverändert in der Mitte der Betrachtungen der Weltbank, das wirtschaftliche Wachstum sollte jedoch nicht zu Lasten der sozialen und ökologischen Dimension gehen.

Nach der Entwicklungstheorie der Weltbank können die Entwicklungsziele durch eine 2-gliedrige Strategie erreicht werden, deren einer Pfeiler die Investition in Menschen und deren Befähigung, am Fortschritt ihres Staates teilzuhaben, und deren anderer Pfeiler die Herstellung eines Klimas ist, in welchem Investitionen getätigt, Arbeitsplätze geschaffen und nachhaltiges Wachstum gefördert wird.[130] Die einzelnen Komponenten dieser Strategie sind in Abbildung 1 [Strategie der Weltbank] verdeutlicht.

---

bank waren die Effizienzsteigerung beim Ressourceneinsatz, die Schaffung zusätzlicher Anreize zur Schonung natürlicher Ressourcen und die Steuerung bei unsicheren Zusammenhängen durch Umweltcontrolling und Umweltinformationssystemen. Wirtschaftliches Wachstum sollte langfristig zu einer Verbesserung der Umweltqualität beitragen und stand daher weiterhin im Mittelpunkt der Entwicklungsbemühungen. (Weltbank, Weltentwicklungsbericht 2003, S. 227-229; Michaelis, Nachhaltige Entwicklung, S. 78 f.. Kritik am Weltentwicklungsbericht 2003 und der nicht weit genug gehenden Auseinandersetzung mit den eigenen Projekten und Programmen äußern Schalatek/ Unmüßig, Nachhaltigkeit, S. 254 f. und Michaelis, Nachhaltige Entwicklung, S. 151-155, die zu dem Ergebnis kommt, daß die Weltbank im Bereich der makroökonomischen und strukturpolitischen Maßnahmen weiterhin einem neoliberalen Ansatz folgt).

128 Weltbank, Jahresbericht 2003 I, S. 14, 48-51, Figures 3.1.-3.8.; 2000 I, S. 18. Bemerkenswert ist der Wandel des Maßstabes für eine erfolgreiche Entwicklung. Anstelle eines Armutsbegriffs, der von der ausschließlichen Betrachtung des Pro-Kopf-Einkommens in einem Mitgliedstaat abhängt, zählen nunmehr ökologische Zielsetzungen, die Beseitigung des Hungers, die Förderung von Bildung und Gesundheit und die Gleichstellung der Geschlechter.

129 Pender, Structural Adjustment, S. 403, 406 f.

130 Weltbank, Jahresbericht 2003 I, S. 12-13; World Bank, Investing in People, S. 10-17. Diese 2-gliedrige Strategie deckt sich mit dem Inhalt der 3-gliedrigen Armutsbekämpfungsstrategie, welche die Weltbank in ihrem Weltentwicklungsbericht 2001 beschrieben hat. Danach gliedern sich die einzelnen Maßnahmen unter den Bereichen a) Förderung der wirtschaftlichen Möglichkeiten der Armen, b) Empowerment der Armen, d.h. die Fähigkeit der Armen, sich auf lokaler Ebene an politischen Prozessen zu beteiligen, und c) Verbesserung der Sicherheit der Armen gegenüber Krankheit, wirtschaftlichen Schocks und Naturkatastrophen durch soziale Netze (Weltbank, Weltentwicklungsbericht 2001, S. 47 f.).

Danach umfassen die Programme, die sich mit den Armen als mittellose und benachteiligte Menschen auseinandersetzen, die Bereiche Bildung, Gesundheit, Ernährung, Bevölkerungswachstum und soziale Absicherung.[131] Die Erfolge und Verbesserungen des Lebensstandards der Armen verlieren allerdings an Effektivität und Dauerhaftigkeit, wenn das wirtschaftliche, gesellschaftliche, soziale und institutionelle Umfeld nicht vorteilhaft und fördernd ausgestaltet ist.

Abbildung 1 Strategie der Weltbank

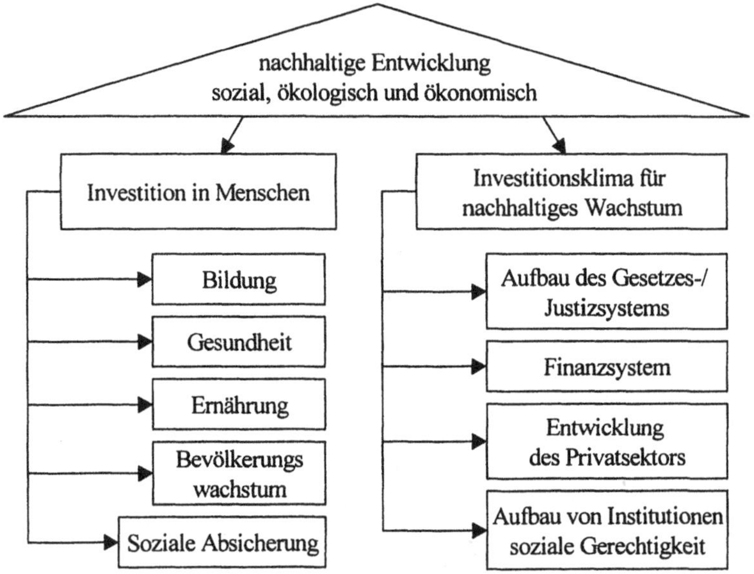

Quelle: Eigene Darstellung basierend auf Weltbank, Jahresbericht 2003 I, S. 12-13; World Bank, Investing in People.

Daher liegen weitere Schwerpunkte der Arbeit der Weltbank auf dem Aufbau eines funktionierenden Rechts- und Justizsystems, durch das Korruption bekämpft und die Rechte Einzelner geschützt werden.[132] Daneben ist es von großer Wichtigkeit, ein funktionierendes und gegen Schocks gewappnetes Finanzsystem zu errichten, zu dem der Aufbau von Banken und deren Bewertung bzw. Überwachung, die Erweiterung des Kapitalmarktes und eine tiefgreifende Stabilisierung des Systems zählen.[133] Diese beiden Bereiche regen wiederum Investitionen aus dem Ausland an und dienen daher der Stärkung des privaten Sek-

131 Weltbank, Jahresbericht 2003 I, S. 65-68.

132 Weltbank, Jahresbericht 2003 I, S. 81-83; vgl. Shihata, Complementary Reform, S. 7 f.

133 Weltbank, Jahresbericht 2003 I, S. 78-80.

tors. Damit die arme Bevölkerung am Wachstum der Wirtschaft durch die Annahme von Arbeitsplätzen und die Steigerung des Handels teilhaben kann, ist es ebenfalls erforderlich, daß die Infrastruktur verbessert wird.[134] Neben den Entwicklungen im privaten Sektor und Finanzsektor bilden Strukturreformen im öffentlichen Sektor und eine verantwortungsbewußte Regierung die Grundlage von Wachstum und Entwicklung. Daher sollte der Staat Institutionen aufbauen, seine Schulden senken, den Handel durch die Abschaffung von Beschränkungen fördern, die Gleichstellung der Geschlechter unterstützen und ein soziales Netz für Arbeitslose, Kranke und alte Menschen schaffen.[135]

Die holistische Sichtweise der Weltbank soll die Abstimmung einzelner Maßnahmen ermöglichen, die ohne Einbindung in ein ganzheitliches Programm weniger effektiv wären. Sie wird in den Operational Policies[136] der Weltbank auf die prägnante Feststellung konzentriert:

> „The Bank's mission is sustainable poverty reduction. Poverty encompasses lack of opportunities (including capabilities), lack of voice and representation, and vulnerability to shocks. The Bank's support for poverty reduction is focused on actions, consistent with its mandate, to increase opportunity, enhance empowerment, and strengthen security. Within this broad framework, a critical priority is promoting broad based growth, given its proven importance in reducing poverty."

Da ein Großteil der Entwicklungsziele von den Regierenden nicht gegen den Willen der Opposition und ohne die Zustimmung des Volkes und gesellschaftlicher Gruppierungen durchgesetzt werden kann, sieht die Weltbank die Lösung der Entwicklungsproblematik in der Bildung von umfassenden Entwicklungsrahmenprogrammen (Comprehensive Development Framework; CDF).[137] Das CDF ist ein mitgliedstaatliches Instrument der Koordination und Planung verschiedener Interessen und aller Hilfsangebote von multilateralen und bilateralen Geldgebern. Es bindet neben den federführenden Regierungen den privaten Sektor, die Zivilgesellschaft, vertreten durch Religionsgemeinschaften, Handelskammern, Arbeitgeber- und Arbeitnehmervertretern, lokal sowie international agierende NROs und Vertreter indogener Bevölkerungsgruppen, und multi- sowie bilaterale Partner – darunter die Weltbank und den IWF – in die Ausarbeitung und Meinungsbildung ein.[138]

---

134 Weltbank, Jahresbericht 2003 I, S. 73-77.

135 Weltbank, Jahresbericht 2003 I, S. 60-64. Eine umfangreiche Beschreibung der Rolle des Staates, wie sie die Weltbank vorsieht, wird in Salge, Rolle des Staates, S. 33-66 gegeben.

136 Weltbank, OP 1.00, Nr. 1.

137 Wolfensohn, CDF, S. 871-891; Weltbank, Jahresbericht 2003 I, S. 24, Box 1.4; World Bank, Meeting the Promise, S. 23, Box 5; Michaelis, Nachhaltige Entwicklung, S. 330-366; Jakobeit, Menschliche Entwicklung, S. 124-125; Goldberg, Armut, S. 458-464; Köberle, Policy-Based Lending, S. 266; Pender, Structural Adjustment, S. 407; weitere Informationen auch über einzelne Programme unter www.worldbank.org/cdf/.

138 Vgl. World Bank, Matrix.

Das CDF verbindet Entwicklungsdeterminanten, zu denen soziale, strukturelle, institutionelle, ökologische, wirtschaftliche und finanzielle Elemente gehören, zu einem umfassenden politischen Ansatz. Es bildet die Grundlage für die Entwicklungstätigkeit des Mitgliedstaates und integriert jegliche Sektor-, Wirtschafts- und Sozialanalysen des Mitglieds. Durch einen partizipatorischen Prozeß werden makroökonomische und finanzielle Ansätzen, die im Kompetenzbereich des IWF angesiedelt sind, mit strukturellen, sozialen und humanitären Aspekten aus dem Arbeitsbereich der Weltbank verbunden und wird auf diese Weise die Interdependenz dieser Aspekte gefördert.

Das CDF basiert auf einer langfristigen (10-20 Jahre) und ganzheitlichen Sichtweise der Bedürfnisse der armen Staaten und der Umsetzung der Ziele und stellt das betreffende Mitgliedsland in den Mittelpunkt der Ausarbeitung und Durchführung. Dieses soll durch "ownership", unter dem die Identifikation breiter Bevölkerungsschichten und der Regierung mit den zu ergreifenden Maßnahmen verstanden wird, den Inhalt und die Geschwindigkeit der Umsetzung seines Entwicklungsprogramms selber bestimmen und koordinieren.[139] Auf diese Weise setzt jedes Mitgliedsland seine eigenen Prioritäten, und es können individuelle Strategien zur Abfolge und Einteilung der Politiken, Programme und Projekte gefunden werden.[140]

Die Weltbank sieht ihre Rolle im Rahmen des CDF als eine sekundäre an. Insbesondere sollen die Mitgliedstaaten ihre Entwicklungsziele selber bestimmen und den zurückzulegenden Weg planen. Lediglich soweit diese keine genügenden Kapazitäten zur Ausarbeitung eines umfassenden Konzepts bereitstellen können, unterstützt die Weltbank die Regierungen in der Erstellung und Umsetzung der Strategien.[141]

---

139 Wolfensohn (CDF, S. 877): „[...] ownership is essential. Countries must be in the driver's seat and set the course. They must determine goals and the phasing, timing and sequencing of programs.“

140 Wolfensohn (CDF, S. 876) verdeutlicht diesen Punkt wie folgt: „One of the reasons for developing such a comprehensive, holistic framework is to allow us to think more strategically about the sequencing of policies, programs, and projects and the pacing of reforms.“

141 Wolfensohn, CDF, S. 877, 885. Kritiker sehen insbesondere das "ownership" der Mitgliedstaaten im Rahmen der Ausarbeitung und Umsetzung der CDF nicht gewährleistet, da die Weltbank mit dem Argument, die Maßnahmen reichten nicht aus, um ein gutes politisches Umfeld zu schaffen, die Entwicklungszusammenarbeit und damit die Kredite beschränken kann und außerdem zu wenig Zeit für eine umfassende Partizipation aller Betroffenen bleibt (Michaelis, Nachhaltige Entwicklung, S. 338-342; World Bank, PRSP Evaluation, S. 10 ff.; weitere Kritikpunkte am CDF unter Jakobeit, Menschliche Entwicklung, S. 125; Goldberg, Armut, S. 462-464).

3.1.2. IWF als Garant eines stabilen Weltwirtschafts- und Währungssystems

Nachdem der Übergang vom Paritätensystem in ein System flexibler Wechselkurse die Überwachungsfunktion des IWF eingeschränkt hat[142], prägten zwei Entwicklungen der neueren Zeit seine Geschäftstätigkeit. Zum einen expandierte in der letzten Dekade die Größe und Agilität privater Kapitalbewegungen aufbauend auf einer Deregulierung vieler Kapitalmärkte stark. Diese Verschiebung konfrontiert den IWF mit drohenden Krisen in der Kapitalbilanz seiner Mitgliedstaaten, die unvorhersehbar auftreten können und die ihren Ursprung in einem Vertrauensverlust auf dem Kapitalmarkt haben, da private Gläubiger ihre Zahlungen oder Kredite zurückziehen, sobald eine Unsicherheit darüber auftritt, ob das entleihende Land zur Rückzahlung fähig bzw. willig sein wird, oder sobald Zweifel darüber bestehen, in wie weit makroökonomische Politiken eine dauerhafte und nachhaltige Schuldenbegleichung in der Zukunft unterstützen können.[143] Gestiegene Kapitalflüsse bergen zusätzlich die Gefahr in sich, daß mit ihnen Leistungsbilanzdefizite beglichen und wünschenswerte Anpassungen der Wirtschaft verzögert werden.[144]

Zum anderen steigerte sich die Integration der nationalen Wirtschaften durch ein anhaltendes Weltwirtschaftswachstum, welches durch den Abbau von Handelsbeschränkungen und Zöllen sowie durch sinkende Transportkosten gefördert wurde. Eine zunehmende Integration setzte sich auch im Bereich der Finanzmärkte durch. Dieser Entwicklung ist die negative Begleiterscheinung inhärent, nach der Staaten zunehmend anfälliger gegenüber Schocks aus ausländischen Märkten in Handels- und Kapitalbeziehungen reagieren.[145] Die Gefahr der sich fortpflanzenden Wirtschaftsschocks besteht insbesondere in den noch nicht oder schwach entwickelten Mitgliedstaaten des IWF, die Ausfälle in einem Marktbereich nicht durch gesteigerte Produktion und den Gewinn aus einem anderen Bereich auffangen können.[146]

Im Rahmen des gerade beschriebenen Wirtschaftsumfeldes versucht der IWF die in seinen Statuten festgelegten Grundsätze für die Wirtschafts- und Währungspolitik umzusetzen und damit zu einem dauerhaften Wachstum in Weltwirtschaft und Welthandel beizutragen. Er begegnet den Unsicherheiten und Gefährdungen für das internationale Währungssystem, der fehlenden An-

---

142 Zum Paritätensystem und dem System der flexiblen Wechselkurse siehe Kapitel 4.1.1, S. 183 und 4.3.1, S. 216.

143 Krueger, IMF at 60, S. 3; vgl. Masson/ Mussa, Role, S. 14; Fischer, Changing Role, S. 2 mit einer Beschreibung der Reaktionen des IWF auf diesen Wandel in S. 2 ff.

144 Masson/ Mussa, Role, S. 17 f.

145 Masson/ Mussa, Role, S. 18, 20.

146 Weitere Gründe für die Anfälligkeit der Wirtschaften von Entwicklungsländern bestehen im Mangel an gut ausgestatteten und stabilen Finanzmärkten, der Tatsache, daß diese Staaten selten in ihren eigenen Währungen Gelder im Ausland entleihen können und daher auf die Finanzierung in Form von Devisen angewiesen sind, und der bereits bestehenden, hohen Verschuldung dieser Staaten (Masson/ Mussa, Role, S. 25).

passungen der Wirtschaftsstrukturen einiger Mitglieder sowie der Gefahr der Unvollkommenheit der Märkte und des Informationsflusses in der Weltwirtschaft mit den ihm im Übereinkommen zugeteilten Kompetenzen der Überwachung und der finanziellen Hilfe.[147] Im Vergleich zur Weltbank, die ihren Einfluss auf die Verwaltungstätigkeit und Politikgestaltung ihrer Mitglieder systematisch ausgedehnt und auf eine holistische Sichtweise erweitert hat, antwortet der IWF auf die an ihn gestellten Erwartungen mit einer Kombination aus Überwachung des Finanz- und Wirtschaftssystems und Finanzhilfe.

Wie aus Abbildung 2 [Geschäftsgrundlage des IWF] ersichtlich ist, werden beide Aufgabenbereiche durch die Koppelung der finanziellen Hilfe des IWF mit Bedingungen und Politikreformen (Konditionalität) miteinander verknüpft.[148]

Abbildung 2 Geschäftsgrundlage des IWF

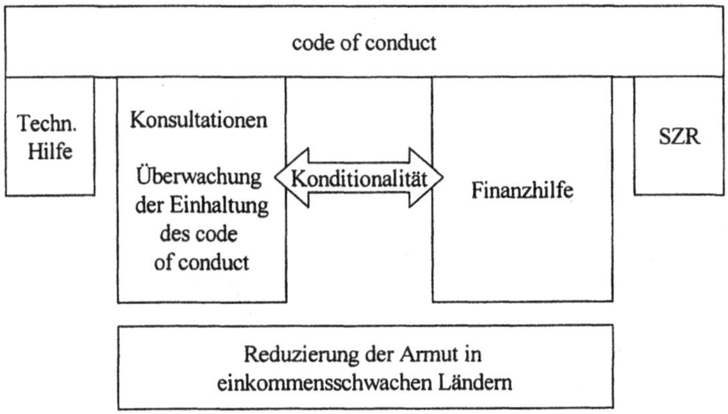

Quelle: Eigene Darstellung basierend auf Guitián, Unique Nature; Masson/ Mussa, Role.

147 Masson/ Mussa, Role, S. 23 f.

148 In den Statuten des IWF wird der Begriff "Konditionalität" nicht ausdrücklich genannt. Vielmehr kann diese unter die Einschränkung in Art. I, Abs. v und Art. V, Absch. 3, lit. a IWF-Statuten subsumiert werden, nach der die allgemeinen Fondsmittel lediglich unter angemessener Sicherung der Rückzahlung vergeben werden sollen. Die Sicherung der IWF-Ressourcen erfolgt zusätzlich mittels der Begrenzung von Ausleihungen in ihrer Höhe, Sicherheitsbewertungen der Zentralbanken, die Beobachtung der Wirtschaft nach Abschluß eines Programms (post-program monitoring), Methoden zur Eindämmung von Fehlinformationen gegenüber dem IWF und verschiedenen, freiwilligen Diensten wie der Inanspruchnahme von technischer Hilfe und der Beteiligung an Programmen zur Steigerung der Transparenz und Datensammlung (ROSC, FSAP, SDDS). (IMF, Financial Organization, S. 143-155).

Grundlage der Konditionalität ist die Auffassung des IWF, daß Mitgliedstaaten, die sich an die Regelungen des IWF-Übereinkommens und die Ratschläge aus den Konsultationen halten, nicht in die Verlegenheit geraten werden, aufgrund von Zahlungsbilanzschwierigkeiten Gelder des IWF in Anspruch nehmen zu müssen. Lediglich eine Mißachtung der Ratschläge des IWF führe somit zum "Zwangsmittel" der Konditionalität.[149]

Eine innere Verbindung zwischen der Überwachungstätigkeit und der Konditionalität besteht daher in dem Wunsch, den "code of conduct" bei den Mitgliedstaaten durchzusetzen und nachteilige Begleiterscheinungen der Bilanzdefizite mittels der Umsetzung von Anpassungmaßnahmen zu mildern. Die Aufgabe des IWF liegt somit in der Überwachung des "code of conduct", dessen Einhaltung mittels Konditionalität und finanzieller Hilfe umgesetzt werden soll. In diesem Sinne führt *James*[150] aus:

> „The consultation exercise made the IMF aware of problems that might potentially require financial assistance. As a result, the IMF's financial programs, and the conditionality attached to them, could be regarded as nothing more than an extension of the surveillance procedure."

Die Einteilung der Geschäftstätigkeit des IWF in Überwachung und Finanzhilfe, wird von den in ihrer Bedeutung hinter diesen zurückbleibenden Bereichen der technischen Hilfe und der Bereitstellung internationaler Liquidität durch die Zuteilung von SZR ergänzt.

Seitdem der IWF mit dem Auftreten struktureller Zahlungsbilanzdefizite in einkommensschwachen Mitgliederstaaten Mitte der 80er Jahre konzessionäre Finanzhilfe an Entwicklungsländer vergibt, kam es zu einer Erweiterung des gerade beschriebenen Systems. Zwar gründete die Hilfe weiterhin auf Problemen in der Zahlungsbilanz und der Notwendigkeit, Anpassungsmaßnahmen vorzunehmen; die Begrenzung der Hilfe auf unterentwickelte Mitgliedstaaten trieben den IWF allerdings dazu, seine Politik auf die speziellen Bedürfnisse dieser Staaten auszurichten. Um insbesondere nachteilige Einflüsse der Konditionalität auf die arme Bevölkerung zu verhindern bzw. zu mildern, ließ er soziale Aspekte in die Ausarbeitung seiner Programme einfließen. Wie die Überschrift seiner seit 1999 bestehenden Fazilität für Armutsreduzierung und Wachstum (Poverty Reduction and Growth Facility, PRGF) andeutet, rückt die Armutsbekämpfung in die Mitte seiner Ziele. Diese Wertung kommt insbesondere in der Erklärung des IWF zum Ausdruck:

> „Das zentrale Ziel der IWF-Tätigkeit in einkommensschwachen Ländern ist die tiefgreifende und dauerhafte Reduzierung der Armut. [...] Der IWF ist entschlossen, die weltweite Armut zu bekämpfen. Das Engagement des IWF bei dieser entscheiden-

---

149 Guitián, Unique Nature, S. 21; Masson/ Mussa, Role, S. 4.

150 Zitat von Harold James, in: IMF, Evaluation Surveillance, S. 20, Fn. 15.

den Aufgabe liegt innerhalb seines Mandats, ist pragmatisch und wird geleitet von Kriterien der Wirksamkeit und Durchführbarkeit."[151]

Das Loslösen der Armutsreduzierung von den ursprünglichen Aufgaben des IWF geht mit der Verfolgung neuer Ziele einher, zu denen das Erreichen der Internationalen Entwicklungsziele und die Umsetzung der Nachhaltigen Entwicklung zählen.[152] Außerdem sieht der IWF im "ownership" der Hilfsmaßnahmen eine wichtige Voraussetzung für die erfolgreiche Umsetzung eines Reformprogramms.[153] Zum Erreichen dieser Ziele hält sich der IWF allerdings weiterhin an sein Instrumentarium von Überwachung und Finanzhilfe, sowie der Bereitstellung von technischer Hilfe.[154]

3.1.3. Berührungspunkte der Strategien

Die Strategien der beiden Organisationen unterscheiden sich in ihrem Wesen und Denkansatz vollkommen. Der IWF legt seinem Handeln ein festes System an Regelungen im "code of conduct" zugrunde, dem seine Geschäftstätigkeit in Form der Konditionalität verbunden ist. Die finanzielle und die technische Hilfe basieren auf diesen Regelungen und helfen den Mitgliedern bei deren Umsetzung und Einhaltung. Die Statuten der Weltbank beinhalten keine vergleichbaren Politik- bzw. Entwicklungsvorschriften. Die Weltbank schuf sich daher eine holistische Strategie aus ihren Erfahrungen vorangegangener Entwicklungsprojekte und -programme, die sie den Entwicklungsvorhaben zugrunde legt.

Die Strategie der Weltbank gerät in einzelnen Bereichen an die Grenze des Kompetenzbereichs des IWF, nämlich beim Aufbau der Unterstützung eines funktionierenden Finanzsystems, zu dem auch das Bankwesen gehört, sowie im Bereich der Strukturreformen des öffentlichen Sektors, durch welche die Mitgliederregierungen die Grundlage für wirtschaftliches Wachstum und Entwicklung legen sollen. Wie die Problematik der Verschuldungssituation und der Abbau von Handelsbeschränkungen wirken sich diese Bereiche sowohl auf die Stabilität der Wirtschaft und des Wechselkurses als auch auf das Wachstum der Staaten und damit die Schaffung von Arbeitsplätzen und die Einbindung der Armen in den Wirtschaftskreislauf aus.

---

151 IWF, Jahresbericht 2003, S. 47.

152 IMF, Millennium Development Goals, S. 1; IWF, Jahresbericht 2004, S. 51. Auf welche Weise der IWF zur Umsetzung der Internationalen Entwicklungsziele beiträgt, indem er die Bildung von Kapazitäten auf der individuellen, organisatorischen und rahmensetzenden Ebene vorantreibt, wird in Hakura/ Nsouli, Millennium Development Goals, S. 7-15 beschrieben.

153 IMF, Guidelines on Conditionality, Dec. No. I, Nr. 3: „National ownership of sound economic and financial policies and an adequate administrative capacity are crucial for successful implementation of Fund-supported programs." vgl. Khan/ Sharma, IMF Conditionality, S. 234-240.

154 Hakura/ Nsouli, Millennium Development Goals, S. 9 ff.; IWF, Jahresbericht 2003, S. 47.

Weitaus umfassender erscheinen dagegen die Berührungspunkte bei der Hilfe für einkommensschwache Staaten. Der IWF stellt für diese Mitglieder zusätzliche Finanzhilfe bereit, deren Bedingungen auf die Bedürfnisse der Staaten ausgerichtet sind. Wie die Weltbank legt er dieser Hilfe die Internationalen Entwicklungsziele zugrunde und verfolgt die Umsetzung einer nachhaltigen Entwicklung, bei der das Entwicklungsziel des wirtschaftlichen Wachstums mit sozialem und umweltpolitischen Zielen in Einklang gebracht wird. So formulieren die Organisationen in einer gemeinsamen Erklärung über die Zusammenarbeit bei der Förderung von anhaltendem Wachstum und Armutsreduzierung:

> „Both institutions, however, share the same broad objectives: helping to improve the quality of life and reduce poverty through sustainable and equitable growth."[155]

Um die Besonderheiten der Mitglieder zu beachten und nicht in die Gefahr zu geraten, mit "fremden" Programmen an den Bedürfnissen der Bevölkerung vorbei zu agieren, arbeitet jedes Mitglied ein eigenes Entwicklungsprogramm mit individuellen Prioritäten aus, an dessen Erstellen u.a. die Zivilgesellschaft beteiligt ist. Die Organisationen gehen von denselben Grundsätzen in der Strategie zur Armutsreduzierung aus:

- einen umfassenden Strategieansatz, der alle Bereiche der Gesellschaft, Wirtschaft und Politik beachtet,
- Abbau von ethnischen, geschlechtsspezifischen oder sozialen Barrieren, um Wachstum und Entwicklung für alle gleich zu gestalten,
- "ownership" der Programme und Strategien durch die Mitgliedstaaten,
- Transparenz der Verantwortungen, Ergebnisse und Kompetenzen.[156]

Diese Herangehensweise hat den IWF der Geschäftstätigkeit der Weltbank sehr weit angenähert und damit die Möglichkeit von ineffizienten Konkurrenzen oder Kollisionen bei der Umsetzung der Strategien erhöht. Die Strategien gleichen sich daher im Bereich der Unterstützung von einkommensschwachen Staaten durch konzessionäre Finanzhilfe des IWF.

3.2. Überwachung, Forschungsprogramme und technische Hilfe

In der Fülle von Ratschlägen und Weisungen, die die Weltbank und der IWF an ihre Mitgliedstaaten geben, ist grundsätzlich zwischen den Politikratschlägen zu unterscheiden, die im Rahmen der Analyse- und Überwachungstätigkeit bzw. als technische Hilfe vorgenommen werden, und denen, die in Form von Bedingungen oder Voraussetzungen mit einem Finanzierungsprogramm oder Projektdarlehen verbunden sind und auf deren Durchsetzung die Organisationen daher zumindest mittels Drohung mit dem Abbruch der Auszahlungen Einfluß haben.

---

155 Köhler/ Wolfensohn, Enhanced Parntership, S. 2.
156 Köhler/ Wolfensohn, Enhanced Parntership, S. 2 f.

Diese zweite Art von Anweisungen wird als Konditionalität oder Politikdialog bezeichnet und wird in Kapitel 3.3. analysiert. Im Folgenden soll dargestellt werden, in welchen Bereichen die Weltbank und der IWF die nationale Politikgestaltung ihrer Mitgliedstaaten überwachen und durch Politikanalysen oder technische Hilfe beeinflussen.

3.2.1. IWF: Wächter des internationalen Wirtschafts- und Währungssystems

Die Aufgabe des IWF besteht darin, ein internationales Wirtschafts- und Währungssystem aufzubauen, welches zum Wohle aller Mitglieder den Welthandel fördert. Dieses gründet auf ausgeglichenen Zahlungsbilanzen der Mitglieder, die durch einen nachhaltigen Zahlungsverkehr mit dem Ausland in einem Umfeld entstehen, das frei von Zahlungs- und Handelsrestriktionen ist. Eine Politik, die nach den Wünschen des IWF gestaltet wird, zielt daher auf finanzielle Stabilität, die Förderung von anhaltendem Wirtschaftswachstum und ein angemessenes Niveau der Beschäftigung ab.[157] Die Mitgliedstaaten sind verpflichtet, ihre Fähigkeiten und ihren Willen dafür einzusetzen, die internationalen Verhältnisse in einer angebrachten Ordnung zu halten, welche vom IWF überwacht wird.

Die Überwachung des IWF dient dazu, seinen Mitgliedern und dem privaten Markt ausreichend Informationen über die Wirtschaftswerte und -entwicklungen in anderen Ländern zukommen zu lassen. Diese neutralen Bewertungen können die Grundlage für Investitions- und Kreditentscheidungen bilden und gegebenenfalls das Vertrauen in die Fähigkeiten von Mitgliedern stärken, ihrem Schuldendienst in der vorgesehenen Zeit nachzukommen. Darüber hinaus unterstützt der IWF mit seinen Berichten und Einschätzungen die Anpassungsprozesse und Reformvorhaben der Mitglieder. Neben den Ratschlägen des IWF erfüllt die Überwachung auch die Funktion einer Koordinierugshilfe, die den Mitgliedstaaten die Möglichkeit gibt, ihre Wirtschaft zu einem möglichst effizient gestalteten System des globalen Finanz- und Warentransfers zu errichten, welches den größten Erfolg für alle sichert.[158]

Der IWF wird in Art. I, Abs. i IWF-Statuten als „Apparat zur Konsultation und Zusammenarbeit bei internationalen Währungsproblemen“ bezeichnet. Neben den Konsultationen nach Art. IV, die eine Überwachung der Finanz- und Wirtschaftspolitik aller Mitgliedstaaten umfassen und auf die im Folgenden ausführlich eingegangen wird, tritt der IWF in Konsultationen mit seinen Mitgliedern ein, wenn es um die Konkretisierung des "code of conduct" geht, wie bei der Bestimmung, welche besonderen Transaktionen eines Landes als laufende Transaktion oder als Kapitaltransaktion bezeichnet werden (Art. XXX, lit. d

---

157 IWF, Entscheidung vom 22. Jan. 1977, Nr. 6026-(79/13) geändert durch Entscheidung vom 29. Jan. 1993, Nr. 10273-(93/15) und vom 10. Mai 1993, Nr. 10364-(93/67), unter Principles of Fund Surveillance over Exchange Rate Policies, Nr. 3, S. 3; in: Sel. Dec. 2003.

158 IMF, Evaluation Surveillance, S. 18 f.

IWF-Statuten), oder wie bei der Zulassung einer eingeschränkten Konvertibilität von Währungen, deren Bestände beim IWF „knapp" geworden sind (Art. VII, Absch. 3, lit. b IWF-Statuten).

Wie bereits in Kapital 2.1.2.3. dargestellt worden ist, sieht das Übereinkommen des IWF drei verschiedene Überwachungsarten gegenüber seinen Mitgliedern vor. Zum einen hat der IWF die Aufgabe, die Funktionsfähigkeit des internationalen Währungssystems zu überwachen.[159] Dazu „unterstellt der Fonds [zum anderen] die Wechselkurspolitik der Mitglieder einer strikten Überwachung".[160] Und zusätzlich überwacht er die Einhaltung der in Art. IV, Absch. 1, S. 2 IWF-Statuten vorgeschriebenen Verpflichtungen, die in den Prinzipien zur Überwachung über die Wechselkurspolitik konkretisiert sind[161]:

Ein Mitglied soll die Manipulation von Wechselkursen oder des internationalen Währungssystems vermeiden, die darauf ausgelegt ist, einer effektiven Anpassung der Zahlungsbilanzen vorzubeugen oder einen ungerechten Wettbewerbsvorteil gegenüber anderen Mitgliedern zu erlangen.

Ein Mitglied sollte in den Devisenmarkt eingreifen, wenn es notwendig erscheint, ungeordneten Bedingungen entgegenzuwirken, die unter anderem durch zerstörende und kurzfristige Bewegungen in dem Wechselkurs einer Währung charakterisiert werden.

Mitglieder sollten in ihrer Interventionspolitik auf die Interessen anderer Länder einschließlich derjenigen, in deren Währung interveniert wird, Rücksicht nehmen.[162]

Die Überwachungsfunktion des IWF ist auf diejenigen Politikbereiche eines Mitglieds beschränkt, welche die Interessen anderer Mitglieder betreffen.[163] Dabei erschweren die umfassenden Verbindungen zwischen einzelnen Bereichen der Wirtschaft eine Einteilung der Politikbereiche in national wirkende und international ausschlaggebende Maßnahmen, so daß der IWF seine Analyse neben der allgemeinen Situation der Zahlungsbilanz auch auf die Leistungsbilanz, auf Kapitalflüsse und auf den Umgang mit internationalen Reserven ab-

---

159 Art. IV, Absch. 3, lit. a, 1. HS IWF-Statuten.

160 Art. IV, Absch. 3, lit. b, S. 1 IWF-Statuten.

161 IWF, Entscheidung vom 22. Jan. 1977, Nr. 6026-(79/13) geändert durch Entscheidung vom 29. Jan. 1993, Nr. 10273-(93/15) und vom 10. Mai 1993, Nr. 10364-(93/67), unter Principles for the Guidance of Members' Exchange Rate Policies; in: Sel. Dec. 2003.

162 Beachtenswert ist bei diesen drei Regelungen, daß Prinzip a) von „sollen" spricht, die Prinzipien b) und c) jedoch die Konjunktivform („sollten") gebrauchen. Dieser Unterschied gründet darin, daß die Regelung unter a) mit Art. IV, Absch. 1, S. 2 IWF-Statuten übereinstimmt und daher eine Verpflichtung der Mitgliedstaaten begründet. Die Prinzipien b) und c) sind dagegen Verhaltensregeln, die das Exekutivdirektorium des IWF aufgestellt hat und denen kein bindender Charakter in Bezug auf die nationale Politikgestaltung der Mitgliedstaaten zukommt (vgl. Gold, Third Report, S. 9).

163 Guitián, Unique Nature, S. 12.

stimmt.[164] Im Laufe seiner Geschäftstätigkeit hat der IWF seine Überwachungstätigkeit in 3 Forschungsbereiche aufgeteilt bzw. ausgedehnt, nämlich auf eine bilaterale, eine multilaterale und eine regionale Ebene.[165]

3.2.1.1. Bilaterale Überwachung

Die bilaterale Überwachung umfaßt die Wirtschafts- und Finanzpolitik eines Mitglieds. Sie soll Schwächen der Wirtschaftspolitik identifizieren, potentielle Gefahren aufzeigen und Länder im Hinblick auf Korrekturmaßnahmen beraten. Die Bewertung der Wirtschaftspolitik des betreffenden Mitglieds, die mit Zustimmung des Staates veröffentlicht wird, gründet auf Erkenntnissen, die IWF-Mitarbeiter während einer Mission in das Mitgliedsland aus Gesprächen mit Regierungsvertretern, Vertretern der Zentralbanken, der Gewerkschaften, Arbeitgeberverbänden, Universitäten und Finanzmarktakteuren erlangen.[166]

Seitdem den Mitgliedern des IWF die freie Wahl ihres Wechselkurssystems offensteht (Art. IV, Absch. 2 IWF-Statuten)[167], verlagerte sich die Überwachung des außenwirtschaftlichen Gleichgewichts von der Beurteilung einer „gleichgewichtigen Zahlungsbilanz" auf die Bewertung eines „gleichgewichtigen Wechselkurses". Inhalt dieser Beurteilung ist die Frage, ob der herrschende Wechselkurs in dem Sinne auf die Wirtschaft des Mitgliedes einwirkt, daß Leistungsbilanzsalden generiert werden, die zur Finanzierung des dauerhaften Kapitalimports oder -exports erforderlich sind. Da kurze und spekulative Kapitalbewegungen keinen Einfluß auf das externe Gleichgewicht haben sollen, sind diese möglichst aus den Betrachtungen des Wechselkurses herauszuhalten. Mit anderen Worten untersucht der IWF Entwicklungen des Wechselkurses, die auf Maßnahmen basieren, welche einen über den Wechselkurs hinausgehenden Einfluß auf die Zahlungsbilanz besitzen.[168]

Aufgrund welcher Interventionen Anlaß besteht, die Wechselkurspolitik eines Mitglieds detailliert zu untersuchen, beschreiben die „Prinzipien der Über-

---

164 IWF, Entscheidung vom 22. Jan. 1977, Nr. 6026-(79/13) geändert durch Entscheidung vom 29. Jan. 1993, Nr. 10273-(93/15) und vom 10. Mai 1993, Nr. 10364-(93/67), unter Principles of Fund Surveillance over Exchange Rate Policies, Nr. 3, S. 1; in: Sel. Dec. 2003.

165 Vgl. IWF, Jahresbericht 2004, S. 4, Kasten 1.1.

166 IWF, Jahresbericht 2003, S. 4 und 2004, S. 3; IMF, Evaluation Surveillance, S. 25, 27 mit Erklärungen über den inneren Prozeß der Meinungsfindung der Überwachungsberichte beim IWF.

167 Bis 1973 bestand ein Paritätensystem von veränderbaren, aber festen Wechselkursen, dessen Funktionieren und Einfluß auf die Überwachungstätigkeit des IWF im geschichtlichen Teil erklärt wird.

168 Gold, Third Report, S. 11; Rose/ Sauernheimer, Außenwirtschaft, S. 21.

wachung des IWF über die Wechselkurspolitik"[169] folgendermaßen: Zur Diskussion der Wechselkurspolitik eines Landes besteht beispielsweise Anlaß, wenn es zu lang andauernden, umfangreichen Interventionen am Devisenmarkt in einer Richtung kommt, die offizielle oder quasi-offizielle Kreditaufnahme eines Landes ein auf die Dauer nicht aufrechtzuerhaltendes Maß annimmt, es zur Einführung, Verstärkung oder dauernden Aufrechterhaltung von zahlungsbilanzbedingten Restriktionen oder Anreizmitteln auf laufenden Transaktionen oder auf Kapitalbewegungen kommt, aus Zahlungsbilanzgründen eine monetäre oder fiskalische Politik betrieben wird, die zu abnormaler Ermutigung oder Entmutigung von Kapitalströmen Anlaß geben könnte, es zu Wechselkursbewegungen kommt, die mit den grundlegenden wirtschaftlichen und finanziellen Bedingungen, einschließlich den Faktoren, welche die Wettbewerbsfähigkeit und die langfristigen Kapitalbewegungen betreffen, in keinem Zusammenhang zu stehen scheinen.

Bei seiner Ermessensausübung ist der IWF unterschiedlichen Zwängen und Einflußnahmen ausgesetzt. So expandierte der Einflußbereich der Überwachung vom Fokus auf makroökonomische Politik (Wechselkurs-, Geld- und Währungspolitik) auf die Begutachtung von außenwirtschaftlichen Gefährdungen der einzelnen Volkswirtschaft, der Analyse eines nachhaltigen Schuldendienstes, Instabilitäten des Finanzsektors, sowie auf strukturelle und institutionelle Aspekte, denen Einfluß auf die makroökonomischen Bedingungen in einem Mitgliedstaat zugeschrieben werden. Der Evaluationsbericht über die Überwachungstätigkeit des IWF benennt folgende Bereiche der Länderüberwachung[170]:

- Wechselkurspolitik[171], Geldpolitik[172], Fiskalpolitik[173]: zusammen mit der Geld- und Fiskalpolitik gehörte die Wechselkurspolitik schon immer zur

169 IWF, Entscheidung vom 22. Jan. 1977, Nr. 6026-(79/13) geändert durch Entscheidung vom 29. Jan. 1993, Nr. 10273-(93/15) und vom 10. Mai 1993, Nr. 10364-(93/67), unter Principles of Fund Surveillance over Exchange Rate Policies, Nr. 2; in: Sel. Dec. 2003.

170 IMF, Evaluation Surveillance, S. 21; siehe auch Guitián, Unique Nature, S. 13; Guitián, Währungsinstitution, S. 39; IMF, Factsheet Surveillance, S. 1; Mussa, Surveillance, S. 28-31.

171 Unter Wechselkurspolitik versteht man die Festlegung eines anzustrebenden Grades an Wechselkursflexibilität für die Währung eines Landes und die zum Erreichen dieses Grades ergriffenen Maßnahmen. Dies ist die wichtigste Frage im Zusammenhang mit der Ausgestaltung des internationalen Währungssystems. (Gabler, Wirtschaftslexikon, Wechselkurspolitik, Nr. 1).

172 Geldpolitik ist die Gesamtheit der staatlichen Maßnahmen mit dem Ziel der Gestaltung des Geldwesens und der Stabilisierung des Geldwertes. Die Steuerung der Geldpolitik unterliegt in der BRD der Deutschen Bundesbank. (Gabler, Wirtschaftslexikon, Geldpolitik, Nr. 1 und 3).

173 Alle finanzpolitischen Maßnahmen des Staatssektors im Dienst der Konjunkturpolitik. Sie zielt auf Stabilität und Wachstum der Wirtschaft ab. (Gabler, Wirtschaftslexikon, fiscal policy).

Länderüberwachung des IWF; der IWF berät seine Mitglieder über die Wahl des für sie geeigneten Wechselkurssystems im Hinblick auf dessen binnen- und außenwirtschaftliche Ziele und stimmt Empfehlungen der Geldpolitik und der Fiskalpolitik darauf ab. Neben der Hilfe bei der Wahl des Wechselkurssystems berät der IWF über eine angebrachte Höhe des Kurses in einem System fester oder kontrollierbarer Kurse und über die Abschaffung von Devisenbeschränkungen.[174]

- Strukturanpassungspolitik[175]: Nachdem der IWF Anfang der 80er Jahre bemerkte, daß die Zahlungsbilanzdefizite seiner Mitglieder nicht mehr auf zyklischen Unregelmäßigkeiten basierten, sondern aufgrund von strukturellen Problemen auftraten, erweiterte er seine wirtschaftspolitischen Empfehlungen auf die Strukturpolitik seiner Mitglieder. Die hohe Verschuldung in vielen Mitgliedstaaten und die Transformation ehemals kommunistischer Staaten zur Marktwirtschaft unterstrichen ebenfalls die Notwendigkeit der Überwachung in diesem Bereich. Der IWF grenzt seine Prüfung der Strukturpolitik auf die Bereiche ein, die einen starken Einfluß auf makroökonomische Faktoren haben, wie den internationalen Handel, den Arbeitsmarkt und Reformen im Energiesektor.
- Finanzsektor: Seitdem sich die wirtschaftliche Abhängigkeit durch die Deregulierung der Finanzsektoren und die Liberalisierung der Kapitalströme intensiviert hat und es zu mehreren Krisen im Bankensektor in den 90er Jahren kam, erstreckt sich die Überwachung des IWF auch auf die Ausgestaltung und Regelung des Finanzsektors der Mitgliedstaaten.[176]
- Bildung und Kontrolle von Institutionen: Als Reaktion auf die steigende Krisenanfälligkeit und die Herausforderung der Errichtung von Marktwirtschaften in den Staaten der ehemaligen Sowjetunion begutachtet der IWF die Unabhängigkeit der Zentralbanken, die Regelungen für den Finanzsektor sowie die Transparenz und Glaubwürdigkeit von Politikmaßnahmen. Zusammen mit der Weltbank verfolgt er eine Initiative für Standards und Kodizes (ROSC) in Bereichen, die ausschlaggebend für die Funktionsfähigkeit einer modernen Wirtschaft sind.[177]

---

174 Weitere Ausführungen zur Überwachung im Bereich der Wechselkurspolitik siehe Burton/ Gilman, Wechselkurspolitik, S. 18-21.

175 Als Teilbereich der Industriepolitik unterstützt die Strukturanpassungspolitik schrumpfende Wirtschaftszweige, um den Abbau von Arbeitsplätzen in strukturschwachen Branchen zu verlangsamen (befristete Subventionsprogramme, außenhandelspolitische Schutzmaßnahmen). Außerdem wird versucht, die Wettbewerbsfähigkeit gefährdeter Branchen wiederherzustellen. Die strukturellen Anpassungserfordernisse in einer offenen Wirtschaft werden vorrangig vom internationalen Wettbewerb bestimmt. (Gabler, Wirtschaftslexikon, Strukturanpassungspolitik).

176 Vgl. das gemeinsame Programm zur Bewertung des Finanzsektors (FSAP) zwischen IWF und Weltbank; Kapitel 3.2.5.2, S. 95.

177 vgl. Kapitel 3.2.5.1, S. 94.

- Bewertung von Risiken und Unsicherheiten aus Kapitaltransaktionen: Obwohl die Statuten des IWF eine Unterscheidung zwischen laufenden Zahlungsverkehrs- und Kapitaltransaktionen machen, bestand schon immer eine Inkonsistenz zwischen der Freiheit bei den laufenden Transaktionen und der Akzeptanz von Kapitalverkehrskontrollen.[178] Da ökonomisch und erfahrungsgemäß ein konsistenter und einheitlicher Ansatz für alle externen Transaktionen sinnvoll ist, ermutigt der IWF seine Mitglieder verstärkt zur Meidung von Kapitalverkehrskontrollen und überprüft diese mit ihren Auswirkungen auf die nationale und internationale Wirtschaftspolitik. Er überwacht außenwirtschaftliche Schwächen in Schwellenländern.
- Handelspolitik: der IWF regt den Abbau von Handelsbeschränkungen in den Staaten an, in denen Beschränkungen die makroökonomische Entwicklung und das regionale oder globale Wachstum hemmen.[179]
- Schuldentilgung und Schuldenmanagement: in einem Debt Sustainability Assessment (DSA) bewertet der IWF die Tragfähigkeit der Schulden in einem Mitgliedstaat[180]
- Der IWF beachtet zunehmend Themenbereiche wie den Umweltschutz, die Einflüsse der Folgen von HIV/ AIDS auf die makroökonomische Lage eines Mitgliedstaates[181] und die Höhe der Militärausgaben[182] der Regierungen. Dabei unterliegen Themen, die nicht zu den Verpflichtungen der Mitgliedstaaten gemäß Art. IV, Absch. 1 IWF-Statuten gehören, nicht deren Informationspflicht gegenüber dem IWF. Umgekehrt ist dieser auch nicht verpflichtet, eine Einschätzung über diese Politikbereiche abzugeben.[183]

Um die Effektivität der Überwachung zu steigern, regt der IWF an, daß seine Mitarbeiter soziale und politische Aspekte der nationalen Politiken verstärkt berücksichtigen sollen. Dies würde auch zu einer größeren Akzeptanz der

178 Art. VI, Absch. 3 IWF-Statuten; Guitián, Währungsinstitution, S. 39.
179 IWF, Exekutivrat Sitzung 02/38, Review of the Implementation of the Fund's Surveillance vom 4. und 5. April 2002, Nr. 9; in: Sel. Dec. 2003.
180 IWF, Jahresbericht 2004, S. 24 f.
181 Vgl. dazu IMF, Factsheet HIV/ AIDS, S. 1 f.; Haacker, Macroeconomics, S. 1 ff.
182 Über die Frage, ob Angaben über Militärausgaben eines Mitglieds zu dessen Informationspflicht gegenüber dem IWF gemäß Art. VIII, Absch. 5 IWF-Statuten gehören, ist in 1991 im Exekutivdirektorium kontrovers diskutiert worden. Da keine Einigung darüber zustande kam, die Auswirkungen von Militärausgaben auf die Makroökonomie eines Mitglieds als Teil der Überwachung gemäß Art. IV zu untersuchen, einigten sich die Direktoren darauf, daß die Mitglieder freiwillig Daten über ihre Militärausgaben zur Vervollständigung der Gesamtrechnung im Rahmen der Art. IV-Konsultationen bereitstellen können. Diese Informationen dürfen jedoch nicht als Grundlage von Konditionalität oder Erfüllungskriterien im Rahmen der Programme des IWF dienen. (IWF, Exekutivdirektorium, Sitzung 91/138 vom 2. Okt. 1991, Concluding Remarks by the Acting Chairman on Military Expenditure and the Role of the Fund; in: Sel. Dec. 2003).
183 IMF, Biennial Review, Nr. 5 und Biennial Review - Modalities, Nr. 7.

Ratschläge und einer Identifikation mit diesen in den Mitgliedstaaten ("ownership") führen.[184]

Art. IV-Konsultationen werden grundsätzlich in Abständen von einem Jahr durchgeführt. Erhält ein Mitglied Finanzmittel des IWF, an deren Auszahlung die Durchführung eines Reformprogramms geknüpft ist, so verlängert sich der Zeitraum zwischen den Konsultationen auf 24 Monate.[185] Die Ausarbeitung der Hilfsprogramme basiert auf den Erkenntnissen aus den Art. IV-Konsultationen.[186]

Seit 1979 bietet der IWF die ergänzende Überwachung (supplemental surveillance[187]) als zusätzliche Beratung für Mitgliedstaaten in wirtschaftlich schwierigen Situationen an. Diese Art der Überwachung wird auf Initiative des Geschäftsführenden Direktors zusätzlich zu den jährlichen Konsultationen durchgeführt und bewegt sich im informellen und vertraulichen Bereich.[188] Auslöser für die Initiative sind bedeutende Entwicklungen der Wirtschaft oder Finanzen, die gegebenenfalls die Wechselkurspolitik eines Mitglieds oder die Höhe seines Wechselkurses beeinflussen könnten. Diese Konsultation kann aufgrund einer Entscheidung des Exekutivdirektoriums zu einer ad hoc Konsultation nach den Regelungen über die Art. IV-Überwachung führen. Da trotz des informellen Charakters die Gefahr von negativen Signalen an Dritte und insbesondere an private Geldgeber durch die ergänzende Überwachung gegeben ist,

---

184 IWF, Exekutivrat Sitzung 02/38, Review of the Implementation of the Fund's Surveillance vom 4. und 5. April 2002, Nr. 4; in: Sel. Dec. 2003.

185 Ablauf und Zeitplan siehe IMF, Evaluation Surveillance, S. 25-28.

186 IWF, Entscheidung vom 15. Juli 2002, Nr. 12794-(02/76), geändert durch Entscheidung vom 12. Sept. 2002, Nr. 12854-(02/96); in: Sel. Dec. 2003; IWF, Exekutivdirektorium Sitzung 02/38, Review of the Implementation of the Fund's Surveillance vom 4. und 5. April 2002, Nr. 17; in: Sel. Dec. 2003.

187 Die ergänzende Überwachung ist von der gesteigerten (enhanced) Überwachung zu unterscheiden, die unter die technische Hilfe des IWF gemäß Art. V, Absch. 2 IWF-Statuten zu subsumieren ist. Die gesteigerte Überwachung bestand zwischen 1985 und 1993. Der IWF bewertete in ihr die wirtschaftliche Entwicklung und die Programme des Mitglieds, der die Analyse anschließend im Rahmen von Verhandlungen über einen möglichen Schuldenabbau durch seine Gläubiger als Beweis seines Reformwillens vorlegen konnte.
Lucke, IWF, S. 19, Fn. 53 übersetzt die "enhanced surveillance" mit „intensivierter Überwachung", er grenzt diese allerdings nicht weiter zur "intensified surveillance" des IWF ab, die auf Anfrage der Mitgliedstaaten unter Art. IV-Überwachungen vorgenommen werden kann. Um aufgrund des gleichen Wortstammes leicht entstehende Verwechselungen zu vermeiden, soll in dieser Arbeit die "intensified surveillance" mit „intensivierter Überwachung" übersetzt werden.

188 IWF, Entscheidung vom 22. Jan. 1977, Nr. 6026-(79/13) geändert durch Entscheidung vom 29. Jan. 1993, Nr. 10273-(93/15) und vom 10. Mai 1993, Nr. 10364-(93/67), unter Surveillance: Procedures, Nr. 3; in: Sel. Dec. 2003.

wurde dieses Instrument erst in zwei Fällen angewandt (Schweden in 1982 und Korea in 1987).[189]

Entgegen der ergänzenden Überwachung zielt die intensivierte (intensified) Überwachung auf die Abgabe eines Signals an dritte Geldgeber ab. Der Mitgliedstaat bittet die Mitarbeiter des IWF, eine Begutachtung der wirtschaftlichen Entwicklung des Landes vorzunehmen und die Ergebnisse zur Information an den Exekutivrat weiterzuleiten. Die Außenwirkung tritt in der Erwähnung der intensivierten Überwachung im Rahmen einer Art. IV-Konsultation oder der Veröffentlichung des Berichtes ein.[190]

3.2.1.2. Multilaterale Überwachung

Der IWF verfolgt neben den nationalen Wirtschaften auch die Entwicklungen des internationalen Wirtschafts- und Finanzmarktes. Die multilaterale Überwachung besteht größtenteils aus Prognosen und Analysen anstelle von Politikbeschreibungen. Die Ergebnisse veröffentlicht der IWF im Weltwirtschaftsbericht (World Economic Outlook), der zweimal jährlich erscheint, und seit März 2002 im Bericht zur Stabilisierung des globalen Finanzsystems (Global Financial Stability Report), der ebenfalls zweimal jährlich erscheint und über die Solidität der internationalen Finanzmärkte Auskunft gibt.[191]

3.2.1.3. Regionale Überwachung

Insbesondere nach den Erfahrungen der internationalen Finanzkrisen in der Mitte der 90er Jahre, die sich nicht auf eine einzelne Volkswirtschaft beschränkten, sondern ein regionales Ausmaß annahmen, verstärkte der IWF seine regionale Überwachung. Er untersucht dabei die Wirtschaftspolitik regionaler Wirtschaftsinstitutionen wie der Europäischen Union, der Europäischen Zentralbank, der Westafrikanischen Wirtschafts- und Währungsunion, der Zentralafrikanischen Wirtschafts- und Währungsgemeinschaft und der Ostkaribischen Währungsunion und gibt seine Einschätzung zu den Entwicklungen in einzelnen Regionen bekannt.[192]

3.2.2. Forschungsprogramme und technische Hilfe

Die Unterstützung der Mitgliedstaaten bei der Umsetzung und Durchführung von Entwicklungsmaßnahmen ist zu einer effektiven Nutzung der Ressourcen von großer Wichtigkeit. Insbesondere hängt der Erfolg eines Projekts oder Programms von den wirtschaftlichen und finanzpolitischen Rahmenbedingungen

---

189 IMF, Signaling, S. 23.

190 IMF, Signaling, S. 22.

191 IWF, Jahresbericht 2003, S. 3, 4 f.; IMF, Evaluation Surveillance, S. 23, 43-46; IMF, Biennial Review - Modalities, Nr. 6.

192 IWF, Jahresbericht 2003, S. 4; IMF, Evaluation Surveillance, S. 28.

sowie den technischen und organisatorischen Kapazitäten eines Landes ab.[193] Um den Mitgliedstaaten in ihrem Entwicklungsprozeß zu helfen, stellen Weltbank und IWF ihnen zum einen technische Hilfe zur Verfügung, bei der es sich um in den Staaten durchzuführende Hilfsmaßnahmen handelt, die nicht auf die Finanzierung eines Projekts oder Programmes abzielen. Von diesen Diensten zu unterscheiden sind die Analysen der Mitarbeiter, die als Vorbereitung für spätere Programme, sei es die Durchführung von technischer Hilfe, sei es die Finanzierung eines Projekts, vorgenommen werden. Neben den Analysen erforschen Weltbank und IWF weitere Bereiche der Entwicklungshilfe-, Wirtschafts- und Währungspolitik, ohne die Ergebnisse unmittelbar in ein Projekt oder Programm einfließen zu lassen.

3.2.2.1. Unterstützung des IWF

Der IWF unterstützt seine Mitglieder in der Bekämpfung von wirtschaftlichen Schwachstellen, indem er dabei hilft, menschliche und institutionelle Kapazitäten aufzubauen und effektive makroökonomische und strukturelle Politiken umzusetzen. Weitere Bereiche zur Gestaltung einer stabilen, globalen Wirtschaft sind die Stärkung und Bewertung der Finanzsektoren, die Vorhersage bzw. Bekämpfung von Krisen, die Bewertung des Verschuldungsgrades in HIPC und ein "Integrated Framework" als Förderung der Teilnahme von einkommensschwachen Staaten am globalen Markt.[194]

Technische Hilfe wird in Form von Missionen der Mitarbeiter, dem Einsatz von Experten in einem Mitgliedstaat über eine längere Dauer (von einigen Wochen bis zu einigen Jahren), dem Erstellen von analytischen Berichten, durch Trainingskurse, Seminare und Workshops am IMF Institute in Washington D.C. und Informationen aus dem Internet bereitgestellt.[195] Neben der national begrenzten Unterstützung hat der IWF 4 regionale Zentren für technische Hilfe und 6 regionale Trainingsstätten eingerichtet.[196]

---

193 Goharin, Darlehenspolitik, S. 58; IBRD, Weltbank, S. 17.

194 IMF, Factsheet Technical Assistance, S. 1. Das Integrated Framework for Trade-Related Technical Assistance to least-developed countries (IF) ist ein Programm unter Beteiligung mehrerer Geber und Organisationen, u.a. auch des IWF und der Weltbank, durch das die Partizipation der am wenigsten entwickelten Staaten an der globalen Wirtschaft gefördert werden soll. Ziel dieser Initiative unter Führung der WTO ist es, Wachstum in diesen Staaten zu steigern und einen Betrag zur Reduzierung der Armut zu leisten. Für eine Darstellung der Teilnehmer, der Arbeitsweise und finanziellen Ausstattung wird auf die Internetseite des IF unter http://www.integratedframework.org/index.html verwiesen.

195 IWF, Jahresbericht 2004, S. 54; Informationen über das IMF Institute sind zu finden auf der Internetseite http://www.imf.org/external/np/ins/english/about.htm.

196 Die 5 regionalen Zentren für technische Hilfe liegen in den Regionen Pazifik, Karibik, Ost- und Westafrika sowie dem Mittleren Osten. Die 6 regionalen Trainingszentren sind in Brasilien, den Vereinigten Arabischen Emiraten, Tunesien, Singapure, China und

Die Politikbereiche, in denen der IWF technische Hilfe an seine Mitgliedstaaten vergibt, liegen in den gleichen Bereichen wie seine Konditionalität, d.h. wie die Bedingungen für finanzielle Hilfe und die Überwachungstätigkeit, nämlich

- Formulierung und Management makroökonomischer Politik
- Geldpolitik, Politik der Zentralbanken, Finanzsysteme, Wechselkurspolitik und Devisenmärkte
- Fiskalpolitik, öffentliche Finanzen und Fiskalmanagement
- Statistik in den Bereichen der Makroökonomie, des Außenhandels, der Fiskal- und Finanzpolitik.[197]

Die Gestaltung der technischen Hilfe innerhalb eines Staates wird in einer länder- oder sektorspezifischen Strategie festgelegt.[198] Damit anhaltende Erfolge der technischen Hilfe in einkommensschwachen Staaten erzielt werden können, achtet der IWF bei diesen Staaten verstärkt auf langfristig angelegte Hilfsprogramme, die den Mangel an ausgebildetem Personal und Materialien sowie andere Schwächen berücksichtigen und kompensieren. Die notwendige technische Hilfe wird im Rahmen des PRSP der Länder beschrieben, wobei ein Schwerpunkt auf die Einbindung der Staaten und deren "ownership" liegt.[199] Ebenfalls in einem langfristigen Zeitraum wird technische Hilfe für Krisenländer zur Verfügung gestellt.[200]

Zur Unterstützung der Mitgliedstaaten in Verhandlungen und Beratungen mit ihren Gläubigern und Kreditgebern stellt der IWF seinen Mitgliedern die gesteigerte Überwachung (enhanced surveillance[201]) zur Verfügung. Darin bewerten die Mitarbeiter des IWF die wirtschaftliche Entwicklung und das für das folgende Jahr vorgenommene, makroökonomische Reformprogramm eines Mitgliedstaats. Die Bewertung erfolgt im Rahmen einer Art. IV-Konsultation und wird bis zu der nächsten Überwachung ein Jahr später einmal wiederholt. Der erstellte Bericht, der nicht vom Exekutivdirektorium verabschiedet wird, soll die Verhandlungsposition der Mitgliedstaaten stärken, indem er die Wirtschaftslage objektiv darstellt und bewertet und damit unvorhergesehene Risiken für Kreditgeber und Gläubiger ausblendet.

Wien angesiedelt. Weitere Ausführungen darüber siehe in IMF, Technical Assistance, S. 21-29; IMF, METAC, S. 1; Hakura/ Nsouli, Millennium Development Goals, S. 13, Tabelle 2.

197 IMF, Policy Statement, S. 1 mit ausführlicher Beschreibung der technischen Hilfe in den einzelnen Abteilungen des IWF im Anhang.

198 IMF, Technical Assistance, Nr. 12.

199 IMF, Technical Assistance, Nr. 20-24.

200 IMF, Technical Assistance, Nr. 26.

201 IMF, Exekutivdirektorium, Sitzung 93/15 am 29. Jan. 1993 über Biennial Review of the Fund's Surveillance Policy, Summing Up by the Chairman, SM/92/234; in: Sel. Dec. 2003.

3.2.2.2. Hilfe der Weltbank

Die Weltbank bietet ihren Mitgliedern ihre Hilfe in Form von Beratungen, Lehrveranstaltungen und Diskussionsforen, Besprechungen mit den Regierungen und eine ständige Begleitung (monitoring) der Arbeit des Mitgliedstaates in unterschiedlichen Sektoren an[202], zu denen der Umweltaktionsplan (Environmental Action Plan), das Management der Wasserversorgung (Water Resources Management), der Umgang mit indogenen Bevölkerungsgruppen (Indigenous Peoples), die Planungen zur städtebaulichen und landwirtschaftlichen Entwicklung (Urban and Rural Development), der Aufbau eines funktionsfähigen Rechts- und Justizsystems und weitere Aktivitäten in Sektoren mit hoher Entwicklungspriorität zählen.[203]

Seit 1956 ist das Institut für Wirtschaftsentwicklung der Weltbank (EDI) mit der Planung und Durchführung der technischen Hilfe betraut.[204] Technische Hilfe kann an andere Operationen der Weltbank gekoppelt werden oder als eigenständiges Darlehen bzw. als eigenständige Schenkung vergeben werden.[205] In Fall der Vergabe einer eigenständigen Unterstützung verläuft die Planung bis auf wenig Ausnahmen nach den Vorschriften über die Vergabe von Investitionsdarlehen und hängt in ihrer Ausgestaltung von den Kapazitäten der und dem vorhandenen Wissen in den Mitgliedstaaten ab.[206] Finanziert wird die Entsendung von Beratern, Technikern und Experten in das betreffende Land, Schulungen für Angestellte des Mitgliedstaats, wenn dieser ein Unternehmen bzw. eine Agentur benennt, die für die Umsetzung und Bereitstellung der Hilfe verantwortlich ist.[207]

Neben der direkten Unterstützung der Mitgliedstaaten durch die Bereitstellung von technischer Hilfe vertieft die Weltbank ihre Erkenntnisse über Entwicklungshilfe, Armutsbekämpfung, die Auswirkungen verschiedener Politiken auf die Situation der armen Bevölkerung und auf den Aufbau sowie die Umsetzung wirksamer Hilfsmaßnahmen durch eine ausgedehnte Analysetätigkeit. Als

---

202 Lernprogramme und Trainings veranstaltet das World Bank Institute in Washington, D.C. Über dessen Organisation und Arbeit sind weitere Informationen unter der Internetadresse http://web.worldbank.org/WBSITE/EXTERNAL/WBI/0,,pagePK:208996~theSitePK:213799,00.htm zu erhalten.

203 World Bank, Environmental Action Plan, OP 4.02 und BP 4.02 von Feb. 2000; Water Resources Management, OP 4.07 vom Feb. 2000; Gender and Development, OP 4.20 und BP 4.20 von März 2003; zur technischen Hilfe für den Aufbau eines Rechts- und Justizsystems siehe Shihata, Complementary Reform, S. 20-22.

204 Rist, Weltbank, S. 16.

205 Weltbank, BP 8.40, Nr. 2 und OP 8.40; die Schenkungen erfolgen unter der Development Grant Facility der Weltbank.

206 Weltbank, BP 8.40, Nr. 1; die Unterschiede in der Erstellung von Darlehen zur technischen Hilfe werden in Weltbank BP 8.40, Nr. 6-8 dargestellt.

207 Weltbank, OP 8.40, Nr. 8 und BP 8.40, Nr. 4.

bedeutendstes und bekanntestes Medium ist an dieser Stelle die Veröffentlichung des jährlich erscheinenden Weltentwicklungsberichts (World Development Report) zu nennen.[208]

Eine Zusammenfassung einer ganzen Reihe von verschiedenen Analysen enthält die Economic and Sektor Work (ESW)[209] der Weltbank. Mit der ESW, unter der umfassende Studien von Schlüsselmodalitäten der Wirtschaft sowie das Abhalten von Konferenzen und Workshops gefaßt werden, möchte die Weltbank einzelne Staaten sowie die internationale Gemeinschaft in ihrem Kampf gegen die Armut unterstützen. Erkenntnisse aus den Untersuchungen sollen in die CAS und CDF einzelner Mitgliedstaaten aufgenommen bzw. in der Ausgestaltung der technischen Hilfe berücksichtigt werden.[210] Die Kernbereiche der ESW-Analysen sind die Bekämpfung der Armut, die öffentliche Ausgabenpolitik der Mitgliedstaaten, die Bewertung der Sicherheit von privaten Investitionen im Mitgliedstaat, die Überwachung des Beschaffungswesens und die Möglichkeiten, Entwicklungsschwerpunkte zu setzen.[211] Je nach den Problemen und Prioritäten eines Mitgliedstaates führt die Weltbank folgende Diagnosen im ESW-Bereich durch: Überprüfung der Institutionen und Regierungsführung; Bewertung des Finanzsektors; Sozialer Schutz der Armen; Überprüfung des Gesundheits- und Bildungssektors; Bewertung des Investitionsklimas; Strategie zur Städteentwicklung; Bewertung der Unternehmensführung; Bewertung der ländlichen Entwicklung; Umweltanalyse; Überprüfung des Energiesektors und deren Umwelteinflüsse; Analyse der Sozialverträglichkeit der Reformmaßnahmen; Erstellen eines Rahmenprogramms der Landesinfrastruktur.[212]

Als Analyseprogramm der Weltbank ist auch die Poverty and Social Impact Analysis (PSIA) zu nennen, in der die Konsequenzen von Politikinterventionen auf das Wohlergehen verschiedener Gruppierungen unter besonderer Betrachtung der armen Bevölkerung abgeschätzt werden.[213] Darüber hinaus konzentriert sich die Weltbank auf die Probleme der Staaten mit niedrigen Einkommen, die gleichzeitig unter schlechten Politiken, schwachen Institutionen und einer

---

208 Die Themen der letzten Weltentwicklungsberichte der Weltbank lauteten: Funktionierende Dienstleistungen für Arme (2004), Nachhaltige Entwicklung in einer dynamischen Welt (2003), Institutionen für Märkte schaffen (2002), Bekämpfung der Armut (2001), Globlisierung und Lokalisierung (2000) und Entwicklung durch Wissen (1999).

209 World Bank, ESW, S. 1; World Bank, Meeting the Promise, S. 22-25; World Bank, Supporting Country Development, S. 3.

210 Weltbank, OP 8.40, Nr. 2.

211 Diese Themen werden in folgenden Papieren und Analysen beschrieben: Poverty Assessments; Public Expenditure Reviews, Country Procurement Assessment Reviews, Country Financial Accountability Assessments und Country Economic Memoranda (World Bank, ESW, S. 1; World Bank, Meeting the Promise, S. 22, 24-25).

212 Aufzählung mit kurzer Erklärung in World Bank, ESW, S. 1.

213 Gupta/ Plant/ Dorsey et al., Expectations, S. 8, Box; IWF, Exekutivdirektorium Sitzung 02/24 am 8. März 2002, Review of the PRSP, Nr. 10; in: Sel. Dec. 2003.

schwachen Regierungsführung, unter geringen Kapazitäten, die eine effiziente Nutzung der Finanzen zur Reduzierung der Armut verhindern, sowie unter Beschränkungen der Meinungsfreiheit und öffentlichen Partizipation am Meinungsbildungsprozeß leiden (Low Income Countries under Stress, LICUS). Mit der LICUS-Initiative möchte die Weltbank diesen Staaten durch die Entwicklung besonderer Strategien und Programme helfen.[214]

Forschungsarbeit über globale Entwicklungen in einzelnen Wirtschaftssektoren werden in Sektorstrategiepapieren (Sector Strategy Papers; SSP[215]) beschrieben, die einerseits dem global ausgerichteten Entwicklungsplan der Weltbank für bestimmte Bereiche zugrunde liegen, und andererseits mögliche Problementwicklungen zwischen nationalen und globalen Zielsetzungen offenlegen. Die SSP dienen daher u.a. als Bindeglied zwischen den Sektorreformen in einem CAS eines Mitglieds und der weltweiten Entwicklung in diesem Sektor.

Die Analysen der Weltbank dienen dem Dialog zwischen ihr und dem Mitgliedstaat über die Anfertigung einer Reformagenda und sollen den Mitgliedstaat darin unterstützen, seine Bedürfnisse und Prioritäten im Bereich der technischen Hilfe zu formulieren.[216] Daneben erforscht die Weltbank außerdem Themen der Entwicklungspolitik, die losgelöst von mitgliedstaatlichen Programmen von Interesse sind und sich auf die in Tabelle 1 [Forschungstätigkeit der Weltbank] dargestellten Bereiche beziehen.

Tabelle 1 Forschungstätigkeit der Weltbank
a) Credit Reporting System: public and private credit information registers which provide rapid access to accurate and reliable standardized information on potential borrowers
b) Finance Research: domestic financial system development - regulation of the financial sector in changing environment - market structur of banking related to bank privatization, entry of foreign banks, the optimal level of bank concentration and taxation - financial constraints of small and medium enterprises for their growth - Good governance and how this affects risks
c) Infrastructure and Environment
d) International Trade
e) Knowledge for Chance Program: International Millennium Goals
f) Living Standards Measurement Study
g) Macroeconomics and Growth

214 World Bank, LICUS-Initiative, S. 1.
215 World Bank, Meeting the Promise, S. 26.
216 Weltbank, OP 8.40, Nr. 2.

h) Poverty Research: Poverty Inequality Analysis, including greater standardization of household survey data, and making the data more accessible for users and analysis of data for understanding the pro-poor growth
i) Public Services Research: enhancement of human development by poverty reducing measures
j) Research on Investment Climate: high quality firm level data
k) Rural Development Research
l) Economics of Civil War, Crime and Violance: recognition of the devastating economic consequences for violence in developing countries
m) Wold Bank Economist's Forum

Quelle: Eigene Darstellung basierend auf Informationen der Internetseite der Weltbank unter http://www.worldbank.org/.

Zum größten Teil befassen sich diese Forschungsthemen mit der Befriedigung der Grundbedürfnisse der armen Bevölkerung und deren Teilnahme am Wirtschaftskreislauf bzw. -wachstum. Auffällig ist allerdings, daß sich die Weltbank zusätzlich mit Makroökonomie und Wachstum beschäftigt, die eher dem Kompetenzbereich des IWF zugerechnet werden könnten. Sie setzt sich dabei mit der Frage auseinander, aus welchen Gründen manche Volkswirtschaften über einen langen Zeitraum wachsen und andere in ihrer Entwicklung stagnieren. Im einzelnen umfaßt dieser Themenbereich folgende Fragestellungen:[217]

- Wirtschaftswachstum und dessen Konsequenzen auf die soziale Entwicklung, einschließlich Armutsreduzierung und Aufbau von Institutionen
- Institutionen und Governance: deren Qualität, die Sicherung von Eigentümerrechten und Rechten aus Verträgen
- Globalisierung des Finanzmarktes: Finanzkrisen, internationale Finanzflüsse und Wechselkurse
- Geschäftszyklen und Stabilisierungsmaßnahmen: Schwachstellen und Krisen in Entwicklungsländern aufgrund des Fehlens von Risikomechanismen, die Verbindung zwischen Schwachstellen der Wirtschaft und lang anhaltendem Wachstum, die Rolle der Geldpolitik bei der Reduktion von zyklischen Fluktuationen, das Verhalten von Wechselkursen und daran angelehnten Politikbereiche, welche makroökonomische Ungleichgewichte und Zahlungsbilanzkrisen verhindern sollen, staatliche Verschuldung, Fiskalpolitik sowie deren Effekte auf Arbeitslosigkeit und Produktion.

3.2.2.3. Konkurrenz und Kollision in Forschungsprogrammen und technischer Hilfe

Die technische Hilfe der Weltbank und des IWF gleichen sich in der Art und Weise ihrer Vergabe mittels der Entsendung von Expertenteams, der Schulung

217 World Bank, Makroeconomics.

des nationalen Personals in den organisationseigenen Instituten und der Organisation von Diskussionsforen. Da beide Organisationen die inhaltlichen Themen der technischen Hilfe auf die Bedürfnisse und Kapazitäten ihrer Mitglieder bei der Planung und Durchführung der finanziellen Hilfsprogramme, die mit der jeweiligen Organisation abgeschlossen werden, ausrichten, sind Überschneidungen oder Konkurrenzen möglich. Diese sollen in den Kapiteln aufgezeigt werden, die sich mit der inhaltlichen Gestaltung dieser Programme befassen.[218] Gleiches gilt für die den einzelnen Projekten oder Programmen vorgelagerte Analysetätigkeit der Weltbank.

Berührungspunkte können allerdings bei der von Projekten und Programmen unabhängigen Forschungstätigkeit der Weltbank und des IWF auftreten. Neben Konkurrenzen in Bereichen, die sich sowohl auf die makroökonomische Stabilität und die Zahlungsbilanzsituation als auch auf das wirtschaftliche Wachstum und die Stärke der Sektoren auswirken (internationaler Handel, Finanzsektor[219]), umfaßt die Forschungsarbeit der Weltbank weite Themenbereiche, die sich innerhalb der Kompetenzen des IWF befinden. Die Überschneidungen können unter den Begriffen "Globalisierung der Finanzpolitik" und "Stabilisierungspolitik" zusammengefaßt werden. So analysiert die Weltbank internationale Finanzkrisen und internationale Kapitalflüsse, Rezessionen, Schwankungen im Wachstum, die Rolle der Geldpolitik in zyklischen Fluktuationen, das Verhalten der Wechselkurse und die korrespondierenden Politiken, mit denen makroökonomische Ungleichgewichte verhindert werden sollen, außerdem untersucht die Weltbank die Fiskalpolitik und öffentliche Verschuldung ihrer Mitgliedstaaten sowie deren Auswirkungen auf die Arbeitslosigkeit und die Produktion.

Der IWF profitiert bei der Betrachtung der Einflüsse seiner Politikvorschläge auf die arme Bevölkerung und die wirtschaftliche Entwicklung der Mitgliedstaaten auf Erkenntnisse aus der Forschungstätigkeit der Weltbank.[220]

3.2.3. *Katalysator für finanzielle Hilfe Dritter*

Weltbank und IWF üben auf verschiedene Weise Einfluß auf die Kredit- und Investitionsentscheidungen Dritter in den Mitgliedstaaten aus. Zu unterscheiden ist dabei eine direkte Katalysatorfunktion, bei der die Maßnahmen der Organisationen keinen anderen Zweck als das Signalisieren des Reformstands und der Reformwilligkeit eines Mitglieds erfüllt, von der indirekt katalysierend wirkenden Geschäftstätigkeit. Diese zielt zwar in einem bestimmten Maße auf die Mobilisierung dritter Ressourcen ab, die von Weltbank und IWF bereitgestellte

---

218 Vgl. Kapitel 3.3, S. 103.

219 Zum gemeinsamen Programm der Weltbank und des IWF auf dem Finanzsektor siehe Kapitel 3.2.5.2, S. 95.

220 Als Beispiel ist eine Analyse des IWF über den Einfluß von Fiskalpolitik auf nachhaltige Entwicklung und Wirtschaftswachstum zu nennen (IMF, Fiscal Dimensions).

Hilfe umfaßt allerdings ein über die Signalwirkung hinausgehendes Hilfsangebot, wie beispielsweise die Vergabe finanzieller Mittel.

Neben der intensivierten Überwachung[221] als Mittel zum Signalisieren des Reformstands und insbesondere der Reformwilligkeit eines Mitglieds gegenüber Dritten stellt der IWF weitere Hilfen bereit, um Ressourcen Dritter in einen Mitgliedstaat zu leiten bzw. den Abzug von Investitionen zu verhindern.[222] In diesen Bereich fallen die von Mitarbeitern überwachten Programme (staff-monitored programs; SMP), die auf Wunsch der Mitgliedstaaten durchgeführt werden.[223] Darin verfolgen Mitarbeiter des IWF das Wirtschaftsprogramm eines Mitgliedstaates und treffen sich zu regelmäßigen Besprechungen über wirtschaftliche Entwicklungen und Politikmaßnahmen mit den Behörden. Die Bewertung der mitgliedstaatlichen Politik beinhaltet die Übereinstimmung der Politikprogramme eines Mitglieds mit den Zielen des IWF und mit den von diesem erteilten Vorschlägen unter der allgemeinen Überwachung.[224] Nachdem infolge der größeren Transparenz des IWF die Befürchtung aufkam, daß es zu Verwechslungen zwischen den vom Exekutivdirektorium des IWF gebilligten Programmen und den Mitarbeiterbeurteilungen kommen könnte, wurden die „SMPs mit Signalwirkung" eingestellt. Lediglich ein SMP, welches den Nachweis erbringen soll, daß ein Mitglied an einer überzeugenden Reformbereitschaft festhält, um anschließend in Verhandlungen über eine Vereinbarung mit dem IWF einzutreten, kann weiterhin erstellt werden.[225] In diesen Fällen wird das Risiko von Fehlinterpretationen über die Zufriedenheit des IWF und die Politikgestaltung in Mitgliedstaaten als eher gering eingeschätzt.

Ein weiteres Mittel, das direkten Einfluß auf Entscheidungen Dritter ausübt, sind Anfragen von internationalen Finanzinstitutionen, Gläubigern und Gebern. Der IWF verfaßt daraufhin einen Beurteilungsbrief (assessment letter), in dem die zum Anfragezeitpunkt bestehende makroökonomische Situation in den Mitgliedstaaten und deren Politikmaßnahmen dargestellt werden. Im Gegensatz zu den SMPs handelt es sich hier nicht um ein fortlaufendes Programm, sondern eine punktuelle Bewertung, die auf die entscheidungsrelevanten Gesichtspunkte des Anfragenden beschränkt ist.[226] Der Beurteilungsbrief enthält eine nuancierte Bewertung, die unterschiedliche Begebenheiten der Mitglieder berücksichtigt

---

221 vgl. Kapitel 3.2.1.1, S. 76.

222 Eine Zusammenstellung, die alle Arten von Signalwirkungen durch den IWF im Laufe seines Bestehens anspricht, ist zu finden in IMF, Signaling, S. 5-32.

223 Die SMPs fallen nicht unter die Überwachungstätigkeit des IWF gemäß Art. IV IWF-Statuten, sondern sind Teil der technischen Hilfe gemäß Art. V, Absch. 2, lit. b IWF-Statuten.

224 IMF, Signaling, S. 19.

225 IWF, Jahresbericht 2003, S. 30 f.; IMF, Signaling, S. 21.

226 IMF, Signaling, S. 22.

und gleichzeitig klarstellt, ob das Mitglied eine starke und solide Wirtschaftspolitik verfolgt.[227]

Als indirekter Katalysator wirkt der IWF durch seine gesamte Geschäftstätigkeit auf Geschäftsentscheidungen Dritter ein. Sowohl die Überwachung und die darin enthaltene Bewertung der Wirtschafts- und Währungspolitik eines Mitgliedstaates als auch die Bereitstellung von finanzieller Hilfe, die an die Durchführung eines Stabilisierungs- bzw. Strukturanpassungsprogramms gebunden ist, oder die Unterstützung eines Mitglieds im Rahmen von technischer Hilfe entfalten Auswirkungen auf die Meinungsbildung Dritter.

Diese Schwerpunktsetzung in der Geschäftstätigkeit des IWF auf die Information über mitgliedstaatliche Wirtschafts- und Währungspolitik sowie vorgenommene Reformen in diesen Bereichen verdeutlicht sich zusätzlich in der Diskussion über die Einführung von Policy Monitoring Arrangements. Diese könnten ein Mittel zur begleitenden Kontrolle und zum Signalisieren von Reformprozessen einzelner Mitglieder bilden. Ohne die Möglichkeit auf das Ziehen von Geldern wie bei Bereitschaftskreditabkommen läßt ein Mitglied dabei seine Wirtschafts- und Finanzpolitik während eines Jahres vom IWF im Abstand von 6 Monaten beurteilen. Das Reformprogramm sollte zumindest den Anforderungen eines Programms für Ziehungen in den oberen Kredittranchen entsprechen und der Mitgliedstaat verpflichtet sich zur Veröffentlichung der Bewertungsberichte des IWF.[228] In einer Diskussion der Exekutivdirektoren, während der diese u.a. Bedenken hinsichtlich der fehlenden Möglichkeiten von begleitenden Ziehungen der IWF-Ressourcen und der Konkurrenz zu ebenfalls Signale ausstrahlenden Finanzprogrammen äußerten, vertagten sie einen weiteren Meinungsaustausch über die Policy Monitoring Arrangements auf die Zeit, wenn die Mitarbeiter des IWF den Bedarf an einem neuen Signalinstrument und dessen genaue Ausgestaltung detaillierter untersucht haben werden.[229]

Obwohl die Ziele der Weltbank ihr die Aufgabe übertragen, „die Aufrechterhaltung des Gleichgewichts der Zahlungsbilanzen durch die Anregung internationaler Investitionen [...] zu fördern“ (Art. I, Abs. iii IBRD-Statuten), umfaßt ihre Geschäftstätigkeit kein Instrument, welches ausschließlich auf die Katalyse internationaler Investitionen ausgerichtet ist. Die Weltbank unterstreicht ihre Katalysatorfunktion daher im Zusammenhang mit ihrer Kofinanzierung, der Aufstockung von Darlehen oder der Finanzierung von Projekten.[230] Daß diese Hilfe einen Anreiz für Dritte darstellen kann, eigene Investitionen zu erhöhen, ist nicht das direkte Ziel der Unterstützung, sondern wird mittels einer lediglich

227 IWF, Jahresbericht 2003, S. 31.
228 IMF, Policy Monitoring Arrangement, S. 1 ff.
229 IMF, Policy Signaling Instrument, S. 3, 4.
230 Für viele Weltbank, Weltentwicklungsbericht 1985, S. 173; Bock, Rolle, S. 8.

teilweisen Finanzierung der Projekte und Programme vorausgesetzt bzw. erzwungen.[231]

Somit bestehen im Bereich der direkten Katalysatorfunktion keine Konkurrenzen oder Kollisionen zwischen den beiden Organisationen. Da die indirekte Katalysatorfunktion an die Durchführung einzelner Projekte oder Programme gebunden ist und sich die zusätzliche Hilfe Dritter daher auf eine bestimmte Maßnahme beschränkt, kann es zu keinen Kohärenzen kommen. Diese würden vielmehr zwischen den Maßnahmen selber, d.h. der Unterstützung eines Projekts oder der Finanzierung bestimmter Reformen auftreten.

3.2.4. Unterstützung der Mitglieder nach bewaffneten Konflikten

Eine der größten Gefährdungen für die Entwicklung eines Landes liegt im Ausbruch von bewaffneten Konflikten und Bürgerkriegen, die neben der Zerstörung von Produktionsstätten und Vermögensgegenständen eine Bedrohung für die politische, wirtschaftliche und gesellschaftliche Stabilität der gesamten Region bedeuten. Weltbank und IWF haben diese Bedrohung erkannt und gehen seit Mitte der 90er Jahre explizit auf die Bedürfnisse der "post-conflict" Staaten ein. Das Fernziel der Bemühungen liegt dabei in der Wiederaufnahme der normalen Hilfen im Rahmen einer CAS der Weltbank oder der Ziehungsmöglichkeiten des IWF.

Die Weltbank setzt mit ihrer Unterstützung der Krisenstaaten bereits während des Ablaufs des ausgebrochenen Konflikts an. Da die unter den normalen Politiken ausgearbeiteten CAS in einem Krisenfall nicht weiter verfolgt werden können, begleitet die Weltbank das Mitglied mittels eines "Watching Brief" durch den Konflikt.[232] In diesem werden die Zusammenhänge und Ursprünge des Konflikts sowie die weitere Vorgehensweise analysiert. Ab Beendigung des Konflikts und dem Eintritt relativer Stabilität der Regierung sowie der gesellschaftlichen Strukturen beginnt die Weltbank damit, eine Transitional Support Strategy (TSS) durch Bewertungen und Planungen aufzustellen. Die TSS faßt die Finanzierungsmöglichkeiten für die Aufbauarbeiten zusammen und stützt sich dabei auf die CAS des Staates. Sie beinhaltet ein Programm von 24 Monaten Länge, das verlängert werden kann.[233] Außerdem trifft die Weltbank eine Aufzählung von Sofortmaßnahmen höchster Priorität für die ersten 6 Monate (Early Reconstruction Activities) und ein Plan von weiteren Maßnahmen auf mittelfristige Sicht (Post-Conflict Reconstruction; bis 2 Jahre). Die vorgesehenen Finanzierungsprogramme können sowohl aus der Auszahlung schon vor-

---

231 Gemäß Art. IV, Absch. 3, lit. a IBRD-Statuten stellt die IBRD dem Darlehensnehmer lediglich Devisen zur Verfügung und übernimmt nicht die in Landeswährung entstehenden Kosten.

232 Weltbank, BP 2.30, Nr. 2-3; OP 2.30, Nr. 7; World Bank, Post-Conflict Reconstruction, S. 6.

233 Weltbank, OP 2.30, Nr. 9.

handener Programme als auch aus neuen Hilfen im Rahmen der Notfallhilfe erfolgen.[234]

Die TSS ist Teil eines länderspezifischen, nationalen Wiederaufbauprogramms (National Recovery Plan), in dem die Hilfen internationaler Geber für den Übergang zu nachhaltigem Frieden und die Unterstützung von rapidem wirtschaftlichen und sozialen Wachstum gebündelt und koordiniert werden.[235] Neben der Hilfe der Weltbank, die sich auf den Wiederaufbau und die Definition struktureller Reformen konzentriert, verfolgt der IWF primär die Herstellung makroökonomischer Stabilität und einer Grundlage für nachhaltiges Wachstum. Er stellt diese Unterstützung im Rahmen von technischer Hilfe, durch die statistische und verwaltungsorganisatorische Kapazitäten geschaffen werden sollen, zur Verfügung. Daneben werden die Mitglieder in einem Politikdialog über die Gestaltung eines makroökonomischen Rahmens beraten und vor allem durch die Notfall und post-Konflikt Hilfe des IWF finanziell unterstützt.[236]

Sowohl Weltbank als auch IWF überführen die Notfallhilfe nach einem bewaffneten Konflikt in "normale" Hilfe im Rahmen der CAS der Weltbank oder der Ziehungen in der PRGF bzw. in höheren Kredittranchen des IWF. Dieser Schritt verdeutlicht die Aufgabenverteilung zwischen IWF und Weltbank während der Konflikthilfe. Ein gemeinsames Papier beider Organisationen trennt ihre Kompetenzen folgendermaßen:

> „the Fund takes the lead on macroeconomic issues while the Bank focuses on reconstruction efforts and on helping the government define priorities for structural reform [...] Fund assistance and conditionality focus on rebuilding the administrative and institutional capacities required to put a comprehensive economic program in place.“[237]

Diese in ihrer Formulierung sehr grobe Einteilung verliert ihre vage Aussage vor dem Hintergrund der gängigen Geschäftstätigkeit von IWF und Weltbank. Danach beschränkt sich die Arbeit des IWF im Bereich des Verwaltungsaufbaus auf die Sicherung der Kapazitäten, mit denen Fiskal-, Geld- und Wechselkurspolitik vorbereitet und umgesetzt werden. Allerdings können Kollisionen der Arbeit von Weltbank und IWF beim Abwägen von inhaltlichen Prioritäten und der Dringlichkeit notwendiger Maßnahmen auftreten. Die knappen Ressourcen eines durch bewaffnete Konflikte in Wirtschaft und Gesellschaft geschwächten Landes können sowohl im Aufbau von Produktionsanlagen und im Strukturieren von Sektoren, die internationalen Handel und damit den Erwerb von Devisen ermöglichen, als auch in der Stabilisierung makroökonomischer Faktoren, die

---

234 Weltbank, BP 2.30, Nr. 4 f.; World Bank, Post-Conflict Reconstruction, S. 7; zur Notfallhilfe der Weltbank siehe Kapitel 3.4.2.4, S. 150.

235 IMF/ World Bank, Assistance to Post-Conflict Countries, S. 8.

236 IMF/ World Bank, Assistance to Post-Conflict Countries, S. 8; zur finanziellen Hilfe des IWF siehe Kapitel 3.4.1.1, S. 123.

237 IMF/ World Bank, Assistance to Post-Conflict Countries, S. 8 und 9.

Investitionen aus dem Ausland katalysieren und die Bedingungen für Ausleihungen auf dem internationalen Kapitalmarkt beeinflussen, eingesetzt werden.

Abschließend ist festzuhalten, daß der Einfluß der Weltbank auf die Politikgestaltung der Mitglieder nach einer überstandenen Krisensituation stärker ist und eine intensivere Zusammenarbeit in der Planung einer TSS besteht, als sie in der Hilfe des IWF für post-Konflikt Staaten gesehen werden kann.[238] Die Weltbank setzt zeitlich früher mit der Bewertung der Auswirkungen des Konflikts an und stimmt ihre Hilfe unabhängig von der bestehenden CAS auf die Situation des Mitglieds ab. Entgegen der Situation in instabilen Volkswirtschaften, bei denen die Stabilisierungsprogramme des IWF der Hilfe der Weltbank zur Anpassung der Wirtschaftsstrukturen vorgelagert ist, erfordert eine Kriegs- oder Konfliktsituation in einem Mitgliedstaat den Aufbau der zerstörten, produktiven Stätten mit Hilfe der Weltbank, bevor der IWF auf die Wirtschaftspolitik dergestalt einwirken kann, daß makroökonomische Rahmenbedingungen für wirtschaftliches Wachstum geschaffen werden. Die Krisenprogramme der Weltbank und des IWF konkurrieren oder kollidieren daher lediglich in der Entscheidung, nach welchen Prioritäten die knappen Ressourcen für Wirtschafts- und Stabilitätsreformen eingesetzt werden, sobald die mittelfristige Hilfe, an der beide Organisationen teilhaben, angelaufen ist.

3.2.5. *Gemeinsame technische Hilfe von Weltbank und IWF*

Rechtssicherheit und gegenseitiges Vertrauen in der internationalen Gemeinschaft bilden die Grundlage für Wachstum und Stabilität einer Volkswirtschaft. Ein Mangel an Transparenz und Glaubwürdigkeit kann sowohl die Bemühungen des IWF nach Stabilität des mitgliedstaatlichen und internationalen Währungssystems als auch die Entwicklungshilfe der Weltbank beeinträchtigen. Beide Organisationen haben diese Bereiche des gemeinsamen Interesses erkannt[239] und beugen Mängel sowie Konkurrenzen daher mit der gemeinsam durchgeführten Initiative für Standards und Kodizes (ROSC), zu der auch die Erstellung von Programmen zur Bewertung des Finanzsektors (FSAP) gehört, und der Sammlung von wirtschaftlichen Daten sowie deren Veröffentlichung vor. Einen weiteren Bereich der gemeinsamen technischen Hilfe stellt die Unterstützung für einkommensschwache Staaten, die ein PRSP über den landesspezifischen Entwicklungsprozeß ausarbeiten, dar. Seitdem die Weltbank zu Beginn der 80er Jahre ihre Finanzhilfe im Bereich der Strukturreformen stark ausdehnte und der IWF die Bedingungen der konzessionären Fazilität, die ausschließlich den einkommensschwachen Staaten zur Verfügung steht, mit strukturpolitischen Reformvorschlägen anreichert, treten Überschneidungen in der technischen Hilfe

238 Vgl. Ciorciari, Prospective Enlargement, S. 303.

239 Die Mitarbeiter der Organisationen gehen sogar von "considerable synergies" durch die gemeinsame Vornahme der ROSC und FSAP Programme aus (IMF/ World Bank, ROSC, S. 4).

gegenüber einkommensschwachen Staaten auf. Mit Einführung der ländereigenen PRSP, grenzten IWF und Weltbank ihre Kompetenzbereiche bzgl. der von ihnen gegebenen technischen Hilfe zur Formulierung und Ausarbeitung der Strukturprogramme ab.

3.2.5.1. *Initiative für Standards und Kodizes (ROSC)*

Die Weltbank und der IWF engagieren sich zusammen mit anderen internationalen Organisationen in der Initiative für Standards und Kodizes, bei der sie bewerten, inwieweit ihre Mitgliedstaaten international anerkannte Standards einer guten Wirtschafts- und Finanzführung beachten und auf diese Weise zur Solidität der nationalen und internationalen Wirtschaftslage beitragen.[240] Diese Initiative teilt sich vornehmlich in die drei Gruppen der Standards über die Transparenz, über den Finanzsektor und über die Integrität des Marktes ein. Wie im folgenden Kapitel beschrieben wird, verläuft die Untersuchung des Finanzsektors zur Beurteilung der Krisenanfälligkeit von Wirtschaften unter dem Programm zur Bewertung des Finanzsektors (FSAP).

Im Bereich der Standards über die Wirtschaftstransparenz fungiert der IWF als die Organisation, die an der Festlegung und Ausarbeitung der Standards maßgeblich beteiligt ist.[241] Dem Programm liegt der Gedanke zugrunde, daß eine informierte Öffentlichkeit ihre Regierung stärker für die Politiken verantwortlich macht und Kontrolle auf deren Politikgestaltung ausübt. Außerdem steigert sich die Qualität der Investitionsentscheidungen privater Geldgeber, sobald ihnen mehr Informationen für ihre Entscheidungen zur Verfügung gestellt werden. Der IWF entwickelte daher einen Speziellen Standard über die Weitergabe von Daten (Special Data Dissemination Standard; SDDS)[242] und ein Allgemeines System über die Weitergabe von Daten (General Data Dissemination System; GDDS)[243], bei deren Sammlung der Daten ihn die Weltbank unterstützt.[244] Außerdem versucht er durch die Bereitstellung von Normen über die Transparenz

---

240 Zusammenfassungen über die ROSC siehe: IMF, Factsheet Standards and Codes; IWF, Jahresbericht 2003, S. 28 f., Kasten 2.2; Weltbank, Jahresbericht 2003 I, S. 45; IMF/World Bank, ROSC, S. 1 ff.

241 IMF, Factsheet Transparency, S. 1-3.

242 Die an dem SDDS-Programm teilnehmenden Staaten verpflichten sich, im Bereich der Erfassung, Periodizität und Aktualität von Daten international anerkannte Anforderungen einzuhalten und einen Zeitplan über die Veröffentlichungen der Daten herauszugeben. (IWF, Jahresbericht 2003, S. 28, Kasten 2.2).

243 Das Allgemeine Datenveröffentlichungssystem bezieht sich auf Teilnehmer, die im Gegensatz zu den Staaten des SDDS keinen Zugang zu internationalen Kapitalmärkten haben, allerdings die Qualität ihres nationalen Statistiksystems verbessern wollen. (IWF, Jahresbericht 2003, S. 28, Kasten 2.2).

244 Die Weltbank betreibt ein Statistical Capacity Building Program, dessen Umsetzung durch einen Treuhandfonds unterstützt wird, und veröffentlicht die gesammelten Daten auf der Internetseite der GDDS des IWF (World Bank, Statistics).

der Fiskalpolitik (Code of Good Practices in Fiscal Transparency) und Normen über die Transparenz der Geld- und Finanzpolitik (Code of Good Practices on Transparency in Monetary and Financial Policies) die Transparenz in den Wirtschaftsdaten und -maßnahmen seiner Mitgliedstaaten und dadurch das Vertrauen in die Funktionsfähigkeit der Volkswirtschaften zu steigern.

Parallel zu ihren anderweitigen Arbeitsbereichen übernimmt die Weltbank die Hauptaufgaben im Bereich der Standards für Marktintegrität des Unternehmenssektors, zu denen das Insolvenzrecht und Gläubigerrechte, die Rechnungslegung, die Rechnungsprüfung und die Unternehmensführung zählen. Standards in diesen Bereichen sollen den privaten Sektor in Entwicklungsländern stärken und damit zu mehr Wachstum führen. Diesem Ansatz liegt der Versuch der Weltbank zugrunde, die Integration der Entwicklungsländer in das internationale Wirtschafts- und Finanzsystem zu fördern. Außerdem bekämpft die Weltbank soziale und strukturelle Hindernisse auf dem Weg zu einer erfolgreichen Wirtschaftsentwicklung.[245]

Die Vorgehensweise der Weltbank und des IWF bei der Umsetzung dieser freiwilligen Programme beginnt mit einer Delegationsreise in das zu bewertende Land.[246] Über die dort gewonnenen Erkenntnisse verfassen die Mitarbeiter einen Report on the Observance of Standards and Codes (ROSC), von dem rund 70% veröffentlicht werden. Für die Umsetzung und Durchführung der im Bericht vorgeschlagenen Änderungen sind die Mitgliedstaaten selber verantwortlich, obwohl die Bewertung von Standards vermehrt in die Arbeit des IWF eingebunden wird; zur Unterstützung der Datensammlung können die Mitglieder technische Hilfe von Weltbank und IWF anfordern, die in der regelmäßigen Überprüfung der Fortschritte liegt.[247]

3.2.5.2. Programm zur Bewertung des Finanzsektors (FSAP)

Die Effektivität von makroökonomischen Politiken hängt unter anderem davon ab, wie weit der Finanzsektor eines Landes ausgebildet ist. Unter dem Finanzsektor verstehen Weltbank und IWF das Finanzsystem, d.h. alle Finanzinstitutionen wie Banken, Investmentfonds und Versicherungsgesellschaften sowie die Finanzmärkte selber (Wertpapier-, Devisen- und Geldmärkte).[248] Seit Mai 1999

---

245 Weltbank, Jahresbericht 2003 I, S. 45.

246 An dieser Reise nehmen neben den Vertretern der Weltbank und des IWF auch Experten aus anderen internationalen Organisationen und aus nationalen Behörden teil.

247 Die technische Hilfe im Bereich des Finanzsektors erfolgt unter der Financial Sector Reform and Strengthening (FIRST) Initiative, an der sich neben Weltbank und IWF auch nationale Entwicklungsorganisationen beteiligen (IMF, Factsheet Standards and Codes, S. 2; IMF, FSLC, S. 4).

248 IWF, Jahresbericht 2003, S. 29, Kasten 2.2.

unterstützen Weltbank und IWF ihre Mitgliedstaaten daher mit dem FSAP.[249] Die Stabilität der Finanzsysteme bildet die Grundlage für eine stabile Währung und steht im Mittelpunkt der Art. IV-Überwachungen des IWF.[250] Außerdem versucht der IWF die Wahrscheinlichkeit von Finanzkrisen abzuschätzen und deren Auswirkungen zu mildern. Das Interesse der Weltbank an der Funktionsfähigkeit von Finanzsystemen rührt daher, daß das Wachstum in einem Staat einer erleichterten Kreditvergabe an die arme Bevölkerung und gesteigerten Investitionen, der Verhinderung von Krisen und von untragbarer Verschuldung angetrieben wird. In den am wenigsten entwickelten Ländern ist außerdem der Aufbau eines funktionsfähigen Finanzsystems von großer Bedeutung. Das globale, wirtschaftliche Wachstum steht letztlich in enger Verbindung zu einem frühen Erkennen von Schwächen und Krisenanfälligkeiten, dem Einhalten von allgemein anerkannten Standards zur Steigerung des Vertrauens in die Geschäftspraktiken und einer effektiven Überwachung des Systems.[251]

Im Rahmen eines FSAP analysiert und bewertet ein Team aus Experten des IWF, der Weltbank und anderer Organisationen mit Kenntnissen im Bereich des Finanzsektors die Schwächen und Risiken sowie die Funktionstüchtigkeit des Finanzsektors eines Mitgliedstaats.[252] Diese Arbeit soll zur Prävention von Krisen und zur Milderung bei deren Ausbruch beitragen und umfaßt die Bereiche Bankenaufsicht, Wertpapierregulierung, Versicherungsaufsicht, Zahlungssysteme und die Bekämpfung von Geldwäsche und Terrorismusfinanzierung[253]. Die Erarbeitung eines FSAP besteht aus den folgenden drei Komponenten: a) die Bewertung der Stabilität des Finanzsystems, einschließlich makroökonomischer Faktoren, die auf das Finanzsystem einwirken können; b) die Bewertung des Grades, bis zu dem Standards, Praktiken und Regeln, welche die Arbeit des Finanzsektors bestimmen, beachtet werden; und c) das Aufführen von notwendigen Reformen oder Entwicklungen im Finanzsektor.[254] Die Bewertungsarbeit

---

249 IMF, FSAP, S. 1 ff; IMF/ World Bank, FSAP Review, S. 8 f.; IMF, IMF/ World Bank FSAP, S. 2 ff.; IWF, Jahresbericht 2004, S. 27 f. Eine Aufstellung der am FSAP teilnehmenden Staaten bis März 2003 findet sich in IMF/ World Bank, FSAP Review, S. 12, Tabelle 1.

250 IMF/ World Bank, ROSC, S. 5; IMF, FSAP, S. 1; ausführlich IMF/ World Bank, FSAP Review, S. 14-17.

251 Tietmeyer, Evolving Cooperation, S. 3-5.

252 Es erfolgen meistens 2 Missionen in einen Mitgliedstaat, bevor das FSAP erstellt wird (IMF/ World Bank, FSAP Review, S. 25).

253 Die Bereiche Geldwäsche und Finanzierung von Terrorismus sind in den Jahren 2001 und 2002 in die Standards und Kodizes des IWF und der Weltbank aufgenommen worden. Sie wurden von der Arbeitsgruppe zur Bekämpfung der Geldwäsche (FATF) in 1989 (40 Empfehlungen) bzw. von demselben Gremium über die Terrorismusfinanzierung (8 Empfehlungen) in 2002 erstellt (IWF, Jahresbericht 2003, S. 32, Kasten 2.3; IMF, Factsheet Money Laundering).

254 IMF, IMF/ World Bank FSAP, S. 2; World Bank, FSAP Objectives, S. 2.

basiert auf analytischen Instrumenten wie Stresstests und Indikatoren für die Solidität des Finanzsektors.[255]

Weltbank und IWF erarbeiten ein gemeinsames Papier (aide mémoire) über die Bewertungen in den drei Bereichen und übergeben dies dem betreffenden Mitgliedstaat. Es dient außerdem als Grundlage für die Überwachungstätigkeit des IWF, der aufbauend auf den gefundenen Erkenntnissen eine Bewertung der Stabilität des Finanzsystems (Financial System Stability Assessment; FSSA) erstellt. Darin fokussiert er die Schwächen und Risiken des Finanzsektors in einem breiteren makroökonomischen Umfeld und gibt eine umfassende Einschätzung der Stabilität des Systems ab. Die Weltbank bindet das FSAP in Form einer Bewertung des Finanzsektors (Financial Sector Assessment; FSA) in den Politikdialog mit dem Mitgliedstaat über die Gestaltung von Länderhilfsprogrammen (CAS) ein und legt dabei einen Schwerpunkt auf den Aufbau des Finanzsektors und die verstärkte Bildung von Institutionen.[256]

Konkurrenzen oder kollidierende Bewertungen können beim Erstellen der Arbeitspapiere entstehen, wenn Weltbank und IWF die gefundenen Ergebnisse des FSAP für ihre Zwecke und Programme auslegen.[257]

3.2.5.3. Strategiepapiere über Armutsreduzierung in einkommensschwachen Staaten (PRSP)

In einkommensschwachen Mitgliedstaaten[258] verfolgen Weltbank und IWF sowohl Armutsreduzierung als auch wirtschaftliches Wachstum. Laut ihrer Strategien sind beide Ziele durch die Kombination aus strukturpolitischen, armutsreduzierenden und makroökonomischen sowie die Institutionen stärkenden Politiken zu erreichen.[259] Die Mitglieder planen und koordinieren seit September 1999 die konzessionäre Hilfe von Seiten der Weltbank und des IWF sowie deren Schuldenerlaß im Rahmen der Initiative für hochverschuldete, arme Staaten

---

255 Eine Aufzählung der Standards und Regelungen, die zur Bewertung der Finanzsektoren herangezogen werden, findet sich in World Bank, FSAP Objectives, S. 2.

256 IMF, IMF/ Word Bank FSAP, S. 4; IMF, Review FSAP II, S. 2.

257 Vgl. IMF/ World Bank, FSAP Review, S. 37.

258 Die Einteilung der Staaten in die beiden Kategorien "niedrige Einkommen" und "mittlere Einkommen" entspricht nicht der Unterscheidung zwischen den Mitgliedern der IBRD und der IDA. Allerdings vereinfacht die Weltbank in ihren Untersuchungen über den von ihr geführten Politikdialog die Einteilung, indem sie zwischen IBRD- und IDA-Staaten unterscheidet (World Bank, Task Force, S. 1; World Bank, Supporting Country Development, S. 5). Diese Vorgehensweise soll auch in dieser Arbeit beibehalten werden.
Seit Juli 2002 soll allen CAS von IDA-Staaten ein PRSP zugrunde liegen (World Bank, PRSP Overview, S. 2). Der Stand der Ausarbeitungen der mitgliedstaatlichen PRSP in Mai 2004 ist in World Bank, PRSP Evaluation, Annex C, S. 59-61 und in IMF, Evaluation PRSP/ PRGF, S. 30, Tab. 1-1 aufgeführt.

259 IMF, Evaluation PRSP/ PRGF, S. 32.

(HIPC-Initiative) in Strategiepapieren zur Armutsreduzierung (Poverty Reduction Strategy Papers, PRSP[260]). Die Erarbeitung der PRSP unterliegt den gleichen Grundsätzen wie die Erstellung eines CDF, welches auf einem partizipatorischen Prozeß im Mitgliedstaat beruht.[261] Sie bilden das Umsetzungsmedium bzw. Verbindungsglied zwischen den CDF und der CAS der Weltbank bzw. der Kredithilfe des IWF in der PRGF.[262]

Die PRSP beinhalten eine Darstellung von prioritären Entwicklungsmaßnahmen und -strategien für den betreffenden Staat. Im Vordergrund steht eine wachstumsorientierte Strategie, dessen Entwicklungsindikator das Pro-Kopf-Einkommen ist.[263] Die Strategie bezieht sich auf makroökonomische, strukturelle und soziale Bereiche der Volkswirtschaft und umfaßt sowohl Struktur- und Sektoranpassungen als auch die Durchführung einzelner Projekte. Im Mittelpunkt steht die Abstimmung dieser Ansätze zu einem umfassenden Konzept, nach dem Institutionen errichtet, Armut reduziert und wirtschaftliches Wachstum gefördert wird.[264]

Das PRSP eines Mitglieds soll nach 2-5 Jahren überarbeitet werden. Um dessen Aktualität zu wahren, werden jährlich Fortschrittsberichte erstellt und den Exekutivdirektorien von Weltbank und IWF vorgelegt.[265] Da das Erstellen der PRSP in manchen Staaten länger als die vorgesehenen 2 Jahre dauert, wurde die Möglichkeit eingerichtet, ein Interim-PRSP (I-PRSP) zu erstellen, in dem die bestehende Strategie des Staates zur Armutslinderung und die geplanten Schritte zum Erstellen des PRSP beschrieben werden.[266] Ihr Inhalt umfaßt einen Zeitplan

---

260 World Bank, PRSP Overview, S. 1 f.; IMF/ IDA, PRSP, S. 2 ff.; World Bank, PRSP Evaluation, S. 1-4; IMF, Factsheet PRSP, S. 1 f.; IWF, Jahresbericht 2004, S. 47 f. Die PRSP Initiative wurde am 20. Dez. 1999 im Exekutivrat der Weltbank und am 22. Dez. 1999 im Exekutivrat des IWF besprochen und angenommen.

261 Wie schon unter Kapitel 3.2.2.1, S. 82. beschrieben, liegen folgende Grundsätze dem CDF und dem PRSP zugrunde: Orientierung auf Resultate, nämlich das Erreichen der Internationalen Entwicklungsziele; umfassende Würdigung aller Entwicklungsziele und -maßnahmen; Erstellen in einem partizipatorischen Prozeß; Ausrichtung auf langfristige Entwicklungserfolge (IMF/ IDA, PRSP, S. 4 f., Box 1; IMF, Evaluation PRSP/ PRGF, S. 28, Box 1-1). Kritik am partizipatorischen Prozeß und "ownership" der Programme in Whaites, PRSP, S. 9-15; Michaelis, Nachhaltige Entwicklung S. 338-342 m.w.N.

262 World Bank, PRSP Evaluation, S. 2, 22, Box 2.5.; IMF/ World Bank, PRSP, S. 15-16.

263 Dieser Entwicklungsindikator widerspricht zwar dem pluralistischen Ansatz der Internationalen Entwicklungsziele, wird jedoch weiterhin angewandt (Michaelis, Nachhaltige Entwicklung, S. 334).

264 IMF/ IDA, PRSP, S. 8 f.

265 IMF/ World Bank, Annual Progress Report, S. 1.

266 World Bank, PRSP Overview, S. 2; IMF/ World Bank, I-PRSP, S. 2 (der genaue Inhalt der I-PRSP wird auf S. 3-4 beschrieben).
Die Interim PRSP erlangen ihre Bedeutung im Rahmen der gemeinsamen Initiative von IWF und Weltbank zum Schuldenerlaß in Staaten mit niedrigem Einkommen (HIPC-Initiative).

für die Aufstellung der Armutsdiagnosen, die Konkretisierung der Politikbereiche, die evaluiert und reformiert werden sollen, und das weitere Vorgehen. Vorgesehen ist, daß die endgültigen PRSP innerhalb von 12 Monaten nach dem Erstellen der Interim-PRSP abgeschlossen werden und während dieser Periode als Grundlage für finanzielle Hilfe von Seiten der Weltbank und des IWF dienen. Verzögert sich der Abschluß darüber hinaus, so sollte der Staat einen Bericht (PRSP Preparation Status Report) über die Fortschritte beim Erstellen des PRSP vorlegen, der die Funktion des I-PRSP übernimmt.[267]

Die Weltbank und der IWF unterstützen die Mitgliedstaaten in der Ausarbeitung der PRSP, I-PRSP und PRSP Preparation Status Report, indem sie ihnen einen gemeinsamen, länderspezifischen Vorschlag zum Erreichen von Wirtschaftswachstum und zur Linderung der Armut im sogenannten Joint Staff Assessment (JSA)[268] unterbreiten. Während gemeinsamer Missionen in die Mitgliedstaaten erarbeiten die Mitarbeiter ihre Meinung über die Bewertung der länderspezifischen Wirtschafts- und Armutslage und analysieren Vorschläge, mit denen sie Wirtschaftswachstum und Armutsreduzierung erreichen wollen. Um möglichst frühzeitig Differenzen bei den Reformvorschlägen und Entwicklungsmaßnahmen auszuschließen, schlägt ein Bericht von Weltbank und IWF Mitarbeitern über die Arbeitsweise zum Erstellen von PRSP[269] vor:

> „Early in the process, the staffs should seek a common perspective, and note for management areas of differences in perspective and how they propose to resolve them [...]"

Die JSA werden nach Absprache mit dem Mitgliedstaat zusammen mit dem PRSP den Exekutivdirektorien der Weltbank und des IWF vorgelegt, die darüber entscheiden, ob sie die Strategie des PRSP für erfolgversprechend zur Linderung der Armut halten und diese als Grundlage für die Vergabe von konzessionärer Finanzhilfe und Schuldenreduzierung dienen kann.[270] Sie bewerten

---

267 IMF/ IDA, PRSP Progress, S. 16. Das Verfassen dieser PRSP Preparation Status Report ist für diejenigen Staaten von Bedeutgung, die konzessionäre Finanzierungshilfe des IWF erhalten möchten. Der IWF verlangt dazu einen Bericht oder ein I-PRSP, welches nicht älter als ein Jahr ist und, wie auch die endgültigen PRSP, mit einem JSA der Mitarbeiter von IWF und Weltbank versehen ist. Die JSA sollen beurteilen, in wie weit die Fortschritte bei der Entwicklung der endgültigen PRSP befriedigen und eine angemessene Grundlage zur Vergabe von konzessionärer Hilfe des IWF und der IDA bilden. (IMF/ World Bank, PRSP Preparation Status Reports, S. 1; IMF/ World Bank, I-PRSP, S. 4).

268 IMF/ World Bank, I-PRSP, S. 4 f.; IMF/ World Bank, PRSP Preparation Status Report, S. 1.; IMF/ World Bank, JSA, S. 1 ff.; IMF/ IDA, PRSP Progress, S. 15, 17 f.; World Bank, PRSP Evaluation, Annex E, S. 75; IMF/ World Bank, Annual Progress Report, S. 1 ff.

269 IMF/ IDA, PRSP, S. 12.

270 IMF/ IDA, PRSP, S. 14; IMF/ World Bank, Joint Staff Assessment, S. 1 ff.; World Bank, PRSP Evaluation, S. 21.

allerdings lediglich die Teile des PRSP, welche zur Umsetzung der eigenen Hilfe von Belang sind.[271] In der Geschäftstätigkeit des IWF bilden die JSA aufgrund des Fehlens von CAS die Grundlage zur Umsetzung der PRSP-Strategie in der konzessionären Finanzhilfe.

Ein praktisches Beispiel für Unstimmigkeiten zwischen den Meinungen von IWF und Weltbank in JSA zeigen die Divergenzen der Ratschläge zu Strukturreformen in den Staaten Mozambique, Tadshikistan und Vietnam, die endgültig nicht behoben werden konnten.[272] Der Interessenwiderspruch gründete auf der Konkurrenz zwischen dem makroökonomischen Stabilisierungskonzept des IWF und der wachstumsbezogenen Zielsetzung der Weltbank. Da grundsätzlich sozialpolitische Maßnahmen den wirtschaftspolitischen untergeordnet werden,[273] tritt ein Zielkonflikt bzw. eine Dualität zwischen kurzfristig orientierten, makroökonomischen Stabilisierungs- und Strukturreformen gegenüber den langfristigen Wachstums- bzw. Armutsbekämpfungszielen, die durch ein Wachstum der Wirtschaft erreicht werden sollen, ein. Gleichzeitig bestehen Zweifel über den für Wachstum notwendigen Grad an Stabilität der Wirtschaft. Diese Diskrepanz verdichtet sich in der Frage über die Höhe der Sozialausgaben durch die öffentliche Hand.[274] So hebt die Weltbank[275] hervor:

> „The process of strategy formulation often is still denominated by short-term macroeconomic needs, and often fails to achieve a balance in addressing macroeconomic, social, and structural issues."

In der Politik des IWF gegenüber einkommensschwachen Mitgliedstaaten ist ein deutlicher Richtungswechsel zugunsten des Wachstums- und Armutsansatzes der Weltbank zu erkennen, der mit der Umstellung der ESAF auf die PRGF in 1996 begonnen hat.[276] Der damalige Geschäftsführende Direktor des IWF *Michel Camdessus*[277] faßte die notwendige Strategie zur Armutslinderung in einer Rede vom 22. Okt. 1998 in folgenden 5 Punkten zusammen:

> „- appropriate policies for adjustment and structural reform; progress toward participatory democracy and good governance; conflict prevention and resolution to ensure peace and security; international economic and financial solidarity; and debt relief."

---

271 IMF/ IDA, PRSP, S. 3.

272 Es handelte sich jeweils um eine Frage des Umfangs und der Abfolge von Strukturreformen im Bereich des Finanzsektors in Mocambique, des Energiesektors in Tadshikistan und der Reform von staatseigenen Betrieben in Vietnam (World Bank, PRSP Evaluation, S. 20).

273 Walther, Armutsstrategiepapiere, S. 5 und 10.

274 Walther, Armutsstrategiepapiere, S. 5; Unctad, Report, S. 163; World Bank, Meeting the Promise, S. 8, 10.

275 World Bank, Meeting the Promise, S. 3.

276 Aninat, Strengthening the Focus, S. 3-5; James, Grandmotherliness, S. 46.

277 Camdessus, Concerns for the Poor, S. 8 f.

Diese Zielsetzungen beziehen sich größtenteils auf Kompetenzbereiche der Weltbank und verdeutlichen den mikroökonomischen und wachstumsbezogenen Ansatz der IWF-Politik in einkommensschwachen Mitgliedstaaten, wie er auch von den Exekutivdirektoren des IWF während der Überprüfung der PRSP-Politik im März 2002 unterstrichen wurde:

> „Sources of sustainable growth, and policies to facilitate such growth, must be placed at the center of the PRSP process. [...] countries must follow through on the policy commitments laid out in their PRSP, particularly regarding macroeconomic and structural policies, improving the investment climate, good governance, healthy institutions, and investment in human capital and infrastructure. [...] Directors stressed that the fight against poverty be effectively sustained and the challenge of meeting the Millennium Development Goals for 2015 be attained."[278]

Von der Frage abgesehen, in wie weit die Programme des IWF diesen armutsbezogenen Ansatz tatsächlich beinhalten und umsetzen, stimmen Zielsetzung und Strategie der Weltbank und des IWF in einkommensschwachen Mitgliedstaaten miteinander überein.[279] Innerhalb der JSA kann es allerdings zu den schon erwähnten Interessen- und Maßnahmenkollisionen zwischen den Meinungen der Weltbank und des IWF kommen.

3.2.6. Zusammenfassung: Konkurrenzen und Kollisionen in Überwachung, Analyse und technischer Hilfe

Im großen Bereich der Überwachung, Analyse und technischen Hilfe von Seiten der Weltbank und des IWF, der nicht direkt mit der Vergabe von Darlehen zur Umsetzung und Durchführung von Projekten und Programmen verbunden ist, lassen sich Parallelitäten und Konkurrenzen bzw. Kollisionen feststellen.

Aus der näheren Untersuchung herauszunehmen ist die Überwachungstätigkeit des IWF, die kein Pendant in der Geschäftstätigkeit der Weltbank findet. Zwar befaßt sich auch die Weltbank mit der Untersuchung der nationalen Politiken ihrer Mitglieder, hierbei handelt es sich jedoch entweder um die Bereitstellung von technischer Hilfe, wie sie auch im IWF zu finden ist, um die Analyse von Politikbereichen als Vorbereitung auf die Erstellung von Programmen oder um "freistehende" Forschungsarbeit, die sich auf Bereiche bezieht, in denen sich der Mitgliedstaat keinem "code of conduct" unterworfen hat. Da innerhalb der Entwicklungshilfepolitik kein Regel- bzw. Verhaltenskatalog besteht, kann die Weltbank lediglich den Erfolg der nationalen Politikmaßnahmen auf die Reduzierung der Armut und die wirtschaftliche Entwicklung des Mitgliedes untersuchen. Ein Verstoß gegen Regelungen wie die des Art. IV, Absch. 1 IWF-Statuten und das Auferlegen von Sanktionen als Folge des Verstoßes, die dem

---

278 IWF, Exekutivdirektorium Sitzung 02/24 am 8. März 2002, Review of the PRSP, Nr. 2, 5; in: Sel. Dec. 2003.

279 World Bank, PRSP Evaluation, S. 49.

IWF in einem zwangsweisen Ausscheiden des Mitglieds gemäß Art. XXVI, Absch. 2 IWF-Statuten möglich ist, steht der Weltbank nicht zu.

Die Überwachungstätigkeit des IWF dient dem Ausgleich zwischen den Interessen der einzelnen Mitglieder mit dem Gesamtinteresse der Mitgliedschaft. Dabei stellt sie nicht nur Analysen und Daten zur Verfügung, die eine Hilfestellung bei der Wahl der nationalen Politik geben, sie dient auch dem Erstellen einer nationalen Politik und deren Übereinstimmung mit der internationalen Finanzstabilität.[280]

Die Vergabe technischer Hilfe der Weltbank und des IWF verläuft auf ähnliche Art und Weise. Zu den Methoden zählen u.a. das Entsenden von Expertenteams in einen Mitgliedstaat, die Ausbildung an den organisationseigenen Instituten und die Erstellung von Analysen. Auch beim Auftreten als Katalysator für finanzielle Hilfe Dritter treten keine Überschneidungen zwischen den Organisationen auf, da lediglich der IWF direkt mit dieser Aufgabe betraut ist. Er bewertet die Reformprozesse innerhalb eines Mitgliedstaates und verfaßt darüber einen Bericht. Lediglich indirekt wirkt die Geschäftstätigkeit der Weltbank katalysierend.

Ebenfalls eine parallele Arbeitsaufteilung erfolgt in den Mitgliedstaaten, die unter bewaffneten Konflikten zu leiden haben. Die Weltbank ist hier mit dem Aufbau der zerstörten Produktionsstätten betraut, wohingegen die stabilisierenden Maßnahmen des IWF erst nachträglich zum tragen kommen. Konkurrenzen oder Kollisionen können allerdings im Rahmen des Einsatzes knapper Ressourcen auftreten.

Weite Konkurrenzen zwischen den Organisationen bestehen im Bereich der Forschungstätigkeiten. Zwar wirkt sich die Bereitstellung von Informationen und Analyseergebnissen nicht auf die Geschäftstätigkeit innerhalb eines Mitgliedstaates aus, sie verdeutlicht jedoch das Anspruchsdenken der Organisationen. So bewerten Weltbank und IWF Entwicklungen im internationalen Handel und im Finanzsektor, was zu unterschiedlichen Ergebnisse führen kann. Die Weltbank, die sich in der Funktion einer umfassenden Informationsquelle für Entwicklungspolitik sieht, stellt ihren Mitgliedstaaten außerdem Kenntnisse im Bereich der Stabilisierungspolitik, der Globalisierung der Finanzpolitik und der internationalen Kapitalflüsse, sowie der Bereiche Bankensysteme, Fiskalpolitik, öffentliche Verschuldung, Rezessionen, Arbeitslosigkeit und Rolle der Geldpolitik in zyklischen Fluktuationen zur Verfügung, die zu den Kernkompetenzen des IWF gehören.

Um Überschneidungen und Doppelarbeit bei der Datensammlung und der Kontrolle der Einhaltung bestimmter Kodizes auf dem Finanzsektor zu vermeiden, initiierten Weltbank und IWF die gemeinsamen Programme ROSC und FSAP. In letzterem ist das Auftreten von Konkurrenzen und Kollisionen denk-

280 IMF, Biennial Review - Modalities, Nr. 24 f.

bar, da beide Organisationen ein direktes Interesse an der Bewertung des Finanzsektors haben, gegebenenfalls jedoch unterschiedliche Meinungen vertreten.

Dass die Bereitstellung finanzieller und technischer Hilfe an Entwicklungsländer teilweise das Erstellen eines PRSP voraussetzt, verbesserte die Zusammenarbeit zwischen Weltbank und IWF in diesem Bereich. Das PRSP wird von den Mitgliedstaaten erstellt und faßt die Reformbemühungen, die ebenfalls im JSA und in den Abkommen mit der Weltbank und dem IWF als Bedingungen enthalten sind, zusammen. Da die Letztentscheidung über die Bedingungen, die an die Vergabe der Kredite und Hilfen geknüpft werden, bei der jeweiligen Organisation liegt, lassen sich Interessenkonflikte und Kollisionen der differierenden Reformansätze trotz des gemeinsamen Erstellens der JSA nicht ausschließen.

3.3. Konditionalität des IWF und Politikdialog der Weltbank

IWF und Weltbank üben bei der Vergabe von Geldern, deren Auszahlung an die Umsetzung von Politikreformen und Hilfsprogrammen gebunden sind, den stärksten Einfluß auf die Mitgliedstaaten aus. Die Bedingungen, die der IWF an die Ziehungen seiner Finanzmittel oder die Vergabe von konzessionären Darlehen aus verwalteten Fonds knüpft, werden als Konditionalität[281] bezeichnet. Die Weltbank führt mit ihren Mitgliedern einen Politikdialog, der auf das gemeinsame Ausarbeiten von Entwicklungshilfeprogrammen ausgerichtet ist. In diesem Kapitel wird untersucht, in wie weit die Inhalte dieser Programme miteinander vergleichbar sind und ob es zu konkurrierenden oder kollidierenden Ratschlägen von Seiten der beiden Organisationen kommen kann. Zum besseren Verständnis der Abgrenzung der Konditionalität und des Politikdialogs soll eingangs die Absorptionsgleichung, welche mit einigen organisationsspezifischen Abweichungen die theoretische Grundlage der Politikgestaltung der beiden Organisationen in der Stabilisierungs- und Strukturanpassung bildet, dargestellt werden.

---

281 Nach der Festlegung der Konditionalität im Sekundärrecht des IWF in 1952 (vgl. Kapitel 4.2.2.1, S. 198.) wurden in der ersten Änderung des IWF-Übereinkommens in 1969 Art. I, Abs. v und Art. V, Absch. 3, lit. a IWF-Statuten an die gängige Praxis der Konditionalität angepaßt.
Der Begriff "Konditionalität" wurde zum ersten Mal im Jahresbericht 1964 des IWF gebraucht und entbehrt einer genauen rechtlichen Bedeutung (Lastra, IMF, S. 516; vgl. Ahmed/ Lane/ Schulze-Ghattas, Conditionality, S. 2). Über die Frage, ob Konditionalität überhaupt sinnvoll ist, siehe Collier/ Guillaumont/ Guillaumont et al., Redesigning Conditionality, S. 1 ff.

3.3.1. Absorptionsgleichung als Grundlage für Politikreformen

Ausgangspunkt der Vergabepolitik der Weltbank und des IWF im Bereich der Stabilisierungs- und Strukturanpassungsprogramme ist die Absorptionsgleichung. Danach beträgt der Außenbeitrag (Export – Import) dem Wert der Differenz zwischen dem Volkseinkommen (Y) und der Summe aus privatem Konsum (C), Investitionen (I) und Staatsverbrauch (G). Daraus ergibt sich folgende Formel[282]:

$$X - IM = Y - (C + I + G)$$

mit: IM als Import und X als Export.

Der Außenbeitrag ist Null und die Zahlungsbilanz damit ausgeglichen, wenn Export und Import von Gütern sich im Wert decken. Wenn die Inlandsnachfrage nach ausländischen Gütern, die sich im Import ausländischer Waren niederschlägt (IM), die Auslandsnachfrage nach inländischen Gütern, welche aus der Höhe des Exports abzulesen ist (X), übersteigt, dann ist der Außenbeitrag negativ. In diesem Fall spricht man von einem Zahlungsbilanzdefizit. Mit anderen Worten, die inländische Güternachfrage (C + I + G) übersteigt die inländischen Angebotsmöglichkeiten (Y), so daß auf ausländische Güter zurückgegriffen werden muß, um die Inlandsnachfrage zu befriedigen. Die Notwendigkeit der Finanzierung von Importen, welche die inländische Nachfrage befriedigen sollen, führt zu einem steten Abfluß von Geld und Kapital ins Ausland und damit zu einem Schwinden an Wohlstand. Der Bedarf an Devisen (Auslandswährungen), der nicht aus erwirtschafteten Kapitalzuflüssen gespeist werden kann, hat einen Rückgriff auf ausländische Ressourcen zur Folge. Diese steigende Nachfrage nach Devisen, mit denen der Import ausländischer Güter finanziert werden soll, wirkt sich wiederum negativ auf den Wechselkurs der Inlandswährung aus und führt damit zu einer Instabilität der Währung.

Zur Vermeidung eines negativen Außenbeitrags können unterschiedliche Mechanismen angewandt werden. Dabei wird zwischen der Reduzierung der Güternachfrage (inländische Absorption; C + I + G) und der Steigerung des Angebots (Y) unterschieden.

Eine Dämpfung der Inlandsnachfrage (C + I + G) bewirkt, daß die Nachfrage nach Importgütern fällt und Produktionskapazitäten für den Export frei werden.[283] Dies kann durch *makroökonomische* Stabilitätsmaßnahmen, zu denen die Geld-, Fiskal- und Einkommenspolitik zählen, erreicht werden. Einzelne Maßnahmen zur Senkung der inländischen Überschußnachfrage im öffentlichen Sektor stellen die Senkung der öffentlichen Ausgaben und die Erhöhung der

282 Lang, Zahlungsbilanzfinanzierung, S. 83; Hanusch/ Kuhn, Volkswirtschaftslehre, S. 142 f.; Hemmer/ Marienburg, Strukturanpassungspolitik, S. 2.

283 Lang, Zahlungsbilanzfinanzierung, S. 84; Hemmer/ Marienburg, Strukturanpassungspolitik, S. 2, 8-10.

Staatseinnahmen dar. Die inländische Absorption kann außerdem durch eine Restriktion der monetären Aggregate, wie die Änderung des privaten und öffentlichen Kreditvolumens, reduziert werden.[284] Problematisch am Erzeugen eines kurzfristigen Zahlungsbilanzausgleichs ist jedoch, daß die Wachstumsbegrenzung für monetäre Aggregate zu einer Kürzung der Investitionen führt, die wiederum die Produktion drosselt. Um diese negativen Effekte zu mildern, wird teilweise eine Änderung der Wechselkurse und damit der relativen Preise angestrebt. Die Änderung der relativen Preise von ausländischen und inländischen Gütern soll die Gesamtnachfrage nach inländischen Gütern und Diensten erhöhen und Importanreize senken. Auf der Angebotsseite erhöht eine Abwertung der inländischen Währung die Anreize, Güter für den Export zu produzieren. Dieses Umlenken der Produktion von der inländischen Absorption zum außenwirtschaftlichen Sektor minimiert die negativen Effekte der Nachfragedämpfung auf die Produktion.[285]

Zusätzlich zu nachfrageorientierten Reformansätzen stehen *strukturpolitische* Maßnahmen zum Ausgleich des negativen Außenbeitrags zu Verfügung, die auf die Hebung des Sozialproduktes (Y) ausgerichtet sind.[286] Dieser Ansatz möchte die Lücke zwischen einem hohen inländischen Verbrauch und einer entsprechend geringen inländischen Produktion schließen, durch welche die Volkswirtschaft auf Importe angewiesen ist. Die Strukturpolitik umfaßt Maßnahmen, welche die Proportionen im gesamtwirtschaftlichen Wachstumsprozeß steuern. Die Reformen können einerseits den produktionserhöhenden Maßnahmen zugeordnet werden, welche die zur Verfügung stehenden Ressourcen effizienter einsetzen. Unter diese Maßnahmen fällt die Verringerung von Preisverzerrungen mittels des Abbaus von Preiskontrollen, unvollkommener Konkurrenz, Steuern und Subventionen, Handelshemmnissen und Devisenbeschränkungen.

Andererseits stehen Maßnahmen zur Verfügung, mit denen die Produktionskapazität der Volkswirtschaft erhöht und das Volkseinkommen durch wirtschaftliches Wachstum gesteigert werden soll.[287] Dies kann durch realistische Zinssätze, den Abbau von Haushaltsdefiziten und die Reallokation von Staatsausgaben auf Aktivitäten, die den größten Nutzen für Wachstum und wirtschaftliche Entwicklung haben, sowie durch eine Politik erreicht werden, die dabei hilft, neue Ressourcen in Investitionen mit der höchsten Rendite zu lenken. Außerdem

---

284 Davis/ Ecevit/ Swiderski, Finanzierungsprogramme, S. 42; Hemmer/ Marienburg, Strukturanpassungspolitik, S. 2.

285 Davis/ Ecevit/ Swiderski, Finanzierungsprogramme, S. 42; Hemmer/ Marienburg, Strukturanpassungspolitik, S. 3; vgl. Thomas/ Chhibber/ Dailami et al., Economies, S. 11 f.; Selowsky, Anpassung, S. 11.

286 Zur Strukturkomponente siehe Hemmer/ Marienburg, Strukturanpassungspolitik, S. 10-16.

287 Davis/ Ecevit/ Swiderski, Finanzierungsprogramme, S. 42.

verbessert die Strukturpolitik die Rahmenbedingungen einer Volkswirtschaft, indem rechtliche und institutionelle Bedingungen verbessert werden.

Die Entscheidung, in welcher Abfolge und Geschwindigkeit die Anpassungsmaßnahmen vorgenommen werden sollen, erschwert sich durch die teilweise verzögerte Wirkung der Maßnahmen. Die Stabilisierungskomponente der Anpassungsprogramme führt zu einer kurzfristigen Verbesserung der Leistungsbilanz aufgrund eines Nachfragerückgangs. Dagegen greifen die positiven Wachstumseffekte der Reformen erst mittel- bis langfristig ein.[288] Bei der Umstrukturierung von Volkswirtschaften mit makroökonomischen Mitteln, welche die inländische Nachfrage senken und somit öffentliche Ausgaben und Investitionen drosseln, ist mit erheblichen Auswirkungen auf die Einkommensverteilung und die Lage der Armen, die hauptsächlich von staatlichen Subventionen und sozialer Unterstützung profitieren, zu rechnen.[289]

Den hier beschriebenen Absorptionsansatz legte der IWF seinem Stabilisierungsmodell zugrunde und kombinierte ihn mit einem monetären Ansatz der Zahlungsbilanz und mit Annahmen bzgl. der Wirksamkeit preispolitischer Maßnahmen, in erster Linie mit Wechselkurskorrekturen.[290] Die Maßnahmen eines IWF-Programms versuchen daher eine Nachfragedämpfung zu erreichen, indem die Kreditexpansion beschränkt, das Haushaltsdefizit verringert und das Angebot von export- bzw. importersetzenden Gütern ausgeweitet wird.[291]

---

288 Hemmer/ Marienburg, Strukturanpassungspolitik, S. 3; Thiele/ Wiebelt, Anpassungsprogramme, S. 4.

289 Thiele/ Wiebelt, Anpassungsprogramme, S. 5.

290 Betz, Stabilisierungspolitik, S. 176; Lucke, IWF, S. 171 f. Der IWF wendet daher eine volkswirtschaftliche Identitätsgleichung an, bei der IM-Y = (I-S) + (G-T); mit IM als Import; Y als Export, I als Investitionen, S als private Ersparnisse, G als Staatsverbrauch und T als Einnahmen. Ein Defizit (Einnahmen T übersteigen Ausgaben G) schlägt sich daher bei konstanten privaten Ersparnissen S und Investitionen I zwangsläufig in einem Überschuß der Importe Im über die Exporte Y nieder. Die Einflußnahme auf das Defizit erfolgt daher über die Reduktion oder Steigerung der öffentlichen Ausgaben oder Einnahmen.
Monetär wird eine stabile Geldnachfrage in Abhängigkeit vom Volkseinkommen unterstellt. Jede Kreditschöpfung über die Geldnachfrage hinaus, führt zu Inflation und einem Verlust an Devisenreserven, d.h. zu einem Leistungsbilanzdefizit. Eine Korrektur findet über Kreditbegrenzung und Maßnahmen zur Verringerung des Realwertes der inländischen Geldmenge, wie Abwertung oder Erhöhung der Zinssätze, statt. Außerdem sollen Wechselkurskorrekturen die Attraktivität der Exportproduktion steigern, die Importnachfrage verringern und damit das Handelsbilanzdefizit schließen. (Betz, Stabilisierungspolitik, S. 176; Guitián, Rolle des Fonds, S. 4 f.; mit einer Bewertung der Schwerpunkte des monetären Ansatzes und der Absorptionstheorie in der Arbeit des IWF in Lucke, IWF, S. 172-180).
Zur theoretischen Grundlage der Strukturanpassung der Weltbank siehe ausführlich Michaelis, Nachhaltige Entwicklung, S. 81-151.

291 Betz, Stabilisierungspolitik, S. 176.

3.3.2. Konditionalität des IWF

3.3.2.1. Makroökonomische und strukturpolitische Maßnahmen

Die Statuten des IWF legen in Art. I, Abs. v aus, dass die allgemeinen Fondsmittel des IWF lediglich „zeitweilig unter angemessenen Sicherungen zur Verfügung gestellt werden", so daß den Mitgliedern „Gelegenheit gegeben wird, Unausgeglichenheiten in ihrer Zahlungsbilanz[292] zu bereinigen, ohne zu Maßnahmen Zuflucht nehmen zu müssen, die dem nationalen und internationalen Wohlstand schaden".[293] Diese drei Kernpunkte der Mittelvergabe durch den IWF, nämlich die Hilfe bei Zahlungsbilanzproblemen, die mit Bedingungen verknüpft wird, die eine Rückzahlung nach lediglich kurzfristiger Inanspruchnahme garantieren sollen, werden in Art. V, Absch. 3, lit. a IWF-Statuten und den Guidelines on Conditionality[294] des IWF wiederholt und bilden die rechtliche Grundlage der Konditionalität.

Da die Möglichkeit der Mitglieder, Gelder beim IWF zu ziehen, von der Existenz der Zahlungsbilanzschwierigkeiten abhängt und damit in aller Regel auf die Wiederherstellung des außenwirtschaftlichen Gleichgewichts beschränkt ist, bildet der Außenbeitrag (Export – Import) als Maßstab des außenwirtschaftlichen Gleichgewichts in der volkswirtschaftlichen Gesamtrechnung die ausschlaggebende Komponente seiner Konditionalität. Makroökonomische und mikroökonomische Maßnahmen stehen zur Hebung des Außenbeitrags zur Verfügung. Die Guidelines on Conditionality des IWF nehmen diesen Zweiklang in ihren Zielen auf:

> "a) solving the member's balance of payments problem without recourse to measures destructive of national or international prosperity; and
>
> achieving medium-term external viability while fostering sustainable economic growth."[295]

Das Ziel der Stabilisierungsprogramme des IWF besteht demnach in der Wiederherstellung und Aufrechterhaltung der Tragfähigkeit der Zahlungsbilanz bei Preisstabilität und angemessenem Wirtschaftswachstum.[296] Allerdings erhält die

---

292 Zum Begriff der Zahlungsbilanz im IWF siehe Lucke, IWF, S. 169 f. Ein Zahlungsbilanzungleichgewicht im Sinne des IWF liegt dann vor, wenn das nationale Einkommen und die nationalen Ausgaben nicht deckungsgleich sind. (Lucke, IWF, S. 170).

293 Die rechtlichen Grenzen der Konditionalität bespricht Meng, Conditionality, S. 272 ff.

294 IWF, Guidelines on Conditionality, Dec. No. I, Nr. 1; zur Neuausrichtung der Konditionalität des IWF in den Guidelines durch eine Konzentration auf die Kernaufgaben des IWF und der Stärkung des "ownerhip" siehe Ahmed/ Lane/ Schulze-Ghattas, Conditionality, S. 2-4.

295 IWF, Guidelines on Conditionality, Dec. No. I, Nr. 6.

296 Seitdem in 1976 das System flexibler Wechselkurse eingeführt worden ist, kann die wirtschaftliche Stabilität nicht mehr an der Stabilität der Wechselkurse abgelesen werden. Als neuer Maßstab gilt daher die Preisstabilität. Danach liegt eine tragfähige Zahlungsbilanzposition vor, wenn das Leistungsbilanzdefizit durch normale Kapitalflüsse

Erhöhung des Wirtschaftswachstums als Programmziel nicht den gleichen Stellenwert wie der Ausgleich der Zahlungsbilanz. Dies deutet die Formulierung „while fostering“ an. Primäres Ziel sind vielmehr der Zahlungsbilanzausgleich und die außenwirtschaftliche Rentabilität auf mittlere Sicht gesehen.[297] Diese Interpretation unterstützt die folgende Konkretisierung der Ziele[298]:

> „Conditions will normally consist of macroeconomic variables and structural measures that are within the Fund's core areas of responsibility. Variables and measures that are outside the Fund's core areas of responsibility may also be established as conditions but may require more detailed explanation of their critical importance. The Fund's core areas of responsibility in this context comprise: macroeconomic stabilization; monetary, fiscal, and exchange rate policies, including the underlying institutional arrangements and closely related structural measures; and financial system issues related to the functioning of both domestic and international financial markets.“

Diese offene und wenig spezifizierte Aufzählung des Inhalts der Konditionalität gründet auf der Auffassung des IWF, daß ein Maßnahmenkatalog zu rigide und in vielen Fällen unrealistisch sei. Zwar sei es unvermeidlich, daß die Reaktion des IWF auf die Anfrage eines Mitgliedes auf bestimmten ökonomischen Prinzipien fußen müsse, die Abwesenheit eines Katalogs gäbe dem IWF allerdings die nötige Flexibilität, um auf die Probleme jedes einzelnen Landes antworten zu können.[299] Da es dem IWF obliegt festzustellen, welche Sicherheiten als adäquat zu betrachten sind, damit der revolvierende Charakter seiner Ressourcen gewahrt bleibt, und da er somit über Umfang und Härte des Stabilisierungs- und Strukturanpassungsprogramms eines Mitglieds entscheidet, genießt er bei der Festlegung der Programmbedingungen einen weitreichenden Beurteilungsspielraum.

Diesen Beurteilungsspielraum füllt der IWF mit einem Dreiklang an Politikreformen aus, nämlich der Wiederherstellung des außenwirtschaftlichen Gleichgewichts, der Wiederherstellung gesunder Staatsfinanzen und dem Ausbau der Marktwirtschaft.[300] Das außenwirtschaftliche Gleichgewicht sucht der IWF durch die Liberalisierung der Zahlungs- und Handelsbeschränkungen, die Exportförderung, eine Verbesserung des Klimas für Auslandsinvestitionen und

---

finanziert wird, ohne auf Handels- und Kapitalverkehrsbeschränkungen zurückzugreifen (Cornelius, Konditionalität, S. 168 f.; vgl. auch Betz, Stabilisierungspolitik, S. 177; IMF, Factsheet Conditionality, S. 1).

297 Killick, Stabilisation Programmes, S. 186; Cornelius, Konditionalität, S. 170 f; Betz, Stabilisierungspolitik, S. 174.

298 IMF, Guidelines on Conditionality, Dec. No. I, Nr. 7, lit. b.

299 Lucke, IWF, S. 153 m.w.N.

300 Zu den einzelnen Maßnahmen vgl. Wulff, Überschneidungen, S. 609 ff; Corbo/ Fischer/ Webb, Adjustment, S. 73 ff; Corbo/ Fischer, Programs, S. 11 ff; Thomas/ Chhibber/ Dailami et al., Economies, S. 11 ff.; Selowsky, Anpassung, S. 11 f.; Cornelius, Konditionalität, S. 174 f.; Lucke, IWF, S. 175-180.

durch wechselkurspolitische Maßnahmen zu erreichen. Die wichtigsten Instrumente zur Regulierung der Nachfrage sind die Finanz- und Kreditpolitik. Bei der Wiederherstellung gesunder Staatsfinanzen dominieren deshalb fiskal- und geldpolitische Maßnahmen wie Geldmengenbegrenzung und Steuerreformen. Als weitere Maßnahme fordert der IWF die Öffnung zur Marktwirtschaft oder aber zumindest das Forcieren marktwirtschaftlicher Mechanismen. Ansatzpunkt von Stabilisierungsprogrammen ist daher eine Einschränkung des öffentlichen Sektors und eine Belebung der privaten Initiative sowie im außenwirtschaftlichen Bereich eine maximale Öffnung der Volkswirtschaft. Wie die Regelung in den Guidelines on Conditionality andeuten, umfassen die Programme des IWF auch die Förderung des Wirtschaftswachstums und der Preisstabilität, so daß *Guitián* zu dem Ergebnis kommt, die grundlegende Hilfe des IWF läge in der Herstellung einer haltbaren Zahlungsbilanzposition in einem nicht durch staatliche Kontrollen beeinträchtigten Rahmen von Preisstabilität und Wirtschaftswachstum.[301] Für die Frage, welche Gewichtung zwischen Strukturanpassungsmaßnahmen und Stabilisierungsmaßnahmen in einem Programm notwendig ist, betrachtet der IWF nicht die Herkunft des außenwirtschaftlichen Ungleichgewichts, sondern die vorübergehende oder dauerhafte Natur desselben. Kurzfristige, konjunkturelle Zahlungsbilanzdefizite eignen sich für Überbrückungsfinanzierung, dauerhafte Veränderungen der Zahlungsbilanz erfordern dagegen Strukturanpassungen.[302] Gemessen an der Absorptionsgleichung[303] versucht der IWF daher durch die Senkung der inländischen Absorption neben der Drosselung der Ausgaben auch die Einnahmen zu erhöhen.[304]

Der deutliche Hinweis in den Guidelines on Conditionality, daß „normalerweise“ makroökonomischen Konditionen gewählt werden und daß Abweichungen von den Kernkompetenzen des IWF gemacht werden können, verleiht dem IWF den Freiraum, in der Konditionalität gegenüber Entwicklungsländern den strukturpolitischen Maßnahmen einen Schwerpunkt einzuräumen.[305] Da diese Reformen längerfristig angelegt sind, rückt der IWF mit Bereitstellung der Finanzhilfen für Entwicklungsländer in den Bereich der mittelfristigen Finanzhilfe. Dieser Verlagerung des Schwerpunkts in der Konditionalität kommt insbesondere bei der Erweiterung der Finanzhilfe von einem Bereitschaftskreditabkommen, das auf Stabilisierung der Wirtschaft ausgerichtet ist, zu einem

---

301 Guitián, Conditionality, S. 25.
302 Betz, Stabilisierungspolitik, S. 175.
303 Vgl. 3.3.1, S. 104.
304 Lucke, IWF, S. 175.
305 IMF, Factsheet Conditionality, S. 1; Fischer, Applied Economics, S. 24; IMF, Financial Organization, S. 146.

erweiterten Abkommen[306] des IWF, welches zusätzlich auf strukturelle Reformen abzielt, zum Tragen. Erweiterte Abkommen umfassen häufig strukturelle Elemente wie Handels- und Preisliberalisierungen und -anpassungen, Privatisierungen, Liberalisierung des Devisenmarktes, Restrukturierung des Bankensystems, Steuerreformen, die Kürzung von Subventionen und Änderungen in der Ausgabenpolitik der Regierungen. Da Strukturmaßnahmen von unsicheren Entwicklungen in der Wirtschaft eines Landes abhängen, werden sie nicht als Bewertungskriterien (performance criteria), sondern in Form von Zielwerten bei Indikatoren (indicative targets) in die Konditionalität aufgenommen.[307] Sie dienen somit nicht als Maßstab für die erfolgreiche Umsetzung eines Programms und damit als Hürde zur Auszahlung einer neuen Kredittranche. Die Masse an strukturpolitischen Maßnahmen in den Programmen des IWF setzen die von den Geldern des IWF abhängigen Mitglieder jedoch unter einen hohen Umsetzungsdruck.[308]

Daß sich der IWF über die genaue Schwerpunktbildung und inhaltliche Abgrenzung seiner Programme noch nicht vollständig im klaren ist bzw. eine unterschiedlich gewichtete Politik gegenüber den entwickelten und den unterentwickelten Mitgliedern verfolgt, kommt in den folgenden Aussagen zum Ausdruck. So betonen die Guidelines on Conditionality einen stärkeren Fokus der Konditionalität auf makroökonomische Ziele, indem die Verwendung von Kriterien, die außerhalb der Kernkompetenz des IWF liegen, mit einer detaillierten Erklärung versehen werden muß. Andererseits weist der IWF in der Pressemitteilung über die neuen Guidelines darauf hin, daß „structural conditionality is regarded as an important element of Fund-supported programs, as long as it is critical to achieving the macroeconomic objectives of the program"[309]. Da wirtschaftliches Wachstum, welches durch mikroökonomische Maßnahmen erreicht wird, für das Erreichen makroökonomischer Zielsetzungen und damit eines Zahlungsbilanzausgleichs bedeutend ist, verbleibt dem IWF ein umfassender Interpretationsspielraum, nach dem er strukturpolitische Maßnahmen in seine Programme einbeziehen kann.

3.3.2.2. Umweltpolitische Aspekte der Konditionalität

Nachdem das Exekutivdirektorium des IWF Anfang 1991 beschlossen hatte, daß in der Politik des IWF ein größeres Gewicht auf Umweltaspekte, die einen

---

306 Erweiterte Abkommen begleiten die Vergabe von Ziehungen aus der EFF des IWF. Die "Erweiterung" tritt gegenüber den Bereitschaftskreditabkommen ein, da die Erweiterten Abkommen zusätzlich strukturpolitische Maßnahmen beinhalten.

307 Fischer, Applied Economics, S. 25; IWF, Guidelines on Conditionality, Dec. No. I, Nr. 11 lit. b und d.

308 IMF, Conditionality, Nr. 4, 12, 16; IMF, Factsheet Conditionality, S. 1; vgl. zur Zwangslage der Mitglieder Lucke, IWF, S. 246-260.

309 IMF, New Conditionality Guidelines, S. 1.

Einfluß auf die makroökonomische Stabilität des Mitgliedstaates haben können, gelegt werden sollte, setzte sich der IWF mit nationalen Umweltproblemen auseinander, die aus Politikfehlern resultieren und die sich auf die Makroökonomie des Staates in der näheren Zukunft auswirken.[310] Die Eingliederung der Umweltaspekte in die Programme des IWF kann in verschiedenen Bereichen geschehen, ist jedoch grundsätzlich von der Konditionalität des IWF zu unterscheiden, da Umweltaspekte keinen direkten Einfluß auf das kurzfristige Angleichen der Zahlungsbilanz eines Mitgliedstaates aufweisen.[311] Der IWF kann daher innerhalb seines Mandates lediglich auf Umweltauswirkungen von Maßnahmen hinweisen.

Die Ratschläge des IWF fallen zwischen Entwicklungsländern, Transformationsländern und Industrieländern unterschiedlich aus. Da letztere bereits über gut funktionierende Märkte, eine adäquate Umweltinfrastruktur und -institutionen und über sichere Eigentumsrechte verfügen, kann der IWF auf Auswirkungen der Umweltpolitik und -bedingungen auf die Gesamtwirtschaft hinweisen und versuchen, eine politische Diskussion voranzutreiben. Anders gelagert ist die Hilfe des IWF in Entwicklungsländern, die ihr ökonomisches Wachstum auf erschöpfbaren Ressourcen aufbauen. Der IWF versucht hier, zu einer effizienten und zukunftsgerichteten Nutzung der Ressourcen zu raten und damit eine nachhaltige Entwicklung zu unterstützen. Ebenfalls auf Effizienzgewinne richten sich die Maßnahmen in Transformationsländern, bei denen der IWF Ratschläge über Preisanpassungen, die Abschaffung von Subventionen und die Beendigung von Budgetgrenzen für staatliche Unternehmen erteilt.[312]

Kritisch zu beurteilen sind mögliche Widersprüche, die zwischen den makroökonomischen sowie strukturpolitischen Reformmaßnahmen und deren Einflüssen auf die Umwelt entstehen können. Es bleibt in diesen Fällen den Mitgliedstaaten überlassen, die negativen Effekte durch eine adäquate und effektive Umweltpolitik abzufedern bzw. mit den Maßnahmen und Bedingungen anderer Organisationen abzustimmen.[313]

3.3.2.3. Soziale Aspekte der Konditionalität

Im Zusammenhang mit der Finanzhilfe, die der IWF ausschließlich unterentwickelten Mitgliedern zur Verfügung stellt[314], verfolgt er eine Konditionalität, die ihre Schwerpunkte nicht mehr in der Stabilisierung der Wirtschaft und der Zah-

---

310 Gandhi, Environment, S. 3, 4 f.

311 Gandhi, Environment, S. 15; die Voraussetzung, daß Gelder des IWF lediglich bei Problemen der Zahlungsbilanz gezogen werden können, steht in Art. I, Abs. v IWF-Statuten.

312 Kommentar von Stanley Fischer, in: McMorran/ Wallace, Makroökonomen, S. 44 und S. 46, Textbox.

313 Gandhi, Environment, S. 9.

314 Vgl. PRGF in Kapitel 3.4.1.2, S. 136.

lungsbilanz mittels nachfragereduzierender Maßnahmen sucht. Vielmehr nennt die Entscheidung des Exekutivdirektoriums über die Gründung der PRGF das Ziel:

> „The Trust shall assist in fulfilling the purposes of the Fund by prociding loans on concessional terms [...] to low-income developing members that qualify for assistance under this Instrument, in order to support programs to strengthen substantially and in a sustainable manner their balance of payments position and to foster durable growth, leading to higher living standards and a reduction in poverty.“[315]

Diese Ausrichtung der PRGF-Programme, die neben dem Ausgleich der Zahlungsbilanz und der Förderung wirtschaftlichen Wachstums auch die Armutsreduzierung und die Verbesserung der Lebensstandards nennt, begründet eine neue Rolle des IWF im Verhältnis zu seinen Mitgliedern. Sie greift damit Zielsetzungen auf, die in den Zielen der IBRD genannt werden und welche die Grundlage der klassischen Trennung zwischen der mikroökonomischen und der makroökonomischen Ausrichtung der Organisationen bildete.[316]

Neben der Ausrichtung der PRGF auf die Armutsreduzierung „as a central goal“[317] spielt die Integration der Öffentlichkeit und die Akzeptanz der Programme innerhalb der Mitgliedstaaten eine große Rolle. Gegenüber den vorher bestehenden Programmen im Rahmen der konzessionären Hilfe für einkommensschwache Mitglieder heben sich die folgenden Charakteristika der PRGF-Programme ab: breite Partizipation der Interessengruppen und "ownership" der Mitgliedstaaten;Einbetten der PRGF in eine umfassende Strategie zur Reduzierung der Armut und Förderung des Wachstums; Budgets, die auf die Bedürfnisse der Armen und auf wirtschaftliches Wachstum ausgerichtet sind; Flexibilität in den Fiskalzielen; Größere Selektivität in den strukturellen Maßnahmen der Konditionalität; Verbesserung des Managements und der Zuverlässigkeit der öffentlichen Ressourcen; Analyse der sozialen Wirkungen, die von makroökonomischen Anpassungs- und Strukturreformen hervorgerufen werden.[318]

Mit welchen Politiken und Maßnahmen diese Grundsätze in den einzelnen PRGF-Programmen ausgefüllt werden, hängt wesentlich vom Inhalt des PRSP

---

315 IWF, Entscheidung vom 18. Dez. 1987, Nr. 8759-(87/176) ESAF, zuletzt geändert durch Entscheidung vom 23. Aug. 2001, Nr. 12560-(01/85) PRGF, Annex, Absch. 1, Paragraph 1; in: Sel. Dec. 2003.

316 Art. I, Abs. iii IBRD-Statuten beinhaltet die Förderung des Lebensstandards als Ziel der IBRD. Gepaart mit der Steigerung der Produktivität und der Verbesserung der Arbeitsbedingungen in den Mitgliedstaaten (Art. I, Abs. iii IBRD-Statuten) stellen sie ein Gegenstück zu den Zielen des IWF dar, in denen die Steigerung des Beschäftigungsgrades und der Höhe des Realeinkommens, sowie die Entwicklung der Produktivität als primäre Ziele der nationalen Wirtschaftspolitik genannt werden.

317 IMF, Lending to Poor Countries, S. 1.

318 IMF, Key Features, S. 1-4; IMF, Review of the PRGF, S. 5, Box 2.

des Mitgliedstaates ab.[319] Die Politiken und Ziele der beiden Dokumente sollen übereinstimmen[320], so daß Unterschiede lediglich in der Konkretisierung der Maßnahmen auftreten. Das PRGF-Programm füllt die im PRSP aufgestellten makroökonomischen Politiken aus groben Rahmenbestimmungen und quantitativen Zielsetzungen mit substantiellen Politikmaßnahmen auf.[321] Die Politikbereiche, zu denen in PRGF-Programmen Ausführungen gemacht werden, entsprechen somit den Kompetenzbereichen des IWF bei der Ausarbeitung des PRSP.[322] Insbesondere achtet der IWF darauf, die in ESAF-Programmen noch in weiten Teilen enthaltenen Strukturpolitiken auf die Bereiche zu konzentrieren, die unmittelbar mit seinen Kernbereichen der Makroökonomie in Verbindung stehen. Strukturpolitische Maßnahmen sollten daher auf die folgenden 4 Bereiche beschränkt werden: Fiskalmanagement (Ausgabenkontrollen, öffentliches Rechnungswesen), Steuerreformen, Reform des Finanzsektors und Governance.[323] Daneben soll ein Mitgliedstaat auf die Bereitstellung von Geldern für soziale Belange, wie die Bildung, Gesundheitsversorgung und des Ausbau sozialer Sicherungsnetze, achten[324] und der IWF berät und beachtet die gesellschaftspolitischen Folgen der HIV/ AIDS Erkrankungen auf die Makroökonomie eines Staates.[325]

Die Beachtung der Strategie und Kapazitäten in den Mitgliedstaaten liegt auch den Programmen der nicht-konzessionären Finanzhilfe des IWF zugrunde. Die Hilfe soll von dem Mitgliedstaat als eigenes Programm akzeptiert und verfolgt werden und als Teil der Reformanstrengungen in die wirtschaftliche Unausgeglichenheiten vorbeugende und stabilisierende Strategie des Landes eingebettet sein.[326]

3.3.3. Politikdialog der Weltbank

Wie in Kapitel 3.1.1. ausgeführt worden ist, liegt der Arbeit der Weltbank eine Strategie zugrunde, nach der ihre Mitglieder in einem partizipatorischen Prozeß eine eigene Entwicklungsstrategie aus den Angeboten der Weltbank sowie mit deren Hilfe und Wissen anfertigen.[327] Die Weltbank stellt daher den Mitgliedstaaten Unterstützung in einer Bandbreite von Sektoren und Politikbereichen zur

---

319 Vgl. Kapitel 3.2.5.3, S. 97.

320 IMF, PRGF-Operational Issues, S. 5; IMF, Review of the PRGF, S. 11.

321 IMF, Review of the PRGF, S. 12.

322 Vgl. zur Trennung der Kompetenzen in PRSP Kapitel 5.4.4.3, S. 326.

323 IMF, Lending to Poor Countries, S. 3.

324 IMF, The Poor, S. 9-18; IMF, Social Dimensions, S. 15, 19; Gupta/ Dicks-Mireaux/ Khemani et al., Social Issues, S: 7-23.

325 IMF, Factsheet HIV/ AIDS, S. 1 f.; Haacker, Macroeconomics, S. 1 ff.

326 IWF, Guidelines on Conditionality, Dec. Nr. I, Nr. 2 und 3.

327 Zusammenfassung der Kritik an der früheren Vergabemethode und Beschreibung der umfassenden und von "ownership" geprägten Konditionalität der Weltbank siehe Koeberle, Policy-Based Lending, S. 251-264.

Verfügung, aus denen je nach den Schwerpunkten und Prioritäten der mitgliedstaatlichen Strategie Projekte und Programme ausgewählt werden. Die Bereiche der Projekte und Programme, die von der Weltbank unterstützt werden, zielen auf ein gerechtes, nachhaltiges und umweltverträgliches Wachstum in den Mitgliedstaaten ab und umfassen jegliche volkswirtschaftliche und sektorale Politiken, die auf wirtschaftliches Wachstum und Armutsreduzierung ausgerichtet sind. Eine Zusammenstellung dieser Politiken ist in Tabelle 2 [Sektoren des Politikdialogs der Weltbank] zu sehen.

Tabelle 2 Sektoren des Politikdialogs der Weltbank	
AIDS	Untersuchung der Entwicklungsprobleme, die als Folge der AIDS-Erkrankungen auftreten
Anti-Korruption	Korruption zerstört die Einhaltung der Gesetze und schwächt die staatlichen Institutionen, auf denen das wirtschaftliche Wachstum aufbaut; Strategie: - Steigerung des politischen Verantwortungsbewußtseins - Verstärkung der Teilhabe der Zivilgesellschaft - Bildung eines konkurrierenden Privatsektors - Institutionelle Beschränkung der Staatsgewalten - Verbesserung des Managements des öffentlichen Sektors
Bankensystem	- Restrukturierung der Banken - Reform und Einführung regulatorischer Gesetze
Bildung	Fördert die Bürger und stärkt die Nation; Strategie: - Zugang: lernfähige und lernwillige Schüler und Studenten; unterstützende Lernatmosphäre; Zugang zu individueller Förderung - Qualität: motivierte Lehrer, Prozeß des gegenseitigen Lernens und Unterrichtens - Umsetzung: Klare Verteilung der Verantwortung, adäquate Ressourcen und fundierte Evaluation
Energie	Prioritäten: - Direkte Hilfe an die Armen (Licht, Elektrizität, keine verunreinigten Heizmittel) - Makroökonomische und fiskalische Politiken, die Sozialprogramme zur Unterstützung der Armen beinhalten - Unterstützung von Good Governance und der Entwicklung des privaten Sektors - Schutz der Umwelt: reduzierter Schadstoffausstoßes
Entwicklung des Privatsektor	Verbesserung des Investitionsklimas größtenteils mittels der Vergabe von Garantien
Finanzsektor	Vgl. FSAP der technischen Hilfe

Rechts- und Justizsystem	Funktionierendes Rechts- und Justizsystem als Voraussetzung für wirtschaftliches Wachstum und soziale Entwicklung: - Schutz der Eigentumsrechte - Vereinfachung der Gründung und Formation von Gesellschaften - Kreditsicherungsrecht und Insolvenzsystem
Gestaltung des öffentlichen Sektors	Effizienz und Verantwortungsbewußtsein; Ziele: - Unterstützung, Vertiefung der institutionellen Reformen - Planung und Umsetzung der Maßnahmen gegen Korruption
Gesundheit, Ernährung, Bevölkerungswachstum	- Ernährungsprogramme in Schulen und Gemeinden - Reform der Nahrungsmittelpolitik - Familienplanung, Gesundheit der Mütter, Prävention vor der Übertragung von Geschlechtskrankheiten und AIDS - Entwicklung des Gesundheitssystems: Bau und Koordination von Krankenhäusern; Finanzierung und Versicherung; Medikamente
Gleichberechtigung der Geschlechter	Bekämpfung von geschlechtlicher Diskriminierung, die eine Barriere für Entwicklung darstellt, und Unterstützung der Staaten bei der Durchsetzung ihrer Entwicklungsziele in diesem Bereich
Handel mit landwirtschaftlichen Produkten	Antreibende Kraft in fast allen Entwicklungsländern ist die Steigerung des Handels
Information, Kommunikation Technologien	Neue Möglichkeiten für Schwellenländer, die wirtschaftliches Wachstum durch Technologien unterstützen, Produktivität steigern und Transparenz ermöglichen
Infrastruktur	Herstellung von grundlegenden Infrastruktureinrichtungen, wie Straßen, Wasserzugang, Energie, Transportmittel, moderne Informations- und Kommunikationstechnologien
Management der Wasserressourcen	Verteilung von Wasser nach sozialen, wirtschaftlichen, umweltpolitischen und technischen Dimensionen
Nachhaltige Landwirtschaft	Erhöhung der Nachhaltigkeit und Produktivität der landwirtschaftlichen Systeme: Viehbestand und tierische Landwirtschaft; Fischerei und Aquakultur; Getreide; Bewässerungssyteme; Märkte
Öl, Gas, Bergbau Chemikalien	Bereitstellung sauberer und bezahlbarer Energie und chemikalischer Produkte zur Unterstützung privater Haushalte und der lokalen Industrie
Schuldenverringerung	Durchführung der HIPC

Soziale Entwicklung	- soziale Analysen und Politiken - gemeinschaftsgetriebene Entwicklung und Bildung sozialen Kapitals - Partizipation der Zivilgesellschaft und Förderung des sozialen Engagements - Prävention von Konflikten und Wiederaufbau nach diesen
Soziale Sicherung und Arbeit	- Kinderarbeit - Berufsunfähigkeit - Arbeitsmärkte - Pensionen und Renten - Sicherungsnetze - Sozialfonds - soziales Risikomanagement
Städtische Entwicklung	- Bekämpfung des schnellen Städtewachstums, der städtischen Armut und der Bildung von Slums - Beplanung der angrenzenden Regionen - Wohnungsprojekte - Abfallmanagement
Transport (Häfen, Logistik, Straßen, Verkehr auf Gleisen)	- Restrukturierung öffentlich-rechtlicher Transportunternehmen - Verhinderung der Defizitbildung im öffentlichen Transportsektor - Unterhaltung und Führung der Straße wie ein Privatunternehmen - Erreichbarkeit aller ländlichen Gegenden
Umwelt	Verbesserung der Lebensqualität, der Qualität des Wachstums und der regionalen und globalen Gemeinschaftsgüter
Wälder, Forstwirtschaft	Armutslinderung bei gleichzeitigem Schutz der Umwelt: - Einsatz des Potentials der Wälder zur Armutsreduzierung - Integration der Waldbewirtschaftung in die nachhaltige Entwicklung - Schutz des globalen Wertes der Wälder
Wasserversorgung, Sanitäre Anlagen	- verbesserte Bereitstellung in den Städten - verbesserte Umsetzung der Projekte - Anschluß aller ländlichen Gebiete - besseres Management der Wasserressourcen

Quelle: Eigene Darstellung basierend auf Informationen der Internetseite der Weltbank unter http://www.worldbank.org/.

Neben Bereichen mit einem direkten Bezug zu den Armen, wie die Verbesserung der Wasserversorgung, des Bildungswesens und der Ernährung, verfolgt die Weltbank Wirtschaftsförderung durch gezielte Infrastrukturprojekte oder Sektorpolitiken sowie Wirtschaftspolitik, Handelspolitik und Reformen der Steuersysteme, Justizsysteme und des öffentlichen Sektors.[328] Die Vergabepolitik des Staates soll dabei wirtschaftliches Wachstum fördern, welches positiv auf die Entwicklung der Armen wirkt, diese sollen zusätzlich gefördert werden, damit sie am Wachstumsprozeß teilhaben können, und außerdem soll der Staat Imperfektionen des Marktes ausgleichen.[329]

Diese Aufzählung verdeutlicht, daß die Aufbau- und Entwicklungsprojekte eines Mitglieds in strukturpolitische Reformen eingebettet werden. Angelehnt an die Absorptionsgleichung[330] sollen diese Maßnahmen entweder die innerstaatliche Absorption, bestehend aus dem privaten Konsum, Investitionen und Staatsverbrauch, senken oder das Volkseinkommen steigern und damit die Differenz aus Volkseinkommen und inländischer Absorption auf einen positiven Wert anheben. Die Politikratschläge der Strukturpolitik der Weltbank, die diese in ihrem Weltentwicklungsbericht 2001 zusammengestellt hat, sind in Tabelle 3 [Strukturpolitik der Weltbank] zusammengefaßt.

Die Strategie der Weltbank umfaßt ein sich auf alle Politikbereiche erstreckendes Wirtschafts- und Wachstumskonzept, in dem angebotsorientierte Strukturmaßnahmen neben nachfrageorientierten Reformen zum Erreichen von makroökonomischer Stabilität genannt werden.

Tabelle 3 Strukturpolitik der Weltbank	
Ziel	Gerechtes, nachhaltiges und umweltverträgliches Wachstum
Makroökonomische Stabilität	- Abbau von Haushaltsdefiziten und Inflation erforderlich, - gleichzeitig Einrichtung von dauerhaften antizyklischen Sicherheitsnetzen, die in Krisensituationen greifen - durch Geld-, Kredit- und Fiskalpolitik
Rolle des Staates	- Förderung der Nachfrage und Schaffen neuer Märkte - Funktionsfähigkeit der Märkte verbessern und Marktzugang für Arme sicherstellen - Reduzierung von Ungleichgewichten durch staatliche Umverteilungsmaßnahmen
Privatisierung	- Vollständige Privatisierung ohne Monopole - Regulierungsinstitutionen sollen Monopolbildung verhindern

328 Zur Hilfe der Weltbank in den Bereichen Bildung, Gesundheit und Bevölkerungswachstum siehe World Bank, Investing in People, S. 10-17; zum Aufbau eines Justizsystems siehe Shihata, Complementary Reform, S. 13-19.

329 World Bank, Public Spending, S. 1.

330 vgl. Kapitel 3.3.1, S. 104.

Deregulierung	Abbau staatlicher Regulierungen mit Ausnahme der Bereiche, in denen Märkte unvollkommen funktionieren
Liberalisierung	- Liberalisierung erforderlich, flankiert durch Institutionen (Finanzmarkt, Rechtsordnung) - Handelsliberalisierung als entscheidender Faktor bei der Armutsbekämpfung; gekoppelt an staatliche Sozialpolitik und Förderung auf Mikroebene zur Förderung der Wettbewerbsfähigkeit und der Beteiligung der Armen an den Märkten
Wettbewerbspolitik	Abbau von staatlichen Markteintrittsschranken
Wachstumsfaktoren	Anerkennung der Faktoren Humankapitalbildung und Technologie als Determinanten des Wirtschaftswachstums
Technologie	Technologische Innovationen durch private und öffentliche Investitionen
Humankapital	- Verbesserung der Einkommensverteilung zugunsten der Armen - Bereitstellung unentgeltlicher Leistungen und Subventionierung
Sequencing	Die Reformen zum Aufbau von Märkten sollen in der Weise umsetzt werden, daß sie den wirtschaftlichen, sozialen und politischen Gegebenheiten eines Landes genau entsprechen
Integration von Wachstumsorientierung und Armutsbekämpfung	Teilweise Integration von Wachstum und Armutsreduzierung; Schwerpunkt der Umverteilungsmaßnahmen liegt weiterhin auf Abfederung negativer sozialer Folgen der Wachstumsorientierung

Quelle: Weltbank, Weltentwicklungsbericht 2001 und Führmann, Washington Consensus, S. 49-51.

3.3.4. Konkurrenzen und Kollisionen zwischen Konditionalität und Politikdialog

Die Bedingungen und Ratschläge, mit denen IWF und Weltbank ihre Kredithilfe ausstatten, umfassen die gesamte Bandbreite der Entwicklungshilfe und wirtschaftspolitischen Reformmöglichkeiten. Abgesehen von indirekten Berührungspunkten, die aufgrund von Konkurrenzen und Änderungen der politischen und wirtschaftlichen Rahmenbedingungen auftreten, verlaufen Konditionalität und Politikdialog in weiten Teilen parallel nebeneinander. So plant und berät die Weltbank ihre Mitgliedstaaten bei der direkten Armutshilfe und in der Bereitstellung von Diensten zur Deckung der Grundbedürfnisse der armen Bevölkerung. Einen weiteren Bereich, in dem keine Überschneidungen zwischen Weltbank und IWF bestehen, bildet der Politikdialog zum Aufbau produktiver

Anlagen, wie Infrastrukturprojekte, Bildungseinrichtungen, Kraftwerke und ähnliches.

Konkurrenzen treten zwischen den Programmen der Weltbank und des IWF auf, mit denen die Mitgliedstaaten Ungleichgewichte der Zahlungsbilanzen ausgleichen, ihre Wirtschaft stabilisieren und Strukturanpassungen vornehmen.[331] Gemessen an den ursprünglichen Aufgabenbereichen der Organisationen haben sich die von ihnen verfolgten Reformvorschläge inhaltlich angeglichen. Der Politikdialog der Weltbank erstreckt sich neben strukturpolitischen Maßnahmen zunehmend auf nachfrageorientierte Politiken zur Stabilisierung makroökonomischer Rahmenbedingungen.[332] Korrespondierend bezieht der IWF in seinen Programmen gegenüber einkommensschwachen Staaten soziale und wachstumsfördernde Maßnahmen ein, die im mikroökonomischen und angebotsorientierten Bereich der Volkswirtschaftslehre angesiedelt sind.[333] Die entstehende Gefahr von ineffektiven Überschneidungen und Abspracheproblemen durch eine inhaltliche Annäherung der Programme wirkt sich allerdings positiv auf die vorher aufgetretenen Widersprüche zwischen Konditionalität und Politikdialog aus. Die Konkurrenzprobleme in Programmen für einkommensschwache Mitglieder basieren auf dem Eintritt in den Kompetenzbereich der jeweils anderen Organisation. Es handelt sich demnach um ein Problem der mangelnden Kompetenzabgrenzung.

Um Kollisionen handelt es sich zwischen den Stabilisierungsmaßnahmen des IWF, die er in Programme der Kredittranchen oder Sonderfazilitäten vorschreibt, und den Strukturanpassungsmaßnahmen des Politikdialogs der Weltbank. Die Organisationen verlassen mit diesen Maßnahmen nicht den Kompetenzbereich, der ihnen in ihren Statuten zugeschrieben wurde. Vielmehr kann die zeitlich und inhaltlich unterschiedliche Schwerpunktsetzung der Maßnahmen zu Widersprüchen und negativen Auswirkungen führen. Der IWF strebt das überragende Ziel an, die Zahlungsbilanz in einen anhaltend stabilen Zustand zu bringen und durch stabile, makroökonomische Politik eine Grundlage für nachhaltiges Wachstum zu schaffen.[334] Dagegen begrüßt die Weltbank stabile, volkswirtschaftliche Rahmenbedingungen, stellt das Wachstum der Wirtschaft allerdings in den Vordergrund.[335] Da Stabilisierungsmaßnahmen kurzfristiger Natur sind und häufig scharfe Einschnitte in Wohlstand, Arbeitsplätze und die Ausgabenpolitik des Staates mit sich bringen, heben sie die Wirkung sozialfreundlicher und angebotssteigernder Maßnahmen, die erst mittelfristig Erfolge zeigen und auf der Steigerung öffentlicher Ausgaben und Subventionen basieren, teil-

331 vgl. Thiele/ Wiebelt, Anpassungsprogramme, S. 7.

332 Weltbank, BP 2.11, Annex A, Nr. 8.

333 Fischer, Applied Economics, S. 25.

334 Art. I, Abs. v und vi IWF-Statuten; IMF, Factsheet Conditionality, S. 1.

335 Von „unterschiedlichen Schwerpunkten“ spricht auch Hemmer/ Marienburg, Strukturanpassungspolitik, S. 4.

weise auf. In einem Konkurrenzkampf verfolgt daher jede Organisation die Umsetzung ihrer Reformvorstellungen und akzeptiert dabei Nachteile und Effizienzverluste für die Politik der anderen Organisation.

Sowohl die Weltbank als auch der IWF versuchen mit unterschiedlicher Intensität Umweltaspekte in ihre Programme und Konditionalität einfließen zu lassen. Dabei greift der IWF verstärkt auf die Arbeit der Weltbank zurück und integriert Erkenntnisse der Weltbank in die eigene Konditionalität und den Dialog mit den Mitgliedstaaten.[336] Er ist in diesem Zusammenhang allerdings grundsätzlich durch seine Statuten und das Wissen seiner Mitarbeiter beschränkt, so daß Umweltaspekte lediglich im Rahmen der makroökonomischen Politik und deren effektiver Umsetzung zum Erreichen von inländischer und außenwirtschaftlicher Stabilität angesprochen werden können.[337] Trotz dieser deutlichen Zurückhaltung des IWF bildet der Konflikt zwischen langfristigem Schutz der Umwelt und kurzfristig ausgelegten Bemühungen, die makroökonomische Stabilität der Volkswirtschaft wiederherzustellen, einen Fall der Kollision zwischen den Mandaten der Weltbank und des IWF.

Die Organisationen versuchten, die Überschneidungen zwischen der Konditionalität des IWF und dem Politikdialog der Weltbank durch eine "Vorverlagerung" der Abstimmung auf die Ebene der Planung einer länderspezifischen Entwicklungsstrategie zu vermeiden. Für einkommensschwache Mitgliedstaaten schufen sie daher PRSP[338], zu deren Erstellen sie technische Hilfe anbieten und anschließend eine gemeinsame Bewertung in JSA vornehmen. Die gleichen Anstrengungen sind für die Arbeit mit Staaten mit mittleren Einkommen notwendig, denen zurzeit die Beteiligung an PRSP verwehrt ist.[339]

Obwohl die Aufgabe der Politiküberwachung ausschließlich vom IWF wahrgenommen wird, können Konflikte zwischen ihm und der Weltbank dadurch entstehen, daß die in der Überwachung enthaltenen Politikratschläge dem Politikdialog der Weltbank und deren Programmen, die an die Vergabe von Darlehen gebunden sind, widersprechen.[340] Die Gefahr einer Konkurrenz ist insbesondere in der Bewertung der Handelspolitik, dem Aufbau und der Funktionsweise von Institutionen und der Strukturpolitik gegeben. Um die Überwachungstätigkeit möglichst effektiv zu gestalten, hat der IWF im Jahr 2002 die folgenden 2 Prinzipien entwickelt: ein Schwerpunkt soll innerhalb dieser Themenbereiche auf die Aspekte gelegt werden, die von makroökonomischer Relevanz sind innerhalb dieser Auswahl sollen die folgenden Themen von höchster

---

336 Gandhi, Environment, S. 16.

337 Gandhi, Environment, S. 18.

338 Vgl. Kapitel 3.2.5.3, S. 97.

339 Der Wunsch einer stärkeren Koordination zwischen Weltbank und IWF in Staaten mit mittleren Einkommen wird auch in IMF, Conditionality, Nr. 17 geäußert.

340 Auf den Inhalt des Politikdialogs der Weltbank wird unter Kapitel 3.3.3, S. 113 eingegangen.

Bedeutung sein: außenwirtschaftliche Nachhaltigkeit, Angreifbarkeit der Zahlungsbilanz und Gefährdung von Währungskrisen, nachhaltiges Wachstum und dazu notwendige Maßnahmen und in Staaten mit regionalen oder globalen Schlüsselfunktionen ein wirtschaftlicher Ausblick für die internationalen Bereiche.[341]

Auch die in diesen Regelungen vorhandene Beschränkung der Tätigkeit des IWF auf seine Kompetenzen kann die Gefahr von Widersprüchen nicht vollständig ausschließen. Ein Vorwurf gegenüber seinen Politikratschlägen ist, daß diese auch in einkommensschwachen Staaten hauptsächlich auf das Erreichen von Stabilität ausgerichtet ist, anstelle das Wachstum der Wirtschaft in den Mittelpunkt der Bemühungen zu stellen.[342] Dieses Vorgehen führt kurzfristig zu hohen Belastungen, die von der ohnehin schwachen Wirtschaft nicht ausgeglichen werden können. Der Politik des IWF stehen die wachstumsorientierten Strukturprogramme der Weltbank gegenüber, in denen die Armen mittels gesteigerter Ausgaben zur Befriedigung ihrer Grundbedürfnisse in den Wirtschaftskreislauf eingebunden werden sollen. Daher kommt es zwischen der Überwachungstätigkeit des IWF im Rahmen von Art. IV-Konsultationen und der Arbeit der Weltbank zu Kollisionen.

Ein Unterschied in der Vorgehensweise bei der Ausarbeitung der Reformprogramme besteht während der Missionen in einen Mitgliedstaat. Während die Mitarbeiter des IWF schon bei ihrer Anreise genaue Vorstellungen über die finanziellen Defizite haben und im Gespräch mit Vertretern des Finanzministeriums sowie der Zentralbank innerhalb von etwa 2 Wochen eine Lösung erarbeiten, analysieren die Vertreter der Weltbank die entwicklungspolitische Lage des Mitglieds in zahlreichen Gesprächen mit Betroffenen und NRO's sowie mit Vertretern verschiedener Ministerien vor Ort.[343] Dieser unterschiedliche Kreis politischer Entscheidungsträger erschwert eine Konsensbildung und ähnliche Schwerpunktsetzung zwischen den Reformprogrammen der Weltbank und des IWF.

---

341 IWF, Exekutivdirektorium Sitzung 02/38, Review of the Implementation of the Fund's Surveillance vom 4. und 5. April 2002, Nr. 7; in: Sel. Dec. 2003 und Sitzung vom 23. Juli 2004, Review of the Funds Surveillance Activities; in: IMF, Fund's Surveillance, S. 3.

342 IMF, Biennial Review - Modalities, Nr. 21.

343 Vocke, Zusammenarbeit, S. 190; Hino, Collaboration, S. 12; Böhmer, Finanzierungsinstrumente, S. 530.

3.4. Vergabe finanzieller Hilfe

Da die Vergabe von Geldern durch die Weltbank und den IWF außer im Fall der Krisenhilfe unabhängig von ihrer Höhe, der Vergabedauer oder den berechneten Zinsen mit Konditionalität oder Bedingungen aus einem Politikdialog verknüpft ist, kann für die Beantwortung der Frage, ob die Organisationen im Bereich der finanziellen Hilfe miteinander konkurrieren bzw. kollidieren, auf die Ausführungen unter Kapitel 3.3. verwiesen werden. In diesem Kapitel soll darauf eingegangen werden, in wie weit sich die Finanzhilfen der Weltbank und des IWF in Bezug auf ihre Voraussetzungen, die Fälligkeit und die Höhe der Zinsen vergleichen lassen. Die Ausgestaltung der Kreditvergabe und Ziehungen ist für eine effiziente und ressourcensparende Zusammenarbeit der Organisationen von Bedeutung.

3.4.1. Zahlungsbilanzfinanzierung des IWF

Der IWF gewährt seinen Mitgliedern finanzielle Hilfe, um einerseits zu verhindern, daß die Mitglieder auf protektionistische Beschränkungen und Handelshemmnisse im internationalen Finanz- und Zahlungsverkehr zurückgreifen, und um andererseits eine ordnungsgemäße Funktionsfähigkeit des internationalen Währungssystems zu gewährleisten. Es handelt sich bei der Mittelvergabe durch den IWF daher ausschließlich um Zahlungsbilanzhilfe an seine Mitglieder. Im Gegensatz zu den Darlehen und Krediten der Weltbank entleiht der IWF mit Ausnahme der Darlehen im Konto für Sonderverwendungen keine Gelder, sondern gibt seinen Mitgliedern die Möglichkeit, Devisen mit der eigenen Währung oder SZR zu kaufen bzw. zu "ziehen".[344] Die Rückzahlung der Devisen besteht umgekehrt in einem Rückkauf der eigenen Währung gegen Devisen oder SZR.[345] Wirtschaftlich betrachtet wirkt sich Praxis ebenso wie ein Darlehen.[346]

Die Ziehungen von Geldern beim IWF setzen gemäß Art. I, Abs. iv IWF-Statuten grundsätzlich das Vorliegen von Unausgeglichenheiten in der Zahlungsbilanz des Mitglieds voraus, nach dessen voraussichtlicher Anpassungsdauer die Höhe der Ziehungen und die Ausgestaltung des wirtschaftlichen Reformprogramms, welches als Bedingung mit der Ziehung verknüpft wird, bemessen werden. Eine Ziehung beim IWF erleichtert somit die Umsetzung der Anpassungsmaßnahmen und Reformen, die ein Mitglied durchführen muß, um

---

344 Art. V, Absch. 3, lit. b IWF-Statuten.

345 Art. V, Absch. 7 IWF-Statuten; vgl. IMF, Financial Organization, S. 20 f. Die rechtliche Einordnung der Ziehungen des IWF ist umstritten und wird von der überwiegenden Meinung als Kauf mit Rückkaufsverpflichtung angesehen. Siehe umfassend zum Streitstand Lucke, IWF, S. 91-144 m.w.N.

346 IMF, Financial Organization, S. 21, Box II.1.; Meng, Conditionality, S. 267.

das Ungleichgewicht in der Zahlungsbilanz zu korrigieren und die Grundlage für wirtschaftliches Wachstum zu legen.[347]

Die maximale Höhe der Ziehungen wird in Relation zur Quote des Mitglieds angegeben. Die Höhe der individuellen Ziehungen hängt vom Bedarf des Mitglieds und seinen Bemühungen ab, ein nachhaltiges und wirksames Wirtschaftsprogramm mit Anpassungsmaßnahmen zur Sicherung der Rückzahlungen innerhalb einer kurz- bis mittelfristigen Zeitspanne umzusetzen.[348]

Dem IWF stehen zum einen seine allgemeinen Fondsmittel zur Verfügung, die sich größtenteils aus den Subskriptionen der Mitglieder speisen, zum anderen Mittel in verwalteten Konten, in die teilweise aus dem Konto für Sonderverwendungen gezahlt worden ist, in welchem Erträge aus dem Verkauf der Goldvorräte des IWF für besondere Zwecke wie Zahlungen an einkommensschwache Mitgliedstaaten gehalten werden.[349] Da die Mittelvergabe aus diesen Konten unterschiedlichen Voraussetzungen unterliegt, wird sie in den folgenden Kapiteln getrennt voneinander beschrieben.

3.4.1.1. Finanzhilfen aus dem Allgemeinen Konto des IWF

Allen Ziehungsmöglichkeiten und Fazilitäten des IWF, die mit Geldern aus dessen Allgemeinen Konto getätigt werden, liegen die Regelungen der Art. V, Absch. 3, lit. b IWF-Statuten zugrunde, nach dem

> „ein Mitglied [...] unter den folgenden Bedingungen berechtigt [ist], vom Fonds gegen Zahlung eines entsprechenden Betrags in seiner Währung die Währungen anderer Mitglieder zu kaufen:
> Die Inanspruchnahme der allgemeinen Fondsmittel durch das Mitglied entspricht den Bestimmungen dieses Übereinkommens und den hiernach beschlossenen Geschäftsgrundsätzen;
> das Mitglied legt dar, daß dieser Kauf wegen seiner Zahlungsbilanz- oder Reservesituation oder wegen der Entwicklung seiner Reserven erforderlich ist;
> der beantragte Kauf stellt einen Kauf in der Reservetranche dar oder bewirkt nicht, daß die Bestände des Fonds an der Währung des kaufenden Mitglieds zweihundert Prozent seiner Quote übersteigen;
> [kein Entzug der Berechtigung zur Inanspruchnahme der allgemeinen Fondsmittel]“[350]

Der Verweis auf „Bestimmungen dieses Übereinkommens“ unter Abs. i schließt die Ziele des Art. I IWF-Statuten ein[351], so daß die Ziehungen „zeitweise unter

---

347 IMF, Factsheet Lending, S. 1; IMF, Financial Organization, S. 29.

348 IMF, Financial Organization, S. 39.

349 vgl. Art. V, Absch. 12, lit. f IWF-Statuten.

350 Zwar läßt Art. V, Absch. 3, lit. b, Abs. ii IWF-Statuten offen, ob es sich bei der Zahlungsbilanzsituation um einen Überschuß oder ein Defizit handelt, da die Statuten allerdings ausschließlich die Möglichkeit des Kaufes von Devisen vorsehen, kann die Regulierung eines Überschusses nicht gemeint sein.

351 IWF, Entscheidung vom 17.03.1948, Nr. 287-3, in: Sel. Dec. 2003.

angemessenen Sicherungen“ zur Verfügung gestellt werden. Die Konkretisierung dieser Voraussetzungen durch einzelne Bedingungen erfolgt gemäß Art. V, Absch. 3, lit. a IWF-Statuten in den Geschäftsgrundsätzen des IWF.[352] Der IWF paßte seine Geschäftsgrundsätze zur Vergabe von finanziellen Mitteln regelmäßig den Bedürfnissen seiner Mitglieder an; unverändert blieb lediglich das System der Kredittranchen, auf die bereits die Statuten durch die Begrenzung der Ziehungen auf 200% der Quote eines Mitglieds hinweisen (Art. V, Absch. 3, lit. a, Abs. iii IWF-Statuten).

Die unterschiedlichen Möglichkeiten, vom IWF Gelder zu ziehen, basieren alle auf dem Grundsatz der Gleichheit der Mitglieder. Daher ist die Höhe der Ziehungen und deren Auszahlung nicht beliebig, sondern hängt von Zugangsgrenzen (access limits) in Relation zur Quote eines Mitglieds ab. Die Auszahlung der Gelder ergeht in Margen von 25% der Quote je viertel Jahr und ist an die Durchführung der im Letter of Intent festgelegten Beurteilungskriterien (performance criteria) gebunden.[353] Diese Vorgehensweise verbindet die Vergabe von Finanzhilfen mit der Umsetzung von Reformen, die dem Staat bei der Bekämpfung der Zahlungsbilanzgleichgewichte helfen sollen.[354] Ausgenommen von dieser Praxis des "Reformieren gegen Geld" sind die Hilfen im Rahmen der Notfallhilfe, bei denen ein schnelles Auszahlen die Wirksamkeit der Unterstützung erhöhen soll.

Neben der in den Beurteilungskriterien festgehaltenen Konditionalität, welche die Fähigkeit des Mitglieds sicherstellen soll, die eigene Währung vom IWF zurückzukaufen, basiert die Finanzhilfe des IWF auf dem revolvierenden Charakter seiner Währungsbestände, der durch die formale Ausgestaltung als Käufe und Verkäufe entgegen der Vergabe von Darlehen und ihrer Rückzahlung unterstrichen wird.[355] Ziehungen in den einzelnen Tranchen und Fazilitäten sind daher an festgelegte Zeitfenster geknüpft, die als Höchstgrenzen der Entleihungen dienen, da das Mitglied die Bestände seiner Währung grundsätzlich „entsprechend der Verbesserung seiner Zahlungsbilanz- und Reservesituation“ zurück-

---

352 Art. V, Absch. 3, lit. a IWF-Statuten: „Für die Inanspruchnahme seiner allgemeinen Mittel, auch im Rahmen von Bereitschaftskredit- oder ähnlichen Vereinbarungen, beschließt der Fonds Geschäftsgrundsätze, wobei er für besondere Zahlungsbilanzprobleme besondere Geschäftsgrundsätze beschließen kann; diese Geschäftsgrundsätze sind darauf ausgerichtet, daß sie den Mitgliedern bei der diesem Übereinkommen gemäßen Lösung ihrer Zahlungsbilanzprobleme helfen und ausreichende Sicherungen dafür schaffen, daß die allgemeinen Fondsmittel nur zeitweise in Anspruch genommen werden.“

353 IMF, Factsheet Conditionality, S. 1 f.

354 IMF, Financial Organization, S. 30, 31; IMF, Entscheidung vom 8. März 1985, Nr. 7925-(85/38) geändert am 6. Juni 1988, Nr. 8887-(88/89); in: Sel. Dec. 2003. Zur Verbindung zwischen dem Einhalten der Verhaltensregeln aus dem IWF-Übereinkommen durch die Mitglieder und den Finanzhilfen des IWF vgl. Kapitel 3.1.2, S. 69.

355 vgl. Kapitel 2.1.2.4.1, S. 41; Wolff, SAP, S. 6, 7.

kaufen soll.[356] Rückzahlungen werden in mehreren Zahlungen von gleicher Höhe (installments) geleistet, die in einem bestimmten Abstand zu begleichen sind. Der IWF führte in November 2000 die zeitabhängigen Rückkaufserwartungen ein und unterscheidet seitdem zwischen dem Erwartungszeitplan (expectation schedule), während dessen ein Mitglied die Rückzahlungen grundsätzlich zu tätigen hat, und dem Verpflichtungszeitplan (obligation schedule), auf den das Exekutivdirektorium die Rückzahlungen nach Anfrage durch das Mitglied verlängern kann.[357] Über eine Verlängerung wird nach Betrachtung der Reserveposition in Form von Devisen, den mittleren Erwartungen für die Entwicklung der Zahlungsbilanz und dem Zugang der Mitglieder auf internationale Kapitalmärkte entschieden.[358] Hält ein Mitglied den erwarteten Rückzahlungszeitpunkt nicht ein, ohne eine Verlängerung beantragt zu haben, so verwirkt es damit sein Recht auf weitere Ziehungen beim IWF.[359] Von dieser Differenzierung sind Ziehungen unter der Notfallhilfe ausgenommen.[360]

Die Vergabe von IWF-Krediten wird grundsätzlich von den Mitarbeitern des IWF vorbereitet und ausgehandelt und anschließend vom Exekutivdirektorium beschlossen. In 1995 verschlankte der IWF diese Vorgehensweise unter dem Emergency Financing Mechanism und ermöglichte eine schnellere Vorlage vor den Exekutivrat in Fällen, in denen eine außenwirtschaftliche Krise aufgetreten ist bzw. droht und daher unmittelbare Hilfe des IWF benötigt wird.[361]

3.4.1.1.1. Reservetranche und Kredittranchen

Über die Grenze von 100% der Quote eines Mitglieds können Ziehungen nur noch in den 4 Kredittranchen und somit als Teil der bedingt verfügbaren internationalen Liquidität, der keine Eigenleistung vom Staat gegenübersteht,[362] erfolgen. Die Kredittranchen teilen sich in Margen von jeweils 25% der Quote auf und sind an das Erstellen eines Stabilisierungsprogramms[363] durch das Mitglied gebunden. Tabelle 4 [Tranchenpolitik des IWF] gibt einen Überblick über die

356 Art. V, Absch. 7, lit. b IWF-Statuten.

357 IMF, Review of Fund Financial Facilities, S. 2; IWF, Jahresbericht 2003, S. 78, Kasten 8.2.

358 Vgl. für die EFF: IWF, Entscheidung vom 13. Sept. 1974, Nr. 4377-(74/114) zuletzt geändert durch Entscheidung vom 28. Nov. 2000, Nr. 12343-(00/117), Nr. 11 a); in: Sel. Dec. 2003; IMF, Financial Organization, S. 35-37.

359 IMF, Review of Fund Financial Facilities, S. 2.

360 Außerdem gelten die Regelungen nicht für Ziehungen unter der PRGF, die entgegen der Notfallhilfe aus verwalteten Konten gezahlt wird.

361 IMF, Financial Organization, S. 39; IWF, Jahresbericht 1996, S. 123; IWF, Executive Board Meeting 95/85 vom 12. Sept. 1995, Summing up by the Chairman; in: Sel. Dec. 2003.

362 Rettberg, Währungsfonds, S. 237.

363 vgl. zu Stabilisierungsprogrammen Kapitel 3.3.2, S. 107.

unterschiedlichen Ziehungsmöglichkeiten der allgemeinen Mittel des IWF in der Tranchenpolitik.

Tabelle 4 Tranchenpolitik des IWF

	Höhe je Quote	Schwierigkeiten der Zahlungsbilanz	Bereitschaftskreditabkommen	Rückzahlg. (Jahre)	Raten
Reservetranche	Differenz zw. Währungsreserven beim IWF und 100%	jederzeit verfügbar			
1. Kredittranche	25%	kurzfristige Ungleich-gewichte	12-18 Monate, ggf. Verlängerung auf 3 Jahre. Program with policies that provide confidence that its balance of payments difficulties will be resolved within a reasonable period	2 1/4 - 4 J. (3 1/4 - 5)	8 viertel-jährlich
obere Kredittranchen	75% (3x25%)	kurzfristige Ungleich-gewichte	12-18 Monate, ggf. Verlängerung auf 3 Jahre. Program with policies that provide confidence that its balance of payments difficulties will be resolved within a reasonable period	2 1/4 - 4 J. (3 1/4 - 5)	8 viertel-jährlich
EFF (seit 1974)	kumulativ mit Kredittranchen bis 100% pro Jahr; insg. 300%	starke Ungleich-gewichte aufgr. struktureller Fehlanpassungen; Preis und Kostenverzerrung en; langsames Wachstum	erweitertes Abkommen, 3 Jahre, ggf. Verlängerung auf 4 Jahre. Strukturpolitische Agenda mit jährl. Kontrollen	4 1/2 - 7 J. (4 1/2 - 10)	6 bis 12 halbjähr-lich

Quelle: Eigene Darstellung basierend auf IWF, Entscheidung vom 6. Jan. 1999, Nr. 11876-(99/2), Entscheidung vom 13. Sept. 1974, Nr. 4377-(74/114) zuletzt geändert durch Entscheidung vom 28. Nov. 2000, Nr. 12343-(00/117); in: Sel. Dec. 2003.

Die Kredittranchen und ihre Konditionalität werden in den Statuten nicht explizit erwähnt.[364] Die Höhe der einzelnen Tranchen läßt sich lediglich aus der Summe von 200% der Quote für 4 Tranchen errechnen. Außerdem sind die Ziehungen in den oberen Kredittranchen an den Abschluß eines Bereitschaftskreditabkommens gebunden, das über eine Ziehung in Höhe von 25% der Quote abgeschlossen wird.[365] Auch die Länge der Ziehungen in den Kredittranchen ist

364 Art. V, Absch. 3, lit. a, Abs. iii IWF-Statuten (1945 und 1969) nennt den Umfang jeder Ziehung von höchstens 25% der Quote. Die Einführung der CFF und der BSFF hoben die absoluten Level der Tranchen (125%, 150%, 175% und 200% der Quote) auf, da Ziehungen unter ihnen nicht auf die Tranchen angerechnet wurden.

365 IWF, Entscheidung vom 25. Sept. 2002, Nr. 12865-(02/102); in: Sel. Dec. 2003.

bis auf die allgemeine Regelung in Art. V, Absch. 7 IWF-Statuten nicht gesondert geregelt. Allerdings umfassen Bereitschaftskreditabkommen eine Laufzeit von 12-18 Monaten, die auf höchstens 3 Jahre ausgedehnt werden darf, so daß die Ziehungen in den Kredittranchen ebenfalls dieser Praxis unterliegen.[366] Rückzahlungen sollten vierteljährlich in 8 Zahlungen beginnend 2 ¼ Jahre nach der Auszahlung und damit in dem Zeitraum bis 4 Jahre nach der letzten Auszahlung bzw. unter der verlängerten Rückzahlungsmöglichkeit zwischen 3 ¼ - 5 Jahren nach der Auszahlung erfolgen.[367]

Die Voraussetzungen der Konditionalität folgt aus dem Terminus „angemessene Sicherheiten" (adequate safeguard) in Art. I, Abs. v IWF-Statuten, auf den in Art. V, Absch. 3 lit. a, Abs. i IWF-Statuten verwiesen wird.[368] Diese Konditionalität[369] wird in Verbindung mit der Höhe der Währungsreserven, die der IWF vom anfragenden Mitglied hält, mit höherer Kredittranche strikter vorgenommen. So verlangt der IWF von seinem Mitglied, daß dieses bei Ziehungen innerhalb der ersten Tranche „reasonable efforts to solve its problems" vornimmt[370] und in den weiteren Tranchen seine Wirtschaft einer „substantial justification" unterzieht.[371]

In einer Aussage des Geschäftsführenden Direktors des IWF *Ivar Rooth* aus dem Jahr 1952, welche bis heute in Form einer Entscheidung des IWF Gültigkeit hat, wird diese gestaffelte Behandlung der Ziehungsnachfrage folgendermaßen beschrieben:

---

366 IWF, Entscheidung vom 25. Sept. 2002, Nr. 12865-(02/102) unter Nr. 3; in: Sel. Dec. 2003.

367 IMF, Factsheet Lending, Tabelle.

368 Außerdem stellt das Exekutivdirektorium in seiner Entscheidung vom 13. Februar 1952 unter Nr. 1 fest: „The Fund's attitude toward the position of each member should turn on [...] whether the policies the member will pursue will be adequate to overcome the problem within such a period. The policies, above all, should determine the Fund's attitude."

369 vgl. hierzu Kapitel 3.3.2, S. 107.

370 IMF, Annual Report of the Executive Direktors, 1963, S. 16; in: Sel. Dec. 2003; Gegenüber den höheren Kredittranchen werden Ziehungen in der ersten Kredittranche dadurch begünstigt, daß das über sie abgeschlossene Bereitschaftskreditabkommen keine Staffelung der Auszahlungen und keine Bewertungskriterien enthält (IWF, Guidelines on Conditionality, Dec. No. II, Nr. 4).

371 Gold, Stand-by arr., S. 15; Asherman, IMF, S. 265; Alexandrowicz, Agencies, S. 182; IWF, Jahresbericht 1957, S. 120: „In the conditions of today, the general principles set forth in recent Annual Reports as governing the use of Fund resources beyond the first credit tranche mean that members' requests for such drawings or stand-by arrangements are likely to be favorably received where they are intended to support well-balanced and adequate programs which are aimed at establishing or maintaining the enduring stability of the currencies concerned at realistic rates of exchange, and may therefore reasonably be regarded as establishing the conditions for substantial progress toward convertibility."

„However, even at the outset I think it must be clear that access to the Fund should not be denied because a member is in difficulty. On the contrary, the task of the Fund is to help members that need temporary help, and requests should be expected from members that are in trouble in greater or lesser degree. The Fund's attitude towards the position of each member should turn on whether the problem to be met is of a temporary nature and whether the policies the member will pursue will be adequate to overcome the problem within such a period. The policies, above all, should determine the Fund's attitude."[372]

Neben der Konditionalität kann der IWF zusätzlichen Einfluß auf die Politik in einem Mitgliedstaat nehmen, wenn dieser eine Ausnahmeregelung gemäß Art. V, Absch. 4 IWF-Statuten beantragt. In diesem Fall kommt ihm die Beurteilung zu, ob der Staat in der Lage sein würde, die Gelder in angemessener Zeit zurückzuzahlen, d.h. sie „nicht stark und fortgesetzt in Anspruch" nimmt.

Die Auswirkung der Programme auf den Mitgliedstaat tritt an die Stelle eines Sicherungsgegenstandes. Außerdem kommt den Programmen eine Signalfunktion für die Kreditwürdigkeit des Mitglieds zu, da bilaterale und private Geldgeber ihre Zahlungen von der Einschätzung des Marktes durch den IWF abhängig zu machen pflegen.[373] Verstößt ein Staat bei der Nutzung der gewährten Fondsmittel gegen die Zwecke des Abkommens, so kann ihn der IWF gemäß Art. V, Absch. 5 IWF-Statuten von der weiteren Inanspruchnahme der Kreditfazilität ausschließen.

Mit der Erkenntnis Mitte der 70er Jahre, daß Ungleichgewichte einer Zahlungsbilanz nicht nur auf zyklischen, sondern auf strukturellen Fehlanpassungen in Produktion und Handel basieren können, deren Bekämpfung einen längeren Zeitraum als die bisher vorgesehenen 1-3 Jahre in Bereitschaftskreditabkommen benötigt, stellt der IWF seinen Mitgliedern seit 1974 die Erweiterte Fondsfazilität (Extended Fund Facility; EFF[374]) zur Verfügung. Korrespondierend zu der Voraussetzung eines strukturellen Zahlungsbilanzproblems wird die Auszahlung von einem Programm des Mitglieds begleitet, welches strukturpolitische Reformen neben Stabilisierungsmaßnahmen umfaßt (erweitertes Abkommen).

3.4.1.1.2. Bereitschaftskreditabkommen und erweiterte Abkommen

Das Ziel der Bereitschaftskreditabkommen[375] liegt in der Zusage, ein Mitglied in einer zukünftigen, schwierigen Wirtschafts- oder Finanzsituation zu unterstützen, die zum Zeitpunkt der Vereinbarung droht, allerdings noch nicht eingetreten sein muß. Die vom Mitglied vorgeschlagenen Maßnahmen müssen so ausgestaltet sein, daß durch deren Umsetzung die bevorstehenden Probleme

372 IWF, Entscheidung vom 13. Feb. 1952, Nr. 102-(52/11); in: Sel. Dec. 2003.

373 Lastra, IMF, S. 517.

374 IWF, Entscheidung vom 13. Sept. 1974, Nr. 4377-(74/114) zuletzt geändert durch Entscheidung vom 28. Nov. 2000, Nr. 12343-(00/117); in: Sel. Dec. 2003.

375 IWF, Entscheidung vom 13. Sept. 1993, Nr. 10464-(93/130); in: Sel. Dec. 2003; Spitzer, Stand-by arr., S. 477.

innerhalb einer absehbaren Zeit gelöst werden können.[376] Eine Facette der Bereitschaftskreditabkommen stellt daher das Vertrauen des IWF in die Lösung der problematischen Situation dar, welches gegenüber den anderen Mitgliedern dokumentiert wird. Insbesondere andere Geldgeber nehmen die Beurteilung der wirtschaftlichen Entwicklung durch den IWF als Maßstab für ihr eigenes Geberverhalten und häufig genügt schon die Zusage eines Abkommens, um das Vertrauen in eine Währung wieder herzustellen.[377] Diesen Ruf als "seal of approval" nutzt der IWF, indem er Mitgliedern während der Vorbereitung von Bereitschaftskreditabkommen unabhängig von möglichen, wirtschaftlichen Problemen einen Weg der kontinuierlichen und nachhaltigen Politik ohne die Notwendigkeit von radikalen und häufig einschneidenden Reformen aufzeigt.[378]

Die Gelder des IWF werden normalerweise[379] unter einem Abkommen an die Mitglieder vergeben, welches die verschiedenen Politiken und Maßnahmen beschreibt, die das Mitglied zum Ausgleich seiner Zahlungsbilanz ergreifen wird. Ziehungen in den Kredittranchen werden in Zusammenhang mit einem

---

376 Gold, Stand-by arr., S. 27. Fraglich ist, in wie weit Bereitschaftskreditabkommen mit den Statuten des IWF und insbesondere mit Art. V, Absch. 2 IWF-Statuten übereinstimmen. Bereitschaftskreditabkommen werden zwar nicht ausdrücklich erwähnt, halten allerdings einer Subsumtion unter diese Regelung stand, da es sich um die Bereitstellung von Devisen gegen Zahlung der eigenen Währung handelt (Gold, Stand-by arr., S. 26). Das Besondere bei der Entwicklung der Bereitschaftskreditabkommen ist, daß der Staat zum Zeitpunkt des Abschlusses noch nicht in Schwierigkeiten geraten sein muß (Gold, Stand-by arr., S. 27; Dam, Rules, S. 123). Damit verlagerte der IWF diese Voraussetzung auf den Zeitpunkt, in dem die Ziehung unter dem Abkommen tatsächlich vorgenommen werden wird. Diese Zusage stellte für den IWF keine zusätzliche Gefährdung seiner Ressourcen dar, weil die über die erste Kredittranche hinausgehenden Abkommen bestimmte Schutzklauseln und zeitlich fixierte Bewertungskriterien enthalten, um Einfluß auf die Politikgestaltung der Mitglieder zu nehmen und eine zweckwidrige Verwendung der Kreditmittel zu verhindern.
Hält ein Mitgliedstaat die Umsetzung der Bewertungskriterien nicht ein, so verwirkt er sein Recht, Ziehungen über die erste Kredittranche hinaus zu tätigen, bis er Konsultationen mit dem IWF eingeleitet hat und die Parteien zu einer neuen Vereinbarung gefunden haben. (Rettberg, Währungsfonds, S. 251; Gold, Resources, S. 533; Beschreibung der einzelnen Formulierungen der Bewertungskriterien in Spitzer, Stand-by arr., S. 477-489).

377 Stratmann, IWF, S. 200 f.; Petersmann, Legal Evolution, S. 385. Insbesondere ab Mitte der 70er Jahre gingen viele Entwicklungsländer Bereitschaftskreditabkommen mit dem IWF ein, um internationale Banken von der eigenen Kreditwürdigkeit zu überzeugen. Nach einer Schätzung des IWF konnten Mitglieder dadurch bis zu viermal die Summe der Ziehung beim IWF auf dem Kapitalmarkt ausleihen (Asherman, IMF, S. 291 f.).

378 Gold, Stand-by arr., S. 36; ders. bezeichnet die Zusage von finanzieller Hilfe durch den IWF als „seal of approval on the member's programm“ für andere Geldgeber, in: Gold, Resources, S. 535.

379 Regelungen über Ziehungen ohne Abkommen siehe IMF, Rules and Regulations, G-4; in: By-Laws.

Bereitschaftskreditabkommen (stand-by arrangement), Ziehungen in der EFF mit einem erweiterten Kreditabkommen (extended arrangement) verbunden.

Beantragt ein Staat einen Bereitschaftskredit, so wird in ausführlichen Konsultationen zwischen ihm und dem IWF zunächst ein Maßnahmenprogramm erarbeitet, in dem Art und Größe der wirtschaftlichen Probleme des Antragstellers geprüft und die ökonomischen Ziele und Sanierungsmaßnahmen des Mitglieds formuliert werden.[380] Nach Abschluß der Verhandlungen reicht das Mitglied den unterschriebenen Letter of Intent beim IWF ein.

Der Letter of Intent ist gegebenenfalls mit einem Memorandum of Economic and Financial Policies und einem Technical Memorandum of Unterstanding verbunden und beinhaltet eine Anfrage an den IWF nach einem Bereitschaftskreditabkommen

> „setting forth: (a) the objectives and policies that the authorities of (member) intend to pursue for the period of this stand-by arrangement; (b) the policies and measures that the authorities of (member) intend to pursue the (first year) of this stand-by arrangement; and (c) understandings of (member) with the Fund regarding reviews that will be made of progress in realizing the objectives of the program and of the policies and measures that the authorities of (member) will pursue for the remaining period of this stand-by arrangement."[381]

Bemerkenswert ist, daß der Letter of Intent ein Dokument des Mitglieds ist, an dem der IWF keine Änderungen vornehmen kann und dessen Regelungen nicht seiner Interpretation unterliegen. Ihm steht es lediglich offen, einen Bereitschaftskredit aufgrund eines ungenügenden Letter of Intent insgesamt abzulehnen.[382] Die Eigenverantwortung des Mitglieds für den Letter of Intent war auch ein Grund dafür, daß der IWF die Rechtsnatur der Bereitschaftskreditabkommen nicht als rechtlich bindend interpretiert hat.[383] Der Bereitschaftskredit ist somit kein Abkommen, bei dem das Nichteinhalten des Letter of Intent eine Vertrags-

---

380 Rettberg, Währungsfonds, S. 250; Betz, Stabilisierungspolitik, S. 171.

381 IWF, Entscheidung vom 13. Sept. 1993, Nr. 10464-(93/130), Anhang A, S. 1; in: Sel. Dec. 2003; Spitzer, Stand-by arr., S. 477.

382 Gold, Stand-by arr., S. 43 f., 52.

383 IWF, Entscheidung vom 20. September 1968, Nr. 2603-(68/132); Bei dem durch das Mitglied eingereichte Letter of Intent, der das Reformprogramm beschreibt, und der Festlegung des IWF, unter welchen Voraussetzungen die Zahlungen zu erstatten sind, handelt es sich um einseitige Absichtserklärungen (Gold, Stand-by arr., S. 46 f.; Engshuber, Auflagenpolitik, S. 27 m.w.N.). Diese Praxis hat den Vorteil, daß eine Eintragung gemäß Art. 102 UN-Charta und die anschließende Veröffentlichung unterbleibt und der Vertrag nicht der Bestätigung eines Parlaments bedarf. (Betz, Stabilisierungspolitik, S. 171 f.; Engshuber, Auflagenpolitik, S. 28). Ein weiterer Grund für diese Auslegung der Bereitschaftskredite war, daß das Mitglied, welches gegen seinen Letter of Intent verstößt, nicht mit dem Stigma belastet werden sollte, internationale Vereinbarungen verletzt zu haben (Stratmann, IWF, S. 209 m.w. N.; Gold, Stand-by arr., S. 44; Petersmann, Legal Evolution, S. 385).

verletzung darstellt, sondern eine Vereinbarung, von der nur einige Teile Vertragspflichten für die Vertragspartner entfalten, wie beispielsweise die begleitenden Konsultationen oder das Einhalten von Beurteilungskriterien (performance criteria).[384] Zwar entscheidet das Exekutivdirektorium des IWF abschließend über die Vergabe des Bereitschaftskreditabkommens auf Grundlage des Letter of Intent, es besteht allerdings die Regelung, daß ein Letter of Intent, der mit einem Mitglied erstellt und anschließend vom Personal des IWF dem Exekutivdirektorium vorgelegt worden ist, nicht abgelehnt werden kann.[385] Die materielle Entscheidung verlagert sich somit auf den Geschäftsführenden Direktor und sein Personal, obwohl das formelle Entscheidungsrecht beim Exekutivdirektorium verbleibt.[386]. Auch während der Laufzeit des Abkommens bleiben das Mitglied und der IWF weiterhin in Verhandlungen über die interne und externe Finanzsituation des Mitgliedes.[387]

Die Bereitstellung von Finanzmitteln, die über die Höhe in den Kredittranchen hinausgingen, erfolgte als Reaktion auf die Feststellung, daß die Zahlungsbilanzprobleme mancher Staaten nicht über einen kurzfristigen Zeitraum behoben werden könnten. Um das Erreichen eines Ausgleichs der Zahlungsbilanz zumindest in mittelfristiger Sicht zu sichern, erweiterte der IWF seine Praxis der Bereitschaftskreditabkommen um erweiterte Abkommen (extended arrangement)[388], die ein umfassendes Programm mit Politiken beinhalten sollten, deren Umfang und Wirkung dazu führen würde, die Verzerrungen in Produkten, Handel und Preisen aufzuheben. Die Vorgehensweise und der Aufbau der erweiterten Abkommen entsprechen denen der Bereitschaftskreditabkommen, abgesehen von ihrer Dauer zwischen 3 und 4 Jahren und der Überarbeitung des Abkommens nach jeweils 12 Monaten.[389]

---

384 Gold, Stand-by arr., S. 45 f.; ders., Resources, S. 535.

385 IWF, Guideline on Conditionality, Dec. II, Nr. 2; Gold, Stand-by arr., S. 44, der noch von informellen Vereinbarungen spricht.

386 Stratmann, IWF, S. 234; Die Umsetzung dieser Praxis wird durch den formalisierten Aufbau und Inhalt eines Abkommens erleichtert, die auf den grundsätzlichen Politikansatz des Exekutivdirektoriums aufbauen. Vorlagen für die Formulierung eines Bereitschaftskreditabkommens und eines erweiterten Abkommens sind in IWF, Entscheidung vom 13. Sept. 1993, Nr. 10464-(93/130), Anhang A und B, Sel. Dec. 2003 zu finden.

387 Die laufenden Verhandlungen werden im "consultation clause" des Abkommens festgelegt. Diese Regelung ist wie folgt formuliert: „During the period of the stand-by arrangement (member) shall remain in close consultation with the Fund. These consultations include correspondence and visits of officials of the Fund to (member) or of representatives of (member) to the Fund. [...]"; (IWF, Entscheidung vom 13. September 1993, Nr. 10464-(93/130), Anhang A, Nr. 9, Sel. Dec. 2003).

388 IWF, Entscheidung vom 13. Sept. 1974, Nr. 4377-(74/114) zuletzt geändert durch Entscheidung vom 28. Nov. 2000, Nr. 12343-(00/117), Nr. 2; in: Sel. Dec. 2003.

389 IWF, Entscheidung vom 13. Sept. 1974, Nr. 4377-(74/114) zuletzt geändert durch Entscheidung vom 28. Nov. 2000, Nr. 12343-(00/117), Nr. 9 und 2 lit. b; in: Sel. Dec. 2003.

Um die Wirkung der Reformen in einem Bereitschaftskreditabkommen oder erweiterten Abkommen zu verstärken und die Rückzahlung der Schulden gegenüber dem IWF zu sichern, treten die Mitgliedstaaten, deren Außenstände gegenüber dem Allgemeinen Konto des IWF höher als 100% ihrer Quote sind, in ein Post-Program Monitoring (PPM[390]) ein. Diese seit 2000 bestehende, beratende Begleitung der weiterführenden Reformen besteht in der halbjährlichen Erstellung eines Berichts, dessen Ergebnis vom IWF veröffentlicht wird, ist an die Konsultation im Rahmen der Art. IV-Überwachung gebunden und endet mit der Senkung der Schulden unter die Eintrittsgrenze. Die Bewertung in den Berichten soll insbesondere auf makroökonomische und soziale Politiken, die einen Einfluß auf das außenwirtschaftliche Gleichgewicht haben, ausgerichtet sein.

3.4.1.1.3. Sonderfazilitäten

Unter dem Begriff "Sonderfazilitäten" werden Ziehungsmöglichkeiten zusammengefaßt, deren Mittel im Allgemeinen Konto des IWF gehalten werden und die wie Ziehungen in den Kredittranchen den Voraussetzungen des Art. V, Absch. 3 IWF-Statuten unterliegen. Nicht zu den Sonderfazilitäten zählt daher die Fazilität zur Armutsreduzierung (PRGF) des IWF, in deren Rahmen Erträge aus den Goldverkäufen in Form von Zuschüssen oder Darlehen an Mitglieder entliehen werden (Art. V, Absch. 12, lit. f IWF-Statuten).[391] Den Sonderfazilitäten ist gemein, daß sie „besondere Zahlungsbilanzprobleme"[392] voraussetzen und zu deren Überwindung zusätzliche Geldmittel zur Verfügung stellen. Tabelle 5 [Sonderfazilitäten] gibt einen Überblick über die unterschiedlichen Fazilitäten des IWF. Unterschiede bestehen sowohl in der Höhe der bereitgestellten Mittel, angegeben als Prozentsatz der Quote eines Mitglieds, als auch in der Dauer der Rückzahlungen.

Die Vielfalt der Ursachen für ein Zahlungsbilanzungleichgewicht spiegelt sich in den Arten und Voraussetzungen für das Ziehen von Geldern unter einer Sonderfazilität wider. Um von der CFF[393] profitieren zu können, müssen zwei Voraussetzungen bei den Mitgliedstaaten gegeben sein.

---

390 IMF, Review of Fund Financial Facilities, S. 4; IMF, Board Agrees on Changes, S. 3; IMF, Fund Facilities, Nr. 40-46; IMF, Financial Organization, S. 150 f.

391 Zur PRGF vgl. Kapitel 3.4.1.2, S. 136.

392 Art. V, Absch. 3, lit. a, S. 1, 1. HS IWF-Statuten.

393 IWF, Entscheidung vom 23. Aug. 1988, Nr. 8955-(88/126), zuletzt geändert durch Entscheidung vom 6. Dez. 2002, Nr. 12901-(02/120); in: Sel. Dec. 2003; Übersicht der Diskussion, ob die CFF mangels Inanspruchnahme aufgelöst werden sollte, unter IMF, Review CFF, S. 9-19.

Tabelle 5 Sonderfazilitäten

	Höhe je Quote	Schwierigkeiten der Zahlungsbilanz	Bereitschaftskredit-abkommen	Rückzahlg. (Jahre)	Raten
CFF Kompensator. Finanzierungs-fazilität	a) 45%; b) 45%; a) und b) bis 55%	a) zeitweilige Exportausfälle; b) Zusatzkosten für Nahrungsmittelimporte außerhalb der Kontrolle des Mitglieds	Vorrang der oberen Kredittranchen; Abkommen vorhanden bzw. Zahlungsbilanz-position mit Ausn. von a) und b) angemessen	2 1/4 - 4 J. (3 1/4 - 5)	viertel-jährlich
SRF Zusätzliche Reserve Fazilität	nach Finanzbedarf des Mitglieds und Rückzahlungsrisiko (Grad der Konditionalität, Schulden beim IWF, Zusammenarbeit bei Überwachunstätigkeit des IWF, Liquidität des IWF)	großer, kurzfristiger Finanzbedarf aufgrund eines plötzlichen Verlustes an Marktvertrauen; begründte Erwartung einer Besserung der Lage durch Umsetzung strenger Anpassungspolitik; Risiko der Verlagerung der Krise und Bedrohung des int. Finanzsystems	Abkommen über 1 Jahr (Bereitschaftskredit- oder erweitertes Abk.)	2 - 2 1/2 J. (2 1/2 - 3)	2 halb-jährlich
Notfallhilfe	a) 25% (bis zu 50%); b) 25% pro Jahr (bis 50% für 3 Jahre); Subvention der Zinszahlungen für PRGF-Staaten möglich	a) Natur- katastrophen (Flut, Erdbeben, Hurricane); b) Post-Konflikt Situation	flexibles Eingehen auf Notwendigkeiten unter bestehenden Bereitschaftskredit-, erweiterten Abkommen oder der CFF; a) Bemühungen, die Zahlungsbilanz auszugleichen, institutionelle und administrative Kapazitäten für Ziehungen in oberer Kredittranche oder PRGF zu bilden; b) Hilfe ist Teil der int. Bemühungen, um post-Konflikt Situation zu verbessern.	3 1/4 - 5 J.	

Quellen: Eigene Darstellung basierend auf IMF, Factsheet Lending, Tabelle; IMF, Financial Organization, S. 33, Tabelle II.2 und S. 42-47; IMF, IMF lends, S. 24 f.; IMF; Factsheet Emergency Assistance; IWF, [CFF] Entscheidung vom 23. Aug. 1998, Nr. 8955-(88/126) zuletzt geändert durch Entscheidung vom 6. Dez. 2002, Nr. 12901-(02/120); [SRF] Entscheidung vom 17. Dez. 1997, Nr. 11627-(97/123) zuletzt geändert durch Entscheidung vom 21. Feb. 2003, Nr. 12943-(03/15); [Notfallhilfe] Entscheidung vom 28. Nov. 2000, Nr. 12341-(00/117); in: Sel. Dec. 2003.

Einerseits muß der IWF davon überzeugt sein, daß es sich um einen Rückgang der Ausfuhrerlöse kurzfristiger Natur handelt, gemessen am mittelfristigen

Trend der Ausfuhrerlöse, oder um einen zeitweisen Anstieg der Kosten für Nahrungsmittelimporte.[394] Andererseits muß der Ausfall im Wesentlichen außerhalb der Kontrolle des Mitglieds erfolgt sein.[395]

Erst unter dieser Voraussetzung stellt der IWF seine Ressourcen ohne die vorherige Erarbeitung eines Finanzierungsprogramms, welches gegebenenfalls an die Konditionalität des IWF gebunden wäre, im Rahmen der CFF zur Verfügung. Ergibt die Analyse des Erlösausfalls, daß dieser durch unangemessene Wechselkurse, aufgrund verzerrender Preispolitik oder anderen Faktoren aus dem Politikbereich des Mitglieds hervorgerufen wurde, so steht dem Mitglied lediglich die Möglichkeit einer Ziehung in den Kredittranchen zu.[396]

Die Zusätzliche Reservefazilität (Supplementary Reserve Facility; SRF[397]) aus 1997 hilft Mitgliedern, deren Zahlungsbilanzsituation an einem plötzlichen Verlust an Vertrauen durch den Kapitalmarkt leidet. Sie wurde als Reaktion auf die Finanzkrisen der 90er Jahre entwickelt und bietet eine Überbrückung des Kapitalverlustes bis das Vertrauen des Finanzmarktes in die Anpassungspolitik und adäquate Finanzierung zurückgekehrt ist. Neben der Unterstützung des einzelnen Mitglieds zielt die SRF darauf ab, das Risiko eines Ausbreitens des Vertrauensverlustes auf wirtschaftlich eng verbundene Volkswirtschaften einzudämmen und beruhigend auf den internationalen Kapital- und Devisenmarkt einzuwirken. Die SRF setzt daher das Vorliegen eines Bereitschaftskreditabkommens oder eines erweiterten Abkommens voraus, deren Politiken auf die Wiedergewinnung des Marktvertrauens ausgerichtet sind.

Wie die Bezeichnung "Notfallhilfe" (emergency assistance[398]) signalisiert, handelt es sich bei dieser Ziehungsmöglichkeit nicht um eine Fazilität des IWF. Vielmehr stellt der IWF zusätzliche Hilfe in Höhe von 25% der Quote des Mitglieds innerhalb der bestehenden Tranchen und Fazilitäten bereit, wenn die

---

394 Das Merkmal des kurzfristigen Ausfalles zeigt sich in der Berechnungsweise, die auf die letzten 12 Monate, in denen Daten erhältlich sind, ausgerichtet ist. Die Ziehung der finanziellen Unterstützung soll dann innerhalb von 6 Monaten, die auf die 12 Monatsperiode folgen, getätigt werden. Die Höhe des Ausfalls der Exporterlöse wird in Relation zum mittelfristigen Exporttrend errechnet. Dessen Berechnung erfolgt durch einen Vergleich der Exporterlöse aus den letzten 2 Jahren vor dem Rückgang mit den Erwartungen der Exporterlöse für die kommenden 2 Jahre. (Horsefield II, S. 423; de Vries I, S.406).

395 „beyond the member's control" umfaßt nicht nur die Fälle höherer Gewalt und des Zufalls sondern auch solche wirtschaftspolitischen Entwicklungen, die das Mitglied zwar selbst eingeleitet hat, die jedoch „were reasonable in the light of all circumstances" (Stratmann, IWF, S. 270).

396 Goreux, CFF, S. 7 f. und 42 f.; Gold, Disasters, S.629.

397 IWF, Entscheidung vom 17. Dez. 1997, Nr. 11627-(97/123) zuletzt geändert durch Entscheidung vom 21. Feb. 2003, Nr. 12943-(03/15); in: Sel. Dec. 2003.

398 IWF, Entscheidung vom 28. Nov. 2000, Nr. 12341-(00/117); in: Sel. Dec. 2003; IMF, Factsheet Emergency, S. 1 ff.

drängende Notlage das Verfassen eines neuen Anpassungsprogramms nicht möglich macht und das Defizit gerade nicht auf einer schlecht angepaßten Wirtschaft beruht.[399] So bietet die Notfallhilfe darin eine Erleichterung, daß Ziehungen nicht von dem Bestehen eines Stabilisierungsprogramms oder dem Einhalten von bestimmten Bedingungen abhängig gemacht werden oder daß der IWF den Rückkauf der eigenen Währung über das Fälligkeitsdatum hinaus stundet.[400] Sollte ein Mitglied im Zeitpunkt der Naturkatastrophe kein Bereitschaftskreditabkommen mit dem IWF vereinbart haben, dann kann ihm Hilfe aufgrund seiner Zusage bereitgestellt werden, daß er in nächster Zukunft ein Anpassungsprogramm (Bereitschaftskreditabkommen, erweitertes Abkommen oder PRSP) in Zusammenarbeit mit dem IWF erstellen werde.[401] Insgesamt läßt diese lockere Handhabung der Hilfe dem IWF die Freiheit, flexibel auf die Schwierigkeiten aufgrund von Naturkatastrophen einzugehen und so einen humanitären Aspekt zu wahren.[402] Seit 1995 vergibt der IWF im Rahmen der Notfallhilfe auch Finanzhilfen an Staaten, die unter den Folgen von Bürgerkriegen oder internationalen, bewaffneten Auseinandersetzungen zu leiden haben.[403] Bei dieser Hilfe sieht sich der IWF als Teil einer auch andere Geber und Organisationen umfassenden Wiederaufbauarbeit, so daß er seine Hilfe an das Bereitstellen von internationalen Bemühungen zur Bekämpfung der Folgen des Konflikts knüpft.

3.4.1.1.4. Gebühren für Ziehungen

Der IWF erhebt gemäß Art. V, Absch. 8 IWF-Statuten Gebühren für das Ziehen von Währungen durch seine Mitglieder. Ziehungen unterliegen einer Basisgebühr, die an die Zinsrate für SZR gekoppelt ist und sich daher deren wöchentlich wechselndem Wert angleicht.[404] Die durchschnittliche Höhe der Basisgebühren betrug zwischen Mai und Juli 2004 2,73% und liegt seit August 2004 bei 3,03%. Je nach Höhe der Ziehungen in Relation zur Quote erhebt der IWF eine Zusatzgebühr (surcharge) mit der er die Mitglieder zur schnellen Rückzahlung der Gelder anregen möchte.[405] Die Tabelle 6 [Gebühren des IWF] gibt einen Überblick über die Staffelung der Gebührensätze in den verschiedenen Ziehungsmodalitäten.

---

399 Gold, Disasters, S. 622, 629, 636.
400 Gold, Disasters, S. 633 f.
401 Gold, Disasters, S. 634.
402 Gold, Disasters, S. 640.
403 Zum Ablauf der Planung und des Programms siehe Kapitel 3.2.4, S. 91.
404 Der IWF veröffentlicht die Höhe der SZR Zinsraten unter http://www.imf.org/cgi-shl/create_x.pl?bur.
405 IMF, Factsheet Lending, Tabelle, Fn. 3; IMF, Financial Organization, S. 33, Tabelle II.2.

3.4.1.2. Finanzhilfen aus verwalteten Konten des IWF

Neben den Finanzhilfen, die der IWF aus seinem Allgemeinen Konto an die Mitglieder verkauft bzw. vergibt, steht ihm die Möglichkeit offen, gemäß Art. V, Absch. 2, lit. b, 2. HS IWF-Statuten Gelder, die von Mitgliedern zur Verfügung gestellt werden, zu verwalten. Die Voraussetzungen und Bedingungen dieser Mittelvergabe richtet sich lediglich nach den Zielen des IWF aus Art. I seiner Statuten und unterliegt nicht den in Art. V, Absch. 3, lit. a IWF-Statuten genannten Regelungen über die Inanspruchnahme der allgemeinen Fondsmittel.

Tabelle 6 Gebühren des IWF

	Basisgebühr	Zusatzgebühr	Bearbeitungs-gebühr	jährl. Vermittlungsgebühr
1. Kredittranche	ja	nein	50 Basispkt.	nein
2. - 4. Kredittranche	ja	100 Basispkt. für Kredit über 200% der Quote; 200 Basispkt. für über 300%	50 Basispkt.	25 Basispkt. plus 10 Basispkt. auf Beträge, die 100% der Quote übersteigen
EFF	ja		50 Basispkt.	
SRF	ja	300-500 Basispkt., erhöht um 50 Basispkt. nach 1 Jahr und anschl. alle 6 Monate	50 Basispkt.	
CFF	ja	nein	50 Basispkt.	nein
Notfallhilfe	ja	nein	50 Basispkt.	nein

Ein Basispunkt entspricht 0,01% eines Betrages.

Quelle: Eigene Darstellung basierend auf IMF, Factsheet Lending, Tabelle, Fn. 3; IMF, Financial Organization, S. 33, Tabelle II 2.

Diese Vorgehensweise enthebt den IWF von der Beschränkung, die Gelder allen Mitgliedern in gleicher Weise zugänglich zu machen und auf den revolvierenden Charakter der Fondsmittel zu achten, der Ziehungen lediglich über kurze bis mittelfristige Zeitspannen möglich macht. Eine Einschränkung erfolgt auch nicht aus Art. I, Abs. v IWF-Statuten, der Ziehungen „zeitweilig unter angemessenen Sicherungen" vorsieht, da dieses Ziel darauf beschränkt ist, daß die „allgemeinen Fondsmittel zur Verfügung gestellt werden".[406]

406 Auch die Tatsache, daß die Gelder aus dem Subventionskonto der Fazilität zur Armutsreduzierung (PRGF) ursprünglich dem Konto für Sonderverwendungen entnommen worden sind (vgl. IWF, Entscheidung vom 15. Dez. 1993, Nr. 10531-(93/170) SAF; in: Sel. Dec. 2003), unterwirft deren Verwendung nicht dem Gleichbehandlungsgrundsatz des IWF, da Art. V, Absch. 12, lit. f IWF-Statuten die Beträge aus diesem Konto explizit für die Unterstützung von Entwicklungsländern, die sich in schwierigen Verhältnissen befinden, zu Sonderbedingungen vorsieht.

Das wichtigste verwaltete Konto, aus dem Finanzhilfen in Form von Darlehen oder Zuschüssen an die Mitglieder vergeben werden[407], ist die Fazilität für Armutsreduzierung und Wachstum (Poverty Reduction and Growth Facility, PRGF[408]). Der Zugang zur PRGF ist auf Entwicklungsländer beschränkt, die vom Exekutivdirektorium des IWF ausgewählt worden sind.[409] Der Staat muß unter langwierigen (protracted) Zahlungsbilanzproblemen leiden und sich um eine substantielle Verbesserung seiner Lage bemühen. In Anlehnung an ein bestehendes PRSP[410] gehen IWF und Mitgliedstaat ein 3-jähriges Abkommen ein, welches auf 4 Jahre ausgedehnt werden kann. Dieses Abkommen beinhaltet jeweils Jahresprogramme über die umzusetzenden makroökonomischen und strukturpolitischen Anpassungsprogramme im Mitgliedstaat, deren Durchführung halbjährlich überprüft wird. Die Rückzahlung der Gelder beginnt nach 5 ½ Jahren und erfolgt halbjährlich bis zum 10. Jahr nach Beginn der Auszahlung. Die Höhe der Darlehen an die Entwicklungsländer liegt bei bis zu 140% ihrer Quote unter einem 3-Jahres-Abkommen. Unter besonderen Umständen kann bis zu einem Maximum von 185% der Quote vergeben werden. Der konkrete Betrag wird in Abhängigkeit zu den Zahlungsbilanzbedürfnissen, der Ausgestaltung des Anpassungsprogramms, der Höhe ausstehender Kredite gegenüber dem IWF und dem Umgang mit Verbindlichkeiten des Staates gegenüber dem IWF in der Vergangenheit bestimmt.

Durch die Einrichtung eines Subventionskontos für die Zinszahlungen während der Entleihungen aus der PRGF kann der Zinssatz, den der IWF für seine Entleihungen auf dem Kapitalmarkt zahlt, auf 0,5% pro Jahr gesenkt werden. Das Subventionskonto der PRGF speist sich u.a. aus Beiträgen der Mitgliedstaaten und Übertragungen aus dem Konto für Sonderverwendungen des IWF.[411]

---

407 Auch die Hilfe im Rahmen der HIPC-Initiative wird aus einem verwalteten Konto des IWF gewährt. Allerdings handelt es sich hier um einen Schuldenerlaß gegenüber hochverschuldeten Mitgliedstaaten und nicht um die Entleihung von Überbrükkungsgeldern während der Durchführung struktureller Reformen. Vgl. zur HIPC-Initiative Kapitel 3.5.4, S. 165.

408 IWF, Entscheidung vom 18. Dez. 1987, Nr. 8759-(87/176) ESAF, zuletzt geändert durch Entscheidung vom 23. Aug. 2001, Nr. 125600-(01/85) PRGF; in: Sel. Dec. 2003; IMF, Financial Organization, S. 122-124; IMF, Factsheet PRGF, S. 1 ff.; IMF, Lending to Poor Countries, S. 1 ff.

409 Eine Liste der berechtigten Staaten ist zu finden in IMF, Financial Organization, S. 123, Box IV.2.; IMF, Factsheet PRGF.

410 Vgl. Kapitel 3.2.5.3, S. 97.

411 IWF, Entscheidung vom 18. Dez. 1987, Nr. 8759-(87/176) ESAF zuletzt geändert durch Entscheidung vom 23. Aug. 2001, Nr. 12560-(01/85) PRGF, Anhang IV, Paragraph 1 und 2; in: Sel. Dec. 2003. Das Konto für Sonderverwendungen ist angelegt worden, um Erträge aus den Goldverkäufen des IWF gemäß Art. V, Absch. 12, lit. f IWF-Statuten zu halten.

Außerdem verwaltet der IWF zwei weitere Subventionskonten, mit denen die Zinsen für die Zusätzliche Finanzierungsfazilität (Supplementary Financing Facility, SFF) und die Post-Conflict und Notfall-Hilfe gesenkt werden. Zwar ist die SFF seit Januar 1991 nicht mehr in Gebrauch und auch aus dem Subventionskonto sind die letzten Zahlungen in Juli 1991 getätigt worden, das Konto bleibt jedoch solange bestehen, bis Liberia und Sudan keine fällige Schulden mehr gegenüber dem IWF haben und damit in den Genuß der Subventionsgelder kommen können.[412] Das andere Subventionskonto ist im Mai 2001 zur Unterstützung von Staaten, die aus der PRGF Gelder erlangen können, für den Fall von bewaffneten Konflikten und Notfällen eingerichtet worden. Die Gebühren für Entleihungen unter der Notfallhilfe werden durch die Subvention auf 0,5% pro Jahr gesenkt.[413]

Ein von Japan initiiertes, verwaltetes Konto stellt seit 1989 Hilfen für die Rückzahlung von Schulden gegenüber dem IWF bereit.[414] Darüber hinaus ist Japan der weitaus größte Geber von Geldern zur Finanzierung technischer Hilfe, da er etwa 60% der externen Finanzmittel aufbringt. Daneben stellen auch multilaterale Organisationen und bilaterale Quellen Gelder für technische Hilfe in einem Rahmenwerk verwalteter Konten bereit (Framework Administered Account).[415]

3.4.2. *Finanzhilfen der Weltbank*

Das Hauptbetätigungsfeld der Weltbank liegt in der Vergabe von Finanzhilfen an ihre Mitglieder. Diese Unterstützung kann auf sehr verschiedene Art und Weise erfolgen und unterschiedliche Bereiche der Entwicklungshilfe berühren. So kann zwischen Darlehen bzw. Krediten[416] sowie Zuschüssen, der Verwaltung von Treuhandfonds und der Übernahme von Garantien für Kreditverbindlichkeiten gegenüber Dritten unterschieden werden.[417] Eingebettet werden all diese Hilfen in eine spezifische Länderhilfsstrategie, welche die Weltbank für jedes Mitgliedsland erstellt, das ihre Hilfe in Anspruch nehmen möchte. Dieses Kapi-

---

412 IWF, Jahresbericht 2004, S. 211.

413 IWF, Jahresbericht 2004, S. 211.

414 IWF, Jahresbericht, 2004, S. 210. Außerdem stellt Spanien in einem vom IWF verwalteten Konto Hilfe für Strukturanpassung in Argentinien bereit.

415 IWF, Jahresbericht 2004, S. 55. Bei den bilateralen Gebern handelt es sich um Australien, Brasilien, China, Dänemark, Finnland, Frankreich, Deutschland, Großbritannien, Indien, Irland, Italien, Kanada, Luxemburg, die Niederlande, Neuseeland, Norwegen, Österreich, Portugal, Rußland, Singapur, Schweden, die Schweiz und die USA.

416 Die Finanzhilfen der IBRD werden als Darlehen (loans), die der IDA als Kredite (credits) bezeichnet. Diese Unterscheidung soll im Folgenden lediglich an den Stellen aufgegriffen werden, an denen Unterschiede in den Vergabemodalitäten zwischen IBRD- und IDA-Hilfen bestehen.

417 Eine umfassende Übersicht über die Finanzierungsinstrumente der Weltbank ist in Benoit, Project Finance, S. 19-55 zu finden.

tel beginnt daher mit einer Darstellung der Länderhilfsstrategie und den Entleihungsmodalitäten unter IBRD- und IDA-Hilfen und geht anschließend auf die einzelnen Finanzierungsinstrumente der Weltbank ein.

3.4.2.1. Konditionen und Voraussetzungen der Finanzhilfe der Weltbank

3.4.2.1.1. Länderhilfsstrategie und Programmdokumente

Die Weltbank umschreibt und koordiniert das wirtschaftliche und politische Umfeld, die Programme und die Finanzierungsinstrumente eines Mitgliedstaates in einer Länderhilfsstrategie (Country Assistance Strategy; CAS)[418]. In IDA-Staaten zielt deren Inhalt darauf ab, die aus verschiedenen Bereichen und Maßnahmen bestehende Strategie so zu gestalten, daß ein Synergieeffekt zwischen der Reduzierung der Armut und dem Erreichen von nachhaltigem Wachstum entsteht. Dagegen sieht die Weltbank die Zielsetzung für IBRD-Staaten eher darin, den privaten Sektor zu stärken sowie höhere Investitionen mittels eines festen und vertrauenerweckenden Politik- und Justizsystems und gerechten Sozialausgaben zu erreichen. Zusätzlich sollen Humankapital aufgebaut und gleiche Chancen für alle Bevölkerungsschichten sowie der Schutz von verletzbaren Gruppierungen erreicht werden.[419]

Die CAS beschreibt die Schwerpunkte der Hilfe, die vorher in einer Problemanalyse des Mitgliedstaates und in speziellen Sektorstrategien herausgearbeitet worden sind, und zeigt die Höhe und Zusammenstellung der Hilfsprogramme an.[420] Die Regierung des Mitgliedstaates partizipiert in der Ausarbeitung des CAS, indem sie ihre Entwicklungsstrategie und die Prioritäten und Eigenheiten aus dem CDF deutlich macht.[421] Allerdings handelt es sich beim CAS nicht um ein gemeinsam von Weltbank und Mitgliedstaat verabschiedetes Dokument, da die Weltbank gegebenenfalls auf Unterschiede zu den Zielvorstellungen des Empfängerlandes hinweist.[422] Das Exekutivdirektorium der Weltbank diskutiert über die Strategien lediglich in Zusammenhang mit der Entleihung von Geldern.[423]

---

418 Die Bank Procedure 2.11 vom Januar 1995 beschreibt die Politik der Weltbank bei der Erstellung von CAS (Weltbank, BP 2.11). Weltbank, Jahresbericht 2003 I, S. 23; World Bank, CAS, S. 1.

419 World Bank, Supporting Country Development, S. 7; World Bank, Task Force, S. 5 f., 13; zu den einzelnen Bedingungen siehe Kapitel 3.3.3, S. 113.

420 Das Development Policy Lending und die Investitionsdarlehen gründen auf der CAS (Weltbank, OP 8.60, Nr. 3 und OP 10.00, Nr. 3, lit. a).

421 Die Länderhilfsstrategie ist insofern vom CDF eines Staates zu unterscheiden, als letztere von den Mitgliedern selbständig angefertigt werden und die Gesamtentwicklungsstrategie des Staates sowie seine Hilfsprogramme mit bilateralen, mulitlateralen und privaten Gebern umfassen.

422 Vgl. Weltbank, BP 2.11, Nr. 1.

423 Weltbank, BP 2.11, Nr. 3 und 13.

Die CAS ist inhaltlich in folgende Bereiche gegliedert[424]:
a) geschichtliche Beschreibung des Staates und Ausführungen zu dessen aktueller wirtschaftlicher und sozialer Lage: Dieser Teil geht auf die wirtschaftlichen und sozialen Charakteristiken des Mitgliedstaates ein und hebt die groben Entwicklungen der letzten 2 bis 3 Jahre hervor. Dabei werden die Aussichten in den Schlüsselwirtschaften und das Aufrechterhalten eines makroökonomischen Gleichgewichts bewertete. Außerdem geht die Weltbank auf die Fortschritte in der Armutsbekämpfung und der Verbesserung der sozialen Bedingungen und schwerwiegende Verzerrungen in der Wirtschaft ein.

In Staaten, die sich einer wirtschaftlichen Anpassung unterziehen, bewertet die Weltbank den Fortschritt bei der Stabilisierung der Wirtschaft anhand des Fiskal-, Geld- und Außenwirtschaftsgleichgewichts, den Fortschritt bei der Umsetzung von Strukturreformen und die Nachhaltigkeit des Reformprozesses.
b) Beschreibung des außenwirtschaftlichen Umfeldes des Staates: Im CAS wird untersucht, welche wirtschaftlichen und strukturellen Bereiche für schädliche Einflüsse aus anderen Volkswirtschaften anfällig sind. Hierzu gehört die Abhängigkeit vom Export einzelner Güter, hohe und schlecht strukturierte Schulden gegenüber dem Ausland und ein hoher Anteil ausländischer Hilfe an den Investitionen im Staat. Außerdem werden Änderungen in der Politik des Staates aufgezeigt, die zu einer Verbesserung dieser Anfälligkeiten beigetragen haben.
c) Entwicklungsziele und -politiken des Staates: In diesem Teil werden die Entwicklungsziele, Quellen von möglichem Wachstum und Schlüsselbereiche für das Erreichen von nachhaltiger Entwicklung aus Sicht des Mitgliedstaates dargestellt.
d) Hilfsstrategie der Weltbank: Den wichtigsten Abschnitt des CAS bildet die Darstellung der Hilfsstrategie der Weltbank. Hierin werden die Ziele zur Armutsreduzierung und die Sektorpolitiken der Weltbank in einer Strategie für das betreffende Mitgliedsland konkretisiert[425] und im makroökonomischen Zusammenhang zusammen mit einer Bewertung der mitgliedstaatlichen Strategie dargestellt. Im einzelnen geht die Weltbank auf den zwischen ihr und dem Mitglied bestehenden Dialog, die Unterschiede in der makroökonomischen Bewertung zwischen ihr und dem IWF, die Kapazitäten und den Reformwillen des Mit-

---

424 Beschreibung des Inhalts von CAS aus Weltbank, BP 2.11, Annex A, Nr. 2-12.

425 Die Aufstellung der Wirtschafts- und Sektorarbeit der Weltbank kann sich auf folgende Bereiche beziehen: Landwirtschaft, Bergbau, Industrie, Finanzen, Energie und Strom, Telekommunikation, Transport, Stadtentwicklung, Wasserversorgung und Abwasser, menschliche Ressourcen, Bildung, Bevölkerungswachstum, Gesundheit und Ernährung, sozialer Sektor, Management des öffentlichen Sektors, Umwelt, Reform der Handelspolitik, Portfolioentwicklung, Armutsbewertung und Bewertung der privaten Sektors (Weltbank, BP 2.11, Annex A3).

glieds und die Bewertung des Landesportfolios ein. Außerdem werden die Entleihungsprogramme und Garantien für den Mitgliedstaat dargestellt.[426]
e) Tagesordnung der Diskussion im Exekutivdirektorium

Im Gegensatz zur CAS, in der die Entwicklungspolitik und -probleme der Mitgliedstaaten analysiert und bewertet wird, umfaßt das Programmdokument (Program Document, PD[427]) der Weltbank die Umsetzung der Hauptteile der Analyse in einzelne Operationen und stellt den Zusammenhang zum umfassenden Entwicklungsprogramm her. Das PD bezieht sich dabei auf die folgenden Bereiche: volkswirtschaftliche und sektorale Politiken und die Bildung von Institutionen, die Investitionen stimulieren, Beschäftigung schaffen und Wachstum erreichen sollen, sowie eine Analyse der Regierungstätigkeit (governance), der öffentlichen Ausgaben, der Vergabetätigkeit (procurement) und des Finanzsystems. Neben der Analyse dieser Politikbereiche bewertet die Weltbank die Auswirkungen des Entwicklungsprogramms, welches von dem betreffenden Mitgliedstaat in einem Letter of Development Policy vorgelegt wird[428], auf die Armut und mögliche soziale Einflüsse, insbesondere auf die arme und die sozial anfällige (vulnerable) Bevölkerung. Außerdem werden die Effekte der Landespolitik auf die Umwelt, die Wälder und andere Naturressourcen untersucht.[429]

Ganz im Sinne des "ownership" des CDF und der CAS bleiben die Politikvorschriften im Rahmen des Development Policy Lending[430] sehr vage:

> „Development policy lending is rapidly disbursing policy-based financing, which the Bank provides in the form of loans or grants to help a borrower address actual or

426 Umfang und Aufteilung auf die einzelnen Darlehensarten der Finanzhilfe der Weltbank werden nach folgenden Kriterien festgelegt: a) Notwendigkeit der Finanzierung für die Umsetzung des Programms eines Mitglieds, Kosten, Umfang und Auszahlungsprofil der Hilfe und Verfügbarkeit anderer Finanzmittel; b) in IDA-Staaten: Verhältnis zu konzessionärer Hilfe; in IBRD-Staaten: Kreditwürdigkeit und Risikoeinschätzung des Landes; c) Nachhaltigkeit der Verschuldung des Entleihers unter Beachtung der potentiellen Wirkungen des durchzusetzenden Entwicklungsprogramms; d) Absorptionskapazität des Landes; e) Erfüllung des Programms durch den Mitgliedstaat, welche die Zahlungen der Hilfe auslöst (Weltbank, OP 8.60, Nr. 4).

427 Weltbank, OP 8.60, Nr. 9, 29. Der genaue Arbeitsablauf zur Erstellung des PD wird beschrieben in Weltbank, BP 8.60, Nr. 4-10.

428 Weltbank, OP 8.60, Nr. 30.

429 Weltbank, OP 8.60, Nr. 10 und 11. Bei der Vergabe von Geldern durch das Development Policy Lending erstellt die Weltbank ein weiteres Dokument, in dem die Entwicklungen und Erfolge des Programms aufgeführt werden. Dieses "Tranche Release Document" ist die Voraussetzung dafür, daß eine weitere Tranche an den Entleiherstaat ausgezahlt wird. (Weltbank, OP 8.60, Nr. 31; BP 8.60, Nr. 19-21).

430 Unter Development Policy Lending wird die finanzielle Hilfe der Weltbank gefaßt, die nicht zur Durchführung eines einzelnen Projekts, sondern als Überbrückungshilfe während politischer Reformen der Wirtschaft und ganzer Sektoren vergeben wird.

anticipated development financing requirements that have domestic or external origins."[431]

Diese Formulierung läßt nicht nur den Mitgliedstaaten viel Freiraum für die Ausgestaltung ihrer Entwicklungsprogramme, auch die Weltbank legt sich damit nicht auf einen bestimmten Katalog von Maßnahmen fest. Vielmehr möchte sie flexibel auf die Bedürfnisse ihrer Mitgliedstaaten eingehen und ihren Kompetenzbereich mittels Konsultationen mit anderen Organisationen, insbesondere mit dem IWF, abstimmen.[432]

3.4.2.1.2. Entleihungsbedingungen für IBRD-Darlehen

Die IBRD unterstützt ihre Mitgliedstaaten mit Darlehen, die für einzelne Projekte oder umfassende Reformprogramme vergeben werden. Unabhängig vom Inhalt der unterstützten und geförderten Programme steht dem Mitgliedstaat die Wahl der Kreditbedingungen und Auszahlungsmodalitäten offen, die auf die Schuldenreduzierungsstrategie und den Ausgleich der Bilanzen des Mitglieds abgestimmt werden.[433] Die Wahl der möglichen finanziellen Optionen liegt allein beim Entleiher.[434] Zur Auswahl steht die Darlehensart, die Währung oder die Zusammenstellung mehrerer Währungen, die Zahlungsweise des „front-end fee" und die Bestimmung der Rückzahlungszeiträume.[435] Die IBRD bietet ihren Mitgliedern 2 unterschiedliche Darlehensarten an, die beide auf dem grundsätzlichen Verständnis basieren, daß die Vergabe von Darlehen der IBRD von der Kreditwürdigkeit und dem Pro-Kopf-Einkommen des Mitglieds abhängt.[436] Eine Gegenüberstellung der „Fixed-spread Loans" (FSL) und der „Variable-spread Loans" (VSL) kann der Tabelle 7 [Entleihungsbedingungen der IBRD-Darlehen] entnommen werden.

Die Rückzahlungsbedingungen der Darlehen werden anhand des Bruttoinlandseinkommens (gross national income) der Mitgliedstaaten festgelegt, die dazu in 5 Kategorien eingeteilt werden. Alle FSL's haben eine endgültige Fälligkeit von 25 Jahren.[437] Die Rückzahlung von VSL erfolgt in unterschiedlichen

---

431 Weltbank, OP 8.60, Nr. 1. Vgl. auch die Beschreibung der Development Policy Lending in World Bank, From Adjustment, S. 1; World Bank, Development Policy, S. 1.

432 Weltbank, OP 8.60, Nr. 7: „Coordination with Development Partners: In preparing development policy operations, the Bank collaborates with the IMF and other international financing institutions and donors, while retaining responsibility for its financing decisions."

433 Weltbank, OP 3.10, Nr. 2.

434 Weltbank, BP 3.10, Nr. 2.

435 Weltbank, BP 3.10, Nr. 3.

436 Art. III, Absch. 4, Abs. ii und Art. IV IBRD-Statuten; Weltbank, OP 3.10, Nr. 1, S. 1.

437 Die tatsächlichen Rückzahlungsbedingungen sind von der Wahl zwischen „Commitment-linked Amortization Schedules" und „Disbursement-linked Amortization Schedules" abhängig. Vgl. zum Unterschied zwischen diesen beiden Rückzahlungsarten Weltbank, OP 3.10, Nr. 15-18.

Fälligkeitszeiträumen, die von der Einordnung der Mitglieder in Kategorien abhängen. Die danach erfolgende Einteilung beinhaltet Tabelle 8 [Rückzahlung der VSL der IBRD].

Allerdings besteht eine hohe Flexibilität in der Festsetzung der Rückzahlungsbedingungen der VSL, wie z. Bsp. die Verlängerung der Stundung gegen Verrechnung der Fälligkeitsfrist.[438]

Tabelle 7 Entleihungsbedingungen der IBRD-Darlehen

FSL	VSL
variabler Zinssatz mit 6-monatigem LIBOR-Satz als Grundlage Währungen sind Euro US$, Jap. Yen und andere Gebühren werden in jährlich von IBRD festgesetzter Höhe erlassen	
Verteilung über LIBOR ist fest	Verteilung über LIBOR wird halbjährlich angepaßt
Rückzahlungsbedingungen können während der Projektphase auf Bedürfnisse des Entleihers angepaßt werden	wenig Flexibilität bei Rückzahlungen
Rückzahlungsbedingungen werden nach Ablauf der Zahlungsfrist als Prozentsatz des ausgezahlten und noch ausstehenden Darlehensbetrags kalkuliert	Rückzahlungsbedingungen bestehen nach Ablauf der Zahlungsfrist aus feststehenden Anteilen der gesamten Darlehenshöhe
Gebühren sind höher als bei VSL durch Risikozuschlag für die ersten 4 Jahre	

Quelle: IBRD, Terms and Conditions, S. 2 ff.; vgl. auch Weltbank, BP 3.10, Nr. 3 ff.

Die Zinsen in Abhängigkeit des LIBOR[439] erhalten einen Aufschlag von 0,75% sowie weiteren 0,05% für den Risikozuschlag der FSL über die ersten 4 Jahre des Darlehens. Die Entleiher habe in beiden Darlehensarten einen "front-end fee" in Höhe von 1% des Darlehensbetrags zu zahlen. Die Bereitstellungsgebühr für nichtausgezahlte Beträge umfaßt 0,75% bzw. in den ersten 4 Jahren der Laufzeit der FSL-Darlehen 0,85%. Eine frühzeitige Rückzahlung von ausstehenden Beträgen ist jederzeit und in jeglicher Höhe möglich.[440]

Es besteht die Möglichkeit, daß die IBRD Gebühren oder Zinsen reduziert. Die Höhe der Erlasse muß für alle berechtigten Mitglieder gleich sein und wird jährlich festgelegt. Um für einen Erlaß der Zinszahlungen berechtigt zu sein, muß ein Mitglied allen IBRD-Darlehen und Zahlungen aus Garantien gegenüber der IBRD in den letzten 6 Monaten nachgekommen sein. Die Nachlasse der Zinszahlungen und Bereitstellungsgebühren beziehen sich auf alle Darlehensarten der IBRD gegenüber dem Mitglied.[441] Für das Finanzjahr 2005 belaufen sich

438 Vgl. hierzu Weltbank, OP 3.10, Nr. 32.

439 LIBOR ist die London Inter Bank Offered Rate, d.h. der Zinssatz aus dem Londoner Interbanken Handel.

440 IBRD, Terms and Conditions, S. 6, 7; Weltbank, OP 3.10, Nr. 25-27 und 4-7.

441 Weltbank, OP 3.10, Nr. 7, 28.

die Nachlässe für Zinszahlungen auf 0,25%, für Bereitstellungsgebühren auf 0,50% und für Front-end Gebühren ebenfalls auf 0,50%.[442]

Tabelle 8 Rückzahlung der VSL der IBRD

Länderkategorie	Stundung in Jahren	endgültige Fälligkeit nach Jahren	Armotisationsraten
I-II	5	20	jährlich
III	4	17	jährlich
	5	17	level repayment of principal
IV-V	3	15	jährlich
	5	15	level repayment of principal

Quelle: IBRD, Terms and Conditions, S. 9.

3.4.2.1.3. Kredite der IDA

Um von den Krediten der IDA profitieren zu können, muß ein Mitglied der Weltbank berechtigt sein, diese Kredite anzufordern. Zurzeit erfüllen 81 Staaten die Voraussetzungen, nach denen sie relativ arm sein müssen, d.h. ihr Bruttosozialprodukt nicht über US$ 865 pro Kopf betragen darf, keine Möglichkeit besteht, zu den Bedingungen auf dem freien Markt Gelder zu entleihen, und daher ein Bedürfnis an konzessionärer Hilfe zur Finanzierung des Entwicklungsprogramms vorliegt und eine gute Politikumsetzung vorliegt, die an der Durchführung von wirtschaftlichen und sozialen Politiken zur Förderung von Wachstum und Reduzierung der Armut gemessen werden.[443]

Neben der Höhe des Pro-Kopf-Einkommens nimmt die Bewertung der Politikmaßnahmen, die ein Staat zum Erreichen von Wirtschaftswachstum und Armutsreduzierung vornimmt, einen wesentlichen Faktor bei der Verteilung der IDA-Gelder ein.[444] Außerdem zieht die IDA für Mitglieder, die gleichzeitig Gelder von der IBRD erhalten können (blended countries) deren Kreditwürdigkeit, die Höhe der von anderen Geldgebern erhaltenen Gelder und den zu erwartenden Beitrag der IDA-Hilfen zur Reduzierung der Armut in die Überlegungen mit ein.[445]

Entgegen den IBRD-Darlehen tragen die Entleihungen der IDA keine Zinsen oder Gebühren, allerdings wird eine Bearbeitungsgebühr in Höhe von 0,75% pro Jahr auf die ausgezahlten und noch ausstehenden Gelder und eine Bereitstellungsgebühr auf nicht ausgezahlte Beträge, deren Höhe zwischen 0 und 0,50%

442 World Bank, LIBOR Equivalent, Tabelle 1.

443 World Bank, IDA Ressources, Nr. 1. Die berechtigten Staaten der IDA sind in Weltbank, Jahresbericht 2003 I, S. 181 zu finden.

444 Siehe dazu IDA, Allocating IDA Funds, S. 1 ff.

445 World Bank, IDA Ressources, Nr. 3 und 4. Bei den blended countries handelt es sich um Indien und Indonesien (World Bank, IDA, S. 1).

schwankt und jährlich festgesetzt wird, erhoben.[446] Die Fälligkeit der IDA-Kredite tritt spätestens nach 50 Jahren ein, wobei den Mitgliedern die folgenden 3 Rückzahlungsoptionen offenstehen: von ausschließlich IDA-Entleihern und den am wenigsten entwickelten Staaten (LLDC's[447]) werden Kredite während 40 Jahren zzgl. einer Stundung von 10 Jahren zurückgezahlt; zwischen dem 11. und dem 20. Jahr mit 2% des Kreditvolumens pro Jahr und anschließend mit 4%; für andere IDA-Staaten gelten 35 Jahre zzgl. einer 10-jährigen Stundung für die Rückzahlung mit Rückzahlungsbeträgen von 2,5% der Kreditsumme pro Jahr zwischen dem 11. und 20. Jahr und anschließend 5%; hat ein IDA-Mitglied nach dem 30. Juni 2002 in 2 aufeinander folgenden Jahren die Grenze des Bruttoinlandseinkommens für die IDA-Berechtigung überschritten, so verkürzt sich der Rückzahlungszeitraum auf 20 Jahre zzgl. 10 Jahre Stundung mit Rückzahlungen in Höhe von 10% der Darlehenssumme zwischen dem 11. und 20. Jahr.[448]

Eine Änderung der Zahlungsbedingungen erfolgt, wenn das Mitglied in 5 aufeinander folgenden Jahren ein über der IDA-Grenze liegendes Bruttoinlandseinkommen erzielt und die Kreditwürdigkeit für Darlehen der IBRD erlangt hat. In diesen Fällen fordert die IDA das Mitglied auf, die Rückzahlungen jeweils in doppelter Höhe zu leisten. Anderenfalls kann das Mitglied eine Angleichung der Zinshöhe verlangen, soweit das Ablehnen einer doppelten Rückzahlungsgeschwindigkeit einen Zuschuß (grant) anstelle des Darlehens bedeuten würde. Im Falle eines anschließenden Abfalls der Wirtschaftslage des Mitglieds kann die IDA zu den ursprünglichen Kreditkonditionen zurückkehren.[449]

3.4.2.2. Investitionskredite

Die Weltbank vergibt Investitionskredite (Investment Lending[450]) zur Finanzierung von Gütern, Gehältern und Löhnen sowie Dienstleistungen, durch die wirtschaftliche und soziale Entwicklungsprojekte unterstützt werden, an ihre Mitgliedstaaten, Gebietskörperschaften derselben oder Handels-, Industrie- und Landwirtschaftsbetriebe im Gebiet eines Mitglieds, für deren Darlehensschuld das Mitglied garantiert.[451] Der Überbegriff "Investitionskredit" umfaßt verschieden ausgestaltete Kreditarten, die auf unterschiedliche Empfänger bzw. Begüns-

---

446 Weltbank, OP 3.10, Nr. 37 f.

447 Eine Klassifizierung dieser Staaten aus Juli 2004 ist unter Weltbank, OP 3.10, Annex D zu finden.

448 Weltbank, OP 3.10, Nr. 39.

449 Weltbank, OP 3.10, Nr. 41 und 43.

450 Weltbank, OP 10.00; World Bank, Lending Instruments, S. 5-12; World Bank, Investment and Development, S. 1.

451 Art. III, Absch. 4, S. 1 IBRD-Statuten; Art. V, Absch. 1 IDA-Statuten. Die inhaltlichen Bereiche der Investitionshilfe werden unter Kapitel 3.3.3, S. 113. beschrieben.

tigte zugeschnitten und deren Konditionen auf ihren Inhalt angepaßt sind. Dazu gehören folgende Kreditprogramme[452]:
a) Spezielle Investitionskredit (Specific Investment Loan)
b) Sektorinvestitions- und Instandhaltungskredit (Sector Investment and Maintenance Loan)
c) Anpassungsfähiger Programmkredit (Adaptable Program Loan)
d) Kredit für Lernen und Innovationen (Learning and Innovation Loan)
e) Kredit für technische Hilfe (Technical Assistance Loan)
f) Wiederaufbaukredit in Notfällen (Emergency Reconstruction Loan)

Auszahlungen der Investitionskredite erfolgen für entstandene Ausgaben in Devisen oder lokaler Währung in Abhängigkeit zu dem durchgeführten Projekt.[453] Finanzierungswürdige Posten liegen sowohl im Bereich der Planung, Materialausstattung und technischen Hilfe, als auch in den zu erstellenden Studien und Kosten für Mehraufwand. Ein Schwerpunkt der Projekthilfe liegt in der Durchführung internationaler Ausschreibungen.[454]

Die Investitionskredite sollen den Mitgliedern dabei helfen, ihre natürlichen, finanziellen und humanen Ressourcen effektiv und effizient einzusetzen und dadurch Armut zu mindern, die Umwelt zu schützen und die Effektivität ihrer öffentlichen und privaten Sektoren zu stärken. Grundsätzliche Voraussetzung für alle Investitionskredite ist daher, daß diese mit den Statuten der Weltbank, ihren Richtlinien und dem von ihr aufgestellten CAS übereinstimmen und daß sie in einer länderspezifischen Politik- bzw. Sektoranalyse verankert sind, wirtschaftlich gerechtfertigt erscheinen und zur Reduzierung der Armut und zu einem nachhaltigen, wirtschaftlichen Wachstum beitragen.[455]

Die Weltbank prüft die Anfragen der Mitglieder danach, ob sie mit den Entwicklungszielen des Mitglieds in Einklang stehen und wirtschaftlich mehr Nettogewinn für die Volkswirtschaft abwerfen als konkurrierende Projekte.[456] Daher basieren die Projekte auf den sektoralen Prioritäten des Mitglieds, die im ESW

---

452 Vgl. dazu World Bank, Lending Instruments, S. 5-12; World Bank, Investment and Development.

453 Eine umfassende Zusammenstellung und Diskussion über die Frage, in welchen Fällen von der Regelung in Art. IV, Absch. 3, lit. a IBRD-Statuten, nach der die IBRD die Kosten eines Projekts „außer der Währung des Mitglieds [übernimmt], auf dessen Gebiet das Projekt zur Durchführung gelangt", eine Ausnahme gemacht werden kann (vgl. Art. IV, Absch. 3, lit. b IBRD-Statuten und Art. IV, Absch. 1, lit. b und c IDA-Statuten), ist in Shihata III, S. 381-406 zu finden.

454 Vgl. zu Ausschreibungen durch die Weltbank World Bank, Guidelines: Procurement, S. 1 ff.

455 Weltbank, OP 10.00, Nr. 3, lit. a-c.

456 Weltbank, OP 10.04, Nr. 1; Durchführung der Bewertung des wirtschaftlichen Nutzens in Nr. 2-8.

festgelegt und analysiert worden sind.[457] Die wirtschaftliche Bewertung schließt neben dem finanziellen Aspekt auch Fragen des institutionellen, technologischen, soziologischen und umweltpolitischen Umfelds ein.[458]

Die Weltbank begleitet die Auswahl, Durchführung und Bewertung des Projekts eines Mitgliedstaates nach ihrem Projektzyklus. Dieser umfaßt verschiedene Phasen, die von der ersten Planung bis zur Evaluation des abgeschlossenen Projekts reichen. Im Einzelnen durchläuft ein Projekt folgende Arbeits- und Bewertungsschritte:

a) CAS: Die Weltbank bereitet im CAS Finanzhilfen und Beratungsdienste vor, ausgehend von ausgesuchten Bereichen der Entwicklungshilfe eines Mitglieds, in denen die Weltbank einen komparativen Vorteil zu anderen Hilfsorganisationen sieht.

b) Identifikation einzelner Projekte, welche die Strategie des Staates unterstützen und die in finanzieller, ökonomischer, sozialer und umweltpolitischer Hinsicht solide erscheinen.

c) Vorbereitung: Die Weltbank stellt Hilfestellungen für Politiken und Projekte sowie finanzielle Unterstützung während der Vorbereitungsphase zur Verfügung. Ziel dieses Abschnitts ist die Erstellung eines abschließenden Projektberichts, der auch auf die umweltpolitischen Folgen und die Wirkungen auf indogene Völker eingeht.[459]

d) Beurteilung: Nach der Bewertung der wirtschaftlichen, technischen, institutionellen, finanziellen, umweltpolitischen und sozialen Aspekte des Projekts erstellt die Weltbank ein Project Appraisal Document und ein Draft Legal Document.

e) Weltbank und Entleiherstaat einigen sich über das Abkommen und legen dieses dem Exekutivdirektorium zur Genehmigung vor.

f) Durchführung und Überwachung: Der Entleiher führt das Projekt aus, während die Weltbank darauf achtet, daß die Darlehensbeträge für die Ziele des Projekts unter Beachtung des wirtschaftlichen Umfelds, der Effektivität und Effizienz eingesetzt werden.

g) Evaluation: Das unabhängige Evaluationsbüro der Weltbank bewertet das Projekt und dessen Umsetzung und legt damit die Grundlage für spätere Projektplanungen.[460]

---

457 Vgl. zu ESW Kapitel 3.2.2.2, S. 84.

458 Weltbank, BP 10.04, Nr. 1.

459 Zu Environmental Assessment Report, Indigenous Peoples Development Plan und Environmental Action Plan vgl. Kapitel 3.2.2.2, S. 84.

460 World Bank, Project Cycle, S. 1; Mason/ Asher, World Bank, S. 234-257; Weltbank, BP 10.04, Nr. 3 und 4; bis zur Genehmigung durch den Exekutivrat auch Weltbank, BP 10.00.

Die Gewichtung zwischen der Unterstützung der Mitgliedstaaten bei Investitionsvorhaben oder der Umsetzung von Programmen hat sich in den letzten Jahren deutlich zugunsten der Programme verschoben, die eine umfassende Betrachtung der Entwicklungsnotwendigkeiten und -ziele eines Mitglieds eingehen. Zwar dienen Projekte zum Transfer von Wissen, der Anwendung neuer Ansätze und der Unterstützung von Hilfen, die eine praktische Umsetzung benötigen, ohne das Einbetten in eine gute Politikgestaltung und handlungsfähige Institutionen wird der Erfolg der Projekte jedoch ausbleiben.[461] Diese Wandel schlägt sich auch in der Bemessung des Erfolgs eines Projekts wieder. Ziel ist nicht mehr allein der Aufbau einer produktiven Stätte, sondern die Reduzierung der Armut und ein nachhaltiges Wirtschaftswachstum, zu dessen Erreichen das einzelne Projekt beiträgt.[462]

3.4.2.3. Kredite für Entwicklungspolitik

Die Öffnungsklausel in Art. III, Absch. 4, Abs. vii IBRD-Statuten erlaubt es neben bestimmten Wiederaufbau- und Entwicklungsvorhaben „in besonderen Umständen" für Programme Gelder zur Verfügung zu stellen und erschließt damit den Bereich der Kredite für Entwicklungspolitik der Weltbank (Development Policy Lending, DPL[463]). DPL bieten schnell auszahlbare Devisenhilfe, die eine flexible Anpassung struktureller Verzerrungen in einzelnen Sektoren oder in einer Volkswirtschaft auf neue Anforderungen der regionalen oder globalen Wirtschaft ermöglichen. Ziel der DPL ist die Schaffung eines wirtschaftlichen und institutionellen Umfeldes, das nachhaltiges und gleichwertiges Wachstum fördert und dem Entleiher dabei hilft, Entwicklungsengpässe mit inländischem oder externem Ursprung zu finanzieren. Empfänger der DPL sind IBRD- und IDA-Mitglieder oder eine subnationale Einheit des Staates.[464]

---

461 World Bank, Task Force, S. 14.

462 World Bank, Supporting Country Development, S. 3 f.

463 Weltbank, BP 8.60 und OP 8.60; World Bank, Lending Instruments, S. 13-19; World Bank, Investment and Development, S. 1; World Bank, From Adjustment, S. 1 f.; World Bank, Development Policy, S. 1 f. Die „besonderen Umstände", unter denen es der Weltbank möglich ist, die Vergabe der Gelder nicht an ein bestimmtes Projekt zu binden, werden im PD beschrieben (Weltbank, OP 8.60, Nr. 8).
Die DPL beenden die Vergabe der Kredite zur Unterstützung der Armutsreduzierung (Poverty Reduction Support Credit; PRSC), die seit 2001 insbesondere die IDA-Mitglieder bei der Ausarbeitung und Umsetzung ihrer PRSP unterstützten, indem realistische Prioritäten und Ziele angestrebt wurden. Die Staaten mußten sich um eine gute Umsetzung von Reformprogrammen bemühen und schon den Grundstock eines Systems öffentlicher Institutionen aufwiesen. Als Grundlage der Hilfe dienten die Ausarbeitung einer CAS und länderspezifische Analysen über die Umweltfaktoren, Soziales und Strukturreformen (Weltbank, Jahresbericht 2001 I, S. 42; 2003 I, S. 44; IMF/ IDA, PRSP Progress, S. 19 f.; IMF/ World Bank, Fighting Poverty, S. 5).

464 Weltbank, OP 8.60, Nr. 1, S. 2.

Die Weltbank legt fest, welche der Politiken und Maßnahmen aus dem Entwicklungsprogramm des Mitglieds mit den Auszahlungen verbunden werden sollen, so daß mit der Umsetzung der Reformen die Weltbank einen Teil der Auszahlungen tätigt.[465] Die Reformprogramme der DPL werden in Anlehnung an ein PRSP oder eine mitgliedstaatliche Entwicklungsstrategie sowie das CAS, welches die Weltbank über die Reformen in einem Mitgliedstaat erstellt, zusammengestellt und umfassen die wirtschaftliche, sektorale und institutionelle Politikgestaltung über eine mittelfristige Zeitspanne.[466] Die DPL vereinen verschiedene Arten von Krediten, die sich nicht auf bestimmte Projekte sondern auf die Umsetzung von Politiken in der Wirtschaft, in einzelnen Sektoren oder Programmen beziehen, und gewähren eine flexible Aufstellung und Handhabung der Reformkriterien.[467]

Je nach der Umsetzung und Erfüllung der Reformen, die in den "Tranche Release Documents" bewertet werden, zahlt die Weltbank das Darlehen bzw. die Schenkung in Tranchen an den Mitgliedstaat aus.[468] Dabei hängt die Höhe des Darlehens bzw. der Schenkung von den folgenden Kriterien ab: Finanzbedarf des Landes in Abhängigkeit der notwendigen Reformen und Maßnahmen, die zur erfolgreichen Umsetzung des Entwicklungsprogramms notwendig sind, die Kosten des Programms und die Möglichkeit, anderweitig Gelder zu erlangen; für IDA-Staaten das relative Verhältnis zu anderen Schenkungen oder Krediten zu niedrigen Bedingungen; für IBRD-Staaten die Bewertung der Kreditwürdigkeit und des Verlustrisikos des Geldes; die Gesamtschuldensituation des Mitglieds aufgrund einer Bewertung des erwarteten Einflusses des Entwicklungsprogramms auf die Schuldensituation; und die Absorptionskapazität des Landes.[469]

Um auf unterschiedliche Bedürfnisse der Mitglieder eingehen zu können, bietet die Weltbank verschiedene Optionen in der Ausgestaltung der DPL an. So kann das Mitglied unter der "verzögerten Inanspruchnahme" (Deferred Drawdown Option, DDO) den Erhalt des Darlehens innerhalb einer festgelegten Zeitspanne und bis zu 3 Jahren vornehmen bzw. hinausschieben, solange die Umsetzung des Programms zufriedenstellend erfolgt und makroökonomische Stabilität gewahrt bleibt.[470]

Ein IBRD-Mitglied hat außerdem die Möglichkeit, Entleihungen bei der Weltbank über das im CAS festgelegte Maß hinaus unter einem Spezialen DPL

---

465 Weltbank, OP 8.60, Nr. 13 f.; World Bank, Lending Instruments, S. 13.
466 Weltbank, OP 8.60, Nr. 3 und Nr. 4, lit. e.
467 World Bank, Development Policy, S. 1.
468 Weltbank, OP 8.60, Nr. 14, 31.
469 Weltbank, OP 8.60, Nr. 4.
470 Weltbank , OP 8.60, Nr. 21-23; BP 8.60, Nr. 13-14.

(Special Development Policy Lending; SDPL[471]) zu erweitern, wenn es sich substantiellen strukturellen und sozialen Problemen oder einer Krise sowie einem außergewöhnlichen Finanzierungsbedarf gegenüber sieht. Die Hilfe wird im Rahmen eines internationalen Hilfspakets, für strukturelle, soziale und makroökonomische Reformen vergeben. Die Höhe dieser Hilfe hängt von der Verfügbarkeit der IBRD-Finanzen und der Risikobewertung des Mitglieds ab. Die Darlehen werden mit kürzeren Fälligkeiten und höheren Kosten als die übrigen Finanzierungsinstrumente der IBRD ausgestattet.[472] Entgegen den DPL, die zwar eine gesunde makroökonomische Wirtschaftslage im Mitgliedstaat, jedoch kein IWF-Programm voraussetzen, schreibt das SDPL die Vornahme eines Stabilisierungsprogramms mit dem IWF vor und bindet die Hilfe der Weltbank an die Bereitstellung zusätzlicher Gelder durch bilaterale und multilaterale Geber.[473]

Eine andere Möglichkeit, die Gelder der Weltbank für die Umsetzung von Entwicklungspolitik zu erhöhen, liegt in der Zusätzlichen Finanzierung (Supplemental Financing[474]). Diese beinhaltet ein vom DPL getrenntes Darlehen, welches auf die Umsetzung eines bereits bestehenden Programms ausgerichtet ist. Die zusätzliche Finanzierung soll verhindern, daß ein Programm aufgrund fehlender Finanzmittel zeitlich verlängert wird, obwohl es sich in Übereinstimmung mit der vorgesehenen Reformagenda befindet. Folgende Voraussetzungen müssen daher erfüllt sein: das Programm wird in Übereinstimmung mit dem Darlehensabkommen umgesetzt; der Entleiher kann nicht genügend Finanzmittel anderer Geber zu angemessenen Bedingungen und während eines angemessenen Zeitfensters auftreiben; die verbleibende Zeit, in der Verzögerungen des Reformplans verhindert werden können, ist zu kurz, um ein neues und eigenständiges Darlehen auszuhandeln; und der Entleiher verfolgt weiterhin sein Entwicklungsprogramm und die ausführenden Unternehmen haben ihre Mitarbeit zugesagt.[475]

3.4.2.4. Notfallhilfe

Die finanzielle Notfallhilfe der Weltbank versucht die physischen Güter eines Landes wiederaufzubauen und dessen wirtschaftliche und soziale Aktivitäten auf den Stand vor Eintritt des Notfalls zu bringen. Sie zielt nicht auf eine Erleichterung der entstandenen Lage, sondern vielmehr auf das Wiedererlangen der früheren Produktion und des Erhalts der Vermögensgegenstände ab. Zu Notfällen im Sinne der Notfallhilfe (emergency recovery loans; ERL) zählen außerordentliche Ereignisse von begrenzter Dauer, wie Kriege, Bürgerunruhen und Naturkatastrophen, allerdings keine gravierenden Verzerrungen der wirtschaftlichen

471 Weltbank, OP 8.60, Nr. 24-26.
472 World Bank, Supporting Country Development, S. 8; World Bank, Task Force, S. 17.
473 Weltbank , OP 8.60, Nr. 24-26.
474 Weltbank, OP 8.60, Nr. 27; BP 8.60, Nr.18.
475 Weltbank, OP 8.60, Nr. 27.

Lage.[476] Das 2-3 Jahre dauernde Programm des ERL wird auf das CAS und die sektorbezogene Strategie abgestimmt und hängt von folgenden Umständen ab[477]: die Auswirkungen auf wirtschaftliche Prioritäten und Investitionsprogramme; voraussichtliche Frequenz der Notfälle; Dringlichkeit der Hilfe bzw. Dauer der Notlage (schnell erscheinende Flut oder lange Dürre); Aussicht auf die Eindämmung dieser Gefahrenumstände für die Zukunft; Erwartete wirtschaftliche Gewinne.

Entgegen der Entwicklungshilfe der Weltbank im Rahmen normaler Kredite steht nicht die langfristige Wirtschaftslage mit Einflüssen aus Sektoren, Institutionen und dem makroökonomischen Umfeld der Staaten im Vordergrund der ERL, sondern der Wiederaufbau der zerstörten Bereiche.[478] Zur Erleichterung der "Post-Conflict" Hilfe der Weltbank stellt diese finanzielle Unterstützung im Post-Conflict Fund (PCF[479]) bereit, mit der die Planung und Analyse von Konfliktsituationen durch Regierung und Organisationen vorgenommen werden soll. Der PCF wird zu 82% aus der Development Grant Facility[480] finanziert und fällt daher unter die von der Weltbank verwalteten Treuhandfonds.

3.4.2.5. Zuschüsse und Treuhandfonds

Sowohl die IBRD als auch die IDA vergeben Zuschüsse (grants) an ihre Mitgliedstaaten, um Innovationen anzuregen, Partnerschaften zu unterstützen und den Anwendungsbereich der Weltbankhilfe zu erweitern. Außerdem verwaltet die Weltbank Treuhandfonds, aus denen Zuschüsse anderer Geber verteilt werden. Die Vergabe von Zuschüssen bietet sich in den folgenden Bereichen an:

> „At the country level, grants can complement loans to achieve poverty reduction where potential returns are high but less immediate, such as in the case of technical assistance or capacity building. They can also be useful where the recipient is finally weak and lending is either unavailable or inappropriate, such as in post-conflict situations. At the global and regional levels, grants can complement loans where potential returns are high, such as health research or global rule-making, but take a long time to develop and are not captured in a single country or through market mechanisms.[481]

In den Statuten der IBRD wird die Vergabe von Zuschüssen nicht genannt. Diese werden daher nicht aus dem eingezahlten Kapital der Mitglieder oder aus ausgeliehenen Geldern finanziert, sondern aus den Nettoeinnahmen der IBRD

---

476 Weltbank, OP 8.50, Fn. 23.

477 Weltbank, OP 8.50, Nr. 5.

478 Für die Beschreibung des Ablaufs und der Zuständigkeiten innerhalb der Weltbank siehe Weltbank, BP 8.50.

479 World Bank, Post-Conflict Fund, S. 2 und 6.

480 Siehe Kapitel 3.4.2.5, S. 151.

481 Weltbank, OP 8.45, Fn. 2.

beglichen.[482] Die IBRD vergibt Zuschüsse zum einen über die Development Grant Facility[483], mit der sie Prioritäten in der Entwicklungshilfe setzen möchte. Diese Zuschüsse unterliegen 8 Voraussetzungen, nach denen die Programme zwar den Entwicklungszielen der Weltbank entsprechen, mit ihren regulären Instrumenten jedoch nicht konkurrieren sollen; die Weltbank einen komparativen Vorteil in der Planung, Koordination und Umsetzung der Programme hat; das Programm einen Vorteil für viele Mitglieder erbringt oder nicht auf Landesebene umgesetzt werden kann; die Beteiligung der Weltbank eine Katalysatorfunktion für die Unterstützung anderer Geber erfüllt; der Zuschuß normalerweise an ein Unternehmen vergeben wird, das Leistungen und Erfolge nachweisen kann und vertrauensvoll mit den Geldern umgeht; das Management des umsetzenden Unternehmens von der Weltbank unabhängig ist; und das Programm eine "Ablösungs-Strategie" (disengagement strategy) beinhaltet, nach welcher seine Weiterführung nach Beendigung der Hilfe gesichert ist; die geförderten Programme und Aktivitäten die Partnerschaft zu anderen Entwicklungshilfeorganisationen, Geldgebern, NRO's, privaten Unternehmen etc. unterstützen und bekräftigen.[484]

Zum anderen kann die IBRD nach Entscheidung der Gouverneure Zuschüsse aus dem Nettoeinkommen der IBRD vergeben, soweit diese den Interessen aller Mitglieder und der Unterstützung der Bankprioritäten zugute kommen. Diese Zuschüsse werden entweder dazu eingesetzt, IDA-Staaten zu unterstützen, indem ein Betrag an die IDA übertragen wird, oder für besondere, länderspezifische Situationen verwendet, in denen die normalen Entleihungsmechanismen der Weltbank nicht realisierbar sind, oder sie werden in besonderen Umständen zur Unterstützung von assoziierten, multilateralen Institutionen verwendet.[485]

Die Vergabe von Zuschüssen durch die IDA ist aufgrund weiten offeneren Formulierung in ihren Statuten auch im Rahmen der normalen Kreditvergabe möglich.[486] Das Sekundärrecht der Weltbank beschränkt diesen weiten Bereich jedoch auf Finanzierungen im Zusammenhang mit Schuldennachlässen der HIPC-Initiative und auf die Unterstützung unter besonderen Umständen für Mitglieder, die sich in einer "post-conflict" Situation befinden, wenn keine anderweitige Hilfe erhältlich ist und gemeinsame internationale Bemühungen unternommen werden.[487]

---

482 Vgl. Shihata III, S. 85 f.

483 Weltbank, OP 8.45, Nr. 3-5 und Annex A; World Bank, Development Grant Facility, S. 1 ff. einschließlich einer Aufstellung der unter der Development Grant Facility unterstützten Programme; zum Ablauf der Arbeitsschritte und der innerorganisatorischen Verantwortung siehe Weltbank, BP 8.45, Nr. 1-17.

484 Weltbank, OP 8.45, Annex A.

485 Weltbank, OP 8.45, Nr. 7.

486 Art. V, Absch. 2, lit. a IDA-Statuten.

487 Weltbank, OP 8.45, Nr. 8.

Neben der Vergabe eigener Ressourcen verwaltet die Weltbank Gelder anderer Geber in Treuhandfonds. Diese Mittel werden in Form von Zuschüssen für Hilfen vergeben, die nicht im Rahmen normaler Finanzierungshilfen der Weltbank gewährt werden und mit dieser nicht in einem Interessenkonflikt stehen.[488] Die Beiträge der Treuhandfonds sollen sich in die von der Weltbank vergebenen Projekte und Programme eingliedern und diese ergänzen.[489] Als Geber der Gelder in den Treuhandfonds kommen neben multilateralen Organisationen, Mitgliedstaaten und Staaten, die keine Mitglieder sind, auch private Unternehmen in Betracht, soweit diese keinen Nutzen aus der Bereitstellung der Gelder ziehen und die Entscheidungsmacht über die Vergabe der Gelder auf die Weltbank übertragen.[490]

Zu den wichtigsten und größten Treuhandfonds der Weltbank zählen die Global Environmental Facility[491], die HIPC-Initiative[492], der Policy and Human Resources Development Fund, der Japan Social Development Fund, das Consultant Trust Fund Program, das Netherland-World Bank Partnership Program und der Poverty Reduction Strategy Trust Fund.[493] Letzterer unterstützt die einkommensschwachen Mitgliedstaaten bei der Ausarbeitung länderspezifischer PRSP.[494]

3.4.2.6. Kofinanzierung

Von der Weltbank kofinanzierte Programme und Projekte werden zusammen mit den übrigen Hilfen für ein Mitglied im CAS dargestellt und koordiniert. Da es sich bei der Kofinanzierung der Weltbank um die Durchführung normaler Programme mit zusätzlicher Unterstützung dritter Geldgeber handelt, sind die operationellen Regelungen über Darlehen und Kredite bzw. über Zuschüsse anwendbar. Als Finanzpartner kommen sowohl öffentliche als auch private Geber in Betracht, wobei die Zielsetzungen der Hilfe nach diesen Gebern unterschieden werden kann. Die Hilfe der Weltbank für öffentliche Stellen füllt eine Finanzlücke in speziellen Projektvorhaben, koordiniert die Finanzhilfe an einen Mitgliedstaat und hilft beim Etablieren allgemeiner Politiken und Investitionsschwerpunkte oder sie hilft dem Geber, der sein eigenes Programm mit dem der Weltbank verbinden möchte. Der Anreiz für die Weltbank, Finanzierungen privater Geber, wie Geschäftsbanken und Versicherungen, durch Kofinanzierung

---

488 Weltbank, OP 14.40, Nr. 1 ff.

489 Weltbank, OP 14.40, Nr. 7.

490 Vgl. Weltbank, OP 14.40, Nr. 6.

491 O.V., Umweltfazilität, S. 24; El-Ashry, Umweltfazilität, S. 48; Weltbank, Jahresbericht 1992, S. 62 f.; 1994, S. 47; 1995, S. 29 f.; Silard, Global Environment Facility, S. 607 ff.

492 Vgl. zur HIPC-Initiaitve Kapitel 3.5.4, S. 165.

493 World Bank, Main Programs, S. 1 f. m.w.N.

494 Vgl. zu den PRSP 3.2.5.3, S. 97.

zu begleiten, liegt dagegen im Auftreten als Katalysator für individuelle Projekte und den Transfer von privaten Ressourcen in Entwicklungsländer sowie in der Erleichterung des Zugangs der Mitgliedstaaten zu den internationalen Finanzmärkten.[495]

Außerdem lassen sich 2 Arten der Kofinanzierung unterscheiden. Bei der parallelen Kofinanzierung übernimmt die Weltbank einen vom Kofinanzierer getrennten Teil des Projekts, so daß Waren und Dienstleistungen allein von der Weltbank finanziert werden. Dagegen verbindet die gemeinsame Kofinanzierung (joint cofinancing) die Hilfen der verschiedenen Geber und gewichtet die Vergabe entsprechend eines vereinbarten Proporzes.[496]

3.4.2.7. Garantien

Ursprünglich stellte die Vergabe von Garantien zur Anregung des Kapitalflusses in Entwicklungsländer die Hauptaufgabe der Weltbank dar. Sie sollte durch die Garantien die Kooperation zwischen Darlehensgeber und Mitgliedstaat fördern und die Attraktivität ausländischer Anlageprojekte steigern. In der Garantie sollte sich die Weltbank für den Ausfall der Rückzahlung durch den Schuldner verbürgen. Nachdem die Weltbank bis Mitte 1984 keine Garantie vergebe hatte[497], aktualisierte sie ihr Angebot an Garantien, welches den Mitgliedern bis heute mit einigen Ergänzungen zur Verfügung steht.

Grundsätzlich bürgt die Weltbank für die Darlehensschuld ihrer Mitglieder gegenüber Privaten mittels einer Garantie. Für den Fall des Eintritts der Garantie vereinbaren die Weltbank und das Mitglied, für den das Projekt durchgeführt wird, eine Rückgarantie. Die von der Weltbank garantierten Projektvorhaben müssen ihren Politiken und Richtlinien entsprechen.[498] Die Weltbank teilt Garantien in 2 verschiedene Gruppen ein. Die Partial Risk Guarantee (PRG) deckt Verbindlichkeiten einer Regierung gegenüber Dritten bzgl. eines privaten Pro-

495 Weltbank, OP 14.20, Nr. 2 und 3.

496 Weltbank, OP 14.20, Annex A, Nr. 4.

497 Während die mangelnde Nachfrage nach Garantien in der Anfangszeit darauf beruhte, daß die internationalen Kapitalmärkte für den Absatz eigener Schuldverschreibungen der Weltbank gewonnen werden mußten und die mangelnde Bekanntheit sowie das fehlende Vertrauen in die neue Institution einen hemmenden Grund darstellten (Goharin, Darlehenspolitik, S. 14), standen auch eine Reihe anderer Gründe der Garantievergabe entgegen. Auf Seiten der Weltbank hätten Garantien den Umfang der Darlehensoperationen beschnitten, da das gesamte Kreditvolumen der Bank auf 100% ihres Eigenkapitals beschränkt ist (Art. III, Absch. 3 IBRD-Statuten), andererseits wären potentielle Darlehensnehmer bei Aufnahme von Krediten mit Bankgarantien insbesondere auf dem amerikanischen Geldmarkt mit höheren Kosten belastet worden, als durch direkte Ausleihungen bei der Weltbank, da auch für die Übernahme einer Garantie der Weltbank eine Entschädigung zu zahlen ist (Art. III, Absch. 4, Abs. vi IBRD-Statuten; Goharin, Darlehenspolitik, S. 13).

498 Weltbank, OP 14.25, Nr. 4 und 11.

jekts ab, zu denen Zahlungsverpflichtungen, der Erhalt und die Konvertibilität von Devisen, Veränderungen der inländischen Gesetze, die Vergabe von Lizenzen und Genehmigungen und andere geldwerte Ausfälle zählen. Sie erhalten insbesondere in den Fällen eine Bedeutung, in denen ein hohes Risiko bekannt ist und die Vergabe der Garantie ausschlaggebend für die Beteiligung der privaten Vertragspartner ist.[499] Daneben besteht die Möglichkeit, eine Partial Credit Guarantee (PCG) der IBRD zu erhalten. Diese Garantien ermöglichen die Verschiebung der Fälligkeit und den leichteren Zugang zum internationalen Kapitalmarkt, indem die Rückzahlungen eines Teils der Kreditsumme garantiert werden. Die PCG's werden für Investitionen im öffentlichen Sektor eingesetzt und ermöglichen dem Mitglied, mittel- bis langfristige Entleihungen zu tätigen.[500]

Aufbauend auf diesen beiden Arten der Garantievergabe lassen sich 4 Programme der Weltbank unterscheiden, die den Mitgliedern zur Verfügung stehen: Die *projektbasierte Garantie* der IBRD ist ein Gegenstück eines Investitionsdarlehens und umfaßt dieselben Voraussetzungen. Allerdings kann die IBRD Mitgliedern, denen keine hohe Kreditwürdigkeit zugesprochen wird, die Berechtigung zum Abschluß einer Garantie absprechen. Außerdem garantiert die IBRD keine internationalen Entleihungen für den öffentlichen Sektor in Staaten, die keine Restrukturierung ihrer Auslandsschulden vornehmen und keine Entschuldungsvereinbarungen mit kommerziellen Gebern abgeschlossen haben bzw. deren makroökonomischen Parameter nicht den Vorstellungen der IBRD entsprechen.[501] Führen Mitglieder ein Anpassungsprogramm oder soziale Reformen durch, so vergibt die IBRD ihnen eine *Politik-basierte Garantie* (policy based guarantee). Die Mitglieder müssen eine Bedarf an ausländischer Finanzierung für die Umsetzung von institutionellen, sozialen und strukturellen Reformen vorweisen und einen soliden Finanzierungsplan entworfen haben. Diese Garantie kann bis zu US$ 2 Mill. abdecken.[502] IDA-Mitglieder können Garantien von der IBRD und der IDA erhalten. Erstere vergibt die *Enclave Guarantee*, um Risiken in Form der PRG abzudecken, die bei Projekten entstehen, welche auf die Einnahme von Devisen ausgerichtet sind, solange diese Devisenbeschaffung außerhalb des IDA-Staates entsteht. Der IBRD stehen für diese Art der Garantie US$ 300 Mio. zur Verfügung. Direkt von der IDA erhalten deren Mitglieder *Garantien für Projekte*, mit denen das Wachstum gefördert und die Schuldenposition des Staates verbessert werden soll. Es handelt sich hierbei um ein Pilotprojekt, in dem US$ 500 Mio. zur Verfügung stehen.[503]

---

499 World Bank, Guarantees, S. 4; vgl. Weltbank, OP 14.25, Nr. 2.
500 World Bank, Guarantees, S. 6; Weltbank, OP 14.25, Nr. 2.
501 Weltbank, OP 14.25, Nr. 6.
502 Weltbank, OP 14.25, Nr. 7; vgl. World Bank., Guarantees, S. 8.
503 Weltbank, OP 14.25, Nr. 8-10.

Die Gebühren für Garantien der IBRD und der IDA sind in der Tabelle 9 [Gebühren für Garantien] zusammengefaßt.

Tabelle 9 Gebühren für Garantien

	IBRD Garantie für IBRD-Staaten	IBRD Garantie für IDA-Staaten	IDA Garantie
Garantiegebühr	1% pro Jahr auf den ausgezahlten und ausstehenden Betrag des zugrundeliegenden Darlehens	3 % pro Jahr	0,75% pro Jahr
Bereitstellungsgebühr	0,25% pro Jahr auf vereinbarte, aber nicht ausgezahlte Summen	1% pro Jahr	0,25% pro Jahr
Front-end Gebühr	1% auf die maximale Deckung unter der Garantie	ja	ja

Quelle: World Bank, Guarantees, S. 9; Weltbank, OP 14.25, Nr. 13, 14 und FN. 8-12.

3.4.3. Konkurrenzen und Kollisionen in der Vergabe finanzieller Hilfe

Die Geschäftstätigkeit der Weltbank und des IWF umfaßt die Vergabe finanzieller Mittel für die Entwicklung, den Aufbau, die Umstrukturierung und die Stabilisierung der mitgliedstaatlichen Volkswirtschaften bzw. einzelner Sektoren oder Projekte. Manche der Vergabemöglichkeiten stehen dabei lediglich einer der Organisationen zur Verfügung, so daß eine Konkurrenzsituation durch die Bereitstellung ähnlicher oder gleichgearteter Finanzierungsinstrumente nicht entstehen kann.[504] So gewährt die Weltbank ihren Mitgliedern Garantien für Schulden gegenüber einem ausländischen Investor. Neben der Garantievergabe steht die Finanzierung oder Kofinanzierung einzelner Projekte durch Investitionen auch im Mittelpunkt von Investitionskrediten bzw. -darlehen und Kofinanzierungsdarlehen der Weltbank. Da der IWF nicht den Wiederaufbau oder die Entwicklung einzelner Projekte oder Hilfsprogramme im Bereich der Entwicklungshilfe finanziert, kommt es in diesem Bereich zu keinen Berührungspunkten.

Der IWF hält für seine Mitglieder Ziehungen in Sonderfazilitäten bereit, die ein besonderes Problem der Zahlungsbilanz voraussetzen, wie der Ausfall der Exporterlöse, der Einnahmen aus dem Tourismus oder eine Steigerung der Kosten für Lebensmittelimporte. Eine solche Spezialisierung auf Zahlungsausfälle enthalten die Voraussetzungen der Kredite für Entwicklungspolitik der Weltbank nicht.

Letztere setzen die Vereinbarung eines Strukturanpassungsprogramms, welches u.a. Reformen in Wirtschaftssektoren, Steuern und dem Justizsystem vor-

504 Zu der Frage, in wie weit sich die mit der Finanzierung verbundenen Bedingungen überschneiden, siehe Kapitel 3.3.4, S. 118.

sieht, voraus, dessen Bedingungen im Letter of Development Policy zusammengefaßt werden. Sie kommen mit diesem Schwerpunkt den Ziehungen in den Kredittranchen des IWF sehr nahe. Diese sind mit der Umsetzung von Stabilisierungs- und Strukturanpassungsmaßnahmen aus einem Bereitschaftskreditabkommen zum Ausgleich eines Zahlungsbilanzdefizits verbunden. Die Gewichtung zwischen Stabilisierungs- und Anpassungsmaßnahmen fällt dabei nach der Länge des Defizits und damit der Bewertung, ob es sich um eine kurzfristige Überbrückungsphase oder eine grundlegende Anpassung der Wirtschaft auf eine veränderte Umgebung handelt, aus. Die Auszahlung der Gelder ist sowohl bei der Weltbank als auch beim IWF an die Umsetzung der Bedingungen geknüpft. Auch die Koppelung der Höhe einer Ziehung an die Quote des Mitglieds beim IWF oder nach dem Reformbedarf, stellt keinen grundlegenden Unterschied zwischen den Finanzierungsmethoden dar. Die Vergabe in Höhe eines Anteils der Mitgliederquote ist vielmehr Ausdruck des grundlegend unterschiedlichen Umgangs der Organisationen mit ihren Mitgliedern. Die Weltbank soll die wirtschaftliche, gesellschaftliche, humanitäre und soziale Entwicklung in den wenig entwickelten Gebieten erleichtern und ist daher an die Notwendigkeit eines Bedarfs in Form von Unterentwicklung oder Mangel gebunden. Dagegen liegt der Arbeit des IWF der Grundsatz der Gleichbehandlung seiner Mitglieder zugrunde, der ihn zwingt, seine Finanzmittel nach objektiven und feststehenden Kriterien zu vergeben. Daher können alle Mitglieder des IWF innerhalb ihrer Kredittranchen einen bestimmten Prozentsatz ihrer Quote ziehen.

Abgesehen von den begrifflichen Unterschieden, handelt es sich bei den gerade beschriebenen Konditionen der Kredite für Entwicklungspolitik der Weltbank und der Kredittranchen des IWF um sehr ähnliche Voraussetzungen, deren Unterschiede lediglich im Charakter der Organisationen als Entwicklungshilfeorganisation oder Überwacher des internationalen Währungssystems zu finden sind. Die ins Gewicht fallenden Unterschiede liegen vielmehr in der Länge und Zielsetzung der Finanzierungsinstrumente. Die Rückzahlungszeiträume der Weltbank betragen je nach Einordnung des Mitglieds in die IBRD oder IDA bis zu 25 oder 50 Jahre nach Auszahlung der Gelder. Dagegen steht bei der Hilfe des IWF der revolvierende Charakter seiner Finanzmittel im Vordergrund, der kurzfristige Entleihungen von bis zu 10 Jahren ermöglicht. Der IWF fördert durch höhere Gebühren bei verzögerter Rückzahlung und den Mechanismus der zeitabhängigen Rückkaufserwartungen die frühzeitige Rückzahlung der Gelder. Als weiterer Unterschied der Kreditvergabe ist die Zielsetzung der Reformprogramme zu nennen. Die Weltbank möchte ihren Mitgliedern durch Maßnahmen zu einem höheren Entwicklungsstand verhelfen, die auf das Wachstum der Wirtschaft und die direkte Armutsreduzierung ausgerichtet sind. Dagegen steht für den IWF die Stabilisierung der Wirtschaft und die Vermeidung von Krisen im Vordergrund, wobei Wachstumsfaktoren nicht vernachlässigt werden sollten.

Die unterschiedlichen Charaktere zwischen den Ziehungen aus den Kredittranchen und den Krediten für Entwicklungspolitik werden durch die Möglichkeit von Darlehen der PRGF des IWF stark vereinheitlicht. Diese Fazilität steht lediglich den Entwicklungsländern offen und unterstützt sie mit mittelfristig (bis 10 Jahre) vergebenen Geldern zu einem Zinssatz von 0,5% pro Jahr. Diese Höhe ist mit den Krediten der IBRD, die bis zu 25 Jahre zu einem Zinssatz in Abhängigkeit vom LIBOR mit einem Nachlaß gewährt werden. Die PRGF zielt wie auch die Hilfe der IBRD auf Armutsreduzierung und Wachstum in den Mitgliedstaaten ab. Mit Ausnahme der Länge der Entleihungen liegen die Unterschiede daher im Bereich der Konditionalität und des Politikdialogs, der zu den bereits genannten Konkurrenzen und Kollisionen führen kann.[505]

Ein Angleichen der Vergabemethoden der DPL der Weltbank zu den Ziehungen unter Bereitschaftskreditabkommen des IWF hat mit Einführung der DDO stattgefunden.[506] Beide Abkommen enthalten die Möglichkeit, während der Laufzeit von bis zu 3 Jahren Gelder zu erlangen, solange die begleitenden Programme mit strukturpolitischem bzw. makroökonomischem Inhalt zufriedenstellend umgesetzt werden. Da beide Mechanismen mit inhaltlich vollständig unterschiedlichen Programmen und Reformen verbunden sind, sind Kollisionen jedoch ausgeschlossen.

Zwischen der finanziellen Hilfe der Weltbank und des IWF an Mitglieder, die in eine Notsituation geraten sind, bestehen keine Konkurrenzen oder Kollisionen. Obwohl der Name der Hilfen die Möglichkeit von ähnlichen Finanzierungsverfahren nahe legt, sind die Hilfen in der Weise auf die Tätigkeit der jeweiligen Organisation zugeschnitten, daß es nicht zu Überschneidungen kommen kann. Die Notfallhilfe des IWF erweitert die Ziehungsmöglichkeiten unter in Anspruch genommenen Tranchen oder Fazilitäten und gleicht sich der Politik dieser Instrumente an. Dagegen stellt die Weltbank ihren Mitgliedern Kredite unter Neuausrichtung der Zielsetzung auf den Wiederaufbau zerstörter Gebiete zu Verfügung.

Die Verwaltung von Treuhandfonds durch die Weltbank und den IWF führt nicht zu Konkurrenzen oder Kollisionen der Geschäftstätigkeit. Bei der Weltbank ist die Gründung eines Treuhandfonds ein gängiger Vorgang, um Gelder

---

505 zum Inhalt der begleitenden Programme siehe Kapitel 3.3, S. 103.

506 In IMF/ World Bank, Collaboration on Country Programs, S. 14, Nr. 35 wird die DDO der Weltbank der Contingent Credit Line (CCL) des IWF gegenüber gestellt, die am 30. November 2003 ausgelaufen ist. Dieser Vergleich übersieht jedoch die Tatsache, daß einem Mitgliedstaat im Rahmen der CCL noch keine Darlehenssumme bzw. Ziehungsmöglichkeit eingeräumt worden war, die im Krisenfall ausgezahlt wurde. Es handelte sich um ein Reformbegleitprogramm, welches eine Vereinbarung über Ziehungen erst nach Ausbruch der Krise vorsah. Lediglich die Verhandlungen über ein begleitendes Reformprogramm wurden vorweggenommen. Die DDO der Weltbank schiebt dagegen Zahlungen eines bereits abgeschlossenen Darlehens zeitlich hinaus. Sie ist daher mit einem Bereitschaftskreditabkommen des IWF zu vergleichen.

für ein bestimmtes Projekt oder die Umsetzung von Maßnahmen zu separieren und bereit zu stellen. Dies drückt sich bereits in der großen Anzahl an verwalteten Konten aus. Die mit den Geldern finanzierten Maßnahmen umfassen daher auch jegliche Entwicklungshilfebereiche, die von der Weltbank unterstützt werden. Dagegen hält der IWF mit Ausnahme der Treuhandfonds zur Durchführung der PRGF oder der HIPC-Initiative schwerpunktmäßig Konten, mit deren Geldern technische Hilfe und Ausbildungshilfen finanziert werden. Auch die Hilfe von Spanien an Argentinien zur Finanzierung struktureller Reformen tritt in keine Konkurrenz zu Anpassungshilfen der Weltbank, da in diesem Fall der Schwerpunkt der Hilfe auf der bilateralen Unterstützung liegt. Konflikte mit der Notfallhilfe der Weltbank könnten allerdings durch die Subvention der Post-Konflikt Hilfe des IWF im Subventionskonto entstehen. Jedoch liegen, wie bereits dargestellt, die Unterschiede zwischen diesen beiden Finanzierungsmethoden nicht in der Höhe der Gebühren und Zinsen, sondern in den Zielsetzungen der Finanzierung und der zeitlich versetzten Einflußnahme auf die Situation.

Somit bleibt festzuhalten, daß die Mitgliedstaaten teilweise in den Genuß sehr ähnlich ausgestatteter finanzieller Hilfe kommen. Die Betrachtung der Beziehung zwischen der jeweiligen Organisation und einem Mitgliedstaat verdeutlicht einmal mehr die unterschiedlichen Charaktere der Organisationen. Das Gesamtbild der Unterstützung, die einem Mitglied zuteil wird, fußt bei der Weltbank auf den CAS, die das Spiegelbild der Weltbankhilfe im Rahmen des CDF eines Mitgliedes darstellen. Es handelt sich daher um eine alle entwicklungswürdigen Bereiche eines Staates umfassende Strategie, die ohne stabile Wirtschaftsbedingungen und ein stabiles Währungssystem als Grundlage des wirtschaftlichen Wachstums nicht erfolgreich durchzuführen ist. Diese Lücke füllt der IWF mit seinen Stabilisierungs- und Strukturanpassungsprogrammen, die gleichzeitig die mittel- bis langfristige Wirtschaftsentwicklung berücksichtigen, aus. Seine Finanzhilfen sind zwar an die Ausarbeitung eines Bereitschaftskreditabkommens gebunden, dieses enthält allerdings lediglich die an die Auszahlung der einzelnen Tranchen gebundenen Reformmaßnahmen und beschränkt sich auf die Stabilisierung und Anpassung der Wirtschaft. Die Bereitschaftskreditabkommen sind daher mit den Letter of Development Policy der Kreditverträge der Weltbank vergleichbar. Eine Strategie, die jegliche Unterstützungen des IWF einschließlich der technischen Hilfe beschreibt und aufeinander abgleicht, erstellt der IWF nicht.[507]

---

507 In den Guidelines on Conditionality kommt allerdings der Ansatz einer umfassenderen Sichtweise für die Kombination der Hilfsmittel an einen Mitgliedstaat zum Ausdruck: „Conditionality is one element in a broad strategy for helping members strengthen their economic and finanical policies.“ (IWF, Guidelines on Conditionality, Dec. No. I, Nr. 2, S. 1).

3.5. Programme zur Entschuldung der Mitgliedstaaten

Die finanzielle Hilfe der Weltbank und des IWF umfaßt neben der gerade untersuchten Unterstützung für die wirtschaftliche Entwicklung ihrer Mitgliedstaaten und der vorübergehenden Krisenhilfe auch das Gebiet der Schuldensenkung bzw. des Schuldenerlasses sowohl gegenüber multilateralen Organisationen, bilateralen Geldgebern und kommerziellen Gläubigern. Um die verschuldeten Mitglieder aus ihrer wirtschaftlichen Bewegungseinschränkung zu befreien und die Verschuldung auf ein kontrollierbares Maß zu senken, verfolgen die Organisationen eine umfassende Strategie zur Armutsreduzierung, die auf zwei Pfeilern basiert. Zum einen sollen Mitgliedstaaten nachhaltiges Wachstum durch solide Politiken, die sich armutslindernd auswirken, erreichen und sich dadurch die Unterstützung der internationalen Gemeinschaft „verdienen"; zum anderen werden zusätzliche Finanzmittel und Schuldenerlasse von der internationalen Gemeinschaft zur Unterstützung der Entwicklungsländer zur Verfügung gestellt.[508] Die extreme Verschuldung wird daher als einer der Hinderungsgründe für die Entwicklung und Armutsbekämpfung in einem Land angesehen.

Weltbank und IWF unterstützen ihre Mitglieder sowohl durch verschiedene Einzelinitiativen und Fazilitäten, als auch gemeinsam im Rahmen der HIPC-Initiative. Außerdem wirken sich PRGF- und IDA-Zahlungen, die teilweise in Form von Zuschüssen an berechtigte Mitglieder vergeben werden, wirtschaftlich wie Schuldenerlasse aus. Auf mögliche Überschneidungen bei diesen Hilfen ist bereits im Rahmen der Konditionalität und des Politikdialogs (Kapitel 3.3.) eingegangen worden, da ihr Schwerpunkt nicht auf der Minderung der Verschuldung in den Mitgliedstaaten, sondern der Förderung der wirtschaftlichen und gesellschaftlichen Entwicklung liegt.

3.5.1. Schuldenreduzierungsdarlehen und "Fifth Dimension" (Weltbank)

Die Weltbank versucht seit 1989 den Mitgliedstaaten, die berechtigt sind, unter der IDA Gelder zu ziehen, durch ein Schuldenreduzierungsdarlehen (Debt Reduction Loan, DRL) bei der Rückzahlung ihrer Schulden und des Schuldendienstes gegenüber kommerziellen Geldgebern eine mittelfristige Überbrückung bereitzustellen.[509] Die Gelder in Höhe von US$ 100 Mio. stammen aus dem Reinertrag der IBRD, der an die IDA übertragen wurde. Die DRL sind von besonderer Wichtigkeit, da sie im Gegensatz zu kommerziellen Auslandsschulden zu konzessionären Bedingungen gewährt werden und damit keine hohe Belastung für den Schuldendienst eines Mitglieds darstellen. Der unterstützte Staat erfährt in den DPL eine Erleichterung in seinem Außenhandelskonto durch die

---

508 IWF, Logik, Absch. I.

509 Weltbank, Jahresbericht 1990, S. 53 f.; World Bank, Lending Instruments, S. 19; Shihata III, S. 328.

Senkung von Zinszahlungen oder einen Barrückkauf kommerzieller Schulden mit beträchtlichen Abschlägen. Dabei beteiligt sich die Weltbank allerdings nicht direkt an den Verhandlungen zwischen dem Mitgliedstaat und den kommerziellen Gläubigern.[510]

Die im Ermessen der Weltbank liegende Unterstützung setzt ein mittelfristiges Anpassungsprogramm bzw. die Teilnahme an der PRGF des IWF und das Vorhandensein einer Strategie für die Schuldenverwaltung voraus. Die höchstens US$ 10 Mio. betragende Hilfe hängt außerdem von einer Prognose der Wirkung der kommerziellen Verschuldung auf das Wachstum der Wirtschaft und die Zuverlässigkeit und Vollständigkeit der Daten über die Verschuldung ab. Dabei werden die Gelder aus der Schuldenreduzierungsfazilität als unentgeltliche Übertragungen zur Verfügung gestellt.[511]

Eine sehr ähnliche Finanzierungsmöglichkeit für die Umschuldung kommerzieller Schulden besteht unter einem DPL. Diese Debt and Debt Service Reduction kann Teil eines mittelfristigen Finanzplans zur Unterstützung von nachhaltigem Wachstum sein.[512]

Neben den Schuldenreduzierungsdarlehen vergibt die IDA seit September 1988 Kredite an Staaten, die aufgrund drastischer Wohlstandsverluste keine Gelder mehr von der IBRD erhalten. Die gegenüber der IBRD bestehenden Verbindlichkeiten, die vor September 1988 entstanden sind, und insbesondere die Zinsschulden können im Rahmen der "Fifth Dimension" der IDA refinanziert werden.[513] Die Fifth Dimension wird aus den Rückflüssen an die IDA gespeist und setzt voraus, daß die Länder ein Strukturanpassungsprogramm durchführen und keine Zahlungsrückstände von mehr als 60 Tagen gegenüber der Weltbank aufweisen. Im Finanzjahr 2002/ 2003 hat die IDA auf diese Weise US$ 1.699 Mill. an IDA-Staaten vergeben.[514]

Da es sich im Rahmen der Fifth Dimension um die Refinanzierung der Schulden gegenüber der IBRD und nicht gegenüber der IDA selber handelt, ist Art. V, Absch. 3 IDA-Statuten, der den Umgang mit verzögerter Rückzahlung durch die Modifizierung der Entleihungsbedingungen regelt, nicht einschlägig.

---

510 World Bank, Lending Instruments, S. 19.

511 Weltbank, Jahresbericht 1990, S. 54.

512 Weltbank, OP 8.60, Nr. 28. Die Weltbank kann im Rahmen von DPL auch bestehende, kommerzielle Schulden ihrer Mitgliedstaaten finanzieren, wenn das Ziel der Maßnahme nicht schwerpunktmäßig in der Reduzierung der Schulden auf ein erträgliches Maß liegt, sondern in der Möglichkeit, die wirtschaftliche Entwicklung zu unterstützen und das Land auf den Pfad des Wachstums zurückzuführen. Insbesondere in den Fällen, in denen die Schuldenfinanzierung zu einer Aufrechterhaltung oder Neuvergabe ausländischer Investitionen beiträgt, unterstützt die Weltbank das produktive Wachstum im Mitgliedstaat. (Shihata I, S. 28).

513 Boote/ Thugge, Debt Relief, S. 14; Unctad, Report, S. 136; Fues, Gläubiger, S. 25. Die Fifth Dimension wird auch als IDA Debt Reduction Faciliy bezeichnet.

514 Weltbank, Jahresbericht 2003 II, S. 114.

Vielmehr tritt die IDA als eigene Rechtspersönlichkeit gegenüber der IBRD auf (Art. VI, Absch.6, lit. a, S.1 IDA-Statuten), so daß es sich um die Finanzierung von Schulden gegenüber einer dritten Person handelt. Diese Konstellation stimmt mit der Kreditvergabe unter Schuldenreduzierungsdarlehen überein, so daß die Darlehen der Fifth Dimension gemäß Art. V, Absch. 1, lit. b IDA-Statuten i.V.m. den Zielen der IDA vergeben werden können.[515]

Sowohl die Schuldenreduzierungsdarlehen als auch die Fifth Dimension haben keine Entsprechung in der Kreditvergabe des IWF. Dieser verfolgt zwar ein umfassendes Programm für verschuldete Staaten (Strengthened Cooperative Strategy[516]), in dessen Rahmen einzelnen Mitgliedern auch Gelder zur Verfügung gestellt werden, es handelt sich allerdings hierbei um die Hilfe bei Schulden gegenüber dem IWF selber und nicht die Reduzierung von Schulden gegenüber Dritten. Eine Kohärenz liegt daher nicht vor.

3.5.2. Akkumulationsprogramme für Kredite (IWF und Weltbank)

Um Mitgliedstaaten, die seit längerem Schulden gegenüber dem IWF haben, die Möglichkeit zu geben, diese abzubauen und dadurch einem Ausschluß des Rechts auf Benutzung der finanziellen Mittel des IWF zu entgehen (Art. V, Absch. 5, letzter Satz und Art. XXVI, Absch. 2, lit. a, S. 1 IWF-Statuten), eröffnete der IWF einer Gruppe von 11 Mitgliedstaaten den "Rights Approach" im Rahmen einer umfassenden Strategie zur Bekämpfung der Verschuldung gegenüber demselben (Strengthened Cooperative Strategy).[517] Der Zugang zu den finanziellen Hilfen des IWF durch die Erlangung von Rechten hängt von der Umsetzung eines makroökonomischen und strukturellen Politikprogramms ab, welches vierteljährlich kontrolliert wird. Die Programme sollen zu nachhaltigem Wachstum und substantiellem Fortschritt im Außenhandel führen und von zusätzlichen Hilfen anderer Gläubiger unterstützt werden. Außerdem soll das Mit-

---

515 Vgl. für eine genaue Subsumtion unter die Ziele der IDA-Statuten die Ausführungen zu den Schuldenreduzierungsdarlehen.

516 Siehe Kapitel 3.5.2, S. 162.

517 IMF, Financial Organization, S. 104 f.; IMF, Overdue Obligations, S. 23 f.; IWF, Exekutivdirektorium, Meeting 90/97 am 20. Juni 1990; in: Sel. Dec., 2003. Ebenfalls mit Blick auf die Schuldensituation der Mitgliedstaaten plante der IWF, einen Mechanismus zur Restrukturierung von Schulden der Mitgliedstaaten (Sovereign Debt Reduction Mechanism; SDRM) zu etablieren, bei dem ein unabhängiges Gremium die Ent- und Umschuldung von Staaten verhandeln sollte und alle Geberstaaten verpflichtet wären, sich bei Erfolg der Verhandlungen der Mehrheitsentscheidung der Gläubiger zu beugen (Beschreibung des SDRM u.a. in Krueger, New Approach, S. 10 ff.; dies., Sovereign Debt Restructuring; dies., Preventing Financial Crises). Allerdings ist die für eine der IWF-Statuten zur Umsetzung der SDRM notwendige Stimmenmehrheit von 3/5 der Mitglieder, die mindestens 85% der Stimmrechte vertreten (Art. XXVIII, lit. a, S. 3 IWF-Statuten), nicht zustande gekommen (Köhler, Herausforderung der Globalisierung, S. 4).

glied während der Umsetzungszeit von etwa 3 Jahren danach streben, die Schulden gegenüber dem IWF abzubauen.

Vollendet ein Mitglied den Rights Approach erfolgreich, so gewährt der IWF Hilfe bis zur Höhe der ihm gegenüber bestehenden Schulden durch neue Kredite von Seiten anderer Mitglieder und sagt weitere Hilfe im Rahmen der EFF und der PRGF zu; auf diese Weise konnten Peru (1993), Sierra Leone (1994) und Sambia (1995) ihre seit längerem bestehenden Schulden gegenüber dem IWF abtragen.[518] Um Liberia, Somalia und Sudan weiterhin die Möglichkeit aufrecht zu erhalten, ihre Schulden im Rahmen des Rights Approach zu tilgen, verlängerte der IWF dieses Programm mehrmals.[519]

Bei der Weltbank existiert seit 1991 ein ähnliches Programm (Rights Accumulation Policy[520]), um Staaten, deren Verschuldung in Relation zu den durchschnittlichen Beträgen der Weltbankdarlehen sehr hoch ist, die Aussicht auf eine Besserung ihrer Lage zu geben. Dem verschuldeten Mitgliedstaat wird dabei die Vereinbarung eines schnell auszahlbaren und langfristigen Darlehens, das als Brückendarlehen bis zur Rückzahlung aller Schulden gegenüber der Weltbank dient, in Aussicht gestellt, sollte das Mitglied während einer Umsetzungsperiode nicht in Verzug gegenüber der Weltbank geraten. Die Umsetzungsperiode beinhaltet die Befolgung eines Anpassungsprogramms, makroökonomischer Maßnahmen sowie eines Finanzierungsplan zum Abbau der Verschuldung auch gegenüber anderen Gläubigern.

Die Akkumulationsprogramme von Weltbank und IWF beziehen sich lediglich auf Schulden, die gegenüber der jeweiligen Organisation bestehen. Es liegt daher auch im Geschäftsbereich der Organisation, die Umschuldung oder Modifikation der Vergabebedingungen von eigenen Forderungen zu bestimmen. Konkurrenzen oder Kollisionen liegen somit nicht vor. Da sich die Kredite der Weltbank und des IWF nach Durchführung eines Akkumulationsprogramms auf die Vergabe neuer Kredite im Rahmen der bestehenden Kreditmöglichkeiten von IDA-Krediten, EFF und PRGF beschränken, kann für die Prüfung der Statuten auf die Ausführungen zu diesen Fazilitäten verwiesen werden.[521]

---

518 Die Staaten Kambotscha, Guyana, Honduras, Panama und Vietnam konnten ihre Schulden gegenüber dem IWF ohne die Inanspruchnahme des Rights Approach tilgen. (IMF, Financial Organization, S. 105; Brau/ Geithner/ Gianviti, Overdue Obligations, S. 9).

519 Zuletzt verlängert bis Ende August 2003 (IWF, Entscheidung vom 6. Aug. 2002, Nr. 12818-(02/85); in: Sel. Dec., 2003).

520 Shihata III, S. 342 f. mit genauer Bezeichnung des Berichts des Präsidenten der Weltbank, in dem das Programm vorgestellt wurde (Fn. 50).

521 Insbesondere ist bei der Subsumtion des Rights Accumulation Program unter die Statuten der Weltbank kein Raum für Art. IV, Absch. 4, lit. c, Abs. ii IBRD-Statuten, da sich dieser auf die Änderung von Rückzahlungsbedingungen oder die Laufzeit eines weiterhin bestehenbleibenden Darlehens und nicht auf Ablösung eines alten mit einem neuen Darlehen, das zu weicheren Konditionen vergeben wird, bezieht.

3.5.3. Weitere Maßnahmen im Kampf gegen die Verschuldung der Mitgliedstaaten

Daß die Weltbank und der IWF grundsätzlich bei der Schuldensenkung der armen Staaten zusammenarbeiten, betonen sie regelmäßig in gemeinsamen Erklärungen.[522] Neben der Vergabe von finanzieller Hilfe bemühen sich IWF und Weltbank um die Senkung der Schulden ihrer Mitgliedstaaten, indem sie getrennt voneinander Richtlinien und operationelle Maßnahmen zur Bewertung einer angemessenen Schuldenlast erstellen.[523] Um eine dauerhafte Hilfe für verschuldete Mitglieder bereit zu stellen und neben dem Abbau von bestehenden auch die Tragfähigkeit neuer Schulden zu planen und zu bewerten, werden Rahmenbestimmungen zur Bewertung von Schulden in angemessener und tragbarer Höhe für einen Staat (Debt Sustainability Framework) sowohl von der Weltbank als auch vom IWF verfaßt.[524] Dabei soll die Bewertung und Analyse von landesspezifischen Zwängen[525], die einer effizienten und wachstumsfördernden Einsetzung von entliehenen Geldern entgegenstehen, eine Hilfe bei der Zusammenstellung und Verwaltung neuer Gelder bieten und die Verschuldung auf einem angemessenen und tragbaren Niveau halten. Neben der Kontrolle der öffentlichen und externen Verschuldung dienen die Überwachung der Zahlungsbilanz, der Wirtschaftspolitik und der Höhe des Wechselkurses, die ihrerseits auf die Angemessenheit der Verschuldung verweist, und die Bewertung der Stabilität des Finanzsektors durch den IWF als Grundlage für die Schuldenbewertung.[526]

---

522 So betonten Köhler (Geschäftsführender Direktor, IWF) und Wolfensohn (Präsident, Weltbank): „Each institution needs to focus on its respective core tasks, while working together in a complementary fashion in other areas, such as the financial sector, where our responsibilities overlap [...] We are determined to bring the benefits of debt relief to as many countries as possible, as rapidly as possible. Our staffs are working together closely to make sure this happens." (zitiert in IMF, HIPC/ PRSP Implementation, S. 1).

523 Allen/ Nankani, Debt, S. 51. Die Weltbank hat dazu eine Abteilung eingeführt, die sich mit der Verschulden ihrer Mitglieder befaßt (o.V., Debt Sustainability Framework, S. 2).

524 Umsetzung in der Weltbank siehe Allen/ Nankani, Debt, S. 44 ff.; für den IWF siehe IWF, Jahresbericht 2004, S. 51; Daseking/ Kosack, Debt Trap, S. 20 ff.; Geithner, Assessing Sustainability, S. 24 ff.

525 Zu diesen inländischen Zwängen gehören u.a. die Höhe und Verfügbarkeit der Ressourcen, die Umsetzung von inländischen Produktionsfaktoren in Deviseneinnahmen, mögliche fiskalpolitische Maßnahmen wie die Erhebung von Steuern, politische und moralische Zwänge, die eine Rückzahlung von Schulden hemmen (Daseking/ Kosack, Debt Trap, S. 23).

526 Daseking, Debt, S. 13.

3.5.4. Gemeinsame Entschuldungsinitiative für hochverschuldete arme Länder (HIPC-Initiative)

Auf Initiative des Weltbankpräsidenten James D. Wolfensohn vereinbarten die Weltbank und der IWF im September 1996 die Entschuldungsinitiative für hochverschuldete arme Länder (Heavily Indebted Poor Countries Initiative; HIPC-Initiative)[527], die eine umfassende Lösung des Verschuldungsproblems der hochverschuldeten, armen Mitgliedstaaten herbeiführen sollte.[528] Nachdem anfangs die Erwartungen an die Akzeptanz der Initiative nicht erfüllt werden konnten und sich in den ersten drei Jahren lediglich 7 Länder für die Hilfe qualifizierten[529], erweiterten Weltbank und IWF die Initiative im Oktober 1999. Sie baut auf den folgenden 6 Prinzipien auf, die teilweise mit Ansätzen aus früheren Entschuldungsinitiativen der beiden Organisationen[530] übereinstimmen:

Die Initiative möchte eine dauerhafte Lösung des Verschuldungsproblems durch eine fallbezogene Reduzierung der Schulden auf ein angemessenes und tragbares Maß erreichen.

Die berechtigten Staaten müssen nachweisen, daß sie die durch den Schuldenerlaß freiwerdenden Ressourcen vernünftig einsetzen werden. Der Schuldenerlaß wird zusätzlich zu den existierenden Entschuldungsmechanismen wie andere konzessionäre Finanzierungsinstrumente der Weltbank und des IWF und die Hilfe für öffentliche, bilaterale Schulden im Pariser Club[531] vergeben. Die Entschuldungsansätze der HIPC-Initiative werden zwischen allen beteiligten Kreditgebern (bilateralen, multilateralen und kommerziellen) gleichberechtigt verhandelt. Die Beteiligung der multilateralen Kreditgeber berücksichtigt deren Status als bevorzugter Entleiher und ihre finanzielle Integrität. Zur Vermeidung

---

527 IWF, Entscheidung vom 4. Feb. 1997, Nr. 11436-(97/10) mit Änderungen bis 25. Okt. 2002; in: Selected Decisions, 2003. Umfassende Beschreibung: Andrews/ Boote/ Rizavi et al., Debt Relief; IWF, Jahresbericht 2000, S. 50-52; ders., Logik, Absch. III.; Shihata III, S. 365-374. Auswertung und Darlegung der Erweiterungen der ursprünglichen HIPC-Initiative: IMF/ IDA, Strengthening the Link, 1999; dies., Modification, S. 1 ff.; IMF/ IDA, Enhanced Initiative, S. 1 ff.

528 Shihata III, S. 365; Das Exekutivdirektorium des IWF verabschiedete am 4. Februar 1997 die notwendigen Entscheidungen zur Umsetzung der Initiative (IMF, IMF Survey, 10. Feb. 1997, S. 35).

529 Im Januar 1999 waren mit den folgenden 7 Staaten Entschuldungen vereinbart: Bolivien, Uganda, Burkina Faso, Cote d'Ivoire, Guyana, Mali, Mozambique (Trotsenburg/ MacArthur, HIPC, Tabelle S. 3).

530 Weltbank und IWF waren am Baker-Plan von 1985 und der Brady-Initiative beteiligt. Diese Ansätze gründeten beide auf der Überzeugung, eine Umschuldung oder ein Schuldenerlaß sei nur in Verbindung mit Wirtschaftsreformen sinnvoll, die zu wirtschaftlichem Wachstum und damit zur Einbindung der Armen in den Wirtschaftskreislauf führen würden. Nachdem der Baker-Plan daher Umschludungen mit Strukturreformen verband, ergänzte die Brady-Initiative diese beiden Faktoren um eine Schuldenerlaßkomponente.

531 Vgl. Klein, Pariser Club, S. 43.

einer fortschreitenden Verschuldung wird die neue Finanzierung an berechtigte Staaten lediglich auf konzessionären Bedingungen beruhen.[532]

3.5.4.1. Inhalt und Ablauf der HIPC-Initiative

Entgegen früheren Entschuldungsprogrammen bietet die HIPC-Initiative neben den Verhandlungen über Schulden gegenüber bilateralen und kommerziellen Gläubigern eine Entschuldung gegenüber multilateralen Kreditgebern wie der Weltbank oder dem IWF an.[533] Die Staaten, die von der IDA und aus der PRGF des IWF Kredite erhalten, sind auch unter der HIPC-Initiative empfangsberechtigt.[534] Um die Schuldenreduktion in einen umfassenden Kontext mit der Armutslinderung in dem betreffenden Mitgliedstaat zu bringen, müssen die Mitglieder nachweisen, daß sie einen fundierten Reformkurs verfolgen, mit dem sie die Ursachen für die Armut in einem Land effektiv angehen und die durch den Schuldenerlaß freiwerdenden Mittel so effizient wie möglich verwenden. Weltbank und IWF haben daher die Durchführung eines PRSP zur Voraussetzung des Schuldennachlasses gemacht.[535] Außerdem müssen die Mitglieder nachweisen, sie ständen nach der Gewährung der herkömmlichen Schuldenerleichterungen einer nicht-tragfähigen Schuldenlast gegenüber.[536] Ist dieser Nachweis erbracht und ein PRSP erstellt, so erreicht der Staat den Entscheidungszeitpunkt (Decision Point), an dem alle Gläubiger die Versicherung abgeben, daß sie nach einer weiteren Periode der Reformen die Entschuldung des Mitglieds in einer bestimmten Höhe vornehmen werden (Abschlußzeitpunkt; Completion Point).[537]

---

532 Andrews/ Boote/ Rizavi et al., Debt Relief, S. 3.

533 Trotsenburg/ MacArthur, HIPC, S. 1, die als weitere Neuheiten den umfassenden Ansatz der Initiative, der strukturelle und soziale Probleme einschließt, und die Partizipation aller Beteiligten, sowie der NROs, Kirchen und interessierten Aktionsgruppen ansehen.

534 Berechtigte Staaten aus Afrika: Angola, Benin, Burkina Faso, Burundi, Cameroon, Zentralafrikanische Republik, Chad, Comoros, Kongo, Demokratische Republik Kongo, Elfenbeinküste, Ethiopien, Gambia, Ghana, Guinea, Guines-Bissau, Kenia, Liberia, Madagaskar, Malawi, Mali, Mauritanien, Mozambik, Niger, Rwanda, Sierra Leone, Sao Tomé und Principe, Senegal, Somalia, Sudan, Tanzania, Togo, Uganda, Zambia; berechtigte Staaten aus Lateinamerika: Bolivien, Guyana, Honduras, Nicaragua; berechtigte Staaten aus Asien: Volksrepublik Laos, Burma, Vietnam; berechtigter Staat aus dem mittleren Osten: Republik Yemen (o.V., Map).

535 Andrews/ Boote/Rizavi et al., Debt Relief, S. 16 f.; IMF/ IDA, Enhanced Initiative, S. 5; IMF/ IDA, Strengthening the Link, S. 28; Unctad, Report, S. 159. Zum PRSP und möglichen Kohärenzen vgl. Kapitel 3.2.5.3, S. 97.

536 Der Betrag der Schuldenerleichterung wurde durch eine neue Definition der Schuldenlast, die ein Land nachhaltig tragen kann, erhöht. Er beträgt seit der Erweiterung der HIPC-Initiative 150% anstelle der vorherigen 200-250% der jährlichen Exporte und ggf. weniger, sollten die Schulden eine große fiskalische Belastung darstellen (IMF/ IDA, Modification, S. 5).

537 Zur Abfolge der Initiative siehe IWF, Jahresbericht 2000, S. 51, Figure 5.1.

Die Mitglieder unterwerfen sich somit zwei Reformperioden, während derer sie ihre Fähigkeit unter Beweis stellen, die Armut in ihrem Land nachhaltig zu bekämpfen und die Wirtschaft auf den Pfad des Wachstums zu bringen. Während der zweiten Reformperiode, d.h. zwischen Entscheidungs- und Abschlußzeitpunkt, erhalten die berechtigten Mitglieder eine vorläufige Schuldenerleichterung, die von Seiten der IDA in einem Vorziehen des Schuldenerlasses liegt. Somit erläßt die IDA ihr gegenüber bestehende Schulden durch die Kürzung des Schuldendienstes bei Fälligkeit in Höhe von mindestens 50% des jährlichen Rahmens über einen Zeitraum von bis zu 20 Jahren.[538] Der IWF vergibt während der Interimsperiode zinslose Darlehen in Höhe von bis zu 20% der einem Mitglied zustehenden Gelder aus dem PRGF-HIPC Treuhandfonds.[539]

Als Anreiz für eine schnelle und erfolgreiche Umsetzung der Armutsbekämpfungsstrategien kann das Mitglied auf den Eintritt des Abschlußzeitpunkts durch die vollständige Umsetzung der vereinbarten Reformen Einfluß nehmen. Sollte die Strategie nicht umgesetzt worden sein, zögert sich andererseits das Erreichen des Abschlußzeitpunktes heraus.

Der Gesamtschuldenerlaß kann sich auf zwei Drittel der Gesamtschulden eines Mitglieds belaufen und wird am Abschlußzeitpunkt von bilateralen, multilateralen und kommerziellen Gläubigern nach den Zusagen am Entscheidungszeitpunkt möglichst frühzeitig (front-loaded) vorgenommen. Dies soll das Mitglied in die Lage versetzen, so früh wie möglich freiwerdende Gelder zur Armutsbekämpfung einzusetzen.[540] Dabei wirkt sich die bevorzugte Stellung der

---

Die Analyse, nach der festgestellt wird, ob das Mitglied alle Voraussetzungen für das Erreichen des Entscheidungszeitpunkts erfüllt (Debt Sustainability Analysis) wird in IMF/ IDA, Modification, S. 11 f. beschrieben. Sollte sich ein Staat neben der Verschuldung in einer "post-conflict" Situation befinden, so sind IWF und Weltbank bereit, auf diese besonderen Umstände bei der Umsetzung der HIPC-Initiative einzugehen; vgl. dazu IMF/ World Bank, Assistance, S. 15 ff.
Bis zum 30. Juni 2003 erreichten folgende Staaten den Entscheidungs- oder Abschlußzeitpunkt: Benin, Bolivien, Burkina Faso, Cameroon, Chad, Ethiopien, Gambia, Ghana, Guinea, Guinea-Bissau, Guyana, Honduras, Madagascar, Malawi, Mali, Mauritanien, Mozambique, Nicaragua, Niger, Rwanda, Sao Tomé und Principe, Senegal, Sierra Leone, Tanzania, Uganda und Zambia (Weltbank, Jahresbericht 2003 II, S. 118). Für die übrigen berechtigten Staaten besteht eine Frist bis Ende 2004 zum Erreichen des Entscheidungszeitpunkts, die schon mehrfach verlänger worden ist (Sunset-Clause). Bei der letzten Verlängerung wiesen die Exekutivdirektoren darauf hin, daß die HIPC-Initiative kein permanenter Mechanismus des IWF werden soll (IWF, Exekutivdirektorium Summing Up der Sitzung Nr. 02/94 vom 6. Sept. 2002; in: Sel. Dec., 2003).

538 IMF/ IDA, Enhanced Initiative, S. 5; IWF, Logik, Absch. III.; Andrews/ Boote/ Rizavi et al., Debt Relief, S. 15; IMF/ IDA, Modification, S. 7.

539 IWF, Entscheidung vom 4. Februar 1997, Nr. 11436-(97/10) mit Änderungen bis 25. Oktober 2002; Annex, Absch. 3, § 3, lit. d; in: Sel. Dec., 2003.; IMF/ IDA, Enhanced Initiative, S. 6.

540 IMF/ IDA, Modification, S. 10.

Weltbank und des IWF zum einen dahingehend aus, daß vorerst bilaterale und kommerzielle Gläubiger Schuldenerlasse bis zu 90% des Barwertes der Schulden gewähren. Sie tragen mit dieser Unterstützung etwa die Hälfte der Kosten, die im Rahmen der HIPC-Initiative entstehen. Erst danach treffen sich die multilateralen Gläubiger und beratschlagen über die Aufteilung der noch verbleibenden Schulden bis zum Erreichen eines angemessenen und tragbaren Niveaus.[541] Ein weitere Vorteil der Stellung von Weltbank und IWF gegenüber den anderen Gläubigern besteht in der Freiheit, daß sie selbst bestimmen können, auf welche Weise die multilaterale Hälfte der Hilfe im Rahmen der HIPC-Initiative erlassen werden soll.[542] Beide Organisationen haben dazu Treuhandfonds gebildet, in die u.a. auch Mitgliedsregierungen Gelder eingezahlt haben.

Die Weltbank hat den HIPC-Treuhandfonds unter der treuhänderischen Leitung der IDA angesiedelt und begleicht aus ihm Schulden gegenüber multilateralen Kreditgebern. Der Treuhandfonds besteht aus drei Konten: Die Geber können bei der Einzahlung wählen, zu welchem der mit jedem Konto verbundenen Zwecke ihre Gelder verwendet werden sollen. So greift die IDA zuerst auf das länderspezifische Konto zurück. Anschließend werden die weiteren Schulden aus der Kernkomponente des Treuhandfonds beglichen, deren Umfang die Geber vorher auf eine bestimmte Höhe für jedes berechtigte Mitglied festlegen. Erst in dem Fall, daß die Zahlungen von beiden Konten nicht zur Deckung des Schuldenerlasses ausreichen, greift die IDA auf das dritte Konto, in dem Gelder zum Begleichen der Schulden gegenüber multilateralen Gebern gehalten werden, zurück.[543]

Die Hilfe des IWF umfaßt zinslose Darlehen und Zuschüsse aus dem PRGF-HIPC Treuhandfonds[544], mit denen bestehende Schulden gegenüber dem IWF beglichen werden, sobald diese fällig sind. Die Entscheidung, ob ein Staat ein Darlehen, einen Zuschuß oder eine Mischung aus beiden erhält, hängt von seiner Verschuldungslage ab, die im Entscheidungszeitpunkt auf ein angemessenes und tragbares Niveau gebracht werden soll. Daher sind die Vereinbarung über den Eintritt der Fälligkeit und die Fristen zur Rückzahlung fallspezifisch zu treffen.[545]

---

541 Shihata III, S. 369 f.

542 Shihata III, S. 370.

543 Shihata III, S. 371.

544 Der IWF hat die Gewinne aus Goldverkäufen von 14. Mill. Feinunzen außerhalb des Marktes über das Konto für Sonderverwendungen in den PRGF-HIPC Treuhandfonds eingezahlt. Zusätzlich ergänzten Mitglieder die Gelder des Treuhandfonds (IWF, Entscheidung vom 4. Februar 1997, Nr. 11436-(97/10) mit Änderungen bis 25. Oktober 2002; Annex, Absch. 1, § 3 und Absch. 2; in: Sel. Dec. 2003; IWF, Logik, S. 5).

545 IWF, Entscheidung vom 4. Februar 1997, Nr. 11436-(97/10) mit Änderungen bis 25. Oktober 2002; Annex, Absch. 3, § 4; in: Sel. Dec., 2003.

3.5.4.2. Konkurrenzen und Kollisionen im Rahmen der HIPC-Initiative

Das Ziel der HIPC-Initiative liegt im Abbau der Verschuldung in armen und stark verschuldeten Staaten durch Schuldenerlasse. Damit diese die Wirtschaft des Mitglieds möglichst positiv beeinflussen, vergeben Weltbank und IWF Interim-Hilfe im Rahmen von Entwicklungshilfedarlehen und begleiten die Staaten während der Umsetzungszeit der Initiative durch die Ausarbeitung des PRSP. Diese letztgenannten Maßnahmen, wie auch das Ziel, die Armut in den Mitgliedstaaten zu lindern, lassen sich als mittelbare Ziele der Initiative umschreiben, welche die Wirkung der Schuldenerlasse im Hinblick auf die Entwicklung des betreffenden Staates kanalisieren und verstärken sollen. Sie stimmen insofern mit anderen Aufgabenbereichen, nämlich der PRGF des IWF und den Anpassungsdarlehen der Weltbank, sowie der technischen Hilfe der Organisationen zur Erstellung eines PRSP überein. Die Beantwortung der Frage nach der Konkurrenz und den gegebenenfalls vorliegenden Kompetenzabgrenzungen über diese Mittel erfolgte daher unter der Beschreibung der einzelnen Maßnahmen.

Eine mögliche Konkurrenz der Tätigkeiten von Weltbank und IWF im Rahmen der HIPC-Initiative konzentriert sich auf die Verwaltung der Treuhandfonds, aus denen der Erlaß von Schulden und Schuldendienstzahlungen bestritten wird. Allerdings ist in diesem Bereich eine deutliche Trennung der Aufgabenverteilung zu erkennen. Die IDA verwaltet den HIPC-Treuhandfonds und bestimmt die Verteilung der Schuldenerlasse unter der Gesamtheit der Gläubiger eines berechtigten Mitglieds mit Ausnahme der Schulden, die gegenüber dem IWF bestehen. Dieser nimmt den Ausgleich der Schulden ihm gegenüber aus dem bei ihm angesiedelten PRGF-HIPC-Treuhandfonds vor. Diese getrennte Praxis ist Ausdruck für die klare Kompetenzverteilung zwischen Weltbank und IWF im Rahmen eines Schuldenerlasses, die auf den "implied powers" jeder Organisation beruht. Danach umfaßt die Aufgabe, finanzielle Hilfe an Mitglieder zu vergeben, notwendigerweise auch das Recht, die Konsequenzen bei einer verzögerten und ausgebliebenen Rückzahlung zu bestimmen bzw. auf eine Rückzahlung vollständig zu verzichten. Die Frage, ob diese Trennung der beiden Treuhandfonds wünschenswert oder ratsam ist, bleibt einer politischen und ökonomischen Bewertung der HIPC-Initiative überlassen; eine praktische Konkurrenz der Aufgabengebiete von Weltbank und IWF besteht insofern nicht.

3.5.5. Zusammenfassung: Konkurrenzen und Kollisionen in Programmen zur Entschuldung der Mitgliedstaaten

Konkurrenzen und Kollisionen sind im Bereich der Schuldenreduzierung durch die Weltbank und den IWF weitgehend nicht zu erkennen. Die Weltbank finanziert in verschiedenen Kanälen die Umschuldung kommerzieller Schulden bzw. die IDA finanziert Schulden gegenüber der IBRD. Außerdem haben die Organisationen jeweils Akkumulationsprogramme, um die ihnen gegenüber bestehenden Schulden zu verringern und an ihre Mitglieder einen Anreiz zur unverzüglichen Rückzahlung der Schulden zu geben.

Auch die Arbeit innerhalb der HIPC-Initiative, der die Ausarbeitung eines PRSP zugrunde liegt, wird ohne das Auftreten gewichtiger Kollisionen durchgeführt. Der IWF hat einen Treuhandfonds zur Finanzierung der ihm gegenüber bestehenden Schulden eingerichtet, wohingegen die IDA die übrige Entschuldung und die Koordination der an der HIPC-Initiative beteiligten Gläubiger übernimmt.

Die Möglichkeit sich widersprechender Meinungen kann allerdings im Rahmen der nicht-finanziellen Hilfe auftreten. Die Organisationen unterstützen ihre Mitgliedstaaten, indem sie im Rahmen ihrer technischen Hilfe Maßnahmen empfehlen, die zu einer nachhaltigen Senkung der Schuldenlast führen sollen.

3.6. Bereitstellung unbedingter, internationaler Liquidität

Bevor das Mandat des IWF in Bezug auf die Beobachtung und Beeinflussung der internationalen Währungsreserven analysiert wird, soll auf die Bedeutung der Sonderziehungsrechte im internationalen Währungssystem eingegangen werden. Ausgangspunkt dieser Betrachtung ist das Wesen einer internationalen Liquidität.[546] Der Begriff "Liquidität" steht nicht nur für die Währungsreserven eines Landes sondern auch für andere Tauschmittel, die eine Verfügungsmacht über Bedarfsgüter repräsentieren und damit meßbar und unbedingt verfügbar sind, wie Gold, Devisen, SZR, die Reservetranche beim IWF und der nicht genutzte Teil von Kreditlinien bei internationalen Organisationen (außerhalb des IWF).[547] Der Bestand an Währungsreserven wirkt sich auf die Weltgeldmenge aus und damit auf den weltweiten Inflationsprozeß.[548] Durch diese Wirkung stellen die Währungsreserven ein Instrument zur Bekämpfung von Schwankungen des Außenhandels dar, die sich auf die Nachfrage der Inlandswährung und damit auf deren Wechselkurs auswirken. In Abhängigkeit von der Wechselkurs-

546 Teilweise wird über das Bestehen einer internationalen Liquidität diskutiert, da der internationale Währungsaustausch nur mittels nationaler Währungen abgewickelt werden würde. Zur Darstellung der verschiedenen Meinungen siehe Kepp, SZR, S. 107-110.

547 Gabler, Wirtschaftslexikon, Liquidität, II, 3.; Kepp, SZR, S 110. Die ebenfalls als Liquidität bezeichnete „bedingte Liquidität", unter die Kreditmöglichkeiten fallen, deren Vergabe vom Einhalten oder Durchführen bestimmter Voraussetzungen abhängt (beispielsweise Kredittranchen des IWF), gehört nicht zu den jederzeit verfügbaren Reserven eines Landes und wird daher unter der Ziehungspolitik des IWF behandelt (vgl. Kapitel 3.4.1, S. 122).

548 Bargelame, SZR, S. 101. Der Zusammenhang zwischen der Inflation und der Geldmenge stellt sich wie folgt dar: Die Inflationsrate entspricht der Wachstumsrate der Geldmenge geteilt durch die Wachstumsrate des realen Sozialprodukts (ders., SZR, S. 100).

strategie der Zentralbanken, die durch ihre Politik der Auf- und Abwertung bzw. der Stabilisierung der Währung Impulse für den Im- und Export setzen, dient die internationale Liquidität zum Ausgleich von kurz- bis mittelfristigen Ungleichgewichten, die vorläufig Anpassungsmaßnahmen der Wirtschaftspolitik hinauszögern.[549] Die Behebung von langfristigen Wirtschaftsproblemen bleibt daneben grundlegenden, strukturellen Änderungen vorbehalten.

3.6.1. Bedeutung der SZR im internationalen Währungssystem

Bereits während der Verhandlungen über die Einführung von SZR[550] entbrannte ein Streit, ob deren Kredit- oder Geldcharakter überwiegen sollte oder ob es sich um eine Rechtsform sui generis handele.[551] Für die Einordnung in eine Kreditmöglichkeit konnte Art. XIX, Absch. 6 i.V.m. Anhang G herangezogen werden, der für die Teilnehmer an SZR die Pflicht einräumt, den Bestand von 70% des Durchschnitts der gesamten täglichen Bestände an SZR während einer 5-Jahresperiode zu rekonstituieren, d.h. in konvertible Währungen zurückzukaufen. Die Abschaffung der Rekonstitutionspflicht in 1981[552] schließt nunmehr die Einordnung des SZR unter Kredite mangels einer bestehenden Rückzahlungspflicht aus.[553]

Den SZR kommt vielmehr ein monetärer Charakter zu, der sich darin zeigt, daß die SRZ als Recheneinheit, Währungsreserve, Wertaufbewahrungs- und Zahlungsmittel dienen. Da die SZR aufgrund ihrer Wertberechnung aus einem Währungskorb stabiler als nationale Währungen sind, werden sie als Recheneinheit für laufende Transaktionen angewandt[554] und von 16 „sonstigen Inhabern"

---

549 Kepp, SZR, S. 122-124; Bargelame, SZR, S. 101 f.

550 Die Gründung der SZR war für notwendig befunden worden, weil den bestehenden Hauptreservemedien, Gold und Währungsguthaben, ein willkürliches Element zugrunde lag. Außerdem bestand während der 60er Jahre die Befürchtung, daß sich die internationale Liquidität auf der Basis dieser beiden Reservemöglichkeiten verknappen könnte. Zur Erschaffung und Geschichte der SZR bzw. der internationalen Liquidität siehe: Aschinger, Währungssystem, S. 236-270; Kepp, SZR, S. 1-34; Clark/ Polak, International Liquidity, S. 5-10.
Die SZR wurden mit der ersten Änderung der Statuten des IWF eingeführt (IWF, Gouverneursrat Resolution Nr. 23-5 vom 31 Mai 1968, in Kraft getreten am 28. Juli 1969).

551 Übersicht über vertretene Meinungen zur Einordnung der SZR als Kredite oder Geld siehe Kepp, SZR, S. 38-45. Für die Einordnung in eine Rechtsform sui generis plädiert Gold, SDR, S. 28.

552 IWF, Entscheidung vom 22. April 1981, Nr. 6832-(81/65); in: Sel. Dec., 2003.

553 Lucke, IWF, S. 30; vgl. IWF, Jahresbericht 2003, S. 86.

554 Die SZR dienen folgenden Institutionen als Recheneinheit: Afrikanische Entwicklungsbank, Arabischer Währungsfonds, Asiatische Entwicklungsbank, Common Fund for Commodities, ICSID, Internationaler Fonds für Landwirtschaftliche Entwicklung, Islamische Entwicklungsbank, Ostafrikanische Entwicklungsbank, Zentralbank der Westafrikanischen Staaten (IMF, Financial Organization, S. 106, Fn. 13).

gebraucht.[555] Die SZR stellen in dem Rahmen eine zinsbringende Währungsreserve dar, in dem der IWF Zinsen auf die Beträge zahlt, die ein Land gegen die Vergabe von konvertiblen Währungen getauscht hat und damit SZR über seinem ursprünglich zugeteilten Betrag hält.[556] Des Weiteren übernehmen die SZR eine Wertaufbewahrungsfunktion, wenn sie bei Transaktionen eingesetzt werden, bei denen die Kaufkraftsicherung im Mittelpunkt steht (Termingeschäfte, Geschäfte mit Wertpapieren).[557] Die Zahlungsmittelfunktion liegt bei den SZR dagegen lediglich eingeschränkt vor. Aufgrund ihrer Abstraktheit können sie nicht als gesetzlich festgelegtes Zahlungsmittel dienen, die Mitgliedstaaten des IWF können allerdings Verbindlichkeiten untereinander mit ihnen begleichen, da die SZR nicht an einen Verwendungszweck gebunden sind.[558] Die SZR sind damit ein "Reserveaktivum"[559], das auch als "internationales Geld"[560] bezeichnet werden kann.

Unabhängig von der Einordnung unter den Begriff des Geldes können die SZR von Kreditmöglichkeiten des IWF dadurch abgegrenzt werden, daß sich die Ansprüche der Teilnehmer nicht an den IWF, sondern an die Gemeinschaft aller Teilnehmer richten und die Vergabe, wie schon erwähnt, nicht von der Durchführung von Reformen abhängig gemacht wird. Im Unterschied zu anderen Arten der internationalen Liquidität wie Gold und Devisen führt die Zuteilung von SZR nicht automatisch zu einem Anstieg der inländischen Geldmenge und global betrachtet ergab sich keine Erhöhung der Weltgeldmenge. Daß die Auswirkungen der Zuteilung von SZR für die Zentralbankbilanz geldmengenneutral sind, bringt mit sich, daß keine Gefahr der Inflation der Weltwirtschaft durch eine Zuteilung besteht.[561] Vielmehr hängt eine ökonomische Wirkung der SZR

---

555 Die sonstigen Inhaber gemäß Art. XVII, Absch. 3 IWF-Statuten sind: Afrikanische Entwicklungsbank, Afrikanischer Entwicklungsfonds, Arabischer Währungsfonds, Asiatische Entwicklungsbank, Bank der Zentralafrikanischen Staaten, Bank für Internationalen Zahlungsausgleich, Europäische Zentralbank, Internationale Bank für Wiederaufbau und Entwicklung (IBRD), Internationale Entwicklugsorganisation (IDA), Internationaler Fonds für Landwirtschaftliche Entwicklung, Islamische Entwicklungsbank, Lateinamerikanischer Reservefonds, Nordische Investitionsbank, Ostafrikanische Entwicklungsbank, Ostkaribische Zentralbank und Zentralbank der Westafrikanischen Staaten (IWF, Jahresbericht 2003, S. 88).

556 Art. XX, Absch. 1 und 2 IWF-Statuten. Da jedes Mitglied sowohl Zinsen für die von ihm gehaltenen SZR erhält als auch Gebühren in Höhe der Zuteilung an SZR und etwaiger Fehlbeträge zahlt und der Zinssatz mit dem Gebührensatz übereinstimmt (Absch. 3, S. 2), erhält der Teilnehmer, der einem anderen eine konvertible Währung gegen SZR tauscht, Zinsen für diese Ausleihung.

557 Bargelame, SZR, S. 79; Lucke, IWF, S. 30 f.

558 Lucke, IWF, S. 31.

559 IWF, Jahresbericht 2003, S. 86; vgl. Kepp, SZR, S 45.

560 Theile, SZR, S. 147.

561 Bargelame, SZR, S. 102.

von ihrer Verwendung durch die Teilnehmer ab. Hier ist zwischen Überschußländern und Defizitländern zu unterscheiden.

Die Zuteilung der SZR an Überschußländer hat an sich keine Wirkung, da die Höhe der Zuteilungen in Relation zu den Reservepositionen zu gering gewesen ist. Überschußländer könnten allerdings bemüht sein, ihre Währungsreserven mittels ihrer Wirtschaftspolitik gering zu halten, um einer Designierung durch den IWF zu entgehen. Unter einer Designierung ist gemäß Art. XIX, Absch. 4 und 5 IWF-Statuten das Recht des IWF zu verstehen, Teilnehmer, deren Zahlungsbilanzsituation und Reserveposition stark ist, zur Ausgabe von konvertiblen Währungen gegen SZR zu bestimmen. Neben der Designierung besteht die Möglichkeit, SZR auf freier vertraglicher Basis zu verwenden und auf diese Weise eine Stabilisierung des eigenen Währungssystems herbeizuführen. Beispielsweise kann das Anbieten der eigenen Währung gegen SZR Aufwertungstendenzen der eigenen Währung entgegenwirken. Die Verwendung von SZR hat für die Überschußländer dabei den Vorteil, ein geringes Wechselkursrisiko zu stellen.[562]

In einem weiteren Umfang als die Überschußländer profitieren die Defizitländer von der Zuteilung an SZR. Da Defizitländer vor der Wahl stehen, entweder eine Anpassung ihrer Volkswirtschaft auf die geänderten Verhältnisse zum Abbau des Zahlungsbilanzdefizits durchzuführen oder Devisen durch Kreditaufnahme zu beschaffen, helfen die SZR dabei, den Anpassungsdruck zu mindern und eine Kreditwürdigkeitsprüfung durch Kreditinstitute zu umgehen. Auch liegen die für die Verwendung von SZR zu zahlenden Gebühren niedriger als der Zinssatz auf internationalen Geld- und Kapitalmärkten. Ein weiterer Vorteil der SZR für Defizitländer liegt darin, im Tausch gegen SZR Devisen zu erlangen und mit diesen die eigene Währung aufzukaufen.[563]

3.6.2. Der IWF im System der SZR

Es können drei Bereiche unterschieden werden, in denen der IWF mit SRZ umgeht oder auf ihr System Einfluß nimmt. Zum einen dienen die SZR dem IWF und einigen anderen internationalen Institutionen als Recheneinheit. Der IWF sieht hierin die Hauptfunktion der SZR begründet[564], nachdem die Notwendigkeit, die Höhe der internationalen Liquidität durch die Zuteilung von SZR zu erhöhen, seit Beginn der 80er Jahre nicht mehr gegeben ist. Zum anderen ist der IWF als Vermittler und Verwalter der Transaktionen und Operationen mit SZR beschäftigt und drittens bestehen Ambitionen, die Effektivität der internationa-

562 Bargelame, SZR, S. 91 f.

563 Bargelame, SZR, S. 93. In Anlehnung an die Pflicht für Überschußländer, der Designierung des IWF nachzukommen, bestand bis 1981 die Rekonstitutionspflicht für Defizitstaaten, durch die erreicht werden sollte, daß SZR nicht zur dauerhaften Finanzierung von Defiziten eingesetzt werden und eine Zahlungsbilanzdisziplin eingehalten wird.

564 IMF, Factsheet SDR, S. 1.

len Liquidität durch eine regelmäßige Zuteilung von SZR zu steigern. Auf die beiden letztgenannten Funktionen soll im Weiteren eingegangen werden.

3.6.2.1. IWF als Vermittler von SZR-Transaktionen

Das System der SZR baut auf der Verpflichtung in Art. XIX, Absch. 4, lit. a IWF-Statuten auf, nach der ein Teilnehmer auf Verlangen einem anderen Teilnehmer Beträge in einer konvertiblen Währung gegen die Annahme von SZR bereitstellen muß.[565] Diese Regelung bezieht sich allerdings lediglich auf Teilnehmer, die durch den IWF designiert worden sind. Die Aufgabe des IWF besteht somit gemäß Art. XIX, Absch. 5 IWF-Statuten darin, die Situation der Zahlungsbilanzen und der Bruttoreserven der Teilnehmer zu bewerten und einen Designierungsplan zu erstellen. Obwohl seit September 1987 keine Designierung mehr vorgenommen worden ist, fährt der IWF fort, „to prepare a designation plan each quarter, [...] on a contingency basis and as added insurance for the liquidity of the SDR financing mechanism“.[566]

Neben der Designierung durch den IWF sehen seine Statuten in Art. XIX, Absch. 2, lit. b vor, daß die Teilnehmer SZR gegen die Ausgabe von Währungen durch Vereinbarung verwenden können. Nachdem 12 IWF-Mitglieder und ein SZR-Inhaber freiwillige Vereinbarungen mit dem IWF getroffen haben, nach denen dieser SZR bis zu einer bestimmten Höhe gegen Währungen kaufen oder verkaufen darf[567], sind Teilnehmer nicht mehr daran gebunden, gemäß Art. XIX, Absch. 3 IWF-Statuten das Erfordernis eines Bedarfs aufgrund ihrer Zahlungsbilanz- oder Reservesituation geltend zu machen. Die Rolle des IWF besteht daher hauptsächlich darin, die an Transaktionen teilnehmenden Mitglieder zusammenzuführen und im Rahmen der freiwilligen Bereitstellung der SZR die Transaktion für den beteiligten Teilnehmer durchzuführen.[568]

Um den Wert der SZR möglichst stabil zu halten und damit ihre Stellung als Reserveeinheit gegenüber von Währungen aufzuwerten, richtet sich die Bewertung der SZR nach einem Währungskorb, in dem vier Währungen der Staaten enthalten sind, „whose exports of goods and services during the five-year period ending 12 months before the effective date of this decision or any subsequent revision had the largest value, and which have been determined by the Fund to be freely usable currencies”.[569] Zurzeit handelt es sich um den US-Dollar, den

---

565 Der IWF bezeichnet diese Regelung als „legal backing“ des SZR-Systems (IMF, Financial Organization, S. 93).

566 IMF, Financial Oranization, S. 93.

567 Ein Mitglied hat eine eingleisige Vereinbarung getroffen, nach welcher der IWF SZR lediglich verkaufen darf. IWF, Jahresbericht 2003, S. 88 und Fn. 10.

568 IMF, Financial Organization, S. 112.

569 IWF, Entscheidung vom 11. Okt. 2000, Nr. 12281-(00/98); in: Sel. Dec. 2003. Die Beschreibung von früheren Methoden der Bewertung der SZR ist zu finden in: Kepp, SZR, S. 48-53; IMF, Financial Organization, S. 93-95.

Euro, den japanischen Yen und das Pfund Sterling, die in unterschiedlicher Gewichtung zur Wertbestimmung durch den IWF herangezogen werden.[570] Neben der täglichen Neubestimmung des Wertes der SZR legt der IWF die Zins- und Gebührenhöhe für deren Verwendung wöchentlich fest. Diese basiert auf einem gewichteten Mittel der repräsentativen Zinssätze kurzfristiger Schuldtitel auf den Märkten der Währungen, die im SZR-Bewetungskorb enthalten sind.[571]

Zu den selteneren Aufgaben des IWF im Rahmen des SZR-Systems gehört es, die Operationen festzulegen, für welche die Teilnehmer SZR verwenden dürfen[572], und „sonstige Inhaber" gemäß Art. XVII, Absch. 3 IWF-Statuten zu bestimmen.

3.6.2.2. Bereitstellung internationaler Liquidität durch den IWF

Um den SZR mehr Bedeutung zukommen zu lassen, werden in regelmäßigen Abständen Diskussionsforen über die Verwendung und Rolle der SZR abgehalten oder Aufsätze verfaßt.[573] Die Vorschläge reichen von einer kommerziellen Nutzung, über die Verbindung der SZR mit Entwicklungshilfe oder regelmäßige Zuteilungen.[574] Da einige Mitglieder des IWF, die gleichzeitig auch Mitglieder des SZR-Systems sind, noch von keiner Zuteilung an SZR profitiert haben, verabschiedete der Gouverneursrat des IWF im September 1997 eine Resolution, mit der die Statuten des IWF dahingehend geändert werden sollten, daß eine einmalige Verteilung von SZR unter besonderen Umständen möglich sei. Durch diese 4. Änderung der Statuten würde eine Gleichbehandlung unter den Mitgliedern der SZR-Abteilung hergestellt werden. Außerdem sollen die Zuteilungen an Mitgliedstaaten mit Schulden gegenüber dem IWF nicht ausgegeben werden.[575] Allerdings ist die für eine Änderung der Statuten erforderliche Mehrheit von 3/5 der Mitglieder, die 85% der Gesamtstimmen halten, bis heute nicht erreicht worden. Nach dem Jahresbericht 2004 des IWF stimmten bis zum 30. April 2004 131 Mitglieder mit einem Stimmenanteil von 77,57% für die Änderung, so daß die Annahme durch die USA für die Umsetzung der Änderung ausreichen würde.

---

570 IMF, Entscheidung vom 11. Okt. 2000, Nr. 12281-(00/98); in: Sel. Dec. 2003; IMF, SDR II, S. 1.

571 IMF, Factsheet SDR, S. 1.

572 Innerhalb der Kompetenz, Operationen zu bestimmen, bei denen Teilnehmer SZR verwenden dürfen (Art. XIX, Absch. 2), hat der IWF die Verwendung von SZR u.a. bei Darlehen, Swaps und unverzinslichen Krediten genehmigt. Ein umfassender Überblick über den Einsatz von SZR und die begleitenden Bedingungen gibt IMF, Users' Guide to the SDR, 1995.

573 Vgl. Rhomberg, SDR, S. 162-169; Mussa/ Boughton/ Isard, Future of the SDR, S. 1 ff.; Clark/ Polak, International Liquidity, S. 17-24; IMF, Financial Organization, S. 102 f.

574 Zur Verbindung der SZR mit Entwicklungshilfe siehe die Dissertationen von Kepp, SZR, S. 234-426 und Theile, SZR, S. 232-401.

575 IMF, Financial Organization, S. 103.

3.7. Zusammenfassung: Konkurrenzen und Kollisionen in der Geschäftstätigkeit der Weltbank und des IWF

Die festgestellten Konkurrenzen und Kollisionen zwischen der Geschäftstätigkeit der Weltbank und des IWF entstanden in der späteren Praxis der Organisationen sowie der Auslegung und Weiterentwicklung der Geschäftstätigkeit. Der Geschäftstätigkeit der Weltbank und des IWF liegen Strategien zugrunde, welche die grundsätzlich unterschiedliche Aufgabenübertragung durch die Mitgliedstaaten verdeutlichen. Hat der IWF für die Einhaltung von Verhaltensnormen im internationalen Währungs- und Finanzsystem zu sorgen und basieren seine Handlungskompetenzen, d.h. die finanzielle und technische Hilfe sowie die Überwachungstätigkeit, auf dem Ziel, die Ungleichgewichte in den Zahlungsbilanzen der Mitgliedstaaten zu bekämpfen und damit den internationalen und globalen Handels- und Devisenverkehr zu sichern, so umfaßt die Strategie und Arbeit der Weltbank den weiten Bereich der Entwicklungshilfe. Sie geht in ihrer holistische Sichtweise auf jegliche Politik- und Gesellschaftsbereiche ein, die mit der Entwicklung eines Landes in Verbindung stehen und nähert sich in den Bereichen, die ihre Wirkung auf die Stabilität der Wirtschaft und den Wechselkurs entfalten, den Aufgabenbereichen des IWF an. Gleichzeitig richtet der IWF seine Hilfe, die ausschließlich an einkommensschwache Staaten vergeben wird, auf die besonderen Bedürfnisse dieser Staaten aus und übernimmt in diesem Bereich die Entwicklungsziele und Reformansätze der Weltbank.

Der IWF ist für die Überwachung der außenwirtschaftlichen Einflüsse der Wirtschaftspolitik in den Mitgliedstaaten verantwortlich und führt diese in bilateralen, regionalen und multilateralen Konsultationen und Bewertungen durch. Außerdem tritt der IWF alleine als direkter Katalysator von Finanzhilfen Dritter gegenüber seinen Mitgliedern auf, indem er deren Reformvorhaben und die Umsetzung der Reformprozesse öffentlich darstellt und bewertet. Lediglich die indirekte Katalysatorfunktion in Form von positiven Wirkungen der auf ein anderes Ziel ausgerichteten Geschäftstätigkeit ist in der Tätigkeit der Weltbank und des IWF vorhanden.

Ebenfalls keine Konkurrenzen treten in der Vorgehensweise der Weltbank und des IWF nach bewaffneten Konflikten in einem unterstützten Mitgliedstaat auf. Die Weltbank stimmt ihr Programm umgehend auf die neue Situation ab und bereitet den Wiederaufbau der Wirtschaft vor, wohingegen der IWF statistische und verwaltungsorganisatorische Kapazitäten aufbauen möchte und für eine Stabilisierung der Wirtschaft sorgt, sobald deren Funktionstüchtigkeit wiederhergestellt ist. Kollisionen zwischen der Arbeit der Weltbank und des IWF können auftreten, wenn die Prioritäten für den Einsatz knapper Ressourcen des Staates abgewogen werden.

Die Vergabe der technischen Hilfe der Weltbank und des IWF verläuft sehr ähnlich, da Experten ausgesandt, Diskussionen abgehalten, Ausbildungen organisiert und Forschungsprogramme durchgeführt werden. Der Inhalt der Forschungsprogramme und Analysen überschneidet sich teilweise. Da die Weltbank ihren Mitgliedern umfassende Informationen über alle Bereiche der Entwicklungspolitik zugänglich machen möchte, umfaßt ihre Tätigkeit auch die Stabilisierungspolitik, die Globalisierung der Finanzmärkte und internationaler Kapitelflüsse, das Bankensystem und Bewertungen der Arbeitslosigkeit, Produktion und Rezessionen. In diesen Bereichen kann es zu unterschiedlichen Analyseergebnissen und damit zu differierenden Reformvorschlägen an die Mitgliedstaaten kommen.

Nachdem die beiden Organisationen gemeinsame Interessenbereiche bei der technischen Hilfe ausgemacht hatten, einigten sie sich auf die Durchführung gemeinsamer Programme. Zu diesen zählen die Initiative für Standards und Kodizes (ROSC), das Programm zur Bewertung des Finanzsektors (FSAP) und die Hilfe bei der Erstellung von Strategiepapieren über Armutsreduzierung in einkommensschwachen Staaten (PRSP). Trotz eines gemeinsamen Vorgehens sind widersprüchliche Meinungen der Weltbank und des IWF in den FSAP und den JSA, die ein ausgearbeitetes PRSP bewerten und als Grundlage für die CAS der Weltbank oder die PRGF des IWF dienen, nicht ausgeschlossen. Sie gründen zumeist auf Diskrepanzen zwischen dem makroökonomischen Stabilisierungsansatz des IWF und der wachstumsbezogenen Zielsetzung der Weltbank.

In den klassischen Aufgabenbereichen der Weltbank und des IWF hält die jeweilige Organisation ein Monopol, wenn sie ihre Finanzhilfe mit Konditionalität oder Politikdialog versieht. So plant die Weltbank Projekte zur Befriedigung der Grundbedürfnisse der armen Bevölkerung, berät über den Aufbau von produktiven Anlagen, wie Infrastrukturprojekten, Bildungseinrichtungen, Kraftwerken und ähnliches, und nimmt Reformen mit direktem Armutsbezug vor. Der IWF ist weiterhin für die Stabilisierung der Wirtschaften und den Ausgleich der Zahlungsbilanzen zuständig. Obwohl sich die Weltbank mit ihren Anpassungsprogrammen der nachfrageorientierten Politik des IWF annäherte, sind Kollisionen zwischen den Stabilisierungsmaßnahmen des IWF und wachstumsorientierten Programmen der Weltbank nicht auszuschließen. Gleiches gilt für die Verbindung dieser Bereiche mit Maßnahmen in der Umweltpolitik.

Der IWF verschob seine Politik gegenüber einkommensschwachen Staaten in die Richtung des Politikdialogs der Weltbank, indem er auf deren besondere Probleme eingeht und soziale sowie wachstumsfördernde Maßnahmen präferiert. Die Annäherung der Reformvorschläge hat zwar die Möglichkeit von Kollisionen verringert, führte jedoch zu Konkurrenzen und der Gefahr ineffektiver Überschneidungen zwischen den Tätigkeitsbereichen der Weltbank und des IWF bei der Unterstützung einkommensschwacher Mitglieder.

Widersprüche in der Bereitstellung von Politikratschlägen können auch zwischen der Überwachungstätigkeit des IWF, die auf die Einhaltung der stabilisierend wirkenden Verhaltensregeln aus den Statuten des IWF achtet, und dem

Politikdialog der Weltbank entstehen. Kollidierende Politikbereiche sind die Handelspolitik, der Aufbau und die Funktionstüchtigkeit von Institutionen und die wachstumsorientierte Strukturpolitik, welche mit der Stabilisierungspolitik des IWF abgeglichen werden muß.

Außerdem erschwert sich die Konsensbildung über die Ausgestaltung eines Reformprogramms durch den unterschiedlichen Kreis politischer Entscheidungsträger, die an der Erstellung der Programme mitwirken.

Im Bereich der finanziellen Unterstützung der Mitgliedstaaten können die Vergabe von Garantien, die Kofinanzierung und die Investitionskredite der Weltbank als konkurrenzlose Finanzierungsinstrumente angesehen werden. Ebenfalls ohne Gegenpart in der Geschäftstätigkeit der anderen Organisation vergibt der IWF Gelder im Rahmen von Sonderfazilitäten, die ein besonderes Problem der Zahlungsbilanz voraussetzen.

Abgesehen von ihrer Länge und Zielsetzung der Ziehungen und Darlehen bzw. Kredite sind die Kredittranchen des IWF, die mit der Umsetzung eines Bereitschaftskreditabkommens verbunden werden, mit DPL der Weltbank vergleichbar. Zusätzlich zu dem im Charakter der Organisationen festgelegten Unterschied möchte die Weltbank ihren Mitgliedern durch Maßnahmen, die auf das Wachstum der Wirtschaft und die direkte Armutsreduzierung ausgerichtet sind, zu einem höheren Entwicklungsstand verhelfen. Dagegen steht für den IWF die Stabilisierung der Wirtschaft im Vordergrund, wobei Wachstumsfaktoren nicht vernachlässigt werden sollten. Diese programmatische Unterscheidung hebt sich im Rahmen der PRGF des IWF auf, die mittelfristig angelegt ist und deren Reformmaßnahmen auf das Wachstum und die schnelle Reduzierung der Armut ausgerichtet sind. In diesem Bereich kommt es zu einer Konkurrenz der Finanzhilfe.

Eine enge Verbindung der Finanzhilfen von IWF und Weltbank besteht auch in Mitgliedstaaten, die zwar keine Gelder einer der Organisationen in Anspruch nehmen, mit diesen aber ein Bereitschaftskreditabkommen bzw. eine DDO der DPL vereinbart haben. Beide Abkommen sehen die Umsetzung von Reformprogrammen und deren Begleitung und Kontrolle durch die jeweilige Organisation vor, während der dem Mitglied die Option offen steht, Gelder im Bedarfsfall in Anspruch zu nehmen. Da die Reformprogramme des IWF im makroökonomischen Bereich und die der Weltbank im mikorökonomischen und strukturpolitischen Bereich anzusiedeln sind, können Konkurrenzen oder Kollisionen nicht über den Inhalt der normalen Konditinalität bzw. den Politikdialog hinaus entstehen.

Im Rahmen der finanziellen Notfallhilfe der Weltbank und des IWF kommt es weder zu Konkurrenzen noch zu Kollisionen. Die Hilfe des IWF erweitert die schon vorhandenen Tranchen oder Ziehungsmöglichkeiten, um die erfolgreiche Durchführung des Reformprogramms nicht zu gefährden. Dagegen umfaßt die Notfallhilfe der Weltbank die Finanzierung von Wiederaufbaumaßnahmen in einem zerstörten oder von Projekten zur Deckung der Grundbedürfnisse in einem von Naturkatastrophen heimgesuchten Gebiet. Auch im Bereich der verwalteten Konten und Treuhandfonds besteht zwischen der Arbeit der Organisationen eine klare Trennung. Während sich die Weltbank dieser Vergabemethode sehr regelmäßig bedient, umfassen die Treuhandfonds des IWF mit Ausnahme der Konten für die PRGF und die HIPC-Initiative lediglich Gelder zur Finanzierung von technischer Hilfe und Ausbildungsmaßnahmen. Daneben erleichtert der IWF die Ziehung von Geldern für einkommensschwache Mitgliedstaaten im Rahmen der Post-Konflikt Hilfe, indem er ein Subventionskonto zur Senkung der Zinsen auf 0,5% pro Jahr unterhält.

Im Bereich der Schuldenreduzierung sind Konkurrenzen und Kollisionen nicht zu erkennen. Umschuldungen kommerzieller Schulden bzw. gegenüber der IBRD werden von der Weltbank finanziert. Außerdem haben Weltbank und IWF Akkumulationsprogramme eingeführt, um die ihnen gegenüber bestehenden Schulden zu verringern und ihren Mitgliedern einen Anreiz zur unverzüglichen Rückzahlung der Schulden zu geben. Im Rahmen der HIPC-Initiative können Konkurrenzen oder Kollisionen bei der Ausarbeitung der PRSP der Mitgliedstaaten entstehen, welche allerdings in den Bereich der technischen Hilfe der Weltbank und des IWF zu zählen ist. Das Erreichen des Ziels der HIPC-Initiative, nämlich die Entschuldung der Mitgliedstaaten beinhaltet keine Überschneidungen der Geschäftstätigkeiten, da der IWF die Schulden gegenüber sich selbst erläßt und die Koordination sowie Umsetzung aller weiteren Schuldenerlasse im Geschäftsbereich der Weltbank angesiedelt sind. Widersprüche zwischen der Weltbank und dem IWF sind jedoch bei ihren Analysen und Ratschlägen bzgl. eines nachhaltigen Schuldendienstes und Schuldenmanagements in den einzelnen Mitgliedstaaten nicht ausgeschlossen.

Die Zuteilung und der Handel mit Sonderziehungsrechten fallen in den alleinigen Aufgabenbereich des IWF.

4. Geschichtliche Entwicklung der Beziehung zwischen IWF und Weltbank

Die Kollisionen und Konkurrenzen, die zwischen der Geschäftstätigkeit der Weltbank und des IWF bestehen, sind historisch gewachsen und ein Produkt ihrer langjährigen Rivalität. Die heutige Situation und die teilweise bestehenden Abweichungen von den Regelungen in den Statuten der Organisationen können daher nicht ohne eine Betrachtung der geschichtlichen Entwicklung mit ihren wechselnden Orientierungen und der sich ändernden Schwerpunktsetzungen verstanden werden. So reagierte der IWF im Laufe seiner Geschäftstätigkeit flexibel auf die finanziellen Engpässe seiner Mitglieder und die Änderungen des internationalen Währungssystems; die Weltbank unterlag im Gegensatz dazu den Einflüssen und dem Wandel der Entwicklungshilfetheorien.

Dieses Kapitel enthält einen chronologischen Überblick über die wechselnden Beziehungen zwischen der Weltbank und dem IWF, die von Neutralität (Kapitel 4.1.) über eine komplementäre Beziehung (Kapitel 4.2.), Anfängen der Konkurrenz (Kapitel 4.3.) und Rivalität (Kapitel 4.4.) bis zum Aufkommen von Synergieeffekten (Kapitel 4.5.) reichen.

4.1. Aufnahme der Geschäftstätigkeit und Neutralität

Mit dem Abschluß der Verträge über die Gründung der IBRD und des Internationalen Währungsfonds am 22. Juli 1944 auf der United Nations Monetary and Financial Conference in Bretton Woods, New Hampshire, reagierte die internationale Gemeinschaft auf die weltwirtschaftlichen Verhältnisse in den 30er Jahre, die *Henry Morgenthau Jr.* wie folgt beschrieb:

> „All of us have seen the great economic tragedy of our time. We saw the worldwide depression of the 1930s. We saw currency disorders develop and spread from land to land, destroying the basis of international trade and international faith. In their wake, we see unemployment and wretchedness – idle tools, wasted wealth. [...] In many countries controls and restrictions were set up without regard to their effect on other countries.“[576]

Um diese „beggar-my-neighbour“[577] Politik von Protektionismus, Deflation und Schrumpfung des Welthandels während der Wiederaufbauphase nach dem 2. Weltkrieg zu vermeiden, legten *John Maynard Keynes*, Berater des britischen Handelsministeriums, und der amerikanische Staatssekretär im Wirtschaftsministerium, *Harry Dexter White*, Vorschläge für ein neues Weltwährungssystem

576 Zitiert in Asherman, IMF, 239.
577 Horsefield I, S. 5.

vor.[578] *Keynes* sah das Kernproblem des globalen Wirtschaftssystems in einem Mangel an Liquidität.[579] Sein Vorschlag beinhaltete daher die Gründung einer International Currency Union als "Weltzentralbank". Diese würde eine neue internationale Währung, genannt "Bancor", deren Wert im Verhältnis zum Gold ausgedrückt werden sollte, kontrollieren. Die künstliche Währung sollte als neue Reserveeinheit anstelle des Goldes anerkannt werden.[580] Sowohl ein Zahlungsbilanzüberschuß als auch ein Zahlungsbilanzdefizit könnten durch den Umtausch von Devisen in Bancor ausgeglichen werden, so daß Überschuß- und Defizitstaaten durch Anpassung ihrer Finanzpolitik zur Stabilität der Weltwirtschaft beitrügen.[581]

Im Unterschied zum Keynes-Plan, der auf dem Prinzip eines geschlossenen Banksystems basierte und dessen Verschuldungspotention eine Funktion der Salden im internationalen Zahlungsverkehr bildete, baute der Vorschlag von *White* auf dem Prinzip eines internationalen Stabilisierungsfonds auf, in den alle Mitgliedstaaten Beiträge einzuzahlen hätten und dessen Kreditvolumen durch die Beiträge sowie durch eventuelle Anleihen beschränkt wäre. Im White-Plan sollte ein indirekter Goldstandard mit dem US-Dollar als der einzigen unbeschränkt goldkonvertiblen Währung eingerichtet werden. Länder, deren Zahlungsbilanzen sich im Defizit befänden, könnten den Fonds darum nachsuchen, Fremdwährungen aus seinen Beständen in Höhe ihrer Quote gegen die nationale Währung des anfragenden Mitgliedstaates abzugeben.[582] Der IWF hätte die Möglichkeit, über diese Grenze hinauszugehen, wenn sich das Defizitland verpflichtete, empfohlene Gegenmaßnahmen zur Herstellung des Zahlungsbilanz-

---

578 Die vierte und die abschießende Fassung des Vorschlags von Keynes (Proposals for an International Currency Union; 11. Februar 1942) sind in Horsefield III, S. 3-36 zu finden. Der Text, den White eingebracht hat (Preliminary Draft Proposal for a United Nations Stabilization Fund and a Bank for Reconstruction and Development of the United and Associated Nations; April 1942), ist in Horsefield III, S. 37-83 abgedruckt. Zusammenfassungen der Vorschläge von Keynes und White in: Rawert, IWF, Rn. 3; Asherman, IMF, 244 f.; Aschinger, Währungssystem, S. 20 f.; Dam, Rules, S. 71-83.

579 Dam, Rules, S. 77.

580 Keynes, in: Horsefield III, S. 3, 12-13; Auseinandersetzung mit den Vorstellungen von Keynes im Detail siehe Gold, Legal Aspects II, S. 841-861.

581 Keynes, in: Horsefield III, S. 7. Die Beanspruchung der Kreditlimiten durch ein einzelnes Land sollte innerhalb einer Jahresperiode 25% der Quote nicht übersteigen. Eine Beanspruchung der Quote von mehr als einem Viertel sollte einer Abgabe von 1%, eine Banknützung von mehr als der Hälfte der Quote einer Abgabe von 2% unterliegen. Zur Verhinderung extremer Verschuldung sah Keynes vor, daß Länder, deren Verschuldung gegenüber der Union 25% der Quote überstieg, ihre Währung bis zu 5% abwerten könnten. Die Union sollte außerdem Kapitalbewegungen kontrollieren dürfen, um destabilisierende Spekulationsgeschäfte zu unterbinden. (Keynes, in: Horsefield III, S. 3, 7; Aschinger, Währungssystem, S. 20f.).

582 White, in: Horsefield III, S. 60.

gleichgewichts anzunehmen, und die Aussicht bestände, daß die übermäßige Verschuldung bald abgebaut werden könnte.[583]

Das Abkommen von Bretton Woods, das in allen wesentlichen Punkten das von *White* vorgeschlagene Konzept widerspiegelt, trat nach den notwendigen Ratifikationen[584] im Dezember 1945 in Kraft.

4.1.1. Etablieren des Bretton Woods-Systems durch den IWF

Die Gründer des IWF sahen im System fester Wechselkurse die beste Gewähr für eine ausgeglichene Expansion der Weltwirtschaft[585], deren Grundlage die Konvertibilität der Währungen darstellte. Obwohl die Ziele des IWF lediglich indirekt auf die Anpassungspflicht der Mitglieder eingehen, indem sie die Vergabe von finanzieller Hilfe mit dem Ziel verknüpfen, von Maßnahmen, die sich destruktiv auf die nationale und internationale Wirtschaft auswirken, Abstand zu nehmen (Art. I, Abs. v IWF-Statuten (1945)), sollten die festen Wechselkurse einen disziplinierenden Einfluß auf die innere Anpassungspolitik der Mitgliedstaaten ausüben.[586] Das System von Bretton Woods bestand aus einem allgemein anerkannten Konsens über Währungs- und Wechselkursbestimmungen, innerhalb derer die Mitgliedstaaten ihre nationale Politik betreiben konnten.[587]

Der IWF nahm seine Tätigkeit am 1. März 1947 auf. Art. XIV der IWF-Statuten (1945) sah einen Übergangszeitraum vor, in dem „Zahlungs- und Überweisungsbeschränkungen für laufende internationale Transaktionen aufrecht-

---

583 Aschinger, Währungssystem, S. 22.

584 Art. XX, Absch. 1 IWF-Statuten (1945) sieht für das Inkrafttreten des Abkommens die Unterzeichnung durch die Regierungen, die 65% aller Quoten besitzen, und die Hinterlegung der Urkunden vor.

585 Neben dem dauerhaften und hohen Wirtschaftswachtum nennt Art. I, ii IWF-Statuten (1945) die Erzielung und Erhaltung eines hohen Beschäftigungsgrades und einen expansiven, multilateralen Welthandel als übergeordnete Ziele des IWF. Durch die Hervorhebung der Vollbeschäftigung und der Wohlstandsförderung als primäre Ziele kommt der Stabilität der Wechselkurse im Konfliktfall eine untergeordnete Bedeutung zu.

586 Nach einer Interpretation des damaligen englischen Notenbank-Gouverneurs Lord Cromer beinhaltete die Anpassungspflicht dieVerpflichtung, daß jedes Land die Verantwortung trägt, seine eigene Wirtschaft in einer Weise zu führen, daß dadurch Gefahren für das Währungssystem als Ganzes infolge von übermäßigen Zahlungsbilanzdefiziten oder -überschüssen vermieden werden und daß die Wiederherstellung des Gleichgewichts ohne Störung des Wachstums des Welthandels erreicht werden sollte (Lord Cromer, Rede vom 21. Okotober 1965, erwähnt in Aschinger, Währungssystem, S. 43).

587 Guitián spricht daher von einem „rules-based system“, das nach der zweiten Änderung der Statuten des IWF und der darin vorgenommenen Entfernung vom Bretton Woods System zu einem „discretion-based regime“ wurde (Guitián, Unique Nature, S. 5 f.). Ausführliche Beschreibung in: Gold, International Law, S. 10-22.

erhalten oder den wechselnden Umständen"[588] angepaßt werden konnten. Die Mitgliedstaaten sollten innerhalb dieses Zeitraums „die [...] aufrechterhaltenen oder eingeführten Beschränkungen aufheben, sobald sie die Überzeugung besitzen, daß sie auch ohne dieselben in der Lage sein werden, ihre Zahlungsbilanz so auszugleichen, daß sie nicht übermäßig auf die Mittel des Fonds zurückzugreifen haben"[589]. Die meisten europäischen Staaten waren darauf angewiesen, den Handels- und Zahlungsverkehr durch bilaterale Verträge zu regeln, da nach 1945 nur der US-Dollar und teilweise das britische Pfund Sterling neben Gold international akzeptierte Reserven darstellten.[590] Der letzte Schritt zur Einführung des internationalen Finanzsystems nach den Verträgen von Bretton Woods erfolgte daher erst im Dezember 1958, als 15 westeuropäische Staaten und 15 mit diesen in finanzpolitischer Hinsicht verbundene Staaten ihre Währungen für konvertibel erklärten.[591]

Mit dem Ziel „die Stabilität der Währungen zu fördern, geordnete Währungsbeziehungen unter den Mitgliedern aufrechtzuerhalten und Währungsabwertungen aus Wettbewerbsgründen zu vermeiden"[592] oblag dem IWF die Aufgabe, das Währungsverhalten seiner Mitgliedstaaten zu beaufsichtigen. Seine Aufsichts- und Lenkungsbefugnisse erstreckten sich auf die folgenden Bereiche: die Festsetzung der Währungsparitäten[593], die Aufrechterhaltung fester Wechselkurse[594], die Goldpolitik der Mitgliedstaaten[595], den Abbau der devisenrechtlichen Beschränkungen[596] und als Annexkompetenz der Kreditpolitik die innerstaatliche Wirtschafts- Fiskal- und Konjunkturpolitik, soweit sie von währungspolitischer Bedeutung war.[597] Nachdem der IWF seine jährlichen Konsultationen anfänglich auf diejenigen Mitgliedstaaten begrenzte, die ihre Währungen nach den Übergangsbestimmungen des Art. XIV IWF-Statuten (1945) festlegten, dehnte er seit dem Übergang der wichtigsten Währungsländer zur Konvertibilität[598] das periodische Konsultationsverfahren auf freiwilliger Basis auf alle Mit-

588 Art. XIV, Absch. 2, S. 1 IWF-Statuten (1945).

589 Art. XIV, Absch. 2, S. 3 IWF-Statuten (1945).

590 Zur Unterstützung der Zahlungsbilanzgleichgewichte wurde 1950 die European Payments Union (EPU) gegründet. Danach wurden die angesammelten netto Positionen jedes Mitglieds der EPU am Ende eines jeden Monats in ein festes Verhältnis zu den internationalen Reserveeinheiten Gold, US-Dollar und den Krediten gesetzt (Petersmann, Legal Evolution, 384; Asherman, IMF, 260).

591 Petersmann, Legal Evolution, 384; Asherman, IMF, 262.

592 Art. I, Abs. iii IWF-Statuten (1945).

593 Art. IV, Absch. 1, 5-7 IWF-Statuen (1945).

594 Art. IV, Absch. 4 IWF-Statuen (1945).

595 Art. IV, Absch. 2 IWF-Statuen (1945).

596 Art. VII, Absch. 2-4 IWF-Statuen (1945).

597 Jansen, Funktionswandel, S. 35 f.; Stratmann, IWF, S. 26, der eine ausführliche Analyse der Aufsichts- und Lenkungsbefugnisse des IWF vornimmt (S. 108-300).

598 Art. VIII IWF-Statuten (1945).

gliedstaaten aus. Basierend auf Erkenntnissen, die Mitarbeiter des IWF während einer Mission in einen Mitgliedstaat erlangten, wurden Berichte über die Wirtschaftslage und -politik des betreffenden Mitglieds erstellt und anschließend im Exekutivdirektorium besprochen. Die Konsultationen stellten damit ein wichtiges Mittel zur Koordination und Förderung des Anpassungsprozesses dar und fanden grundsätzlich auf bilateraler Ebene statt.[599]

Da die Wechselkurse im Bretton Woods-System lediglich innerhalb enger Margen schwingen durften,[600] solange es sich nicht um ein fundamentales Ungleichgewicht in der Zahlungsbilanz handelte, waren die Mitgliedstaaten gezwungen, ihre Politik anzupassen, um eine gewisse Stabilität zwischen Wirtschaftskraft und Wechselkurs herzustellen. Anpassungsdefizite konnten daher an der "Ausgeglichenheit" der Zahlungsbilanz abgelesen werden.[601].

Die Verpflichtung der Mitgliedstaaten, den Grundsätzen des Systems nachzukommen, wenn sie sich keinen Sanktionen des IWF aussetzen wollten[602], beschränkte die Häufigkeit von Krisen, die durch eine bestimmte nationale Wirtschafts- oder Währungspolitik verursacht wurden, und ließ die Überwachung des IWF größtenteils überflüssig und unnötig (redundant or unnecessary) er-

599 Aschinger, Währungssystem, S. 60; Guitián, Unique Nature, S. 34.

600 Im System fester Wechselkurse wurden alle Währungen in einem Paritätswert im Verhältnis zu Gold festgelegt, dessen Wert 35 US-$ pro Feinunze Gold betrug. Von diesem Wert durfte bis zu einer Bandbreite von +1% oder -1% abgewichen werden. Lediglich bei Vorliegen eines fundamentalen Ungleichgewichts konnte der betreffende Mitgliedstaat Wechselkursänderungen vornehmen. Um deren Mißbrauch zu vermeiden, durften Änderungen lediglich nach Konsultationen bzw. bei größeren Paritätsänderungen mit Zustimmung des IWF vorgenommen werden. (Art. IV, Absch. 5, lit. b IWF-Statuten (1945); Aschinger, Währungssystem, S. 29 f.; Weigeldt, Konditionalität, S. 20; Alexandrowicz, Organisations, S. 9 f.; ausführlich über das Erfordernis der vorhergehenden Beratung und die rechtliche Bewertung der Zustimmung des IWF zur Paritätenänderung siehe Stratmann, IWF, S. 116-137).

601 Da die Credit und die Debet Seite einer Zahlungsbilanz grundsätzlich im Saldo übereinstimmen, bewertete der IWF einzelne Positionen innerhalb der Zahlungsbilanz unterschiedlich, um zu erkennen, ob sich die Höhe des Wechselkurses positiv auf die Wirtschaftsentwicklung auswirkte. Er unterschied zwischen einer Bilanz der autonomen Transaktionen und einer Bilanz der Anpassungstransaktionen. Unter ersteren verstand er alle privaten und diejenigen öffentlichen Transaktionen, die ohne Rücksicht auf die Situation der Zahlungsbilanz zustande kommen, d.h. die in der Absicht getätigt worden waren, die Zahlungsbilanz in bestimmter Weise zu manipulieren. Dagegen betrachtete er unter den Anpassungstransaktionen jene Leistungen, die zahlungsbilanzinduziert in dem Sinne waren, daß der Saldo der autonomen Transaktionen finanziert werden sollte. Als Unterscheidungskriterium fungierte demnach das den einzelnen Transaktionen zugrundeliegende Motiv. Als Defizit der Zahlungsbilanz wird somit der Zustand bezeichnet, bei dem die Summe der autonomen Debet-Posten größer ist als die Summe der autonomen Credit-Posten (Rose/ Sauernheimer, Außenwirtschaft, S. 18 f.).

602 Art. XV, Absch. 2 IWF-Statuten (1945) regelt den Verlust des Rechts auf Ziehungen beim IWF und die erzwungene Beendigung der Mitgliedschaft.

scheinen.[603] Die Empfehlungen des IWF, die sich auch in der Konditionalität seiner Kredite widerspiegelten, beschrieben die Abweichung der nationalen Politik bzw. Wirtschaftsentwicklung von den Grundlagen des Bretton Woods-Systems. Diese strengen Grundsätze des Systems halfen dem IWF, Politiken und Maßnahmen zu bestimmen, an welche die Vergabe der Gelder gekoppelt werden konnte. Trotz fehlender Konvertierbarkeit konnten Mitglieder des IWF Ziehungen bei diesem zur Unterstützung ihrer Zahlungsbilanz tätigen, sobald die Parität ihrer Währungen festgesetzt worden war.[604] Erste Ziehungen der europäischen Staaten wurden daher bereits im Geschäftsjahr 1948 (US$ 606 Mill.) getätigt, sie sanken mit Einführung des Marshall-Plans allerdings auf US$ 119,4 Mill. in 1949, US$ 51,8 Mill. in 1950 und US$ 28 Mill. in 1951.[605]

4.1.2. Wiederaufbau oder Entwicklungshilfe der Weltbank

Der Weltbank kommt gemäß ihren Statuten die Aufgabe zu, ihre „Mittel und Fazilitäten [...] unter gerechter Berücksichtigung sowohl von Entwicklungs- als auch von Wiederaufbauvorhaben zu verwenden".[606] Trotz ihres Bemühens, ein Gleichgewicht zwischen diesen Aufgabenfeldern herzustellen, vergab die Weltbank in den ersten zwei Jahren nach Aufnahme ihrer Geschäftstätigkeit am 26. Juni 1946 aufgrund der starken Verwüstungen nach dem 2. Weltkrieg und der daraus resultierenden Not schwerpunktmäßig Gelder zum Wiederaufbau der zerstörten Gebiete in Europa.[607]

Entgegen der Annahme, der Wiederaufbau Europas könnte in erster Linie durch die Instandsetzung der produktiven Anlagen zum Erfolg geführt werden, nahmen die durch den Krieg verursachte materielle Verwüstung, die Zerschlagung des Handels und die Verwirrung in Industrie und Verwaltung ein wesentlich größeres Ausmaß ein.[608] Daher vergab die Weltbank Hilfen zur Unterstützung der Zahlungsbilanzdefizite im zerstörten Europa, die hauptsächlich für die Einfuhr lebenswichtiger Güter wie Lebensmittel, Brennstoff und Rohmaterialien dienten und somit kaum den dringendsten finanziellen Bedarf deckten.[609] Lediglich 4 Darlehen, von denen zwei an Chile (1946) und jeweils eines an Mexiko

603 Guitián, Unique Nature, S. 24.

604 Art. XX, Absch. 4, lit. c IWF-Statuten (1945).

605 Asherman, IMF, S. 264.

606 Art. III, Absch. 1, lit. a IBRD-Statuten.

607 Petersmann, Operations, S. 19; das erste Darlehen der Weltbank ging an Chile (1946 beantragt, 1948 ausgezahlt); diesem folgten Darlehen an Frankreich, die Niederlande, Luxemburg und Dänemark.

608 IBRD, Weltbank, S. 15.

609 Jansen, Funktionswandel, S. 5 f.; Weltbank, Jahresbericht 1949, S. 15; Von Mai bis August 1947 betrug die Höhe an finanzieller Hilfe für den Wiederaufbau in Europa US$ 497 Mill. (Weltbank, Jahresbericht 1955, S. 30); für einen Überblick über alle Wiederaufbau- und Entwicklungsdarlehen bis Ende 1959 siehe Goharin, Darlehenspolitik, S. 34 ff.

und Brasilien (Jan. 1949) vergeben wurden, befaßten sich mit produktiven Projekten. In dieser Zwangslage begrüßte die Weltbank nachdrücklich die finanzielle Unterstützung des Wirtschaftsaufbaus durch das Europäische Wiederaufbauprogramm vom 3. April 1948, den sogenannten Marshall-Plan[610]. Von der finanziellen Belastung des Wiederaufbaus in Europa befreit, widmete sich die Weltbank nun ganz der Entwicklungshilfe durch die Planung und den Aufbau produktiver Projekte.[611]

4.1.3. Erste Zusammenarbeit und Kompetenzabgrenzung

Zur Begründung, aus welchem Grund die Schaffung einer stabilen Weltwirtschaftsordnung und der wirtschaftliche Wiederaufbau bzw. die Entwicklung einer unterentwickelten Volkswirtschaft von zwei getrennten, internationalen Organisationen übernommen werden sollte, führte White in seinem ersten Entwurf von April 1942 aus:

> „Those two tasks should be kept distinct. Though in some of their facets and in many of their consequences there is considerable interdependence and interaction, the two are different enough to call for separate instrumentalities. [...] While either agency could function without the existence of the other, the creation of both would nevertheless aid greatly in the functioning of each. Doubtless one agency with the combined functions of both could be set up, but it could operate only with a loss of effectiveness, risk of over-centralization of power, and danger of making costly errors of judgements."[612]

Die Weltbank ist als Ergänzung des IWF konzipiert worden, sollte diesen von der Aufgabe befreien, neben der Geschäftstätigkeit als internationale Wirtschaftsinstitution für die Unterstützung der Zahlungsbilanzen in langfristiger Hinsicht sorgen zu müssen, und sollte damit die Effektivität seiner Arbeit wahren.[613] Es zeigte sich jedoch, daß die hochgesteckten Ziele der Bildung eines Paritätensystems weniger leicht realisierbar waren, als die präzise umschriebenen und besser überschaubaren Ziele der Weltbank.[614]

Die klare Unterscheidung der Aufgabengebiete in den Statuten insbesondere bzgl. der Handlungskompetenzen[615] beschränkte die Möglichkeit von Kompetenzkonflikten und wies der Frage der Kooperation bei der Vergabe von Geldern

---

610 Auf Vorschlag des European Recovery Program des U.S. Secretary of State, Marshall, in Juni 1947.

611 Petersmann, Operations, S. 19; Weltbank, Jahresbericht 1955, S. 30; Jansen, Funktionswandel, S. 39.

612 White, Proposal for United Nations Stabilization Fund and a Bank for Reconstruction and Development of the United and Associated Nations, Entwurf aus April 1942, Nr. 5; in: Horsefield III, S. 39.

613 White, in: Horsefield III, S. 84; Jansen, Funktionswandel, S. 34, 38; Aschinger, Währungssystem, S. 26.

614 Portmann, Weltbank, S. 4; Mason/ Asher, World Bank, S. 549.

615 Vgl. Kapitel 2, S. 31.

an Mitglieder wenig Bedeutung zu.[616] Außerdem unterstützte die unterschiedliche Geschwindigkeit, mit der die beiden Organisationen ihre Geschäftstätigkeit in vollem Umfang aufnehmen konnten, den rapiden Rückgang der anfänglich engen Zusammenarbeit.[617] Der IWF besaß nicht den notwendigen Einfluß, um seine Mitglieder im Rahmen ihrer autonomen Konjunkturpolitik von einer Devisenbewirtschaftung abhalten zu können, so daß sich das Etablieren der freien Konvertierbarkeit der Währungen bis 1956 hinzog.[618] Dagegen weitete die Weltbank, die nach der Befreiung von ihrer Aufgabe des Wiederaufbaus der durch den 2. Weltkrieg in Europa zerstörten Wirtschaften ihre Tätigkeit ganz auf die Unterstützung der Entwicklungsländer konzentrierte, ihre Kreditvergabe schnell aus. Aufgrund dieser unterschiedlichen Entwicklung der beiden Organisationen und der klaren Trennung ihrer Aufgabenbereiche in Projektfinanzierung zur Entwicklungshilfe durch die Weltbank und Finanzierung von Zahlungsbilanzen durch den IWF beschränkte sich ihre Zusammenarbeit auf informelle Kontakte zwischen den Mitarbeitern[619] und kann die Beziehung mit dem Begriff „reservierter Neutralität“[620] oder „independence more than collaboration“[621] umschrieben werden.

Die Organisationen bemühten sich um eine gute Zusammenarbeit und gegenseitige Unterstützung. So beschlossen die beiden Exekutivdirektorien in 1946 mit dem "Report of a Joint Standing Committee on Provisional Procedure for Liaison between Fund and Bank on Financial Assistance to Members" die Gründung eines Gemeinsamen Ausschusses.[622] Dieser sollte mit den Exekutivdirektoren der beiden Organisationen besetzt sein und in den komplementären Themengebieten den gegenseitigen Informationsaustausch unterstützen. Außerdem wurde vereinbart, daß Vertreter der einen Organisation zu möglicherweise für sie interessanten Sitzungen der anderen eingeladen werden würden.[623] Um Konflikte und unnütze Doppelarbeit zu vermeiden, breitete sich die gegenseitige Aufklärung über Aktivitäten darüber hinaus auf alle Bereiche der Geschäftstätigkeit aus.[624] Auch im Rahmen der finanziellen Unterstützung der Mitglieder vereinbarte der Gemeinsame Ausschuß eine enge Zusammenarbeit.[625]

---

616 Polak, Changing Relationship, S. 4; Mason/ Asher, World Bank, S. 545.

617 Mason/ Asher, World Bank, S. 547.

618 Jansen bezeichnet die Gründung des IWF in seiner Dissertation aus 1958 als einen „Fehlschlag“ (S. 95).

619 Vocke, Zusammenarbeit, S. 172.

620 Mason/ Asher, World Bank, S. 547.

621 Gold, Relationship, S. 512.

622 Der Report wurde am 12. November 1946 vom IWF und am 15. November 1946 von der Weltbank angenommen; siehe Mason/ Asher, World Bank, S. 545.

623 Weltbank, Jahresbericht 1946, S. 11.

624 Weltbank, Jahresbericht 1947, S. 22. Die Zusammenarbeit umfaßte nach einer Mitteilung eines Mitarbeiters der Weltbank im April 1947 die Verbindung zwischen dem Präsidenten der Weltbank und dem Geschäftsführenden Direktor des IWF, den Gemeinsa-

4.2. Komplementäre Beziehung der Schwesterorganisationen

4.2.1. Die Weltbank im Wandel vom konservativen zum entwicklungspolitischen Geldgeber

Die Weltbank hat sich innerhalb ihrer ersten Entwicklungsperiode von einer Internationalen Bank, die erfolgversprechende Projekte ihrer Mitgliedstaaten unterstützt hat, in eine Entwicklungshilfeorganisation gewandelt.[626] Da die wissenschaftliche Erarbeitung von Entwicklungshilfetheorien erst mit der Aufnahme der Tätigkeit der Weltbank begann, wirkte sich die gegenseitige Abhängigkeit und Bereicherung der praktischen Erfahrungen der Weltbank und die theoretischen Verbesserungsvorschlägen und Innovationen modifizierend auf die Geschäftspolitik aus.[627] *Naumann*[628] bezeichnet die Weltbank in diesem Sinne als „Teil des internationalen wirtschafts- und sozialwissenschaftlichen Forschungs- und Diskussionszusammenhangs".

Da keine Nachfrage nach der Vergabe von Garantien, die als das Hauptinstrument der Weltbank vorgesehen waren, bestand, fehlte es der Weltbank an finanziellen Mitteln, um die Nachfrage nach Darlehen zu bedienen. Sie begann daher auf dem Kapitalmarkt Gelder zu entleihen und vergrößerte ihre Finanzkraft durch die Anhebung des Kapitalstocks in 1959.[629] Um neue Mitglieder

---

men Ausschuß der Exekutivdirektoren und die Zusammenarbeit zwischen einzelnen Abteilungen der beiden Organisationen, die den gleichen Arbeitsschwerpunkt hatten, wie zum Beispiel Forschungs- und Rechtsabteilung, und die Sekretariate (siehe Mason/ Asher, World Bank, S. 545, Fn. 13).

625 Bei der Ausarbeitung des ersten Darlehens der Weltbank an Frankreich stellte der IWF der Weltbank 2 Experten zur Verfügung; außerdem nahmen Vertreter des IWF an der Beratung über die Vergabe eines Programmdarlehens an Dänemark und an Missionen nach Kolumbien in 1949 teil (Mason/ Asher, World Bank, S. 545 f.; Hino, Collaboration, S. 10).

626 Mason/ Asher, World Bank, S. 227, 479.

627 Hürni, Weltbank, S. 35; Petersmann, Operations, S. 20.

628 Naumann, Fragen, S. 174; Naumann gibt der Weltbank zwei Gesichter: neben dem Teil des weltweiten Diskussionszusammenhangs sieht er die Weltbank auch als wirtschaftspolitische Entscheidungseinheit, die sich selbstdarstellerisch als „erste Adresse" in der Entwicklungspolitik ansieht.

629 Der Gouverneursrat beschloß mit Wirkung zum 15. Sept. 1959, das Grundkapital der Weltbank von US$ 10 Mrd. auf US$ 21 Mrd. zu erhöhen. Da die Kapitalerhöhung weniger den Zweck verfolgte, von den Mitgliedstaaten Barmittel für Ausleihungen zu erhalten, als vielmehr die Garantiemittel der Bank zu vermehren, sah eine vom Gouverneursrat angenommene Entschließung vor, daß die 2%- und 18%-Anteile dieser allgemeinen Subskriptionserhöhung nur dann eingefordert werden sollten, wenn sie zur Erfüllung von Verbindlichkeiten der Weltbank benötigt werden, die aus ihren Kreditaufnahmen und Garantien stammen. Die Einzahlungspflicht ist gleichzeitig auf die Hälfte reduziert worden, so daß sie sich auf 1% in Gold oder US$ und 9% in Landeswährung belief (Ferber/ Winkelmann, Währungsfonds, S. 85).

aufnehmen und überproportionale Aufstockungen für einige Mitgliedsländer vornehmen zu können, erfolgten weitere Kapitalaufstockungen in den Jahren 1963 und 1965.[630] Gleichzeitig stellte die Weltbank zwei zusätzliche Kriterien für die Entleihung von Darlehen auf, damit der Kapitalmarkt sie als eine solide Schuldnerin ansah: die Kreditwürdigkeit des ausleihenden Mitgliedstaats und die Durchsetzbarkeit der geplanten Projekte.[631]

Die finanzielle Hilfe der Weltbank an ihre Mitgliedsstaaten steigerte sich deutlich durch die Gründung der IDA in 1960 als Antwort auf das Problem, daß paradoxer Weise die Staaten, die einer Hilfe am dringendsten bedurften, aufgrund ihrer fehlenden Kreditwürdigkeit und der Höhe der Gebühren und Zinsen, die in beinahe der gleichen Höhe wie für kommerzielle Geldgeschäfte gefordert wurden, von den Geldern der Weltbank ausgeschlossen waren.[632] Ein weiterer Grund für die Errichtung der IDA war die zurückgehende Nachfrage von Seiten Europas und Japans, die sich bis Ende der 50er Jahre von den Folgen des 2. Weltkriegs weitgehend erholt hatten. Den an dieser Stelle verlorengegangenen Einfluß verlagerte die Weltbank somit auf die Entwicklungsländer.[633]

4.2.1.1. Projektdarlehen

Die Politik der Weltbank basierte während der ersten 2 Jahrzehnte ihrer Geschäftstätigkeit auf der wachstumsorientierten Entwicklungsstrategie, welche die Entwicklung eines Landes mit wirtschaftlichem Wachstum gleichsetzt. Danach würde sich der wirtschaftliche Aufschwung in einer allgemeinen Anhebung der Lebensverhältnisse niederschlagen und so die Armut lindern ("trickle-down" Effekt).[634] Die Erhöhung des Volkseinkommens und eine Verbesserung des Lebensstandards der Bevölkerung könnte nur dann als Ergebnis eines reellen wirtschaftlichen Wachstums bewertet werden, wenn sie durch die Steigerung der Produktivität erreicht worden wären. Als ausreichenden Beweis eines stattgefundenen wirtschaftlichen Wachstums akzeptierte die Weltbank bei der Überprüfung der Projekte die durch die Steigerung der Produktivität eingetretene Erhöhung des Volkseinkommens.[635] Um gleichzeitig den in den Statuten[636] geforderten größtmöglichen Nutzen für das entleihende Mitgliedsland zu erzielen,

---

630 Ferber/ Winkelmann, Währungsfonds, S. 84; IBRD, Weltbank, S. 33.

631 Jansen, Funktionswandel, S. 96; Petersmann, Operations, S. 21 f.

632 Petersmann, Operations, S. 26.

633 Petersmann, Operations, S. 27; Payer, World Bank, S. 32; Lateef, Century, S. 20.

634 Lachmann, Entwicklungspolitik, S. 211; daß die Entwicklung eines Staates allein auf dessen wirtschaftliches Wachstum ausgerichtet war, beschreibt die Bewertung der „major trends“ in Entwicklungsländern im Weltbank Jahresbericht 1965, S. 53: „Acceleration of growth, nevertheless, appears to have been quite widespread. Countries that have been showing particularly good growth during the last few years (...). Growth rates, on the other hand, have been very low in a number of developing countries (...).“

635 Goharin, Darlehenspolitik, S. 49, 51; Kamarck, World Bank, S. 112 f.

636 Art. III, Absch. 5, lit. b IBRD-Statuten.

suchte sie die Projekte aus, die ein Mitglied im Hinblick auf die Realisierung der gesteckten Entwicklungsziele am dringlichsten benötigte.[637] Außerdem achtete sie bei der Planung der Projekte auf die lokalen Kosten, die nicht durch das Darlehen gedeckt werden würden, sowie die Organisation und Verwaltung während der Erbauung und der Nutzung des Projekts.[638]

Eine schnelle Industrialisierung durch die Stärkung von Produktivität, Einkommen und Investitionsfreudigkeit erbrachten Projekte in den Bereichen Energieversorgung, Transport und Infrastruktur.[639] Eine geringe Beteiligung an der Finanzierung von verarbeitenden Industrien gründete einerseits auf unzureichenden Rahmenbedingungen in den Entwicklungsländern, wie ein Mangel an solider und tragfähiger Infrastruktur, fehlende rechnerisch und verwaltungsmäßig geschulte Arbeitskräfte und eine niedrige Unternehmerinitiative. Dazu kam andererseits das mit den Darlehen der Weltbank konkurrierende Interesse privater Kreditgeber, in die verarbeitende Industrie zu investieren, da dieser Sektor eine relativ hohe Chance auf Profit bot.[640]

Der starke Fokus der wachstumsorientierten Entwicklungsstrategie auf den Aufbau in Grundlagen- und Erschließungssektoren (Infrastruktur, Energieerzeugung, Transport) führte zu einer Vernachlässigung der Landwirtschaft.[641] Zu Beginn der 60er Jahre traten diese Versäumnisse deutlich zum Vorschein.[642] Der erwartete "trickle-down" Effekt blieb aus und das Wohlstandsgefälle verschärfte sich zusehends.[643] Die Weltbank reagierte auf diese Erkenntnis mit einer Verlagerung des Sektorschwerpunkts auf "weiche" Projekte in die Bereiche Landwirtschaft, Bildung und Wasserversorgung.[644] Sie konzentrierte sich auf Projekte der grundlegenden landwirtschaftlichen Entwicklung, wie Bewässerung, Flutkon-

---

637 Weltbank, Jahresbericht 1948, S. 3.

638 Weltbank, Jahresbericht 1954, S. 4.

639 Shihata II, S. 41.

640 Goharin, Darlehenspolitik, S. 67. Gemäß Art. III, Absch. 4, Abs. ii IBRD-Statuten und Art. V, Absch. 1, lit. c IDA-Statuten unterstützt die Weltbank lediglich Projekte, für die keine Gelder von anderen Kreditgebern zu angemessenen Konditionen aufgebracht werden können.

641 Die Regierungen versuchten den Kostenfaktor Lohn im Industriesektor zu minimieren, indem sie die Preise für Grundnahrungsmittel mittels staatlicher Kontrolle niedrig hielten (Lachmann, Entwicklungspolitik, S. 212). Außerdem vertrauten einige Regierungen stillschweigend oder ausdrücklich auf die jederzeitige Verfügbarkeit von Nahrungsmittelhilfen und gingen davon aus, daß die Landwirtschaft ausgebaut werden könnte, nachdem die industrielle Stärke gesichert wäre (Weltbank, Weltentwicklungsbericht 1985, S. 114).

642 Rist, Weltbank, S. 15.

643 Pearson-Bericht, S. 23 f.

644 Im Geschäftsjahr 1963 gab die Weltbank etwa US$ 529 Mill. zur Unterstützung der Landwirtschaft aus, in 1964 steigerte sich die Hilfe auf etwa US$ 681 Mill. Und im Geschäftsjahr 1965 betrafen die Ausgaben von IBRD und IDA zusammen etwa US$ 844 Mill. (Weltbank, Jahresberichte 1963, S. 18; 1964, S. 9; 1965, S. 9).

trolle, Urbarmachung und Verbesserung des Bodens, landwirtschaftliche Ausrüstung, Anlagen zur Verarbeitung und Vorratshaltung der Erzeugnisse sowie Zuchtvieh und Waldbau.[645] Um die grundsätzlichen Voraussetzungen für den Aufbau leistungsfähiger Verwaltungsbehörden und eine Modernisierung der Industrie- und Agrarstrukturen zu schaffen, weitete die IDA ihre Kreditvergabe auf Wasserversorgungs- und Bildungsprojekte aus.[646]

Diesem ersten Schritt in Richtung von Projekten, denen keine produktive Priorität zukam, folgte eine Wende der Entwicklungshilfetheorie, die Investition in das Humankapital, die Gesellschaftsstruktur und kulturelle, religiöse, politische und klimatische Faktoren und Verhaltensweisen in die Entwicklungsüberlegungen einbezog.[647] Da kein Zusammenhang zwischen Wirtschaftswachstum und Einkommensverteilung nachgewiesen werden konnte[648], reichte der Anstieg des Bruttosozialprodukts als Entwicklungsziel nicht aus. Die Weltbank ergänzte daher den wachstumsorientierten Entwicklungsansatz unter der Präsidentschaft von Robert S. McNamara (April 1968 bis Juni 1981) um die Bekämpfung der absoluten Armut, so daß neben dem Wachstum die Umverteilung der Vermögenszuwächse – nicht des Vermögens – und soziale sowie politische Aspekte in

---

645 IBRD, Weltbank, S. 64. Eine Intensivierung erfuhr die Unterstützung für die Landwirtschaft durch die sogenannte "Grüne Revolution" in den Jahren nach 1965, mit der das landwirtschaftliche Wachstum durch die Einführung neuer Produktionstechniken (Saatgut, mineralische Düngung und Pflanzenschutz) beschleunigt werden sollte. Ergänzend vergab die Weltbank höhere Agrarkredite zum Ausbau von Bewässerungssystemen und verstärkte ihre technische Beratung (Lachmann, Entwicklungspolitik, S. 224; Payer, World Bank, S. 210; Hürni, Weltbank, S. 51). Die Grüne Revolution kam größtenteils den Entwicklungsländern in Asien, im Nahen Osten und in Lateinamrika zugute.

646 Friedmann/ Kalmanoff/ Meagher, Aid, S. 101. Ein Zeichen für die weiterhin bestehende Skepsis gegen "weiche" Projekte liegt in der Beibehaltung der Steigerung des Bruttosozialprodukts als Maßstab für den Entwicklungsstand einer Volkswirtschaft (vgl. Mason/ Asher, World Bank, S. 480; Lange, Banken, S. 5; Adler, Entwicklungstheorie, S. 33 f.). Neben diesem Maßstab wurde auch die Definition der Produktivität, die eine Voraussetzung für die Unterstützung eines Projekts war, als zu eng und konservativ kritisiert, da nicht ersichtlich sei, aus welchem Grund die Unterstützung von Straßenbau und Telefonen produktiver als die von Schulen und Krankenhäusern sein sollte (Portmann, Weltbank, S. 91).

647 Hürni, Weltbank, S. 62; Payer, World Bank, S. 25; Adler, Entwicklungstheorie, S. 34. Die Probleme der Entwicklungsländer mit einem verlangsamten Wirtschaftswachstum beruhten auf dem rapiden Wachstum der Bevölkerung bei stagnierenden Erträgen in der Landwirtschaft. Der daraus resultierende, steigende Import von Nahrungsmitteln führte zu einer steigenden Belastung der Zahlungsbilanzen und einem Rückgang von Investitionen. Dazu kamen die politische Instabilität und der Einsatz von knappen Ressourcen für unproduktive Zwecke. (Tetzlaff, USA, S. 74; Weltbank, Jahresbericht 1967, S. 5).

648 Hürni, Weltbank, S. 38, 112; Lachmann, Entwicklungspolitik II, S. 1144.

die Entwicklungspolitik einflossen ("redistribution-with-growth" Ansatz).[649] In diesem Zusammenhang führte McNamara aus:

> „Die beiden Ziele sind im Innersten miteinander verbunden (...). Die Verfolgung von Wachstum ohne angemessene Berücksichtigung einer gleichmäßigen Verteilung führt zu sozialer Instabilität, und zwar oft mit gewaltsamen Auswirkungen. Wenn umgekehrt Gleichheit ohne angemessenes Wachstum verfolgt wird, führt dies oft lediglich zur Umverteilung wirtschaftlicher Stagnation (...).“[650]

Dabei mußte in Kauf genommen werden, daß infolge des Umlenkens von Investitionen kurzfristig eine Verlangsamung des Wachstums eintreten könnte, die allerdings auf einen längeren Zeitraum gesehen zu einem verstärkten Wachstum führen würde.[651]

Den ersten Pfeiler der "redistribution-with-growth" Strategie bildet der Kampf gegen die "relative" Armut durch wirtschaftliches Wachstum, das mittels moderner Technologie, einer effizienteren Allokation von Ressourcen und einer breiteren Streuung von Krediten, durch die schlummernde Produktivitätsreserven mobilisiert werden, erreicht werden sollte. Die Regierungen waren daher angehalten, die Ungleichheiten bei der Einkommensverteilung zu bekämpften.[652]

Den zweiten Pfeiler bildete die Umverteilung der Vermögenszuwächse, die durch eine Beteiligung der Armen am Wirtschaftskreislauf erreicht werden sollte. Dafür müßten die Armen von ihrem täglichen Existenzkampf befreit werden und ihre Arbeitskraft als Wirtschaftsfaktor zur Verfügung stellen. Unter der

---

649 Weltbank, Jahresbericht 1977, S. 8; Reid, McNamara, S. 79; Mason/ Asher, World Bank, S. 480, 481; Petersmann, Operations, S. 34. Als Entwicklungsindikator sollte der gewichtete Mittelwert der Einkommenszuwachsraten der verschiedenen Bevölkerungsgruppen gewählt werden, wobei den ärmeren Schichten eine höhere Gewichtung zukam (Lachmann, Entwicklungspolitik II, S. 1145).
Eine wichtige Voraussetzung bei der "redistribution-with-growth" Theorie ist der Wille der herrschenden Klasse, die Armen zu unterstützen und Einbußen an Privilegien oder Einkommen zugunsten einer gerechteren Welt zu akzeptieren. In diesem Punkt wichen die Erwartungen der Weltbank von der Realität ab, in der die Herrschenden einen Angriff auf die gesamte soziale Ordnung befürchteten und daher Reformmaßnahmen ablehnten (Tetzlaff, USA, S. 96, 97). Die Ratschläge der Weltbank wurden häufig als Kolonialismus und Paternalismus ausgelegt und die Weltbank versuchte verstärkt, die Akzeptanz ihrer Maßnahmen durch ein stärkeres Einbinden nationaler und lokaler Stellen in ihre Projekte zu erreichen (Hürni, Weltbank, S. 61; Reid, McNamara, S. 806). Im Gegensatz zu der nachhaltigen Auseinandersetzung mit der Grundbedürfnisstrategie erregte die Neuausrichtung der Darlehen auf die Umverteilung der Vermögenszuwächse kein besonderes Interesse und geriet schnell in Vergessenheit (Kapur/ Lewis/ Webb I, S. 240).

650 McNamara, Rede 1980, S. 8.

651 Tetzlaff, USA, S. 88; Reid, McNamara, S. 794, 796.

652 Tetzlaff, Weltbank und Währungsfonds, S. 163; Lachmann, Entwicklungspolitik, S. 225; Petersmann, Operations, S. 33; für eine Zusammenstellung der Kritik an der "redistribution-with-growth" Theorie siehe Tetzlaff, USA, S. 89 bis 96.

Devise "Beseitigung der absoluten Armut" oder auch "investment in the poor" versuchte die Weltbank daher die Grundbedürfnisse der Armen direkt zu befriedigen ("Grundbedürfnisstrategie"[653]). Zu den Grundbedürfnissen zählen zwei Komponenten: die Gewährleistung einer Mindestausstattung mit Konsumgütern (Ernährung, Kleidung, Wohnung etc.) und die Bereitstellung grundlegender, öffentlicher Dienstleistungen (Trinkwasser, sanitäre Anlagen, Transport, Gesundheitsdienste, Bildungseinrichtungen). Daneben umfaßte der Einsatz für die ärmsten 40 % der Bevölkerung auch einen Anstieg der Projekte zugunsten von Kleinbauern sowie Hilfe für das Bildungswesen, den Gesundheitssektor und die ländliche Entwicklung. [654] Außerdem sollten angemessene Gehälter für produktive Arbeit gezahlt und die Existenz der ärmsten Bevölkerungsschicht durch eine direkte Zuteilung von Konsumgütern gesichert werden.[655]

Die Weltbank versuchte mittels ländlichen Entwicklungsstrategien und städtischen Aufbaumaßnahmen, die einzelnen Dimensionen der Unterentwicklung gleichzeitig anzugehen. Neben der Unterstützung für Gesundheit, Bildung, Familienplanung[656] und Ernährung beachtete sie in Infrastrukturprojekten die Planung von Zufahrtswegen für den landwirtschaftlichen Warenverkehr.[657] Auch bei der Entwicklung in der Industrie konzentrierte sich, die Weltbank stärker auf kleine und mittelständische Unternehmen und bemühte sich, Techniken und Erfahrungen aus anderen Sektoren in die Projektgestaltung einfließen zu lassen.[658] Die Steigerung der Produktivität der Armen sollte durch vielschichtige Versuchsprogramme im Bereich der ländlichen Entwicklung erreicht werden. Insbesondere umfaßte die Hilfe für Kleinbauern Kofinanzierungen, die Vergabe

---

653 Lachmann, Entwicklungspolitik, S. 219; Clark, McNamara, S. 173; Tetzlaff, Weltbank und Währungsfonds, S. 73. Neben der Benennung der "Projekte neuen Stils" als Grundbedürfnisstrategie wurde auch von einem "trickle-up" Effekt gesprochen, bei dem langfristig die höheren Einkommensgruppen von der Vergrößerung der Produktivität und der Kaufkraft der Armen profitieren würden (Hürni, Weltbank, S. 51; Tetzlaff, USA, S. 88).

654 Shihata III, S. 56; Weltbank, Jahresbericht 1974, S. 15.

655 Kapur/ Lewis/ Webb I, S. 239; Lachmann, Entwicklungspolitik, S. 225; Reid, McNamara, S. 794, 795.

656 McNamara sah die Überbevölkerung als eine Ursache für die Armut in Entwicklungsländern an, da ein exzessives Bevölkerungswachstum die Rohstoffe erschöpfe, das Pro-Kopf-Einkommen mindere und Ungleichheiten verstärke. Außerdem würden die Regierungen dazu gezwungen, einen Teil der knappen Ressourcen für die Subventionierung von Armutsgruppen auszugeben, so daß Gelder für produktive Investitionen verloren gingen. (McNamara, Rede 1977 mit umfassender Darstellung der Problematik der Überbevölkerung).

657 Shihata II, S. 42; Payer, World Bank, S. 26; Tetzlaff, USA, S. 80; Kapur/Lewis/ Webb I, S. 20.

658 Weltbank, Jahresbericht 1977, S. 8.

ländlicher Kredite ohne die herkömmliche Bedingung des Landbesitzes als Garantie oder die Geldvergabe auf informellen Kanälen.[659]

Die Kreditvergabe der Weltbank steigerte sich um ein Vielfaches[660] aufgrund der neuen Entwicklungsstrategie. Um die großen Darlehenssummen bewältigen zu können, erhöhte die Weltbank die Zahl ihrer Angestellten um 82 % (seit 1968).[661] Nachdem in diesen Jahren Kritik an der Nationalitätenaufteilung der Mitarbeiter geäußert worden war[662], arbeiteten 1980 Vertreter aus fast 100 Staaten in der Weltbank, von denen mehr als 30% der Angestellten und knapp 30% der Führungspersönlichkeiten aus Entwicklungsländern stammten.[663] Gleichzeitig organisierte McNamara nach einer Phase der Zentralisierung auf seine Person die Weltbank in einer dezentralen Weise um. Anstelle der Wirtschaftsabteilung gründete er 8 Sektorabteilungen und unterstellte die Projektplanung den einzelnen Regionen.[664] Zwar ließ diese Neuorganisation die bisher bestehende, gegenseitige Kontrolle zwischen den Ökonomen und den Projektplanern entfallen[665], sie unterstützte jedoch den "region-by-region" Ansatz und intensivierte die Zusammenarbeit zwischen den Länderexperten und den Spezialisten in ein-

---

659 Hürni, Weltbank, S. 49, 51 f. McNamara hebt die Notwendigkeit der Entwicklung im landwirtschaftlichen Bereich in seiner Rede zur Jahrestagung in Nairobi, Kenia, am 24. Sept. 1973 mit den Worten hervor: „Ohne raschen Fortschritt im kleinbäuerlichen Bereich in der gesamten Entwicklungswelt gibt es wenig Hoffnung, ein langfristig stabiles Wirtschaftswachstum zu erreichen oder das Niveau der absoluten Armut nennenswert zu senken.“ (zitiert in McNamara, Rede 1980, S. 9). Da für eine "Grüne Revolution" die geologischen Grundvoraussetzungen und vor allem Wasserressourcen in Afrika fehlten, und außerdem kritisiert wurde, daß die Maßnahmen nur bessergestellten Farmern helfen und Arbeitskräfte durch Maschinen ersetzt werden würden, konzentrierte sich die Weltbank auf die Sicherung der Grundbedürfnisse der armen Bevölkerung (Kapur/ Lewis/ Webb I, S. 231).

660 Nach seinen ersten 5 Amtsjahren hatte McNamara die Summe der finanziellen Unterstützung von IBRD und IDA mehr als verdoppelt (Steigerung um 128%) sowie die Entleihungen für Landwirtschaft um 317% und die für Bildung um 362% gesteigert (Weltbank, Jahresbericht 1973, S. 14). Um das Volumen der finanziellen Hilfe weiter ausdehnen zu können, ohne gegen Art. III, Absch. 3 IBRD-Statuten zu verstoßen, nach dem die Höhe der finanziellen Hilfe der Weltbank die Höhe des Kapitals nicht überschreiten darf, beschloß das Exekutivdirektorium im Juni 1979 eine Erhöhung der Kapitals der IBRD um US$ 40 Mrd. auf US$ 81 Mrd.. 7,5% dieses Betrags sollten in den Kapitalstock der IBRD eingezahlt werden; die übrigen 92,5% hielten die Mitgliedstaaten für den Bedarfsfall bereit. (Weltbank, Jahresbericht 1979, S. 10, 11).

661 Weltbank Jahresbericht 1971, S. 42.

662 So stellt Reid (McNamara, S. 809) fest, daß es für eine internationale Organisation nicht angemessen sei, wenn 45% ihrer Angestellten aus einem Staat (USA) kämen (Stand April 1973).

663 Weltbank, Jahresbericht 1981, S. 10; Clark, McNamara, S. 169.

664 Weltbank, Jahresbericht 1969, S. 29; 1973, S. 70.

665 Kamarck, World Bank, S. 123.

zelnen Sektoren.[666] Eine weitere administrative Veränderung bestand in der Gründung der Operations Evaluation Unit in 1970 (später Operations Evaluation Department (OED)), dessen Aufgabe die unabhängige Untersuchung des Erfolgs von vollständig abgeschlossenen Projekten war.[667]

4.2.1.2. Programmdarlehen

Damit das Projekt, welches den größten Beitrag zur produktiven Ressourcenauslastung der Volkswirtschaft erbrachte, privilegiert behandelt werden konnte, evaluierte und analysierte die Weltbank die langfristigen Entwicklungsaussichten des Mitglieds sowie technische und finanzielle Anforderungen und die Dringlichkeit des Projekts.[668] Soweit es zur erfolgreichen Durchführung erforderlich war, machte die Weltbank von der Möglichkeit Gebrauch, in Ausnahmefällen Programmdarlehen (General Development Loans) zu vergeben.[669] Programmdarlehen finanzierten makroökonomische und sektorpolitische Reformen aus einem Entwicklungsprogramm und waren an die Durchführung eines bestimmten Projekts gekoppelt.[670] Allerdings konnte mit steigender Instabilität der politischen Lage insbesondere in neu gegründeten, afrikanischen Staaten das Kriterium einer stabilen makroökonomischen Wirtschaftslage als Voraussetzung für die Vergabe eines Programmdarlehens häufig nicht eingehalten werden, so daß zwischen 1957 und 1969 keine Programmdarlehen vergeben wurden.[671]

Der Fokus auf den Aufbau produktiver Stätten in der wachstumsorientierten Strategie führte zu einer umfassenden Betrachtung der Wirtschaftslage der Mitgliedstaaten. McNamara formulierte dazu:

> „Unser Ziel kann es nicht sein, nach guten Investitionsmöglichkeiten in kranken Wirtschaften zu suchen. Unser Ziel muß es sein, zu der Erkenntnis zu gelangen, warum überhaupt eine Wirtschaft krank ist, und diejenigen Heilmaßnahmen zu ergreifen, die eine Wiederbelebung und Gesundung fördern können."[672]

Zu diesen Maßnahmen gehörten auch Faktoren außerhalb des Einflußbereichs der Weltbank wie beispielsweise soziale Komponenten, Bevölkerungswachstum

---

666 King, Reorganisation, S. 8.

667 Kapur/ Lewis/ Webb I, S. 245; Weltbank, Jahresbericht 1976, S. 80.

668 Weltbank, Jahresbericht, 1954, S. 4.

669 Art. III, Absch. 4, Abs. vii IBRD-Statuten. In den ersten Geschäftsjahren wurde die wirtschaftlich rückständige Entwicklung mancher Staaten als zeitlich beschränktes Finanzierungsproblem eingestuft, das nach der Überwindung der ersten Nachkriegsschwierigkeiten durch private Kapitalexporte gelöst werden könnte. Im Notfall sollte die Entwicklung durch temporäre staatliche Kredite ergänzt werden (Portmann, Weltbank, S. 6).

670 Kamarck, World Bank, S. 115; Goharin, Darlehenspolitik, S. 73 f.; Friedmann/ Kalmanoff/ Meagher, Aid, S. 404.

671 Kamarck, World Bank, S. 116.

672 McNamara, Rede 1969, S. 5, 6.

und Regierungsformen.[673] Um auf die individuellen Probleme der Mitgliedstaaten besser eingehen zu können, erstellten die Regionalabteilungen der Weltbank seit 1968 "Country Program Paper" (CPP), die eine jährliche Analyse eines 5 Jahres-Programms über die wirtschaftliche, politische und finanzielle Lage in den Entwicklungsländern enthielten.[674] Die Weltbank nutzte die Abhängigkeit der Mitgliedstaaten von Devisen als Hebel, um ihre Vorschläge über institutionelle Reformen sowie Änderungen im Bereich der Landverteilung, gerechtere Steuersysteme und den Kredit- und Banksektor einzubringen.[675]

Die Weltbank nahm die Vergabe von Programmdarlehen im Geschäftsjahr 1969 wieder auf. Anstelle die Darlehen an ein Projekt zu koppeln, setzten diese nun die Umsetzung von strukturellen Reformen, die sich aus den CPP ergaben, voraus. Notwendig für die Vergabe war außerdem, daß das Mitglied Gelder zur Umsetzung des Entwicklungsprogramms benötigte, die nicht aus der Finanzierung von Projekten und den lokalen Devisenfinanzierungen getragen werden konnten, so daß der Inhalt der Darlehen die freie Unterstützung der Zahlungsbilanz eines Mitglieds enthielt.[676]

Die Statuten der Weltbank begrenzen die Vergabe von Programmdarlehen auf Ausnahmefälle.[677] Das Exekutivdirektorium legte diese Ausnahmefälle in 1971 folgendermaßen aus:

> „[...] in principle, subject to demonstration in each case, such circumstances might arise when a borrowing country had a satisfactory development program and was following sound economic and financial policies, but could not obtain the external resources required to support the program by borrowing only for specific projects".[678]

Da spätestens seit den Öl-Krisen der 70er Jahre kein Entwicklungsland in der Lage war, ein erfolgreiches Entwicklungsprogramm durchzuführen, erlaubte diese Definition die unbeschränkte Vergabe von Programmdarlehen.

In April 1977 überprüfte die Weltbank diese Auslegung und grenzte die eigenen Kompetenzen dadurch klarer von der Tätigkeit des IWF ab. Das Exekutivdirektorium beschrieb 4 Umstände, die zur Vergabe von Programmdarlehen führen könnten: Wiederaufbau der Wirtschaft nach einem Krieg oder einer nationalen Katastrophe, bei der ein gesteigerter Transfer von ausländischen Ressourcen zur Erhaltung einer normalen Entwicklungsaktivität notwendig ist; die Notwendigkeit, industrielle Rohstoffe oder Ausrüstung zur Anhebung der bestehenden industriellen Kapazitäten zu liefern; ein plötzlicher Abfall der Export-

---

673 Weltbank, Jahresbericht 1963, S. 6.

674 McNamara, Rede 1969, S. 26, 27; Kapur/ Lewis/ Webb I, S. 17, 244.

675 Reid, McNamara, S. 794, 796.

676 Entscheidung der Weltbank in 1971; in: Weltbank, Jahresbericht 1977, S. 10; Kamarck, World Bank, S. 121.

677 Art. III, Absch. 4, Abs. vii IBRD-Statuten; Art. V, Absch. 1, lit. b IDA-Statuten.

678 Weltbank, Jahresbericht 1971, S. 29.

einnahmen, soweit eine Wirtschaft von einem einzelnen Exportgut abhängig ist; ein scharfer Rückgang der terms of trade als Ergebnis eines starken Anstiegs der Importpreise.[679]

Das Exekutivdirektorium ging davon aus, daß die Programmdarlehen 7 bis 10% der gesamten Kreditvergabe von IBRD und IDA einnehmen würden und damit einen „besonderen Umstand“ im Verhältnis zu der eigenen Aufgabe der Projektdarlehen darstellten.[680]

4.2.2. Der IWF als Überwacher und Förderer des Weltwährungssystems

4.2.2.1. Tranchenpolitik und Bereitschaftskreditabkommen

Da die Ziehungen der Mitglieder korrespondierend zur Höhe ihrer Quoten und der getätigten Subskription bestimmt wurden, nannte der IWF seine erste Ziehungstranche nach dem Betrag von 25% der Quote, den die Mitgliedstaaten in Gold an den IWF zahlen mußten[681] und der weiterhin als Währungsreserve des Mitglieds angesehen wurde, "Goldtranche". Dem übrigen Betrag der Quote, der in der eigenen Währung des Mitglieds zu zahlen war, kam diese Bedeutung nicht zu, da er gemäß Art. III, Absch. 5 IWF-Statuten (1945) durch Schuldscheine hinterlegt werden konnte und daher nur einen potentiellen Anspruch gegen das Mitglied bildete.[682] Der beim IWF gezogene Gesamtbetrag durfte 200% seiner Quote nicht überschreiten und innerhalb eines Jahres seit dem Kauf einer Währung konnte ein Mitglied nicht mehr als 25% der Quote ziehen.[683] Der IWF gewährte seinen Mitgliedern daher 4 Kredittranchen in Höhe von jeweils

679 Weltbank, Jahresbericht 1977, S. 10.

680 Art. III, Absch. 4, Abs. vii IBRD-Statuten; Weltbank, Jahresbericht 1977, S. 11.

681 Art. III, Absch. 3, lit b, Abs. ii IWF-Statuen (1945).

682 Die Bezeichnung "Goldtranche" war nicht vollständig korrekt, da deren Höhe in Relation zur Höhe der Währungsreserven zu sehen waren, die der IWF von einem Staat hielt. Art. V, Absch. 3, lit. a, Abs. iii IWF-Statuten (1945) regelte, daß die Tranche in Höhe von 25% nur maßgeblich wäre, „nachdem die Bestände des Fonds zuvor auf 75% der Mitgliedsquote gebracht worden wären, sofern sie bislang niedriger waren“. Die Goldtranche wurde daher um den Differenzbetrag erhöht, der die Währungsreserven, die der IWF in der Währung des ziehenden Mitglieds hielt, unter der Quote des Mitglieds lag. Rettberg (Währungsfonds, S. 236; vgl. auch Dam, Rules, S. 119) bezeichnet diese erhöhte Goldtranche als "Supergoldtranche". Neben dieser Ungenauigkeit in der Tranchenbezeichnung war der Begriff "Goldtranche" nach der Einführung der kompensierenden Finanzierungsfazilität (1963) nicht mehr adäquat, da Ziehungen unter dieser zwar den vom IWF gehaltenen Währungsbestand erhöhten, jedoch nicht auf die Goldtranche angerechnet wurden. (Art. XIX, lit. j IWF-Statuten (1969) und Art. XXX, lit. c IWF-Statuten; Gold, Stand-by arr., S. 21).
Mit der zweiten Änderung der IWF-Statuten in 1978 änderte sich der Name "Goldtranche" in "Reservetranche", um stärker hervorzuheben, daß der Subskriptionsbetrag ein Teil der mitgliedstaatlichen Währungsreserven darstellen und Anträgen im Rahmen der Reservetranche nicht widersprochen werden konnte (IWF, Jahresbericht 1978, S. 92).

683 Art. V, Absch. 3, lit. a, Abs. iii IWF-Statuten.

25% der Quote. Teilweise sah der IWF von diesen strengen Grenzen ab und gewährte darüber hinaus Ziehungen.[684]

Der IWF war in den Anfangsjahren seiner Geschäftstätigkeit bemüht, durch eine Konkretisierung der Regelungen das Vertrauen der Mitglieder in seine Politik zu wecken und mittels einer erhöhten Attraktivität der finanziellen Hilfe seine Position zu stärken.[685] Da die ursprünglichen IWF-Statuten (1945) über die Länge des Zeitraumes, innerhalb dessen die Mitglieder die gezogenen Gelder zurückzahlen sollten, keine Aussage trafen, interpretierte der IWF die Inanspruchnahme seiner Reserven als eine zeitweilige Hilfe (temporary assistance) für seine Mitglieder.[686] In seiner Entscheidung vom 13. Februar 1952[687] spezifizierte er den Begriff "zeitweilig" mit der Umschreibung „the exchange purchased from the Fund should not remain outstanding beyond the period reasonably related to the payments problem for which it was purchased. The period should fall within an outside range of 3 to 5 years“. Erst bei der ersten Änderung der Statuten in 1969 wurde das Wort "zeitweilig" in Art. I, Abs. v IWF-Statuten (1969) und Art. V, Absch. 3, lit. c IWF-Statuten (1969) eingefügt.

Nachdem in Art. V, Absch. 3, lit. a, Abs. i IWF-Statuten (1945) offen gelassen worden war, ob das Exekutivdirektorium Ziehungen seiner Mitglieder von Bedingungen abhängig machen könnte, hob der IWF in einer Entscheidung[688] aus 1948 hervor, daß es ihm vorbehalten bliebe, die Ausführungen, aufgrund derer ein Mitglied eine Ziehung vornehmen möchte, zu kontrollieren und gegebenenfalls „postpone or reject the request, or accept it subject to conditions“.[689] Mit dieser Entscheidung legte er den Grundstein für das System der Tranchen, nach dem die Strenge und der Umfang der Bedingungen im Rahmen von Ziehungen in Abhängigkeit zur Höhe der vom IWF gehaltenen Mitgliederwährung

---

684 Art. V, Absch. 4 IWF-Statuten (1945); Rettberg, Währungsfonds, 234; Gold, Stand-by arr., S. 40.

685 Frankl, IWF-Politik, S. 40.

686 IWF, Entscheidung vom 26. Sept. 1946, Nr. 71-2; in: Sel. Dec., 2003; vgl. Denters, IMF Conditionality, S. 82-85. Diese Interpretation war eine Antwort auf eine von den USA vorgelegte Anfrage (Request for Interpretation of the Articles of Agreement as to the Authority of the Fund to Use Its Resources, Resoluation Nr. IM-6 vom 18. März 1946, in: Sel. Dec. 2003).

687 IWF, Entscheidung vom 13. Feb. 1952, Nr. 102-(52/11), Nr. 2 a; in: Horsefield III, S. 229.

688 IWF, Entscheidung vom 10. März 1948, Nr. 284-4; in: Sel. Dec. 2003.

689 Diese Auslegung war durch die Entscheidung des Exekutivdirektoriums vom 17. März 1948, Nr. 287-3 möglich geworden, in der Art. V, Absch. 3, lit. a, Abs. i IWF-Statuten (1945) dahingehend ausgelegt worden war, daß unter die „provisions of this Agreement“, mit denen die Vergabe von Geldern des IWF übereinstimmen sollte, sowohl alle Regelungen der IWF-Statuten als auch die Ziele des IWF aus Art. I zu subsumieren seien. Mit dieser Auslegung vergab der IWF seine Gelder „under adequate safeguards“ (Art. I, Abs. v IWF-Statuten (1945)). Eine ausführliche Darstellung der Entwicklung bis zu dieser Auslegung ist in Denters, IMF Conditionality, S. 71-85 zu finden.

gestaffelt wurden. Zwar kam die Zurückweisung einer Anfrage von Mitgliedern beim IWF so gut wie nie vor, dies lag allerdings daran, daß die Mitglieder befürchteten, schon die Korrektur ihrer Anfrage könnte ein Stigma auf ihrer Reformwilligkeit hinterlassen, so daß sie es vorzogen, ihre Anfragen frühzeitig mit dem IWF zu besprechen.[690]

Die strenge Bestimmung über das Zurückweisen von Anfragen schränkte der IWF in 1952[691] dahingehend ein, daß er den Mitgliedern versicherte, sie könnten bei Ziehungen innerhalb der Goldtranche „count on receiving the overwhelming benefit of any doubt". Eine feste Zusage "automatischer" Ziehungen konnte der IWF aufgrund der Regelung in Art. I, Abs. v IWF-Statuten nicht machen, nach der die Ziehungen „unter angemessenen Sicherungen" zugänglich gemacht werden sollten. Da er die notwendigen Sicherungen nach dem finanziellen Risiko einer Ziehung staffelte[692] und dieses in der Goldtranche, bei der lediglich die vom Mitglied eingezahlten Geldreserven gezogen wurden, sehr niedrig lag, beabsichtigte der IWF zu keiner Zeit, eine Anfrage innerhalb der Goldtranche zu überprüfen. Vielmehr beschränkte er seine Prüfung auf Formalien.[693] Mit der ersten Änderung der IWF-Statuten in 1969 wurde der automatische Charakter der Goldtranche in Art. V, Absch. 3, lit. d, letzter HS normiert.[694]

Nachdem das Exekutivdirektorium in seiner Entscheidung vom 10. März 1948[695] festgelegt hatte, daß der IWF Anfragen seiner Mitglieder nach Ziehungen oder Käufen von Devisen ablehnen oder von Bedingungen abhängig machen durfte, entstand eine allgemeine Unsicherheit zwischen den Mitgliedern, nach welchen Kriterien der IWF hierbei vorgehen würde und wie das Risiko einer Ablehnung einzuschätzen wäre.[696] Die Bereitschaftskreditabkommen sollten diese Sicherheit durch einen Ausgleich zwischen dem Interesse der Mitglieder, eine Zusage zu finanzieller Hilfe in bestimmter Höhe vom IWF zu erhalten, und dem Interesse des IWF, Einfluß auf die Entleihungskriterien und Maßnahmen zu nehmen, gewähren.[697] Außerdem gaben Bereitschaftskreditabkommen anderen Kreditgebern Vertrauen in die Lebensfähigkeit der weniger entwickel-

690 Gold, Resources, S. 523.

691 IWF, Entscheidung vom 13. Feb. 1952, Nr. 102-(52/11), Nr. 3; in: Horsefield III, S. 230. Die Einschränkung sollte die Mitglieder ermutigen, sich bei finanziellen Problemen an den IWF zu wenden, da in 1950 kein Mitglied und in 1951 nur Brasilien und der Iran eine Ziehung getätigt hatten (Dam, Rules, S. 118).

692 Gold, Resources, S. 536, 537.

693 Stratmann, IWF, S. 228; Dam, Rules, S. 118.

694 Durch die Klarstellung, daß „Anträge auf Käufe in der Goldtranche [...] nicht abgelehnt werden" könnten (Art. V, Absch. 3, lit. d IWF-Statuten (1969)) schränkte der IWF gleichzeitig seine Befugnis ein, neue Fazilitäten ohne Konditionalität zu schaffen (IWF, Jahresbericht 1968, S. 91).

695 IWF, Entscheidung vom 10. März 1948, Nr. 284-4, in: Sel. Dec. 2003.

696 Gold, Stand-by arr., S. 22.

697 Stratmann, IWF, S. 198; Gold, Stand-by arr., S. 30.

ten Volkswirtschaften und schufen eine Atmosphäre finanzieller Stabilität und gesunder Wirtschaftsentwicklung.[698] Der IWF legte fest, daß ein Mitglied bei Abschluß eines Bereitschaftskreditabkommens berechtigt wäre, während einer festgelegten Zeitspanne Währungen bis zu einer vereinbarten Höhe ohne erneute Überprüfung durch den IWF zu kaufen[699], und daß dieses Recht nur durch die Feststellung der Nichtberechtigung eines Mitglieds eingeschränkt werden könnte.[700]

Bei der Beurteilung der Programme legte der IWF Wert darauf, daß zu erkennen war, daß es sich bei den Ungleichgewichten nur um ein vorübergehendes Phänomen handelte.[701] In diesem Sinne galt ein Bereitschaftskreditabkommen über einen Zeitraum von 6 Monaten und konnte jederzeit durch eine Entscheidung des Exekutivdirektoriums erneuert werden. Sehr vorsichtig formuliert, bestand die Möglichkeit, daß "the fund will give sympathetic consideration to a request for a longer stand-by arrangement in the light of the problems facing the member and the measures being taken to deal with them."[702] Tätigte ein Mitglied eine Ziehung unter einem Bereitschaftskreditabkommen, so wurden die Rückzahlungen nach 3 Jahren ab dem Zeitpunkt der Ziehung fällig. Diese Zeitspanne hatte sich als generelles Prinzip im Umgang mit Bereitschaftskreditabkommen durchgesetzt und entsprach dem Mittelwert der Länge einer Ziehung unter normalen Umständen (3-5 Jahre), wenn man die Dauer des Bereitschaftskreditabkommens, welches die Ressourcen des IWF für 6 Monate bis zu einem Jahr band, hinzurechnet.[703] Diese "Liberalisierung der Kreditpolitik"[704] sicherte der IWF dadurch ab, daß die Mitglieder, die nach den Statuten zwar einen Anspruch auf die Auszahlung der Tranchen, nicht aber auf Abschluß eines Bereitschafts-

---

698 IWF, Jahresbericht 1963, 52.

699 IWF, Entscheidung vom 1. Okt. 1952, Nr. 155-(52/ 57), in: Horsefield III, S. 230 f. und anschließend in IWF, Entscheidung vom 23. Dez. 1953, Nr. 270-(53/95), in: Horsefield III, S. 231 f.

700 IWF, Entscheidung vom 23. Dez. 1953, Nr. 270-(53/95), II. Nr. 2, in: Horsefield III, S. 232; Die Übertragung der Grundlagen für allgemeine Ziehungen auf Bereitschaftskreditabkommen kam insbesondere bei Beträgen innerhalb der "automatischen" Ziehungen der Goldtranche dadurch zum Ausdruck, daß der IWF keine Gebühren erhob (ebenda II. Nr. 6). Nachdem Art. V, Absch. 3, lit. d, letzter HS. IWF-Statuten (1969) keine Überprüfung von Ziehungen in der Goldtranche mehr vorsah, schloß der IWF in seiner Entscheidung vom 15. Sept. 1969 solche Ziehungen von Bereitschaftskreditabkommen aus (Gold, Stand-by arr., S. 35).

701 IWF, Jahresbericht 1966, S. 29.

702 IWF, Entscheidung vom 23. Dez. 1953, Nr. 270-(53/95), II. Nr. 1 S. 2; seit 1956 wurden Bereitschaftskreditabkommen überlicherweise auf ein Jahr begrenzt (Rettberg, Währungsfonds, S. 252 f.; Aufricht, IMF, S. 64).

703 Horsefield I, S. 332; Aufricht, IMF, S. 65.

704 Frankl, IWF-Politik, S. 39; Stratmann (IWF, S. 199) spricht von einem gesteigerten Grad an „automaticity“ durch die Beschränkung des Bewilligungsrechts des IWF während des laufenden Bereitschaftskredits auf wenige, objektiv nachprüfbare Fälle.

kreditabkommens hatten, gezwungen waren, die Erfüllungskriterien und Bedingungen anzunehmen, wenn sie sich davor schützen wollten, in einer Krisensituation das Einverständnis des Exekutivdirektoriums zu beantragen.[705]

Die von den Mitgliedern durchzuführenden Reformmaßnahmen wurden in Stabilisierungsprogrammen zusammengefaßt und spiegelten die strengen Regelungen des Bretton Woods Systems wider.[706] In den Stabilisierungsprogrammen verfolgte der IWF die Schrumpfung der Ausgaben und Haushalte auf ein angemessenes Maß. Eingeschränkte Ressourcen sollten die Produktion stimulieren und damit den Export steigern, auch wenn sich als Folge der allgemeine Lebensstandard verschlechtern würde.[707]

Die Maßnahmen des IWF lagen zum großen Teil in der Fiskalpolitik und der Allokation der Ressourcen. Die Haushaltsdefizite der meisten Entwicklungsländer stammten aus unverhältnismäßig hohen öffentlichen Investitionen im Bereich des Transportwesens, der Strom- und Energieversorgung, der Wasserversorgung und Erziehung im Gegensatz zu den Einnahmen durch Steuern und ausländischem Kapital.[708] Diese Ausgaben wurden zur Unterstützung eines schnellen Wirtschaftswachstums getätigt, überstiegen allerdings die Kapazitäten der Länder bei weitem und belasteten daher ihre Zahlungsbilanzen. Mangels geeigneter Steuersysteme und eines funktionierenden Kapitalmarktes wirkte sich die Kreditaufnahme durch den Staat im Inland als originäre Geldschöpfung aus und führte zu Inflation. Dieser folgten Lohn- sowie Gehaltsaufbesserungen und Subventionen zur Milderung der Auswirkungen steigender Lebenshaltungskosten, die wiederum erhöhte Haushaltsausgaben nach sich zogen.[709] Um diesem Teufelskreis zu entkommen, drang der IWF auf eine bessere Haushaltsplanung und -kontrolle, bei der jegliche Ausgaben nach Dringlichkeitsstufen geordnet und lediglich im Rahmen der tatsächlich bereitstehenden Gelder getätigt werden sollten.[710] Insbesondere waren die Zuschüsse und Subventionen an staatliche Unternehmen, die unwirtschaftlich arbeiteten und lediglich zum Erhalt von Arbeitsplätzen dienten, zu senken.[711] Die Staatseinnahmen sollten durch Steuerreformen kontinuierlicher zur Verfügung stehen. In manchen Ländern wurde eine Mehrwertsteuer eingeführt.[712] Die Neuordnung der Steuern und die Reorganisation der Finanzbehörden trugen zum Abbau von Hemmnissen des Wirtschafts-

---

705 Gold, Stand-by arr., S. 34.

706 Guitián, Unique Nature, S. 23.

707 Asherman, IMF, S. 265.

708 IWF, Jahresbericht 1965, S. 34; Spitzer, Stand-by arr., S. 473; mit Überblick über die Maßnahmen auch in Spitzer, Stabilization Programs, S. 492-510.

709 IWF, Jahresbericht, 1965, S. 35; 1966, S. 29, 32.

710 IWF, Jahresbericht, 1965, S. 36.

711 IWF, Jahresbericht, 1965, S. 38; 1966, S. 32; 1967, S. 48.

712 IWF, Jahresbericht 1965, S. 37.

wachstums und zu einer gleichmäßigeren Verteilung von Einkommen und Vermögen bei.[713]

Hilfreich für eine Stabilisierung der Zahlungsbilanz und ein gesundes Wirtschaftswachstum war die Anpassung des Wechselkurses auf ein realistisches Niveau insbesondere nach einer länger andauernden Inflation. Diese Anpassung bot Exportanreize und ermöglichte zugleich die Beibehaltung eines freien Zahlungssystems.[714] Insbesondere sollten im Rahmen der Preis- und Einkommenspolitik die Preiskontrollen abgebaut und die Preise und Löhne allmählich auf ein realistisches Niveau gebracht werden.[715]

Hinsichtlich der Wertigkeit der einzelnen Maßnahmen zur Unterstützung der Zahlungsbilanz bildeten sich Prioritäten in der Praxis des IWF heraus. So zog der IWF das Stützen der Währung durch Einsatz von Fondsmitteln der Änderung des Wechselkurses vor.[716] Auch die Einführung von Devisen- und Handelsbeschränkungen, wie Zölle oder Steuern, trat hinter der Möglichkeit der kurzfristigen finanziellen Hilfe durch den IWF zurück.[717] Andererseits legte der IWF darauf Wert, daß ein Mitglied erst versuchte, seine Schwierigkeiten durch innerstaatliche Maßnahmen zu bekämpfen, bevor es ihn um Hilfe bat.[718]

4.2.2.2. Entdeckung der Entwicklungsländer

Um den Entwicklungsländern, die seit den 60er Jahren die größte Mitgliedergruppe im IWF bildeten, gezielt zu helfen,[719] entwickelte der IWF in 1963 die Kompensatorische Finanzierungsfazilität (Compensatory Financing Facility;

---

713 IWF, Jahresbericht 1965, S. 38.

714 IWF, Jahresbericht 1967, S. 47; 1966, 33; Spitzer, Stabilization Programs, S. 505.

715 IWF, Jahresbericht 1966, S. 35; Spitzer, Stabilization Programs, S. 510.

716 Diese Wertung kam auch in Art. IV, Absch. 5 IWF-Statuten (1945) zum Ausdruck, die eine Änderung der Parität der festen Wechselkurse nur bei „grundlegenden Gleichgewichtsstörungen" vorsahen.

717 Vgl. Art. I, Abs. v IWF-Statuten; Stratmann, IWF, S. 246; IWF, Jahresbericht 1966, S. 29.

718 Stratmann, IWF, S. 246.

719 IWF, Jahresbericht 1965, S. 32; Die Schwierigkeiten der Entwicklungsländer rühren aus den 50er Jahren her, als die europäischen Staaten ihre inländischen Industrien noch durch Restriktionen schützen wollten (Asherman, IMF, S. 271). Da die Entwicklungsländer für ihre Rohstoffe dringend Absatzmärkte suchten, konnten die europäischen Staaten sie dazu zwingen, mit ihnen bilaterale Abkommen zu schließen. Die terms of trade der Entwicklungsländer wurde zusätzlich durch die Inkonvertibilität der europäischen Währungen verstärkt, die sie dazu zwangen, ihre Importe aus denselben Ländern zu beziehen (Asherman, IMF, S. 260; vgl. Spitzer, Stand-by arr., S. 472; Frankl, IWF-Politik, S. 40). Neben den konjunkturbedingten Preisschwankungen für Rohstoffexporte in Industrieländer litten die Entwicklungsländer unter den relativ großen, kurzfristigen Schwankungen der Deviseneinkünfte aus Exporten als Folge von schlechten Ernten oder Naturkatastrophen (IWF, Jahresbericht 1963, S. 37).

CFF)[720] als erste "Sonderfazilität". Die neue CFF sollte Exportfluktuationen erleichtern, die erheblichen Preisschwankungen der labilen Ausfuhrerträge abfedern und so die Bestimmung der zu erwartenden Rentabilität von Investitionen sicherer machen sowie die Aufrechterhaltung des Zahlungsbilanzgleichgewichts erleichtern.[721]

Die Ziehungen unter der CFF wurden auf die Kredittranchen angerechnet[722], waren jedoch anders als diese nur an die spezifischen Voraussetzungen des vorübergehenden Rückgangs der Ausfuhrerlöse außerhalb der Kontrolle des Mitglieds und der Zusage zur Zusammenarbeit mit dem IWF geknüpft.[723]

Nachdem in den ersten Jahren nach Einrichtung der CFF kein nennenswerter Gebrauch von der Fazilität gemacht worden war, da die Exporterlöse konstant bzw. steigend ausfielen,[724] nahm der IWF in 1966 eine Liberalisierung der Fazilität vor.[725] Darin wurde die Regelung aufgehoben, daß weitere Ziehungen in den Kredittranchen nur gegen die Einhaltung der strengen Kriterien in den höheren Kredittranchen möglich waren. Die Inanspruchnahme der Fazilität verlief somit parallel zu den Kredittranchen ("floating").[726] Außerdem erhöhte der IWF die Ziehungsgrenze von 25% auf 50% der Quote des betroffenen Mitglieds und verband den Zeitpunkt der Rückzahlung entgegen der vorherigen 3 bis 5 Jahre mit der Verbesserung der Deviseneinnahmen des Mitglieds. Mit Ausnahme von Exportausfällen aufgrund von Naturkatastrophen blieb die Grenze für Ziehungen innerhalb eines Jahres bei 25% der Quote bestehen.[727]

---

720 IWF, Compensatory Financing of Export Fluctuations, Entscheidung aus Feb. 1963, Nr. 1477-(63/8); in: Horsefield III, S. 442-457; vorausgehende Diskussionen und Überlegungen siehe Horsefield II, S. 417-421. Ausführlicher Überblick über die Entwicklung der CFF bis 1990 bei Gurumurthi, IMF, 37-85.
Schon vor der Gründung der Kreditfazilität zur kompensatorischen Finanzierung von Exporterlösschwankungen betrachtete der IWF vorübergehende Exporterlösschwankungen als einen legitimen Grund für die Inanspruchnahme seiner Mittel (IMF, Shortfall, S. 245; Stratmann, IWF, S. 257).

721 IWF, Jahresbericht 1965, S. 32.

722 Für CFF: IWF, Entscheidung vom Feb. 1963, Nr. 1477-(63/8), Abs. V., Nr. 4 und 5; in: Horsefield III, S. 455. Für BSFF: IWF, Entscheidung vom 25. Juni 1969, Nr. 2772-(69/47), Abs. 3; in: de Vries III, S. 509.

723 Dieser erleichterte und schnellere Zugriff auf die Ressourcen des IWF galt unabhängig davon, welche Ziehungsquote das Mitglied durch die Aufnahme der Gelder unter der Fazilität erreichte, so daß das betroffene Mitglied, auch wenn es sich in einer der oberen Kredittranchen bewegte, auf die kompensatorische Hilfe vertrauen konnte (Rettberg, Währungsfonds, S. 256).

724 IWF, Jahresbericht 1967, S. 76.

725 IWF, Entscheidung vom 20. Sept. 1966, Nr. 2192-(66/81); in: Gold, Stand-by arr., Anhang D 6. Außerdem in IMF, Compensatory Financing, S. 469-496.

726 IMF, Compensatory Financing, S. 482, Abs. III., Nr. 7; ders., Jahresbericht 1967, S. 75; Horsefield II, S. 424 f., Gold, Stand-by arr., S. 18.

727 IMF, Compensatory Financing, S. 484, Abs. III., Nr. 8; de Vries I, S. 407.

Entwicklungsländer, die ihre Devisen größtenteils durch den Export von Rohstoffen erwirtschafteten, versuchten, eine angemessene Devisenpolitik und die Stabilität ihrer Exporteinnahmen durch die Bildung von Rohstofflagern aufzubauen.[728] Das Exekutivdirektorium entschied daher in 1969, die Fazilität zur Erleichterung der Finanzierung internationaler Rohstoff-Auffangvorräte (Buffer Stock Financing Facility; BSFF) zu errichten.[729] Die BSFF stellte Ziehungen innerhalb von 12 Monaten bis zu einer Höhe von 50% der Quote des Mitglieds, jedoch nicht über 75% der Quote für Ziehungen aus CFF und BSFF zusammen zur Verfügung.[730] Die Gelder konnten unter folgenden Voraussetzungen gezogen werden: Der Mitgliedstaat mußte sich an einem internationalen Rohstoffausgleichslager beteiligt haben, das den Richtlinien entsprach, die von den UN für derartige Abkommen entwickelt worden waren.[731] Außerdem mußte der Finanzierungsbedarf in unmittelbarem Zusammenhang mit den Zahlungsverpflichtun-

Ebenfalls in der Änderung von 1966 wurde die Inanspruchnahme der CFF für die Fälle ausgeschlossen, in denen der nominale Wert der Exporterlöse eines rohstoffproduzierenden Landes im laufenden Jahr um 5% über dem Durchschnitt der beiden vorangegangenen Jahre angestiegen war (Rettberg, Währungsfonds, S. 258). Diese Änderung wirkte sich gravierend auf die Inanspruchnahme der Fazilität in den folgenden Jahren aus, da aufgrund der hohen Inflationsraten auch Rohstoffländer, deren Exporterlöse real erheblich zurückgegangen waren, noch einen Anstieg des nominellen Wertes über 5% zu verzeichnen gehabt hatten und damit nach der Änderung von den Ziehungen ausgeschlossen waren (Rettberg, Währungsfonds, S. 259).

728 IWF, Jahresbericht 1969, S. 50.

729 IWF, Entscheidung vom 25. Juni 1969, Nr. 2772-(69/47), mit Änderungen der Entscheidung vom 24. Dez. 1975, Nr. 4913-(75/207); in: de Vries III, S. 509; Grundsätzliches Ziel der Rohstoffausgleichslager ist es, den Weltmarktpreis des vom Rohstoff-Abkommen erfaßten Rohstoffes auf einem für die Abnehmer- wie Lieferländer gleichermaßen akzeptablen Niveau zu stabilisieren. Die Lenkung der Rohstoffpreise wird durch die Einflußnahme der Verwaltung der Rohstoffausgleichslager auf die Angebots- und Nachfragemengen durch Käufe und Verkäufe entsprechend dem Stabilisierungsziel erreicht. (Gabler, Wirtschaftslexikon, S. 711). Die Funktionsweise der Buffer Stocks wird weiterhin verbessert, wenn anstelle von Höchst- und Tiefstpreisen das Doppelziel der Maximierung der Gewinne und Minimierung der Preisschwankungen definiert wird. Außerdem sollte die Interventionsverpflichtung sowohl an die Höhe der jeweiligen Bestände des Ausgleichlagers als auch an die festgestellten Abweichungen der tatsächlichen Preise vom mittelfristigen Preistrend geknüpft werden. (Goreux, Buffer-Stocks, S. 26; Rettberg, Währungsfonds, S. 262).

730 Diese Grenze der kumulativen Ziehungen entfiel mit der Liberalisierung der BSFF in 1975. Gleichzeitig wurde zugelassen, dass die Ziehungen der Fazilität neben den Ziehungsmöglichkeiten in den Kredittranchen "floaten" (IWF, Entscheidung vom 25. Juni 1969, Nr. 2772-(69/47) geändert durch Entscheidung vom 24. Dez. 1975, Nr. 4913-(75/207), Abs. 5; in: de Vries III, S. 509; Beschreibung der Buffer-Stock Fazilität in IWF, Jahresbericht 1969, S. 52). Seit 1978 ist das "floaten" der BSFF in Art. XXX, lit. c IWF-Statuten normiert.

731 Boeck, Entwickungsländer, S. 43.

gen des Mitglieds gegenüber dem Rohstofflager stehen, d.h. die Einzahlungspflicht mußte sich entweder aus der Notwendigkeit zusätzlicher Käufe oder der Deckung der laufenden Kosten der Rohstofflager ergeben. Für Zahlungen zur Finanzierung von Investitionen zum Auf- oder Ausbau des Rohstofflagers konnte die Fazilität dagegen nicht in Anspruch genommen werden.[732] Der IWF unterstützte nur Rohstofflager, deren internationale Vereinbarungen wirtschaftlich gesund zu sein schienen und deren finanzierte Transaktionen mit seinen Zielen vereinbar und von vorübergehender Natur waren.[733] Entgegen der guten Akzeptanz der CFF spielte die BSFF eine untergeordnete Bedeutung. Nach 1984 erfolgten keine Ziehungen mehr unter ihr. Daher beendete der IWF die BSFF in 2000, nachdem im Rahmen dieser Fazilität von den Mitgliedern insgesamt SZR 559 Mill. gezogen worden waren.[734]

Ein weiteres Sensibilisieren für die Probleme der Entwicklungsländer schlug sich im Engagement des IWF gegen die wachsende Verschuldung seiner Mitgliedstaaten nieder. Viele Länder milderten ihre Schwierigkeiten einer schwachen Fiskalstruktur vorübergehend durch übermäßig hohe Rückgriffe auf Auslandskredite mit relativ kurzfristigen Laufzeiten. Außerdem versuchten die Regierungen den Mangel an langfristigem Kapital für Entwicklungsprojekte durch kurz- und mittelfristige Kreditaufnahmen zu finanzieren.[735] Zu einem Problem wurde die Schuldenlast, wenn die Produktionsreife der Investitionen mit der Fälligkeit der Schulden nicht übereinstimmte. Ein Land konnte dann die notwendigen Gelder zur Rückzahlung des steigenden Niveaus des Schulden-

---

732 Grund für diese Beschränkung war, daß der IWF in der Bereitschaft der beteiligten Regierungen, die notwendigen Mittel durch einen Rückgriff auf die eigenen Reserven zu beschaffen, ein entscheidendes Kriterium für die Beurteilung des Stabilitätsprogramms sah (IWF, Jahresbericht 1969, S. 53).

733 Im November 1970 genehmigte der IWF die Nutzung der Fazilität für das internationale Zinn Rohstofflager, so dass die ersten Ziehungen fünf Zinn-exportierender Staaten im Finanzjahr 1971/1972 getätigt wurden. Es folgten die Zulassungen des internationalen Kakao Rohstofflager in 1973, des internationalen Zucker Rohstofflager in 1977 und des internationalen Kautschuk Rohstofflager in 1982. (Viertes Internationales Zinn Abkommen: IWF, Entscheidung vom 25. Nov. 1970, Nr. 3179-(70/102); in: Sel. Dec. 1999, S. 266; Fünftes Internationales Zinn Abkommen: IWF, Entscheidung vom 23. Juni 1976, Nr. 5127-(76/91); in: Sel. Dec., 1999, S. 267 f.; Sechstes Internationales Zinn Abkommen: IWF, Entscheidung vom 12. Nov. 1982, Nr. 7247-(82/147); in: Sel. Dec., 1999, S. 268 f.; International Cocoa Agreement: IWF, Entscheidung vom 23. April 1973, Nr. 3933-(73/42); in: de Vries III, S. 509 bis 510; International Sugar Agreement von 1977: IWF, Entscheidung vom 16. Dez. 1977, Nr. 5597-(77/171); in: Sel. Dec., 1999, S. 270-272; International Natural Rubber Agreement von 1979: IWF, Entscheidung vom 12. Nov. 1982, Nr. 7246-(82/147); in: Sel. Dec., 1999, S. 272-274; International Natural Rubber Agreement von 1987: IWF, Entscheidung vom 4. April 1990, Nr. 9403-(90/53); in: Sel. Dec., 1999, S. 274 f.).

734 IMF, Review of CCFF and BSFF, Nr. 32, Table 5.

735 IWF, Jahresbericht 1965, S. 39.

dienstes nicht mit dem Wert der Gesamterzeugung kompensieren, so daß der Devisenbedarf für die Rückzahlungen nicht gedeckt werden konnte und der Schuldenberg anstieg.[736] Eine erfolgversprechende Hilfe gegen die steigernde Schuldenlast war die Durchführung einer Umschuldung, bei der Rückzahlungen der Kredite auf mehrere Jahre verteilt wurden und die Schuldnerländern somit Zeit für den Aufbau von produktiven, exportorientierten Wirtschaftszweigen erhielten.

Dem IWF war die direkte Finanzierung von Schulden eines Mitglieds nicht gestattet, da seine Hilfe nicht für spezielle Konten innerhalb der Zahlungsbilanz ausgegeben werden konnte und sowohl Länge als auch Umfang dieser Transaktionen im Verhältnis zu den Schulden viel zu gering gewesen wären.[737] Er nahm daher die Position eines Vermittlers zwischen dem Mitglied und seinen Gläubigern ein und führte die Umschuldung als ein Kriterium innerhalb der umfassenden Stabilisierungsprogramme ein.[738]

4.2.3. Erste Kompetenzabgrenzungen zwischen Weltbank und IWF

Beide Organisationen versuchten bis Mitte der 60er Jahre ihren Wirkungskreis zu konkretisieren und die ihnen in den Statuten gestellten Aufgabenbereiche effektiv auszufüllen. Die Weltbank breitete ihre Rolle bei der Unterstützung von produktiven Projekten mit Gründung der IDA aus und verlagerte die Zielrichtung ihrer Darlehensvergabe auf die Befriedigung der Grundbedürfnisse der armen Bevölkerungsschichten. Neben der steigenden Vielfalt der unterstützten Sektoren und einer besseren Kontrolle der eigenen Projekte versuchte sie, individuell auf die Probleme einzelner Regionen einzugehen und sich um umfassende Entwicklungsprogramme zu kümmern. Daher verband sie Programmdarlehen mit der Durchführung einzelner Projekte. Diese neue, umfassende Sichtweise machte die Weltbank endgültig zu einer Entwicklungsorganisation.[739] Gegenüber dem IWF, der aufgrund seiner eingeschränkten Finanzmittel in der Vergabe von Geldern zurückhaltend war, nahm sie eine hervorgehobene Stellung ein.

Der IWF konzentrierte seine Anstrengungen auf die Stabilität der Währungen als Voraussetzung für wirtschaftliches Wachstum. Die einzigen Änderungen seiner Geschäftstätigkeit bis zu den Ölkrisen der 70er Jahre bestanden in der

736 IWF, Jahresbericht 1965, S. 41.

737 Die der IWF in seinem Jahresbericht 1965 (S. 29) feststellt, stellen seine finanziellen Ressourcen eine kurzfristige Hilfe für Mitglieder dar und reichen die Quoten häufig auch von ihrem Umfang für die Finanzierung der Schulden eines Mitglieds nicht aus. Die Hilfe des IWF kann jedoch in Verbindung mit einem Stabilisierungsprogramm einen wichtigen Beitrag zur Wiedererlangung des Zahlungsbilanzgleichgewichts liefern und dadurch den Grundstein einer Entschuldung bilden.

738 IWF, Jahresbericht 1965, S. 46.

739 Clark, McNamara, S. 170; Reid, McNamara, S. 797. Im Jahresbericht 1972 (S. 9) stellt die Weltbank fest, daß ihr Einfluß auf die Politik in den Mitgliedstaaten gemessen an der Höhe der Gelder, die sie vergibt, sehr hoch ist.

Konzeptionierung der Bereitschaftskreditabkommen in 1952 einschließlich einer makroökonomischen Konditionalität und der Gründung der beiden Sonderfazilitäten CFF und BSFF, deren finanzieller Rahmen sehr beschränkt war. Mit den Sonderfazilitäten ging der IWF auf die Bedürfnisse seiner unterentwickelten Mitglieder ein, wahrte aber den Grundsatz der Gleichheit aller Mitglieder. Da es dem IWF nach dem Prinzip der Gleichberechtigung seiner Mitglieder in seinen Statuten nicht gestattet war, Gelder auf eine bestimmte Gruppe von Mitgliedern zu beschränken, standen die Sonderfazilitäten allen Mitgliedern offen, welche ihre Voraussetzungen erfüllten.[740] Durch die Schaffung der CFF und der BSFF konkretisierte der IWF seine Hilfe auf spezifische Probleme einer Volkswirtschaft und machte Ziehungen allein von quantitativen Kriterien abhängig. Außerdem band der zusätzliche Verweis, daß die Sonderfazilitäten "nicht im Widerspruch zu diesem Abkommen" stehen sollten, die Vergabe der Gelder an eine zeitweilige Bereitstellung zu angemessenen Sicherungen vor dem Hintergrund der gesamten Zahlungsbilanz.[741] Für Exportausfälle oder Zahlungsbilanzverpflichtungen gegenüber Rohstofflagern, die sich nicht auf die Zahlungsbilanz auswirkten, kam der IWF daher nicht auf.[742] Die Zeitweiligkeit der Ziehungen spiegelte sich bei den Sonderfazilitäten wie in den Kredittranchen in einer Fälligkeit der Rückzahlungen nach 3 bis 5 Jahren wider.

Diese Kompetenzgrenzen setzten sich in der Überwachungstätigkeit des IWF fort. Wenn er von einem „gemeinsamen Interessengebiet [zwischen Weltbank und IWF], darunter die Koordination von Entwicklungshilfe“[743] sprach, beschränkten sich seine Analysen auf Fragen der Inflation, des Marktzugangs, des Kapitalzuflusses und der Höhe der Ausfuhren.[744] Allerdings konnten entgegengesetzte Interessen auftreten, wenn ein Stabilisierungsprogramm öffentliche Ausgaben beschränkte, um das Zahlungsbilanzdefizit zu mindern, das Entwicklungsprogramm der Weltbank dagegen eine Erhöhung öffentlicher Investitionen und Subventionen vorsah.[745]

---

740 Der Auslöser der CFF war allerdings unzweifelhaft die Hilfe für Entwicklungsländer, deren Volkswirtschaften primär vom Rohstoffexport abhängig waren (IWF, Jahresbericht 1963, S. 54: „Es herrscht die Überzeugung, daß sich die neue Fazilität für die Verfolgung eines steten Entwicklungskurses der Entwicklungsländer direkt und indirekt von echtem Nutzen erweisen wird.“) Gold, Disasters, S. 628; Rettberg, Währungsfonds, S. 256 f.; Goreux, CFF, S. 9 f.; Dam, Rules, S. 127.

741 Art. I, Abs. 5 IWF-Statuten und Art. V, Absch. 3, lit. c IWF-Statuten (1969).

742 Für CFF: IWF, Jahresbericht 1963, S. 53; Horsefield II, S. 419, 422. Für BSFF: Boeck, Entwickungsländer, S. 44.

743 IWF, Jahresbericht 1967, S. 87.

744 Der IWF beschäftigt sich über den größten Teil des Jahresberichts 1963 (S. 37-43) mit den Problemen der Entwicklungsländer und widmet ihnen auch in den folgenden Jahren jeweils ein Kapitel seiner Jahresberichte.

745 Spitzer, Stand-by arr., S. 473.

Die Tätigkeitsbereiche der beiden Organisationen und insbesondere die Länge und Konditionalität der finanziellen Hilfe ließen sich daher eindeutig voneinander abgrenzen[746] und führten zu einer komplementären, sich allerdings nicht ergänzenden Beziehung. In der offiziellen Geschichte des IWF nennt *Horsefield*[747] über die Zusammenarbeit zwischen Weltbank und IWF, daß ein Austausch von Dokumenten „by close working relationships between those members of the staffs of the Fund and the Bank who were concerned with the same member countries" erfolgte. Diese Arbeitstreffen fanden allerdings im informellen Rahmen statt und waren von den persönlichen Kontakten der Mitarbeiter untereinander abhängig.[748]

Daß innerhalb der beiden Organisationen ein Sensibilisieren für die unterschiedlichen Kompetenzbereiche stattfand, kann an verschiedenen Vorschlägen zur verbesserten Zusammenarbeit gemessen werden, von denen jedoch keiner in eine gemeinsame Erklärung mündete.[749] Ein solcher formaler Schritt wurde mit dem Argument abgelehnt, bei Bedarf könnte ad hoc eine Lösung gefunden werden und die Einführung von allgemeinen Standards würde die Organisationen ihrer Flexibilität berauben.[750] Der wohl weitgehendste Vorstoß zu einer effektiven Zusammenarbeit war die Gründung einer "Gemeinsamen Kommission", die untersuchen sollte, auf welchen Gebieten Kosten eingespart werden könnten. Sie kam in ihrem Abschlußbericht[751] im Juli 1953 zu dem Ergebnis, daß a) die Sammlung von Wirtschaftsdaten als Hintergrundinformation über die Wirtschaft der einzelnen Mitgliedstaaten, b) der Einsatz von Experten bei Missionen in den Mitgliedstaaten und c) einzelne Verwaltungsaufgaben die Möglichkeit einer gemeinsamen Gestaltung böten. Über eine intensivierte Kooperation durch ge-

---

746 Hino, Collaboration, S. 11.

747 Horsefield I, S. 343. Auch die IWF, Jahresberichte 1966, S. 53 f. und 1967, S. 87, weisen auf eine weitere Vertiefung der Zusammenarbeit hin, die sich auf die Teilnahme von Vertretern beider Organisationen an Beratungen über die Lage in einzelnen Mitgliedstaaten bezieht.

748 De Vries, IMF I, S. 610; Mason/ Asher, World Bank, S. 552. Der Folgerung von Vocke, Zusammenarbeit, S. 172, daß „die Zusammenarbeit damals in offiziellen Verlautbarungen [...] positiver dargestellt" worden wäre, kann in Bezug auf die Textstelle bei Hino nicht ausnahmslos zugestimmen werden. Hino (Collaboration, S. 11) schränkt den engen Kontakt zwischen den beiden Organisationen und ihren Austausch von Informationen mit den Worten „as necessary" ein und bezieht sich dabei auf den vorangegangen Absatz, in dem er erklärt: „The staff of the two institutions concentrated their activities in their respective areas of primary responsibility". Der Mangel an gemeinsamen Tätigkeitsbereichen läßt daher die Zusammenarbeit kaum Raum für eine ausgedehnte Zusammenarbeit.

749 Verschiedene Anregungen und Vermerke einzelner Mitarbeiter werden in Mason/ Asher, World Bank, S. 546 ff. genannt.

750 Mason/ Asher, World Bank, S. 547, Fn. 17.

751 Report of Bank-Fund Committee on Joint Services and Joint Missions (Iliff-Brenner Report); Ergebnis vgl. Horsefield I, S. 340-342.

meinsame Treffen der Abteilungsleiter aus gleichen Arbeitsbereichen zur Koordination von Arbeitsgruppen[752] hinaus sahen die Mitglieder der Kommission lediglich bei einzelnen Verwaltungsaufgaben Ansatzpunkte für ein gemeinsames Vorgehen. In die Praxis umgesetzt wurde schließlich die gemeinsame Planung der Jahresversammlungen. Außerdem informierte der IWF die Weltbank seit 1957 über seine Geschäftstätigkeit und die Ergebnisse seiner Analysen, indem er teilweise automatisch und teilweise auf Anfrage Einsicht in seine Dokumente gewährte.[753]

Erst nach 20 Jahren der parallelen Geschäftstätigkeit und der Erkenntnis, daß die Förderung produktiver Anlagen alleine nicht zur nachhaltigen Entwicklung eines Staates führte, verstärkte sich die Zusammenarbeit zwischen IWF und Weltbank erheblich. Beide Organisationen erkannten die Interdependenzen und Abhängigkeiten insbesondere zwischen der Stabilität einer Wirtschaft und deren Wachstum.[754] Die Berührungspunkte der Geschäftstätigkeit wurden zusätzlich durch die von beiden Organisationen getätigten, kurzfristigen Analysen verstärkt. Der IWF konnte gemäß seiner Statuten lediglich kurzfristige finanzielle Hilfe vergeben. Die Weltbank tendierte in Richtung kurzfristiger Analysen, nachdem sie ihren "Funktionswandel"[755] durch die Entleihung von Geldern auf dem Kapitalmarkt vollzogen hatte. Sie änderte ihre Ausleihekriterien und vergab Kredite nur noch an Staaten, bei denen die Rückzahlung der Gelder als sicher galt. Um eine Prognose über die zukünftige Zahlungsfähigkeit abgeben zu können, führte die Weltbank den Maßstab der "Kreditwürdigkeit" ein und analysierte diese anhand des wirtschaftlichen Wachstums der jeweiligen Volkswirtschaft, das von der Stabilität der Zahlungsbilanz und der Währung abhing.[756] Dieser ähnliche Analyseansatz führte in der Umsetzung der Finanzhilfe zu Interessenwidersprüchen.

Die Ansätze im Bereich kurzfristiger Stabilisierungsmaßnahmen blieben unabhängig voneinander und Diskussionen über geeignete Methoden fanden selten statt.[757] Die Weltbank sah die Inflation einer Währung nicht als eine absolut zu vermeidende Größe an, wie es der IWF vertrat. Vielmehr beurteilte sie die Wechselkurse und die Höhe der Zinsen mit höchster Priorität, gefolgt von der

---

752 Horsefield I, S. 340-341; Mason/ Asher, World Bank, S. 546 und 547, Fn. 17.

753 Horsefield I, S. 342, 343.

754 Gold, Relationship, S. 518; ders., To contribute, S. 270. Zwar hatte der IWF im Gegenzug kein direktes Interesse an der Ausgestaltung der einzelnen Projekte der Weltbank (Polak, Relationship, S. 4), der Erfolg von produktiven Unternehmen und Infrastrukturprojekten kann jedoch verschiedene Wirtschaftszweige beeinflussen und wirkt sich positiv auf die Zahlungsbilanz eines Mitglieds aus (Gold, Relationship, S. 519).

755 Jansen, Funktionswandel, S. 95.

756 Mason/ Asher, World Bank, S. 557.

757 Mason/ Asher, World Bank, S. 550.

Produktivität öffentlicher Versorgungsbetriebe und den Preisen für Lebensmittel.[758]

Konkret war dieser unterschiedliche Ansatz auf dem Gebiet der öffentlichen Ausgaben zu beobachten. Hier stellte der IWF bei einigen Mitgliedern ungenügende Anstrengungen bei der Verbrauchseindämmung fest und bemängelte die hohen Ausgaben für soziale Dienste und Wohlfahrtseinrichtung, Subventionen von öffentlichen Diensten und Unterstützung überflüssiger Arbeitskräfte.[759] Dagegen versuchte die Weltbank die Unterstützung der armen Bevölkerungsschichten zu fördern und nahm dabei Einbußen im Bereich der Stabilität in Kauf.

Mit dem Wechsel der Führungspersönlichkeiten bei Weltbank (Präsident George Wood) und IWF (Geschäftsführender Direktor Pierre-Paul Schweitzer) verstärkte sich die Absprache zwischen den Führungsebenen. Wood und Schweitzer vereinbarten im Juli 1965, daß Mitarbeiter des IWF bei Beratenden Gruppierungen, die unter der Leitung der Weltbank die Investitions- und Finanzhilfen in einzelne Staaten koordinierten, teilnahmen und ihre Bewertung der kurz- und mittelfristigen Zahlungsbilanzaussichten neben den langfristigen Analysen der Weltbank einbrachten. Schweitzer[760] gründete in 1964 die Fiscal Policy Division parallel zu einer Abteilung in der Weltbank, in der die Beziehung zwischen Stabilisierungspolitik und wirtschaftlicher Entwicklung untersucht werden sollte.[761] Diese Analysetätigkeit konkretisierte mögliche Maßnahmen und Komponenten zur Beeinflussung der Wirtschaft. Außerdem führte die Vorgehensweise zu einer detaillierteren Kompetenzabgrenzung in zwei Memoranden[762] zwischen der Weltbank und dem IWF in Dezember 1966. Sie wurden getrennt voneinander von den Führungen der Organisationen erlassen und den jeweiligen Exekutivdirektorien vorgelegt.[763] Mangels einer Entscheidung der Exekutivdirektoren handelte es sich nicht um ein rechtlich bindendes Dokument, vielmehr sollten den Mitgliedern und dem stark angestiegenen Mitarbeiterstab eine Richtschnur bei sich widersprechenden Ratschlägen bieten.[764] Die Memoranden nahmen die folgende Kompetenzaufteilung vor:

---

758 Mason/ Asher, World Bank, S. 554.

759 IWF, Jahresbericht 1966, S. 38.

760 De Vries, IMF I, S. 612; Mason/ Asher, World Bank, S. 550; IWF, Jahresbericht 1965, S. 46.

761 Mason/ Asher, World Bank, S. 550.

762 Memorandum on IBRD/ Fund Collaboration, vom 13. Dez. 1966, SecM66-390; in: Shihata, Relationship, S. 780. Dazu siehe Narvekar, Collaboration, S. 124, 126-131.

763 Laut Shihata (Relationship, S. 781) ist die Kenntnisnahme der Memoranden durch die Exekutivdirektorien ohne eine inhaltliche Diskussion insbesondere bei der Weltbank bemerkenswert, da einige ihrer ursprünglichen Kompetenzen im Katalog der sich überschneidenden Aufgabengebiete auftauchten.

764 Shihata, Relationship, S. 780; de Vries, IWF, S. 611.

„As between the two institutions, the Bank is recognized as having primary responsibility for the composition and appropriateness of development programs and project evaluation, including development priorities. [...]
As between the two institutions, the Fund is recognized as having primary responsibility for exchange rates and restrictive systems, for adjustment of temporary balance of payments disequilibria and for evaluating and assisting members to work out stabilization programs as a sound basis for economic advance.[...]“[765]

Innerhalb dieser Gebiete sollten sich die Mitarbeiter und Mitglieder von Missionen über die Meinungen und Positionen der jeweils anderen Organisation informieren und diese ihren eigenen Ausarbeitungen zugrunde legen. Insbesondere durften sie ohne vorherige Absprache mit der anderen Organisation keine gegenteilige oder kritische Ansicht vertreten. Bemerkenswert ist neben der sehr allgemein gehaltenen Sprache dieser Aufzählung, die einen breiten Raum für wohlwollende Auslegung ließ, die lange Darstellung der Bereiche, in denen den beiden Organisationen überschneidende Kompetenzen zustanden:

„(i) structure and functioning of financial institutions;
the adequacy of money and capital markets;
the actual and potential capacity of a member country to generate domestic savings;
the financial implications of economic development programs both of the internal financial position of a country and for its external situation; and
foreign debt problems.“[766]

Auf diesen Gebieten sollten Weltbank und IWF mittels einer engen Zusammenarbeit versuchen, gegenteilige Ansichten zu vermeiden.[767] So entstanden gemeinsame Verfahrensweisen und der Austausch von Berichten und Dokumenten, sowie die Koordination von gemeinsamen Missionen, um Doppelarbeit zu vermeiden und in ihren Reformvorschlägen gegenüber den Mitgliedern im Wesentlichen übereinzustimmen. Im Januar 1966 legten der Präsident der Weltbank und der Geschäftsführende Direktor des IWF ihren Exekutivdirektoren jeweils ein Memorandum vor, in dem die Notwendigkeit einer engen Zusammenarbeit unterstrichen wurde.[768] Diese sollte durch parallele Missionen und Beteiligung eines Mitarbeiters der anderen Organisation an Missionen erreicht werden.[769]

---

765 Memorandum on IBRD/ Fund Collaboration, vom 13. Dez 1966, SecM66-390, Nr. 4 und 5; zitiert in Mason/ Asher, World Bank, S. 551; Gold, Relationship, S. 513 f.

766 Memorandum on IBRD/ Fund Collaboration, vom 13. Dez. 1966, SecM66-390, Nr. 6; in: Shihata, Relationship, S. 780-781; Gold, Relationship, S. 514, Fn. 57.

767 Memorandum on IBRD/ Fund Collaboration, vom 13. Dez. 1966, SecM66-390, Nr. 6; in: Shihata, Relationship, S. 780-781; Gold, Relationship, S. 514, Fn. 57.

768 Memorandum mit dem Titel „Further Steps for Collaboration with the Fund“ vom 19. Januar 1966, R66-10; beschrieben in: Shihata, Relationship, S. 781.

769 Im Geschäftsjahr 1970 wurden 5 parallele Missionen durchgeführt; bei 10 Missionen nahmen Mitarbeiter des IWF an Missionen der Weltbank teil und bei 2 Missionen des IWF beteiligten sich Mitarbeiter der Weltbank (de Vries, IMF I, S. 614).

In den folgenden Jahren kam es zu keinen besonderen Streitigkeiten über die Kompetenzaufteilung.[770] Die Kompetenzabgrenzung der Memoranden erhielt ihre praktische Bewandnis erst mit der Einführung der CPP, welche die Regierungen der Entwicklungsländer im Erstellen einer umfassenden Entwicklungslösung unterstützen sollte. Diese CPP traten in Konkurrenz zu den Stabilisierungsprogrammen im Rahmen der Bereitschaftskreditabkommen des IWF. Auch wenn die Reformmaßnahmen der Weltbank die Grundbedürfnisse der armen Bevölkerung fokussierten, näherte sich die Weltbank mit der Wiederaufnahme von Programmdarlehen den strukturellen Anpassungsmaßnahmen des IWF an.

4.3. Anfänge der Konkurrenzen

4.3.1. Das neue Weltwährungssystem

Das Paritätensystem der festen, angleichbaren Wechselkurse, wurde im März 1973 für gescheitert erklärt, woraufhin eine Phase der Neuordnung und Beratung folgte[771], die in der 2. Änderung der IWF-Statuten, welche am 1. April 1978 in Kraft traten, gipfelte.[772] Der Zusammenbruch des Paritätensystems ließ den

---

770 Feinberg, Changing Relationship, S. 220; Fritsche, Stabilisierungs- und Strukturanpassungsprogramme, S. 58.

771 Der Reformprozeß zwischen 1973 und 1978 sowie die während dieser Zeit bestehenden monetären Verhältnisse beschreibt Aschinger in Neues Währungssystem, S. 23-109; de Vries I, S. 11-122 (Ende des Paritätensystems) und S. 123-273 (Reformprozeß).

772 Beschreibung der Änderungen in Aschinger, Neues Währungssystem, S. 1 ff.; Crockett/ Heller, Changing Role, S. 324-337; Gold, Recent Legal Developments, S. 223-243; ders., Law and Reform, S.389-417; ders., Second Amendment, S. 1-21; de Vries I, S. 255-271.
Die Gründe für das Zusammenbrechen des Paritätensystems sind vielseitig, können im Ergebnis jedoch zum einen auf das mangelhafte Funktionieren des Anpassungsprozesses durch die Mitgliedstaaten zurückgeführt werden. Um nationalen Spannungen zu entgehen, verzichteten diese teilweise auf eine restriktive Geld- und Fiskalpolitik und verweigerten Auf- bzw. Abwertungen ihrer Währungen. Zum anderen sank das Vertrauen der Mitgliedstaaten des IWF in die von den USA gegebene Garantie, jederzeit US-Dollar in Gold umzutauschen, aufgrund des steigenden Zahlungsbilanzdefizits in den USA und der daraus resultierenden Überbewertung des US-Dollars.
Diese beiden Probleme, gekoppelt an eine veränderte Weltwirtschaft, die auf einer zunehmenden Verflechtung der Märkte für Kapital und Waren sowie auf einer schnellen Expansion des Welthandels beruhte, führte zu gravierenden strukturellen Ungleichgewichten, die das Weltwährungssystem zutiefst erschütterten. Der Vertrauensverlust in den US-Dollar bewirkte einen ständigen Kapitalexport nach Europa und Japan, auf den einige europäische Staaten (u.a. die BRD und die Niederlande im Mai 1971) nur mit der Freigabe ihrer Wechselkurse reagieren konnten, um ihre Währungsreserven vor dem Aufbrauchen durch Interventionen am Devisenmarkt zu schützen. Neben der zumindest teilweisen Aufgabe der festen Wechselkurse brachen die USA im August 1971 auch mit

Leitgedanken der internationalen Abstimmung der Währungspolitik unberührt. Die übergeordneten Ziele des IWF, nämlich die Erlangung eines hohen Beschäftigungsgrades, eines weltweiten Wirtschaftswachstums und die Förderung eines freien, internationalen Handels sollten dadurch erreicht werden, daß jedem Mitgliedsland ein Ermessen hinsichtlich der Wahl seines Währungssystems zustand. Damit distanzierten sich die Mitglieder des IWF von zwei Grundgedanken des ursprünglichen Systems: den festen Wechselkursen und der Konvertibilität der Währungen gegen Gold. Anstelle eine stabile Wirtschaft durch Wechselkursstabilität zu erreichen, verschob sich das grundlegende Ziel der internationalen Zusammenarbeit auf die wirtschaftliche und finanzielle Stabilität einer Volkswirtschaft, die in der Preisstabilität ihren Niederschlag findet.[773] Die Mitgliedstaaten waren daher in der Gestaltung ihrer Wirtschafts- und Währungspolitik sehr viel freier als im Paritätensystem.

Die Neuregelung der Kompetenzen des IWF dehnte dessen Überwachungstätigkeit über die engen Grenzen der Wechselkursgestaltung auf die grundlegende Währungs- und Wirtschaftspolitik eines Mitglieds aus.[774] Grenzen der Überwachungstätigkeit lagen in der nationalen, sozialen und politisch bedingten Politik jedes Mitgliedstaates und im Respektieren der besonderen Verhältnisse innerhalb des Landes.[775] Der IWF überwachte nicht mehr das Einhalten von festgelegten Wechselkursbestimmungen, sondern beurteilte deren individuell gestaltete Politik. Die Überwachung bezog sich sowohl auf die Aspekte der Außenhandelspolitik (Zahlungsbilanz und Wechselkurse) und innerstaatliche Variablen (Output, Beschäftigungsgrad, Preise) als auch auf die Politikinstrumente im monetären und Fiskalbereich, da die Wechselkursstabilität eine langfristige Aufgabe der generellen Wirtschaftspolitik des Landes darstellte.[776] Au-

---

dem zweiten Grundpfeiler des Bretton Woods Systems, nämlich der Dollarkonvertibilität, da sie keine ausreichenden Goldreserven mehr besaßen. Auch der Versuch, im Smithsonian Agreement der Zehnergruppe vom Dezember 1971 das Paritätensystem wieder aufleben zu lassen, indem Leitkurse, die eine flexiblere Form der Parität darstellten, eingeführt und die Bandbreite der erlaubten Kursbewegungen der festen Wechselkurse von 1% auf 2,25% erweitert wurde, konnte den steigenden Umfang von spekulativen, kurzfristigen Kapitalbewegungen nicht eingrenzen. Auf der Pariser Währungskonferenz im März 1973 vereinbarten die Länder der EG daher ein gemeinsames Floaten ihrer Währungen, bei dem der nominelle Wechselkurs sich frei bewegen konnte. (Aschinger, Neues Währungssystem, S. 15-22; ders., Währungssystem, S. 343 ff.; Weigeldt, Konditionalität, S. 20 f.)

773 Aschinger, Neues Währungssystem, S. 112.

774 Aschinger, Neues Währungssystem, S. 144, der die Meinung des früheren Exekutivdirektors der BRD beim IWF, Wilfried Guth, wiedergibt.

775 IWF, Entscheidung vom 29. April 1977, Nr. 5392-(77/63); in: Sel. Dec., 2003; vgl. Aschinger, Neues Währungssystem, S. 113-115; Kafka, IMF Problems, S. 104.

776 Kurzfristig ist die Wechselkursstabilität eine Aufgabe der Interventionspolitik der Zentralbank des betreffenden Mitglieds.

ßerdem beurteilte der IWF die Schuldensituation des Mitglieds gegenüber dem Ausland und seine Strukturpolitik, soweit diese sich direkt auf die Allokation von Ressourcen und damit auf die Gestaltung von Effizienz und Angebotssteigerung bezog.[777] Der Zeitraum, auf den ein Stabilisierungsprogramm eines Mitgliedstaates ausgerichtet war, verlängerte sich, da ernsthaften Zahlungsbilanzschwierigkeiten mittels mittelfristigen Stabilitäts- und Finanzierungskonzepten, die das Vertrauen der Geschäftswelt genossen, begegnet werden sollte.[778]

Diese Politik aus Außenhandelsgleichgewicht und Preisstabilität neben einem nachhaltigen Wirtschaftswachstum erweiterte den makroökonomischen Blick des IWF auf Einflüsse der Strukturpolitik und die Beurteilung von Produktionskapazitäten. Da eine Konzentration der Überwachung auf nationale Politiken nicht gewährleistete, daß jegliche Aspekte des globalen Wirtschaftsumfeldes ausreichend Beachtung fanden, dehnte der IWF seine jährlichen Konsultationen und Wirtschaftsanalysen auf internationale Effekte der nationalen Politiken sowie auf die Konsequenzen gegenseitiger Abhängigkeiten der nationalen Politiken aus.[779] Der Verlust an rechtsetzenden Regelungen in den Statuten des IWF beschnitt dessen Macht gegenüber den Mitgliedstaaten, weitete jedoch seinen Einfluß auf umfassendere Bereiche der Wirtschaftspolitik aus. Die in einem System flexibler Wechselkurse notwendige Anpassung der Wirtschaft im Fall von Strukturproblemen verlagerte die Politik des IWF in den streng nationalen Bereich der Wirtschaftspolitik, von welcher der IWF lediglich die internationalen Auswirkungen bewerten und beeinflussen konnte. Der Einfluß des IWF hing daher vermehrt von der Bereitstellung materieller Anreize gegenüber den Mitgliedern, wie die Verleihung der eigenen Ressourcen oder die Förderung anderer Gelder durch eine Katalysatorfunktion, ab.[780]

Die Ausdehnung der Überwachungstätigkeit auf eine umfassende Bewertung der nationalen Politiken wirkte sich auch auf die Konditionalität des IWF aus. Das Exekutivdirektorium erließ in 1979 neue Richtlinien über die Konditionalität, in denen er seinen Einflußbereich wie folgt umschreibt:

> „In helping members to devise adjustment programs, the Fund will pay due regard to the domestic social and political objectives, the economic priorities, and the circumstances of members, including the causes of their balance of payments problems. [... The performance criteria] normally be confined to (i) macroeconomic variables, and (ii) those necessary to implement specific provisions of the Articles or policies adopted under them."[781]

---

777 Guitián, Unique Nature, S. 6, 24.

778 Aschinger, Neues Währungssystem, S. 144, der die Meinung des früheren Exekutivdirektors der BRD beim IWF, Wilfried Guth, wiedergibt.

779 Guitián, Unique Nature, S. 17.

780 Kafka, IMF Problems, S. 106.

781 IWF, Entscheidung vom 2. März 1979, Nr. 6056-(79/38), Abs. 4 und 9; Zitate in: James, Monetary Cooperation, S. 323 f.

Diese Regelung dehnte die Konditionalität des IWF in mikroökonomische Wirtschaftsbereiche seiner Mitgliedstaaten aus und führte neben einer intensiveren Kooperation mit der Weltbank auch zu Spannungen zwischen den beiden Organisationen, die mit verschiedenen Ansätzen dasselbe Problem in ihren Mitgliedstaaten lösen wollten.

4.3.2. Expansion der finanziellen Hilfe an Entwicklungsländer

Aufgrund der starken Erhöhung der Preise für Erdöl durch die Organisation der Erdöl exportierenden Staaten (OPEC) und daraus resultierend für Erdölprodukte Ende des Jahres 1973 gerieten alle Staaten, die kein Öl förderten, in große Zahlungsbilanzdefizite.[782] IWF und Weltbank sahen sich in großem Zugzwang, ihren Mitgliedern zu helfen, insbesondere da befürchtet wurde, daß die Staaten versuchen würden, ihre Wirtschaften durch Handelsrestriktionen, Deflation und andere fiskalische und wirtschaftspolitische Maßnahmen zu schützen. Dieser Trend könnte neben der Zerstörung des Welthandels und der Weltwirtschaft zu einer weltweiten Rezession führen.[783] Von den Öl-Krisen waren die Entwicklungsländer am stärksten betroffen, da sie nicht die Kreditwürdigkeit besaßen, die auf dem Kapitalmarkt von den OPEC-Staaten angebotenen "Petrodollar" zu entleihen. Die wirtschaftlichen Schwierigkeiten der Rohstoffe importierenden Staaten, die unter den verschlechterten Weltwirtschaftsbedingungen ihren Verbrauch drosselten, verstärkte die Zwangslage der Staaten, die nun Einbrüche in den Exporterlösen für Rohstoffe erlitten.[784]

Gleichzeitig blieb die wirtschaftliche Entwicklung in diesen Staaten weit hinter den Erwartungen zurück und die Armut stieg an, so daß Weltbank und IWF mit einer Expansion ihrer finanziellen Hilfe auf diese Probleme der Mitglieder reagierten.

4.3.2.1. Der dritte Weg der Weltbank

Auf Vorschlag des Entwicklungsausschusses im Januar 1975 beschloß die Weltbank am 29. Juli 1975 die Gründung der Intermediate Financing Facility (IFF), die den Entwicklungsländern in einer Zeit des wirtschaftlichen Protektionismus und der Ölkrisen eine finanzielle Hilfe bieten sollte.[785] Diese Unterstüt-

---

782 Die Handelsbilanzen in den Industrieländern wechselten von einem Überschuß in Höhe von US$ 10,3 Mrd. in 1973 auf ein Defizit von US$ 10,8 Mrd. in 1974. Das Defizit in den nicht öl-exportierenden Entwicklungsländern vergrößerte sich von US$ 11,3 Mrd. in 1973 auf US$ 37 Mrd. in 1974. Im Gegensatz dazu erhöhte sich der Überschuß der öl-exportierenden Staaten von US$ 6,7 Mrd. in 1973 auf US$ 64,3 Mrd. in 1974 (IMF, Outlook, S. 185; Tabelle 15).

783 De Larosière, Channeling Oil, S. 172; Gurumurthi, IMF, S. 153 f.; de Vries I, S. 311.

784 De Vries I, S. 401; IWF, Jahresbericht 1976, S. 85.

785 Die IFF trat am 23. Dez. 1975 in Kraft, nachdem der Zinssubventionsfonds (Interest Subsidy Fund), in dem die Gelder zur Subventionierung der Zinszahlungen gehalten

zung stellte einen zusätzlichen Zugang zu Ressourcen dar, der zwischen den Darlehen der IDA und denen der IBRD lag und daher auch als dritter Weg (Third Window) bezeichnet wurde. Innerhalb der IFF erhielten Staaten Darlehen während einer Periode von einem Jahr zu einem Zinssatz zwischen 4% und 4,5% und damit unterhalb des Zinssatzes für Kredite der IBRD. Die Fälligkeit trat nach einer tilgungsfreien Zeit von 7 bis längstens 25 Jahren nach der Auszahlung ein.[786] Begünstigte dieser Finanzhilfe waren Staaten, die im Jahr 1972 ein Pro-Kopf-Einkommen von weniger als US$ 375 vorweisen konnten. Indirekt profitierten die Entwicklungsländer von der IFF, da die Inanspruchnahme der IDA-Kredite durch Staaten, die in die Hilfe der IFF wechselten, sank und somit Gelder für ärmere Staaten frei wurden.[787] Eine weitere Voraussetzung der IFF war, daß die begünstigten Staaten nachhaltige Anstrengungen zur Entwicklung ihrer Ressourcen und ihrer Wirtschaft durchführen würden und daß davon ausgegangen werden konnte, daß sie die Gelder trotz ihrer bestehenden Schwierigkeiten zurückzahlen könnten.[788]

4.3.2.2. Neue Fazilitäten des IWF

Der IWF erweiterte aufgrund des neuen Währungssystems mit flexiblen Wechselkursen seine Überwachungs- und Finanzierungstätigkeit der kurzfristigen Stabilisierungsprogramme, um mittelfristige Wachstumsmaßnahmen und eine differenziertere Konditionalität.[789] Die umfassenderen Politikvorschläge zur Anpassung der Wirtschaft erforderten eine Erweiterung des Zeitfensters, innerhalb dessen der IWF seinen Mitgliedern finanzielle Hilfe bereitstellte. Neben dieser Veränderung richtete der IWF seine Finanzierungsmethoden auf die Hilfe an Entwicklungsländer aus, indem er zwei weitere Voraussetzungen der bisherigen Mittelvergabe umging bzw. freier auslegte, nämlich die hohen Zinsen seiner Ziehungsmöglichkeiten und die Gleichbehandlung aller Mitglieder.[790]

---

wurden, mit US$ 100 Mill. aus freiwilligen Zahlungen von Weltbankmitgliedern und der Schweiz angefüllt worden war (Weltbank, Jahresbericht 1976, S. 7).

786 Weltbank, Jahresbericht 1976, S. 8.

787 Weltbank, Jahresbericht 1975, S. 14; 1976, S. 7.

788 Weltbank, Jahresbericht 1976, S. 7.

789 Guitián, Unique Nature, S. 25.

790 Trotz dieser Entwicklung zeigte die Ablehnung eines "link" Anfang der 70er Jahre zwischen der Bereitstellung von SZR und Entwicklungshilfe, daß der IWF auf die Unterscheidung zwischen Entwicklungshilfe durch die Weltbank und der eigenen Bereitstellung von internationaler Liquidität Wert legte (de Vries I, S. 204). Auch Mr. Witteveen, Geschäftsführender Direktor des IWF von 1973 bis 1978, hob diesen Unterschied bei Bereitstellung der zweiten Öl-Fazilität hervor (de Vries I, S. 335).

Tabelle 10 Neue Fazilitäten des IWF in den 70er Jahren

	Höhe pro Quote	Programm/ Ursachen	Laufzeit des Programms	Fälligkeit nach
EFF	140%; kumulative Höchstgrenze ohne CFF, BSFF, Öl-Faz. 265%	erweitertes Abkommen mit Überprüfungen nach 12 und anschl. alle 6 Monate	3 Jahre; seit 1988 Verlängerung auf 4 Jahre möglich	4-8 Jahre; Gesamtdauer 10-11 Jahre
Öl-Fazilität I	75% oder Höhe des Importkostenzuwachses an Erdöl/ Erölprodukten	Verbot der Restriktionen im Handels- und Zahlungsverkehr	Juni 1974 bis März 1975	3-7 Jahre
Öl-Fazilität II	125% oder 85% des Zuwachses der Ölimportkosten mit einer stärkeren Orientierung auf die Quote des Mitglieds, als dies in der Öl-Fazilität I der Fall war	mittelfristige Maßnahmen zur Sanierung der Zahlungsbilanz; Einsparung von und Entwicklung alternativer Energiequellen	April 1975 bis März 1976	3-7 Jahre
liberalisierte CFF	a) 75%; b) 100% (50%in 12 Monaten); c) 100% (kumulativ mit a) 125%)	a) Exportausfälle; b) Ausfälle bei den Einnahmen aus Tourismus oder den Überweisungen emigrierter Arbeiter; c) Anstieg der Kosten für Lebensmittelimporte	3 Jahre	3-5 Jahre
Treuhandfonds	nach Vereinbarung	sinnvolle Anstrengungen zur Verbesserung der Zahlungsbilanz; bei Bestehen eines Stabilisierungsprogramms bildet dieses die Basis des Vorgehens	10 Jahre	5-10 Jahre mit Möglichkeit der Stundung
SFF mit Subventions-konto	a) 12,5% in der ersten Kredittranche; b) 30% in den oberen Kredittranchen; c) bis zur Höchstgrenze von 140% im Rahmen der EFF	Bereitschaftskreditabkommen oder erweitertes Abkommen	1-3 Jahre	3,5-7 Jahre

Quelle: Eigene Darstellung basierend auf den Quellen, die auch im Text angegeben werden. Zu CFF Exportausfälle: die Berechnung veränderte sich so, daß die Beträge der Ausfälle höher und die Auszahlungen früher wurden.791 Zu CFF Ausfälle bei den Einnahmen aus

791 IWF, Entscheidung vom 24. Dez. 1975, Nr. 4912-(75/207), Abs. 3; in: de Vreis III, S. 507; Erklärung der neuen Berechnungsweise in Goreux, CFF, S. 10-25. Frühere Ziehungen (early drawing procedure) ermöglichte die Schätzung der Daten des Ausfalljahres von bis zu 6 Monaten (IWF, Entscheidung vom 24. Dez. 1975, Nr. 4912-(75/207), Abs. 4 und 5; in: de Vries III, S. 507; de Vries I, S. 409; Rettberg, Währungsfonds, S. 260), so daß erstens die Hilfe dadurch, daß Ziehungen vor Ablauf des Ausfalljahres möglich waren, zeitgerechter erfolgten und zweitens die Fazilität auch Mitgliedern offen stand, die zuvor keinen Zugang zu ihr gehabt hatten, weil die Daten über ihren Außenhandel erst mit mehr als 6 monatiger Verspätung vorlagen (IWF, Jahresbericht 1976, S. 85 f.).

Tourismus oder den Überweisungen emigierter Arbeiter: die Berechnung der Ausfälle basierte nicht mehr auf einem arithmetischen, sondern auf einem geometrischen Durchschnitt.[792]

Um individuell auf die Probleme einzelner Mitglieder eingehen zu können und ihre ökonomische Prioritäten sowie den unterschiedlichen Anpassungsgeschwindigkeiten gerecht zu werden[793], schuf der IWF neue Finanzierungsfazilitäten bzw. liberalisierte bereits bestehende. Die Tabelle 10 [Neue Fazilitäten des IWF in den 70er Jahren] beinhaltet eine Aufstellung der Eckdaten diese Fazilitäten.

Der Trend zu mittelfristiger anstelle von kurzfristiger, finanzieller Hilfe veränderte auch den Umgang mit Bereitschaftskreditabkommen. Zwar sollte die Dauer dieser Programme grundsätzlich bei einem Jahr bleiben, eine Ausarbeitung wurde allerdings für bis zu 3 Jahre möglich und häufig wurden mehrere Programme nacheinander vergeben.[794] Manche Staaten waren daher in der Lage, Ressourcen des IWF auch aus den höheren Kredittranchen länger als 5 Jahre zu nutzen.[795] Auf die Formulierung von Erfüllungskriterien verzichtete der IWF in den Fällen, in denen eine Ziehung in der ersten Kredittranche vorgenommen werden sollte, und auf die zeitliche Staffelung der Auszahlung innerhalb der höheren Kredittranchen konnte ebenfalls in Ausnahmefällen verzichtet werden.

Außerdem konnte der Geschäftsführende Direktor in Ausnahmefällen ein Mitglied auffordern, korrigierende Maßnahmen am Programm vorzunehmen, bevor das Bereitschaftsabkommen dem Exekutivdirektorium vorgelegt wurde.[796]

Nachdem der IWF dem Wunsch der Entwicklungsländer, zwischen der Bereitstellung von SZR und der Entwicklungshilfe einen "link"[797] zu beschließen,

---

792 IWF, Entscheidung vom 2. Aug. 1979, Nr. 6224-(79/135), Abs. 3; in: IMF, Survey 1979, S. 253. Erklärungen zur neuen Berechnungsweise siehe Goreux, CFF, S. 31-34.

793 De Larosière, Lösung, S. 13 und 14.

794 IWF, Entscheidung vom 2. März 1979, Nr. 6056-(79/38); angesprochen in de Vries I, S. 506; die Neuerungen werden schon in einer Überprüfung der Bereitschaftskreditabkommen aus dem Jahre 1969 vorgeschlagen (IWF, Jahresbericht 1969, S. 69-71).

795 De Vries I, S. 362.

796 De Vries I, S. 506; IWF, Jahresbericht 1969, S. 69; James, Monetary Cooperation, S. 323 f.

797 Ziemlich zur gleichen Zeit als der Ausschuß der 20 seine Arbeit in September 1972 aufnahm, bereiteten die Mitarbeiter des IWF Vorschläge zur Umsetzung eines „Link" zwischen der Bereitstellung von SZR und Entwicklungshilfe vor - ein Thema, über das schon seit Mitte der 60er Jahre diskutiert wurde. Die SZR sollten nicht vermögensneutral, d.h. je nach dem langfristigen, durchschnittlichen Kassen- oder Reservebedarf der einzelnen Staaten vergeben, sondern zur Verbesserung des Vermögensstatus der Entwicklungsländer eingesetzt werden (Boeck, Entwicklungsländer, S. 92). Die Argumente, die nicht nur von den Exekutivdirektoren sondern auch in verschiedenen anderen Ausschüssen debattiert wurden, kreisten im Wesentlichen um die Angst, die neu geschaffenen SZR als Reserveeinheit zu schwächen und eine Inflation auszulösen. Außer-

im Juni 1974 nicht entsprochen hatte, geriet er unter Druck, die Hilfe für Entwicklungsländer auf andere Weise zu erweitern. Daher verabschiedete das Exekutivdirektorium in 1974 die *Erweiterte Fondsfazilität* (Extended Fund Facility; EFF).[798] Der Bezug auf die Entwicklungsländer als primäre Zielgruppe wird ausdrücklich in der Präambel der Entscheidung genannt, in der es heißt: „The facility, in its formulation and administration, is likely to be beneficial for developing countries in particular."[799] Voraussetzung für die Inanspruchnahme der EFF war entweder ein schweres Zahlungsbilanzungleichgewicht, das auf Strukturmängel in Produktion und Außenhandel und ausgedehnten Preis- und Kostenverzerrungen beruhte, oder ein geringes Wachstum und eine anhaltend schwache Zahlungsbilanzposition, durch die eine aktive Entwicklungspolitik verhindert wurde. Begleitend zu den Ziehungen vereinbarten der IWF und das Mitglied ein erweitertes Abkommen (extended arrangement), das seinen Schwerpunkt auf einer mittelfristigen (3 Jahre) Perspektive zur Beseitigung struktureller Ungleichgewichte in Produktion, Außenhandel und Preisen hatte und umfassender als die Programme war, die im Bereitschaftskreditabkommen vereinbart wurden.[800]

Obwohl viele Mitglieder auf die erweiterte Hilfe durch den IWF gedrungen hatten, fiel die anfängliche Inanspruchnahme bis zum Ausbruch der Verschuldungskrise in 1981 gering aus und belief sich auf insgesamt SZR 765 Mill. (1975 bis 1980).[801] Die inhaltliche und zeitliche Ausdehnung der Reformprogramme der erweiterten Abkommen zwangen den IWF zu Absprachen mit der Weltbank über mittelfristige Maßnahmen und erweiterten damit die Zusammenarbeit der beiden Organisationen. So führte der Geschäftsführende Direktor des IWF aus:

---

dem wurde die Trennung des IWF von der Weltbank, die für die Entwicklungshilfe zuständig sei, hervorgehoben. Andererseits argumentierten die Entwicklungsländer, daß kein Unterschied zwischen der Schaffung von Liquidität durch eine neutrale Verteilung der SZR oder durch eine für die Entwicklungsländer positive Verteilung läge. Die Liquidität würde in beiden Fällen durch die Inanspruchnahme der SZR und die Verteilung der Gelder über den globalen Wirtschaftskreislauf gesteigert. Auch sei kaum mit einer Inflation zu rechnen, da der Link nur zu einer relativ geringen Steigerung der weltweiten Nachfrage nach Waren und Dienstleistungen führen würde. Die Umsetzung des Link ist aufgrund der vehementen Abweisung von Seiten der Industriestaaten nicht erfolgt. (Argumente siehe de Vries I, S. 203 f., 207; umfassend auch mit volkswirtschaftlicher Bewertung siehe Boeck, Entwicklungsländer, S. 88-107; Williamson, SDR, S. 81-100; Bird, Monetary System, S. 251-276; sowie Kepp, SZR, S. 303-311).

798 IWF, Entscheidung vom 13. Sept. 1974, Nr. 4377-(74/114); in: de Vries III, S. 503-506; Bhatia/ Rothman, Einführung, S. 39; Gold, Financial Assistance, S. 32 f.; Rettberg, Währungsfonds, S. 274 f.; de Vries I, S. 369.

799 IWF, Entscheidung vom 13. Sept. 1974, Nr. 4377-(74/114), Präambel; in : de Vries I, S. 368 und III, S. 503.

800 IWF, Jahresbericht 1988, S. 49.

801 Errechnet aus IWF, Jahresbericht 1980, S. 77, Tabelle 20.

> „In no case where there is an investment program should we engage in an extended arrangement without having an indication from the World Bank that the thrust of the investment program is in the right direction.“[802]

Im gleichen Jahr wie die Vereinbarung der EFF gründete der IWF die erste *Öl-Fazilität*, um den unter der Öl-Krise leidenden Staaten eine schnelle Hilfe zukommen zu lassen.[803] Mitglieder mußten ein Defizit in ihrer Zahlungsbilanz als Folge erhöhter Importkosten von Erdöl oder Erdölprodukten bis Ende März 1975 nachweisen.[804] Diese Voraussetzung stellte unter den weltwirtschaftlichen Gegebenheiten von 1974 keine Hürde für die Inanspruchnahme der Fazilität dar.[805] Der IWF hoffte, seine Mitglieder durch die schnelle Hilfe an sich zu binden und den Abschluß von Bereitschaftskreditabkommen anschließen zu können.[806] Lediglich bei Entwicklungsländern achtete der IWF auf die Art der Ausgaben und die Verwendung des Budgets durch die mitgliedstaatlichen Regierungen.[807] Die schnelle Hilfe wurde durch den hohen Zinssatz von 6% bis 7,125% je nach der Länge der Entleihungen getrübt, der darauf gründete, daß der IWF die Reserven selber von seinen Öl-exportierenden Mitgliedstaaten[808] gegen einen Zinssatz von 7% geliehen hatte.[809]

---

802 Zitiert in Boughton, Silent Revolution, S. 717.

803 De Larosière, Channeling Oil, S. 171; IMF, Facility to Assist Members in Payments Difficulties Resulting from Initial Impact of Increased Costs of Imports of Petroleum and Petroleum Products; Entscheidung vom 13. Juni 1974, Nr. 4241-(74/67); in: de Vries III, S. 496 bis 498 oder IWF, Jahresbericht 1974, S. 122-123.

804 IWF, Entscheidung vom 13. Juni 1974, Nr. 4241-(74/67) Abs. 2 lit. b; in: de Vries III, S. 496; IWF, Jahresbericht 1974, S. 52. Der Mitgliedstaat konnte den jeweils geringeren Wert, d.h. entweder den Prozentsatz der Quote oder die Importkosten, geltend machen. Außerdem mußte er zuerst von seiner Reservetranche Gebrauch machen (IWF, Entscheidung vom 14. Aug. 1974, Nr. 4337-(74/102); in: de Vries III, S. 498).

805 Außerdem war die Ziehung von der Einhaltung bzw. der Befürwortung handelspolitischer Grundsätze abhängig, zu denen das Bemühen zählte, angemessene Lösungen für das Defizit der Zahlungsbilanz zu finden, sowie die Verpflichtung, keine Handels- oder Zahlungsrestriktionen zu ergreifen und keine Abwertungen der Währung vorzunehmen. (IWF, Entscheidung vom 13. Juni 1974, Nr. 4241-(74/67), Abs. 5; in: de Vries III, S. 496 f.; Aschinger, Neues Währungssystem, S. 98; Gold, Financial Assistance, S. 31). Da die Mitglieder jedoch kein Bereitschaftskreditabkommen über diese Maßnahmen abschließen mußten, erhielten diese keinen bindenden Charakter, so daß die Fazilität mit Ausnahme des Verbots von Restriktionen im Bereich des Handels und des Zahlungsverkehrs ohne Konditionalität im makroökonomischen Bereich ausgestattet war.

806 Gurumurthi, IMF, S. 157, 161 f.; Asherman, IMF, S. 286; de Vries I, S. 349.

807 Gurumurthi, IMF, S. 161; de Vries I, S. 349.

808 Entleiher an den IWF waren in der ersten Öl-Fazilität (SZR 3,047 Mrd.) die Öl-exportierenden Staaten Abu Dhabi, Iran, Kuwait, Libyen, Oman, Saudi Arabien, Venezuela, sowie Kanada, die Niederlande und Nigeria. In der zweiten Öl-Fazilität (SZR 3,86 Mrd. plus SZR 464 Mill. aus der ersten Öl-Fazilität; Gurumurthi, IMF, S. 159) kamen noch die währungsstarken Staaten Bundesrepublik Deutschland, Belgien, Öster-

Da sich die internationalen Zahlungsbilanzverhältnisse trotz der zusätzlichen Gelder nicht grundlegend änderten, schuf der IWF im April 1975 eine *zweite Öl-Fazilität*, die auf den Zeitraum bis zum 12. März 1976 begrenzt war.[810] Die Zinsen erhöhten sich leicht, um sich den Ziehungen marktüblicher Kredite anzupassen.[811] Allerdings schuf der IWF in 1975 das erste verwaltete Konto neben den allgemeinen Fondsmitteln, das Zinssubventionskonto[812], auf welches 24 reservestarke Mitglieder und die Schweiz Gelder einzahlten, um die Belastung für Entwicklungsländer in einem angemessenen Rahmen zu halten. Zahlungen aus diesem Konto subventionierten 5% der Zinsen der "most seriously affected countries"[813], die im Rahmen der zweiten Öl-Fazilität anfielen.[814] Das Zinssubventionskonto endete gleichzeitig mit dem Ablauf der Rückzahlungsfrist der zweiten Öl-Fazilität in 1983. Bis zu seiner Auflösung wurden Kredite in Höhe von insgesamt SZR 186,8 Mill. vergeben.[815]

Obwohl sich die Steigerung des Ölpreises noch über das Jahr 1976 hinaus negativ auf die Wirtschaften der Mitglieder des IWF auswirkten, verlängerte

---

reich, Norwegen, Schweden und die Schweiz dazu (Aschinger, Neues Währungssystem, S. 98).

809 Gold, Financial Assistance, S. 31 f.

810 IWF, Entscheidungen vom 4. April 1975, Nrn. 4634-(75/47), 4635-(75/47), 4636-(75/47) und 4638-(75/47); in: de Vries III, S. 499 f., 539, 542, 500 oder IWF, Jahresbericht 1975, S. 94-95; de Vries I, S. 344.
Neben den gleichbleibenden Rückzahlungskonditionen und Perioden der Entleihung verschärften sich die Bedingungen dahingehend, daß die hilfesuchenden Staaten aufgefordert wurden, mittelfristig angemessene Schritte in Richtung auf eine Sanierung der Zahlungsbilanz zu unternehmen und dem IWF konkrete Maßnahmen zu nennen, die sie zur Einsparung von Öl oder zur Entwicklung von alternativen Energiequellen vorzunehmen gedachten (IWF, Entscheidung vom 4. April 1975, Nr. 4634-(75/47), Abs. 4; in: de Vries III, S. 499; Rettberg, Währungsfonds, S. 271, Gold, Financial Assistance, S. 32; McDonald, Fondstätigkeit, S. 2).

811 De Vries I, S. 345.

812 IWF, Entscheidung vom 1. August 1975, Nr. 4773-(75/136); in: de Vries III, S. 500-502.

813 Die UN haben in 1974 die Mitglieder der Gruppe der "most seriously affected countries" (MSAC) nach bestimmten Kriterien festgelegt. Unter die Auswahlkriterien fallen das Pro-Kopf-Einkommen, gestiegene Transportkosten, der Preisanstieg bei wichtigen Importen im Vergleich zu Ausfuhrgütern, mangelnde Exportaussichten und ein hoher Schuldendienst bei niedrigen Währungsreserven. Die Liste der MSAC enthielt anfänglich 28 Länder und wurde Anfang 1976 auf 45 Staaten aufgestockt (Rettberg, Währungsfonds, S. 272, Fn. 632; Auflistung der Staaten in de Vries I, S. 352, Fn. 21).

814 Zanzi, Anstieg, S. 5; Rettberg, Währungsfonds, S. 272; Gurumurthi, IMF, S. 165; die Höhe der Subvention errechnete sich als jährlicher Prozentsatz der durchschnittlichen täglichen Fondsbestände der Währung des Mitglieds, soweit diese dessen Landesquote überstiegen und auf Ziehungen im Rahmen der Öl-Fazilität von 1975 beruhten.

815 IWF, Jahresbericht 1984, S. 89; auch zur Inanspruchnahme des Subventionskontos zwischen 1976 und 1983.

dieser seine Öl-Fazilität kein weiteres Mal, da einerseits die Defizite, die aufgrund des explodierten Ölpreises entstanden waren, nicht mehr ausreichend spezifiziert werden konnten. Andererseits stellte der IWF durch eine Erhöhung der Kredittranchen um je 11,25% der Quoten bis zum Inkrafttreten der zweiten Abkommensänderung[816] seinen Mitgliedern weitere Finanzhilfen zur Verfügung. Vielmehr übernahm die Weltbank die primäre, finanzielle Unterstützung Öl-importierender Entwicklungsländer, so daß die Kompetenzaufteilung zwischen kurzfristiger Krisenhilfe des IWF und langfristiger Entwicklungshilfe der Weltbank gewahrt blieb.[817]

Eine weitere Erleichterung der Ziehungsmöglichkeiten für Entwicklungsländer trat mit der *Liberalisierung der CFF* in 1975 ein.[818] Sie bewirkte einen Anstieg der Ziehungen von SZR 18 Mill. in 1975 auf SZR 1.753 Mill. in 1977.[819] Auf Wunsch der Mitglieder aus der Karibik weitete der IWF in 1979 die CFF auf Einnahmen aus dem Tourismus und Überweisungen, die emigrierte Arbeiter in ihr Heimatland tätigen, aus.[820] Eine weitere Ausdehnung erfuhr die CFF mit der Entscheidung des Exekutivdirektoriums vom 13. Mai 1981, durch die zeitweilige Anhebungen der Kosten von Lebensmittelimporten finanziert werden konnten, die sogenannte "Lebensmittelfazilität" (cereal facility).[821]

Neben den Hilfen für steigende Kosten und erhöhte Einnahmeausfälle als direkte oder indirekte Folge der Öl-Krise gründete der IWF am 5. Mai 1976 den *Treuhandfonds* (Trust Fund)[822]. Den letzten Anstoß zur Errichtung des Treuhandfonds gab der im August 1975 tagende Interimsausschuß durch seinen Beschluß im Rahmen der Vereinbarungen über die Rolle des Goldes im künftigen Weltwährungssystem, die Gewinne aus den Verkäufen von einem Sechstel der Goldbestände des IWF zugunsten der Entwicklungsländer zu verwenden.[823]

816 IWF, Entscheidung vom 19. Jan. 1976, Nr. 4934-(76/5); in: de Vries III, S. 495.

817 De Vries I, S. 358-360; Gurumurthi, IMF, S. 170.

818 IWF, Entscheidung vom 24. Dez. 1975, Nr. 4912-(75/207); in: de Vries III, S. 506-508.

819 IWF, Jahresbericht 1980, S. 77, Tabelle 20.

820 IWF, Entscheidung vom 2. Aug. 1979, Nr. 6224-(79/135), Abs. 4 und 5; in: IMF, Jahresbericht 1980, Anhang 2, S. 136-138 und S. 78; De Vries I, S. 414; Goreux, CFF, S. 26.

821 IWF, Entscheidung vom 13. Mai 1981, Nr. 6860-(81/81); in: IWF, Jahresbericht 1981, Anhang 2, S. 169-171 und S. 84; Gurumurthi, IMF, S. 75 f. In Anlehung an die sich ändernden Quoten der Mitgliedstaaten reduzierte der IWF die Grenzen der CFF Ziehungen auf 83% mit einer Gesamtgrenze von 105% der Quote (IWF, Jahresbericht 1984, S. 79).

822 IWF, Entscheidung vom 5. Mai 1976, Nr. 5069-(76/72) mit der Urkunde über die Errichtung des Treuhandfonds; in: de Vries III, S. 563-569 oder IWF, Jahresbericht 1976, S. 164-172; ausführliche Beschreibung des Treuhandfonds in Sturc, Treuhandfonds, S. 30 f. und Gupta, Treuhandfonds, S. 37 ff.; Zusammenfassungen bei de Vries II, S. 671-672; Rettberg, Währungsfonds, S. 279-284; Gold, Financial Assistance, S. 36; Gurumurthi, IMF, S. 170-172; IWF, Jahresbericht 1976, S. 95-97; 1977, S. 88-90.

823 IWF, Jahresbericht 1976, S. 89; Sturc, Treuhandfonds, S. 31; de Vries II, S. 667.

Im Treuhandfonds wurden in zwei getrennten Zweijahresperioden die Gewinne aus Goldverkäufen[824], freiwillige Zuschüsse von Mitgliedern[825] und die vom IWF mit den Gewinnen verdienten Kapitaleinkommen[826] an Länder mit niedrigem Einkommen teilweise direkt ausgezahlt und teilweise als Darlehen zu weichen Konditionen vergeben.[827] Wie schon beim verwalteten Zinssubventionskonto der zweiten Öl-Fazilität erschloß die treuhänderische Verwaltung der Gelder die Möglichkeit, die Voraussetzungen des Art. V IWF-Statuten zu umgehen. Der IWF konnte daher die begünstigte Mitgliederzahl auf Entwicklungsländer beschränken ohne gegen den Grundsatz der Gleichbehandlung zu verstoßen.[828] Als rechtliche Grundlage für die verwalteten Konten zog der IWF Art. I, Abs. i IWF-Statuten und darin insbesondere den Bezug auf die Zusammenarbeit bei internationalen Währungsproblemen sowie sein Recht aus den "implied

---

824 Gemäß Art. VII, Absch. 2, Abs. ii IWF-Statuten (1969) konnte der IWF Gold an einen Mitgliedstaat gegen dessen Währung verkaufen, wenn seine Bestände an dieser Währung für seine Transaktionen nicht mehr ausreichten. Im Zuge des Verkaufs von einem Sechstel seiner Goldbestände wandte sich der IWF nur an Mitglieder, die gewillt waren, das Gold zu dem damals offiziellen Preis von SZR 35 je Unze zu kaufen und anschließend an das Sonderkonto des Treuhandfonds wieder zu verkaufen. Der IWF, als Treuhänder des Treuhandfonds nicht mehr an den offiziellen Preis gebunden, verkaufte anschließend das Gold des Treuhandfonds auf Auktionen. (IWF, Jahresbericht 1976, S. 90). Von den eingenommenen Beträgen aus den Verkäufen wurden die Beträge für den Kapitalwert automatisch auf das allgemeine Konto des IWF und die Gewinne auf das Konto des Treuhandfonds überwiesen. Nach Inkrafttreten der zweiten Änderung der IWF-Statuten in 1969 war es dem IWF erlaubt, seine Goldbestände direkt bei Auktionen anzubieten. (Art. V, Absch. 12, lit. e und f, Abs. ii IWF-Statuten; Gold, Trust Fund, S. 871, 868; zur Höhe der bei den monatlichen Auktionen erreichten Preise für eine Unze Gold siehe Zanzi, Goldverkäufe, S. 3).

825 Einige Entwicklungsländer übertrugen ihre Anteile an den direkten Gewinnen unwiderruflich auf den Treuhandfonds, andere stellten diese in Form eines Darlehens zu Verfügung (Gupta, Treuhandfonds, S. 38).

826 IWF, Urkunde über die Errichtung des Treuhandfonds, Abs. 3, Ziff. 4 lit. a; in: IWF, Jahresbericht 1976, S. 169. Die zeitweilige Anlage der liquiden Aktiva des Treuhandfonds wurde in amerikanischen Staatspapieren vorgenommen. Durch die Erträge der Kapitalanlagen kamen über 5% zu den für Kreditauszahlungen verfügbaren Mitteln des IWF hinzu. (IWF, Jahresbericht 1978, S. 105).

827 IWF, Urkunde über die Errichtung des Treuhandfonds, Abs. 1, Ziff. 2 lit. a; in: IWF, Jahresbericht 1976, S. 165. Die Gewinne aus dem in der ersten Periode getätigten Gold-Verkauf von 12, 5 Mill. Unzen beliefen sich auf etwas US$ 1,3 Mrd. Hiervon wurden US$ 841 Mill. als Darlehen zu Vorzugsbedingungen und US$ 363 Mill. direkt ausgezahlt (Gupta, Treuhandfonds, S. 37). Aufstellung der Auszahlungen während der ersten Zweijahresperiode an die jeweiligen Entwicklungsländer siehe Gupta, Treuhandfonds, S. 39.

828 De Vries II, S. 663; Gold, Trust Fund, S. 868.

powers" heran.[829] Seit der 2. Statutenänderung in 1978 ist die Verwaltung von Treuhandfonds in Art. V, Absch. 2, lit. b, S. 1 IWF-Statuten festgeschrieben.

Das Exekutivdirektorium benannte nach längerer Diskussion 104 Mitglieder als zu der Gruppe der Entwicklungsländer gehörig, an die insgesamt 27,771% der Gewinne aus den Goldverkäufen, nämlich der Anteil ihrer Quoten an allen Quoten des Fonds, direkt ausgezahlt wurden. Von diesen Mitgliedern waren 61 in der ersten und 59 in der zweiten Zweijahresperiode berechtigt, im Rahmen des Treuhandfonds Darlehen zu entleihen.[830]

Die Kredite des Treuhandfonds galten als Hilfe zu Vorzugsbedingungen ("weiche" Kredite), da sie mit einem Zinssatz von 0,5% pro Jahr ausgestattet waren.[831] Diese erste ausschließlich für Entwicklungsländer zur Verfügung stehende Finanzhilfe des IWF war ein großer Erfolg, so daß bis Juni 1978 die Hilfe einschließlich der Gewinnausschüttungen die Höhe der übrigen Fazilitäten überstieg.[832] Der Treuhandfonds endete am 30. April 1981. Bis dahin waren insgesamt SZR 3.987,2 Mill. insbesondere an die berechtigten Entwicklungsländer in Afrika und Asien ausgezahlt worden.[833]

Da sich die Quotenerhöhung, die gleichzeitig mit der zweiten Änderung der IWF-Statuten erfolgen sollte, immer weiter hinauszögerte und einige Mitglieder, geschwächt von den Wirkungen der Ölpreiserhöhung und den anstehenden Rückzahlungen für aufgenommene Kredite, in eine desolate Schulden- und damit Defizitsituation gerieten, plante der IWF in 1977, als finanzieller Vermittler zwischen den Defizit- und Überschußmitgliedern zu fungieren.[834] Er entlieh

---

829 Für das Subventionskonto der Öl-Fazilität: IWF, Entscheidung vom 1. August 1975, Nr. 4773-(75/136); in: de Vries III, S. 500; Gold, Uniformity, S. 517; für den Treuhandfonds: IWF, Urkunde über die Errichtung des Treuhandfonds, Einleitung; in: IWF, Jahresbericht 1976, S. 165.

830 Gupta, Treuhandfonds, S. 38; Liste der Entwicklungsländer siehe de Vries II, S. 679-681; Liste der ursprünglich berechtigten Entwicklungsländer unter dem Treuhandfonds siehe IWF, Jahresbericht 1976, S. 171-172; Liste der in der zweiten Zweijahresperiode berechtigten Mitglieder siehe de Vries III, S. 570.

831 IWF, Urkunde über die Errichtung des Treuhandfonds, Abs. 2, Ziff. 4, lit. a, b, d und e; in: IWF, Jahresbericht 1976, S. 167 f.; Sturc, Treuhandfonds, S. 31.

832 Gupta, Treuhandfonds, S. 40.

833 Die nicht gebrauchten Gelder und noch ausstehenden Forderungen hat der IWF auf das Sonderauszahlungskonto (Special Disbursement Account) überwiesen, aus dem Hilfen im Rahmen des Subventionskontos für die Zusätzliche Fondsfazilität, die am 17. Dezember 1980 errichtet wurde, gezahlt wurden (SZR 750 Mill.; IWF, Urkunde über die Errichtung des Treuhandfonds, Abs. 5, Ziff. 2; in: IWF, Jahresbericht 1976, S. 170. Gold, Trust Fund, S. 875). Die weiteren Rückzahlungen in Höhe von insgesamt SZR 2,7 Mrd. verwendete der IWF ebenfalls zur Unterstützung der Zahlungsbilanzdefizite in Entwicklungsländern mit niedrigem Pro-Kopf-Einkommen zu bevorzugten Bedingungen. Hierzu gründete er 1986 die Strukturanpassungsfazilität (Structural Adjustment Facility, SAF); (Gurumurthi, IMF, S. 172).

834 De Vries I, S. 545, 547.

daher bei seinen Mitgliedern Gelder, die er im Rahmen der *Ergänzenden Finanzierungsfazilität* (auch zusätzliche Finanzierungsvorkehrung genannt; Supplementary Financing Facility; SFF)[835] an seine Mitglieder weitergab.

Die SFF sollte Mitgliedern helfen, gegen ihre drohenden Zahlungsbilanzungleichgewichte vorgehen zu können, die im Verhältnis zu ihrer Wirtschaftskraft und damit der Quote besonders gravierend waren. Daher wurde dem Antrag eines Mitglieds nur stattgegeben, wenn

> „sich der Fonds (i) überzeugt hat, daß das Mitglied Finanzmittel vom Fonds benötigt, die über den Betrag hinausgehen, der ihm in den vier Kredittranchen zu Verfügung steht, und daß zur Bewältigung seiner Schwierigkeiten eine relativ lange Anpassungszeit und eine maximal zulässige Rückkaufsfrist erforderlich sind, die über die drei bis fünf Jahre hinausgeht, die nach den Geschäftsgrundsätzen für die Kredittranchen vorgesehen sind, und wenn sich der Fonds (ii) [...] überzeugt hat, daß das Programm des Mitglieds angemessen ist, um seine Probleme zu lösen [...]".[836]

Die SFF erweiterte die normalen Laufzeiten und die Höhe der Ziehungen und festigte damit neben der EFF die mittelfristige Hilfe des IWF an seine Mitglieder.[837] Unter der SFF konnten nach dem 22. Februar 1982 keine Gelder mehr beantragt werden. Die Ziehungen beliefen sich auf insgesamt SDR 7.200 Mill. der zur Verfügung stehenden SDR 7.800 Mill.[838]

Obwohl die Hilfe aus dem Treuhandfonds und dem Subventionskonto der Öl-Fazilität bereits auf Mitglieder mit niedrigem Einkommen beschränkt waren, koppelte der IWF die Auswahl dieser Staaten erst in 1980 mit Bildung des Subventionskontos zur SFF (Supplementary Financing Facility Subsidy Account)[839],

---

835 IWF, Entscheidungen vom 29. Aug. 1977, Nrn. 5508-(77/127) und 5509-(77/127); in: de Vries III, S. 512-515, 550 oder IWF, Jahresbericht 1978, S. 156-159 und 159 f.; Beschreibungen der SFF siehe Zanzi, Finanzierungsfazilität, S. 4 f. und 50; Rettberg, Währungsfonds, S. 276 ff.; Gold, Financial Assistance S. 34 ff.; de Vries I, S. 545-557. Das Inkrafttreten der Fazilität verzögerte sich bis zum 23. Feb. 1979, da innenpolitische Schwierigkeiten in den USA bei der Bereitstellung der Gelder für die Entleihung der Mittel an den IWF auftraten (ausführlich dazu de Vries I, S. 554-557).

836 IWF, Entscheidung vom 29. Aug. 1977, Nr. 5508-(77/127), Abs. 2; in: IWF, Jahresbericht 1978, S. 156.

837 Zanzi, Finanzierungsfazilität, S. 4; Bis zum Inkrafttreten der zweiten Änderung der IWF-Statuten in 1969, d.h. während die erste Kredittranche auf 36,25% der Quote erhöht war, konnten keine zusätzlichen Ziehungen unter der SFF innerhalb der ersten Kredittranche erfolgen; in den höheren Kredittranchen wurde den Mitgliedern 34% ihrer Quote zur Verfügung gestellt (Zanzi, Finanzierungsfazilität, S. 4).

838 IWF, Jahresbericht 1982, S. 81; 1984, S. 77 f.

839 IWF, Entscheidung vom 17. Dez. 1980, Nr. 6683-(80/185) G/TR, in: IWF, Jahresbericht 1981, Anhang 2, S. 147-151 und S. 105 f.
Die Gelder des Subventionskontos stammten aus Rück- und Zinszahlungen im Rahmen des Treuhandfonds (SZR 404,4 Mill.), aus Schenkungen (SZR 52,6 Mill.) und Krediten von Mitgliedern (SZR 4,6 Mill. von Belgien und Luxemburg). Im Geschäftsjahr 1985 beschloß der IWF, keine neuen Gelder aus Verzinsung und Tilgung des Treuhandfonds

an die Staatenauswahl der IDA. Der Subventionssatz zur Senkung der Kosten der SFF lag bei 3% für Entwicklungsländer mit niedrigem Einkommen (IDA-Staaten) und bei 1,5% jährlich für die übrigen Entwicklungsländer.[840] Allerdings sanken die Kosten der SFF, die normalerweise am marktüblichen Zinssatz angelehnt waren, durch die Subvention nicht unter das Niveau der Gebühren für gewöhnliche IWF-Mittel im Rahmen von Bereitschaftskreditabkommen und erweiterten Vereinbarungen.[841]

4.3.3. Konkurrenzbereiche zwischen Weltbank und IWF

Die Ausrichtung des IWF auf Entwicklungsländer vollzog sich in verschiedenen Ebenen. Seine Überwachungstätigkeit und die Konditionalität umfaßten neben den Stabilisierungsmaßnahmen mittelfristig angelegte Reformen zum Erhalt von Preisstabilität und wirtschaftlichem Wachstum. Die Entleihungen verlängerten sich auf bis zu 10 Jahre und die Höhe der erhältlichen Gelder dehnte sich zusehends aus. Unterstrichen wurde diese „artfremde Aufgabe“[842] der IWF-Hilfe durch die Beschränkung auf Entwicklungsländer als Berechtigte aus den verwalteten Konten und durch das Subventionieren der Zinszahlungen. Mit diesen Maßnahmen verwischte die Grenze zwischen dem IWF als Währungsorganisation, die für kurzfristige Überbrückung von Zahlungsbilanzdefiziten bestimmt ist, und der Weltbank, die als internationale Entwicklungshilfeagentur für die langfristige Entwicklungshilfe geschaffen worden ist. *Aschinger* sah in dieser Entwicklung eine „Gefahr der Zweckentfremdung“ des IWF.[843] Einen Eintritt in den Kompetenzbereich der Weltbank sah der IWF in dieser Entwicklung jedoch nicht. Vielmehr war er davon überzeugt, eine Lücke in der Hilfe für Entwicklungsländer zwischen den eigenen kurzfristigen und den langfristigen Krediten der Weltbank zu schließen.[844] Der Ausbruch der Öl-Krise gab ihm zusätzlich die Möglichkeit, seine Funktion als Krisenmanager, der kurzfristig und flexibel auf die Bedürfnisse seiner Mitglieder zur Stabilisierung des internationalen Währungssystems und zur Aufrechterhaltung einer florierenden Weltwirtschaft einging, zu etablieren.

---

auf das Subventionskonto mehr zu überweisen, da die dort befindlichen Beträge voraussichtlich zur Deckung der bestehenden und zukünftigen Verbindlichkeiten ausreichen würden. Bis zu diesem Zeitpunkt waren SZR 224,79 Mill. in Anspruch genommen worden. (IWF, Beschluß des Exekutivdirektoriums Nr. 7989-(85/81) SBS vom 28. Mai 1985, in: IWF, Jahresbericht 1985, Anhang II, S. 123; und S. 121 sowie Tabelle 26, S. 135).

840 Eine Liste der Staaten, die in den beiden Gruppen zu Ziehungen berechtigt sind, ist dem IWF, Jahresbericht 1981, S. 106 zu entnehmen.

841 o.V., Rolle, S. 4-5; IWF, Jahresbericht 1981, S. 105.

842 Aschinger, Neues Währungssystem, S. 163.

843 Aschinger, Neues Währungssystem, S. 163.

844 Polak, Relationship, S. 9; de Vries I, S. 367 f.

Die Expansion der IWF-Hilfen führten zu der Bewertung von *Chahoud*[845], in welcher die Stellung der Weltbank nach Mitte der 70er Jahre als "Schattendasein" beschrieben wird.[846] Die Weltbank hielt am Zeithorizont der Programme als einen der wichtigsten Unterschiede zu den Programmen des IWF fest. Beide Organisationen[847] sahen die Notwendigkeit, doppelte Arbeit zu vermeiden und die Ratschläge an die Mitglieder zu koordinieren. Letzteres erschwerte sich dadurch, daß die Reformvorschläge innerhalb eines gleichen zeitlichen Horizonts den Mitgliedern unterschiedliche Zielsetzungen empfohlen. Die Konditionalität des IWF näherte sich mit ihrem Ziel der strukturellen Anpassung in Entwicklungsländern den zentralen Aufgabengebieten der Weltbank an.[848] Trotzdem fehlte weiterhin ein gemeinsames Vorgehen bei der Ausarbeitung von Entwicklungsprogrammen, die sowohl makroökonomische als auch sozial- bzw. entwicklungspolitische Aspekte integrierten.[849]

Daher sah sich die Pearson Kommission gezwungen, in ihrem Bericht aus 1969 den Ratschlag zu geben, daß die Organisationen „in the countries where both operate, adopt procedures for preparing unified country assessments and assuring consistent policy advice".[850] Die Exekutivdirektorien beider Organisationen vereinbarten daraufhin nach der Vorlage eines gemeinsamen Memorandums am 18. Februar 1970[851], daß vor und nach einer Mission in einen Mitgliedstaat die Mitarbeiter ihre Kenntnisse und Erfahrungen abstimmen sollten. Außerdem sollten Dokumente ausgetauscht und die technische Hilfe koordiniert werden.[852]

Eine erfolgreiche Zusammenarbeit entstand zwischen IWF und Weltbank bei der Vermittlung und Unterstützung von Umschuldungsverhandlungen.[853] Der

---

845 Chahoud, Funktionswandel, S. 51.

846 Betz (Stabilisierungspolitik, S. 169 f.) terminiert eine hervorgehobene Stellung des IWF auf die Zeit nach Ausbruch der Verschuldungskrise 1981/1982. Allerdings führt er für den Bedeutungsgewinn des IWF, dessen Kreditvergabe sich während der 70er Jahre auf einen überschaubaren Umfang beschränkte, da den Entwicklungsländern auf dem Kapitalmarkt eine Fülle an leicht zugänglichen Finanzierungsalternativen zur Verfügung stand, neue Kreditinstrumente heran, die mit dem auslaufenden Jahrzehnt begründet worden waren (Zusätzliche Finanzierungsfazilität von 1979; erweiterter Zugang von 1978, Aufstockung der Quoten um 50% in 1980).

847 De Larosière, Channeling Oil, S. 173; de Vries I, S. 366 und 382. De Larosière, Geschäftsführender Direktor des IWF von 1978 bis 1987, sieht die Anpassungsprogramme des IWF als integrierten Teil der langfristigen Wachstumsstrategie der Weltbank an.

848 Polak, Relationship, S. 8; Wolff, Stabilisierungspolitik, S. 10.

849 Vocke, Zusammenarbeit, S. 175; Wulff, Überschneidungen, S. 576.

850 Pearson-Bericht, S. 220.

851 Memorandum mit dem Titel „Further Steps for Collaboration between the IMF and the IBRD" vom 18. Feb. 1970, SecM 70-66; beschrieben in Shihata, Relationship, S. 781 f.

852 Mason/ Asher, World Bank, S. 552 f.; de Vries, IMF II, S. 613; Shihata, Relationship, S. 781 f.

853 IWF, Jahresbericht 1965, S. 45.

IWF forciert die Verhandlungen dadurch, daß er die kurz- und mittelfristigen Zahlungsbilanzaussichten des Mitglieds unparteiisch bewertete[854] und in Bereitschaftskreditabkommen darauf hinwirkten, die Wirtschaft zu stabilisieren und keine neuen Schulden anzuhäufen. Die Weltbank wirkte als Initiator und Koordinator der Verhandlungen.

4.4. Rivalität im Rahmen der Verschuldungskrise

Ein neuer Abschnitt in der Beziehung zwischen Weltbank und IWF folgte auf den Ausbruch der Verschuldungskrise in den Entwicklungsländern, die mit dem Moratorium von Mexiko im August 1982 begann.[855] Beide Organisationen versuchten auf die wirtschaftlichen Schwierigkeiten, die hohe Verschuldung und das Auftreten von Stagflation, d.h. dem gleichzeitigen Erscheinen von Inflation und Unterbeschäftigung, mit einem Gesinnungswandel in der internationalen Entwicklungszusammenarbeit zu reagieren.[856] Der IWF folgte zu Beginn der

---

854 IWF, Jahresbericht 1965, S. 46.

855 Die Ursachen der Verschuldungskrise lagen sowohl in internen als auch in externen Versäumnissen. Die aufgenommenen Kredite wurden vielfach durch eine fehlerhafte nationale, nicht entwicklungskonforme Politik verwendet, so daß die zusätzliche Produktion nicht ausreichte, um die Devisenkredite zu decken. Vielmehr hatten überhöhte Staatsausgaben, beispielsweise für Rüstungsgeschäfte, und eine expansive Geldpolitik zu einem Vertrauensverlust der Bürger in die eigene Währung und daraus resultierend zu einer Kapitalflucht geführt. Die Entwicklungsländer litten außerdem unter hohen Inflationsraten und einem geringen Wachstum.
Zu den externen Ursachen zählte die Anhebung der Erdölpreise in 1973/74 und 1979/80, die zu einem starken Druck auf die außenwirtschaftliche Bilanz der Entwicklungsländer führte. Besonders betroffen waren die Schwellenländer, die ihre Industrialisierung vorantreiben wollten und auf hohe Energieimporte angewiesen waren. Die ölexportierenden Staaten stellten ihre Einnahmen durch den gestiegenen Ölpreis für Kredite in Entwicklungsländern zur Verfügung. So kam es zu einer Geldschwemme bei kommerziellen Geldgebern (Recycling des Petrodollar), die daraufhin großzügige Kredite an Entwicklungsländer in dem Vertrauen auf staatliche Garantien vergaben. Nach der zweiten Ölkrise kam es zu einem Umschwung in der amerikanischen Wirtschaftspolitik, so daß bei expansiver Haushaltspolitik und restriktiver Geldpolitik der Dollarkurs und das internationale Zinsniveau gleichzeitig anstiegen und unvorhersehbare Belastungen zur Folge hatte, welche die Verschuldungskrise auslösten. Zusätzlich reduzierte die darauf folgende weltweite Rezession und Stagnation die Erträge aus Exportgeschäften der Entwicklungsländer, da Industrieländer durch eine protektionistische Wirtschaftspolitik versuchten, ihre Zahlungsbilanzprobleme in den Griff zu bekommen. (Petersmann, Financial Assistance, S. 38; Lachmann, Auslandsverschuldung, S. 336; Silkenat, Role, 618; Lusser, Verschuldung, S. 409; De Vries, Adjustment, S. 185).

856 Die neuen Ansätze der Weltbank und des IWF folgten dem von der Reagan-Administration und Margaret Thatcher vertretenen, neoliberalen Ansatz in der Volkswirtschaftslehre. Diese "supply-side-economics" stellen einen angebotsorientierten

80er Jahre dem „financing-with-adjustment“ Ansatz, der gegen Mitte des Jahrzehnts vom „adjustment-with-growth“ Konzept der Weltbank abgelöst wurde. Beide Konzepte stellten sich den Herausforderungen des Schuldenabbaus und der Entwicklung des wirtschaftlichen Wachstums, welche inhaltlich miteinander verwoben sind und die Organisationen zwangen, sich über ihre ursprünglichen Zielsetzungen hinaus stärker mit der Gesamtproblematik einer durch Verschuldung bedrohten Volkswirtschaft auseinander zu setzen.

Die Entwicklungskonzepte boten die Grundlage für die Geschäftstätigkeit der Weltbank und des IWF. Sie sollen daher zu Beginn dieses Kapitels kurz erläutert werden. Anschließend folgt eine Untersuchung der Beziehungen zwischen den Organisationen bzgl. der Finanzierungs- bzw. Anpassungskomponente der Konzepte (Kapitel 4.4.2 und 4.4.3) und der Umschuldungs- bzw. Entschuldungskomponente (Kapitel 4.4.4.). Eine Darstellung der formalen Kompe-

---

Wirtschaftskurs in den Mittelpunkt. Der Ansatz setzt an den Determinanten des aggregierten Angebots an und versucht, die Bedingungen für ein störungsfreies Wachstum und für die Effizienz der Wirtschaft zu verbessern. Man geht davon aus, daß Preise und Löhne sich nach Angebot und Nachfrage selber dem Markt anpassen und daher der Staat keine Regulierungen in der Volkswirtschaft vornehmen sollte. Vielmehr sollte er durch die Senkung der Steuern auf Einkommen und Gewinne Anreize zur wirtschaftlichen Betätigung setzen. (Hanusch/ Kuhn, Volkswirtschaftslehre, S. 234)
Das zentrale Element der staatlichen Wirtschaftspolitik sollte in der Schaffung und Aufrechterhaltung von Bedingungen liegen, die ein Wachstum bei Preisstabilität förderten. Dazu gehörte, daß sich der private Markt in Bezug auf sein Preis- und Einkommensniveau frei entfalten konnte (Deregulierung) und die Staatsausgaben den privaten Sektor nicht durch die Unterstützung von unrentablen staatlichen Unternehmen oder Subventionen beschränkten (IWF, Weltwirtschaft, S. 10; Twele, Entwicklungspolitik, S. 144; Nuscheler, Magier, S. 40).
Nuscheler nennt diese Sichtweise die „Magie des Marktes“, nach der jede Form von marktabweichenden und nicht vom Privatkapital organisierten und kontrollierten Transaktionen abgelehnt wurde (Nuscheler, Magier, 39). Die Regierungen zählten nicht als Wirtschaftssubjekte und die Weltbank wurde wegen ihrer Vergabe von Krediten zu "weichen" Konditionen als entwicklungshemmende, marktstörende Wohlfahrtseinrichtung abgelehnt, die ineffizient handelnde Personen unterstützte (Nuscheler, Magier, 39; Chahoud, Funktionswandel, 51; Twele, Entwicklungspolitik, S. 142 f.; Ausdruck dieser Meinung waren die 6. und 7. Wiederauffüllungsrunden der IDA-Finanzen, bei denen sich die USA für eine Kürzung des Kapitals der IDA einsetzte. Das Kapital der IDA wurde daraufhin um 25% gekürzt, was sich real als eine Kürzung um 40-50% auswirkte, da ursprünglich eine Steigerung der Aufstockungsbeträge von den anderen Mitgliedstaaten beabsichtigt war (Twele, Entwicklungspolitik, S. 149)). Die Entwicklungspolitik der angebotsorientierten Makroökonomie bedeutete daher einen Rückschritt zu den orthodoxen entwicklungsstrategischen Vorstellungen, die Wirtschaftswachstum mit Entwicklung gleichsetzten und die in klassischer Sichtweise davon ausgingen, daß Wirtschaftswachstum allen Bevölkerungsteilen zugute käme ("trickle-down"-Theorie; Twele, Entwicklungspolitik, S. 166).

tenzabgrenzung und der Zusammenarbeit zwischen den beiden Organisationen enthält Kapitel 4.4.5.

4.4.1. Entwicklungsansätze in den 80er Jahren

Der "financing-with-adjustment" und der "adjustment-with-growth" Ansatz basieren auf einer Kombination von Finanzierungs- und Anpassungsmaßnahmen und einem Entschuldungselement. Dabei wurde die Verschuldungskrise als Liquiditätskrise gedeutet, in der die Schuldnerstaaten einer vollständigen Zahlungsverpflichtung unterlägen. Außerdem versuchten beide Ansätze den Mitgliedstaaten in einem „case-by-case approach“ zu helfen.[857]

4.4.1.1. "Financing-with-adjustment" Ansatz des IWF

Mit dem Amtsantritt von *Jacques de Larosière* als Geschäftsführendem Direktor (1978 bis 1987) legte der IWF seiner Geschäftstätigkeit das "financing-with-adjustment" Konzept zugrunde.[858] Diese mittelfristige Strategie sah in der steigenden Verschuldung eine Liquiditätskrise, die durch gesteigerte Finanzierung mit gleichzeitiger Anpassung überwunden werden könnte. Daneben sollte der IWF die Koordination privater Geldgeber übernehmen, die sich zur Refinanzierung der ihnen gegenüber bestehenden Schulden bereit erklären sollten.[859] Die Strategie bestand aus folgenden 4 Elementen[860]:

a) Der IWF verdreifachte sein Finanzierungsangebot bis zu einer Höhe von 600% der Quote eines Mitglieds (Finanzierungsaspekt).

b) Die strukturellen Ungleichgewichte der Weltwirtschaft sollten durch Anpassungs- und Stabilisierungsprogramme mittelfristig bekämpft werden. Ziel der Maßnahmen war es, dass der erwartete Output der Investitionen langfristig die eingesetzten Mittel überstiege und der Staat so aus der Verschuldung herauswachsen könnte (Anpassungsaspekt).[861]

c) Der IWF übernahm die Rolle des neutralen Vermittlers in Verhandlungen zwischen seinen Mitgliedern und offiziellen Kreditgebern über bestehende Schulden. Er half den verschuldeten Staaten bei der Ausarbeitung von Präsentationen und präsentierte den Gläubigern Berichte über die volkswirtschaftliche Lage und über mögliche Entwicklungsaussichten des Schuldnerlandes (Umschuldungsaspekt).[862]

d) Zur Finanzierung der gesteigerten Mittelvergabe an seine Mitglieder vereinbarte der IWF bilaterale Vereinbarungen mit der Saudi Arabian Monetary Agen-

---

857 Twele, Entwicklungspolitik, S. 173.

858 Teilweise auch als „financing-with-growth“ Ansatz bekannt.

859 De Vries, Adjustment, S. 179.

860 De Vries, Adjustment, S. 180-186.

861 De Vries, Adjustment, S. 190; Nowzad, Schuldenmanagement, S. 24.

862 Nowzad, Schuldenmanagement, S. 27.

cy (SAMA) und 16 Industrieländern über die Entleihung von über SZR 9.000 Mio.[863]

Diese Ansätze der Finanzierung, Anpassung und Umschuldung lagen bereits seit Ende der 70er Jahre der Geschäftstätigkeit des IWF zugrunde. Sie wurden mit Ausbruch der Verschuldungskrise, die eine Bedrohung für die Stabilität der gesamten Weltwirtschaft darstellte, weiterhin vertieft.

Die neuen Theorieansätze in der Volkswirtschaftslehre dienten auch der Weltbank als Impulsgeber für eine Umstellung ihrer Darlehenspolitik. Präsident *Alden W. Clausen* (Juli 1981-Juni 1986)[864] beabsichtigte, die strukturelle Anpassung der Produktionskapazitäten an die verschlechterte, außenwirtschaftliche Lage mittels der Förderung der Privatwirtschaft vorzunehmen, da nach seiner Ansicht von der Privatwirtschaft die stärksten Entwicklungsimpulse ausgingen.[865] Gleichzeitig bedurfte es einem stabilen makroökonomischen Umfeld, um wirtschaftliches Wachstum zu unterstützen. Dadurch konkurrierten stabilisierende und wachstumssteigernde Maßnahmen mit dem Bestreben nach Armutslinderung. Die effizient eingesetzten Investitionen standen sozialen Ausgaben für die Armen gegenüber. Daß unter *Clausen* dieses Spannungsverhältnis zugunsten des wirtschaftlichen Wachstums ausfiel, führte er am 18. April 1983 in Bonn[866] aus:

> „The key to that poverty reduction lies in raising the productivity of the poor themselves. Welfare programs aimed at the poor without corresponding increases in the productivity of the recipients can only be short-lived and even counterproductive."

Die Aufgabe der Regierungen bestand nach *Clausen*s Meinung darin, die Armen in die Position zu bringen, daß sie einer Arbeit nachgehen könnten, indem ihnen ein funktionierendes Gesundheitssystem, ausreichend Nahrungsmittel und Bildungsmöglichkeiten zur Verfügung gestellt wurden (Projekte neuen Stils).[867] Diese Wertung kommt auch im Aufruf der Weltbank zum Ausdruck, ungünstige Effekte für die Armen, wie „die Anpassungslasten zwischen den Einkommensgruppen [...], erhöhte Arbeitslosigkeit, höhere Preise für Grundnahrungsmittel

---

863 IWF, Jahresbericht 1985, S. 73; De Vries, Adjustment, S. 185.

864 Beckmann, World Bank, S. 27.

865 Nach dem Gesetz des komparativen Vorteils sollte sich jedes Land auf den Export derjenigen Güter spezialisieren, bei denen es einen komparativen Vorteil gegenüber seinen Handelspartnern besitzt. Als komparativer Vorteil wird bezeichnet, wenn die Herstellungskosten und damit der Preis des Gutes 1 im Vergleich zum Gut 2 in einem Land geringer ist, als in einem anderen Land. Der Export eines Gutes, für das ein Land einen komparativen Vorteil besitzt, führt in beiden Ländern zu einer effizienteren Nutzung der Produktionsfaktoren und damit zu Wachstum (Weltbank, Weltentwicklungsbericht 1983, S. 149; Twele, Entwicklungspolitik, S. 167; v. Hauff/ Werner, Perspektive, S. 112).

866 Clausen, Growth, S. 8.

867 Clausen, Growth, S. 8; Petersmann, Operations, S. 45.

oder höhere Steuern“[868], in strukturellen Anpassungsprogrammen zu berücksichtigen. Die „hoffnungslosen Fälle der absolut Armen“[869], die weder ein Einkommen erhalten, noch Steuern zahlen, verschwanden damit aus der Betrachtung der Weltbank.[870]

4.4.1.2. "Adjustment-with-growth" Konzept der Weltbank

Dauer und Umfang der wirtschaftlichen und finanziellen Krise ließen auf tiefgreifende strukturelle Wirtschaftsprobleme schließen, die sich in großen Finanzdefiziten, einer unausgewogenen Leistungsbilanz und Inflation niederschlugen.[871] Seit 1984 wuchs daher die Kritik an dem schwerpunktmäßig auf Stabilität konzentrierten Krisenmanagement des "financing-with-adjustment" Ansatzes und der entscheidende Faktor für eine dauerhafte und durchgreifende Lösung des Verschuldungsproblems wurde zunehmend in der Wiederherstellung des Wirtschaftswachstums durch Strukturanpassung gesehen.[872] Der "adjustment-with-growth" Ansatz[873] baute darauf auf, daß Stabilisierung und An-

868 Lipton/ Shakow, Weltbank, S. 19; vgl. Weltbank, Jahresbericht 1982, S. 36.

869 Tetzlaff, Armutsbekämpfung, S. 62.

870 Lateef, Century, S. 27; Kapur/ Lewis/ Webb I, S. 25. Insoweit muß die Darstellung von Petersmann, Operations, S. 45, daß „Bank programs and projects designed to reduce poverty continue to have top priority in the Bank's overall development strategy“, eingeschränkt werden, da die Ausgestaltung der Programme eine andere Ebene betraf. Wie Petersmann im Folgenden auch beschreibt, zielen die neuen Projekte gerade darauf ab, die produktiven Kapazitäten des Empfängerlandes zu steigern.

871 Die Stabilisierungsprogramme des IWF drosselten die Importe bei gleichbleibenden Exporten, so daß es zu Überschüssen in der Handelsbilanz kam, die allerdings auf Kosten des Wachstums entstanden. Gleichzeitig stieg die Arbeitslosigkeit und die Durchschnittslöhne fielen (Herlt, Europa Archiv, 1986, S. 163 f.).

872 Corbo/ Fischer, Programs, S. 1; Weltbank, Weltentwicklungsbericht 1986, 67; Weltbank, Weltentwicklungsbericht 1987, S. 38, Sonderbeitag 2.6.; Clausen, Rede 1985, S. 13.

873 Die theoretische Grundlage des „adjustment-with-growth“ Konzepts liegt im schuldeninduzierten Wachstumsmodell des „growth-cum-debt“ Prozesses. Der Ansatz basiert auf der Feststellung, daß Entwicklungsländer Kapitalimporteure sind. Die mangelhaften inländischen Ersparnisse werden durch den Import von ausländischem Kapital ergänzt, welcher die Investitionskapazität des Landes erhöht. Nach dem "Schuldenzyklus" wachsen die Entwicklungsländer durch das schuldeninduzierte Wachstum aus ihrer Verschuldung insoweit heraus, als die Zuwachsraten von Exporten und BIP über dem Wachstum der Auslandsverschuldung und den diesbezüglichen Zinssätzen liegen. Dieser Zusammenhang ist nur deswegen möglich, weil Erträge der Investitionen in Entwicklungsländern im Allgemeinen höher ausfallen, als bei Industriestaaten. (Twele, Entwicklungspolitik, S. 174; Weltbank, Weltentwicklungsbericht 1985, S. 56).

passung „die zwei Seiten ein und derselben Medaille, nämlich des Wirtschaftswachstums“[874] seien.

Im Gegensatz zum IWF, der die Stabilität einer Volkswirtschaft durch kurzfristige Anpassung der Fiskalpolitik zu erreichen versucht hatte, gründete der "adjustment-with-growth" Ansatz auf einer mittelfristigen Perspektive[875] und umfaßte folgende Komponenten:[876]

a) Durch die Unterstützung bei der Entwicklung, Durchführung und Überwachung von mittelfristigen, wachstumsorientierten Strukturanpassungsprogrammen sollen Devisen zur Schuldendienstleistung erwirtschaftet und dadurch die internationale Kreditwürdigkeit wiedererlangt werden (Anpassungskomponente).[877]

b) Eine angemessene externe Finanzierung während der Anpassungsperiode sollte neben den inländischen Reformmaßnahmen auch die Folgen der Arbeitslosigkeit und des fehlenden Konsums lindern (Finanzierungskomponente).[878]

c) Die Weltbank soll verstärkt als Katalysator für die Mobilisierung zusätzlichen privaten und öffentlichen Kapitals auftreten.

d) Der effektive Einsatz der zur Verfügung stehenden Mittel soll durch eine bessere Koordination der beteiligten Akteure und eine verstärkte Zusammenarbeit mit dem IWF bei der Ausarbeitung der Anpassungsprogramme erlangt werden.

Der zeitliche Horizont der Hilfe umfaßte 5-7 Jahre und wurde von bis zu 5 einzelnen Darlehen während dieser Zeitspanne begleitet.[879] Da Investoren ihre Gelder mit geringem Risiko in die Wirtschaft eines Mitgliedes anlegen wollten, bildete die Stabilität des makroökonomischen Gleichgewichts durch Maßnahmen der Fiskal-, Wechselkurs- und Geldpolitik die Grundlage der Anpassungsprogramme, auf denen strukturelle Veränderungen der Ressourcenallokation und effiziente Institutionsgestaltung aufbauten.[880]

Da auch der IWF bemerkte, daß seine kurz- bis mittelfristige Strategie zu einer nachhaltigen Hilfe für verschuldete Staaten nicht ausreichte, vertrat das Exekutivdirektorium seit Mitte der 80er Jahre die Auffassung, daß die Stabilitätspolitik durch strukturelle Anpassung ergänzt werden sollte. Das primäre Ziel der

---

874 Weltbank, Weltentwicklungsbericht 1986, 70; vgl. auch Nicholas, Lending for Adjustment, S. 3; Corbo/ Fischer, Programs, S. 2, 15; Thomas/ Chhibber/ Dailami et al., Economies, S. 11.

875 Corbo/ Fischer, Programs, S. 6; Twele, Entwicklungspolitik, S. 173.

876 Clausen, Rede 1985, S. 16; Weltbank, Weltentwicklungsbericht 1986, S. 69; Gruss, Beitrag, S. 57; Twele, Entwicklungspolitik, S. 173; Bock, Rolle, S. 6 f.

877 Corbo/ Fischer, Programs, S. 2, 6, 15; Corbo/ Fischer/ Webb, Adjustment, S. 69; Nicholas, Lending for Adjustment, S. 3.

878 Corbo/ Fischer, Programs, S. 6.

879 Wolff, Stabilisierungspolitik, S. 30; Nicholas, Lending for Adjustment, 23.

880 Corbo/ Fischer, Programs, S. 2, 6, 15; Corbo/ Fischer/ Webb, Adjustment, S. 69; Nicholas, Lending for Adjustment, S. 3.

Politik des IWF wurde wirtschaftliches Wachstum.[881] Es sollte durch das Anreichern der Programme mit effizienten, finanzpolitischen Maßnahmen und umfangreichen Strukturreformen anstelle von strenger Austerität (Verringerung des öffentlichen Defizits) erreicht werden. Das mittels komplementärer Effekte von mikro- und makroökonomischen Maßnahmen[882] erhaltene Wachstum würde die Defizite in den Zahlungsbilanzen kompensieren.[883]

Der anhaltende Ressourcenabfluß an Zins- und Tilgungsraten aus den Schuldnerländern stand der verschuldungsinduzierten Wachstumsstrategie diametral entgegen.[884] Die Weltbank ergänzte ihren „adjustment-with-growth" Ansatz daher mit der Baker-Initiative um eine Entschuldungskomponente, nach der der Schuldenabbau in Form von Umschuldungen oder Schuldenerlassen öffentlich unterstützt wurde (erweiterter "adjustment-with-growth" Ansatz).[885]

4.4.2. Vermehrte Kreditvergabe als Reaktion auf die Verschuldungskrise – Umsetzung des "financing-with-adjustment" Ansatzes

Da Weltbank und IWF die Verschuldungskrise eindeutig als Liquiditäts- und nicht als Insolvenzkrise eingestuft hatten, sahen sie zu Beginn der 80er Jahre ihre vorrangige Aufgabe als Katalysatoren von "fresh money" in hochverschuldete Länder.[886] Von Seiten der Weltbank sind die kurzfristig abfließenden Anpassungskredite und das Sonderaktionsprogramm von 1983 klarer Ausdruck dieser Strategie, wohingegen der IWF seine Finanzmittel im Rahmen der Politik des erweiterten Zugangs erhöhte.[887] Als konzeptionelle Grundlage diente beiden Organisationen der "financing-with-adjustment" Ansatz, der die Schwerpunkte der Stabilisierungs- und Anpassungsprogramme weitgehend bestimmte.

---

881 IWF, Jahresbericht 1986, S. 72; 1988, S. 48; der Geschäftsführende Direktor des IWF, Michel Camdessus, stellte im Juli 1990 demonstrativ heraus: „Our prime objective is growth. [...] It is growth that our programs and their conditionality are aimed. It is with a view toward growth that we carry out our special responsibility of helping to correct balance of payments disequilibria and, more generally, to eliminate obstructive macroeconomic imbalances (Camdessus, High Quality Growth, S. 10).

882 Frenkel/ Khan, Adjustment Policies, S. 97; Tanzi, Finanzpolitik, S. 15; Killick, Programmes, S. 25; Nowzad, Development, S. 9; Feinberg/ Kallab, Adjustment Crisis, S. 64.

883 Killick, Programmes, S. 22 f.; Beschreibung der Maßnahmen zur Drosselung der aggregierten Nachfrage und Abwertung des Wechselkurses sowie zum Abbau der Auslandsverschuldung siehe Frenkel/ Khan, Adjustment Policies, S. 88 f., 93 f.

884 Twele, Entwicklungspolitik, S. 188.

885 Bock erklärt zur erweiterten "adjustment-with-growth" Strategie: „Das Jahr 1987 markiert einen Übergang in der internationalen Schuldenstrategie." (Bock, Rolle, S. 6); Weltbank, Jahresbericht 1990, S. 52.

886 Twele, Entwicklungspolitik, S. 169; Weltbank, Weltentwicklungsbericht 1983, 149; Kapur/ Lewis/ Webb I, S. 24.

887 Twele, Entwicklungspolitik, S. 169; vgl. Petersmann, Operations, S. 45 ff.

4.4.2.1. Strukturanpassungs- und Sektoranpassungsdarlehen (Weltbank)

Die seit 1980 von der Weltbank vergebenen Strukturanpassungs- und Sektoranpassungsdarlehen[888] beinhalten eine konditionierte Zahlungsbilanzhilfe, die den Mitgliedern die notwendigen Finanzmittel geben sollte, damit diese während ihrer strukturellen Anpassungsprozesse ihr Importvolumen und damit das Wachstum ihrer Wirtschaft aufrechterhalten konnten.

Tabelle 11 Anpassungsprogramm der Weltbank
a) Mobilisierung inländischer Ressourcen (Verringerung der Absorption[889]), - Kürzung der Staatsausgaben - Einschränkung der öffentlichen Kreditaufnahme - Subventionsabbau - Abbau von Preiskontrollen (v.a. Erhöhung der Preise öffentlicher Güter und Dienst-leistungen sowie von Agrarerzeugnissen) - Erhöhung des inländischen Zinsniveaus (Abbau von Zinsobergrenzen) in Richtung positiver realer Zinssätze b) Reform der Außenhandelspolitik (v.a. Forcieren der Exportproduktion), - „realistische“ Wechselkurspolitik (Abwertung der Inlandswährung) - Abbau von Import- und Exportbeschränkungen - Förderung von Exportindustrien - Gewährung von Exportsubventionen c) effizienzsteigernde Investitionspolitik - Kürzung unrentabler öffentlicher Investitionen - Privatisierung von Staatsunternehmen - Förderung von Privatinvestitionen, insbesondere ausländischer Direktinve stitionen

888 Zwar unterscheidet die Weltbank zwischen Strukturanpassungsdarlehen und Sektoranpassungsdarlehen, diese beiden Kreditarten sind jedoch als Einheit zu betrachten, da ein Programm meistens Maßnahmen von beiden Arten beinhaltet. Die Unterscheidung der beiden Darlehenstypen ist fließend und wird nach dem Umfang der jeweiligen politischen und institutionellen Reformen zur Umstrukturierung einer Volkswirtschaft bestimmt. (World Bank, Report, S. 2; Böhmer, Finanzierungsinstrumente, S. 530; Michalopoulos, Kreditvergabe, S. 8; Fues, Strukturanpassungskredite , 43).
In den folgenden Ausführungen werden daher beide Kreditarten einheitlich als „Anpassungskredite“ bezeichnet.

889 Nach der Absorptionstheorie besteht die Absorption aus Konsum und Investitionen. Um einen Leistungsbilanzausgleich zu erzielen müssen wirtschaftspolitische Maßnahmen vorgenommen werden, die einerseits die Absorption reduzieren und gleichzeitig die verbleibenden Ausgaben auf effiziente und exportsteigernde Bereiche verschieben, damit es nicht zu einer Verringerung des Volkseinkommens und Unterbeschäftigung kommt. Die Verringerung der Absorption umfaßt somit eine marktwirtschaftlich orientierte Deregulierung und Umstrukturierung der Wirtschaft im Sinne einer angebotsorientierten Wirtschaftspolitik (Twele, Entwicklungspolitik, S. 155).

- Liberalisierung der Finanzmärkte

d) institutionelle Reformen
- Restrukturierung öffentlicher Unternehmen
- Effizienzsteigerung öffentlicher und halb öffentlicher Organisationen

Quelle: Eigene Darstellung basierend auf Twele, Entwicklungspolitik, S. 154; Landell-Mills, Kredite, S. 19; Weltbank, Jahresbericht 1980, S. 68.

Zur Sicherung der Strukturreformen waren die Anpassungskredite mit Anpassungsprogrammen (Konditionalität) verbunden, durch die eine mittelfristig stabile, d.h. mit der Schuldendienstfähigkeit im Einklang stehende, Leistungsbilanzsituation hergestellt und schwierige, wirtschaftspolitische Reformen durchgeführt werden sollten.[890] Das Programm fungierte als "Hebel"[891] gegenüber den Regierungen und ließ Auszahlungen des Kredits in Tranchen nach Umsetzung einzelner Reformen zu.[892]

Da die allgemeine Umgestaltung der volkswirtschaftlichen Allokationsmechanismen weniger greifbare Bewertungskriterien bot, konnte eine Kontrolle der Verwendung der Gelder nicht so strikt wie bei Projektdarlehen erfolgen. Der Kreditbetrag war in der Regel zur Finanzierung der Importe unter Ausschluß einer vorher festgelegten Negativliste, die zum Beispiel Luxus- und Militärgüter enthielt, bestimmt.[893] Die Regierung eines interessierten Mitglieds formulierte ihr Anpassungsprogramm in einem "Letter of Development Policies",[894] bei dessen Ausarbeitung sie von der Weltbank unterstützt wurde.[895]

---

890 Des Weiteren wird den Anpassungskrediten eine Katalysatorfunktion zugewiesen, d.h. durch die Vergabe von Anpassungsprogrammen sollten andere Kreditgeber zur Kreditvergabe an die betroffenen Länder angeregt werden. (Twele, Entwicklungspolitik, S. 153; Weltbank, Jahresbericht 1980, S. 68; 1982, 38; Wright, Weltbank-Kredite, 22). Außerdem förderte die Weltbank gezielt private Investitionen in den Entwicklungsländern, indem sie Kofinanzierungsprogramme an internationale Geschäftsbanken vergab (Wright, Weltbank-Kredite, S. 21).

891 Mosley verurteilt diesen "Hebel" auch als einen Handel (bargain) von politischen Reformen durch die Weltbank, bei dem der Staat, der am dringendsten finanzielle Hilfe zum Ausgleich seiner Zahlungsbilanz benötigt, gezwungen ist, den meisten Reformmaßnahmen zuzustimmen (Mosley/ Harrigan/ Toye, Aid, S. 41).

892 Nicholas, Lending for Adjustmen, 22; Kapur/ Lewis/ Webb I, S. 23; Die Aufteilung der Auszahlungen in Abhängigkeit von der Durchsetzung verschiedener Maßnahmenbündel und die Voraussetzung, vor der ersten Auszahlung des Anpassungskredits Reformen umsetzen zu müssen, hat in den Programmen seit Mitte der 80er Jahre zugenommen (Mosley/ Harrigan/ Toye, Aid, S. 45).

893 Böhmer, Finanzierungsinstrumente, S. 528 f.; Wolff, SAP, S. 2; Petersmann, Financial Assistance, S. 48; Shihata I, S. 26.

894 In diesen Programmen werden drei Reformkomplexe beschrieben: 1. Eine Erklärung der spezifischen strukturellen Ziele, die in einem Zeitraum von 5-7 Jahren erreicht werden sollen; 2. Eine Erklärung über die Maßnahmen, die über einen Zeitraum von etwa 5 Jahren ergriffen werden sollen, um diese Ziele zu erreichen; 3. Eine überprüfbare Liste

Obwohl die mit den jeweiligen Anpassungskrediten verbundenen wirtschaftspolitischen Auflagen in ihrer konkreten Ausgestaltung variieren konnten, waren die in Tabelle 11 [Anpassungsprogramm der Weltbank] dargestellten, typischen Auflagen im Rahmen der von der Weltbank implementierten Anpassungsprogramme auszumachen.[896] Um möglichst fruchtbare, wirtschaftliche Rahmenbedingungen für diese Maßnahmen in der betroffenen Volkswirtschaft vorzufinden, sollten die Mitglieder vor einem Anpassungsprogramm ein Stabilisierungsprogramm mit dem IWF abschließen.[897]

4.4.2.2. Sonderaktionsprogramm von 1983 (Weltbank)

Als ersten Schritt nach Ausbruch der Verschuldungskrise führte die Weltbank von 1983 bis 1985 ein Sonderaktionsprogramm (Special Action Program oder Special Assistance Program) zur Unterstützung der IBRD-Mitgliedern durch.[898] Dieses hatte zum Ziel, die internationale Kreditwürdigkeit und das Wirtschaftswachstum der hochverschuldeten Entwicklungsländer zu stimulieren, soweit

---

konkreter Maßnahmen, die entweder vor der Unterzeichnung oder während der einjährigen Laufzeit des Kreditabkommens ergriffen werden sollen (Wolff, Stabilisierungspolitik, S. 32 f.; Please, World Bank, S. 87; Stern, World Bank, S. 92).

895 Sollte einem Land, das dringend externer Hilfe zur Bekämpfung seiner Zahlungsbilanzkrise bedurfte, der institutionelle Apparat zum raschen Erarbeiten effektiver Maßnahmen fehlen, so wurden die Regierungen aufgefordert, eigene entscheidende Maßnahmen zu bezeichnen, die möglichst sofort ergriffen werden konnten, und gleichzeitig die Planung eines längerfristigen Aktionsprogramms auf den Weg zu bringen. Die Weltbank unterstützte diese Regierungen bei der detaillierten Ausarbeitung spezieller Maßnahmen im administrativen und wirtschaftspolitischen Bereich durch die Fazilität zur Projektvorbereitung. (Landell-Mills, Kredite, S. 18; Wright, Weltbank-Kredite, S. 21).

896 Zu Beginn der Hilfe durch Anpassungsprogramme versuchte jede Abteilung der Weltbank, eigene Vorstellungen in die Konditionalität einzuflechten. Zu dieser Vorgehensweise paßt die Metapher eines "Weihnachtsbaums" (Mosley/ Harrigan/ Toye, Aid, S. 43), der von verschiedenen Seiten geschmückt wird. Das Ergebnis bildete eine bunte Zusammenstellung von Maßnahmen, die auf verschiedenste Wirtschaftsbereiche verteilt waren und deren Anforderungen die administrativen Kapazitäten der betroffenen Mitgliedstaaten überstiegen. Eine bessere Umsetzung der Maßnahmen nahm zu, als die einzelnen Bedingungen genauer umschrieben und aufeinander abgestimmt wurden (Corbo/ Fischer, Programs, S. 22; Corbo/ Fischer/ Webb, Adjustment, S. 81.

897 Nicholas, Lending for Adjustment, S. 4; Stern, World Bank, S. 90; Mosley/ Harrigan/ Toye, Aid, S. 37; Die Weltbank wies auch ausdrücklich darauf hin, daß ihre Anpassungsprogramme die Stabilisierungsmaßnahmen des IWF ergänzen sollten und eine enge Zusammenarbeit erwünscht sei (Weltbank, Jahresbericht 1981, S. 70; 1982, S. 39).

898 Der Grund für die eingeschränkte Bereitstellung des Sonderaktionsprogramms liegt darin, daß die IDA bereits einen hohen Prozentsatz der Kosten eines Projekts finanzierte und außerdem nicht in der Lage wäre, die Auszahlung von Geldern zu erhöhen, da die Finanzierung der IDA von Geldgebern vorgenommen wird, die infolge eigener Haushaltsengpässe Defizitprobleme zu bewältigen haben (Weltbank, Jahresbericht 1983 S. 42; Weltbank, Jahresbericht 1984, S. 41; Twele, Entwicklungspolitik, S. 163).

diese den uneingeschränkten Willen zur Durchsetzung von geeigneten Anpassungsmaßnahmen besaßen.[899] Aufbauend auf dem "financing-with-adjustment " Ansatz bestand das Sonderaktionsprogramm aus folgenden Bereichen[900]:

a) erweiterte Vergabe von Anpassungsdarlehen; kurzfristige Finanzierung der Zahlungsbilanzen, um zu wirtschaftlicher Stabilität zu gelangen; mittelfristige Stärkung der Schuldendienstfähigkeit durch eine erhöhte Exportproduktion und Devisenerwirtschaftung[901]

b) technische Hilfe bei der Formulierung und Analyse der Entwicklungsprioritäten; intensiver makroökonomischer Dialog, Unterstützung bei der Schuldenverwaltung

c) Finanzierung eines höheren Teils der Projektkosten bis zu 35% der gesamten Kosten zur Fertigstellung von Projekten mit hoher Priorität für den Export

d) Verstärkung der Katalysatorfunktion der Weltbank.

Durch das Programm konnte nach Angaben der Weltbank die Sicherstellung einer Vielzahl von Projekten gewährleistet, der wirtschaftspolitische Dialog mit den Schuldnerländern verstärkt und andere Geber zur beschleunigten Auszahlung von Entwicklungsgeldern angeregt werden.[902] Da nach dem ersten Unterstützungsschub weitere Maßnahmen unter den normalen Verfahren der IBRD abgewickelt werden konnten, sah die Weltbank von einer Verlängerung des Programms über das Jahr 1985 hinaus ab.[903]

4.4.2.3. Politik des erweiterten Zugangs und Stabilisierungsprogramme (IWF)

Der IWF steigerte die Bereitstellung von Finanzmitteln aufgrund des "financing-with-adjustment" Ansatzes mittels der Politik des erweiterten Zugangs (Policy of Enlarged Access[904]). Danach konnten Mitglieder nach der Inanspruchnahme jeglicher Kredittranchen und Finanzmittel des IWF ein neues Abkommen vereinbaren und weitere Zahlungen erhalten. Die Höhe der zusätzlichen Hilfe hing von den Defiziten in Relation zur Höhe der Mitgliedsquote und der Nachhaltigkeit des Anpassungsprogramms ab, welches in seiner Länge dem Bereitschaftskredit (1 Jahr) oder dem erweiterten Abkommen (3 Jahre), an das es gekoppelt

---

899 Weltbank, Jahresbericht 1983, S. 42.

900 Weltbank, Jahresbericht 1983, S. 42; 1984, S. 50.

901 Um die Unterstützung erweitern zu können, setzte die Weltbank ihre Politik, nach der Anpassungsprogramme nicht mehr als 30% des gesamten Kreditprogramms eines Mitgliedes ausmachen sollten, aus.

902 Weltbank, Jahresbericht 1984, S. 51; 1985, S. 56-57.

903 Weltbank, Jahresbericht 1985, S. 57.

904 IWF, Entscheidung vom 11. März 1981, Nr. 6783-(81/40), in: IWF, Jahresbericht 1981, Anhang 2, S. 153-155 und 85 ff. Die Politik des erweiterten Zugangs sollte die auslaufende Zusätzliche Finanzierungsfazilität ersetzen und war daher grundsätzlich wie diese als Erweiterung von bestehenden Bereitschaftskreditabkommen oder erweiterten Abkommen gestaltet.

war, entsprach. Die Maßnahmen innerhalb des Abkommens mußten erkennen lassen, daß das Mitglied in einer mittelfristigen Periode in der Lage sein würde, die Schulden gegenüber dem IWF abzubauen, damit der revolvierende Charakter von dessen Finanzhilfe gewahrt bliebe.

Tabelle 12 Ziehungsgrenzen der Politik des Erweiterten Zugangs

	Ziehungsgrenzen unter der Politik des erweiterten Zugangs		
	jährlich	3 Jahre	kumulativ
1981-83	150	450	600
1984	102-125	306-375	408-500
1985	95-115	280-345	408-500
1986	90-110	270-330	400-440
1987	90-110	270-330	400-440
1988	90-110	270-330	400-440
1989	90-110	270-330	400-440

Quelle: Gurumurthi, IMF, S. 138, Tabelle 5.1.

Tabelle 12 [Ziehungsgrenzen der Politik des Erweiterten Zugangs] zeigt die möglichen Ziehungsgrenzen unter dem erweiterten Zugang.[905] Die neue Politik sollte eine zeitlich befristete Hilfe während der Verschuldungskrise sein, die jedoch mit leichten Veränderungen in der Höhe der möglichen Ziehungen bis September 1992 beibehalten worden ist.

Die Anpassungsmaßnahmen, die im Rahmen der Bereitschaftskredit- und erweiterten Abkommen umgesetzt werden sollten, unterschieden sich vom Ansatz des ursprünglichen "financing-with-adjustment" Konzepts[906] lediglich in ihrer strengeren und spezifischeren Ausgestaltung.[907] Um die defizitären Zah-

---

905 Die Änderungen der Quotengrenzen basieren auf einer Angleichung an die erhöhten Quoten der Mitglieder und an Ausschüttungen von SZR (o.V., Rolle, S. 4; Gurumurthi, IMF, S. 131; IWF, Jahresbericht 1992, S. 50). Beschreibung der Diskussion um jede Änderung der Ziehungsgrenzen im Rahmen der Politik des erweiterten Zugangs siehe Gurumurthi, IMF, S. 117-131.

906 Die Maßnahmen des ursprünglichen "financing-with-adjustment" Ansatzes werden beschrieben in Guitiàn, Auflagen, S. 16; de Vries, Adjustment, S. 187-205.

907 Ein Ausdruck des Politikschwerpunktes auf stringenter Einhaltung von Reformen und der Drosselung von "weichen" Krediten innerhalb des "financing-with-adjustment" Ansatzes zeigte sich in der Verschäfung der CFF in 1983. Die Entscheidung des Exekutivdirektoriums vom 14. Sept. 1983 sah vor, daß jede Ziehung unter der CFF unabhängig von ihrer Relation zur Höhe der Quote des Mitglieds mit einer Mission von Seiten des IWF und der Auflage von Änderungen der inländischen Politik versehen werden konnte. Dies führte zu einem Verlust der konditionsfreien Ziehungen unter der CFF und stellte sie auf eine Stufe mit der SFF oder Ziehungen im Rahmen von Bereitschaftskre-

lungsbilanzen auszugleichen, sollte die aggregierte Nachfrage auf ein „tragfähiges Niveau" gegenüber dem aggregierten Angebot gedrosselt und damit das öffentliche Defizit durch eine Reduktion der Importe und eine Steigerung der Exporte gemindert werden.[908] Dieser Ansatz implizierte, daß die Wahl der spezifischen Maßnahmen, die das Mitglied zum Erreichen der vereinbarten Verminderung des öffentlichen Defizits einsetzte, dem Mitglied selber überlassen wurde. Der Inhalt der Stabilisierungs- und Anpassungsprogramme des IWF ist in Tabelle 13 [Anpassungsprogramm des IWF] aufgeführt.

Tabelle 13 Anpassungsprogramm des IWF
a) Abwertung der Inlandswährung, um das Preisverhältnis von Exporten und Importen zugunsten der Exporte zu verschieben und dadurch direkt einerseits eine Importdrosselung und andererseits seine Exportsteigerung zu erreichen; b) Kürzung der Staatsausgaben, insbesondere durch - Reduzierung des Haushaltsdefizits; - Abbau von staatlichen Subventionen; - Kürzung öffentlicher Investitionen und - Abbau öffentlicher Sozial- und Dienstleistungen; c) Kürzung des privaten Konsums, vor allem mittels - Reallohnsenkungen zur Reduzierung des verfügbaren Einkommens und - Preiserhöhungen öffentlicher Güter und Dienstleistungen zur Kaufkraftabschöpfung; d) Restriktive (monetaristische) Geldpolitik - Einschränkung der Geldmengenexpansion und Reduzierung der Finanzierung des staatlichen Haushaltsdefizits durch die Notenbank und - Erhöhung des inländischen Zinsniveaus zur Mobilisierung von internen Ersparnissen und zur Einschränkung des Kreditvolumens.

Quelle: Twele, Entwicklungspolitik, S. 138; vgl. auch de Vries, Adjustment, S. 225; Crockett, Aspekte, S. 11-14.

Neben den Auflagen zur „orthodoxen Nachfragesteuerung" empfahl der IWF auch angebots- und strukturpolitische Auflagen, die in erster Linie auf eine Ausweitung des gesamtwirtschaftlichen Angebots hinwirken sollten, und zwar insbesondere bezüglich der Exportproduktion. So verlangte der IWF u.a. die Liberalisierung des Außenhandels, die Förderung von Exportindustrien, die Liberalisierung der Finanzmärkte, das Privatisieren von Staatsunternehmen, die Förderung von Privatinvestitionen und die Liberalisierung der volkswirtschaftlichen Preisstrukturen. Diese Auflagen gab der IWF jedoch nur in Form von

---

diten (Gurumurthi, IMF, S. 77, 78; Dell, Tranche, S. 247 mit ausführlicher Kritik an der Änderung von 1983).

908 Tanzi, Finanzpolitik, S. 15.

Empfehlungen ab bzw. sie wurden selten umgesetzt.[909] Diese strengen Konditionen der Stabilisierungsprogramme des IWF überlagerten die langfristigen Anpassungsziele in den Weltbank-Programmen.[910]

4.4.2.4. Konkurrenzen bei der Umsetzung des "financing-with-adjustment" Ansatzes

Die Gründung der Anpassungskredite der Weltbank, in denen nichtprojektgebundene, finanzielle Hilfe vergeben wurde, führte zu einer Überschneidung der Tätigkeit der Weltbank mit der Geldvergabe des IWF im Rahmen der EFF.[911] Weltbank und IWF verfolgten im "financing-with-adjustment" Ansatz das Ziel, einen effektiven Ressourcentransfer in Defizitstaaten lediglich dann erreichen zu können, wenn deren Volkswirtschaft in einem stabilen Zustand sei. Stabilisierungsmaßnahmen erhielten daher den Vorrang gegenüber strukturellen Reformen[912]. Ein Vergleich der Anpassungsprogramme der Weltbank mit der Konditionalität der Stabilisierungsprogramme des IWF zeigt bis auf wenige Ausnahmen Übereinstimmung in den Reformmaßnahmen.[913] Danach sollen Staatsausgaben gekürzt, die Inlandswährung abgewertet, die Exportsektoren gestärkt und eine restriktive Geldpolitik betrieben werden. Die Weltbank legte außerdem einen Schwerpunkt auf die Privatisierung und Umstrukturierung von Staatsunternehmen. Sie interessierte sich demnach für makroökonomische Stabilisierungsmaßnahmen, die im primären Verantwortungsbereich des IWF lagen. Andererseits analysierte dieser vermehrt strukturelle Problembereiche seiner Mitgliedstaaten, um die Nachfrageeinschnitte seiner Politik durch wirtschaftliches Wachstum relativieren und dämpfen zu können.[914]

Die übereinstimmenden Reformvorstellungen waren in unterschiedliche Gesamtprogramme eingebettet. Anpassungskredite umfaßten ab 1982 mehr als 10% aller Weltbankkredite und zwischen 1987 und 1990 durchschnittlich 26%.[915] Die Weltbank sah in ihnen ein notwendiges Zwischenziel auf dem Weg zu langfristigem, effizientem Ressourceneinsatz durch die Einbindung der Armen in die Privatwirtschaft.

---

909 Killick, Programmes, S. 23; Bird, Conditionality, S. 33 f. Das Kriterium für die Entscheidung, ob die Zahlungsbilanz kurzfristig finanziert werden sollte oder eine mittelfristige Anpassung der Wirtschaft auf die geänderte Weltwirtschaftslage notwendig sei, bildete die geschätzte Dauer des Defizits (Bird, Conditionality, S. 34).

910 Holland, London Symposium, S. 27.

911 Feinberg, Changing Relationship, S. 221; Landell-Mills, Kredite, S. 18; Denters, IMF Conditionality, S. 154; vgl. zur EFF Kapitel 4.3.2.2, S. 217.

912 Weltbank, Jahresbericht 1990, S. 58.

913 Vgl. hierzu Tabelle [Anpassungsprogramme der Weltbank] und Tabelle [Stabilisierungsprogramme des IWF].

914 Feinberg, Changing Relationship, S. 222.

915 Kapur/ Lewis/ Webb I, S. 520, Tabelle 10-1.

Die Stabilisierung der Wirtschaft stellte dagegen das Hauptziel des IWF dar, welches gegebenenfalls auf Kosten des wirtschaftlichen Wachstums erreicht werden mußte. Die Aufgabe des IWF lag in einer Verbesserung der Zahlungsbilanzposition als unverzügliche Reaktion auf eine Krise.[916] Diese Auslegung unterstreicht der unterschiedliche Zeithorizont der Kredithilfen. Die mittelfristige Dauer erweiterte die kurzfristige Hilfe des IWF und rechtfertigte damit erste Strukturmaßnahmen neben der reinen Stabilisierung; für die Weltbank dehnte sich der Aufgabenbereich ausgehend von langfristigen Projektdarlehen auf mittelfristige Anpassungsprogramme aus, die somit ein Vorbereitungsstadium zur erfolgreichen Durchführung der Investitionen bilden.

Der unterschiedliche Zeithorizont und die differierenden Ansatzpunkte zwischen der Stabilität als Ziel der Maßnahme oder als Übergangsstadium auf dem Weg zu wirtschaftlicher Entwicklung führten zu einer Ausweitung der Reformansätze in den Politikbereich der jeweils anderen Organisation und damit verbunden häufig zu sich teilweise widersprechenden Empfehlungen an die Mitgliedstaaten, so daß eine verbesserte Abstimmung der Maßnahmen notwendig wurde.[917]

4.4.3. Wachstumsförderung durch wirtschaftliche Anpassung – Umsetzung des "adjustment-with-growth" Ansatzes

Der Stabilitätsschwerpunkt des "financing-with-adjustment" Ansatzes konnte mit der Senkung von Subventionen und staatlichen Ausgaben kein Wachstum erreichen. Daher verlagerte die Weltbank ihre Hilfe auf die "adjustment-with-growth" Theorie, deren Grundprinzip in der Tatsache begründet lag, daß ein höheres Wachstum für diese Länder ein wesentliches Element war, um ihre Kreditwürdigkeit zurückzuerlangen. Die Gesundung der Wirtschaft hing entscheidend sowohl von inländischen Reformmaßnahmen und Strukturwandel als auch von einer angemessenen externen Finanzierung während der Anpassungsperiode ab.[918] Die erste Umsetzung dieses Politikansatzes lag im Gemeinsamen Aktionsprogramm der Weltbank von 1984[919], gefolgt von einer Änderung der Reformmaßnahmen im Rahmen der Anpassungskredite.[920] Der IWF übernahm

916 Gold, Relationship, S. 511, 517; Landell-Mills, Kredite, S. 20 f; Wulff, Überschneidungen, S. 580.

917 Steckhan, Weltbankkredite, S. 912; Wulff, Überschneidungen, S. 580; Feinberg, Changing Relationship, S. 222; Gold, Relationship, S. 517; Petersmann, Legal Evolution, S. 400. Von "overlap" spricht auch Bird, IMF Lending, S. 49.

918 Bock, Rolle, S. 6.

919 Twele, Entwicklungspolitik, S. 179; Weltbank, Weltentwicklungsbericht 1986, S. 68 f.; vgl. Petersmann, Financial Assistance, S. 43, der das Gemeinsame Sonderhilfsprogramm und den Baker-Plan als Ausdruck der neuen Rolle der Weltbank beschreibt.

920 Barber B. Conable (Juli 1986 - Aug. 1991) unterstrich den neuen Weg der Weltbank mit einer Umgestaltung ihres innerorganisatorischen Aufbaus. Die Angestelltenzahl und das Verwaltungsbudget wurden verkleinert. Er führte Country Departments ein und etab-

mit der Gründung der Strukturanpassungsfazilität diese Überlegungen und setzte mit einer Erweiterung der CFF zur CCFF die gemäßigtere Hilfe für verschuldete Länder weiter um.

4.4.3.1. Gemeinsames Aktionsprogramm für Afrika südlich der Sahara (Weltbank und IWF)

Seit Beginn der 80er Jahre verfolgte die Weltbank die wachsende Schuldendienstbelastung und den dramatischen Rückgang der Nettozuflüsse in den Staaten in Afrika südlich der Sahara.[921] Die sehr begrenzte Kreditwürdigkeit und Schuldendienstkapazität der Staaten führte zu einem drastischen Rückgang ausländischer Kapitalzuflüsse und verstärkte die prekäre Lage.[922] Das "Gemeinsame Aktionsprogramm für Afrika südlich der Sahara" umfasste gemeinsame Anstrengungen der afrikanischen Regierungen und multi- sowie bilateraler Geldgeber, unter denen sich auch der IWF befand. Korrespondierend mit der zugrundeliegenden Strategie lag der Schwerpunkt der Weltbankfunktion auf der Implementierung und Überwachung von Strukturanpassungsprogrammen (Anpassungsfunktion[923]) sowie der Vergabe diesbezüglicher Anpassungskredite (Finanzierungsfunktion). Des Weiteren sollte die Weltbank als Koordinator und Katalysator zusätzlicher Finanzmittel fungieren.[924]

Die wesentliche Komponente des Gemeinsamen Aktionsprogramms bildete die Sonderfazilität für die afrikanischen Länder südlich der Sahara (Special Facility for Sub-Sahara Africa), in deren Rahmen die begünstigten Staaten Mittel zur Verfügung gestellt bekamen, sofern sie angemessene mittelfristige, wirtschaftspolitische Reformprogramme entweder bereits in Angriff genommen oder sich zu deren Durchführung verpflichtet hatten. Die Qualifikationskriterien

---

lierte eine Abteilung zum Umweltschutz. Dadurch versuchte er die Flexibilität der Weltbank zu erhöhen und besser auf die individuellen Anforderungen der einzelnen Entwicklungsländer einzugehen. (Weltbank, Jahresbericht 1987, S. 24; Kapur/ Lewis/ Webb I, S. 26).

921 1981 veröffentlichte die Weltbank den Bericht „Accelerated Development in Sub-Sahara Africa: An Agenda for Action", der von dem Bericht „Toward Sustained Development in Sub-Sahara Africa – A Joint Program of Action" in 1984 gefolgt wurde. (Weltbank, Jahresbericht 1984, S. 52; o.V., Entwicklung, S. 29).

922 Weltbank, Weltentwicklungsbericht 1986, S. 68; Der private und öffentliche Nettozufluß mittel- und langfristiger Kredite nach Afrika südlich der Sahara ist von über US$ 4 Mrd. in 1980 auf unter US$ 2 Mrd. gesunken (Weltbank, Weltentwicklungsbericht 1988, S. 87).

923 Die Anpassungfunktion beinhaltete auch die Stärkung der technischen Hilfe durch eine Erweiterung der Größe und des Umfangs der landesansässigen Missionen, des Projektstab in den afrikanischen Regionen und die Bereitstellung einer Sonderfazilität für die Projektvorbereitung für Afrika, die den Mitgliedern helfen sollte, solide Investitionsvorschläge im Einklang mit ihren Entwicklungsprioritäten vorzubereiten (Weltbank, Jahresbericht 1985, S. 25; o.V., Entwicklung, S. 30).

924 Twele, Entwicklungspolitik, S. 178 f.; Weltbank, Jahresbericht 1985, S. 25.

wurden flexibel unter Berücksichtigung der besonderen Lage der einzelnen Staaten festgelegt. Die Kredite aus der Fazilität waren mit den gleichen Konditionen ausgestattet wie IDA-Kredite, d.h. sie besaßen eine Laufzeit von 50 Jahren, einschließlich eines 10-jährigen Tilgungszeitraums, eine jährliche Bearbeitungsgebühr von 0,75% und eine jährliche Zusagegebühr von 0,5%. Sie wurden für Anpassungsmaßnahmen und dringende Sanierungs- und Wiederaufbauarbeiten vergeben, die alle eine rasche Auszahlung voraussetzten.[925] Das Gemeinsame Aktionsprogramm lief offiziell bis 1988, wobei die Weltbank aufgrund der tranchenweisen Auszahlung der Gelder die Sonderfazilität erst Mitte 1990 auflöste.[926]

4.4.3.2. Anpassungsdarlehen der Weltbank

Aufgrund vermehrter Kritik an den frühen Anpassungsprogrammen[927] evaluierte und überarbeitete die Weltbank die durchgeführten Programme und verfeinerte ihre wirtschaftspolitischen Ratschläge. Das "adjustment-with-growth" Konzept verschob den Schwerpunkt eines Anpassungsprogramms auf die Steigerung des Exports und der Kapitalimporte, anstelle das Hauptziel in einer stabilen Wirtschaftslage zu sehen, wie es noch der "financing-with-adjustment" Ansatz getan hatte.

Tabelle 14 Anpassungsmaßnahmen der Weltbank unter dem "adjustment-with-growth" Ansatz
1. Vergrößerung der privaten und öffentlichen Ersparnisse des Landes und Mobilisierung der heimische Ressourcen 2. Aufhebung der größten Verzerrungen zwischen realem, wirtschaftlichen Einfluß und substituierten Wirtschaftszweigen durch die Reform des Kapi-

925 Weltbank, Jahresbericht 1985, S. 27.

926 Twele, Entwicklungspolitik, S. 180, Fn. 143.

927 Nach den ersten Jahren, in denen die Weltbank Erfahrungen mit Anpassungsprogrammen sammeln konnte, bemängelten Kritiker, daß die Prognosen der Weltbankmitarbeiter zu optimistisch gewesen und die Programme zu komplex und umfangreich konzipiert worden wären. Außerdem wurden die Mittel gegen das Versprechen künftiger Anpassungsmaßnahmen ausgezahlt und damit der Effekt einer Belohnung für umgesetzte Reformen verspielt (Weltbank, Jahresbericht 1987, S. 57 f.). Die Weltbank hat in mehreren Fällen die zweite Tranche an Finanzmitteln bereits ausgezahlt, obwohl erst etwa 60% der vereinbarten Bedingungen von dem begünstigten Mitgliedstaat umgesetzt worden waren (World Bank, Report, S. 15).
Zusätzlich stieß die Umsetzung und Durchsetzung der Anpassungsprogramme auf die Schwierigkeit der mitgliedstaatlichen Regierungen, die zur Annahme und Durchführung von Strukturanpassungsprogrammen erforderliche politische Unterstützung zu finden (Weltbank, Jahresbericht 1981, S. 70).

talmarktes und des Warenmarktes; Steigerung der Produktivität der einzelnen Sektoren und Aussonderung unrentabler sowie nicht konkurrenzfähiger Teile durch die verbesserte Ressourcenallokation

3. Effizienzsteigerung im öffentlichen Sektor, der häufig als Arbeitsbeschaffungsmaßnahme mißbraucht wird; Stärkung der staatlichen Institutionen, um Reformen zügig umsetzen und auf Veränderungen flexible reagieren zu können
4. Unterstützung des Humankapitals; Verbesserung des Wissensstandes der Beschäftigten in einer technologisierten Wirtschaft
5. Öffnung der Handelsstrukturen für neue Wettbewerber; Förderung des Einbetten der außenorientierten Wirtschaften in den globalen Handel

Quelle: Eigene Darstellung basierend auf Michalopoulos, Kreditvergabe, S. 8; Corbo/ Fischer, Programs, S. 15-17; Nicholas, Lending for Adjustment, S. 25.

Die Programme umfaßten die in Tabelle 14 [Anpassungsmaßnahmen der Weltbank unter dem "adjustment-with-growth" Ansatz] beschriebenen Maßnahmen und verfolgten die Liberalisierung des Außenhandels durch den Abbau von Exporthindernissen und die Steigerung der Effizienz und Flexibilität in den Exportmärkten.[928] Gleichzeitig entdeckte die Weltbank die Bedeutung von Bildung und Wohlergehen der Bevölkerung wieder.

4.4.3.3. Strukturanpassungsfazilität und Erweiterte Strukturanpassungsfazilität (IWF)

Als Weiterführung des Treuhandfonds, der Entwicklungsländern Kredite zu weichen Konditionen bereitstellte, beschloß das Exekutivdirektorium des IWF in 1986 die Gründung der Strukturanpassungsfazilität (Structural Adjustment Facility; SAF)[929]. Die Kredite unter der SAF waren mit einem mittelfristigen Anpassungsprogramm verbunden, mit dem hartnäckige Zahlungsbilanzprobleme behoben und das Wirtschaftswachstum gefördert werden sollte.

Berechtigt waren die Mitglieder des IWF, denen auch Mittel der IDA zustanden. Sie konnten über einen Zeitraum von 3 Jahren 47% ihrer Quote ziehen, wobei die Ziehung im ersten Jahr 20% betrug. Diese Beträge wurden später auf ein Maximum von 70% mit jährlichen Raten von zweimal 20% und einmal 30%, deren Auszahlung an ein jährliches Programm gebunden war, erhöht. Die Rückzahlung der Gelder mußte innerhalb von 10 Jahren abgeschlossen sein, wobei die Fälligkeit erst nach 5,5 Jahren einsetzte. Der Zinssatz belief sich auf

928 Thomas/ Chhibber/ Dailami et al., Economies, S. 11 f.; Selowsky, Anpassung, S. 12.

929 IWF, Entscheidung vom 26. März 1986, Nr. 8238-(86/56) SAF, in: IWF, Jahresbericht 1986, engl. S. 95-97; ders. S. 77; o.V., Facility, S. 39; de Vries, Adjustment, S. 252-253.

0,5% pro Jahr auf die ausstehenden Gelder und deckte sich somit mit den Konditionen, die den Ziehungen des Treuhandfonds unterlagen.[930]

Die berechtigten Mitglieder erarbeiteten ein mittelfristiges, wirtschaftspolitisches Rahmenkonzept (policy framework paper; PFP) unter Beteiligung des IWF und der Weltbank[931], in dem sie ihre wirtschaftlichen Ziele und Prioritäten, die generelle, makroökonomische Ausrichtung und den Weg ihrer strukturellen Anpassung beschrieben. Neben den traditionellen Maßnahmen des IWF, die auf makroökonomische Disziplin durch die Reduktion des fiskalischen Defizits und monetären Methoden zur Erlangung von Preisstabilität und realistischen Wechselkursen abzielten, erweiterte der IWF seine Politik um einen mikroökonomischen, d.h. strukturellen Ansatz, der auf die Steigerung der Effizienz und der Ressourcenallokation zur Erweiterung der Exporteinnahmen und auf die Expansion der produktiven Kapazitäten der Wirtschaft ausgerichtet war (vgl. Tabelle 15 [Anpassungsmaßnahmen des IWF unter dem "adjustment-with-growth" Ansatz]).[932]

Nachdem das Mitglied sein Rahmenprogramm mit der Unterstützung der Mitarbeiter von IWF und Weltbank fertiggestellt hatte, wurde dieses vom Exekutivdirektorium der Weltbank besprochen (reviewed) und verabschiedet. Anschließend gliederte das Exekutivdirektorium des IWF das Programm in das Strukturanpassungsprogramm des Mitgliedstaats für den Abschluß des Kredits im Rahmen der SAF ein.[933] Dieser Ablauf beim Konzipieren des Rahmenprogrammes enthielt den Vorteil, daß Diskussionen zwischen der Weltbank und dem IWF über die Ausgestaltung der einzelnen Reformmaßnahmen im

---

930 Die SAF wird durch die Rückzahlungen und Zinsbeträge aus dem Treuhandfonds in den Jahren 1985-1991 finanziert.

931 Das PFP wird nach seiner Erstellung durch den Mitgliedstaat vom "Committee of the Whole" der Weltbank, das die Fiktion aufrecht erhalten sollte, nicht das Exekutivdirektorium würde über die Wirtschaftsprogramme der Mitgliedstaaten diskutieren, beratschlagt und mit einem Kommentar versehen an den IWF weitergeleitet. Dieser beschließt über das Programm, wobei er die Meinung der Weltbank in Erwägung zieht (taken into account); Feinberg, Changing Relationship, S. 228; Polak, Relationship, S. 29.

932 Im einzelnen bestanden die Programme aus drei Elementen, nämlich erstens dem traditionellen makroökonomischen Rahmen mit Obergrenzen und Zielen, zweitens dem strukturellen Kern (öffentliche Investitionsprogramme, soziale und umweltrechtliche Einflüsse der Maßnahmen und die Bildung von Institutionen) und drittens dem Investitionskern, der auf Empfehlungen der Weltbank aufbaute (IWF, Jahresbericht 1987, S. 42, 1988, S. 50; Gurumurthi, IMF, S. 173; Tanzi, Finanzpolitik, S. 17; Wolff, SAP, S. 7 f.). Die Überwachung des ersten Elements des PFP oblag dem IWF, die der anderen beiden Maßnahmenpakete der Weltbank (IWF, Jahresbericht 1989, S. 34; Nicholas, Lending for Adjustment, S. 4).

933 IWF, Jahresbericht 1987, S. 45; Boughton, Silent Revolution, S. 1001.

Vorfeld geklärt werden konnten und so ein einheitliches Reformpaket entstand.[934]

Tabelle 15 Anpassungsmaßnahmen des IWF unter dem "adjustment-with-growth" Ansatz
a) Neuorientierung der öffentlichen Ausgaben und Subventionen; Privatisierung von Staatsunternehmen; Behebung der Verzerrungen im Steuersystem und im Preissystem, welches die tatsächlichen Kosten der Produktion eines Gegenstandes widerspiegeln sollte; Stabilisierung des Finanzsystems durch Eingrenzen der Inflation; b) Anhebung der Realzinssätze auf ein positives Niveau, um Anreize für Ersparnisse und somit die Erhöhung der Investitionen parallel zum Wachstum der inländischen Ressourcen zu erlangen; c) Bildung von Institutionen insbesondere auf dem Finanzsektor, um eine Kontinuität und Stringenz im Prozeß der wirtschaftlichen Reformen zu schaffen; d) Liberalisierung des Wirtschaftsverkehrs, der Anreize für Wettbewerb und private Initiativen geben soll; die Senkung von protektionistischen Ansätzen und die effizientere Gestaltung von öffentlichen Unternehmen bis hin zur Privatisierung derselben; e) Öffnung des Handels durch einen Abbau von Tarifen, Quoten und anderen Restriktionen; f) Mobilisierung von ausländischen Ressourcen und Senkung der Verschuldung.

Quelle: Eigene Darstellung basierend auf IWF, Jahresbericht 1986, S. 83; 1987, S. 44; Frenkel/ Khan, Adjument Policies, S. 90-92; Killick, Programmes, S. 25-27; Nowzad, Development, S. 10; Camdessus, High Quality Growth, S. 11; de Vries, Adjustment, S. 245 f.; Coorey, Setting, S. 18 f.

Im November 1993 entschloß sich das Exekutivdirektorium, keine neuen Verbindlichkeiten unter der SAF mehr einzugehen.

Als Reaktion auf die starke Stellung der Weltbank bei der Vergabe von Entwicklungshilfe und insbesondere die Bereitstellung neuer Gelder im Rahmen des Sonderhilfsprogramms für Afrika südlich der Sahara von 1987[935] stellte der IWF mit der Erweiterten Strukturanpassungsfazilität (Enhanced Structural Adjustment Facility, ESAF[936]) seit April 1988 den Mitgliedern, die schon unter der

934 IWF, Jahresbericht 1987, S. 45.

935 Vgl. zum Sonderhilfsprogramm für Staaten in Afrika südlich der Sahara Kapitel 4.4.4.3, S. 256.

936 IWF, Entscheidung vom 18. Dez. 1987, Nr. 8759-(87/176), in: IWF, Jahresbericht 1988, Anhang 3, S. 119-128; Gurumurthi, IMF, S. 175 ff. Zur Anwendbarkeit der Guidelines

SAF Ziehungen tätigen konnten, weitere Gelder in Höhe von insgesamt SZR 6 Mill. zur Verfügung. Die Unterschiede zur SAF lagen in der Ausgestaltung der geforderten Reformen, die bei der ESAF einen tiefgreifenderen Ausgleich der Zahlungsbilanz und schnelleres Wachstum voraussetzten. Im Gegenzug zu den verstärkten Bemühungen der Mitglieder gewährte der IWF Ziehungen bis zu 250% und in Ausnahmefällen sogar 350% der Quote während eines Dreijahresprogramms, wobei die Konditionen der Ziehungen mit denen im Rahmen der SAF übereinstimmten und Zahlungen in drei Schritten erfolgten. Eine Verlängerung der Dreijahresperiode um ein weiteres Jahr ermöglichte der IWF in 1990.[937]

4.4.3.4. Kompensatorische und Eventualfall Finanzierungsfazilität (IWF)

Eine weitere Unterstützung der exportabhängigen und krisenanfälligen Mitglieder im weltwirtschaftlich unsicheren Umfeld bildete die Ergänzung der CFF in 1988 um eine Notfallkomponente zur Kompensatorischen und Eventualfall Finanzierungsfazilität (Compensatory and Contingency Financing Facility; CCFF). Durch den Eventualfallmechanismus sollte die zeitliche Verschiebung zwischen dem Auftreten eines externen Schocks und seinem Niederschlagen in der Zahlungsbilanz überbrückt werden.[938] Die CCFF stellte Gelder in Höhe von insgesamt 122% der Quote eines Mitglieds bereit, wobei jeweils 40% auf das Element des Exportausfalls und das der Notfallfinanzierung, 17% auf die Kosten von Lebensmittelimporten und weitere 25%, die einem dieser Elemente nach Wahl des Mitglieds zugeschrieben werden konnten, entfielen.[939]

Die neue Eventualfallfinanzierung sollte die Folgen negativer außenwirtschaftlicher Schocks, die außerhalb des Beherrschungsvermögens des Mitglieds lagen, auf die Umsetzung und Durchführung von Reformprogrammen durch

---

on Conditionality auf SAF bzw. ESAF Darlehen und der juristischen Einordnung der Verträge siehe Denters, IMF Conditionality, S. 119.

937 Diese neue Jahresperiode war davon abhängig, ob die erfolgte Entwicklung in den Mitgliedstaaten zufriedenstellend verlaufen war und verstärkte Bemühungen zur Anpassung ihrer Wirtschaften unternommen werden würden (IWF, Jahresbericht 1991, S. 46 f., 52). Da die ESAF für ihre kurze Laufzeit einen sehr hohen Grad an Konditionalität beinhaltete, hielten sich die potentiellen Nehmerländer mit der Kreditaufnahme zurück Fues, Gläubiger, S. 25.

938 Pownell/ Stuart, Kompensation, S. 9. Umfassend zur CCFF in ihren Änderungen: Gurumurthi, IMF, S. 76-82.

939 Sollten die Zahlungsbilanzschwierigkeiten des Mitglieds nicht über die Effekte von Exporterlösausfällen oder zusätzlichen Getreideimporten hinausgehen, so bleiben die bisherigen Zugangsniveaus von 83% der Quote entweder zu Finanzierung von Erlösausfällen oder zusätzlichen Getreideimportkosten bestehen (Pownell/ Stuart, Kompensation, S. 10).

zusätzliche Finanzmittel mildern und war daher in ein Bereitschaftskredit- oder erweitertes Abkommen (Dauer von 3 bis 5 Jahren) eingebettet.[940]

4.4.3.5. Konkurrenzen bei der Umsetzung des "adjustment-with-growth" Konzepts

Das Ausbleiben von stabilisierenden und entwicklungspolitischen Erfolgen sowie der neue wachstumsbezogene Ansatz der Weltbank ("adjustment-with-growth") und deren Engagement in den Staaten Afrikas südlich der Sahara setzten den IWF unter Druck, seine streng auf Austerität ausgerichtete Politik an die Bedürfnisse der Entwicklungsländer anzupassen. Neben der Beteiligung am Gemeinsamen Programm für Afrika südlich der Sahara und der Einführung eines Eventualfallmechanismus in die CFF, der das Einhalten von Reformprogrammen in einem Krisenfall erleichtern sollte, gründete der IWF die SAF und erweiterte diese zur ESAF.[941]

Die in der SAF/ ESAF vollzogene Hinwendung zur "adjustment-with-growth" Politik beinhaltet den Beginn der Differenzierung zwischen den Mitgliedern des IWF. Obwohl bereits die Gründung der verwalteten Zinssubventionskonten und des Treuhandfonds in den 70er Jahren den Entwicklungsländern eine hervorgehobene Behandlung zukommen ließ, bewegten sich diese Neuerungen im Bereich der Entleihungskonditionen. Die begleitende Konditionalität beinhaltete allerdings die gleichen Politikreformen zum Erreichen von makroökonomischer Stabilität wie für alle anderen Mitglieder des IWF. Dieses gemeinsame Reformfundament, das die Ziele des IWF verkörperte, bricht mit Gründung der SAF/ ESAF auseinander. Anfänglich nur in wenigen Maßnahmen ersichtlich, schlägt der IWF einen Reformweg ein, der das wirtschaftliche Wachstum seinen Zielen hinzufügt. Mit der SAF/ ESAF erhalten die Entwicklungsländer nicht nur Erleichterungen in den Zins- und Rückzahlungsmodalitäten, sondern die Konditionen ihrer Hilfe fallen teilweise in die Kategorie der Entwicklungshilfe.[942]

---

940 Die Änderungen hielten sich im technischen Bereich, wie u.a. die Änderung der Formel zur Berechnung der Höhe des Exportrückgangs und die Einführung eines Verfahrens zur Vermeidung von Überkompensation (Pownell/ Stuart, Kompensation, S. 10). Eine erneute Erweiterung erfuhr die CCFF im Dezember 1990 durch die Ergänzung um ein Finanzierungselement für starke Anstiege der Ölpreise als Reaktion auf den Golfkrieg, die Ende 1991 auslief. Außerdem konnten Erlösausfälle in den Bereichen von Pipelines, Kanalbenutzungsgebühren, Transporten, Verschiffung, Versicherungen und Aufbauarbeiten finanziert werden (IWF, Jahresbericht 1990, S. 41; 1991, S. 53).

941 Ein Anzeichen dafür, daß diese Neuerung durch den Expansionsdruck von außen bedingt war, kann darin gesehen werden, daß der IWF das Gegenargument, nämlich den hohen Schuldenstand der Mitglieder ihmgegenüber, ignorierte (Gurumurthi, IMF, S. 79).

942 Der Unterschied zu den Anpassungskrediten der Weltbank lag lediglich in der längeren Fälligkeit und dem Charakter der Darlehen, die bei der Weltbank auf Entwicklungshilfe

Die Weltbank tolerierte dieses Vordringen des IWF in ihren traditionellen Kompetenzbereich, da sie darin eine Entlastung der IDA bei der Unterstützung armer Mitglieder sah.[943] Außerdem gingen beide Organisationen davon aus, daß die zusätzliche Hilfe den Entwicklungsländern eine befristete Möglichkeit böte, ihre Verschuldung zu überwinden und Kreditwürdigkeit wiederzuerlangen.

Zu Beginn der 80er Jahre verfolgte der IWF zur Bewältigung von Zahlungsbilanzproblemen Maßnahmen der Währungs- und Finanzpolitik, der Auslandverschuldung und der Wechselkurspolitik; die Weltbank versuchte, mit gezielten Investitionen, effizienter Ressourcennutzung, Beschäftigungspolitik und Einkommensverteilung eine langfristige Wirtschaftsentwicklung zu erreichen.[944] Die Ansätze wurden demnach in einen makroökonomischen oder mikroökonomischen, in einen nachfrageorientierten oder angebotsorientierten und in einen kurz- oder langfristigen unterschieden.[945] Die inhaltliche Annäherung differierte jedoch weiterhin in ihrer Schwerpunktsetzung. Neigte die Weltbank dazu, im Interesse höherer Wachstumsraten staatliche Investitionen, externe Finanzierung und Staatsdefizite als wichtig anzusehen, so galt für den IWF weiterhin das Primat der Stabilität und der Schuldendienstfähigkeit.[946]

---

abzielten (Petersmann, Operations, S. 47; Cassen, Entwicklungszusammenarbeit, S. 128).

943 Boughton, Silent Revolution, S. 1000.

944 Weltbank, Jahresbericht 1985, S. 59; Wright, Weltbank-Kredite, S. 22; Landell-Mills, Kredite, S. 20 f.; Petersmann, Financial Assistance, S. 50; v. Hauff/ Werner, Perspektive, S. 112; Guitián, Auflagen, S. 16.

945 Stern, World Bank, S. 102, der aus dem Verlust der traditionellen Differenzierung zwischen der Politik der Weltbank und des IWF zwar einen Koordinierungsbedarf, aber keine grundsätzlichen inhaltlichen Differenzen folgert. Diese Meinung ist, wie die folgend beschriebenen Politikbereiche der Überschneidung zeigen, trotz der Aufhebung des unterschiedlichen Zeithorizonts der Finanzierungsmittel nicht tragbar (vgl. Wolff, Stabilisierungspolitik, S. 38).

946 Wolff, SAP, S. 9; Polak, Financial Policies, S. 27; vgl. Fritsche, Stabilisierungs- und Strukturanpassungsprogramme, S. 59. Als eingängiges Beispiel kann hier der Bereich der öffentlichen Ausgabenpolitik dienen. Primäres Ziel des IWF war die Stabilität der Wirtschaft und damit ein Gleichgewicht in der Zahlungsbilanz des Mitglieds. Zur Reduzierung der öffentlichen Defizite riet der IWF, die Staatsausgaben zu minimieren und die staatlichen Einnahmen zu erhöhen. Da sich der IWF nur um die Höhe der Ausgabensenkungen kümmerte, nahm er die Kürzung von Geldern im sozialen Bereich und bei der Investition in produktive Sektoren sowie die Erhebung von Steuern in exportorientierten Wirtschaftssektoren in Kauf. Diese Bedingung widersprach den Bemühungen der Weltbank um den Aufbau von sozialen Netzen, die Förderung der exportierenden Wirtschaftszweige und einer steigenden gesamtwirtschaftlichen Investitionsquote, die mittelfristig zu Wachstum führen sollte. Daß ohne eine Senkung der Staatsausgaben das Defizit der Zahlungsbilanz nicht wirksam bekämpft werden kann, nahm die Weltbank wiederum in Kauf. (Polak, Relationship, S. 18; Wolff, Stabilisierungspolitik, S. 39; beide Quellen mit Beispielen der unterschiedlichen Politikbewertung aus den Bereichen

Überschneidungen in der Auflagenpolitik und Übertretungen der Kompetenzbereiche traten dann auf, wenn ein Kredit ohne das Vorhandensein eines Darlehens von Seiten der anderen Organisation vergeben oder das parallele Darlehen noch nicht fertiggestellt bzw. ausgesetzt worden war.[947] So blieben dem IWF die Geld- und Wechselkurspolitik als einzige Bereiche, in denen die Weltbank ihm eine ausschließliche Kompetenz zubilligte.[948] Trotz dieser Konkurrenzsituation beharrten die beiden Organisationen in ihren öffentlichen Stellungnahmen darauf, daß „sich die Anpassungsprogramme der Weltbank und die vom IWF geförderten SAF in der Praxis gegenseitig ergänzen und stärken".[949]

Die Vergabetechniken der Anpassungshilfen von IWF und Weltbank stimmen größtenteils miteinander überein. Die Mitgliedstaaten verfaßten einen Letter of Intent oder Letter of Development Policy, der den Kreditverträgen angehängt wird.[950] Um den mit einer Regierung vereinbarten Auflagen auch während der Implementierungsphase Nachdruck zu verleihen, bedienten sich beide Institutionen Bewertungskriterien (performance criteria), der Auszahlung in Form von Tranchen (sequencing) und regelmäßiger Missionen.[951]

Zins- und Wechselkurspolitik); Mosley/ Harrigan/ Toye, Aid, S. 66 f.; Hino, Collaboration, S. 12).

947 Webb/ Shariff, Designing, S. 74. Weltbank, Jahresbericht 1985, S. 59: „[...] die in jüngster Zeit erfolgte Erweiterung des gemeinsamen Interessengebiets und die Verbindungen auf den Hauptaufgabengebieten der beiden Institutionen [haben] in einigen Fällen zu Unstimmigkeiten in analytischen und grundsätzlichen Fragen sowie zu widersprüchlichen Beratungen einiger Regierungen über Grundsatzfragen geführt."

948 Fues, Schlüsselrolle, S. 14 f.; Twele, Entwicklungspolitik, S. 175; James, Monetary Cooperation, S. 527; vgl. Michalopoulos, Kreditvergabe, S. 8.

949 Weltbank, Jahresbericht 1985, S. 55.

950 Ein Unterschied zwischen der Bewertung der Konditionalität bestand insofern, als daß es sich bei den Maßnahmen des IWF um makroökonomische Zielgrößen handelte, deren Umsetzung in die länderspezifische Sektorpolitik dem einzelnen Kreditnehmer überlassen blieb. Dagegen waren die Auflagen der Weltbank eher politik- und handlungsorientiert und konnten in der Regel nicht quantitativ fixiert oder interpretationsfrei beurteilt werden. Die Weltbank beurteilte daher die Umsetzung der Maßnahmen und nicht ihren tatsächlichen Erfolg (Wolff, Stabilisierungspolitik, S. 41; Radke, Auflagenpolitik, S. 67-69; Polak, Relationship, S. 14 f.; Mosley/ Harrigan/ Toye, Aid, S. 51).

951 Ein Unterschied zwischen der Arbeit des IWF und derjenigen der Weltbank im Rahmen der Anpassungsfinanzierung bestand in der Vorgehensweise während der Missionen in einen Mitgliedstaat. Während die Mitarbeiter des IWF schon bei ihrer Anreise genaue Vorstellungen über die finanziellen Defizite hatten und im Gespräch mit Vertretern des Finanzministeriums sowie der Zentralbank innerhalb von etwa 2 Wochen eine Lösung erarbeiteten, analysierten die Vertreter der Weltbank die entwicklungspolitische Lage des Mitglieds in zahlreichen Gesprächen mit Betroffenen und NROs sowie mit Vertretern verschiedener Ministerien vor Ort (Vocke, Zusammenarbeit, S. 190; Hino, Collaboration, S. 12; Böhmer, Finanzierungsinstrumente, S. 530). Dieser unterschiedliche Kreis politischer Entscheidungsträger erschwerte eine Konsensbildung über die Ausgestaltung des Reformprogramms.

4.4.4. *Umschuldungs- und Entschuldungsinitiativen*

Die Entwicklung der Politikansätze von IWF und Weltbank während der 80er Jahre basierten auf der stetig steigenden Verschuldung vieler Mitgliedstaaten und damit verbunden einem Klima der Ungewißheit. Nachdem der "financing-with-adjustment" Ansatz (IWF als Vermittler) und der "adjustment-with-growth" Ansatz (Baker-Plan) von einer Liquiditätskrise ausgingen, bei der die Schulden in vollem Umfang zurückzuzahlen wären, ging erst der "erweiterte adjustment-with-growth" Ansatz auf eine tatsächliche Entschuldung durch Umschuldungsmaßnahmen und Schuldenerlasse aufgrund einer Insolvenzkrise ein (SPA; Brady-Initiative) und strebte eine Entlastung der hochverschuldeten Länder mit mittlerem Einkommen an.

4.4.4.1. *IWF als Vermittler ("financing-with-adjustment" Ansatz)*

Die Bemühungen des IWF, mit dem "financing-with-adjustment" Ansatz auf die Verschuldungskrise und auf anhaltende Zahlungsbilanzdefizite in Entwicklungsländern zu reagieren, umfaßten auch ein Entschuldungselement.[952] Dieses baute auf der Kooperation der öffentlichen und privaten Gläubiger eines Mitglieds, internationalen Finanzinstitutionen, der Weltbank, der Bank für internationalen Zahlungsausgleich (BIZ), dem IWF und dem betroffenen Schuldnerstaat auf.

Der IWF übernahm die zentrale Rolle bei der Koordination der finanziellen Hilfe. Als erste Stufe der Finanzierung erhielten die verschuldeten Staaten kurzfristige, öffentliche Überbrückungskredite von westlichen Notenbanken und der Bank für internationalen Zahlungsausgleich (BIZ), die auch als Koordinationsinstanz fungierte. Die Vergabe dieser Überbrückungskredite machten die westlichen (öffentlichen) Gläubiger von der Unterstützung der Schuldnerstaaten durch den IWF im Rahmen von Kreditabkommen abhängig.[953] Seinerseits verband der IWF seine Beteiligung an den Finanzpaketen mit der Bereitstellung neuer Kredite durch die westlichen Geschäftsbanken.[954] Er potenzierte durch diese Änderung seiner vorher unabhängigen Geschäftspolitik seine Katalysatorrolle gegenüber privaten Geldgebern, die daraufhin dem Zwang unterlagen, neue Kredite und Umschuldungen[955] zu vergeben, da sie von der Durchsetzung volkswirt-

---

952 De Vries, Adjustment, S. 221-230; Twele, Entwicklungspolitik, S. 133-138; Crockett, Aspekte, S. 11-14; Lusser, Verschuldung, S. 408.

953 Chahoud, Funktionswandel, S. 46; Guth, Debt Crisis, S. 25.

954 Asherman, IMF; S. 296; de Vries beschreibt die Situation daher als „bailing the bank in“ und hebt dadurch den Wandel in der Geschäftspolitik des IWF hervor, nach der bei Umschuldungen des Pariser Clubs die Kreditgeber ihre Zusage von der Beteiligung des IWF abhängig gemacht hatten, und nicht umgekehrt. (de Vries, Adjustment, S. 222; Nowzad, Debt Problem, S. 127).

955 Inhalt der Umschuldungen bildete die Verlängerung von Tilgungsfristen und deren neue Aufteilung auf zukünftige Zeiträume (Guth, Debt Crisis, S. 26). Seit 1984 gewährten

schaftlicher Reformen im Rahmen der Anpassungsprogramme des IWF zur mittel- und langfristigen Sicherung und Aufrechterhaltung des Schuldendienstes abhängig waren. Somit avancierte der IWF zu einem „internationalen Finanzpolizisten“.[956]

Zusätzlich unterstützte der IWF seine Mitglieder durch eine verstärkte technische Hilfe und die Dokumentation und Veröffentlichung von schuldenrelevanten Daten. Er ging grundsätzlich davon aus, daß die Verschuldung der Entwicklungsländer mit dem Wiedererstarken der Weltwirtschaft nachlassen würde.

4.4.4.2. Baker-Initiative ("adjustment-with-growth" Konzept)

Der amerikanische Finanzminister *James A. Baker III* schlug auf der Jahrestagung des IWF und der Weltbank in Seoul am 8. Oktober 1985 das "Programm des nachhaltigen Wachstums" (Program for Sustained Growth[957]) zur Überwindung der internationalen Verschuldung vor. Weitgehende Einmütigkeit bestand darüber, daß es den verschuldeten Ländern gelingen müßte, die erforderlichen Reformen in einer Art und Weise durchzuführen und abzusichern, welche ein Vertrauensklima schafften, das für eine weitgehende Repatriierung des umfangreichen Fluchtkapitals unabdingbar war. Im Mittelpunkt sollte daher entgegen der bisherigen Strategie des IWF das von der Weltbank entwickelte "adjustment-with-growth" Konzept stehen, nach dem die Schuldendienstfähigkeit der hochverschuldeten Länder ausschließlich durch ein langfristiges, stetiges Wirtschaftswachstum verbessert werden könnte.[958]

Der Baker-Plan erweiterte das Gemeinsame Aktionsprogramm für Afrika südlich der Sahara von 1984[959] auf 15 stark verschuldete Entwicklungsländer mit mittlerem Einkommen.[960]

Neben der Stabilisierung des makroökonomischen Umfelds und dem Streben nach wirtschaftlichem Wachstum wurden die Geschäftsbanken aufgefordert, zusätzliche Kredite für die Überbrückung des Anpassungszeitraums zur Verfü-

---

die Geschäftsbanken keine Verschiebung der Fälligkeit von einem Jahr auf das andere, sondern vereinbarten langfristige Schuldenzahlungen von bis zu 15 Jahren.

956 Chahoud, Funktionwandel, S. 47; Polak, Financial Policies, S. 28.

957 Vgl.: Baker, Rede 1985, S. D16; IWF, Jahresbericht 1986, S. 68; Cline, International Debt, S. 208-215; Twele, Entwicklungspolitik, S. 181 f.; Zippel, Baker-Plan, S. 35 f.; Husain, Erfahrungen, S. 12 f.; Gabler, Wirtschaftslexikon, Baker-Plan; Gruss, Beitrag, S. 55; Kapur/ Lewis/ Webb I, S. 27; Petersmann, Financial Assistance, S. 45 f.

958 Weltbank, Weltentwicklungsbericht 1986, S. 67; Zippel, Baker-Plan, S. 35, 37.

959 Vgl. Kapitel 4.4.3.1, S. 244.

960 Ursprünglich handelte es sich um folgende Länder: Argentinien, Bolivien, Brasilien, Chile, Ecuador, Elfenbeinküste, Jugoslawien, Kolumbien, Marokko, Mexiko, Nigeria, Peru, die Philippinen, Uruguay und Venezuela. Später wurde diese Ländergruppe von der Weltbank um Costa Rica und Jamaika erweitert.

gung zu stellen.[961] Die Weltbank sollte zusammen mit dem IWF und anderen multilateralen Entwicklungsbanken beim Entwurf von Konzepten zur strukturellen Anpassung der Schuldnerstaaten mithelfen, deren Durchsetzung überwachen und eine erhöhte finanzielle Unterstützung gewähren. Außerdem sollte sie ihre Anpassungskredite an die betroffenen Länder um 50% erhöhen.[962]

Die Baker-Initiative beinhaltete keinen Mechanismus, wie die einzelnen Maßnahmen organisiert und umgesetzt werden sollten.[963] Nachdem der IWF seit Ausbruch der Schuldenkrise Anfang der 80er Jahre die Koordination der finanziellen und technischen Hilfe übernommen hatte, verschob sich mit dem Baker-Initiative die hervorgehobene Stellung in der Schuldenbekämpfung auf die Weltbank.[964] Sie sollte Stabilisierungsprogramme des IWF durch ihre längerfristigen Anpassungsprogramme ergänzen und so eine solide Basis für ein dauerhaftes Wachstum schaffen, den Vorsitz bei Verhandlungen über Umschuldungen einnehmen und neue private Kredite stimulieren. Zwar sprechen verschiedene Quellen[965] – darunter auch der Jahresbericht des IWF – dem IWF eine zentrale Rolle innerhalb der Baker-Initiative zu, diese belief sich jedoch auf die Formulierung der Stabilisierungs- und Wirtschaftsprogramme im Rahmen der den Entwicklungsländern zuteil werdenden IWF-Gelder und einer intensiveren Überwachung der Wirtschaftsentwicklung. *Baker* teilte in seinem Vorschlag dem IWF keine besondere Rolle zu, sondern bemerkte stattdessen, daß dieser nicht zu den Entwicklungsorganisationen zähle, die verstärkt Finanzmittel bereitstel-

---

961 Nicht nur die privaten Geschäftsbanken verlangten frühere Kredite zurück, ohne neue Gelder zu entleihen, in die Mitte der 80er Jahre fiel auch die Fälligkeit der kurz- bis mittelfristigen Ziehungen beim IWF im Rahmen der ersten Strategie zur Schuldenfinanzierung von 1982. Der Fluß von Nettogeldern durch den IWF wechselte von US$ 1,7 Mrd. in 1985 zu einem negativen Betrag von durchschnittlich US$ 900 Mill. jährlich in 1986-1988 (Cline, International Debt, S. 208, 210). Die finanzielle Unterstützung sollte im Durchschnitt um circa US$ 7 Mill. jährlich auf insgesamt US$ 20 Mill. für die drei Jahre von 1986-1988 erhöht werden. Baker ging davon aus, daß die gegenwärtige Zurückhaltung der Geschäftsbanken bei der Vergabe neuer Kredite in dem Maße nachlassen werde, wie eine produktive Verwendung der Ausleihungen gewährleistet werden würde.

962 Die Weltbank und die interamerikanische Entwicklungsbank sollten im Zeitraum von 1986-1988 insgesamt US$ 27 Mill. auszahlen, davon circa zwei Drittel von der Weltbank.

963 James, Monetary Cooperation, S. 397.

964 Twele, Entwicklungspolitik, S. 175, 180; Bock/ Michalopoulos, Rolle, S. 23; Eigen, Rolle, S. 52; Vocke, Zusammenarbeit, S. 197; Chahoud, Funktionswandel, S. 51; Polak, Relationship, S. 13; Gruss, Beitrag, S. 56 hebt ein stärkeres Gewicht der Weltbank bei den gemeinsamen Bemühungen zur Überwindung der Verschuldenskrise hervor, möchte aber nicht von einer „Führungsrolle" derselben sprechen.

965 IWF, Jahresbericht 1986, S. 70; 1987, S. 40; de Vries, Adjustment, S. 244, 251; Zippel, Baker-Plan, S. 36; weitere Nachweise in Twele, Entwicklungspolitik, S. 182, Fn. 151.; James, Monetary Cooperation, S. 397.

len sollten.[966] Aufgabe des IWF sei es, bei den Beratungen seine Meinung über die wirtschaftliche Situation des Mitglieds und die Aussichten für die Zahlungsbilanz darzulegen.[967]

Obwohl die Weltbank den ihr zufallenden Finanzierungsbeitrag weitgehend erfüllt hatte, waren die privaten Geschäftsbanken nicht willens, den Schuldnerländern im geplanten Umfang neue Gelder zur Verfügung zu stellen.[968] Dies beruhte auf ungünstigen Entwicklungen in den Schuldnerländern und dem mangelnden Erfolg der wirtschaftlichen Anpassung. Daneben basierte die mangelnde Zahlungsbereitschaft der Geschäftsbanken auf dem Bemühen, eine Festigung ihrer Kapitalbasis zu erreichen, und auf dem Wettbewerbsdruck durch die zunehmend deregulierten und liberalisierten inländischen Finanzmärkte.[969] Die Welthandels- und Entwicklungskonferenz der Vereinten Nationen (UNCTAD) erklärte die Baker-Initiative im September 1988 für gescheitert.[970]

4.4.4.3. Sonderhilfsprogramm für Afrika südlich der Sahara von 1987 (erweitertes "adjustment-with-growth" Konzept)

Das Sonderhilfsprogramm (Special Program of Assistance; SPA) enthielt die gleichen Hilfen wie das „Gemeinsame Aktionsprogramm für Afrika südlich der Sahara“ von 1984, ergänzte dieses jedoch korrespondierend zur erweiterten "adjustment-with-growth" Theorie um eine konzessionäre Schuldenentlastung. Im Rahmen des SPA entstand auf Initiative der Weltbank eine Partnerschaft der internationalen, bilateralen und privaten Geldgeber, welche während des Zeitraums von 1988 bis 1990 Schuldenentlastungen und wachstumsorientierte Importfinanzierungen in Höhe von US$ 6,4 Mrd. förderten.[971] Das SPA umfaßte ergänzende Anpassungsinitiativen der IDA, konzessionäre Hilfe vom IWF im Rahmen seiner SAF und ESAF und öffentliche Schuldenentlastungen, einschließlich des Erlasses ausstehender, konzessionärer Darlehen und der Um-

---

966 IWF, Jahresbericht 1986, S. 69; James, Monetary Cooperation, S. 397.

967 Bock/ Michalopoulos, Rolle, S. 23, 24; Twele, Entwicklungspolitik, S. 183; Hino, Collaboration, S. 14; IWF, Jahresbericht 1987, S. 45.

968 Die Nettoauszahlungen der westlichen Geschäftsbanken an die 17 Entwicklungsländer der Baker-Initiative beliefen sich im Zeitraum von 1986-1988 auf durchschnittlich knapp US$ 2,5 Mrd. pro Jahr und blieben insofern mit ungefähr 7,4 Mrd. weit unter dem geforderten Niveau von insgesamt 20 Mrd. (Twele, Entwicklungspolitik, S. 186).

969 Husain, Erfahrungen, S. 12 f., 14; Twele, Entwicklungspolitik, S. 186; weitere Argumente in Cline, International Debt, S. 213-215.

970 Gabler, Wirtschaftslexikon, Baker-Plan.

971 Weltbank, Jahresbericht 1988, S. 35, 38; die führende Rolle der Weltbank kommt auch bei den Verhandlungen mit Geldgebern und Schuldnern zum Ausdruck, welche die Weltbank häufig durch bilaterale Konsultationen vermittelte (Weltbank, Jahresbericht 1988, S. 38).

schuldung nicht konzessionärer Kredite zu weichen Bedingungen.[972] Die Weltbank stellte den privaten Geschäftsbanken einzelne Entschuldungsmaßnahmen zur Entlastung der hochverschuldeten Länder zu Verfügung. Dieser "Menüansatz" bezeichnete die Gesamtheit verschiedener Finanzierungstechniken, aus denen die im Rahmen von Umschuldungsverhandlungen beteiligten Geschäftsbanken die für sie jeweils attraktivste Option auswählen konnten.[973]

Ein SPA II setzte die Hilfe in den Jahren 1991 bis 1993 fort und ergänzte sie durch die Bemühung, auch kommerzielle Schulden- und Schuldendienstbelastungen zu reduzieren.[974]

4.4.4.4. Brady-Initiative und Schuldenreduzierungsdarlehen der IDA (erweitertes "adjustment-with-growth" Konzept)

Parallel zur Entwicklung der Hilfe für Afrika südlich der Sahara stellte *Nicholas Brady*, US-Finanzminister der Bush Administration, im März 1989 einen Plan vor, der an das erweiterte "adjustment-with-growth" Modell der Weltbank angelehnt war und den Baker-Plan um eine Schuldenreduzierungskompetenz ergänzte.[975] Der Brady-Plan setzte sich daher aus den beiden konventionellen Kompo-

972 Die Umschuldung erfolgt nach den Bedingungen von Toronto, nach welchen insgesamt ein Zuschuß von 20% der Schulden- und Schuldendienstsummen gewährt wurde (Weltbank, Jahresbericht 1991, S. 46).

973 Einen Schwerpunkt nahmen dabei die von der Weltbank forcierten "Schuldenswaps" ein, bei denen Forderungen gegenüber Schuldnerländern auf einem Sekundärmarkt unterhalb des Nennwertes gehandelt wurden bzw. sich im Rahmen von Umschuldungsverhandlungen an diesen niedrigen Sekundärmarktquoten orientierten (Twele, Entwicklungspolitik, S. 190 und S. 190, Fn. 174; m. w. N.). Schuldenswaps können in drei Kategorien eingeteilt werden: Erstens Schuldenrückkäufe von Schuldnerländern unter pari gegen Barzahlung (debt buybacks); zweitens der Tausch von konventionellen Bankschulden gegen öffentliche Anleihen eines Schuldnerlandes, wobei die neuen Anleihen entweder mit einem niedrigeren Nominalwert oder aber niedrigerem (und festem) Zinssatz als die alten Bankschulden ausgestattet sind (debt exchange bzw. exit bonds); drittens sogenannte "Schuldenkonversionen" (debt conversions), bei denen Bankschulden gegen inländische Vermögenswerte des Schuldnerlandes getauscht werden (Twele, Entwicklungspolitik, S. 190 f.).

974 Weltbank, Jahresbericht 1990, S. 48; 1991, S. 45. Die Weltbank unterstrich in ihrem Bericht "Afrika südlich der Sahara: Von der Krise zu dauerhaftem Wachstum" (Sub-Sahara Africa: From Crisis to Sustainable Growth) aus 1989 die Notwendigkeit, die Weiterentwicklung der Anpassungsprogramme gepaart mit einer Strategie, die sich stärker mit dem Schutz der armen und anfälligen Bevölkerungsgruppen in Afrika befaßte (Weltbank, Jahresbericht 1988, S. 36; 1990, S. 43).

975 Die Exekutivdirektoren der Weltbank billigten die operativen Richtlinien für die Verwendung der IBRD-Mittel am 31. Mai 1989 (Husain, Erfahrungen, S. 15).

nenten von Anpassung und Finanzierung sowie der dritten Komponente der Schulden- und Schuldendienstreduzierung zusammen.[976]

Die für die Schuldenreduzierung vorgesehenen Kredite beider Organisationen durften 25% ihrer Anpassungskredite nicht übersteigen und wurden auf revolvierender Basis für die Sicherung von Zinszahlung der jeweils nächsten 12 bis 24 Monate eingesetzt. Außerdem konnten zusätzliche Mittel in Höhe von bis zu 40% der jeweiligen IWF-Quote bzw. bis zu 15% des gesamten Weltbankkreditprogramms eines Schuldnerlandes zur zeitlich befristeten Garantie von Zinszahlungen auf die durch Schuldentausch ausgegebenen neuen Anleihen in Anspruch genommen werden. Dies setzte voraus, daß weitere kostensparende Verfahren entscheidend erleichtert und der Zufluß anderer Ressourcen im Einklang mit weiteren Fortschritten bei der Wiedergewinnung der externen Bewegungsfreiheit gefördert werden würde.[977] Daneben erließen Weltbank und IWF die Schulden der hochverschuldeten ärmsten Länder ganz und die der Staaten mit mittleren Einkommen um 25%.[978]

Die Umsetzung der Brady-Initiative stellte für den IWF eine neue Herangehensweise an den Umgang mit Geschäftsbanken dar. Nachdem er zu Beginn der 80er Jahre als Koordinator der Schuldenkrise auftrat und versuchte, die Schuldnerländer zur Rückzahlung der meistens gegenüber Geschäftsbanken bestehenden Schulden zu bewegen ("policeman for the banks"), verlieh er nun seine

---

976 Beschreibung der einzelnen Komponenten in: IWF, Jahresbericht 1989, S. 24 f.; Husain, Erfahrungen, S. 15, Kasten „Die Rolle der Weltbank beim Schuldenabbau"; Kampffmeyer, Brady-Plan, S. 106; Ebenroth/ Bühler, Implementierung, 1990, S. 23; Twele, Entwicklungspolitik, S. 197 f.; Lachmann, Auslandsverschuldung, S. 337.

977 Kampffmeyer, Brady-Plan, S. 107; IWF, Jahresbericht, 1989, S. 25; Welbank, Jahresbericht, 1989, S. 51; Twele, Entwicklungspolitik, S. 199; Cline, International Debt, S. 238; Dooley/ Watson, Wiederbelebung, S. 10.

978 Der Unterschied basierte darauf, daß dem höheren Einkommensniveau Rechnung getragen und die finanzielle Dimension des Gesamtprogramms begrenzt werden sollte (IWF, Jahresbericht 1989, S. 25; Fues, Gläubiger, S. 26 f.). Die Hilfen der Weltbank und des IWF waren nicht mehr an die Vergabe von neuen Geldern durch Geschäftsbanken gekoppelt (Frenkel, Debt Problem, S. 111; Kapur/ Lewis/ Webb I, S. 651; Cline, International Debt, S. 219, 237). Vielmehr war der IWF autorisiert, seine Hilfe vor der Einigung mit den Geschäftsbanken über ein angemessenes Finanzierungspaket abzuschließen, wenn schnelle Hilfe für die Programmdurchführung unerläßlich erschien, Verhandlungen zwischen dem Mitgliedsland und den Gläubigerbanken begonnen hatten und zu erwarten war, daß beide Seiten sich in absehbarer Zeit auf ein ausreichend dimensioniertes Finanzierungspaket verständigen würden (Kampffmeyer, Brady-Plan, S. 106). Die Weltbank hebt in ihrem Jahresbericht 1989, S. 50 hervor, daß sie die vier Grundprinzipien ihrer Schuldenstrategie, auf denen schon das Sonderhilfsprogramm für Afrika südlich der Sahara aufbaute, beibehalten möchte (sie trennt dabei die Komponente der Anpassungsdarlehen mit dazugehörendem Anpassungsprogramm in zwei Grundprinzipien).

Gelder aufgrund von Vereinbarungen zwischen Schuldnerländern und Geschäftsbanken ("lending into arrears").[979]

Die Weltbank konnte innerhalb eines 3-5 jährigen Schuldenreduzierungsprogramms Finanzmittel gewähren oder auf die Negativklausel verzichten, solange dies zu einer Reduzierung der Verschuldung oder der Schuldendienstverpflichtungen der Mitgliedsländer gegenüber Geschäftsbanken führte. Die wichtigsten Voraussetzungen dieses Programmes waren, daß das Land einen soliden Finanzierungsplan hatte, der eine Schuldenreduzierung vorsah, daß es ein tragfähiges mittelfristiges Anpassungsprogramm vorweisen konnte, welches gewöhnlich durch eine Vereinbarung mit dem IWF gestützt wurde, daß die Programme auf freiwilliger Basis vereinbart wurden und daß sie die Entwicklungsaussichten eines Landes wesentlich verbesserten.[980] Die Höhe der Unterstützung wurde unter Berücksichtigung des mittelfristigen Anpassungsprogramms, der Schwere der Schuldenlast und des Spielraums für freiwillige marktgestützte Operationen fallbezogen getroffen. Die finanzielle Unterstützung umfaßte Gelder für Operationen, die zu einer Reduzierung des Kapitalbetrags führten ("abgezweigte" Gelder) und "zusätzliche" Kredite, die für Zinshilfen in Zusammenhang mit der Schulden- und Schuldendienstreduzierung standen, und wurde zu den normalen IBRD-Bedingungen gewährt. Garantien für Zinszahlungen sollten nicht gegeben werden, sofern nicht außergewöhnliche Umstände eine starke Rechtfertigung hierfür boten.[981]

Bei ähnlichen Voraussetzungen stellte die IDA ihren Mitgliedern eine Fazilität[982] in Höhe von US$ 10 Mio. für ihre Schuldenreduzierung zur Verfügung. Die Gelder wurden unentgeltlich entliehen, um eine optimale Wirkung für die Reduzierung der Verschuldung zu erzielen. Bei den meisten Operationen handelte es sich um Barrückkäufe kommerzieller Schulden mit beträchtlichen Abschlägen. Bei der Verlängerung der Fazilität bis zum 31. Juli 1994 weitete die Weltbank die Einsatzmöglichkeiten der Gelder auf die Finanzierung Dritter, die Anteil an der Schuldenreduzierung hatten, aus und ließ teilweise die direkte Finanzierung von Schuldenreduzierungen zu.[983]

Die Weltbank sah ihre Rolle als „actively passive“[984] an und griff nicht direkt in Verhandlungen zwischen einem Schuldnerland und seinen Gläubigern ein, sondern zeigte ein aktives Interesse an ihrem Gelingen. Sie lieferte den

---

979 James, Monetary Cooperation, S. 401; Cline, International Debt, S. 219.

980 Weltbank, Jahresbericht 1989, S. 51; 1992, S. 68.

981 Weltbank, Jahresbericht 1989, S. 51; 1990, S. 51-53; Husain, Erfahrungen, S. 15, Kasten „Die Rolle der Weltbank beim Schuldenabbau“.

982 Das Exekutivdirektorium der IBRD hat am 29. Juni 1989 seine Zustimmung zu einer Empfehlung an den Gouverneursrat gegeben. Die Fazilität beinhaltete US$ 100 Mio. aus dem Reinertrag von IBRD Geschäften des Geschäftsjahres 1989.

983 Weltbank, Jahresbericht 1990, S. 54; 1992, S. 70 f.

984 Kapur/ Lewis/ Webb I, S. 657.

Vertragspartnern auf Wunsch Informationen über ihre Programme und Konditionen sowie über die finanziellen Voraussetzungen für eine Unterstützung ihrerseits und stand den Schuldnerländer mit technischer Hilfe zur Seite.[985] Diese Zurückhaltung war mit der Erkenntnis der Weltbank verbunden, zwar durch ihren Beitrag in den Verhandlungen und bei der Finanzierung die Schuldendienstreduzierung zu erhöhen, aber auch ein höheres eigenes Risiko eingehen zu wollen.[986]

Die Exekutivdirektoren beider Organisationen hatten sich darauf geeinigt, daß die Politik unter dem Brady-Plan ausschließlich von der eigenen Abschätzung und Entschlußfassung abhängen würde, wenn die beiden Führungsetagen auch so eng wie möglich zusammenarbeiten wollten.[987] Ende des Jahres 1994 konnte die Brady-Initiative als abgeschlossen angesehen werden. Bis dahin hatte die große Mehrheit der verschuldeten Länder mit mittlerem Volkseinkommen ein Abkommen mit den Gläubigern abgeschlossen und damit die risikoreichen Schuldenpakete neu geordnet.[988]

4.4.4.5. Konkurrenzen in Entschuldungs- und Umschuldungsinitiativen

Zu Beginn der Verschuldungskrise nahm der IWF zum Schutz der internationalen Währungs- und Wirtschaftssysteme die Aufgabe wahr, ein Überspringen der Verschuldung auf andere Volkswirtschaften zu verhindern. In der "financing-with-adjustment" Strategie war dem IWF die zentrale Rolle als globaler Krisenmanager und Koordinator zugedacht.[989] Die Weltbank beteiligte sich hingegen in gleichem Maße wie andere Geldgeber an den Finanzpaketen.[990] Erste Zeichen für eine Verlagerung des Krisenmanagements vom IWF auf die Weltbank zeigten sich in den Jahren 1983 und 1984, als der IWF die Weltbank um

985 Weltbank, Jahresbericht 1990, S. 54; 1992, S. 68.

986 Kapur/ Lewis/ Webb I, S. 656; Die verstärkte Substitution privatwirtschaftlicher Risiken durch öffentliche Entleihungsrisiken ("bailing out" der privaten Geschäftsbanken) zeigte sich während der gesamten Verschuldungskrise der 80er Jahre (Kapur/ Lewis/ Webb I, S. 651; Frenkel, Debt Problem, S. 114; Twele, Entwicklungspolitik, S. 200.

987 Boughton, Silent Revolution, S. 1002, mit Verweis auf „World Bank discussion on Operational Guidelines and Procedures for Use of IBRD Resources to Support Debt and Debt Service Reduction“, EBD/89/163 (2. Juni 1989), S. 2.

988 Cline, International Debt, S. 240-242.

989 De Vries, Adjustment, S. 163, 169, 222, 223; Guth, Debt Crisis, S. 25; Chahoud, Funktionswandel, S. 47 („Krisenmanager ersten Ranges“); Twele, Entwicklungspolitik, S. 135, 139 („zentraler Krisenmanager zur Durchsetzung der Strategie „Finanzierung mit Anpassung“ gegenüber den Schuldnerländern“); Mayer, Policy Dialogue, S. 159; Petersmann, Financial Assistance, S. 39 f.; ders., Entwicklungsstrategie, S. 55 f.; Hino, Collaboration, S. 11; Eigen, Rolle, S. 51; Chahoud, Strukturanpassungspolitik, S. 85; Polak, Financial Policies, S. 30.

990 Polak, Coexistence, S. 12. In 1983/ 84 vergab der IWF US$ 9 Mrd. an 11 verschuldete Staaten in Lateinamerika, dagegen lag die finanzielle Unterstützung der Weltbank in diese Staaten bei US$ 3 Mrd. (Boughton, Silent Revolution, S. 548).

eine Einschätzung der realen, sektoralen Wirtschaftslage und eine Bewertung der Wirkungen verschiedener Reformansätze auf Subventionen oder Sozialpolitik bat. Die Weltbank nahm somit einen offiziellen Platz bei Umschuldungsverhandlungen ein.[991]

Die Stellung der Weltbank nahm mit Einführung der "adjustment-with-growth" Theorie weiterhin an Bedeutung zu, da auch ihr Einfluß in den Entwicklungsländern stieg. Allerdings konnte die auf diesem Konzept aufbauende Baker-Initiative die Weltbank nicht als Koordinator der Entschuldungsmaßnahmen einführen, da ihr eine solche Komponente fehlte. Vielmehr handelte es sich um ein längerfristiges, wachstumsorientiertes Finanzierungsprogramm zur Durchsetzung eines nachhaltigen Strukturwandels. Die Weltbank koordinierte Entschuldungsmaßnahmen erstmals im Sonderhilfsprogramm für Afrika südlich der Sahara von 1987 unter dem erweiterten "adjustment-with-growth" Ansatz.

Eine dem IWF gegenüber gleichberechtigte Rolle nahm sie schließlich im Brady-Plan ein. Dieser teilte auch dem IWF eine offizielle Stellung in der "adjustment-with-growth" Strategie zu, die vorher mangels seiner Kompetenz im Bereich der Entwicklungshilfe negiert worden war. Die institutionelle Gleichstellung zeigt sich u.a. in der Bildung einer gemeinsamen Einsatzgruppe von Weltbank- und IWF-Mitarbeitern, um die Durchführung der Schuldenstrategie zu beschleunigen.[992]. Außerdem reichte im Rahmen der Schuldenreduzierungsfazilität der IDA der Abschluß eines Anpassungsprogramms mit dem IWF bzw. die Beteiligung an dessen ESAF als Voraussetzung für die Unterstützung durch die IDA aus.[993]

4.4.5. Bewertung der Beziehung während der 80er Jahre

Die Konzentration auf Strukturreformen in den letzten Jahren hat zu einer beachtlichen Konkurrenz der Bemühungen der Weltbank und des IWF geführt, und beide Institutionen veranlaßt, sich gegenseitig in stärkerem Maße auf das Fachwissen der anderen Organisation zu stützen.[994] Die Beurteilung dieser Annäherung und verstärkten Zusammenarbeit wird in der Literatur unterschiedlich bewertet. Lediglich *Petersmann*[995] spricht den beiden Organisationen eine gegenseitige Eifersucht (institutional jealousy) vollständig ab und läßt dabei außer Acht, daß für die zusätzliche Unterstützung der Entwicklungsländer die Grün-

---

991 Eigen, Rolle, S. 51 f.; de Vries, Adjustment, S. 202.

992 Weltbank, Jahresbericht 1989, S. 50, Fn. 16. Außerdem stärkte die Quotenerhöhung des IWF in Höhe von 50% Mitte 1990 (Twele, Entwicklungspolitik, S. 198) und die Aufgabe als Ersteller der Stabilisierungsprogramme für ein verschuldetes Mitglied die Stellung des IWF (Polak, Relationship, S. 13).

993 Weltbank, Jahresbericht 1990, S. 54; 1992, 70.

994 Driscoll, IWF/ Weltbank, S. 16.

995 Petersmann, Financial Assistance, S. 55; ders., Operations, S. 47, der die Anpassungsprogramme eher als ergänzend denn als überlappend ansieht.

dung der SAF/ ESAF nicht notwendig gewesen wäre. Eine Umstellung der Konditionalität hätte auch im Rahmen der bestehenden Bereitschaftskredit- und erweiterten Abkommen vollzogen werden können und die Beschränkung der Kredithilfe auf Entwicklungsländer hätte nicht zwingend erfolgen müssen. Vielmehr kannte der IWF bereits Sonderfazilitäten, deren Konditionalität auf Entwicklungsländer ausgerichtet waren, ohne den Grundsatz der Gleichbehandlung zu umgehen. Stattdessen zeigt die Sonderstellung der Entwicklungsländer in der SAF die Verlagerung des IWF in Richtung einer Entwicklungshilfeorganisation an. Gerade die Nachahmung der Anpassungsdarlehen der Weltbank in der SAF läßt den Schluß auf die Rivalität der beiden Organisationen zu. Eine ähnliche Beurteilung der Zusammenarbeit gibt *Wolff*[996] mit Verweis auf *Landell-Mills* ab, der in den neuen Finanzierungsmöglichkeiten eine gegenseitige Motivation erkennt. *Fues*[997] spricht von einer „Konkurrenz um die globale Führungsrolle bei der Festlegung gesamtwirtschaftlicher Strategien", die schon aus den „institutionellen Eigeninteressen" der Organisationen herrühre. In ähnlicher Richtung sieht *Denters*[998] eine Rivalität bei der Erstellung von Anpassungsprogrammen. Auch *Gurumurthi*[999] geht von einer Rivalität aus, indem der IWF seine ESAF aufgrund des äußeren Druckes, den die Gründung des Sonderhilfsprogramms für Afrika südlich der Sahara auf ihn ausgeübte, etabliert hätte. Sogar der Chronist des IWF, *Boughton*, stellt Rangeleien um eine Vormachtstellung als multilateraler Unterstützer der Entwicklungsländer fest, indem er schreibt:

> „Both institutions did occasionally tread heavily and clumsily on each other's toes, [...]."[1000]

Daher kam es zu einer Abgrenzung der Kompetenzen im Memorandum vom 1989, welches bis heute Geltung besitzt.[1001]

Aufgrund der „großen Bedeutung, die eine geeignete gesamtwirtschaftliche Strategie für die Sektor- und Strukturanpassung [...] hat", mahnten beide Institutionen und der Entwicklungsausschuß außerdem in regelmäßigen Abständen eine verstärkte Zusammenarbeit an.[1002] Diese wurde im Rahmen der SAF/ ESAF auf dreierlei Art und Weise festgelegt: Gelder aus der SAF/ ESAF waren an die

---

996 Wolff, Stabilisierungspolitik, S. 40 f.; Landell- Mills, Kredite, S. 20.

997 Fues, Strukturanpassungskredite, S. 44.

998 Denters, IMF Conditionality, S. 154, Fn. 10.

999 Gurumurthi, IMF, S. 174.

1000 Boughton, Silent Revolution, S. 548.

1001 Vgl. die Darstellung in Kapitel 5.4.3.2, S. 315 und 5.4.4.1, S. 323.

1002 IWF, Jahresbericht 1986, S. 74; de Larosière, Rede 1985, S. D 10, mit Kommuniqué des Entwicklungsausschuß vom 7. Okt. 1985, S. D 6; Weltbank, Weltentwicklungsbericht 1986, S. 70 („Die Suche nach Möglichkeiten zu einer weiteren Verbesserung dieser Zusammenarbeit wird fortgesetzt."); Wolff, Stabilisierungspolitik, S. 42; Mayer, Policy Dialogue, S. 156; Denters, IMF Conditionality, S. 154.

Kreditberechtigung in der IDA gebunden; außerdem war die Weltbank an der Ausarbeitung des PFP beteiligt;[1003] und die Auszahlung der Darlehen erfolgte ähnlich schnell in zwei Tranchen innerhalb von 18 Monaten nach Abschluß des Darlehensvertrags.[1004]

4.5. Suche nach Synergieeffekten

4.5.1. Armutsbekämpfung der Weltbank durch nachhaltige Entwicklung

Durch die zunehmende Erfahrung von Weltbank und IWF mit der Wirkung und den Erfolgen von Anpassungsprogrammen kristallisierten sich vorzugswürdige Reformmaßnahmen heraus. *Williamson*[1005] bezeichnete diese Maßnahmen als „Washington Consensus" und faßte darunter die folgenden Bereiche zusammen:

Herstellung fiskalpolitischer Disziplin; Umstrukturierung der öffentlichen Ausgaben; Steuerreform; Finanzielle Liberalisierung; Wechselkursbereinigung; Handelsliberalisierung; Abbau von Barrieren gegenüber Direktinvestitionen; Privatisierung staatlicher Unternehmen; Deregulierung; Schutz der Eigentumsrechte.

Diese Aufstellung unterlag einer zunehmenden Kritik[1006], die *Fues*[1007] folgendermaßen beschreibt:

> „Bezugspunkt ihrer [gemeint sind Weltbank und IWF] Aktivitäten sind nicht die Lebensinteressen der Bevölkerungsmehrheit und die Bewahrung des ökologischen Gleichgewichts, sondern die Vertiefung der Weltmarktintegration, Ausweitung des Exportsektors und Inwertsetzung bisher weitgehend unberührter Regionen und ungenutzter Ressourcen. [...] Die strategische Orientierung der IWF-/ Weltbank-Politik trägt nicht dazu bei, die Ursachen des Massenelends und der ökologischen Zerstörung in der Dritten Welt zu beheben, sondern vertieft diese noch."

Auch *Williamson*[1008] erkennt diese Kritik an:

> „[the consensus] had little to say about social issues [...] and almost nothing to say about the environment."

1003 Polak, Relationship, S. 28 beschreibt das Verfassen von PFP als die „major collaborative innovation in connection with the lending by the two institutions to low-income countries", da diese Erneuerung die erste enge formelle Verbindung im Bereich der Geschäftstätigkeit der beiden Organisationen darstellte. Diese beiden Argumente zeigen auch die Schlüsselrolle der Weltbank bei den Anpassungsprogrammen (Fues, Schlüsselrolle, 1987, S. 14; Twele, Entwicklungspolitik, S. 175).

1004 Petersmann, Entwicklungsstrategie, S. 59.

1005 Williamson, Washington, S. 1 ff.; vgl. auch Taylor, Revival, S. 147-149.

1006 Beisprielsweise Taylor, Polonius Lectures.

1007 Fues, Thesen, S. 7.

1008 Williamson, Progress of Policy Reform, S. 83.

In 1987 wandte sich eine Kommission der Vereinten Nationen für Umwelt und Entwicklung (World Commission on Environment and Development; Brundtland-Kommission) mit dem Begriff "Nachhaltige Entwicklung" gegen die einseitige Verfolgung des Wirtschaftswachstums. Nachhaltige Entwicklung umfaßte danach:

> „Development that meets the needs of the present without compromising the ability of future generations to meet their own needs.“[1009]

Die Weltbank griff diesen Begriff zu Beginn der 90er Jahre auf und verstand darunter Umweltökonomik, nach der die Verbesserung der gesellschaftlichen Wohlfahrt mit den begrenzten, ökologischen Ressourcen in Einklang gebracht werden mußte.[1010] Jedoch stand das Engagement der Weltbank im Bereich des Umweltschutzes unverbunden neben der Strategie zur Armutsbekämpfung. Mit Hilfe von Umweltverträglichkeitsprüfungen und Umweltgutachten soll der Umweltaspekt zu einem integralen Bestandteil der Operationen der Weltbank werden und bezüglich der Auswahl der Projekte, der Wahl des Standorts und der Entscheidung über eine angemessene Konzeptionierung Berücksichtigung finden. Die Aufgabe der Weltbank bei der Vorbereitung der Umweltaktionspläne besteht darin, daß sie die Regierungen berät und technische Hilfe leistet.[1011] Entwicklung und Umweltschutz lassen sich nach der Weltbank dadurch vereinbaren, daß die Effizienz des Ressourceneinsatzes gesteigert wird, zusätzliche Anreize zur Schonung natürlicher Ressourcen geschaffen werden und die Kon-

---

1009 Michaelis, Nachhaltige Entwicklung, S. 26. Auf dieser Definition bauen viele weitere Auslegungen auf, zu denen Michaelis, Nachhaltige Entwicklung, S. 26-36 Stellung nimmt. (Vgl. auch Kapitel 3.1.1, S. 63)

1010 Die Weltbank verweist darauf, sich in ihrem Weltentwicklungsbericht 1992 dem Thema der nachhaltigen Entwicklung gewidmet zu haben, obwohl sich dieser ausschließlich dem Zusammenhang zwischen wirtschaftlicher Entwicklung und Umwelt widmet (Weltbank, Jahresbericht 1992, S. 57).
Die Differenzierung zwischen den ökonomischen und sozialen Zielen der nachhaltigen Entwicklung wird dabei vernachlässigt (Serageldin, Umweltverträgliche Gestaltung, S. 7; vgl. auch den Inhalt der folgenden Beiträge zur nachhaltigen Entwicklung in der Zeitschrift Finanzierung & Entwicklung, die von ökonomischer, ökologischer und sozialer Sicht versuchen, die Probleme der Umwelt in den Entwicklungsprozeß einzubinden: Munasinghe, Ökonomen, S. 16-19; Rees, Ökologen, S. 14-15; Cernea, Soziologischer Ansatz, S. 11-13).

1011 Um eine umweltverträgliche Entwicklung in den Bereichen natürliche Ressourcen und Verwaltung des Ökosystems, gesicherte Nahrungsmittelversorgung, Urbanisierung und Infrastruktur bereitstellen und die Mitgliedstaaten darin unterstützen zu können, gründete die Weltbank im Januar 1993 das Dezernat für umweltverträgliche Entwicklung (ESD). Dessen genaue Aufgabenbereiche und Schwerpunkte werden beschrieben in Weltbank, Jahresbericht 1994, S. 42.

trolle und Information über Umweltaspekte zu einer Steuerung unsicherer Zusammenhänge beitragen.[1012]

4.5.1.1. Die 2-gliedrige Entwicklungsstrategie

Die neuen Ansätze der Nachhaltigen Entwicklung setzte die Weltbank in ihrer 2-gliedrigen Entwicklungsstrategie um. Neben das wirtschaftliche Wachstum stellte sie die gezielte Entwicklung der menschlichen Ressourcen, die zu Wachstumsförderung, Linderung der Armut und technischem Fortschritt führen soll.[1013] Das Wachstum der Wirtschaft zielte auf die Steigerung der Nachfrage nach Arbeitsplätzen ab und erhöht damit die Einkommenschancen der Armen. Indem diese ihre Arbeitskraft in den Wirtschaftskreislauf einbringen und Zugang zu Einkommensmöglichkeiten erhalten, könnten sie ihre Lebensbedingungen verbessern. Diese Beteiligung am Wirtschaftsleben setzt voraus, daß den Armen Land durch Umverteilung oder Pacht zur Verfügung gestellt werden würde und sich dessen Bewirtschaftung als eine lohnenswerte Arbeit darstellte. Letzteres kann durch die Verbesserung der Infrastruktur, welche die Produktivität der ländlichen Armen erhöht, eine Anhebung der relativen Preise für arbeitsintensive Arbeit und der Vermeidung einer überbewerteten Währung erreicht werden. Die zusätzliche Förderung der sozialen Dienste, zu denen die Bereitstellung von Bildungseinrichtungen, Gesundheitsversorgung und sozialer Infrastruktur zählen, investiert in die zukünftigen Arbeiter, indem sie ihr Wissen durch Schulbildung steigert, ihre Gesundheit verbessert und dadurch ihre Produktivität erhöht, und mildert gleichzeitig die unmittelbaren Folgen der Armut.[1014] Im Jahresbericht von 1990 beschreibt die Weltbank das Verhältnis zwischen Armutslinderung und Wirtschaftswachstum wie folgt:

> „Der Schlüssel zur Linderung der Armut liegt in effizienten, die gesamte Wirtschaft umfassenden Maßnahmen, die Stabilität und Wachstum fördern; dennoch gibt es typischerweise beträchtlichen Spielraum für gezielte Eingriffe, um den Armen direkt zu helfen. [...] Die verstärkte Arbeit zugunsten der Reduzierung der Armut hat die Verpflichtung der Bank, eine effiziente marktorientierte Wirtschaftspolitik durchzusetzen und aufrechtzuerhalten, nicht beeinträchtigt, denn derartige Maßnahmen sind der wichtigste Teil jeder realistischen Strategie zur Linderung der Armut."[1015]

Ein erster Ansatz für diesen Wandel war das „Kernprogramm zur Reduzierung der Armut"[1016], welches Projekte sowie Wirtschafts- und Sektorarbeiten umfaßte. Danach definierte jede Abteilung der Weltbank bestimmte Aktivitäten, deren

---

1012 Weltbank, Weltentwicklungsbericht 1992; Michaelis, Nachhaltige Entwicklung, S. 78.

1013 Weltbank, Jahresbericht, 1992, S. 48, 52; 1991, S. 47 f.; Weltbank, Weltentwicklungsbericht 1990, S. 67; World Bank, Poverty Reduction, S. 10-25; World Bank, Assistance Strategies, S. 11-22; Walton, Armut, S. 2.

1014 Van de Walle, Maßnahmen, S. 6 f.

1015 Weltbank, Jahresbericht 1990, S. 58 und 60.

1016 Weltbank, Jahresbericht 1990, S. 59; 1991, S. 48.

Hauptziel die Reduzierung der Armut einzelner Bevölkerungsgruppen war.[1017] Zusätzlich versuchte die Weltbank die kurzfristig negativen Auswirkungen auf die arme Bevölkerung, nämlich die Verringerung der Armut, den Anstieg der Preise für Konsumgüter und den Verlust von Arbeitsplätzen als Folge von Effizenzmaßnahmen sowie Einkommenseinbußen, durch gezielte Maßnahmen im Sozialbereich, in der Gestaltung des Arbeitsmarktes oder bei der Vergabe von Subventionen sowie mittels Kompensationsprojekten zu mildern.[1018]

Welche Maßnahmen zur Linderung der Armut vorzugswürdig waren, da sie der armen Bevölkerung, die aufgrund ihres Alters oder von Krankheiten, ihrer Herkunft aus extrem unterentwickelten Regionen oder aus anderen Gründen nicht in der Lage waren, von der 2-gliedrigen Strategie zu profitieren, stellte die Weltbank im Programm der gezielten Eingriffe (Program of targeted interventions[1019]) fest. Nach diesem System werden Projekte als „armutslindernd" eingestuft, wenn sie entweder der armen Bevölkerung direkt zugute kommen oder Arme an dem Projekt in einem Umfang beteiligen, der weit über ihrem landesweiten Bevölkerungsanteil liegt. Diese Projekte konnten anschließend mit gezielten Transferzahlungen und Sicherheitsnetzen gefördert werden. So steigerten sich die Anteile ihrer Projekte im Erziehungs- und Bildungswesen von 4,5% (US$ 963,7 Mio.) im Geschäftsjahr 1989 auf 8,7% (US$ 1.883,7 Mio.) in 1992 und im Bereich Bevölkerung, Gesundheit und Ernährung von 2,6% (US$ 550,0 Mio.) in 1989 auf 15,8% (US$ 961,7 Mio.) in 1992.[1020] Im Rahmen der Initiative für Frauen im Entwicklungsprozeß (WID) verfolgte die Weltbank den Abbau der Ungleichbehandlung der Geschlechter und eine Beteiligung der Frauen an der wirtschaftlichen Entwicklung der Entwicklungsländer. Diese geschlechterspezifischen Überlegungen werden in die Länderhilfsprogramme einbezogen.[1021]

Eine ausgeglichene Planung und Abstimmung der Anpassungsprogramme und Projekte[1022] in einem Mitgliedstaat erfolgte in länderspezifischen Armuts-

---

1017 Weltbank, Jahresbericht 1991, S. 47.

1018 Ribe/ Carvalho, Anpassung, S. 15-17; Weltbank, Jahresbericht 1989, S. 83; 1992, S. 72; Walton, Armut, S. 5.

1019 Weltbank, Jahresbericht 1991, S. 48; 1992, S. 51.

1020 Weltbank, Jahresbericht 1989, S. 182; 1992, S. 207.

1021 Weltbank, Jahresbericht 1994, S. 36.

1022 So stellt Nicholas in seinem Bericht über Anpassungsfinanzierung von 1988 über das Verhältnis zwischen Anpassungs- und Projektfinanzierung in CAS-Programmen fest: „Adjustment and investment lending are complementary parts of the Bank's wider assistance strategy. Adjustment lending supports the establishment of a sound policy environment in which productive investments – and thus investment lending – can flourish. [...] The level of investment lending to a country depends, among other things, on the overall policy environment. In some countries the pre-adjustment policy and institutional framework had been so distorted that viable projects for Bank financing had been allmost impossible to find. As a result, investment lending has generally decreased in the early stages of adjustment." (Nicholas, Lending for Adjustment, S. 5).

analysen und -strategien (Country Assistance Strategies, CAS). Der Mitgliedstaat plante darin ein eigenes Entwicklungsprogramm über die Allokation öffentlicher Ausgaben, den Aufbau und die Funktionsweise von Institutionen sowie die Koordination der Hilfen verschiedener Geldgeber zur Milderung der Armut.[1023] Zwar hatte die Weltbank bereits in den 60er Jahren damit begonnen, Texte über die allgemeine wirtschaftliche Situation ihrer Entleiherstaaten zu verfassen und später teilweise im Exekutivdirektorium zu besprechen,[1024] die neugestalteten CAS bezogen allerdings die Regierungen der Mitglieder, NRO's und die arme Bevölkerung in die Arbeit ein. Angestrebt ist das Verfassen einer umfassenden Hilfsstrategie, die politische, institutionelle und wirtschaftliche Aspekte beinhaltet und auf die länderspezifischen Probleme eingeht.[1025]

Eine deutliche Hinwendung auf die Bedürfnisse der Armen spiegelte sich im Bemühen der Weltbank wider, diese in den Prozeß des Konzipierens und der Durchführung von Projekten einzubeziehen. So hält die Weltbank die Regierungen und zuständigen Behörden dazu an, das Mitspracherecht nichtstaatlicher Organisationen und der armen Bevölkerung zu erhöhen.[1026] Im Rahmen eines Beteiligungsfonds, der später als „Fonds für innovative Verfahren bei der menschlichen und sozialen Entwicklung" (FIAHS) mit US$ 2 Mio. ausgestattet worden ist, unterstützt die Weltbank die Beteiligungsverfahren von Begünstigten, die Anfertigung von Sozialgutachten und das Einbeziehen von NRO's in die Vorbereitung und Planung von Projekten.[1027] Letzteres passierte mit dem Ziel, die institutionelle Kapazität der NRO's bei der Projektdurchführung zu fördern.[1028] Den Prozeß der Partizipation förderte die Weltbank nicht zuletzt durch die Einführung von Partizipatorischen Armutsbewertungen (Participatory Poverty Assessments; PPA). Die PPAs sollen in Befragungen, Milieustudien, institutionellen Analysen und Zielgruppengesprächen die Stellung der Armen, deren Bedürfnisse und ihren Zugang zu staatlichen Leistungen klären und sie aus ihrer gesellschaftlichen Isolation befreien.[1029]

Als einer der Schwerpunkte der nachhaltigen Entwicklung, allerdings ohne einen Teil der 2-gliedrigen Strategie auszumachen, beteiligt sich die Weltbank an

---

1023 Weltbank, Jahresbericht 1992, S. 48 f.; 1994, S. 36.

1024 Shihata III, S. 77.

1025 Das genaue Vorgehen der Weltbank zur Umsetzung der 2-gliedrigen Strategie wird in Weltbank, Jahresbericht 1991, S. 48 ff. beschrieben.

1026 Weltbank, Jahresbericht 1993, S. 39.

1027 Weltbank, Jahresbericht 1994, S. 35; 1995, S. 23.

1028 Eine verstärkte Zusammenarbeit mit NRO's erreicht die Weltbank im Rahmen des aus Weltbankmitarbeitern und Vertretern von NRO's zusammengesetzten Ausschusses, der sich zweimal jährlich trifft, um Themen der Beteiligung der Bevölkerung und die sozialen Auswirkungen von Strukturanpassungsprogrammen zu erörtern (Weltbank, Jahresbericht 1994, S. 40).

1029 Salmen, Arme, S. 46, 48.

der Globalen Umweltfazilität (Global Environment Facility; GEF)[1030], die Projekte mit positiven Wirkungen auf die Umwelt finanziert.[1031] Die GEF agiert funktional unabhängig unter der Verantwortung der UN, der UNDP und der Weltbank. Dabei fungiert die Weltbank als Treuhänderin des GEF-Treuhandfonds, führt die Projekte durch und unterstützt das Sekretariat bei seiner Arbeit.[1032] Die im Treuhandfonds enthaltenen Gelder werden von teilnehmenden Geberstaaten eingezahlt.

Die seit 1991 als Pilotprojekt und seit 1994 dauerhaft eingerichtete GEF unterstützt Entwicklungsländer dabei, Umweltrisiken zu beachten und einer dauerhaften Schädigung der Umwelt in den Bereichen Schutz der Ozonschicht, Begrenzung der Emissionen von Treibhausgasen, Schutz der Artenvielfalt und Schutz der internationalen Gewässer (sowie Bodenerosion, soweit sie mit einem der Hauptgebiete in Verbindung steht) entgegenzuwirken. Die förderungswürdigen Projekte und Programme werden nach ihrem Bezug zu den genannten Umweltaspekten, der von ihnen zu erwartenden Rendite und den durch den Umweltschutz zusätzlich entstehenden Kosten in drei Gruppierungen eingeteilt und dementsprechend unterschiedlich gefördert.[1033] Darüber hinaus dürfen die Projekte nicht gegen weltweite Umweltabkommen verstoßen, sie müssen im Einklang mit länderspezifischen Umweltstrategien stehen, eine angemessene Technologie verwenden und sowohl kosteneffizient als auch von hoher globaler Priorität sein.

4.5.1.2. Hilfe für Staaten im wirtschaftspolitischen Übergang (Weltbank)

Die Auflösung der Sowjetunion und die Unabhängigkeit ihrer Mitgliedstaaten stellte die Weltbank zu Beginn der 90er Jahre vor neue Herausforderungen.

1030 Darstellungen der GEF sind zu finden in: o.V., Umweltfazilität, S. 24; El-Ashry, Umweltfazilität, S. 48; Weltbank, Jahresbericht 1992, S. 62 f.; 1994, S. 47; 1995, S. 29 f.

1031 Bevor die Globale Umweltfazilität in 1991 ihre Arbeit aufnahm, konnten Entwicklungsländer durch einen Vorschuß aus der Projektvorbereitungsfazilität oder mit Geldern aus dem „Programm für unentgeltliche technische Hilfe für den Umweltschutz" der Weltbank unterstützt werden (Weltbank, Jahresbericht 1990, S. 67 und Fn. 22, in der die Entwicklung des Programmes geschildert wird).

1032 Weltbank, Jahresbericht 1995, S. 29.

1033 Die Gruppen, nach denen die einzelnen Projekte eingeteilt werden, und ihre Förderungswürdigkeit ergibt sich wie folgt: Gruppe 1: Das Projekt ist nach ökonomischen Gesichtspunkten gerechtfertigt und hat eine akzeptable Rendite, das Land würde aber ohne Beteiligung der GEF nicht tätig werden – Finanzierung nur in außerordentlichen Umständen; Gruppe 2: Die Gesamtrendite ist nicht attraktiv genug für ein Land, aber ein solches Projekt hätte substantiellen Nutzen für die globale Umwelt – Unterstützung zu Vorzugsbedingungen wird gewährt; Gruppe 3: Die Investition ist nach inländischen Gesichtspunkten gerechtfertigt, aber es würden zusätzliche Kosten entstehen, um global wirkende Vorteile zu erzielen – Unterstützung wird gewährt. (o.V., Umweltfazilität, S. 24).

Innerhalb weniger Jahre traten alle neu gegründeten 15 Republiken der Weltbank bei und baten um Hilfe bei der Reform der Grundlagen ihrer Zivilgesellschaften und Wirtschaftssysteme. Zielsetzung der Reformen war eine Verlagerung der Wirtschaftstätigkeit auf die Marktkräfte und eine merklich reduzierte Rolle des Staates, der sich im esentlichen auf die politischen Rahmenbedingungen sowie auf umwelt- und sozialpolitische Aufgaben konzentrieren sollte.[1034] Da die staatliche Ordnung in den Republiken weitgehend zusammengebrochen war, mußten Stabilisierungsprogramme durchgeführt werden. Für jeden Staat wurden daher die wichtigsten Hilfsmaßnahmen in einem Gutachten zusammengestellt, welches sich auf folgende Bereiche bezog:

a) wichtige Aspekte der Systemreformen insbesondere auf dem Gebiet der Handelsliberalisierung und der Aufhebung von Preiskontrollen, die Entwicklung des privaten Sektors und Privatisierungsmaßnahmen

b) sektorspezifische Reformen, insbesondere für die Bereiche Finanzen, Nahrungsmittel, Energiewirtschaft, Transportwesen und Wohnungsbau

c) verbesserte Programme und Maßnahmen im Hinblick auf soziale Sicherungsnetze

d) die Entwicklung der menschlichen Ressourcen, einschließlich Ausbildung und Ausbau von Institutionen.1035

Die Weltbank gewährte in 1992 vier Republiken, die Abkommen über technische Zusammenarbeit unterzeichneten, technische Hilfe.[1036]

4.5.1.3. Umstrukturierung der Weltbank

Die Neuausrichtung des Entwicklungsansatzes im Hinblick auf eine nachhaltige Entwicklung und die Ergänzung der wachstumsorientierten Strategie der Weltbank um eine armutsbezogene Komponente motivierte die Weltbank, ihre Organisation und Arbeitsweise zu überdenken. Sie verfolgte von 1997-2000 ein Reformprogramm, genannt Strategic Compact, mit dem die Effektivität der Entwicklungshilfe (development effectiveness[1037]) erhöht werden sollte.[1038] Die

---

1034 Weltbank, Jahresbericht 1992, S. 17; zu den notwendigen Reformbereichen in osteuropäischen Staaten vgl. Wapenhans, Herausforderung, S. 2-5.

1035 Weltbank, Jahresbericht 1992, S. 18, Box und S. 149.

1036 Weißrußland, Kasachstan, Kirgisien und Rußland (Weltbank, Jahresbericht 1992, S. 142). Für eine Beschreibung der Reformfortschritte in den osteuropäischen Staaten und den Staaten der ehemaligen Sowjetunion siehe: Mitra/ Selowsky, Decade of Transition.

1037 Eine effektive Entwicklung kann nach Meinung der Weltbank erreicht werden, indem entwickungsrelevante Themenbereiche wie Wirtschaftsmanagement, Bildung von Institutionen, der öffentliche Sektor, Post-Konflikt Hilfe, städtische und ländliche Entwicklung, der private Sektor, Geschlechtergleichheit, humanitäre und soziale Entwicklung und Governance in allen Planungsebenen, von regionalen, über länderspezifische bis zu der einzelnen Projektebene und den einzelnen Begünstigten, berücksichtigt werden. Diese Durchdringung setzt voraus, daß eine Partnerschaft aller Entwicklungshilfeorganisationen besteht, die Begünstigten verantwortungsbewußt mitarbeiten

Weltbank setzte in diesem Programm an vier Komponenten an, nämlich an einer schnelleren und weniger bürokratischen Hilfe für die Mitgliedstaaten, an einem umfassenderen Entwicklungsansatz, an der bessere Verwaltung und Erforschung von Kenntnissen über Entwicklungshilfe und an der Steigerung der Kapazitäten der Weltbank. Um den Kontakt zu den Mitgliedstaaten zu verbessern, verlagerte die Weltbank die Verantwortung und Durchführung der Projekte auf Mitarbeiter, die in Weltbankbüros innerhalb des Nehmerlandes arbeiteten.[1039] Gleichzeitig versuchte sie den Informationsfluß durch den Einsatz von Netzwerken und einer „knowledge management group“ zu verbessern.

Die armutsbezogene Neuausrichtung der Entwicklungshilfestrategie der Weltbank setzte sich in dem Strategic Compact Programm weiter fort. Neben der Nachhaltigkeit im sozialen und im Umweltbereich, der die ländliche Entwicklung mit einschließt, unterstützte die Weltbank ihre Mitglieder darin, Institutionen aufzubauen, Rahmenbedingungen für einen funktionierenden Finanzsektor zu formulieren und ihre Mitglieder im Kampf gegen Korruption zu unterstützen.

Die Weltbank verstärkte außerdem ihre Zusammenarbeit mit anderen regionalen Entwicklungsbanken und lokalen Organisationen, NROs, den Organisationen innerhalb der Weltbankgruppe und dem IWF.[1040] Eine umfassende und abgestimmte Herangehensweise begrüßte der Präsident der Weltbank, *James D. Wolfensohn* mit seinen Ausführungen:

> „Wir müssen anfangen, in größeren Zusammenhängen zu denken, weniger an einzelne finanzierte Projekte, sondern an staatlich integrierte Länderstrategien und darüber hinaus an Regionalstrategien sowie allgemeine Reformen.“[1041]

Das Strategic Compact Programm soll die Entwicklungsgelder von Seiten privater und multilateraler Geber effektiv und kostengünstig einsetzen und so einen Nutzen aus Synergieeffekten ziehen.[1042] Alle Beteiligten sollen von den Er-

---

und die erzielten Erkenntnisse sowohl beurteilt als auch veröffentlicht werden. (vgl. Weltbank, Jahresbericht 1999, S. 93 ff.).

1038 Ankündigung des Strategic Compact durch Präsident Wolfensohn in Hongkong am 23. September 1997 (Wolfensohn, Integration, S. 16-22). Ausführliche Beschreibung in: Shihata III, S. 827-859; World Bank, Renewal, S. 7-26; eine Zusammenfassung der erzielten Ergebnisse ist zu finden in: Weltbank, Jahresbericht 2001 I, S. 32, Tabelle 1.2.

1039 In November 1999 war die Weltbank in 78 Ländernierderlassungen vertreten und arbeiteten 24 Country Directors, die mit Entscheidungskompetenz ausgestattet waren, außerhalb des Hauptsitzes in Washington D.C., im Gegensatz zu drei Entscheidungsträgern im Juni 1997 (Shihata III, S. 123).

1040 Zur Kooperation zwischen Weltbank und NROs siehe Miller-Adams, New Agendas, S. 82-90.

1041 Zit. in Shihata III, S. 839.

1042 Wolfensohn, Integration, S. 14; vgl. auch Shihata III, S. 828, 838.

kenntnissen der Weltbank profitieren, die ihrerseits ihren Erfolg an der verbesserten Entwicklungslage mißt.[1043]

4.5.2. *Der IWF als Krisenmanager und Entwicklungshelfer*

Während der 90er Jahre bahnte sich eine Suche des IWF nach seiner Stellung neben der Weltbank an. Nachdem er die Hinwendung zu den Entwicklungsproblemen seiner armen Mitgliedstaaten mit Hilfen aus der ESAF fortsetzte und die Anfänge einer nachhaltigen Entwicklung von der Weltbank übernahm, lösten verschiedene Finanzkrisen seiner Mitglieder (Mexiko 1994-1995; Asiatische Staaten 1997-1998) die Bereitstellung von Krisenhilfe und eine Rückbesinnung auf seine Kernaufgaben aus.

4.5.2.1. *Erhöhte Strukturanpassungsfazilität*

Obwohl die ESAF anfänglich als befristete Hilfe an Entwicklungsländer gedacht war, die mit Eintritt einer Verbesserung in der Verschuldungslage eingestellt werden sollte, zwang die weiterhin schlechte Wirtschaftslage in den Entwicklungsländern zu einer Verlängerung der ESAF. Das Exekutivdirektorium entschied daher im Dezember 1993 über die Erhöhte Erweiterte Strukturanpassungsfazilität (enlarged ESAF; ESAF II), welche die zur Verfügung stehenden Gelder um SZR 5.000 Mill. auf SZR 10.100 Mill. anhob. Nach einer Befristung der Hilfe bis Dezember 1996 entschloß das Exekutivdirektorium im September 1996, die ESAF zu einer permanenten Fazilität zu erklären.[1044] Die Mitglieder[1045] waren darunter berechtigt, Gelder für Reformen in makroökonomischen und strukturpolitischen Bereichen zu erlangen.

Da das Ziel des wirtschaftlichen Wachstums nicht in einer Situation finanzieller Instabilität erreicht werden konnte, sollten die makroökonomischen Anpassungsmaßnahmen den Strukturreformen vorgelagert sein.[1046] Die ESAF sollte einkommensschwachen Staaten über die Konditionalität der herkömmlichen Ziehungsmöglichkeiten hinaus einen Rahmen für makroökonomische Politiken bieten, in dem gleichzeitig mittelfristige Strukturprobleme gelöst werden, die ihrerseits makroökonomische Schwächen hervorrufen.[1047] Dieses Nebeneinander von makro- und mikroökonomischen Reformmaßnahmen führte zu verwirrenden Aussagen über die Ziele der Reformen und deren Ausgestaltung. Eine Untersuchung über die Konditionalität des IWF zwischen 1988 und 1991 nennt die

---

1043 Shihata III, S. 862.

1044 IMF, Concessional Financing, S. 1; in 1999 ging die ESAF in der PRGF auf; vgl. Kapitel 3.4.1.2, S. 136.

1045 Die Staaten, die neben den urspünglich 60 IDA-Staaten zu Ziehungen innerhalb der erhöhten ESAF berechtigt waren, waren Armenien, Kamerun, Georgien, die Kirgisische Republik, Tatchikistan und Mazedonien.

1046 Stuart, Structural Adjustment, S. 123.

1047 IMF, Evaluation ESAF, S. 134.

folgenden Bereiche: fiskalische Anpassung durch Einnahmeerhöhung, vor allem durch Beschränkung der Ausgaben im Bereich des Staatsdienstes und der öffentlichen Unternehmen; Reduzierung der Inflation und des Geldmengenwachstums durch Finanzprogramme; Liberalisierung der Finanzmärkte und Freigabe der Zinssätze; Wechselkurspolitik; Strukturpolitik: Liberalisierung des Handels-, Devisen- und Finanzsystems, Reform der öffentlichen Unternehmen, Preisliberalisierungen, Aufbau von Banken und Schaffen eines funktionierenden Rechts- und Justizsystems.[1048]

Gleichzeitig hob der Geschäftsführende Direktor des IWF, *Michel Camdessus*, im Juli 1990 in einer Rede hervor:

> „Our prime objective is growth. In my view, there is no longer any ambiguity about this. It is towards growth that our programs and their conditionality are aimed." [1049]

Die Diskrepanz zwischen der wachstumsorientierten Rhetorik des IWF und seinem auf kurzfristige Angleichung der Inlandsnachfrage an die vorhandenen Ressourcen ausgerichteten Handeln[1050] verdeutlicht seine Suche nach einer idealen Abwägung zwischen Stabilisierungs- und Strukturreformen.[1051] Neben der Verwirrung in der Wachstumsorientierung der Programme versuchte der IWF mit gezielten Maßnahmen die Auswirkungen seiner Politik auf die arme Bevölkerung zu mildern. Außerdem versuchte er, durch gezielte Maßnahmen die mit Strukturprogrammen verbundenen Kürzungen in Bildungs-, Gesundheits- und Sozialprogrammen zu mildert.[1052] Dabei fielen die sozialen Hilfen des IWF unter 4 verschiedene Kategorien: Hilfe für Konsumenten durch Preissubventionen; Einkommenstransfers über das Budget; direkte Hebung des Einkommens der Armen durch die Vermittlung von Arbeitsplätzen etc.; und Aufrechterhaltung der Staatsausgaben für Bildung und Gesundheit.[1053]

Der IWF wies auf schädliche Umwelteinwirkungen mancher Politiken hin.[1054] Neben dem Aufbau von sozialen Sicherungsnetzen umfaßten die Pro-

---

1048 IMF, ESAF at Ten Years, S. 33-42; Schadler, Anpassungsprogramme, S. 15-17.

1049 Rede vor den UN, Juli 1990, zitiert in Killick, Low-Income Countries, S. 612 und Polak, Changing Nature, S. 19.

1050 Gupta/ Nashashibi, Armutsbezug, S. 12; Bernstein/ Boughton, IMF and the Poor, S. 1 f.

1051 Die Diskrepanz zwischen Meinung und Handeln verurteilt Killick, Low-Income Countries, S. 612 f.; Debatten über die Suche nach einer ausgewogenen Politik siehe Barth/ Roe/ Wong, Coordinating Stabilization, S. 1 ff.; Jafarey, Structural Adjustment, S. 1 ff.

1052 Gupta/ Nashashibi, Armutsbezug, S. 13; Bernstein/ Boughton, IMF and the Poor, S. 5; Stuart, Structural Adjustment, S. 113.

1053 Stuart, Structural Adjustment, S. 121.

1054 IWF, Jahresbericht 1991, S. 54; Camdessus, High Quality Growth, S. 11; Nowzad, Development, S. 10; Killick, Programmes, S. 19-20; trotz der Aufnahme der Auswirkungen auf die arme Bevölkerung und die Umwelt in die Programme des IWF bemängelt Feinberg, daß der IWF den Unterschied zwischen dem Management der Zahlungsbilanz und dem Design von Entwicklungsstrategien nicht erkannt habe (Feinberg/ Kallab, Adjustment Crisis, S. 76).

gramme den Aufbau von Institutionen und Kapazitäten in den Mitgliedstaaten mit dem Ziel, ihre Effektivität zu steigern.[1055]

Da nach Auffassung des IWF die Armen mittelfristig vom wirtschaftlichen Wachstum profitieren, welches mittels der Anpassungsprogramme erreicht werden soll, sind armutsbezogene Abfederungsprogramme lediglich als Überbrückung notwendig.[1056] Allerdings erfolgte die direkte Linderung der Armut und der sozialen Kosten der Anpassung wie auch die Beachtung umweltpolitischer Aspekte weiterhin lediglich am Rande der Programme.[1057]

4.5.2.2. Hilfe für Staaten in wirtschaftspolitischem Übergang (IWF)

Der IWF gründete in April 1993 eine neue Sonderfazilität, die bis 1995 den Staaten der ehemaligen Sowjetunion die Möglichkeit gab, Gelder bei ihm zu ziehen, obwohl sie noch nicht in der Lage waren, ein für Ziehungen unter den bestehenden Fazilitäten und Kredittranchen notwendiges Reformprogramm vorzulegen (Systematic Transformation Facility, STF[1058]). Zwar war die STF primär auf die ehemaligen sowjetischen Republiken ausgerichtet, sie stand jedoch allen Staaten offen, die starke Störungen in ihren Handels- und Zahlungsverkehrsabkommen aufgrund des Wechsels von festgesetzten Handelspreisen zu Marktpreisen erlitten hatten.[1059]

Steht ein Staat bereits in vertraglicher Beziehung zum IWF, so erhöhten sich die Ziehungsmöglichkeiten im Rahmen der STF um höchstens 50% seiner Quote in Abhängigkeit zu den Bedürfnissen der Zahlungsbilanz. Staaten, die noch keine Ziehungen beim IWF tätigten, verbanden ihre Anfrage mit einer Politikbeschreibung (Policy Statement) über die Ziele ihrer Wirtschaftspolitik, mit makroökonomischen Zielsetzungen sowie strukturellen, fiskalischen, geldpolitischen und wechselkurspolitischen Maßnahmen, die während der Zeitspanne der STF-Hilfe umgesetzt werden sollten. Außerdem verpflichteten sie sich, keinerlei neue Zahlungsverkehrs- und Handelsbeschränkungen zu erlassen. Zur Stabilisierung der Wirtschaft standen die Gelder der STF in 2 Auszahlungen während 12-18 Monaten zur Verfügung und müssen 4 ½ -10 Jahre nach der Auszahlung zurückgezahlt werden.[1060]

1055 Gurumuthi, IMF, S. 179 f.; Fues, Gläubiger, S. 24.

1056 Bernstein/ Boughton, IMF and the Poor, S. 9, 20; Stuart, Structural Adjustment, S. 114.

1057 Schadler/ Rozwadowski/ Tiwari et al., Economic Adjustment, S. 40.

1058 IWF, Entscheidung vom 23. April 1993, Nr. 10348-(93/61) STF, zuletzt geändert durch Entscheidung vom 14. Dez. 1994, Nr. 10855-(94/109) STF; in: Sel. Dec. 1999, S. 289-292; die STF wurde in der Entscheidung vom 19. April 1995, Nr. 10961-(95/41) nicht mehr verlängert.

1059 IWF, Jahresbericht 1993, S. 60.

1060 IWF, Jahresbericht 1993, S. 60 f.

4.5.2.3. Hilfe für Mitglieder in Finanzkrisen

In der Ausstattung seiner Finanzierungsinstrumente war der IWF nicht auf die Finanzkrisen in Mexiko (1994-1995) und Asien (1997-1998) vorbereitet. Er stellte daher seinen Mitgliedern im Dezember 1997 die zusätzliche Reservefazilität (Supplemental Reserve Facility, SRF) zur Verfügung.[1061] Diese Sonderfazilität sollte Mitgliedern helfen, die unter außergewöhnlichen Zahlungsbilanzproblemen aufgrund eines politischen Verlustes an Marktvertrauen und dem daraus resultierenden Finanzmittelmangel litten. Die SRF-Auszahlungen, deren Höhe an die Bedürfnisse der Mitglieder gekoppelt waren, erfolgten innerhalb eines bestehenden Bereitschaftskreditabkommens oder erweiterten Abkommens. Insbesondere die Länge des Rückzahlungszeitraums von 2-2,5 Jahren nach der Auszahlung, die über eine Zeitspanne von 1-1,5 Jahren erfolgte, verdeutlichte den Charakter der Fazilität als kurzfristige Krisenhilfe.

Ebenfalls mit dem Hintergrund einer schnellen Hilfe im Krisenfall richtete der IWF in 1999 die Kreditlinie für den Eventualfall (Contingent Credit Line, CCL) ein.[1062] Danach unterwarf sich ein Mitglied strengen Wirtschaftspolitiken während eines Zeitraums, in dem er die Bedrohung einer Krisenanfälligkeit verspürte, eine Krise aber tatsächlich nicht bevorstand. Die Ziehungen konnten mit Ausbruch einer Krise, deren Ursprung in der Übertragung von Ungleichgewichten aus ausländischen Volkswirtschaften liegt, vorgenommen werden.

Um die Gefahr von Finanzkrisen frühzeitig zu erkennen, erweiterte der IWF seine Überwachungstätigkeit unter Art. IV IWF-Statuten um eine multilaterale Ebene. Dabei verfolgte er einen dezentralen Ansatz der Überwachung, bei dem kritische Politikbereiche flexibel und detailliert vor dem Hintergrund der regionalen Entwicklungen untersucht wurden.[1063] Zusätzlich bemühte er sich um ein reibungsloses Funktionieren der Kapitalmärkte durch eine verbesserte und umfangreichere Informationspolitik. Zum einen veröffentlichte er vermehrt seine eigene Meinung über die Lage in einzelnen Staaten, zum anderen informierte er ein breites Publikum über Hintergründe und Daten von Mitgliedern, um den Dialog über Problembereiche und Risiken anzuregen und das Vertrauen in seine eigene Arbeit mit gesteigerter Transparenz zu erhöhen.[1064] Im Gegenzug stellten auch die Mitgliedstaaten mehr Informationen über ihre Politik, Wirtschaft, den

---

1061 IWF, Entscheidung vom 17. Dez. 1997, Nr. 11627-(97/123) SRF, zuletzt geändert durch Entscheidung vom 8. Juni 1999, Nr. 11982-(99/61) SRF/ CCL; in: Sel. Dec. 1999, S. 276-281.

1062 IWF, Entscheidung vom 23. April 1999, Nr. 11942-(99/48) SRF/ CCL; zuletzt geändert durch Entscheidung vom 8. Juni 1999, Nr. 11982-(99/61) SRF/ CCL, in: Sel. Dec. 1999, S. 276-281.

1063 Goldstein/ Isard/ Masson et al., Policy Issues, S. 28 ff.

1064 IMF, Signaling, S. 25.

Finanzsektor und andere Wirtschaftsbereiche zur Verfügung und beteiligten sich an Datenbereitstellungsprogrammen.[1065]

4.5.2.4. Rückbesinnung auf die eigenen Kernaufgaben

Gegen Ende der 90er Jahre begann eine weitreichende Diskussion über die Aufgaben des IWF, die zu einer Überprüfung seiner Kredittranchen und Sonderfazilitäten im Jahr 2000 führte. Der IWF verfolgte damit das Ziel, seine Finanzangebote auf die sich schnell ändernden Bedingungen der Weltwirtschaft anzupassen und die Inanspruchnahme seiner Ressourcen so kurz wie möglich zu halten.[1066] Er führte daher eine Zusatzgebühr für Ziehungen in den Kredittranchen oder der EFF ein, die über die Grenze von 200% bzw. 300% reichen. Außerdem soll die Länge von Entleihungen mittels „Rückzahlungserwartungen" (time-based repurchase expectations) verkürzt werden.[1067] Zur Stärkung der Stellung des IWF als Krisenhelfer sind Notfallhilfen von diesen verschärften Regelungen ausgenommen.[1068] Die Überprüfung der Finanzhilfen ergab außerdem, daß einige Fazilitäten seit mehreren Jahren nicht in Anspruch genommen worden waren.[1069] Der IWF beendete daher zum 15. Februar 2000 die Möglichkeit, unter der BSFF Gelder zu ziehen.[1070]

Die letzte Ziehung unter der Notfallhilfe der CCFF erfolgte in 1992. Sie stellt Anpassung und Finanzierung für den Fall von unvorhergesehenen Entwicklungen in der Leistungsbilanz eines Mitglieds, die außerhalb des Beherrschungsvermögens des Mitglieds liegen, bereit. Da diese Hilfe auch über die CFF, eine Verlängerung eines bestimmten IWF-Programms oder eine Anpassung eines bestehenden Programms auf die neue Zahlungsbilanzsituation erfolgen kann, wurde der Notfallmechanismus der CCFF in Januar 2000 beendet.[1071]

Einhergehend mit der Konzentration des Aufgabenbereichs des IWF auf die Hilfe nach Zahlungsbilanzkrisen erleichterte er den Zugang zur CCL in Septem-

---

1065 Eine umfassende Darstellung dieser Programme erfolgte bereits unter Kapitel 2.1.2.3, S. 40. Neben den umgesetzten Programmen gab es verschiedene Ansätze innerhalb des IWF, mit denen die Politik der Mitglieder und Anfälligkeiten für Krisen bewertet werden konnten. Eine kurze Beschreibung dieser Vorschläge (yellow card approach und rating system) findet sich in IMF, Signaling, S. 26 f.

1066 IMF, Review of Fund Financing Facilities, S. 1.

1067 IMF, Review of Fund Financing Facilities, S. 2 und 3; IMF, Fund Facilities, S. 5-12.

1068 IMF, Review of Fund Financing Facilities, S. 3.

1069 Die letzte Ziehung unter der BSFF erfolgte im Januar 1984; die CCL ist noch nie in Anspruch genommen worden.

1070 IWF, Entscheidung vom 15. Feb. 2000, Nr. 12142-(00/16); in: Sel. Dec. 2003; Wiedergabe der Diskussion über den Erhalt der BSFF in IMF, Review of CCFF und BSFF, S. 18.

1071 Verschiedene Entscheidungen des IWF von Anfang 2000, die CCFF in die CFF umgeformt haben; Wiedergabe der Diskussion über den Erhalt der CCFF in IMF, Review of CCFF und BSFF, S. 16-18.

ber 2000.[1072] Die Finanzhilfe, die das Verfolgen guter Wirtschaftspolitiken während einer bestimmten Periode voraussetzt, ist seitdem an weniger intensive Kontrollen durch den IWF und dafür einen höheren Grad an Konsultationen und Zusammenarbeit gebunden. Außerdem wird den Mitgliedern ein höherer Automatismus nach dem Ausbruch einer Krisensituation zugebilligt und die Höhe der Gebühren gesenkt. Da trotz dieser Erleichterungen die CCL weiterhin nicht in Anspruch genommen worden ist, stellte der IWF diese Hilfe mit Ablauf ihrer vorher bestimmten Dauer am 30. November 2003 ein.[1073]

4.5.3. Beginnende Synergie zwischen Weltbank und IWF

Die Ergänzung der Entwicklungshilfestrategie der Weltbank durch Maßnahmen mit einem direkten Armutsbezug und die Reaktion des IWF auf den Ausbruch der Finanzkrisen Mitte der 90er Jahre führte zu einer Konzentration der Geschäftstätigkeit auf die ursprünglichen Aufgaben der Organisationen. Die Weltbank gründete ihren Entwicklungsansatz auf der Partizipation der armen Gesellschaften und beachtete vermehrt die sozialen Auswirkungen der wachstumsorientierten Reformmaßnahmen sowie negative Einflüsse auf die Umwelt. Insbesondere die innere Reform im Strategic Compact führte zu einer geänderten Arbeitsweise mit und größerem Kontakt zu den Mitgliedstaaten. Gleichzeitig entdeckte der IWF seine Aufgaben in der Bekämpfung und Vorbeugung von Finanzkrisen. Er versuchte in der Kontrolle und Anpassung seiner Fazilitäten in 2000 die Zeitspannen der Entleihungen durch seine Mitglieder zu verkürzen und die Höhe der ihm gegenüber bestehenden Schulden einzudämmen. Parallel zu dieser Rückbesinnung richtete er die Kreditvergabe außerhalb der Allgemeinen Fondsmittel allerdings auf die Erkenntnisse in der Entwicklungshilfe aus. So reicherte er die Programme im Rahmen der ESAF durch Politiken zur Schaffung sozialer Sicherungsnetze und gezielter Überbrückungsmaßnahmen für die unter Anpassungen leidende Bevölkerung an. In diesem Bereich bewegte er sich auf die Weltbank zu und bemühte sich um eine erfolgreiche Angleichung der Meinungen. In diesem Sinn folgert der Kommentar der IWF-Mitarbeiter auf den Evaluationsbericht über ESAF-Programme von 1998[1074]:

> „We agree that there is a need to strengthen further the cooperation between the IMF and the World Bank on social issues. We also agree on the need to draw more consistently on the World Bank the enhance the empirical base for predicting and monitoring the social impact of IMF-supported programs.“

Das steigende Bewußtsein für notwendige Politikabstimmungen in einzelnen Geschäftsbereichen führte zu mehreren Memoranden, in denen die Kompetenzverteilung und Zusammenarbeit der beiden Organisationen detaillierter als im

---

1072 IMF, Board agrees on Changes, S. 1-2.
1073 IWF, Jahresbericht 2004, S. 37.
1074 IMF, Evaluation ESAF, S. 133.

Memorandum vom 1989 abgestimmt wurde.[1075] Die erste Regelung der Zusammenarbeit in einem besonderen Geschäftsbereich erfolgte in 1992 im Memorandum on Bank-Fund Collaboration on the States of the Former Soviet Union.[1076] Dieser Vereinbarung wurde, wie auch die bisherigen Absprachen über die Zusammenarbeit der beiden Organisationen von deren Führungen erstellt und vereinbart und anschließend den Exekutivdirektorien zur Kenntnis vorgelegt.[1077] Die Weltbank wird in der Vereinbarung damit beauftragt, Programme über die Kernelemente der notwendigen Strukturreformen in Verbindung mit den entliehenen Geldern zu erstellen. Die Regierung verfaßt dazu in Zusammenarbeit mit der Weltbank „Structural Reform Programs", bei deren Planung der IWF über Kernfragen der makroökonomischen Stabilisierung und damit in Verbindung stehende Strukturpolitiken konsultiert wird. Die Maßnahmenbündel der IWF-Politik werden in „Memoranda of Economic Policies" bzw. „Letter of Intent" beschrieben, über deren Inhalt wiederum die Weltbank in Kenntnis gesetzt wird.

Aufbauend auf den beiden Programmvereinbarungen zwischen dem Mitgliedstaat und dem IWF bzw. der Weltbank erstellt der Mitgliedstaat ein umfassendes Strukturanpassungsprogramm in einem mittelfristigen, makroökonomischen Rahmen. Bevor Auszahlungen von Weltbank oder IWF getätigt werden, sollen die beteiligten Parteien

> „[give] consideration [...] to the preparation of comprehensive tripartite documents involving the authorities, as well as Bank and Fund staff, which describe the reform programs and their associated financing requirements in a medium-term macroeconomic framework"[1078]

Dieser Ansatz zur Vermeidung von Kollisionen zwischen Weltbank- und IWF-Ratschlägen beim Übergang der Plan- in die Marktwirtschaft ist von keinem Mitglied in Anspruch genommen worden.[1079] Die Zusammenarbeit war häufig aufgrund technischer Probleme, einem Mangel an Daten oder dem Abbruch von Programmen erschwert.[1080] Lediglich in Beschreibungen, die nicht in eine detaillierte Prüfung der Kohärenzbereiche einsteigen, wird die Zusammenarbeit als gut bezeichnet. Diese Schlußfolgerung mag allerdings auch darin begründet sein, daß sich eine Unterscheidung der konzessionären Hilfe an einkommens-

---

1075 Bank-Fund Collaboration on the States of the Former Soviet Union (R92-76), 28. April 1992 und Memorandum on Bank-Fund Collaboration on Public Expenditure Work, 27. Juni 1995; in: Shihata, Relationship, S. 787 ff.; auf weitere Memoranden, die heute noch Geltung entfalten, wird in Kapitel 5, S. 279 eingegangen.

1076 Bank-Fund Collaboration on the States of the Former Soviet Union (R92-76), 28. April 1992; in: Shihata, Relationship, S. 787 f.

1077 Kritik des Exekutivdirektoriums der Weltbank ist zusammengefaßt bei Shihata, Relationship, S. 787 f.

1078 Shihata, Relationship, S. 787.

1079 Shihata, Relationship, S. 788.

1080 Decressin/ Ebrahim-zadeh/ Dicks-Mireaux et al., Structural Reform, S. 181.

schwache Mitglieder auf eine unterschiedliche Länge der Laufzeiten und die verschiedene Herkunft der Finanzmittel beschränkt.[1081] Der neue Armutsbezug der Weltbank und die Schwerpunktsetzung des IWF im Bereich der Krisenhilfe und -prävention führten zu einer Entspannung der Konkurrenzlage und der Rivalität zwischen IWF und Weltbank. Beide Organisationen versuchten die Bandbreite möglicher Krisen und Entwicklungsstadien durch Hilfen aus ihrem eigenen Kompetenzbereich abzudecken. Diese Bewertung wird durch die Ausrichtung der ESAF-Hilfe auf soziale und umweltpolitische Aspekte unterstützt, obwohl der heutige Grad an Übereinstimmung aufgrund der mangelnden Ausrichtung der ESAF auf direkte Armutsbekämpfung noch nicht erreicht werden konnte.[1082]

1081 Bernstein/ Bougthon, IMF and the Poor, S. 17; Decressin/ Ebrahim-zadeh/ Dicks-Mireaux et al., Structural Reform, S. 180; Stuart, Structural Adjustment, S. 114; Schadler, Low-Income Countries, S. 624.

1082 Vgl. zur heutigen Zielsetzung der Hilfe für einkommensschwache Mitglieder des IWF (PRGF) Kapitel 3.4.1.2, S. 136.

5. Rechtliche Beurteilung der Beziehung zwischen Weltbank und IWF: Mechanismen der Kooperation und Koordination sowie Reformvorschläge

In der Beziehung zwischen der Weltbank und dem IWF und in der Aufteilung ihrer Mandate bestehen eine Reihe von Kohärenzen, Konkurrenzen und Kollisionen.[1083] Dieser Teil enthält eine rechtliche Bewertung der Zusammenhänge zwischen den Organisationen unter dem Begriff der Normenkonkurrenz und prüft eine Lösung dieser Problematik anhand des Kollisionsrechts sowie anhand der Möglichkeiten der Kooperation und Koordination. Diese Ansätze werden anschließend auf ihre Effizienz und Effektivität hin überprüft. Das letzte Kapitel enthält Vorschläge zur Verbesserung der Zusammenarbeit zwischen den Organisationen.

5.1. Bestehen einer Normenkonkurrenz

Nach der Bestimmung des Begriffs "Normenkonkurrenz" erfolgt eine Subsumtion der Beziehung zwischen der Weltbank und dem IWF unter denselben. Eine Normenkonkurrenz setzt voraus, daß Konkurrenzen und Kollisionen zwischen den Mandaten der Weltbank und des IWF vorhanden sind und daß kein Handeln ultra vires vorliegt.

5.1.1. Begriffsbestimmung

Unter einer Normenkonkurrenz wird das Zusammentreffen verschiedener Normen in Bezug auf denselben Sachverhalt verstanden.[1084] Ein "Zusammentreffen" umfaßt einerseits die Regelung des gleichen Sachverhalts gegebenenfalls mit unterschiedlichen Mitteln und liegt daher bei einer Konkurrenz der Geschäftstätigkeit, nämlich dem Wetteifern beim Erreichen des gleichen Ziels, vor. Andererseits ist darunter die Kollision von Regelungen zu verstehen, d.h. ein Widerstreit nicht miteinander zu vereinbarender Handlungen. Dagegen fehlt es einer bloßen Kohärenz zwischen den Regelungsinhalten verschiedener Normen an Intensität, um Konflikte zwischen handelnden Parteien über einen bloßen Interessenwiderstreit hinaus zu verursachen.

Das Mandat der Weltbank und des IWF besteht aus den Regelungen in ihren Statuten (Primärrecht) und dem internen Organisationsrecht, nämlich der Ausgestaltung des Handlungsauftrags durch die Organisation (Sekundärrecht). Un-

---

1083 Die Untersuchung der Kohärenzen, Konkurrenzen und Kollisionen zwischen den Mandaten der Weltbank und des IWF erfolgt in Teil 2 und 3 der Arbeit.

1084 Klein, Vertragskonkurrenz, S. 555; Karl, Treaties, S. 936; Zuleeg, Vertragskonkurrenz I, S. 247 m.w.N.

zweifelhaft liegt eine Normenkonkurrenz bei Überschneidungen des Primärrechts vor. Es stellt sich allerdings die Frage, ob auch die Konkurrenz in der Geschäftstätigkeit zweier internationaler Organisationen als Normenkonkurrenz bezeichnet werden kann.

Da die Geschäftstätigkeit, d.h. die spätere Praxis einer Organisation nach Abschluß des Gründungsvertrags, die Vertragswirklichkeit wiedergibt, bildet sie eine Einheit mit der "Verfassung" der Organisation.[1085] Die Arbeit einer internationalen Organisation baut somit auf den durch die Praxis geprägten und von den Organen der Organisation in ihrer täglichen Arbeit ausgelegten Statuten auf. Den Einfluß der späteren Praxis auf die Vertragswirklichkeit und die Auslegung bzw. Weiterbildung der Statuten beschreibt der Internationale Gerichtshof folgendermaßen:

> „the rights and duties of an entity such as the Organization must depend upon its purposes and functions as specified or implied in its constituent documents and developed in practice".[1086]

Eine in der späteren Praxis zweier Organisationen auftretende Konkurrenz ist daher mit der Konkurrenz der Statuten vergleichbar und ebenfalls als Normenkonkurrenz zu bezeichnen.[1087]

5.1.2. Bereiche der Konkurrenz und Kollision zwischen Weltbank und IWF

Konkurrenzen und Kollisionen zwischen Weltbank und IWF können lediglich in den Mitgliedstaaten auftauchen, in denen beide Organisationen tätig sind. Dies beschränkt die Überschneidungen auf das Vorgehen in Entwicklungsländern oder in Staaten, die sich im Wiederaufbau nach bewaffneten Konflikten befinden. Teilweise treten die inhaltlichen Bereiche möglicher Überschneidungen schon in den Statuten der beiden Organisationen auf. So ist der Weltbank die Aufgabe übertragen worden, die Kapitalanlage für produktive Zwecke zu fördern.

Diesem mikroökonomischen Ansatz steht die Aufgabe des IWF gegenüber, zur Entwicklung des Produktionspotentials aller Mitglieder im Rahmen der nati-

---

1085 Zu Terminologie und den Funktionen der späteren Praxis im Völkerrecht siehe Karl, Spätere Praxis, S. 111-123 m.w.N.; Bernhardt, Auslegung, S. 132. Der Begriff "Verfassung" wird in der Literatur als Umschreibung der Funktion der Statuten für die internationale Organisation angeführt (Seidl-Hohenveldern/ Stein, Völkerrecht, S. 219, Rn. 1501; Bleckmann, Völkerrecht, S. 251, Rn. 782). Er verdeutlicht im Gegensatz zu den Begriffen „Übereinkommen" oder „Statuten" die inherente Deutung und Auslegung der zugrundeliegenden Normen. Die Normen einer Verfassung sind durch ihre Auslegungsfreundlichkeit und Offentheit geprägt und bilden die Basis, aufgrund derer alle Mitglieder die sich wandelnden Interpretationen akzeptieren.

1086 International Court of Justice, Reports of Judgements, Advisory Opinions and Orders, 1949, S. 180.

1087 Pätzold, Kompetenzüberschneidungen, S. 106.

onalen Wirtschaftspolitik beizutragen, und somit die Stabilität der Wirtschaft durch makroökonomische Rahmenbestimmungen zu fördern. Die Handlungskompetenzen der Weltbank, die ihr in den Statuten übertragen worden sind, liegen schwerpunktmäßig in der finanziellen Unterstützung ihrer Mitgliedstaaten, die mit dem Umsetzen von Politikreformen verbunden ist. Der Mitgliedstaat stellt in diesem Fall ein umfassendes Reformprogramm mit strukturpolitischen, wachstumsbezogenen und mikroökonomischen Maßnahmen auf. Diese Reformen kollidieren häufig mit den makroökonomischen Programmen, die der IWF an die Ziehungen seiner Gelder durch die Mitgliedstaaten knüpft.[1088]

Außerdem kommt es im Bereich der Geschäftstätigkeit der Organisationen (Sekundärrecht) zu Konkurrenzen und Kollisionen zwischen der Weltbank und dem IWF, die in Tabelle 16 [Konkurrenzen und Kollisionen] überblicksweise zusammengefaßt sind.[1089]

5.1.3. Ausschluß der Normenkonkurrenz aufgrund Handelns ultra vires

Eine Normenkonkurrenz zwischen Weltbank und IWF ist ausgeschlossen, wenn eine der beiden Organisationen außerhalb ihrer Handlungskompetenzen tätig wird. Das Handeln ultra vires, d.h. außerhalb der einer Organisation zukommenden Völkerrechtssubjektivität, erzeugt keine Rechtswirkungen, da die völkerrechtliche Handlungsfähigkeit nie weiter reichen kann als die Rechtsfähigkeit des Subjekts.[1090] Die Geschäftstätigkeit der Organisationen ist daher anhand ihrer Statuten auf ihre Rechtmäßigkeit hin zu überprüfen. Soweit sich die Geschäftstätigkeit der Organisationen nicht mehr im Rahmen der Kompetenzen hält, handelt es sich um eine Rechtsanmaßung der Organisation.[1091] Dieser Konfliktfall müßte mittels politischer Einigung, der Beschränkung der Geschäftstätigkeit der ultra vires handelnden Organisation auf ihren Kompetenzbereich oder

---

1088 Vgl. Teil 2.

1089 Vgl. Teil 3.

1090 Ipsen, Völkerrecht, S. 55, Rn. 10; Shihata III, S. 157; Klein, Internationale Organisationen, Rn. 194; Gold, Interpretation, S. 539-553; Ruffert, Zuständigkeitsgrenzen, S. 161.

1091 Seidl-Hohenveldern/ Loibl, Organisationen, S. 221, Rn. 1507. Zwar kann die spätere Praxis auch in der Funktion als authenitsche Auslegung des Vertrags oder als Vertragsgestaltung bzw. Vertragsänderung in Erscheinung treten (Karl, Spätere Praxis, S. 204-211), von diesen Möglichkeiten ist die Geschäftstätigkeit einer internationalen Organisation allerdings ausgeschlossen, da die auslegende Partei hier nicht mit den Vertragspartnern übereinstimmt. Gemäß Art. XXIX IWF-Statuten, Art. IX IBRD-Statuten und Art. X IDA-Statuten sind die Exekutivdirektorien der Weltbank und des IWF zur Auslegung der Statuten berechtigt. Die authentische Auslegung oder eine Vertragsänderung setzen jedoch ein Handeln der vertragsschließenden Parteien voraus, da es sich in diesen Fällen nicht um eine Auslegungsmethode zur Erkenntnis des im Vertragstext enthaltenen Parteiwillens, sondern um die Konkretisierung der Verträge handelt (vgl. Bleckmann, Völkerrecht, Rn. 369; Ipsen, Völkerrecht, § 11, Rn. 2, 14; Art. 31, Abs. 3, lit. a und b WVK).

einer Angleichung der Statuten an die bestehenden Verhältnisse gelöst werden; es läge allerdings kein Fall der Koordination oder Kooperation von Seiten der Organisationen vor.

Tabelle 16 Konkurrenzen und Kollisionen

	Weltbank	IWF
Strategie	Verfolgen der Internationalen Entwicklungsziele	
	nachhaltige Entwicklung; ownership der Regierungen, Partizipation der Bevölkerung	
Forschungs-programme	innerhalb der eigenen Kompetenzen	
	darüber hinaus: int. Finanzkrisen; int. Kapitalflüsse; Wechselkurse und korrespondierende Politiken; Rezession; Schwankungen im Wachstum; Rolle der Geldpolitik in zyklischen Fluktuationen; System der Banken; Fiskalpolitik; öffentliche Verschuldung; Arbeitslosigkeit; Produktion	
gemeinsame Technische Hilfe	FSAP	
	JSA und Hilfe beim Erstellen der PRSPmit dem Ziel der Armutslinderung und des Wirtschaftswachstums	
	Politik mit Schwerpunkt auf wachstumsbezogener Strukturanpassung	Politik mit Schwerpunkt auf makroökonomischer Stabilität
Konditionalität und Politikdialog	eher mikroökonomische und nachfrageorientierte Reformmaßnahmen	eher makroökonomische und angebotsorientierte Reformmaßnahmen
	sozialverträglich Maßnahmen, subventionsfördernd, langfristig angelegt	kurzfristige Stabilisierungsmaßnahmen im Bereich der Geld-, Fiskal- und Wechselkurspolitik
	Steigerung der öffentlichen Ausgabn zur Unterstützung der Benachteiligten und Förderung zukunftsträchtiger Sektoren	Kürzung der Staatausgaben, um das Defizit in der Zahlungsbilanz zu vermindern
Politikdialog der Wetlbank und Überwachungstätigkeit des IWF	vgl. die Politikschwerpunkte in Konditionalität und Politikdialog	
finanzielle Hilfe	CAS umfaßt Prüfung der Stabilität der Wirtschaft und des Währungssystems und Angemessenheit der makroökonomischen Politik als Grundlage eines nachhaltigen Wirtschaftswachstums	
	langfristige Darlehen mit Fälligkeiten bis zu 50 Jahren	kurz- bis mittelfristige Ziehungen und Darlehen unter der PRGF

Zu PRSP: Das PRSP ist eine Voraussetzung für die DPL der Weltbank, die PRGF des IWF und die HIPC-Initiative. Da die Konkurrenzen und Kollisionen nicht zwischen dem Finanzierungs- bzw. Schuldenerlaßinstrumenten, sondern in der Ausarbeitung des PRSP als Voraussetzung der Instrumente, werden diese nicht zusätzlich aufgeführt.
Quelle: Eigene Darstellung nach den Erkenntnissen aus Teil 3 dieser Arbeit.

5.1.3.1. Auslegungmethoden für Statuten internationaler Oranisationen

Die Auslegung der Übereinkommen von IBRD, IDA und IWF hat anhand der Vertragstexte zu erfolgen, die mit Hilfe von Auslegungsmethoden interpretiert werden können.[1092] Die spätere Praxis einer internationalen Organisation, die sich in ihrer Geschäftstätigkeit niederschlägt, stellt bereits eine Auslegung der abstrakten und wenig expliziten Statuten durch die Organe der Organisation dar.[1093] Die Prüfung des Handeln ultra vires erfolgt mittels einer wörtlichen, systematischen und teleologischen Auslegung sowie der Anwendung der "implied-powers" Lehre.[1094] Die "implied-powers" Lehre erweitert die ausdrücklich genannten Kompetenzen einer internationalen Organisation um zusätzliche Aufgaben bzw. Handlungsmöglichkeiten, ohne welche die Organisation ihre Ziele nicht erreichen könnte. Die Auslegung basiert auf den im Vertrag festgelegten Aufgaben und Zielsetzungen und füllt die zwischen diesen und den Handlungskompetenzen der Organisation bestehende Lücke.[1095]

5.1.3.2. Einschränkung der partiellen Völkerrechtssubjektivität einer internationalen Organisation durch die Völkerrechtssubjektivität anderer Organisationen

Die Normenkonkurrenz in der späteren Praxis der Geschäftstätigkeit der Weltbank und des IWF könnte rechtswidrig sein, wenn die Übertragung von Rechten und Pflichten der Mitgliedstaaten auf eine internationale Organisation exklusiv erfolgt und die Souveränität der Mitgliedstaaten dahingehend einschränkt, dieselben Handlungskompetenzen auf eine weitere internationale Organisation zu übertragen. Da die Kompetenzen einer internationalen Organisation nicht über die Kompetenzen der Gründungsmitglieder hinaus gehen können, würde die zweite Organisation im Falle von Konkurrenzen ultra vires handeln.

Die Möglichkeit eines Exklusivitätsverhältnisses zwischen den Organisationen gründet auf der Beziehung zwischen der Organisation und ihren Mitgliedstaaten. *Von Simson* beschreibt dieses Verhältnis folgendermaßen:

1092 Dieser objektive Ansatz hat sich auch in Art. 31 WVK niedergeschlagen und damit den subjektiven Auslegungsansatz, nach dem die Interpretation eines Vertrages vom historischen Parteiwillen ausging und die Vertragsmaterialien hervorhob, verdrängt (Ipsen, Völkerrecht, § 11, Rn. 4).

1093 Karl, Spätere Praxis, S. 166; Bernhardt, Auslegung, S. 23 und 169. Gemäß Art. XXIX IWF-Statuten, Art. IX IBRD-Statuten und Art. X IDA-Statuten sind die Exekutivdirektorien der Weltbank und des IWF zur Auslegung der Statuten berechtigt.

1094 Art. 31, 32 WVK; Ipsen, Völkerrecht, § 11, Rn. 6-10; Bleckmann, Völkerrecht, Rn. 344-369; Graf Vitzthum, Quellen des Völkerrechts, Rn. 123.

1095 Zuleeg, Implied Powers, S. 1312; Seidl-Hohenveldern/ Loibl, Organisationen, Rn 1603; Bleckmann, Völkerrecht, Rn. 802; Ipsen, Völkerrecht, § 6, Rn. 9; § 11, Rn. 16; Berhardt, Auslegung, S. 97-99; Graf Vitzthum, Quellen des Völkerrechts, Rn. 124, Köck, Implied Powers, S. 288 f.

„Noch einmal ist nun darauf hinzuweisen, daß die Gebilde, denen hiernach bestimmte Souveränitätsaufgaben zukommen [internationale Organisationen], ihrerseits nicht, oder nur ganz andeutungsweise, die Attribute souveräner Persönlichkeiten besitzen. Es handelt sich einstweilen weit mehr um die gemeinsame Definition und Ausübung einzelner Funktionen der Souveränität, als um die Schaffung souveräner Gemeinschaftsorganisationen."[1096]

Dieser Ansatz geht von der Koexistenz souveräner und gleicher Staaten aus, welche die aus den sozialen Grundrechten anfallenden Interessen der Individuen autark befriedigen konnten.[1097] Die Zunahme der internationalen Beziehungen und die Globalisierung der Wirtschaftsverbindungen führten jedoch zu einer Fortbildung des Völkerrechts von einer Koexistenz der Staaten zu einer Kooperation. Im Kooperationsvölkerrecht werden die Souveränität und die hieraus fließenden Kompetenzen und Integritätsinteressen nicht mehr als Selbstzweck der staatlichen Außenpolitik, sondern als Mittel zur Durchsetzung der Wohlfahrtsinteressen der Völkergemeinschaft angesehen.[1098] Diese Interessen können von einem einzelnen Staat nicht befriedigt werden und schließen Vorteile für andere Staaten mit ein. Es handelt sich daher um die Förderung eines gemeinsamen Ziels der Mitglieder, d.h. in den Worten von *Bleckmann*[1099] um ein „echtes Allgemeininteresse der Völkerrechtsgemeinschaft" und um die „Ausdehnung des Eigen- auf das Fremdinteresse".

Allerdings ist auch im Kooperationsvölkerrecht fraglich, in wie weit Mitgliedstaaten ihre Souveränität partiell auf die internationale Organisation übertragen. Die Organisation erlangt für die in ihren Statuten genannten Ziele eine partielle Völkerrechtssubjektivität.[1100] Innerhalb dieses Bereichs halten ihre Organe die Auslegungs- und Interpretationshoheit für die Statuten[1101] und sie können die Geschäftstätigkeit mit ihrer Schwerpunktsetzung nach eigenen Vorstellungen gestalten. Ein Souveränitätsverlust von Seiten der Mitgliedstaaten setzt jedoch voraus, daß die innere Struktur einer internationalen Organisation die staatliche Rechtsordnung widerspiegelt und somit die Übertragung der äußeren Souveränität durch die Gewährung der inneren Souveränitätsordnung eines Staates ermöglicht wird.[1102] Da weder die Weltbank noch der IWF nach dem Grund-

---

1096 v. Simon, Souveränität, S. 230.

1097 Vgl. Bleckmann, Völkerrecht, S. 65, Rn. 176.

1098 Bleckmann, Völkerrecht, S. 247, Rn. 759; Verdross/ Simma, Völkerrecht, S. 41, § 52 f.

1099 Bleckmann, Völkerrecht, S. 67, Rn. 178.

1100 Seidl-Hohenveldern/ Stein, Völkerrecht, S. 50, Rn. 0314; Ipsen, Völkerrecht, S. 357, Rn. 30, der von einer partikulären Völkerrechtssubjektivität spricht; über die Völkerrechtssubjektivität des IWF siehe Lucke, IWF, S. 59-62.

1101 Art. IX IBRD-Statuten; Art. XXIX IWF-Statuten.

1102 Bleckmann, Völkerrecht, S. 247, Rn. 760. Vgl. Verdross/ Simma, Völkerrecht, S. 28, § 34 und S. 30, § 35, der dazu ausführt: „Auf das Verhältnis zwischen Völkerrecht und Landesrecht bezogen, bedeutet Souveränität Exklusivität, „Impermeabilität" der staatlichen Rechtsordnung in dem Sinne, daß im innerstaatlichen Bereich nur Recht gilt, das

satz der Gewaltenteilung oder der Kontrolle verschiedener voneinander unabhängiger Gewalten konzipiert worden sind, ist davon auszugehen, daß die Mitgliedstaaten keine Souveränitätsrechte auf die Organisationen übertragen wollten.

Die Tatsache, daß einer internationalen Organisation kein „Monopol" für ihre Sachgebiete von den Mitgliedstaaten übertragen wird, spricht somit gegen die Verpflichtung, bei der Auslegung der Statuten bzw. in der späteren Praxis neben den eigenen Zielen und Handlungskompetenzen auch mögliche Konkurrenzen gegenüber der Geschäftstätigkeit der anderen Organisation zu beachten.[1103] Die Mitgliedstaaten waren daher befähigt, zwei Organisationen zu gründen, die zumindest in ihrer späteren Praxis in Konkurrenz zueinander treten können. Die Weltbank und der IWF sind in ihrer späteren Praxis somit nicht durch die Ziele und Kompetenzen der jeweils anderen Organisation beschränkt.

5.1.3.3. Konformität der Geschäftstätigkeit der Weltbank mit ihren Statuten

Um eine Normenkonkurrenz zwischen der Weltbank und dem IWF festzustellen, darf die Geschäftstätigkeit der Weltbank, in deren Bereich die Konkurrenz oder Kollision auftritt, nicht gegen ihre Statuten verstoßen, da sie in diesem Fall ultra vires und damit rechtswidrig handeln würde. Nach Betrachtung der in Kapitel 5.1.2. errichteten Aufstellung treten Konkurrenzen und Kollisionen in der umfassenden Entwicklungsplanung des CAS eines Mitgliedstaates auf. Sie sind dadurch charakterisiert, daß es sich nicht um die Finanzierung produktiver Stätten handelt, sondern um den Politikdialog und die technische Hilfe, die mit der Vergabe der Kredite für Entwicklungspolitik, d.h. mit der Unterstützung der Sektor- und Strukturanpassung in den Mitgliedstaaten, verbunden ist. Außerdem treten Überschneidungen im Bereich der Notfallhilfe der Weltbank auf.

Die Weltbank ist gemäß Art. III, Absch. 4, Abs. vii IBRD-Statuten und Art. V, Absch. 1, lit. b IDA-Statuten berechtigt, „in besonderen Umständen" Darlehen oder Garantien zu vergeben, die nicht für bestimmte Wiederaufbau- und Entwicklungsvorhaben verwendet werden. Allerdings reicht die bloße Feststellung, daß Politikreformen umgesetzt werden müßten, für die Entleihung der Gelder nicht aus, da die Weltbank nicht berechtigt ist, Gelder im Gegenzug zur Umsetzung später durchzuführender Reformen zu verteilen.[1104] Vielmehr werden die Darlehen von der Umsetzung vorher vereinbarter Sektor- und Strukturanpassungsprogramme begleitet. Die „besonderen Umstände" liegen dann vor, wenn Investitionen im produktiven Bereich durch den Aufbau von Institutionen und wirtschaftlichen Rahmenbedingungen erleichtert und gefördert werden. Unter

---

entweder dort erzeugt oder durch die Verfassung in diesem Bereich zugelassen wird [...].

1103 im Ergebnis auch Pätzold, Kompetenzüberschneidungen, S. 107; Seidl-Hohenveldern/ Loibl, Organisationen, S. 6, Rn. 0107.

1104 Shihata I, S. 26.

diese Auslegung können die Anpassungsmaßnahmen der Weltbank subsumiert werden, die nach ihrer Interpretation folgende Definition haben:

> „[operations which] assist a country in its attempt to create the conditions and incentives needed for the investment of capital for productive purposes by helping it in this context to reduce a serious deterioration in its balance of payments or by meeting financial needs resulting from or associated with the reform process.“[1105]

Die inhaltliche Grenze der von der Weltbank geförderten Programme der Mitgliedstaaten liegt in dem Verbot, sich von politischen Erwägungen leiten zu lassen und in die Politik eines Mitgliedstaates einzugreifen.[1106]

Die Regelungen der Statuten über das Verbot der politischen Betätigung liegen dem Politikdialog und dem Umfang der technischen Hilfe der Weltbank zugrunde. Gemäß Art. III, Absch. 5, lit. b IBRD-Statuten (Art. V, Absch. 1, lit. b IDA-Statuten) soll die Darlehensvergabe der Weltbank durch „Gesichtspunkte der Wirtschaftlichkeit und des Nutzeffekts gebührend [... berücksichtigt werden] und politische oder andere nicht wirtschaftliche Momente oder Überlegungen außer Acht“ lassen. Ein generelles Verbot politischer Betätigung enthält Art. IV, Absch. 10 IBRD-Statuten (Art. V, Absch. 6 IDA-Statuten)[1107], und Art. V, Absch. 5, lit. c IBRD-Statuten[1108] (Art. VI, Absch. 5, lit. c IDA-Statuten) versichert die Unabhängigkeit des Präsidenten und der Mitarbeiter der Weltbank. Obwohl diese deutlichen Regelungen eine Einmischung in nationale Politikgestaltung explizit ausschließen, kann die Weltbank in ihrer Arbeit nicht die interne politische Instabilität und Unsicherheit in einem Mitgliedstaat ignorieren, welche sich direkt auf die wirtschaftliche Entwicklung auswirkt.[1109] Da der Einfluß der Weltbank in einem Mitgliedstaat nicht vollkommen losgelöst von den nationalen, politischen Kräften eingesetzt werden kann, ist ein Vorgehen zu wählen, welches sowohl die wirtschaftlichen Überlegungen als auch das Verbot der politischen Betätigung beachtet. Unter Berücksichtigung der Voraussetzung für die Vergabe von Darlehen und Garantien, daß „der Darlehensnehmer [...] voraussichtlich in der Lage sein wird, seinen aus dem Darlehensvertrag herrührenden

---

1105 Legal Memorandum of the General Counsel (SecM88-517) vom 10. Mai 1988, zitiert in: Shihata I, S. 61.

1106 Art. V, Absch. 10 IBRD-Statuten; Art. V, Absch. 6 IDA-Statuten.

1107 Der Text des Art. IV, Absch. 10 IBRD-Statuten lautet: „Die Bank und ihre Beamten sollen sich nicht in die politischen Angelegenheiten eines Mitglieds einmischen; sie dürfen sich in ihren Entscheidungen auch nicht von dem politischen Charakter des betreffenden Mitglieds [...] leiten lassen. Für ihre Beschlüsse müssen ausschließlich wirtschaftliche Gesichtspunkte maßgeblich sein [...].“

1108 Der Text des Art. V, Absch. 5, lit. c IBRD-Statuten lautet: „Der Präsident und die Beamten und Angestellten der Bank sind bei der Ausübung ihrer Dienstgeschäfte ausschließlich der Bank und keiner anderen Behörde verantwortlich. [...]“.

1109 Meinung aus einem Dokument der Weltbank aus April 1968, zitiert in: Shihata III, S. 167.

Verpflichtungen nachzukommen"[1110], kann die Weltbank Faktoren in ihre Erwägungen einbeziehen, die das wirtschaftliche Wachstum und die Entwicklung im Mitgliedstaat verhindern und eine politische Instabilität erzeugen. Der frühere Vicepräsident der Weltbank und Leiter der Rechtsabteilung, *Ibrahim F.I. Shihata*, hebt in diesem Zusammenhang hervor:

> „What is important in this respect for the Bank is to limit itself to the necessary analysis needed for the purposes of its work and not to interfere or take sides in the direction of the political events or factors in place."[1111]

Der Inhalt des Politikdialogs und der technischen Hilfe, der direkt auf die wirtschaftlichen Entwicklungseffekte ausgerichtet ist, verstößt daher nicht gegen das Verbot der politischen Betätigung der Weltbank, sondern dient der „Erleichterung der Kapitalanlage für produktive Zwecke" (Art. I, Abs. i IBRD-Statuten). Die Weltbank kann daher Maßnahmen der Handelspolitik, des Aufbaus und der Funktionsfähigkeit staatlicher Institutionen, des Aufbaus eines funktionstüchtigen Rechts- und Justizsystems, der Strukturpolitik und des Schuldenmanagements zum Erreichen einer nachhaltigen Entschuldung in ihren Politikdialog aufnehmen, ohne gegen ihre Statuten zu verstoßen.

Diese Abwägung zwischen der Förderung und Erleichterung der wirtschaftlichen Entwicklung und der politischen Selbstbestimmung der Mitgliedstaaten gilt auch für die technische Hilfe der Weltbank, die sich auf die Unterstützung der Mitgliedstaaten beim Erstellen eines FSAP, eines PRSP und auf die Bewertung des nachhaltigen Schuldenmanagements bezieht. Die Bereitstellung von technischer Hilfe ist dabei Teil der "implied powers" der Weltbank. Ihr ist die Aufgabe übertragen worden, den Wiederaufbau und die Entwicklung in ihren Mitgliedstaaten durch die Erleichterung der Kapitalanlage für produktive Zwecke, d.h. durch die wirtschafliche Entwicklung der Staaten zu fördern.[1112] Diese Aufgabe, zu deren Erreichen der Weltbank die Vergabe von Darlehen und Garantien zur Verfügung stehen, ist ohne eine ausführliche Analyse der geopolitischen, wirtschaftlichen und kulturellen Lage eines Staates, die Vermittlung notwendiger Kenntnisse über die Entwicklungsvorgänge an Beamte und Mitarbeiter der reformwilligen Staaten und die Bereitstellung umfassender Publikationen und Forschungsergebnisse nicht erfolgreich durchzuführen.

Die Bereiche, in denen die Weltbank Forschung betreiben und die Ergebnisse in Publikationen veröffentlichen kann, müssen in Verbindung mit ihrem Mandat stehen. *Shihata* steckt für diese Arbeit die folgenden Grenzen ab:

1110 Art. III, Absch. 4, Abs. v, 1. HS IBRD-Statuten.

1111 Shihata III, S. 168; ähnlich Dell, Stabilization, S. 165.

1112 Art. I, Abs. i IBRD-Statuten; Art. I, S. 1 IDA-Statuten.

> „The relevance of the Bank's research to the institution's activities and purposes defines the outer limits of its research work; the priorities of the Bank and its members guide its actual scope."[1113]

Wie bereits erwähnt, steht im Mittelpunkt der Ziele der Weltbank die wirtschaftliche Entwicklung eines Mitgliedstaates und die Anregung internationaler Investitionen (Art. I, Abs. iii IBRD-Statuten). Die Weltbank und private Geldgeber machen die Vergabe ihrer Gelder schwerpunktmäßig von den politischen und gesellschaftlichen Risiken in einem Land und dessen wirtschaftlichen Rahmenbedingungen abhängig. Die Beurteilung internationaler Finanzkrisen und Kapitalflüsse, der Entwicklung der Wechselkurse und damit korrespondierender Politiken, der Rezessionen und der Schwankungen im Wachstum einer Wirtschaft können dabei ebenso Einfluß auf die Investitionsentscheidung haben, wie das Bestehen eines Bankensystems, die Höhe der Arbeitslosigkeit und der Umgang mit der öffentlichen Verschuldung. Die Weltbank kann daher viele Bereiche der wirtschaftlichen Entwicklung seiner entleihenden Mitglieder in ihre Forschungstätigkeit einbeziehen, die bei der Gründung der Organisation nicht zu ihren Betätigungsfeldern zählten.

Die Konformität der finanziellen Notfallhilfe der Weltbank mit den Statuten der Weltbank ist unproblematisch. Die Weltbank versucht, die physischen Güter eines Landes wiederaufzubauen und dessen wirtschaftliche und soziale Aktivitäten auf den Stand vor Eintritt des Notfalls zu bringen. Damit liegt eine Finanzierung und Unterstützung des Wiederaufbaus in einem Mitgliedstaat gamäß Art. I, Abs. i; Art. III, Absch. 1 IBRD-Statuten vor.

Die Bereiche, in denen Konkurrenzen und Kollisionen zwischen der Weltbank und dem IWF auftreten bzw. in denen sich die Weltbank den Politikbereichen aus der Geschäftstätigkeit des IWF angenähert hat, überschreiten das ihr in den Statuten übertragene Mandat nicht. Ein Handeln ultra vires liegt somit nicht vor.

5.1.3.4. Konformität der Geschäftstätigkeit des IWF mit seinen Statuten

Die Bereiche, in denen die Geschäftstätigkeit des IWF in Konkurrenz oder Kollision zur Arbeit der Weltbank gerät, liegen in den Reformmaßnahmen, die in der Konditionalität zur Bereitstellung finanzieller Hilfe enthalten ist (insbesondere in der Handelspolitik), auf dem Gebiet der Unterstützung der Entwicklungsländer im Rahmen der PRGF einschließlich der Hilfe beim Erstellen der PRSP und in der Bereitstellung von technischer Hilfe im Rahmen des FSAP. Außerdem stellt sich die Frage, nach welchen Regelungen der IWF finanzielle Hilfe in Notfällen vergeben darf.[1114]

1113 Shihata III, S. 184.

1114 Aufstellung der Konkurrenzen und Kollisionen zwischen den Mandaten der Weltbank und des IWF siehe Kapitel 5.1.2, S. 280.

Der IWF vergibt seine Finanzmittel aus dem Allgemeinen Konto gemäß Art. I, Abs. v; Art. V, Absch. 3, lit. a IWF-Statuten als Hilfe bei der Lösung der Zahlungsbilanzprobleme seiner Mitglieder gegen die Vornahme von Sicherungen, die eine zeitweilige Inanspruchnahme sicherstellen sollen. Fraglich ist, welche Reformmaßnahmen in die Konditionalität aufgenommen werden können, ohne gegen die Ziele und Statuten der Organisation zu verstoßen. Grundsätzlich ist die Begutachtung des Umfangs der Konditionalität von dem Bereich der Regulierung durch den IWF abzugrenzen. Letzterer ist in Art. IV und VIII IWF-Statuten beschrieben und ist dadurch restriktiv zu halten, daß die Überwachung des stabilen Wechselkurssystems einen starken Einfluß auf den souveränen Teil nationaler Politik ausübt ("regulatory jurisdiction").[1115] Dagegen ist die "financial jurisdiction" des IWF an ihrem Einfluß auf die Zahlungsbilanz eines Staates und ihrem Zusammenhang mit den Zielen des IWF zu bewerten. Sie verfolgt das Ziel, den Mitgliedstaaten Gelegenheit zu geben, „die Dauer der Ungleichgewichte der internationalen Zahlungsbilanzen der Mitglieder abzukürzen und den Grad der Ungleichgewichte zu vermindern", „ohne zu Maßnahmen Zuflucht nehmen zu müssen, die dem nationalen oder internationalen Wohlstand schaden" (Art. I, Abs. v und vi IWF-Statuten). Ein Ausgleich ist dabei zwischen der interpretationsoffenen "Angemessenheit" der Sicherungen, die zu einem bestmöglichen und schnellen Ausgleich der Zahlungsbilanz ohne internationale Schäden führen soll, und dem Interesse des IWF zu finden, das finanzielle Risiko der Ziehungen gering zu halten und damit den revolvierenden Charakter seiner Ressourcen zu wahren. Da Maßnahmen der Handelspolitik, wie der Abbau von Handelshemmnissen, als eine Möglichkeit des Ausgleichs der Zahlungsbilanz anzusehen sind, liegt in ihrer Aufnahme in den Katalog der Konditionalität des IWF kein Verstoß gegen dessen Statuten vor.[1116]

Ebenfalls über die Frage des Umfangs der Konditionalität handelt die Prüfung, ob die Aufnahme des "Wachstum" in die Zielsetzung der PRGF mit den Statuten konform ist. Mit den Geldern aus der PRGF sollen Programme unterstützt werden, die auf eine nachhaltige Weise die Zahlungsbilanzsituation des Mitgliedstaates stärken und dauerhaftes Wachstum fördern, welches den Lebensstandard und die Reduzierung der Armut bewirkt. In Anlehnung an die oben genannte Argumentation, nach der Maßnahmen der Handelspolitik in die Konditionalität aufgenommen werden können, solange sie auf den Ausgleich der Zahlungsbilanz ausgerichtet sind, kann wirtschaftliches Wachstums im Hinblick auf eine Verbesserung der Zahlungsbilanzsituation verfolgt werden. Fraglich ist jedoch, ob der IWF das wirtschaftliche Wachstum in den Mitgliedstaaten unabhängig von einem Ausgleich der Zahlungsbilanz anstreben und damit langfristi-

1115 Vgl. zum Bereich der "regulatory jurisdiction" Gold, Interpretation, S. 304-342.

1116 Ausführlich über Handelsrestriktionen als Bewertungskriterien eines Reformprogramms in Abgrenzung zum Regelungsbereich des GATT siehe Gold, Interpretation, S. 355-359.

ge Entwicklungsaufgaben unterstützen kann, ohne die Souveränität seiner Mitgliedstaaten zu verletzen. Diese Überlegung setzt das Vorhandensein eines Verbots der politischen Betätigung bzw. eine inhaltliche Beschränkung der Konditionalität voraus.

Im Gegensatz zu dem ausdrücklichen Verbot der politischen Betätigung in den Statuten der Weltbank[1117] beschränken die Statuten des IWF dessen Arbeit lediglich im Bereich der Überwachung der Wechselkursregelungen, welche „die innerstaatliche sozial- und allgemeinpolitische Ausrichtung der Mitglieder beachten" sollen.[1118] In diesem Geschäftstätigkeitsbereich, der am weitesten in die Souveränität der Mitgliedstaaten eingreift, sind dem IWF Grenzen gesetzt worden, die verdeutlichen, daß die Stabilität der Währungen und die Aufrechterhaltung geordneter Währungsbeziehungen dem kollektiven Interesse aller Mitglieder dienen sollen. Um diese international ausgerichteten Ziele zu erreichen, wird das Prinzip der politischen Neutralität im außenwirtschaftlichen Bereich zugunsten der Sicherung der Allgemeininteressen eingeschränkt.[1119]

Eine Übertragung der Verpflichtung im Rahmen der Überwachungstätigkeit, nach der die politischen Interessen der Mitgliedstaaten zu beachten sind, auf die Konditionalität scheitert an dem grundsätzlichen Unterschied, daß die finanzielle Hilfe freiwillig erfolgt. Der Mitgliedstaat erstellt ein eigenes Reformprogramm und es steht ihm frei, die Reformen und Maßnahmen durchzuführen oder das Programm abzubrechen. Ein Abbrechen der Zahlungen von Seiten des IWF ist lediglich die Reaktion auf eine souveräne Entscheidung der Mitglieds, welche nicht zu einem Verstoß gegen internationales Recht führt.[1120] Dennoch setzt sich der IWF in seinen Guidelines on Conditionality inhaltliche Einschränkungen für die Konditionalität, nach denen:

> „the Fund will pay due regard to the domestic social and political objectives, the economic priorities, and the circumstances of members, including the causes of their balance of payments problems and their administrative capacity to implement reforms."[1121]

Dieser Vorschrift kommt allerdings lediglich ein sebstverpflichtender Charakter zu, der sich nicht auf eine Pflicht zur Beachtung der mitgliedstaatlichen Souveränität erweitern läßt, da es sich um Sekundärrecht des IWF handelt, welches jederzeit durch eine anderslautende Interpretation der Statuten von Seiten des Exekutivdirektoriums geändert werden kann.

Die PRGF ist gemäß Art. V, Absch. 2, lit. b, S. 1, 2. HS IWF-Statuten als verwaltetes Konto gegründet worden, dessen Inhalt und Ausrichtung mit den Zielen

1117 Art. V, Absch. 10 IBRD-Statuten; Art. V, Absch. 6 IDA-Statuten.
1118 Art. IV, Absch. 3 IWF-Statuten.
1119 Guitián, Rolle des Fonds, S. 4.
1120 Vgl. Gold, Interpretation, S. 374.
1121 IWF, Guidelines on Conditionality, Nr. 4, S. 1.

des IWF übereinstimmen muß. Die Gelder können daher ausschließlich den ärmsten Mitgliedstaaten vorbehalten und in Form von Darlehen zu geringen Zinssätzen vergeben werden, solange mit der Vergabe ein Ziel des IWF verfolgt wird. Die Hilfe der PRGF ist auf folgende Zielsetzung ausgerichtet:

> „The Trust shall assist in fulfilling the purposes of the Fund by prociding loans on concessional terms [...] to low-income developing members that qualify for assistance under this instrument, in order to support programs to strengthen substantially and in a sustainable manner their balance of payments position and to foster durable growth, leading to higher living standards and a reduction in poverty."[1122]

Grenzen der Konditionalität der PRGF-Programme, also auch der Unterstützung des Erstellens der PRSP, bestehen insofern, als die Maßnahmen mit den Zielen des IWF übereinstimmen müssen. Die Förderung des wirtschaftlichen Wachstums, die Verbesserung des Lebensstandards und die Reduzierung der Armut sind auf Entwicklung ausgerichtete Ziele der Weltbank (Art. I, Abs. iii IBRD-Statuten; Art. I IDA-Statuten). In Abgrenzung zu diesen Zielen haben es die Gründer des IWF vermieden, die Entwicklung ihrer Mitgliedstaaten in Art. I, Abs. ii IWF-Statuten zu erwähnen. Anstelle dessen soll dort ein hoher Beschäftigungsgrad und hohes Realeinkommen sowie die Entwicklung des Produktionspotentials in der Wirtschaftspolitik aller Mitglieder als Folge eines ausgeweiteten Handels angestrebt werden. Der IWF sollte daher die Verantwortung für eine ausgeglichene Zahlungsbilanz, die dem wirtschaftlichen Wachstum dienlich ist, tragen, das Erreichen dieses Wachstums steht allerdings nicht in seiner Verantwortung.[1123]

Die „Aufrechterhaltung des Wirtschaftswachstums" wird ausdrücklich in Art. IV, Absch. 1, S. 1 IWF-Statuten als „der eigentliche Zweck des internationalen Währungssystems" genannt. Auch hier besteht das Hauptziel, wie es im weiteren Satzgefüge heißt, „darin, [...] die geordneten Grundbedingungen ständig weiterzuentwickeln, welche für die Währungs- und Wirtschaftsstabilität notwendig sind". Das wirtschaftliche Wachstum bleibt daher ein Fernziel des IWF, welches lediglich in Zusammenhang mit dem Erreichen eines der Ziele aus Art. I IWF-Statuten verfolgt werden kann. Der frühere Leiter der Rechtsabteilung des IWF, *Sir Joseph Gold*, kommt daher zu dem Ergebnis, daß

> „The best legal justification should be that if the IMF permits a member to have access to resources under these policies when structural maladjustment or slow growth for some other reason is impeding progress toward realizing purposes of the IMF,

---

1122 IWF, Entscheidung vom 18. Dez. 1987, Nr. 8759-(87/176) ESAF, zuletzt geändert durch Entscheidung vom 23. Aug. 2001, Nr. 12560-(01/85) PRGF, Annex, Absch. 1, Paragraph 1; in: Sel. Dec. 2003.

1123 Gold, Interpretation, S. 484, der auf S. 485 sehr deutlich schreibt: „In neither logic nor law is it defensible to transform this purpose into jurisdiction over economic growth".

> the organization wastes valuable international resources without being helpful to the member."[1124]

Unterläßt es der IWF somit, die Mitgliedstaaten, die ihn um Hilfe zum Erreichen einer ausgeglichenen Zahlungsbilanz anrufen, auf die Notwendigkeit einer strukturellen Anpassung der Wirtschaft und die Vornahme von wachstumsfördernden Maßnahmen hinzuweisen und ihn außerdem bei der Durchsetzung dieser Reformen zu unterstützen, so schädigt bzw. hemmt er das Umsetzen seiner Ziele, nämlich das Erreichen von ausgeglichenen Zahlungsbilanzen in den Mitgliedstaaten. Da neben stabilisierenden Reformen auf makroökonomischer Ebene eine Unausgeglichenheit der Zahlungsbilanz häufig in strukturellen Problemen der Volkswirtschaft begründet ist, können Anpassungsmaßnahmen notwendig werden, mit denen Preisstabilität und ein stetiges Wirtschaftswachstum verfolgt werden. Dementsprechend sind Anpassungsprogramme, mit denen die Zahlungsbilanzposition verbessert werden soll, auf eine Mobilisierung der Ressourcen und eine Steigerung der Produktivität (Effizienz) ausgerichtet.[1125] Das Erreichen des wirtschaftlichen Wachstums darf allerdings grundsätzlich nur das Zwischenziel auf dem Weg zu einer ausgeglichenen Zahlungsbilanz eines Mitgliedstaates sein. Gleiches gilt für die Verfolgung von Umweltaspekten, den Aufbau sozialer Sicherungsnetze und die Armutslinderung.[1126]

Obwohl die Regelungen über die PRGF in Übereinstimmung mit den Statuten das wirtschaftliche Wachstum neben dem Ziel nennen, die Zahlungsbilanz eines Mitglieds auszugleichen, beschränkte der Geschäftsführende Direktor *Horst Köhler* den Inhalt der PRGF in seiner Rede vor dem Gouverneursrat im September 2000 auf das Verhindern eines Zurückbleibens der Entwicklungsländer, indem er sagte:

> „I consider the PRGF to be an innovative instrument in the Fund's efforts to make globalization work for the benefit of all. First, because it aims at tackling poverty from its root causes; and second, because its concessional character demonstrates practical solidarity with the poor. Disengagement from the poor countries would be inconsistent with the mandate of the Fund and it would also deepen the division of the world. It would run counter to the ambitions of the people in the poor countries

---

1124 Gold, Interpretation, S. 491.

1125 Guitián, Rolle des Fonds, S. 4.

1126 Gold, Interpretation, S. 501 bringt dieses Ergebnis folgendermaßen auf den Punkt: „The IMF's concern should be limited to those causes that have an obvious, direct, and substantial effect on attainment of the IMF's purposes."
Etwas unbestimmter Riesenhuber, IMF, S. 376 f., die nicht zwischen den direkten und indirekten Zielen trennt, sondern allgemein darstellt, daß die Zielsetzungen des wirtschaftlichen Wachstums und der sozialen Politiken des IWF gegen dessen monetären Charakter verstoßen.

and neglect their talents and potential. The contrary is necessary; namely, encouragement and empowerment."[1127]

Köhler hebt in dieser Aussage die Charakteristika der PRGF hervor, mit denen auch die Entwicklungshilfe der Weltbank beschrieben werden kann, nämlich die Anstrengungen im Kampf gegen die Armut und die konzessionären Bedingungen der Finanzhilfe. Insbesondere stellt er bei der Begründung, aus welchem Grund die Hilfe mit den Statuten des IWF übereinstimmt, auf die Notwendigkeit einer besonderen Förderung der armen Mitgliedstaaten ab, damit diese nicht aus der Gruppe der am globalen Wirtschaftsleben teilnehmenden Staaten herausfallen. Dieses Bestreben demonstriert zwar, um bei den Worten von *Köhler* zu bleiben, eine „praktische Solidarität", erfüllt jedoch nicht die Ziele des IWF in dessen Statuten. Vielmehr unterstellen die Statuten die Solidarität der Mitgliedstaaten dem gemeinsamen Interesse eines internationalen Währungssystems und dem Wachstum des internationalen Handels. Die Solidarität zwischen armen und reichen Staaten mittels der Vergabe von konzessionärer Finanzhilfe für die Bekämpfung der Armut ist allerdings das Ziel der Weltbank.[1128]

Dieses Engagement für die Entwicklung der ärmsten Staaten verstärkt der jetzige Geschäftsführende Direktor des IWF, *Rodrigo de Rato y Figaredo*, indem er in einer Rede vom 23. Februar 2005 betont:

> „The IMF is fully engaged in efforts to help the world's poor [...] through financial assistance, providing technical advice, or a combination of both."[1129]

In dieser Rede, die zum größten Teil die Armutsproblematik der Welt behandelt, geht *de Rato* in keiner Weise auf makroökonomische Ungleichgewichte oder Probleme der Zahlungsbilanz in diesen Staaten ein, sondern stellt vielmehr fest:

> „Developing countries have made welcome strides in improving policies, strengthening institutions, and creating better environments for growth. But, ultimately, these countries still lack adequate resources for social expenditure and investments in infrastructure, both of which are needed for sustained poverty reduction and growth."[1130]

Auch unter dem Aspekt, daß öffentlich gehaltene Reden einen gewissen Anteil an rhetorischen Formulierungen und übertriebenen Darstellungen enthalten,

---

1127 Köhler, Rede Prag, S. 7. Mit ähnlichem Inhalt schreibt der IWF, Jahresbericht 2003, S. 47: „Das zentrale Ziel der IWF-Tätigkeit in einkommensschwachen Ländern ist die tiefgreifende und dauerhafte Reduzierung der Armut. [...] Der IWF ist entschlossen, die weltweite Armut zu bekämpfen. Das Engagement des IWF bei dieser entscheidenden Aufgabe liegt innerhalb seines Mandats, ist pragmatisch und wird geleitet von Kriterien der Wirksamkeit und Durchführbarkeit."

1128 Eine ähnliche Tendenz in Richtung auf die Entwicklungshilfe bemerkt Gold, Interpretation, S. 493-495, in Bezug auf die ESAF.

1129 De Rato, Global Imbalances, S. 3.

1130 De Rato, Global Imbalances, S. 4.

spiegelt sich der Inhalt der Ausführungen von *de Rato* in keiner Weise in den Zielen und Aufgaben des IWF wider.

Die Gratwanderung der PRGF zwischen der Übereinstimmung mit den Statuten des IWF und der ultra vires liegenden Vergabe von Hilfe zur Armutsbekämpfung bzw. Förderung des wirtschaftlichen Wachstums losgelöst von den Problemen eines Zahlungsbilanzdefizits droht auch in einer gemeinsamen Erklärung der Weltbank und des IWF in Richtung der Entwicklungshilfe abzudriften. So formulierten *Köhler* und *Wolfensohn*:

> „Both institutions, however, share the same broad objectives: helping to improve the quality of life and reduce poverty through sustainable and equitable growth."[1131]

Obwohl davon ausgegangen werden kann, daß diese Formulierung eine Folge der jahrelangen Rhetorik der Organisationen und keine juristische Interpretation der Statuten darstellt[1132], wird der Eindruck eines starken Gewichts auf Entwicklungshilfe dadurch verstärkt, daß der IWF das Verfolgen der Internationalen Entwicklungsziele zu seinen Prioritäten erklärt hat.[1133] Allerdings soll nochmals herausgestellt werden, daß die Geschäftstätigkeit im Lichte dieser Entwicklungsziele in Einklang mit den Statuten geschieht, solange gleichzeitig eine Verbesserung der Zahlungsbilanz damit bezweckt wird. In diesem Rahmen ist das Beachten der Besonderheiten einer nachhaltigen Entwicklung für die Abstimmung der Reformmaßnahmen mit der Weltbank sogar von großer Wichtigkeit.

Betrachtet man die Spannbreite der Politiken, die der IWF in seine technischen Hilfe einbinden kann, so umfaßt diese einen weiteren Bereich als die Überwachungstätigkeit und die Konditionalität.[1134] Gemäß Art. V, Absch. 2, lit. b, S. 1, 1. HS IWF-Statuten stellt der IWF seinen Mitgliedern technische Dienstleistungen zur Verfügung, die mit den Zielen des Fonds vereinbar sind. Einer Begrenzung wie in Art. IV, Absch. 3, lit. b, S. 4 IWF-Statuten, welche die sozial- und allgemeinpolitische Ausrichtung der Mitglieder aus der Bewertung durch den IWF ausklammert, unterliegt die technische Hilfe nicht. Auch der direkte Bezug zwischen der Konditionalität und der Verbesserung der Zahlungsbilanz ist nicht in der gleichen Intensität erforderlich wie in der "financial jurisdiction", da die inhaltliche Ausgestaltung der Konditionalität eine umfassende Forschungstätigkeit und technische Hilfe voraussetzt.

Wie bereits angesprochen worden ist, beachtet der IWF im Rahmen der Konditionalität die sozialen und politischen Zielsetzungen sowie die wirtschaftlichen Prioritäten und die Leistungsfähigkeit der Verwaltung bei der Planung der

---

1131 Köhler/ Wolfensohn, Enhanced Partnership, S. 2.

1132 Shihata, Quo vadis, S. 27.

1133 IMF, Millennium Development Goals, S. 1; IWF, Jahresbericht 2004, S. 51.

1134 Gold, Interpretation, S. 498.

Reformmaßnahmen. Die technische Hilfe kann sich daher auf alle Aspekte der mitgliedstaatlichen Wirtschaft beziehen, die direkt oder indirekt die außenwirtschaftliche Position eines Landes betreffen und damit zum „nationalen oder internationalen Wohlstand" beitragen (Art. I, Abs. v IWF-Statuten). Somit stimmt das Engagement des IWF im Rahmen der FSAP und des Schuldenmanagements mit seinen Statuten und Zielen überein.

Die Notfallhilfe des IWF gründet auf Art. V, Absch. 3, lit. a IWF-Statuten, nach denen der IWF Geschäftsgrundsätze für besonder Zahlungsbilanzprobleme beschließen kann, soweit diese dem Ausgleich der Zahlungsbilanz seiner Mitglieder dienen, mit den Zielen des IWF vereinbar und mit ausreichenden Sicherungen ausgestattet sind. Diese Voraussetzungen werden vom Notfallmechanismus des IWF unproblematisch erfüllt.[1135]

5.1.4. Zwischenergebnis: Bestehen einer Normenkonkurrenz

Die Prüfung der Konformität zwischen den Bereichen der Geschäftstätigkeit der Weltbank sowie des IWF, in denen Konkurrenzen oder Kollisionen auftreten, und den Statuten der Organisationen ergab eine weitgehende Übereinstimmung. Allerdings tendiert der Geschäftsführende Direktor des IWF in der Darstellung der PRGF dazu, das Wachstum der Wirtschaft und die Armutsreduzierung als selbständige Ziele der Finanzhilfe anzugeben und damit gegen die Voraussetzung des Art. V, Absch. 2, lit. b, S. 1 IWF-Statuten zu verstoßen, in dem die Bereitstellung von finanziellen Dienstleistungen mit den Zielen des IWF vereinbar sein müssen. Soweit der Geschäftsführende Direktor in Bezug auf die Konditionalität der Finanzhilfe keinen direkten Bezug zu Ausgleichsmaßnahmen der Zahlungsbilanz eines Mitglieds herstellt, sondern das wirtschaftliche Wachstum oder die nachhaltige Entwicklung als unabhängige Ziele nennt, übertritt er somit die Handlungskompetenzen der Organisation und handelt ultra vires. Allerdings ist hervorzuheben, daß es sich hierbei um eine Diskrepanz zwischen den Aussagen des Geschäfsführenden Direktors bzw. der vom IWF proklamierten Strategie über die Unterstützung der Internationalen Entwicklungsziele und der Umsetzung dieser Gedanken in der Geschäftstätigkeit des IWF handelt. Vielmehr nennen die Zielsetzungen und Regelungen über die Vergabe der PRGF im Sekundärrecht die Förderung eines dauerhaften Wachstums neben der Stärkung der Zahlungsbilanzsituation eines Mitgliedstaates und stimmen somit mit den Statuten des IWF überein.

Im Ergebnis bleibt daher festzuhalten, daß in den Bereichen der Konkurrenzen und Kollisionen zwischen der Weltbank und dem IWF, die in Tabelle 16

1135 Vgl. auch die Ausführungen in Gold, Disasters, S. 624-626.

[Konkurrenzen und Kollisionen][1136] aufgeführt sind, eine Normenkonkurrenz, vorliegt.

5.2. Lösung der Normenkonkurrenz mittels Kollisionsrechts

Das Ergebnis des vorhergehenden Kapitels wirft die Frage auf, wie die Normenkonkurrenz juristisch gelöst werden kann. Grundsätzlich besteht zwischen internationalen Organisationen eine Gleichrangigkeit. Diese läßt sich aus der Gleichrangigkeit der völkerrechtlichen Vertäge folgern, die der Gründung der Organisationen zugrunde liegen.[1137] Da die Mitgliedstaaten ihre Souveränität bei Gründung der internationalen Organisation nicht beschränken[1138], steht ihnen das Recht zu, weitere Verträge über die Gründung neuer Organisationen mit denselben Zielsetzungen zu verabschieden. Außerdem mangelt es den Statuten der Weltbank und des IWF an einer expliziten Vorrangklausel, die eine Rangfolge gegenüber den Gründungsverträgen anderer Organisationen bestimmt, so daß die Organisationen gleichberechtigt nebeneinander stehen.[1139]

Eine Normenkonkurrenz zwischen völkerrechtlichen Verträgen wird nach allgemeinen Grundsätzen über den Vorrang und die Anwendbarkeit internationaler Verträge gelöst. Internationale Organisationen beruhen auf einem multilateralen völkerrechtlichen Vertrag, auf den die Auslegungsregelungen der Wiener Vertragsrechtskonvention (WVK) anwendbar sind.[1140] Fraglich ist, ob sich die Anwendbarkeit auch auf die Konkurrenz- und Auslegungsregeln gemäß Art. 30 und 31 WVK[1141] bezieht. Dagegen spricht, daß Kollektivverträge, in denen jeder Mitgliedstaat als Träger von Rechten und Pflichten gegenüber jedem anderen Mitgliedstaat auftritt[1142], im Kooperationsvölkerrecht nicht mehr ein Bündel

---

1136 Tabelle [Konkurrenzen und Kollisionen] siehe in Kapitel 5.1.2, S. 280.

1137 Klein, Vertragskonkurrenz, S. 558; Verdross/ Simma, Völkerrecht, S. 501, § 786.

1138 Vgl. Kapitel 5.1.3.2, S. 283.

1139 Zu Vorrangklauseln siehe Wilting, Vertragskonkurrenz, S. 65-76; Dahm/ Delbrück/ Wolfrum, Völkerrecht I, S. 696-700; Zuleeg, Vertragskonkurrenz I, S. 251-255. Ruffert, Zuständigkeitsgrenzen, S. 152 hält die Vorrangklausel für eine im Gründungsvertrag angelegte, positive Koordination.

1140 Art. I WVK. Bindschedler, Internationle Organisationen, S. 70; Seidl-Hohenveldern/ Loibl, Organisationen, S. 50, Rn. 0315; Bleckmann, Völkerrecht, S. 248, Rn. 767.

1141 Zu Art. 30 WVK siehe Bleckmann, Völkerrecht, S. 129-131; Dahm/Delbrück/ Wolfrum, Völkerrecht I, S. 687-696; Ipsen, Völkerrecht, S. 136-138; Karl, Treaties, S. 937-939; Verdross/ Simma, Völkerrecht, S. 501-505; Wilting, Vertragskonkurrenz, S. 43-111; Jenks, Conflict, S. 445 f.; Ruffert, Zuständigkeitsgrenzen, S. 149 f. bezweifelt die Anwendbarkeit der WVK auf multilaterale Verträge zur Gründung internationaler Organisationen, da insbesondere der Völkerrechtssubjektivität und den spezifischen Eigenschaften der internationalen Organisationen keine Rechnung getragen werde.

1142 Zum Kollektivvertrag siehe Bindschedler, Kollektivverträge, S. 252-254.

bilateraler Rechtsverhältnisse darstellen, sondern daß Pflichten der Mitgliedstaaten gegenüber der gesamten Völkerrechtsgemeinschaft mit dem Ziel entstehen, die gemeinsamen Allgemeininteressen durchzusetzen.[1143] *Bleckmann* fordert daher die Ergänzung der Auslegungsregeln der WVK um den Schutz der subjektiven Rechte der anderen Vertragspartner, die sich im Allgemeininteresse niederschlagen.[1144] Er legt dieser Meinung den Konfliktfall multipolarer Verträge zugrunde, in dem ein Mitgliedstaat durch seine Mitgliedschaft in beiden Verträgen in einen Handlungskonflikt gerät, da er bei der Umsetzung des einen Vertrags subjektive Rechte der Vertragspartner des anderen Vertrages verletzen könnte. Zwischen multipolaren Verträgen, die dieselben Allgemeininteressen der Vertragsgemeinschaft durchsetzen sollen, könnte eine Verletzung der subjektiven Interessen mittels einer wechselseitigen teleologischen Auslegung verhindert werden, indem dem Vertrag ein Vorrang eingeräumt wird, der das jeweilige Allgemeininteresse der beiden Vertragsgemeinschaften am effektivsten fördert.[1145]

In Bezug auf den Konfliktfall zwischen der Weltbank und dem IWF vernachlässigt dieser Ansatz allerdings die Tatsache, daß zum Verhältnis zwischen den Mitgliedstaaten die Rechtspersönlichkeiten der Organisationen hinzutreten. Diesen ist die Auslegungshoheit der Statuten übertragen worden. Der einzelne Mitgliedstaat kann daher nicht mehr selber über die Auslegung der Verträge bestimmen und die Möglichkeit, eine Anfrage auf Interpretation der Statuten an den Gouverneursrat zu stellen, unterliegt der gewichteten Stimmenverteilung der Abstimmungen in diesem Gremium und repräsentiert daher nicht die Souveränität jedes Mitgliedstaats zu gleichen Teilen.[1146]

Die Situation, in der ein Mitgliedstaat eine Abwägung zwischen zwei Verträgen mittels Kollisionsrechts vornehmen muß, liegt vor, wenn das Mitglied sowohl mit der Weltbank als auch mit dem IWF einen Darlehensvertrag oder ein Abkommen abgeschlossen hat, deren Reformmaßnahmen sich im begleitenden Maßnahmenkatalog des Reformprogramms widersprechen. Diese Verträge beinhalten jedoch nicht das sich widersprechende Organisationsrecht der Weltbank und des IWF, sondern sind lediglich die Anwendung und Umsetzung dieses Rechts. Eine Abwägung der konkurrierenden bzw. kollidierenden Wirkungen der Geschäftstätigkeit der Organisationen bleibt daher der politischen

---

1143 Neben den Bündeln subjektiver Rechtsverhältnisse im Rahmen des Kollektivvölkerrechts hat sich ein Interesse aller Staaten auf die Durchsetzung auch der Interessen der anderen Staaten gerichtet, so daß ein echtes Allgemeininteresse der Völkerrechtsgemeinschaft entstanden ist (Bleckmann, Völkerrecht, S. 67, Rn. 178).

1144 Bleckmann, Völkerrecht, S. 132, Rn. 389.

1145 Bleckmann, Völkerrechtsverträge, S. 233.

1146 Art. IX, lit. b i.V.m. Art. V, Absch. 3, lit. a IBRD-Statuten; Art. X, lit. b i.V.m. Art. VI, Absch. 3, lit. a IDA-Statuten; Art. XXIX, lit. b i.V.m. Art. XII, Absch. 5, lit. a IWF-Statuten.

Entscheidung der Mitgliedstaaten überlassen.[1147] Zu einer Klärung des Verhältnisses zwischen dem Recht der Weltbank und dem des IWF trägt dieses Kollisionsverhältnis dagegen nicht bei.

Kompetenzabgrenzungen zwischen internationalen Organisationen unterliegen weiterhin dem Subsidiaritätsprinzip, nach dem Kompetenzen, für die unterschiedlich große Einheiten zuständig sind, primär von der spezialisierteren Einheit ausgeführt werden sollen. Lediglich in den Fällen, in denen die Kräfte und Ressourcen dieser Einheit nicht ausreichen, soll die größere Einheit die Durchführung der Aufgabe übernehmen.[1148] Auch dieses Prinzip führt zwischen der Weltbank und dem IWF zu keiner Lösung des Normenkonflikts, da beide Organisationen die gleiche "Größe" besitzen, indem die Berechtigung zur Mitgliedschaft jeweils unilateral organisiert ist.[1149]

Da keinem der sich widersprechenden Verträge und den damit verbundenen Organisationsrechten der Weltbank und des IWF ein Vorrang nach kollisionsrechtlichen Regelungen eingeräumt werden kann, ist nach einer Lösung für die konkurrierenden Rechtssysteme der Weltbank und des IWF im Recht der internationalen Organisationen zu suchen.

5.3. Gebot der Kooperation und Koordination zwischen Weltbank und IWF

Wie bereits dargestellt worden ist, stehen internationale Organisationen rechtlich, finanziell und organisatorisch unabhängig nebeneinander und können über die Koordinierung ihrer Geschäftstätigkeiten in dem Maße selbständig bestimmen, in dem eine explizite Regelung der Beziehung zu anderen Organisationen in ihren Statuten fehlt.[1150] Die Herausbildung eines Kooperationsvölkerrechts und die zunehmende Verdichtung der internationalen Organisationen und ihres Sekundärrechts, wirft die Frage auf, ob internationale Organisationen dazu verpflichtet sind, ihre Statuten zum Wohle der internationalen Gemeinschaft auszulegen und ihre Geschäftstätigkeit bei auftretenden Konflikten zu koordinieren.

Angesichts der wachsenden Interdependenzen der internationalen Organisationen, die „ohne Gesamtplan im Wildwuchs“[1151] entstanden sind, kommt es vermehrt zu Überschneidungen und Lücken. Um Doppelzuständigkeiten zu

---

1147 Zuleeg, Vertragskonkurrenz I, S. 267 und Vertragskonkurrenz II, S. 380; Karl, Treaties, S. 940; Ruffert, Zuständigkeitsgrenzen, S. 132.

1148 Seidl-Hohenveldern/ Loibl, Organisationen, S. 98, Rn. 0800.

1149 Art. II, Absch. 2 IWF-Statuten; Art. II, Absch. 1, lit. b IBRD-Statuten; Art. II, Absch. 1, lit. b IDA-Statuten.

1150 Vgl. Bindschedler (Internationale Organisationen, S. 86) der die Möglichkeiten einer Koordinierung zwischen internationalen Organisationen aufzählt.

1151 Bleckmann, Völkerrecht, S. 249, Rn. 771.

vermeiden, gibt es Tendenzen in der Völkerrechtstheorie[1152], ein Gebot der Achtung von Kompetenzen gleichgeordneter Organisationen anzuerkennen, nach dem eine internationale Organisation das völkervertragliche Regime, das einer anderen Organisation zugrunde liegt, nicht in einer Weise interpretieren darf, die Störungen im Gefüge dieser Organisation hervorrufen könnte. Ausgangspunkt ist die Entwicklung eines Kooperationsvölkerrechts, in dem internationale Organisationen einen institutionellen Rahmen für die Erledigung von Gemeinschaftsaufgaben bieten. Die Verantwortung, sich in den Plan der internationalen Zusammenarbeit einzufügen, regt die Organisationen dazu an, Normenkonkurrenzen zu vermeiden und die Schaffung einer funktionierenden Einheit durch effektive Zusammenarbeit zu gewährleisten. So führt die gemeinsame Aufgabenerledigung zwar nicht zu einer scharfen Kompetenzverteilung zwischen den Organisationen, die Notwendigkeit eines Störungs- bzw. Übergriffsverbots ist jedoch vorhanden.[1153] Ansätze hierzu finden sich bereits in den Koordinationsnormen vieler internationaler Organisationen.[1154]

Wie die genannte Beschreibung des Gebots der Kompetenzbeachtung verdeutlicht, regelt dieses den Kollisionsfall, in dem zwei Organisationen bzw. deren Organe denselben Vertrag auslegen und ihre Mitgliedstaaten dadurch in die Zwangslage bringen, sich zwischen den unterschiedlichen Interpretationen entscheiden zu müssen.[1155] Diese Situation ist zwischen der Weltbank und dem IWF nicht gegeben. Vielmehr interpretieren beide ihre eigenen Gründungsverträge bzw. ihr Sekundärrecht und Kollisionen treten in der praktischen Umsetzung der voneinander unabhängigen Normen auf. Allerdings könnten Schlüsse auf die Kooperation zwischen Weltbank und IWF daraus gezogen werden, daß der Konfliktlage zwischen diesen Organisationen ein ähnlicher Gedanke wie dem Gebot der Achtung der Kompetenzen, nämlich die effektive Erledigung von Gemeinschaftsaufgaben zugrunde liegt.

Diesen Gedanken benutzt *Bleckmann* dazu, das Netz der internationalen Organisationen als einen Gesamtplan zu begreifen und mittels der Auslegung dieses Gesamtplans Doppelarbeit und Lücken in der Zusammenarbeit zu vermeiden. Er begreift die Völkerrechtsordnung als „Einheit [...], welche die Allgemeininteressen der Völkerrechtsgemeinschaft rational und effektiv-optimal fördert“.[1156]

1152 Ruffert, Zuständigkeitsgrenzen, S. 160 f.

1153 Ruffert, Zuständigkeitsgrenzen, S. 161 f.

1154 Dazu Ruffert, Zuständigkeitsgrenzen, S. 162.

1155 Ruffert, Zuständigkeitsgrenzen, S. 148 nennt für den Fall eines Kompetenzkonflikts bei der Auslegung desselben Vertrags das Beispiel, daß der Gereichtshof der Europäischen Gemeinschaften (EuGH) die Grundfreiheiten der Europäischen Menschenrechtskonvention (EMRK) anwendet und gegebenenfalls zu anderen Auslegungen gelangt als der Europäische Gerichtshof für Menschenrechte.

1156 Bleckmann, Völkerrecht, S. 249, Rn. 771.

Internationale Organisationen besitzen eine partielle Völkerrechtssubjektivität, die sich auf diejenigen Bereiche bezieht, in denen ihnen Handlungskompetenzen und Aufgaben von ihren Mitgliedstaaten übertragen worden sind. Die Statuten enthalten abgesehen von Interdependenzen einzelner Zielsetzungen keine übergeordneten Ziele, zu deren Erreichen es einer Aufgabenteilung zwischen den beiden Organisationen bedürfte. Anstelle dessen wird an verschiedenen Stellen ihre rechtliche, finanzielle und organisatorische Unabhängigkeit unterstrichen, welche insbesondere in der Auslegungshoheit der eigenen Statuten zum Ausdruck kommt.[1157] Abgrenzung und Harmonisierung der internationalen Organisationen sind noch nicht weit genug fortgeschritten, um von einem Gesamtplan aller Organisationen zur Regelung der internationalen Gemeinschaftsinteressen ausgehen zu können. Vielmehr hängen die Schwerpunktsetzung der Aufgabenbereiche und die Willensbildung von den Zielsetzungen ihrer Mitgliedstaaten ab, die mittels einer ausgeglichenen und konsequenten Meinungsbildung das Gesamtbild der internationalen Zusammenarbeit primär prägen.[1158]

Die Frage danach, ob eine Verdichtung der Völkerrechtsordnung zwischen den internationalen Organisationen weit genug fortgeschritten ist, um ein allgemeines Gebot der Kooperation herzuleiten, kann hier nicht abschließend geklärt werden und ist für das Verhältnis zwischen der Weltbank und dem IWF nicht ausschlaggebend, da in den Art. X, S. 1 IWF-Statuten und Art. V, Absch. 8, lit. a, S. 1 IBRD-Statuten die Zusammenarbeit zwischen ihnen und anderen internationalen Organisationen geregelt worden ist. Die wortgleichen Regelungen heißen:

> „Der Fonds (Die Bank) arbeitet im Rahmen der Bestimmungen dieses Übereinkommens mit allen allgemeinen internationalen Organisationen zusammen, die auf verwandten Gebieten besondere Aufgaben haben.“

Auf diesem speziellen Gebot der Zusammenarbeit aufbauend, stellt sich die Frage, welches Ausmaß und welche Intensität die Zusammenarbeit einnimmt, d.h. ob es sich um einen Zwang zur effektiv-optimalen Förderung des Allgemeininteresses handelt, der den Verzicht auf eigene Kompetenzen einschließt.

Grundsätzlich ist festzuhalten, daß die Auslegung der Ziele, Rechte und Pflichten der Organisationen, die in ihren Statuten beschrieben werden, bis zur Grenze der Vertragsänderung durch die Organe der Organisationen erfolgt.[1159] Diese Auslegungsmacht umfaßt auch den Grad der Zusammenarbeit mit anderen internationalen Organisationen, der von einem Informationsaustausch bis zur

---

1157 Art. XXIX IWF-Statuten; Art. IX IBRD-Statuten; Art. X IDA-Statuten.

1158 Bleckmann, Völkerrecht, S. 249, Rn. 771.

1159 Art. XXIX IWF-Statuten; Art. IX IBRD-Statuten; Art. X IDA-Statuten. Die Vertragsänderung bei IWF und Weltbank hängt von der Zustimmung von mindestens drei Fünfteln der Mitglieder, die über 85% aller Stimmen verfügen, ab (Art. XXVIII IWF-Statuten; Art. VIII IBRD-Statuten); vgl. Broches, International Legal Aspects, S. 313.

Abstimmung der Geschäftstätigkeit auf gemeinsamen Kompetenzgebieten reichen kann. Soweit die Koordination und Begrenzung der Geschäftstätigkeiten jedoch zu einer Auslegung der Statuten der anderen Organisation zwänge, würde dies die Auslegungshoheit der Organe überschreiten. Allerdings umfaßt das Koordinieren der Geschäftstätigkeit zwischen internationalen Organsationen nicht nur die Auslegung der eigenen Statuten, sondern kann beispielsweise darin bestehen, die Geschäftstätigkeit und Interessen in gemeinsamen Ausschüssen abzugleichen, so daß die Auslegungshoheit der Organisationen keine Beschränkung des Umfangs der Koordination beinhalten.

Ein weitreichendes Gebot der Koordination könnte außerdem darin seine Grenzen finden, daß sich Konflikte erst auf der Ebene der Mitgliedstaaten zeigen und damit von dem Willensakt der Mitgliedstaaten abhängen, ein Darlehen oder eine Ziehung vorzunehmen. Die Entscheidung über die Ausgestaltung der Reformprogramme der Mitgliedstaaten liegt damit bei den Mitgliedstaaten und hat auf politischer Ebene zu erfolgen. Dieser Verlagerung der Verantwortlichkeit ist jedoch entgegen zu halten, daß den Mitgliedern bei Vorlage der Voraussetzungen ein Recht auf den Erhalt der Gelder zusteht und sich diese meistens in einer wirtschaftlichen Zwangslage befinden, die eine freiwillige Entscheidung über Reformmaßnahmen, welche gegebenenfalls auch gegen die Auffassung der Weltbank oder des IWF sprechen, ausschließen. Vielmehr verpflichtet gerade das Fachwissen und die Spezialisierung der Organisationen, deren Ziel eine effektive Hilfe gegenüber ihren Mitgliedstaaten ist, zu einer Abstimmung der Maßnahmen untereinander, die Widersprüche in Programmen und daraus resultierende Schäden verhindern.

Spiegelbildlich zur Herleitung eines allgemeinen Gebots der Kooperation kann eine Abwägung zwischen den Kompetenzen bzw. der Geschäftstätigkeit der Weltbank und des IWF nur dann entschieden werden, wenn ein Allgemeininteresse bzw. ein Gesamtplan als Maßstab der Abgrenzung zur Verfügung steht. Beide Organisationen sind gemeinsam gegründet worden, um einen florierenden Welthandel, stabile Währungsbeziehungen und eine wachsende Weltwirtschaft zu fördern. Allerdings enthalten ihre Ziele keinen Hinweis auf das Verfolgen eines Gesamtplans, denen sich beide Organisationen unterwerfen sollen. Vielmehr hob schon einer der Gründungsväter der beiden Organisationen, *Harry D. White*, die Unterschiede der Weltbank und des IWF hervor, ohne ein übergeordnetes Ziel zu nennen:

> „Those two tasks should be kept distinct. Though in some of their facets and in many of their consequences there is considerable interdependence and interaction, the two are different enough to call for separate instrumentalities. [...] Each is suffi-

ciently specialized to require different resources, different responsibilities, and different procedures and criteria for action."[1160]

Die Weltbank und der IWF sind daher ausschließlich an ihre in den Statuten enthaltenen Ziele als Ausdruck des gemeinsamen Willens der Mitglieder gebunden und müssen versuchen, diese möglichst wirksam umzusetzen. Hinter den eigenen Zielen tritt damit die Zusammenarbeit mit anderen internationalen Organisationen zurück. Dieses Ergebnis wird durch die Regelung aus den jeweiligen Artikeln I, letzter Satz der Statuten der Weltbank und des IWF bestätigt, nach denen sich die Organisation in all ihren Entscheidungen von ihren Zielen – und nicht den gesamten Statuten – leiten lassen soll.

In den letzten Jahren ist allerdings zu beobachten, daß die Hilfe der Weltbank und des IWF an einkommensschwache Mitgliedstaaten auf denselben Grundsätzen und Zielbestimmungen basiert. So verfolgen beide Organisationen das Erreichen der Internationalen Entwicklungsziele mittels einer nachhaltigen Entwicklung, in deren Planung umweltpolitische, soziale und wirtschaftliche Maßnahmen aufgenommen werden.[1161] Beide Organisationen koppeln das Streben nach wirtschaftlichem Wachstum mit der Armutsreduzierung und heben in einem Gemeinsamen Statement hervor:

„Both institutions, however, share the same broad objectives: helping to improve the quality of life and reduce poverty through sustainable and equitable growth."[1162]

Zumindest bei der Hilfe der einkommensschwachen Mitgliedstaaten bilden die Verbesserung der Lebensqualität und die Armutsreduzierung daher das übergeordnete Ziel beider Organisationen, an dem die Aufteilung der Maßnahmen und Kompetenzen gemessen werden können. Daß diese Regelung nicht Teil des Primärrechts der Organisationen ist, schadet ihrer Gültigkeit nicht, solange sich die Auslegung im Rahmen der Kompetenzen der Organisation hält und mit ihren Statuten übereinstimmt. Die Mitgliedstaaten gingen bei Gründung der Weltbank und des IWF von getrennten Aufgabenbereichen mit einigen Interdependenzen aus. Sobald eine andere internationale Organisation auf verwandten Gebieten besondere Aufgaben erfüllt, sind sie zur Koordination der Geschäftstätigkeit auf diesem Gebiet verpflichtet. Die Übereinstimmung des Sekundärrechts, in dem neben den urspünglichen Zielen aus Art. I des IWF neue Zielsetzungen verfolgt werden, mit den Statuten bezieht sich daher nicht nur auf die Ziele der Organisationen, sondern auf das gesamte Primärrecht und damit auch auf die Verpflichtung, mit anderen Organisationen zusammen zu arbeiten. Das Verfolgen gleicher Interessen, wie die Verbesserung der Lebensqualität und Armuts-

1160 White, Proposal for United Nations Stabilization Fund and a Bank for Reconstruction and Development of the United and Associated Nations, Entwurf aus April 1942, Nr. 5; in: Horsefield III, S. 39.

1161 Vgl. Kapitel 3.1, S. 63.

1162 Köhler/ Wolfensohn, Enhanced Parntership, S. 2.

reduzierung, in der späteren Praxis der Organisationen wird daher durch die Pflicht zur Koordination der Geschäftstätigkeit beschränkt.

Somit sind die Weltbank und der IWF bei der Umsetzung ihrer Ziele aus den Statuten mangels eines übergeordneten Gesamtsplans lediglich an die eigenen Ziele gebunden. Setzen sie sich allerdings im Sekundärrecht oder in der späteren Praxis ihrer Geschäftstätigkeit innerhalb ihrer Kompetenzen neue Ziele, wie die Armutsreduzierung und das Wirtschaftswachstum im Rahmen der PRGF, so muß sich dieses Vorgehen am Gebot der Kooperation gemäß Art. X, S. 1 IWF-Statuten und Art. V, Absch. 8, lit. a, S. 1 IBRD-Statuten messen lassen, nach dem die Weltbank und der IWF ihre Geschäftstätigkeit zur optimalen und effektivsten Förderung des Allgemeininteresses ihrer Mitglieder einzusetzen haben. Der Gesamtplan, an dem die Koordination zu messen ist, stellt dabei die Schnittstelle der selbstgesetzten Zielsetzungen mit den Mandaten der anderen Organisation dar. Im Konfliktbereich der Armutsreduzierung in einkommensschwachen Staaten überlagert das Gebot der Kooperation daher die Unabhängigkeit der Organisation.

5.4. Verringerung der Normenkonkurrenzen durch Kooperation und Koordination

Die Konkurrenzen und Kollisionen können auf verschiedene Weise aufgehoben bzw. vermieden werden. Zum einen bietet sich die Möglichkeit, daß die Vertragsparteien die Gründungsverträge der internationalen Organisationen ändern und ihnen schärfer voneinander getrennte Ziele und Aufgabenbereiche übertragen. Diese Vorgehensweise würde allerdings die Kohärenzen zwischen den Aufgabenbereichen der Weltbank und des IWF negieren. Kollisionen treten hier zwischen makroökonomischen und mikroökonomischen, strukturpolitischen, nachfrageorientierten und angebotsorientierten Mechanismen und Wirtschaftsreformen auf und auch eine spezifische Abgrenzung der Kompetenzen in den Statuten kann eine Abwägung der sich gegenseitig beeinflussenden Vorgehensweisen nicht vermeiden.

Zum anderen kann eine Verringerung der Konkurrenzen und Kollisionen zwischen Weltbank und IWF auf der Ebene des Sekundärrechts und damit durch eine harmonisierende Auslegung der Statuten von Seiten der Organisationen vorgenommen werden. Eine geänderte Schwerpunktsetzung in den Zielen und Aufgaben der einzelnen Organisation ist sowohl einseitig als auch gemeinsam möglich. Eine Pflicht zur Zusammenarbeit mit anderen internationalen Organisationen, die auf den gleichen Gebieten tätig werden, besteht gemäß Art. X, S. 1 IWF-Statuten und Art. V, Absch. 8, lit. a, S. 1 IBRD-Statuten. Die Auslegung dieses Artikels und damit die Ausgestaltung der Zusammenarbeit im Fall von

Konkurrenzen und Kollisionen mit der Geschäftstätigkeit obliegen allerdings den Organen der Weltbank und des IWF.

Die Verminderung von Konkurrenzen und Kollisionen erfolgt weitgehend durch einverständliches Handeln beider Organisationen. Dazu stehen ihnen die Mittel der Kooperation und Koordination zur Verfügung. Unter ersterer wird die unmittelbare, funktionsbezogene Zusammenarbeit verstanden, die als Reaktion auf Kollisionen dient, während die Koordination die Abstimmung von Verhaltensweisen beschreibt und damit zur Lösung von Normenkonkurrenzen beitragen soll.[1163]

5.4.1. Weltbank und IWF als Sonderorganisationen der Vereinten Nationen

Zwischenstaatliche Organisationen können gemäß Art. 57 der UN-Charta mit der UN durch eine Vereinbarung in ein Kooperationesverhältnis treten, sofern sie „auf den Gebieten der Wirtschaft, des Sozialwesens, der Kultur, der Erziehung, der Gesundheit oder auf verwandten Gebieten" tätig sind. Durch die Abkommen zwischen dem IWF, der IBRD bzw. der IDA und den UN wurden diese drei Organisationen als Sonderorganisationen der UN im Sinne des Art. 63, Abs. 1, S. 1 UN-Charta anerkannt.[1164] Die Beziehung zwischen den Organisationen und der UN ist durch eine weitgehende Unabhängigkeit gekennzeichnet, die in Art. I, Abs. 2, S. 2 der Abkommen

> - „By reason of the nature of its international responsibilities and the terms of its Articles of Agreement, the Fund [Bank] is, and is required to function as, an independent international organization."[1165] -

zum Ausdruck kommt. Diese Unabhängigkeit schränkt die koordinierende Funktion der UN und dessen Wirtschafts- und Sozialrat (ECOSOC) ein. Insbesondere schränkt sie das "substanzarme"[1166] Recht des ECOSOC ein, die Tätigkeit der Sonderorganisationen durch Konsultationen und Empfehlungen zu ko-

1163 Pätzold, Kompetenzüberschneidungen, S. 122.

1164 Agreement between the United Nations and the International Monetary Fund, in Kraft getreten am 15. Nov. 1947; Agreement between the United Nations and the International Bank for Reconstruction and Development, in Kraft getreten am 15. Nov. 1947; Agreement between the United Nations and the International Development Association, in Kraft getreten am 27. März 1961; aufgrund der Verpflichtung in Art. VI, Absch. 7 IDA-Statuten.

1165 Agreement between the IMF and the UN, Art. I, Abs. 2; Agreement between the IBRD and the UN, Art. I, Abs. 2. Die Beziehung der IDA zur UN ist durch den Verweis auf das Abkommen zwischen der IBRD mit der UN geprägt: „The United Nations and the Association shall have the same rights and obligations toward each other as the United Naitons and the Bank have under the Agreement [...]." (Art. I Agreement between the United Nations and the IDA).

1166 Göthel, Koordinierungssystem, S. 319.

ordinieren.[1167] Weltbank und IWF bewahren sich außerdem ihre Unabhängigkeit gegenüber der UN und damit gegen eine mögliche Angleichung und Koordination ihrer Geschäftstätigkeit bzw. Verwaltungstätigkeit indem sie weder dem Gemeinsame System (Common System) über die Koordination im Personalbereich (Beschäftigungsbedingungen; Vergütung; Pensionsfonds, Gericht für arbeitsrechtliche Streitigkeiten), noch der Joint Inspection Unit, die auf die Effektivität bei Operationen innerhalb des UN-Systems achten soll, beigetreten sind.[1168] Auch obliegt ihnen nicht die Pflicht der Berichterstattung gegenüber dem ECOSOC[1169] und der Genehmigung des Budgets[1170].

Neben der allgemeinen Koordination gemäß Art. 63, Abs. 2 UN-Charta legen die Kooperationsabkommen die Beziehungen zur UN fest. Danach können Vertreter der UN an Sitzungen der Gouverneursräte von Weltbank und IWF ohne Stimmrecht teilnehmen, die beiden Sonderorganisationen beachten (give due consideration) Vorschläge für die Tagesordnungen der Gouverneurssitzungen, die UN kann Konsultationen und Empfehlungen abgeben und es besteht ein Austausch von Informationen über Themen von gegenseitigem Interesse.[1171] Letztendlich steht dem ECOSOC allerdings kein Weisungsrecht gegenüber der

---

1167 Art. 63, Abs. 2 UN-Charta: „Er [der Wirtschafts- und Sozialausschuß] kann die Tätigkeit der Sonderorganisationen koordinieren, indem er Konsultationen mit ihnen führt und an sie, an die Generalversammlung und die Mitglieder der Vereinten Nationen Empfehlungen richtet." Lucke (IWF, S. 49) spricht von einem „grundsätzlichen Widerspruch" zwischen dem Handlungsermessen des IWF und der Koordinationsfunktion des ECOSOC. Einen umfangreichen Überblick über die Beziehung zwischen der UN und ihren Sonderorganisationen gibt Jenks, Coordination, S. 157-301.

1168 Meng, Charter, Art. 58, Rn. 6, 9, 11.

1169 Art. 64, Abs. 1, S. 1 UN-Charta: „Der Wirtschafts- und Sozialrat kann geeignete Schritte unternehmen, um von den Sonderorganisationen regelmäßig Berichte zu erhalten." Die Einschränkung dieser Regelung erfolgt in Art. I, Abs. 3 Agreement between the IMF and the UN und Art. I, Abs. 3 Agreement between the IBRD and the UN, nach denen die Organisationen vertrauliche Informationen über ihre Mitglieder nicht berichten müssen. Weltbank und IWF steht dabei die Entscheidungsbefugnis zu, welche Informationen sie für vertraulich halten. Diese Vereinbarung hat die weitere Konsequenz, daß die Pflicht der Registrierung und Veröffentlichung aller internationalen Vereinbarungen der Mitglieder der Weltbank und des IWF gemäß Art. 102 UN-Charta sich nicht auf finanzielle Transaktionen bezieht, sofern diese nicht der UN-Charta entgegenstehen (Art. 103 UN-Charta).

1170 Art. 17, Abs. 3 UN-Charta: „Die Generalversammlung prüft und genehmigt alle Finanz- und Haushaltsabmachungen mit den in Art. 57 bezeichneten Sonderorganisationen; sie prüft deren Verwaltungshaushalt mit dem Ziel, Empfehlungen an sie zu richten." Die Einschränkung dieser Regelung erfolgt in Art. X, Abs. 3, S. 2 Agreement between the IMF and the UN und Art. X, Abs. 3, S. 2 Agreement between the IBRD and the UN, nach denen die Organisationen „enjoy the full automony in deciding the form and content of such budget".

1171 Agreement between the IMF and the UN, Art. II-V; Agreement between the IBRD and the UN, Art. II-V.

Weltbank oder dem IWF zu, sondern er kann lediglich Empfehlungen an die Sonderorganisationen richten, über deren Umsetzung die souveränen Gremien befinden. Das Recht, Empfehlungen zu erteilen, beschneidet daher nicht die Autonomie der Weltbank und des IWF.[1172]

Mit der eigentlichen Koordinationsarbeit zwischen den Programmen der Organisationen ist das Committee for Programme and Coordination (CPC), ein gemeinsamer Unterausschuß des ECOSOC und der Generalversammlung, betraut. Er soll u.a. die Programme im UN-System sektorweise überprüfen und den beteiligten Organisationen Leitlinien für ihre Arbeit geben, um die Programmkohärenz und Koordination innerhalb des Systems zu stärken.[1173] Außerdem soll die interinstitutionelle Koordination durch die UN im Verwaltungsausschuß für Koordinierung (Administrative Coordination Committee, ACC), dem auch die Weltbank und der IWF angehören[1174], vorgenommen werden. Der Einfluß des ACC ist jedoch dadurch beschränkt, daß er jährlich nur zweimal für jeweils zwei Tage zusammentritt und in erster Linie dem allgemeinen Gedankenaustausch und einzelnen Stellungnahmen zu aktuellen Fragen dient. Da der Präsident der Weltbank und der Geschäftsführende Direktor des IWF als gewählte und politisch nur ihren eigenen Gremien verantwortliche Personen auftreten, werden sie sich außerdem bei Konflikten zwischen systemweiten und organisationseigenen Interessen von letzteren leiten lassen.[1175]

Eine Kooperation innerhalb des Systems der UN findet zusätzlich auf der innerstaatlichen Ebene statt. Allerdings wird dieser Gedankenaustausch dadurch behindert, daß die Vertreter und Mitarbeit der Mitgliedstaaten für die einzelnen Sonderorganisationen der nationalen Einteilung der Sachpolitik untergeordnet sind. Die Zuständigkeit der Politik der Weltbank findet sich im Bundesministerium für Entwicklung und das Finanzministerium ist für die gegenüber dem IWF vertretene Politik verantwortlich. Da die Abstimmung zwischen den beteiligten Resorts in vielen Mitgliedstaaten mangelhaft funktioniert und in den Gouverneursräten von demselben Mitgliedstaaten widersprüchliche Meinungen vertreten werden, erschwert sich die Koordination und Abstimmung der Programme aufeinander.[1176]

Somit erfolgt aufgrund der Einordnung der Weltbank und des IWF als Sonderorganisation in das System der UN keine wirkungsvolle und weisungsabhängige Koordination zwischen den Organisationen.[1177]

1172 Ipsen, Völkerrecht, S. 389, Rn. 69; Göthel, Koordinierungssystem, S. 319.

1173 Göthel, Koordinierungssystem, S. 320; Meng, Charter, Art. 63, Rn. 44.

1174 Agreement between the IMF and the UN, Art. X, Abs. 2; Agreement between the IBRD and the UN, Art. X, Abs. II.

1175 Göthel, Koordinierungssystem, S. 322 f.; vgl. Hüfner, Vereinte Nationen, S. 15.

1176 Vgl. Göthel, Koordinierungssystem, S. 318 f.; Hüfner, Verteinte Nationen, S. 15.

1177 Gold, Interpretation, S. 507; Klein, Internationale Organisationen, Rn. 233.

5.4.2. Parallelen im organisatorischen Aufbau und Kooperation auf politischer und ausführender Ebene

Die Gründer der Organisationen gingen davon aus, daß die korrespondierenden Vorschriften über den Aufbau und die Kompetenzen der geschäftsführenden Organe und die ähnliche Stimmengewichtung unter den Mitgliedstaaten die Meinungsbildung in den Gremien der Weltbank und des IWF vereinheitlichen würden.[1178] So besteht die primäre Verbindung zwischen dem IWF und der Weltbank darin, daß gemäß Art. II, Absch. 1 IBRD-Statuten die Mitgliedschaft in der IBRD – und damit auch in der IDA – lediglich Mitgliedern des IWF offensteht.[1179] Korrespondierend zu dieser Regelung erlischt die Mitgliedschaft in der IBRD mit Austritt aus dem IWF, solange die Weltbank nicht mit einer Mehrheit von Dreiviertel der gesamten Stimmenzahl dem Verbleiben des Mitglieds zustimmt.[1180] Diese Verbindung der Mitgliedschaft sichert der Weltbank einerseits zu, daß sich die entleihenden Staaten dem Regelwerk des internationalen Finanzsystems des IWF unterwerfen, und andererseits, daß der IWF als Überwacher der Wirtschafts- und Währungspolitik der Mitglieder stabile Währungsverhältnisse garantiert, die eine Grundlage für wirtschaftliches Wachstum bilden und die Rückzahlungen der entliehenen Gelder fördern.[1181] Dagegen steht die Mitgliedschaft im IWF allen Regierungen offen, die Kapital einzahlen (Subkription);[1182] eine Abhängigkeit von der Mitgliedschaft in der Weltbank liegt nicht vor.

Die organisatorische Struktur der Weltbank und des IWF ist weitgehend miteinander vergleichbar.[1183] An der Spitze der Organisationen steht jeweils der

---

1178 Aufgaben und Kompetenzen der Organe: Art. V IBRD-Statuten; Art. XII IWF-Statuten. Verteilung der Stimmrechte: Art. V, Absch. 3, lit. a i.V.m. Art. II, Absch. 3 IBRD-Statuten; Art. XII, Absch. 5, lit. a i.V.m. Art. III, Absch. 1 IWF-Statuten; Gold, Interpretation, S. 509; Vocke, Zusammenarbeit, S. 169.

1179 Diese Bestimmung stellt gleichzeitig die Verbindung zwischen der IDA und dem IWF her, da Mitglieder der IDA auch der IBRD beigetreten sein müssen (Art. II, Absch. 1 IDA-Statuten). Heute sind 184 Staaten sowohl im IWF als auch in der IBRD Mitglied. Die IDA hat 164 Mitglieder.

1180 Art. VI, Absch. 3 IBRD-Statuten. Ein Austritt aus der IBRD bewirkt gleichzeitig den Austritt aus der IDA (Art. VII, Absch. 3 IDA-Statuten).

1181 Polak, Relationship, S. 1; Denters, IMF Conditionality, S. 153; Friedmann/ Kalmanoff/ Meagher, Aid, S. 92; Silard, Role, S. 100; Gold, Relationship, S. 506.

1182 Art. II, Absch. 2, S. 1 IWF-Statuten.

1183 Die IDA bestimmt in ihren Statuten, daß die Gremien der IBRD ex officio auch der Gouverneursrat, das Direktorium und der Präsident der IDA sind (Art. VI, Absch. 2, lit. b, Absch. 4, lit. b und Absch. 5, lit. a, S. 1 IDA-Statuten). Auch die Angestellten der IBRD sollen, soweit dieses möglich ist und nicht den Interessen einer der beiden Organisationen widerspricht, gleichzeitig für die IDA arbeiten (Art. VI, Absch. 5, lit. b, S. 3 IDA-Statuten und Interpretation des Direktoriums zu diesem Artikel im Report of the Executive Directors of the IBRD on the Articles of Agreement of the IDA, zur Resolution Nr. 136 vom 1. Okt. 1959, Nr. 21. Danach kann der Präsident eigene Mitarbeiter

Gouverneursrat, in den jedes Mitglied für 5 Jahre einen Gouverneur und einen Stellvertreter entsendet.[1184] Zwar legen die Statuten alle Befugnisse der Weltbank und des IWF in die Hände des Gouverneursrats[1185], dieser hat seine Machtstellung allerdings bis auf die in den Statuten genannte Ausnahmen an das Exekutivdirektorium übertragen.[1186] Die jeweils 24 Exekutivdirektoren werden alle 2 Jahre vom Gouverneursrat gewählt bzw. ernannt.[1187] Die Aufgaben der Exekutivdirektorien umfassen zum einen die allgemeine Geschäftsführung der jeweiligen Organisation und zum anderen die Ausübung der ihnen vom Gouverneursrat

---

für die IDA einstellen, wenn die Befürchtung besteht, daß die Interessen dieser Organisation von einem gemeinsamen Mitarbeiter nicht gewahrt werden können).

1184 Art. V, Absch. 2, lit. a) IBRD-Statuten; Art. XII, Absch. 2, lit. a, S. 2 IWF-Statuten. Den Stellvertretern steht nur bei Abwesenheit des Gouverneurs ein Stimmrecht zu (Art. V, Absch. 2, S. 3 IBRD-Statuten; Art. VI, Absch. 2, lit. b, S. 2 IDA-Statuten; Art. XII, Absch. 2, lit. a, S. 4 IWF-Statuten).

1185 Art. V, Absch. 2, lit. a, S. 1 IBRD-Statuten; Art. VI, Absch. 2, lit. a IDA-Statuten; Art. XII, Absch. 2, lit. a, S. 1 IWF-Statuten.

1186 Art. XII, Absch. 2, lit. b IWF-Statuten i. V. m. IWF, By-Laws Absch. 15 und 16 vom 16. März 1946 zuletzt geändert 13. Juni 1978; in: By-Laws. Die Exekutivdirektoren und ihr Stimmengewicht sind aufgeführt in IWF, Jahresbericht 2003, Anhang VII, S. 143-146. Art. V, Absch. 2, lit. b IBRD-Statuten; Art. VI, Absch. 2, lit. c IDA-Statuten; die Direktoren und ihre Stimmrechte sind aufgeführt in Weltbank, Jahresbericht 2003 I, S. 124-125.
Die nicht übertragenen Funktionen sind die Aufnahme von Mitgliedern, die Erhöhung oder Herabsetzung des Grundkapitals, die Suspendierung eines Mitglieds, Entscheidungen über Berufungen gegen die Auslegung des Abkommens durch die Direktoren, die Genehmigung offizieller Abmachungen mit anderen internationalen Organisationen und Entscheidungen über das Nettoeinkommen der Bank oder ihre Liquidation (Art. V, Absch. 2, lit. b, Abs. i-vi IBRD-Statuten; Art. VI, Absch. 2, lit. c, Abs. i-viii IDA-Statuten).

1187 5 der Exekutivdirektoren bzw. Direktoren werden durch die Mitglieder mit der größten Anzahl an Anteilen (Weltbank) oder den größten Quoten (IWF) ernannt. Bei den fünf größten Mitgliedern der Weltbank und des IWF handelt es sich um die USA, Japan, die BRD, Frankreich und das Vereinigte Königreich. Die übrigen Exekutivdirektoren werden von allen anderen Mitgliedern gewählt (Art. V, Absch. 4, lit. b IBRD-Statuten; Art. XII, Absch. 3, lit. b IWF-Statuten).
Da es sich bei den Exekutivdirektoren nicht um Politiker oder Mitglieder der einzelnen Regierungen handelt, ist ihre Entscheidungsmacht bzgl. wichtiger und die Geschäftstätigkeit modifizierender Fragen eingeschränkt. Stanley Fischer sieht die ausschlaggebende Entscheidungsfindung eher bei den Treffen der G-7 Staaten, deren Mitgliedsregierungen die gefundenen Lösungen zur Umsetzung an ihre Exekutivdirektoren weiterleiten (Fischer, Mission, S. C-162).
Gemäß IWF, By-Laws Absch. 14, lit. e, Abs. ii vom 16. März 1946 zuletzt geändert 13. Juni 1978; in: By-Laws, bilden Vertreter der Weltbank und des IWF einen Gemeinsamen Ausschuß für die Entschädigung der Exekutivdirektoren und ihrer Vertreter (Joint Committee on Remuneration of Executive Directors and their Alternates).

übertragenen Befugnisse.[1188] Das Exekutivdirektorium der jeweiligen Organisation wählt den Geschäftsführenden Direktor des IWF und den Präsidenten der Weltbank, die neben der Tätigkeit als Leiter des Personals und ausführendes Organ der Geschäftstätigkeit den Vorsitz im Exekutivdirektorium innehaben.[1189]

Die Weltbank und der IWF führen neben diesen Gremien Evaluationsbüros, welche eine unabhängige Kontrolle der Geschäftstätigkeit der Organisationen durchführen und dem Exekutivdirektorium des IWF bzw. dem Direktorium der Weltbank Bericht erstatten.[1190] Daneben unterbreiten die Evaluationsbüros Vorschläge zur Verbesserung der Arbeit und tragen damit zum Ansehen und zur Weiterbildung der Organisation bei.

Einige Verwaltungsdienste, wie die Bibliothek und der medizinische Service, sind gemeinsam organisiert. Weltbank und IWF geben vierteljährlich die Zeitschrift "Finanzierung & Entwicklung" heraus, und veröffentlichen seit April 2004 einen Global Monitoring Report, der jährlich erscheint und die Fortschritte im Prozeß zum Erreichen der Internationalen Entwicklungsziele zusammenfaßt.[1191] Die Einrichtung eines gemeinsamen Computersystems schlug in 1986 aufgrund der komplexen Aufgabenstellung fehl und das Verfolgen ähnlicher Politiken bei der Vergütung der Mitarbeiter seit 1972, welches eine Gleichstellung der beiden Mitarbeiterstäbe sichern sollte, wurde in 1999 aufgegeben.[1192]

Die parallele Struktur der Weltbank und des IWF läßt einen vielfältigen Meinungsaustausch zwischen den Organisationen zu. Dabei kann zwischen der Ebene, auf der politische Vertreter zusammentreffen, und der Ebene der ausführenden Organe unterschieden werden. Mit Vertretern der Politik, d.h. Mitgliedern der mitgliedstaatlichen Regierungen oder von ihnen entsandten und daher abhängigen Personen, sind die Gouverneursräte, der gemeinsame Entwicklung-

1188 Art. V, Absch. 4, lit. a IBRD-Statuten; Art. VI, Absch. 4, lit. b IDA-Statuten; Art. XII, Absch. 3, lit. a IWF-Statuten.

1189 Art. XII, Absch. 3, lit. b, S. 1 und Absch. 4, lit. a, S. 1 und 2 und lit. b IWF-Statuten; Art. V, Absch. 5, lit. a, S. 3 und lit. b, S. 1 IBRD-Statuten; Art. VI, Absch. 5, lit. a, S. 2 und lit. b IDA-Statuten.

1190 Das Evaluationsbüro der Weltbank heißt Operations Evaluation Department (OED) und das des IWF Independent Evaluation Office (IEO, gegründet im Juli 2001).

1191 IMF, Factsheet IMF/ World Bank, S. 2.

1192 Boughton, Silent Revolution, S. 996; Mason/ Asher, World Bank, S. 544, Fn. 11; Vocke, Zusammenarbeit, S. 176, 182, die sich bei der Nennung der Jahresdaten irrt (vgl. Boughton, Silent Revolution, S. 996; Weltbank, Jahresbericht 1979, S. 113); IMF, Factsheet IMF/ World Bank, S. 2; Hino, Collaboration, S. 13; Horsefield I, S. 604. Die Vorschläge, nach denen makroökonomische Vorhersagen und die Fortbildung der Bediensteten vereinheitlicht werden sollten, sind nicht umgesetzt worden, da die beiden Organisationen davon ausgingen, daß ein gewisser Grad an Wettbewerb untereinander und die Konzentration auf die spezifischen Aufgaben der einzelnen Organisation ratsam sei (Boughton, Silent Revolution, S. 996).
Aufzählung der Kooperation im formellen und technischen Bereich in: Weltbank, Jahresbericht 1989, S. 101; 1991, S. 104 f.; IWF, Jahresbericht 1990, S. 40.

sausschuß der Weltbank und des IWF und der Internationale Währungs- und Finanzausschuß des IWF (International Monetary and Financial Committee; IMFC [1193]) besetzt.

Die beiden Gouverneursräte halten einmal im Jahr parallel stattfindende Jahresversammlungen ab.[1194] Diese werden von einem gemeinsamen Mitarbeiterstab vorbereitet und organisiert; die jeweils notwendigen Unterlagen werden jedoch getrennt erstellt.[1195] Ein Abgleichen der unterschiedlichen Meinungen der Weltbank und des IWF wird durch die Tatsache erschwert, daß die Zuständigkeiten für die Beziehungen zur Weltbank und zum IWF national unterschiedlichen Ministerien zugeordnet sind. Daher vertreten die Gouverneure eines Landes regelmäßig differierende Ansichten, so daß ein Konsens nicht nur zwischen den 184 Mitgliedstaaten der Organisationen, sondern auch den jeweiligen Vertreten desselben Staates gefunden werden muß.[1196]

Eine Einigung auf politischer Ebene und damit die Vorbereitung der Arbeitsteilung und Zusammenarbeit zwischen der Weltbank und dem IWF soll im Entwicklungsausschuß (Developing Committee)[1197] gefunden werden. Diesem gehören Gouverneure der Weltbank und des IWF sowie Personen vom Rang eines Ministers an. Die Aufgabe des Entwicklungsausschusses ist die Beratung

---

1193 Seit 1974 berät der IMFC, der bis Okt. 1999 unter dem Namen Interimsausschuß arbeitete, den Gouverneursrat des IWF über Fragen der Geschäftstätigkeit des IWF, Änderungen der Statuten und Bedrohungen für das gesamte Währungs- und Finanzsystem (IMF, IMFC, S. 317, im Kasten).
Ursprünglich sollte der Interimausschuß die Zeit bis zur Gründung eines Council gem. Art. XII, Absch. 1 i.V.m. Anhang D IWF-Statuten überbrücken. Ein Council wurde jedoch nie eingeführt, da dieses Gremium Entscheidungsbefugisse erhalten hätte, die nun beim Gouverneursrat bzw. in Übertragung bei den Exekutivdirektoren verblieben (IMF, Organization, S. 3).

1194 Art. V, Absch. 2, lit. c, S. 1 IBRD-Statuten; Art. VI, Absch. 2, lit. e, IDA-Statuten; IBRD, Weltbank, S. 24; Driscoll, IWF, S. 10; IMF, Factsheet IMF/ World Bank, S. 2.

1195 Vocke, Zusammenarbeit, S. 176; Hino, Collaboration, S. 13. Zwischen 1946 und 1962 gündeten die beiden Sekretariate ad hoc eine gemeinsame Abteilung zur Organisation der Jahresversammlungen; seit 1963 besteht ein dauerhaftes Büro für gemeinsame Konferenzen (Boughton, Silent Revolution, S. 996, Fn. 4).

1196 Driscoll, IWF, S. 9; IBRD, Weltbank, S. 24. In der BRD fällt die Zuständigkeit für die Weltbank in den Aufgabenbereich des Bundesministeriums für wirtschaftliche Zusammenarbeit und Entwicklung, für den IWF ist das Bundesministerium für Finanzen zuständig.

1197 Der Begriff "Entwicklungsausschuß" ist eine Abkürzung für die Bezeichnung Gemeinsamer Ministerausschuß des Gouverneursrates der Weltbank und des IWF für den Transfer von Ressourcen an Entwicklungsländer (Joint Ministerial Committee of the Board of Governors of the Bank and the Fund on the Transfer of Real Ressources to Developing Countries).
Gründung durch IWF, Resolution Nr. 29-9; in: Sel. Dec., 2003 und Weltbank, Resolutionen Nr. 294 und 479, vgl. Development Committee, Organization; Weltbank, Jahresbericht 1975, S. 14, 42 f.; Development Committee, About.

der Weltbank und des IWF über die Höhe und Qualität der offiziellen Entwicklungshilfe, deren Umsetzung in Politiken und Arbeitsabläufe, die Steigerung des Zugangs zu den Finanzmärkten und die Koordination der internationalen Finanzregime für Warenhandel und Preisstabilität.[1198] Allerdings unterliegt die Zuständigkeit für dieses Gremium in der BRD alleine dem Bundesministerium für wirtschaftliche Zusammenarbeit und Entwicklung[1199], so daß sich ein Austausch mit der politischen Ebene des IWF auf die Frühlingssitzung des Entwicklungsausschusses beschränkt, die dieser zusammen mit dem Internationalen Währungs- und Finanzausschuß des IWF abhält, in dem Gouverneure des IWF oder Personen vom Rang eines Ministers den IWF über Fragen der Geschäftstätigkeit, Änderungen der Statuten und Bedrohungen für das gesamte Währungs- und Finanzsystem beraten[1200]. Die BRD wird im IMFC durch den Bundesfinanzminister vertreten.[1201]

Die Beratung von Seiten des Entwicklungsausschusses und des IMFC ist eine Meinungsbildung auf politischer Ebene, an welche die Führungen der Weltbank und des IWF nicht direkt gebunden sind. Der Ausschuß kann jedoch „moralischen Druck“[1202] ausüben. Der Einfluß des Präsidenten und des Geschäftsführenden Direktors beschränkt sich innerhalb der beiden Ausschüsse auf ein Teilnahmerecht an den Sitzungen und die Gestaltung der Tagesordnung.[1203]

Ein Meinungsaustausch kann auch auf der ausführenden Ebene des Managements, der Exekutivdirektoren und der Angestellten der Organisationen stattfinden. So werden Frankreich und das Vereinigte Königreich in den Exekutivdirektorien des IWF und der Weltbank von denselben Personen vertreten und fördern dadurch die Zusammenarbeit und einheitliche Meinungsbildung der beiden Organisationen.[1204] Außerdem laden die Exekutivdirektorien Vertreter

---

1198 Development Committee, Committee, S. 2. In der ersten Sitzung des Entwicklungsausschusses wird dessen Aufgabe wie folgt beschrieben: „[...] to carry forward the study of the broad question of the transfer of real resources to developing countries, and to recommend measures to be adopted in order to implement its conclusions.“ (Development Committee, Press Communiqués, First Meeting, Washington, 2. Oktober, 1974; in: IWF, Jahresbericht 1975, Anhang III, S. 102).

1199 Development Committee, Members, S. 3.

1200 IMF, IMFC, S. 317, Kasten.

1201 IMFC, Anwesenheit bei der Sitzung vom 24. April 2004; in: IMFC, Communiqué 2004, S. 6.

1202 Vocke, Zusammenarbeit, S. 179.

1203 IMF, Resolution Nr. 29-9, Abs. 7, lit. b und Abs. 9, lit. f; in: Sel. Dec., 2003.

1204 Frankreich wird durch Pierre Dequesne vertreten und für das Vereinigte Königreich arbeitet Tom Scholar. Die Staatengruppe, in der sich Belgien befindet, hat zwischen 1973 und 1994 Jacques de Groote (Belgien) in beide Gremien geschickt. (vgl. IWF, By-Laws Absch. 14, lit. h vom 16. März 1946, zuletzt geändert 13. Juni 1978; in: By-laws; Polak, Relationship, S. 3; Gold, Relationship, S. 507; Mason/ Asher, World Bank, S. 544; Horsefield I, S. 341; Boughton, Silent Revolution, S. 996; Vocke, Zusammenarbeit, S. 180) Keynes, der maßgeblich an der Ausarbeitung der Gründungsverträge

der anderen Organisation bei Themen von beiderseitigem Interesse zu ihren Sitzungen oder zu den Sitzungen der Gouverneursräte ein. Allerdings ist die Einladung des IWF an die Vertreter der Weltbank zur Teilnahme an den Sitzungen des Exekutivdirektoriums auf deren Anwesenheit beschränkt.[1205]

Der Präsident der Weltbank und der Geschäftsführende Direktor des IWF treffen sich regelmäßig, um über besondere Themen des Tagesgeschehens zu diskutieren. Sie äußern ihre Zusammenarbeit mit gemeinsamen Statements und statten teilweise Besuche in verschiedene Regionen und Mitgliedstaaten gemeinsam ab.[1206]

Ein besseres Verständnis der Arbeitsweise und Prioritätensetzung der Schwesterorganisation wird über einen vorübergehenden Mitarbeiteraustausch während einer Dauer von 2-3 Jahren erreicht.[1207] Außerdem führen Angestellte der Organisationen ihre Missionen und Reisen in die Mitgliedstaaten, soweit dies möglich ist, parallel durch bzw. Vertreter der jeweils anderen Organisation sind berechtigt, die Missionen zu begleiten. Zur besseren Abstimmung von Maßnahmen werden Dokumente vor ihrer Veröffentlichung der anderen Organisation zur Verfügung gestellt und gemeinsame Konsultationen über strittige Punkte eines Reformprogramms abgehalten.[1208] Eine einheitliche Meinung soll darüber hinaus durch die Möglichkeit gefördert werden, ad hoc Studiengruppen zu bilden, die Themen in den Gebieten des gemeinsamen Interesses der beiden

---

der Bretton-Woods-Institutionen beteiligt war, hielt die Idee von personengleichen Direktoren angesichts der sehr unterschiedlichen Aufgabengebiete für nicht geeignet (Gold, Relationship, S. 507 f., Fn. 35).

1205 Absch. 4, lit. c und d der By-laws der Weltbank; IWF, By-Laws, Art. 5, lit. c und d vom 16. März 1946; in: By-Laws, i.V.m. IWF, Einladung an die Weltbank in der Sitzung Nr. 70/130 des Exekutivdirektoriums vom 10. April 1970; in: Sel. Dec. 2003; IMF, Factsheet IMF/ World Bank, S. 2; Freiberg/ Jürgens, Rechtsgrundlagen, S. 23 f.

1206 IMF, Factsheet IMF/ World Bank, S. 2. Die gemeinsamen Standpunkte decken die Bereiche gemeinsamer Interessen ab, wie die Umsetzung der Internationalen Entwicklungsziele, Anregung der Lebensmittelhilfe für Afrika und den Welthandel.

1207 Weltbank, Jahresbericht 1985, S. 60; IWF, Jahresbericht 1990, S. 40; Memorandum Bank-Fund Collaboration in Assisting Member Countries, Nr. 27 als Teil des Concordat on Fund-Bank Collaboration (SM/ 89/ 54, Rev. 1, 31. März 1989) in: Boughton, Silent Revolution, S. 1062; Polak, Relationship, S. 26 f.; Vocke, Zusammenarbeit, S. 186-189; Feinberg, Changing Relationship, S. 225; Goode, Assistance, S. 26; Wolff, Stabilisierungspolitik, S. 42.

1208 Insbesondere soll die Weltbank von Mitarbeitern der IWF in folgenden Bereichen konsultiert werden: Investitionen in den öffentlichen Sektor und Institionsschwerpunkte, Effizienz von öffentlichen Unternehmen, Preispolitik, Tarifreformen, Importliberalisierung und Analysen von Sektorproduktivität; umgekehrt konsultiert die Weltbank den IWF auf dem Gebiet der makroökonomischen Fragestellungen, Wechselkurse, Fiskalpolitik und Geldpolitik (IWF, Jahresbericht 1987, S. 45).

Organisationen analysieren.[1209] Regelmäßig werden gemeinsame Seminare abgehalten.

5.4.3. Kooperation in materiellen Aufgabenbereichen

Die Kooperation zwischen Weltbank und IWF, die sich auf die Umsetzung der Aufgaben und die materiellen Arbeitsbereiche bezieht, wird in den Statuten der Organisationen lediglich in sehr grober Weise behandelt. Daneben legt das Management der beiden Organsationen spezielle Verhaltensweisen in gemeinsamen Interessenbereichen fest. Auf der Grundlage des allgemein gehaltenen Memorandums von 1989[1210] sind verschiedene Stufen der Zusammenarbeit auszumachen, die von gegenseitigen Absprachen des jeweiligen Vorgehens (Notfall- und Post-Konflikt Hilfe), über das gemeinsame Erstellen von Bewertungen und Analysen (nachhaltiges Schuldenmanagement und öffentliche Vergabepraxis) bis zur Gründung gemeinsamer Gremien zur Koordination ihrer Arbeit (FSAP und HIPC-Initiative bzw. PRSP) reichen. Bei all diesen Absprachen über die Aufgabenabgrenzung und Zusammenarbeit zwischen der Weltbank und dem IWF handelt es sich nicht um formale Übereinkommen, sondern um informelle Vereinbarungen auf Ebene des Managements.[1211] Diese Form behält den Organisationen eine hohe Flexibilität in ihrer Arbeit vor, da eine bindende Interpretation der Statuten lediglich durch die Exekutivdirektoren vorgenommen wird, deren Entscheidung aufgrund der Anfrage eines Mitglieds wiederum dem Gouverneursrat zur Interpretation vorgelegt werden kann.[1212]

1209 Memorandum Bank-Fund Collaboration in Assisting Member Countries, Nr. 17 als Teil des Concordat on Fund-Bank Collaboration (SM/ 89/ 54, Rev. 1, 31. März 1989) in: Boughton, Silent Revolution, S. 1060.

1210 Memorandum on Bank-Fund Collaboration in Assisting Member Countries vom 31. März 1989, (SM/89/54), Rev. 1, in: Boughton, Silent Revolution, S. 1056-1062.

1211 Vgl. Gold, Interpretation, S. 417, der die Zuständigkeit des Geschäftsführenden Direktors und des Präsidenten für informelle Absprachen zwischen den Organisationen aus der Übertragung der laufenden Geschäfts (Art. V, Absch. 5, lit. b IBRD-Statuten; Art. VI, Absch. 5, lit. b IDA-Statuten; Art. XII, Absch. 4, lit. b IWF-Statuten) auf das Management schließt: „[They are] responsible for the organization, appointment, and dismissal of the staff. These provisions have been understood to give authority to the chief officer to make arrangements for collaboration, to organize the staff to conduct collaboration in accordance with the arrangements, and to participate himself in carrying them out.“ (Gold, Interpretation, S. 419)

1212 Art. IX IBRD-Statuten, Art. XXIX IWF-Statuten; Ein Hinweis auf diese Interpretationshoheit ist im Einleitungskapitel des Memorandums enthalten, in dem es heißt: „The purposes and mandates of the Bank and the Fund are defined in their Articles of Agreements, as interpreted by their respective Boards.“

5.4.3.1. Regelungen in den Statuten

Wie bereits bei der Frage nach einem Gebot der Koordination und Kooperation unter Kapitel 5.3. dargestellt worden ist, enthalten die Statuten der Weltbank und des IWF eine wortgleiche Bestimmung über ihre Beziehungen zu anderen internationalen Organisationen:

> „Die Bank/ Der Fonds arbeitet im Rahmen der Bestimmungen dieses Abkommens mit jeder allgemeinen internationalen Organisation zusammen, die auf verwandten Gebieten besondere Aufgaben haben.“[1213]

Die Regelungen der Weltbank gehen über diese Zusammenarbeit hinaus und verpflichten die IBRD,

> „bei Entscheidungen über die Gewährung von Darlehen und Garantien in Angelegenheiten, die unmittelbar in den Aufgabenbereich einer internationalen Organisation von der Art, wie sie im vorhergehenden Absatz beschrieben wurde, fallen und an denen vor allem Mitglieder der Bank beteiligt sind, [...] die Auffassungen und Empfehlungen dieser Organisation zu berücksichtigen.“[1214]

Obwohl dieser Absatz ursprünglich nicht auf die Beziehung zwischen Weltbank und IWF ausgerichtet worden war, sondern das Verhältnis zwischen der Weltbank und der Food and Agriculture Organization (FAO) der UN regelte, ist eine Anwendung auf den IWF nicht ausgeschlossen.[1215] Zum einen sind die Mitglieder der Weltbank grundsätzlich auch Mitglieder des IWF. Zum anderen ist die Geschäftstätigkeit der Weltbank in einigen Bereichen so weit in den Kompetenzbereich des IWF eingedrungen, daß die Voraussetzung, es handele sich um Angelegenheiten, die "unmittelbar" in den Aufgabenbereich einer internationalen Organisation fielen, erfüllt ist. Die Umsetzung der Aufgaben, die dem Kernbereich der IWF-Arbeit angehören, ist daher von der Weltbank zu beachten. Diese Auslegung hat allerdings keine Auswirkungen auf die Praxis zwischen den Organisationen, denn die Rechtsfolge der Kooperationsregelung liegt in der Verpflichtung, „Auffassungen und Empfehlungen zu berücksichtigen“. In wie

---

1213 Art. V, Absch. 8, lit. a, S. 1 IBRD-Statuten; Art. X, S. 1 IWF-Statuten; Unterschiede in den deutschen Texten sind das Resultat der Übersetzung aus dem englischen Vertragstext. Die Statuten der IDA regeln zum einen die Zusammenarbeit in Art. V, Absch. 4, in dem es heißt: „Die Organisation arbeitet mit den öffentlichen internationalen Organisationen und den Mitgliedern zusammen, die den Entwicklungsgebieten der Welt finanzielle und technische Hilfe leisten.“ Außerdem sieht Art. VI, Absch. 7 IDA-Statuten die Möglichkeit vor, formelle Abkommen mit öffentlichen, internationalen Organisationen abzuschließen, die auf verwandten Gebieten besondere Aufgaben haben.

1214 Art. V, Absch. 8, lit. b IBRD-Statuten.

1215 Die Ausrichtung auf die FAO beschreibt Gold, Relationship, S. 512, Fn. 54; ders., Interpretation, S. 417; Denters, (IMF Conditionality, S. 154) übersieht bei seiner Feststellung, die Regelung in Art. V, Absch. 8, lit. b IBRD-Statuten sei auf den IWF zugeschnitten, daß die Finanzierung der Projekte und Garantien nicht die unmittelbare Aufgabe des IWF ist.

weit diese Aufnahme in die Bedingungskataloge des Politikdialogs finden, bleibt dem Ermessen der Weltbank unterstellt, die für den Inhalt der Darlehen und Garantien alleine verantwortlich ist.

Obwohl die Statuten des IWF keine Regelung darüber beinhalten, daß der IWF die Politik anderer internationaler Organisationen zu beachten hätte, sehen die Arbeitsanweisungen für die Umsetzung der PRGF[1216] vor, daß der IWF die Arbeit der Weltbank im Bereich der Armutsanalysen und der Entwicklung sozialer Politikmaßnahmen weder ergänzen noch ersetzen wird. Diese informelle Vereinbarung bindet zwar die Mitarbeiter nicht dauerhaft und läßt eine modifizierende Entscheidung des Exekutivdirektoriums bei der Vergabe der Darlehen offen, die Wortwahl ist jedoch weitgehender als der Aufruf zur Berücksichtigung der Meinung des IWF in den Statuten der Weltbank.

5.4.3.2. Zusammenarbeit in den Memoranden aus 1989, 1998 und 2000

Die Weltbank und der IWF haben seit ihrem gemeinsamen Memorandum über die Zusammenarbeit und Kompetenzabgrenzung aus 1989 ihr Verhältnis zueinander in zwei weiteren Memoranden aus den Jahren 1998 und 2000 festgelegt.[1217] Diese Vereinbarungen enthalten allgemeine Vorgehensweisen und Maßnahmen im Umgang mit der anderen Organsation. Grundsätzlich legen beide Organisationen ihrer Hilfe für einkommensschwache Mitgliedstaaten dieselben Zielsetzungen zugrunde, nämlich eine Steigerung der Lebensqualität in den Mitgliedstaaten durch nachhaltiges und gleiches Wachstum und die Reduzierung der Armut.[1218] Diese sollen mittels einer holistischen Herangehensweise erreicht werden, in der alle relevanten Politikreformen zusammengefaßt werden.[1219]

Die Verpflichtung, die Meinungen der anderen Organisation in den Bereichen zu beachten, die zum Kernbereich ihrer Kompetenz zählen, ist sowohl für die Weltbank als auch für den IWF im Memorandum von 1989 verankert und wurde in 1998 und 2000 erneut bestätigt. Die darin getroffenen Vereinbarungen verdeutlichen die Gradwanderung der Organisationen zwischen ihrer rechtli-

---

1216 IMF, PRGF-Operational Issues, S. 5, die in Abstimmung mit Vertretern der Weltbank erstellt worden sind.

1217 Memorandum on Bank-Fund Collaboration in Assisting Member Countries vom 31. März 1989, (SM/89/54), Rev. 1, in: Boughton, Silent Revolution, S. 1056-1062. Report of the Managing Director and the President on Bank-Fund Collaboration vom 4. Sept. 1998 (SM/98/226), unveröffentlicht; in: Shihata, Relationship, S. 794; IMF, PRGF-Operational Issues, Fn. 9; IMF/ World Bank, Collaboration on Country Programs, S. 22. Joint Statement by Horst Köhler and James Wolfensohn on the IMF and the World Bank Group: An Enhanced Partnership for Sustainable Growth and Poverty Reduction vom 5. Sept. 2000; zit.: Köhler/ Wolfensohn, Enhanced Parntership.

1218 Köhler/ Wolfensohn, Enhanced Parntership, S. 2.

1219 Köhler/ Wolfensohn, Enhanced Parntership, S. 2: „A comprehensive approach is required to address the multidimensional nature of sustainable growth and poverty reduction".

chen, finanziellen und organisatorischen Eigenständigkeit und Verantwortung sowie dem Wunsch nach möglichst weitgehender Zusammenarbeit, die das Konfliktrisiko und Duplikationen der Arbeit vermindert. Dieser Konflikt kommt deutlich in der Regelung über einen möglichst effizienten Umgang mit den eigenen Ressourcen zum Ausdruck:

> „[...] each institution should rely as much as possible on analyses and monitoring of the other institution in the areas of primary responsibility of the latter, while safeguarding the independence of institutional decisions.“[1220]

Die Zusammenarbeit findet ihre weitgehendste Ausgestaltung in der Verpflichtung, der Meinung der anderen Organisation nachzugeben, die diese über eine Frage aus dem Kernbereich ihrer Kompetenzen äußert. Diese Regelung stellt eine Verschärfung der Vereinbarung von 1966 dar, nach der eine Organisation die Zustimmung der anderen Organisation zu Vorgehensweisen aus deren Kernbereich einholen sollte.[1221] Treten nach ausgiebigen Beratungen weiterhin Differenzen und Meinungsverschiedenheiten zwischen den Mitarbeitern der Weltbank und des IWF auf und kann nach Einschalten des Managements nicht zu einer Lösung der Problematik gefunden werden, so

> „the institution which does not have the primary responsibility would, except in exceptional circumstances, yield to the judgement of the other institution.“[1222]

Da in diesem Vorgehen ein Nachgeben einer Organsation unter die Auffassung der anderen enthalten ist, gegen welches die Unabhängigkeit der Auslegung der Statuten und damit die freie Gestaltung der eigene Geschäftstätigkeit spricht, werden der Geschäftsführende Direktor bzw. der Präsident ihre Exekutivdirektorien zu dem Thema konsultieren.

Eine Verbindung bzw. gegenseitige Abhängigkeit zwischen der Weltbank und dem IWF besteht auch im Umgang mit den ihnen gegenüber verschuldeten Mitgliedstaaten. Entgegen dem Wunsch des IWF, die Vergabe von finanzieller Hilfe davon abhängig zu machen, daß ein Mitgliedstaat gegenüber keiner der beiden Organisationen in Verzug mit der Rückzahlung seiner Verbindlichkeiten

---

1220 Memorandum on Bank-Fund Collaboration in Assisting Member Countries vom 31. März 1989, (SM/89/54), Nr. 12; in: Boughton, Silent Revolution, S. 1059.

1221 Vgl. Kapitel 4.2.3, S. 207.
Der genaue Text der Regelung heißt: Views on matters clearly within the area of „primary responsibility“ of one or the other of the two institutions „should be expressed to members only by or with the consent of that institution.“ (Zitiert aus Memorandum on Bank-Fund Collaboration in Assisting Member Countries vom 31. März 1989 (SM/89/54), Nr. 11; in: Boughton, Silent Revolution, S. 1059).

1222 Memorandum on Bank-Fund Collaboration in Assisting Member Countries vom 31. März 1989 (SM/89/54), Nr. 12; in: Boughton, Silent Revolution, S. 1059. Noch in den Entwürfen zum Memorandum wurde die Verpflichtung ausgesprochen, der Meinung der anderen Organisation nachzugeben (would need to yield). Polak, Relationship, S. 40.

gerät, beachten die Organisationen diese Tatsache lediglich bei der Bewertung der Kreditwürdigkeit eines Mitglieds und der Sicherheit der Rückzahlungen.[1223] Der Umgang mit den verschuldeten Mitgliedern erfolgt in „the full spirit of solidarity“ zwischen den beiden Organisationen und diese werden versuchen, dem verschuldeten Mitglied bei der Lösung der prekären Lage zu helfen.

Als Ausdruck der gegenseitigen Achtung kann außerdem gewertet werden, daß das Management sein Vorgehen, welches den Meinungen der anderen Organisation in deren Kernbereich oder den Konsequenzen auf die Verschuldung eines Mitglieds gegenüber der anderen Organisation widerspricht, dem Exekutivdirektorium in einer informellen Sitzung vorlegt, bevor das Mitglied davon in Kenntnis gesetzt wird.[1224]

Trotz der Notwendigkeit, die Zustimmung der anderen Organisation in deren Kernbereich der Geschäftstätigkeit einzuholen und die Verschuldung eines Mitgliedstaates gegenüber der anderen Organisation in die eigenen Überlegungen über die Kreditwürdigkeit eines entleihenden Mitglieds einzubeziehen, heben die Weltbank und der IWF ihre grundsätzliche Eigenständigkeit wiederholt hervor. Unter der Überschrift „Independence of Institutional Decisions“ verdeutlichen sie:

> „[...] each institution must continue to proceed with its own financial assistance according to the standards laid down in its Articles of Agreement and the policies adopted by its Executive Board.“[1225]

Dieses Vorgehen beschreibt das Verbot der sich kreuzenden Konditionalität (cross-conditionality), d.h. der Möglichkeit, daß die mangelnde Umsetzung einer Darlehensbedingung gegenüber der einen Organisation das Verbot nach sich zieht, Gelder von der anderen Organisation zu erhalten.[1226] Zwar halten die Weltbank und der IWF dieses Verbot formal strikt ein, eine Abhängigkeit der Reformmaßnahmen voneinander entsteht jedoch informell, indem der IWF vor Vergabe eines Darlehens die Bestätigung des Mitgliedstaates erhalten möchte, daß dieser ein angemessenes Programm mit Sozial- und Strukturreformen verfolgt. Die Weltbank versichert sich korrespondierend, daß der Mitgliedstaat makroökonomische Reformen durchführen wird. Beide Organisationen erken-

---

1223 Memorandum on Bank-Fund Collaboration in Assisting Member Countries vom 31. März 1989 (SM/89/54), Nr. 23; in: Boughton, Silent Revolution, S. 1061 f.; Polak, Relationship, S. 43.

1224 Memorandum on Bank-Fund Collaboration in Assisting Member Countries vom 31. März 1989 (SM/89/54), Nr. 23; in: Boughton, Silent Revolution, S. 1061 f.; Polak, Relationship, S. 43.

1225 Memorandum on Bank-Fund Collaboration in Assisting Member Countries vom 31. März 1989 (SM/89/54), Nr. 25; in: Boughton, Silent Revolution, S. 1062. Vgl. auch Regelung in IMF/ World Bank, Collaboration on Country Programs, S. 10, Nr. 26.

1226 Polak, Relationship, S. 16; Dell, Question, S. 557 ff.; Kremmydas, Cross-Conditionality, S. 195-222.

nen die Durchführung eines Programms mit der anderen Organisation als Beweis für die Angemessenheit der mitgliedstaatlichen Reformprogramme an.[1227] Eine Verbesserung bei der Beachtung der Ansichten der anderen Organisation wird außerdem durch die Zusammenarbeit und den Meinungsaustausch in einem möglichst frühen Stadium der Programmplanung erreicht.[1228]

In dem Bericht über die Zusammenarbeit zwischen der Weltbank und dem IWF aus September 1998[1229] vereinbarte das Management der beiden Organisationen allgemeine Vorgehensweisen, die einen reibungslosen Verlauf in gemeinsamen Interessengebieten sichern sollen. Zu diesen gehören die klare Aufgabenbestimmung der Entscheidungsträger und das Festlegen der Bereiche, in denen die Organisationen miteinander in Kontakt treten sollen, die Stärkung der allgemeinen Informationflüsse und ihre Vertraulichkeit, die Einführung eines neuen, elektronischen Informationssystems sowie Richtlinien über die Partizipation an Missionen der anderen Organisation.

5.4.3.3. Gemeinsame Ausschüsse im Rahmen der Stragetien zur Armutsreduzierung und im Finanzsektor

Die Überschneidung der Interessen der Weltbank und des IWF im Bereich der Armutsreduzierung und im Finanzsektor führte zu einer gesteigerten Koordination ihrer Geschäftstätigkeit. Die Weltbank und der IWF verlagerten die Ausarbeitung der Reformprogramme und Maßnahmenkataloge zugunsten einer breiteren Partizipation verschiedener Gesellschaftsgruppen auf die Mitgliedstaaten. Die Arbeit der Weltbank und des IWF besteht daher darin, die von ihnen gewünschten Reformen mit den Mitgliedstaaten zu besprechen und in ein Darlehensprogramm zu integrieren. Um mögliche Widersprüche in den Maßnahmenkatalogen zu vermeiden und einen reibungslosen Ablauf der Programme zu gewährleisten, koordinieren die Weltbank und der IWF ihre Arbeit im Bereich der Strategien zur Armutsreduzierung und des Finanzsektors in gemeinsamen Ausschüssen.

Der im September 1998 gegründete Ausschuß für die Zusammenarbeit im Finanzsektor (Financial Sector Liaison Committee; FSLC[1230]) ist nicht direkt mit dem Erstellen des FSAP betraut, sondern unterstützt die Mitarbeiter der Weltbank und des IWF, wenn sie die Funktionstüchtigkeit und Ausgestaltung des Finanzsektors eines Mitglieds in einem FSAP analysieren und bewerten.[1231] Die

---

1227 IMF/ World Bank, Collaboration on Country Programs, S. 10, Nr. 26 und S. 14, Nr. 33 und 34.

1228 IMF/ World Bank, Collaboration on Country Programs, S. 10, Nr. 26.

1229 Report of the Managing Director and the President on Bank-Fund Collaboration vom 4. Sept. 1998 (SM/98/226); in: Shihata, Relationship, S. 794; vgl. IMF/ World Bank, Collaboration on Country Programs, Annex, S. 22, Nr. 12.

1230 IMF, FSLC, S. 1.

1231 Vgl. Kapitel 3.2.5.2, S. 95.

Hauptaufgabe des FSLC besteht darin, die verwaltungstechnischen Abläufe zwischen den beiden Organisationen im Bereich des Finanzsektors zu koordinieren und zu optimieren, die Verbreitung von Standards zu erleichtern und auf Anfrage Meinungsverschiedenheiten über Ratschläge oder Maßnahmen im Bereich des Finanzsektors zu schlichten. Außerdem fördert das FSLC den ständigen Austausch von Informationen zwischen den Mitarbeitern der Weltbank und des IWF.[1232]

Ein ähnliches Instrument der Koordination ist das Joint IMF-World Bank Implementation Committee for the HIPC Initiative and the PRSP Program (JIC)[1233], das seit dem 1. Mai 2002 seine Arbeit aufgenommen hat. Das JIC überwacht und koordiniert die Ausarbeitung und Umsetzung der PRSP Programme, es sorgt für eine schnelle Abwicklung und gleicht Unterschiede in der Vorgehensweise von Weltbank- und IWF-Mitarbeitern aus.[1234] Das JIC steht unter dem gemeinsamen Vorsitz von Vertretern der Weltbank und des IWF und beschäftigt zwei Sekretariatsmitarbeiter. Die Aufgabe, die Meinungen der Mitarbeiter von Weltbank und IWF über geeignete Länderbewertungen innerhalb der Programme abzustimmen, liegt in der Ausführungsverantwortung der Regional- und Gebietsabteilungen. Sollte die Arbeit des JIC nicht dazu führen, daß mögliche Unstimmigkeiten ausgeräumt werden, so versuchen die Abteilungsleiter einen Ausgleich der Meinungen zu finden.[1235] Neben dem innerorganisatorischen Ausgleich sorgt das JIC für einen einheitlichen Entwicklungsansatz über Landesgrenzen hinaus.

5.4.3.4. Gemeinsame Bewertungen der mitgliedstaatlichen Politik

Bereits bei der Darstellung der gemeinsamen technischen Hilfe in Kapitel 3.2.5. ist die Zusammenarbeit der Weltbank und des IWF bei der Bewertung der mitgliedstaatlichen Finanzsektoren (FSAP), bei der Einführung von Standards und Kodizes für diese Sektoren (ROSC) und bei der Bewertung der mitgliedstaatlichen PRSP in gemeinsamen JSA beschrieben worden. Außerdem bemühen sich beide Organisationen um die schnelle Umsetzung der HIPC-Initiative, die auf der Durchführung der PRSP aufbaut.

Einer der wichtigsten Bereiche, in dem die Reformvorschläge und Analysen der Weltbank und des IWF zu unterschiedlichen Ergebnissen kommen, bildet die nationale Vergabe öffentlicher Gelder. Die Staatsausgaben beeinflussen nicht nur die finanzielle Stabilität sondern auch die Effizienz, mit der knappe

---

1232 Weitere Aufgaben des FSLC liegen darin, Standards für den Finanzsektor auszuarbeiten, die Überwachung der Einhaltung dieser Standards zu fördern und supranationale Einrichtungen bei dieser Arbeit zu unterstützen (IMF, FSLC, S. 3 f.).

1233 IMF, Implementation Committee, S. 1; IMF/ World Bank, JSA, S. 2; IWF, Jahresbericht 2000, S. 50.

1234 IMF, Implementation Committee, S. 1 f.

1235 IMF, Implementation Committee, S. 2.

Ressourcen innerhalb einer Volkswirtschaft verteilt werden. Aufgrund der unterschiedlichen Ziele der beiden Organisationen setzen sie innerhalb ihrer Reformprogramme verschiedene Schwerpunkte zwischen dem Erreichen der gesteckten Fiskalziele und der Unterstützung langanhaltenden Wachstums und sozialer Entwicklung durch eine gezielte Ausgabenpolitik. Um diese Zielsetzungen möglichst effizient miteinander zu vereinbaren, treffen sich die Vertreter der Weltbank und des IWF seit Juni 1995[1236] regelmäßig, diskutieren über die Staatsausgaben ausgewählter Mitgliedstaaten, besprechen ihr weiteres Vorgehen und erstellen gegebenenfalls Arbeitsprogramme.[1237] Neben einer allgemein verbesserten Zusammenarbeit bei der Analyse im Bereich der Staatsausgaben umfaßt die Vereinbarung außerdem die Möglichkeit, Erkenntnisse und Informationen über die Politik eines Mitgliedstaates auszutauschen. Die Aufteilung der Bereiche, aus denen die jeweilige Organisation die andere befragen kann, beschreibt gleichzeitig eine Kompetenzabgrenzung zwischen ihnen. So kann der IWF die Weltbank um das Erstellen eines Berichts über die Hauptresultate der öffentlichen Ausgabenpolitik bitten. Die Weltbank befragt den IWF über die aktuelle Fiskalpolitik eines Mitglieds, einschließlich der makroökonomischen Zielsetzungen, auf denen die Politik basiert.[1238] Dieser Informationsaustausch soll die Einheitlichkeit der Reformmaßnahmen fördern.

Im Bereich der gemeinsamen Bewertungen der mitgliedstaatlichen Wirtschaftslage und -politik planen Weltbank und IWF eine gemeinsame Analyse der Schuldensituation (Joint Bank/ Fund Debt Sustainability Analysis) und eine Bewertung der Möglichkeiten, eine nachhaltige Entschuldung zu erreichen. Grundlage der Koordination der Arbeit soll ein gemeinsamer Richtlinienkatalog sein.[1239]

5.4.3.5. Einseitige Kooperation bei der Vergabe von Darlehen für Entwicklungspolitik und beim Erstellen von Länderhilfsstrategien der Weltbank

Die Weltbank erstellt für jeden Entleiherstaat eine Länderhilfsstrategie (CAS), in dem die finanzielle und technische Hilfe zu einem umfassenden Programm verknüpft und aufeinander abgestimmt wird. Aufgrund der vielen Interdependenzen und Abhängigkeiten zwischen der Anpassungs- und Wachstumspolitik der Weltbank und der makroökonomischen Politik des IWF achtet sie auf ein

---

1236 Die Zusammenarbeit gründet auf dem gemeinsamen Memorandum des Geschäftsführenden Direktors des IWF und des Präsidenten der Weltbank über Bank-Fund Collaboration on Public Expenditures Work vom 27. Juni 1995, erwähnt in Shihata, Relationship, S. 789, Fn. 45.

1237 IMF, Public Expenditure, S. 285; Shihata, Relationship, S. 789.

1238 IMF, Public Expenditure, S. 285; Shihata, Relationship, S. 789.

1239 o.V., Debt Sustainability Framework, S. 1. Development Committee, Communiqué 2004, Nr. 12.

Abgleichen und Abstimmen der Reformmaßnahmen. Dies geschieht sowohl im Rahmen des CAS als auch beim Erstellen der Programmdokumente für ein DPL. Daher muß der Mitgliedstaat vor der Durchführung eines DPL ein Stabilisierungsprogramm des IWF verfolgen oder das Vorhandensein einer angemessenen makroökonomischen Politik nachweisen.[1240]

Die Zusammenarbeit im Rahmen der DPL und beim Erstellen eines Programmdokuments setzt bereits bei der Arbeit am vorgelagerten CAS ein.[1241] In dessen Anfangsstadium der Planung sammelt die zuständige Länderabteilung der Weltbank die Meinungen verschiedener Abteilungen und die Ansichten des IWF und entwirft daraufhin einen Vorschlag. Das fertiggestellte Dokument wird normalerweise erneut an die gleichen Stellen übermittelt, um deren Meinung über die Ausformulierung zu erfahren.[1242] Eine endgültige Abstimmung und Vereinheitlichung der Meinungen von IWF und Weltbank erfolgt allerdings nicht. Vielmehr bleiben die konkurrierenden Meinungen nebeneinander stehen, wie eine Anweisung an die Mitarbeiter der Weltbank verdeutlicht:

> „the following points warrant specific treatment in the strategy section of the CAS document: [...]
> (d) Cooperation with other Institutions
> As appropriate, the section descibes the role assigned by the country to the Bank, the IMF and other multilateral institutions [...] the discussion discripes it candidly and [...] discusses complementarities, overlaps, and potential problems between the Bank's program and those of others [...]."[1243]

Ebenso wird an anderer Stelle darauf hingewiesen, daß innerhalb des CAS auf „any differences between the Bank's macroeconomic assessment and that of the IMF" aufgezeigt werden sollen.[1244] Aufbauend auf dieser Arbeit erstellt die Weltbank ein Programmdokument, das einen Anhang über die Beziehungen zum IWF enthält. Außerdem ist der IWF während der Durchführung des Programms in die Überwachung der Entwicklungspolitik eingebunden.[1245]

Trotz der Verbindung der Darlehensprogramme der Weltbank mit den Abkommen des IWF und der Zusammenarbeit zwischen den beiden Organisationen

---

1240 Damit bestätigten die Organisationen die langjährige Praxis bei der Verleihung von Anpassungskrediten (Corbo/ Fisher/ Webb, Adjustment, S. 75). Auch der IWF legt Wert auf die Umsetzung von Sozial- und Strukturreformen in einkommensschwachen Staaten, an die er Gelder verleiht. Als Beweis dient die Durchführung eines Reformporgramms mit der Weltbank (IMF/ World Bank, Collaboration on Country Programs, S. 10, Nr. 26). Allerdings kann ein Mitgliedstaat auch einen anderen Nachweis seiner Reformpolitik erbringen und die Verbindung zur Weltbank bezieht sich nicht auf Ziehungen außerhalb der PRGF.

1241 Weltbank, OP 8.60, Nr. 5 und BP 8.60, Nr. 1.

1242 Weltbank, BP 2.11, Nr. 5 und 7.

1243 Weltbank, BP 2.11, Annex A, Nr. 11.

1244 Weltbank, BP 2.11, Annex A, Nr. 7.

1245 Weltbank, OP 8.60, Nr. 5, Fn. 4; Nr. 29 und BP 8.60, Nr. 16.

handelt jede von ihnen in freier Verantwortung für ihre Finanzentscheidungen.[1246] Daher ist es verständlich, daß die Weltbank die Bedingungen der Kreditvergabe sowie die Ausgestaltung und Schwerpunktsetzung der Entwicklungspolitik des betreffenden Mitglieds bestimmt und die letzte Entscheidung auch über Politiken aus dem Kernbereich des IWF nicht diesem überlassen wird. Negativ formuliert gleicht die Zusammenarbeit somit weniger einem Angleichen und Abstimmen der sich widersprechenden Ansätze als einer Meinungsabfrage und gegenseitigen Information über die geplanten Politikreformen eines Mitgliedes und die Einschätzungen der anderen Organisation.

5.4.3.6. Zwischenergebnis: Kooperation in materiellen Aufgabenbereichen

Da die Statuten in Art. V, Absch. 10 IBRD-Statuten und Art. X IWF-Statuten lediglich eine Zusammenarbeit anmahnen und der Weltbank auftragen, Auffassungen des IWF zu berücksichtigen, wird die Kooperation zwischen der Weltbank und dem IWF schwerpunktmäßig durch Vereinbarungen auf der Ebene des Managements der Organisationen bestimmt.

Die Weltbank und der IWF befinden sich bezüglich ihrer Beziehung zueinander in einem Spannungsverhältnis zwischen ihrer organisatorischen Unabhängigkeit und Selbständigkeit auf der einen Seite und der Notwendigkeit einer effektiven Zusammenarbeit und der Abstimmung ihrer Reformmaßnahmen auf der anderen Seite.

Die Unabhängigkeit äußert sich darin, daß es den beiden Organisationen an einer Vereinbarung mangelt, in der das Ergebnis einer Kooperation für beide Seiten verbindlich geregelt wird, ohne einen Ausnahmetatbestand offen zu lassen. Anstelle dessen betonen beide Organisationen das Verbot der sich überkreuzenden Konditionalität und unterstreichen damit die Unabhängigkeit der Reformmaßnahmen der Organisationen. Ein klarer Hinweis auf die getrennten Aufgaben sind außerdem die gemeinsamen Ausschüsse, in denen die Arbeit im Finanzsektor und in der Armutsbekämpfung koordiniert allerdings nicht inhaltlich ausgearbeitet wird. Vielmehr kommen die Mitarbeiter der Weltbank und des IWF für das Erstellen des FSAP bzw. JSA außerhalb eines ständigen Gremiums zusammen, und der jeweilige Mitgliedstaat übernimmt das Verfassen seines PRSP. Die gemeinsamen Ausschüsse leisten daher keine inhaltliche Arbeit, sondern koordinieren die getrennten Vorgehensweisen.

Aufgrund der Notwendigkeit, die Geschäftstätigkeit aufeinander abzustimmen und zu koordinieren, um Konkurrenzen und Kollisionen zu vermeiden, betonen beide Organisationen, daß eine Absprache und Zusammenarbeit zwischen ihnen erfolgen muß. Das gemeinsame Memorandum von 1989 regelt daher, daß die Organisation, in deren Kernbereich der Kompetenz die Lösung der Meinungsverschiedenheit fällt, nach Konsultationen und Diskussionen ihre Auf-

---

1246 Weltbank, OP 8.60, Nr. 7.

fassung durchsetzen und die andere Organisation nachgeben soll. Allerdings bleibt auch in diesem Rahmen die Möglichkeit einer Ausnahme offen und liegt die endgültige Entscheidung bei den Exekutivdirektorien. Das Abwägen zwischen der Unabhängigkeit und der Zusammenarbeit der Weltbank und des IWF fällt daher in allen Bereichen der Geschäftstätigkeit zugunsten der Unabhängigkeit aus.

5.4.4. Koordination zwischen Weltbank und IWF

Die Koordination der materiellen Aufgaben der Weltbank und des IWF beinhaltet die Abgrenzung ihrer Kompetenzbereiche. Daß es trotz der Aufteilung der Aufgaben in den Zielen der Organisationen einer Abgrenzung der Kompetenzen voneinander bedarf, hebt der IWF in einer Veröffentlichung mit den Worten hervor:

> „There is need for continued improvements in differentiating between the roles of the IMF and the World Bank and coordinating the two institutions' activities."[1247]

Das Bedürfnis der Kompetenzabgrenzung rührt aus den Erfahrungen der Organisationen während ihrer Geschäftstätigkeit her und ist nicht in den Statuten derselben verankert. Diese legen die Auslegung des eigenen Geschäftsbereichs im Rahmen der Ziele und Handlungskompetenzen in die Hände der Weltbank und des IWF.[1248] Aufgrund ihrer Auslegungshoheit besitzen die Organisationen nicht nur die Möglichkeit, die Art und Weise ihrer Handlungskompetenz zu bestimmen, sondern sie können diese auch in ihrem Umfang beschränken. Einer Konkretisierung der Kompetenzen ist damit die Beschränkung derselben immanent.

5.4.4.1. Kompetenzabgrenzung in den Memoranden aus 1989 und 2000

Die Kernbereiche der Kompetenzen und Aufgaben der Weltbank und des IWF werden in ihren Zielen in Art. I der jeweiligen Statuten beschrieben. Eine allgemeine Kompetenzabgrenzung beinhaltet daher schwerpunktmäßig die Wiederholung des Inhalts dieser Regelungen. Im Memorandum von 1989[1249] zwischen dem Geschäftsführenden Direktor des IWF und dem Präsidenten der Weltbank nehmen beide Organisationen eine genaue Abgrenzung ihrer Kompetenzen durch die Aufzählung der Kernbereiche und primären Verantwortlichkeiten (primary responsibility) vor. Danach umfassen die Aufgaben des IWF die Förderung der wirtschaftlichen Konditionen, die dem Wachstum dienlich sind (economic conditions conducive to growth), der Preisstabilität und der Nachhaltigkeit der Zahlungsbilanz. Eine sehr viel konkretere Aufteilung nehmen die

---

1247 Gupta/ Plant/ Dorsey et al., Expectations, S. 7.

1248 Art. IX IBRD-Statuten; Art. X IDA-Statuten; Art. XXIX IWF-Statuten.

1249 Memorandum on Bank-Fund Collaboration in Assisting Member Countries vom 31. März 1989 (SM/89/54), Nr. 9; in: Boughton, Silent Revolution, S. 1058.

Organisationen im Bereich der finanziellen Hilfe vor, die dem IWF Kernaufgaben in folgenden Bereichen zuschreibt:

> „The Fund has focused on the aggregate aspects of macroeconomic policies and their related instruments – including public sector spending and revenues, aggregate wage and price policies, money and credit, interest rates and the exchange rate. The Fund has to discharge responsibilities with respect to surveillance, exchange rate matters, balance of payments, growth-oriented stabilization policies and their related instruments."[1250]

Die Darstellung der Rollenverteilung und Partnerschaft zwischen der Weltbank und dem IWF aus dem Jahr 2000[1251] legt einen etwas anderen Schwerpunkt auf die Aufgaben des IWF. Anstelle der Umschreibung, daß er wirtschaftliche Bedingungen verfolgt, die für das Wachstum förderlich sind, formuliert das Management der Organisationen die Förderung des Wachstums als direkte Kernaufgabe (core mandate). Andererseits soll sich der IWF auf seine Kernbereiche, nämlich die Geld-, Fiskal- und Wechselkurspolitik sowie deren institutionellen und strukturellen Aspekte konzentrieren. Außerdem unterstreichen die Führungen der beiden Organisationen die Zuständigkeit des IWF für die internationale Finanzstabilität, die internationalen Finanzmärkte und damit zusammenhängende Aspekte und die Notwendigkeit, präventiv gegen Krisen in diesen Gebieten vorzugehen.[1252] Mit dieser Kompetenzaufteilung beinhaltet das Memorandum 2000 eine Rückbesinnung des IWF auf seine traditionellen Aufgaben und stellt die in den Statuten festgelegten Kompetenzen in den Mittelpunkt seines Mandats.[1253]

Die Kompetenzen der Weltbank liegen in der Hilfe der Mitgliedstaaten zur Reduzierung der Armut, insbesondere auf der institutionellen, strukturellen und sozialen Entwicklung, und die konkretere Aufzählung der einzelnen Tätigkeitsbereiche beschreibt einen umfassenden und holistischen Entwicklungsansatz:

> „The Bank has focused on development strategies; sector and project investments; structural adjustment programs; policies which deal with the efficient allocation of resources in both public and private sectors; priorities in government expenditures; reforms of administrative systems, production, trade and financial secotors; the restructuring of state enterprises and sector policies."[1254]

Diese Zusammenfassung trägt wenig zu einer Abgrenzung gegenüber den Aufgaben des IWF bei. Vielmehr beinhalten die Memoranden eine Negativabgrenzung, indem die aufgezählten Bereiche mit Ausnahme der wirtschaftlichen Poli-

---

1250 Memorandum on Bank-Fund Collaboration in Assisting Member Countries vom 31. März 1989 (SM/89/54), Nr. 9; in: Boughton, Silent Revolution, S. 1058.

1251 Köhler/ Wolfensohn, Enhanced Parntership, S. 3.

1252 Köhler/ Wolfensohn, Enhanced Parntership, S. 3.

1253 Shihata, Quo vadis, S. 28.

1254 Memorandum on Bank-Fund Collaboration in Assisting Member Countries vom 31. März 1989 (SM/89/54), Nr. 10; in: Boughton, Silent Revolution, S. 1058.

tiken, die dem IWF zugeschrieben werden, zum Kernbereich der Aufgaben der Weltbank zählen.[1255]

5.4.4.2. Kompetenzabgrenzung im Finanzsektor

Nachdem die Weltbank und der IWF Mitte der 90er Jahre auf die Finanzkrisen und Schwierigkeiten in internationalen Finanzmärkten ihrer Mitglieder reagieren mußten, grenzten sie ihre Arbeitsweise in zwei Vereinbarungen aus den Jahren 1997 und 1998[1256] voneinander ab. Die Verantwortlichkeit des IWF liegt in der Begleitung und Überwachung der Finanzsysteme. Entsprechend der grundsätzlichen Aufgabenverteilung zwischen der Weltbank und dem IWF wird dieser die Bereiche des Finanzsektors überwachen, welche makroökonomische Auswirkungen besitzen. Außerdem liegen seine Aufgaben im Bereich eines adäquaten Rahmens der Institutionen, Gesetze und Kontrolle der Finanzsektoren, die Risiken für einen stabilen Finanzsektor bilden.[1257] Der IWF übernimmt nach der Vereinbarung aus 1998 darüber hinaus in Finanzkrisen die Zuständigkeit für die Ausgestaltung des Sofortprogramms und ergreift dringende Strukturanpassungsmaßnahmen in der Anfangsphase der Krisenbekämpfung.[1258] Auch im Bereich der Terrorismusfinanzierung und Geldwäsche unterstreicht der IWF seine Begrenzung der Arbeit auf die makroökonomisch relevanten Bereiche der Standards.[1259]

Die Weltbank unterstützt die Mitgliedstaaten bei der Bildung leistungsfähiger Finanzsektoren, einschließlich der Entwicklung der Banken, Finanzintermediären, dem Aufbau der Finanzinstitutionen, des Kapital- und Wertpapierhan-

---

1255 Memorandum on Bank-Fund Collaboration in Assisting Member Countries vom 31. März 1989 (SM/89/54), Nr. 10; in: Boughton, Silent Revolution, S. 1058, in dem es heißt: „In these areas, except for the aggregate aspects of the economic policies mentioned in the previous paragraph [purposes of the Fund], the Bank has a mandate, primary responsibility, and a record of expertise and experience."

1256 Joint Statement by the President of the World Bank and the Managing Director of the IMF on Collaboration in Strengthening Financial Sectors vom 27. April 1997 (SecM97-328), in: Shihata, Relationship, S. 791. Review of Bank-Fund Collaboration in Strengthening Financial Systems vom 3. Sept. 1998 (SecM98-732); in: Shihata, Relationship, S. 793.

1257 Joint Statement by the President of the World Bank and the Managing Director of the IMF on Collaboration in Strengthening Financial Sectors vom 27. April 1997 (SecM97-328), in: Shihata, Relationship, S. 791. Review of Bank-Fund Collaboration in Strengthening Financial Systems vom 3. Sept. 1998 (SecM98-732); in: Shihata, Relationship, S. 793.

1258 Review of Bank-Fund Collaboration in Strengthening Financial Systems vom 3. Sept. 1998 (SecM98-732); in: Shihata, Relationship, S. 793.

1259 IWF, Jahresbericht 2003, S. 33; 2004, S. 28 f.

dels, der Marktinfrastruktur und der gesetzlichen Rahmenbestimmungen sowie Kontrollmechanismen.[1260]

5.4.4.3. Kompetenzabgrenzung im Rahmen der Strategien zur Armutsreduzierung

In keinem anderen Bereich der Geschäftstätigkeit der Weltbank und des IWF sind die Kompetenzen so schwierig abzugrenzen wie bei der Unterstützung der einkommensschwachen Mitgliedstaaten in ihrem Kampf gegen die Armut und für wirtschaftliches Wachstum. Die Organisationen sind daher dazu aufgerufen, ihre Konditionalität bzw. den Politikdialog auf die Kernbereiche ihrer Verantwortung und Erfahrung zu konzentrieren und zu limitieren. Eine grobe Einteilung der Kernkompetenzen trennt die makroökonomischen und damit verbundenen strukturellen Politikbereiche, für die der IWF zuständig ist, von der Struktur- und Sozialpolitik der Weltbank ab.[1261]

Eine genauere Aufzählung enthält das gemeinsame Papier der IDA und des IWF über die PRSP aus 1999[1262], in dem der IWF für folgende Politikbereiche verantwortlich ist: Förderung von vernünftiger, makroökonmischer Politik und den damit verbundenen Strukturreformen, zu denen Änderungen des Wechselkurses und der Steuerpolitik zählen, Fiskalpolitik, Budgetverwaltung, fiskale Transparenz und Verwaltung der Steuern und Zölle. Die Meinung der Weltbank ist ausschlaggebend bzgl. der Anweisung der Authoritäten über das Erstellen von Strategien zu Armutsreduzierung, einschließlich der notwendigen Bewertungen und Analysen, die Ausgestaltung von Sektorstrategien, der Reformen, welche zu effizienteren Institutionen und der Bereitstellung funktionierender sozialer Sicherungsnetze führen und der Unterstützung der Regierungen, die notwendigen Ausgaben für die Armutslinderung zu tätigen. Außerdem verfolgt die Weltbank die Effektivität und den Armutsbezug in der öffentlichen Ausgabenpolitik und in anderen Strukturreformen, sowie die Privatisierungen.

In vielen Bereichen bestehen Kompetenzen von Seiten beider Organisationen, wie in Umweltaspekten im privaten Sektor, der Handelsliberalisierung und der Entwicklung von Finanzsektoren sowie in der Steuerpolitik.[1263] Allerdings wechselt die Zuständigkeit für einzelne Bereiche je nach Quelle insbesondere

---

1260 Joint Statement by the President of the World Bank and the Managing Director of the IMF on Collaboration in Strengthening Financial Sectors vom 27. April 1997 (SecM97-328), in: Shihata, Relationship, S. 791. Review of Bank-Fund Collaboration in Strengthening Financial Systems vom 3. Sept. 1998 (SecM98-732); in: Shihata, Relationship, S. 793.

1261 IMF/ World Bank, Collaboration on Country Programs, S. 10 f., Nr. 26.

1262 IMF/ IDA, PRSP, S. 11; wortgleich IMF, PRGF-Operational Issues, S. 5, Nr. 16; IMF/ World Bank, Joint Staff Assessment, S. 2, Fn. 5.

1263 IMF/ IDA, PRSP, S. 11; wortgleich IMF, PRGF-Operational Issues, S. 5, Nr. 16; IMF/ World Bank, Joint Staff Assessment, S. 2, Fn. 5.

bei den Bereichen, in denen sich die Kompetenzen von Weltbank und IWF überlappen. Der Bericht über die PRSP[1264] ordnet die Transparenz der Fiskalpolitik (fiscal transparency) in den Bereich des IWF ein und schreibt die Effektivität und Armutsorientierung der öffentlichen Ausgaben (effectiveness and poverty-orientation of public expenditure) der Weltbank zu. Dagegen zählen die Guidelines for Joint Staff Assessment[1265] die Transparenz der Fiskalpolitik und Maßnahmen des Managements öffentlicher Ausgaben (issues related to public expenditure management) zu den überschneidenen Kompetenzen. Auch die Zuständigkeit für die Steuerpolitik wird einmal dem IWF[1266] und ein anderes Mal den gemeinsamen Aufgabenbereichen[1267] zugeordnet.

Diese Verwirrung entsteht dadurch, daß sich eine Volkswirtschaft in einem Fließgleichgewicht befindet, dessen Gewichtungen, Wirkungen und Marktbeeinflussung bei der Veränderung eines Faktors in ihrer Gesamtheit verschoben werden. Viele Faktoren beeinflussen daher sowohl die Entwicklung der Armut als auch das Wachstum der Wirtschaft und deren Stabilität.

Aufgrund der bereits erwähnten Unabhängigkeit der Darlehens- und Kreditvergabe der Weltbank und des IWF ist es erforderlich, daß Reformmaßnahmen, die von beiden Organisationen als wünschenswert und notwendig zum Erreichen des Programmerfolges angesehen werden, in den jeweiligen Programmen enthalten sind, auch wenn sie sich inhaltlich im Kernbereich der anderen Organisation bewegen. Diese Situation tritt beispielsweise bei Strukturrefomen ein, die makroökonomische Auswirkungen entfalten und daher in einem PRGF-Programm des IWF und dem DPL der Weltbank auftauchen. Allerdings teilt ein gemeinsamer Bericht der Weltbank und des IWF[1268] die Zuständigkeit, die Regierung beim Ausarbeiten der Maßnahmen zu unterstützen, die Umsetzung zu kontrollieren und zu begleiten und eine Evaluation der Maßnahmen durchzuführen, der Weltbank zu. Die Mitarbeiter des IWF sollen ihre Arbeit anschließend auf den Ratschlägen und Erfahrungen der Weltbank aufbauen.

5.4.4.4. *Kompetenzabgrenzung im Bereich der Staatsausgaben*

Eine grobe Aufteilung der Arbeitsbereiche der Weltbank und des IWF bei der Kontrolle und Bewertung der mitgliedstaatlichen Staatsausgaben enthielt ein vorbereitendes Dokument der Organisationen, das dem Entwicklungsausschuß in der Sitzung vom 9. Oktober 1995[1269] vorgelegt worden ist. Die Weltbank soll danach die Kontrolle der öffentlichen Ausgaben in den Mitgliedstaaten verbessern und insbesondere auf die Unterstützung der armen Bevölkerung sowie auf

1264 IMF/ IDA, PRSP, S. 11.
1265 IMF/ World Bank, JSA, S. 2.
1266 IMF/ World Bank, PRSP, S. 11.
1267 IMF/ World Bank, Collaboration on Country Programs, S. 8, Nr. 21.
1268 IMF/ World Bank, Collaboration on Country Programs, S. 11, Nr. 26.
1269 beschrieben in Shihata, Relationship, S. 790.

die Beteiligung des IWF und anderer Gläubiger am Bewertungsprozeß achten. Im Rahmen seiner Überwachungstätigkeit bewertet der IWF die Kosteneffizienz und fiskale Nachhaltigkeit der Sozialpolitik des Mitgliedstaates und beachtet verstärkt die Einflüsse der von ihm in Programmen vorgeschlagenen Anpassungspolitik auf die Armen sowie die Arbeitslosigkeit im Mitgliedstaat.

5.4.4.5. Zwischenergebnis: Koordination zwischen Weltbank und IWF

Die Koordination der Aufgabenbereiche und Zuständigkeiten zwischen der Weltbank und dem IWF folgt einer grundsätzlichen Trennung der Kompetenzbereiche. Die Weltbank arbeitet mit dem Mitgliedstaat eine umfassende und holistisch ausgerichtete Entwicklungsstrategie aus, die sich auf soziale, institutionelle und strukturelle Bereiche bezieht und versucht, die Verbesserung der Lebensqualität durch wirtschaftliches Wachstum zu erreichen. Von den in der Strategie genannten Reformmaßnahmen sind diejenigen ausgeschlossen, für die der IWF zuständig ist, nämlich makroökonmische Politiken, wie Geld-, Fiskal- und Wechselkurspolitik, und mit der Ausgeglichenheit einer Zahlungsbilanz eng verbundene Politikbereiche. Der IWF ist außerdem für die Krisenprävention verantwortlich und übernimmt die Stellung des Ersthelfers nach Ausbruch einer Krise.

Bemerkenswert ist die Entwicklung, die im Rahmen der Unterstützung für einkommensschwache Mitgliedsstaaten (Erstellen des PRSP) eingetreten ist. Hier zählt die Förderung des wirtschaftlichen Wachstums zu den Kernaufgaben des IWF und er wird dazu angehalten, die sozialen und armutsbezogenen Belange der Mitgliedstaaten in seinen Programmen zu berücksichtigen. Insbesondere mangelt es dieser Beschreibung an einem Zusammenhang mit Zahlungsbilanzschwierigkeiten des Mitglieds, die im Memorandum von 1989 noch im Vordergrund standen und als erstes Abgrenzungskriterium der Kompetenzaufteilung dienten.[1270] Diese Vorgehensweise führt zu einem Verwaschen der im Übrigen deutlichen Trennung der Aufgabenbereiche.

Die Kompetenzabgrenzung in Kernbereiche führt dazu, daß die Organsation, die im Kernbereich der anderen tätig wird, auf deren Bewertungen der mitgliedstaatlichen Politiken Rücksicht nehmen müssen. Der IWF übernimmt die Beratung und Kontrolle der makroökonmischen Politiken und die Weltbank ist für die Umsetzung der Strukturpolitik verantwortlich, wobei die Mitarbeiter sich auf die Bewertungen und Analysen der jeweils anderen Organisation in deren Kernbereich verlassen.

1270 Memorandum on Bank-Fund Collaboration in Assisting Member Countries vom 31. März 1989 (SM/89/54), Nr. 9; in: Boughton, Silent Revolution, S. 1058, in dem es heißt: „The Fund is empowered to provide temporary balance of payments financing to members to enable them to correct maladjustments in their balance of payments without resorting to measures destructive of national or international prosperity.“ (fast wortgleich mit Art. I, Abs. v IWF-Statuten).

Weitere Kompetenzabgrenzungen befinden sich auf den Gebieten des Finanzsektors und der öffentlichen Ausgabenpolitik. Dabei basieren die Grenzen der Zuständigkeit auf der klassischen Aufgabentrennung zwischen der Weltbank und dem IWF. Die Weltbank ist für den Aufbau eines funktionstüchtigen Finanzsektors zuständig, sie arbeitet mit den Regierungen zusammen, um eine Infrastruktur herzustellen, gesetzliche Rahmenbestimmungen und Kontrollmechanismen zu erlassen und Banken zu etablieren. Dem IWF ist dagegen die Funktionstüchtigkeit und Kontrolle der Finanzsektoren übertragen worden, er achtet auf deren Stabilität und untersucht makroökonomische Auswirkungen. Außerdem ergreift der IWF Sofortmaßnahmen im Falle von Finanzkrisen.

Die Aufgabentrennung bei der öffentlichen Ausgabenpolitik einer Regierung spiegelt angebots- und nachfrageorientierte Ansätze wider. Die Weltbank kümmert sich um die Allokation der Mittel und kontrolliert den armutsbezogenen Anteil der Staatsausgaben. Der IWF prüft dagegen die Kosteneffizienz und die fiskale Nachhaltigkeit der Ausgaben und legt damit einen Schwerpunkt auf die Beschränkung der Ausgaben.

5.4.5. Bewertung der Kooperation und Koordination sowie Reformbedarf

Die Weltbank und der IWF sind unabhängige internationale Organisationen, deren spätere Praxis und Geschäftstätigkeit in einigen Bereichen miteinander konkurriert und kollidiert. Diese Konflikte können nicht mittels Kollisionsrechts gelöst werden, da dessen Regelungen auf multilaterale Verträge zur Gründung von internationalen Organisationen nicht anwendbar sind. Die Beziehung zwischen der Weltbank und dem IWF unterliegt teilweise einem Gebot der Kooperation, nämlich in den Bereichen der Geschäftstätigkeit, in denen eine der Organisationen ein neues Ziel im Sekundärrecht formuliert und dieses Ziel gleichzeitig von der anderen Organisation verfolgt wird. Bei der Umsetzung der Ziele aus den Statuten der Organisationen tritt dagegen die Verpflichtung zur Zusammenarbeit aus Art. X, S. 1 IWF-Statuten und Art. V, Absch. 8, lit. a, S. 1 IBRD-Statuten gemäß des letzten Satzes aus Art. I der jeweiligen Statuten hinter der effektivsten und optimalen Umsetzung der Ziele zurück. Umfang und Tiefe der Koordination liegen in diesem Bereich im Ermessen der Weltbank und des IWF.

Die Weltbank und der IWF haben in vielen Bereichen gemeinsamer Interessen ihre Geschäftstätigkeit koordiniert oder sogar miteinander verbunden. Dabei ist zu beobachten, daß sie grundsätzlich eine Abwägung zwischen dem Erhalt ihrer Unabhängigkeit und der effizienten Zusammenarbeit treffen müssen. Die Aufteilung der Kompetenzen erfolgt durch die Festlegung von Kernbereichen, in denen eine Organisation die ausschließliche Regelungsgewalt für die Reformmaßnahmen des Mitgliedstaates inne hat. Problematisch an diesem Vorgehen ist, daß die andere Organisation die Maßnahmen aus ihrem eigenen Kernbereich auf diese Vorgaben abstimmen muß, um ein einheitliches und widerspruchsfreies Programm zu erhalten.

Die gemeinsame technische Hilfe im Bereich der Finanzsektoren (FSAP) und der armutsreduzierenden und Wachstum fördernden Programme für einkommensschwache Staaten (PRSP) wird erfolgreich in den gemeinsamen Ausschüssen FSLC und JIC koordiniert. Ebenfalls erfolgen gemeinsame Bewertungen und Analysen im Bereich der Staatsausgaben und der nachhaltigen Entschuldung. Zwischen den Forschungsprogrammen der Weltbank und des IWF erfolgt keine Abstimmung, da die inhaltliche Abgrenzung an die Bereiche der Finanzhilfe gekoppelt ist. Die Organisationen erhalten in den Forschungsprogrammen ihr Hintergrundwissen, um erfolgreiche Reformmaßnahmen zu bestimmen. Dabei übertritt zumindest die Weltbank häufig die Kompetenzabgrenzung, wie sie den Kernkompetenzen für die finanzielle Hilfe zugrunde liegt.

Ebenfalls an die Kompetenzaufteilung der finanziellen Hilfe gekoppelt, vergeben die Weltbank und der IWF Notfallhilfe, indem sie vorhandene Darlehen bzw. Hilfsmechanismen unter erleichterten Voraussetzungen und möglichst zügig gewähren. Die Aufgabenverteilung korrespondiert daher mit den übrigen Mandaten der Organisation und teilt sich in Aufbauprojekte und Strukturprogramme der Weltbank und stabilisierende Maßnahmen des IWF für den Finanzsektor und die Zahlungsbilanz im Fall von plötzlich auftretenden Einkommensausfällen.

Die Lösung der Konkurrenzen und Kollisionen im Bereich der Konditionalität bzw. der Ratschläge unter Art. IV-Konsultationen und des Politikdialogs werfen einige Ungereimtheiten auf, obwohl eine Abgrenzung der Kompetenzen in gemeinsamen Memoranden vorgenommen worden ist. So bemüht sich die Weltbank beim Erstellen der CAS eines Mitgliedstaates um die Absprache der makroökonomischen Politik mit dem IWF und konsultiert diesen mehrmals, letztlich unterliegt es allerdings der Meinung der Weltbank, ihren eigenen Auffassungen den Vortritt einzuräumen. Anstelle die Meinung des IWF grundsätzlich zu akzeptieren, beschränken sich die CAS teilweise auf die Beschreibung der abweichenden Meinung. Da der Mitgliedstaat von den Geldern der Weltbank abhängig ist, wird er gegebenenfalls auch entgegen seiner eigenen Überzeugung deren Meinung folgen und sich damit in Widerspruch zu den Ratschlägen des IWF aus dessen Überwachungstätigkeit stellen.

Das CAS, welches gleichzeitig Teil des vom Mitgliedstaat mit Hilfe der Weltbank erarbeiteten CDF ausmacht, zwingt dem Mitglied die makroökonomischen Ansichten der Weltbank auf, da sich der Mitgliedstaat in Abhängigkeit der Geldvergabe seitens der Weltbank befindet. Gleichzeitig sind die Mitgliedstaaten an strukturpolitische und makroökonomische Konditionalität von Seiten des IWF gebunden, die dieser ebenfalls an die Vergabe von Geldern knüpft. Die Staaten befinden sich daher in einer Zwickmühle zwischen den Reformvorschlägen der beiden Organisationen. Ein Ausgleich bzw. Abwägen der Meinungen, wie er im Rahmen des mitgliedseigenen CDF vorgesehen ist, kann aufgrund der sehr schwachen Stellung der Regierungen in der Position der hochverschuldeten Entleiher lediglich unzureichend erfolgen.

Absprache- und Koordinationsprobleme können außerdem bei der Hilfe an Mitglieder mit mittleren Einkommen auftreten, die kein umfassendes PRSP erstellen, in welchem die Reformmaßnahmen aufeinander abgestimmt werden. Zwischen den Programmen der Weltbank und den Abkommen mit dem IWF kann es daher zu unterschiedlichen Zeiteinteilungen und Schwerpunkten kommen. Außerdem versehen Weltbank und IWF ihre Programme teilweise mit Maßnahmen aus dem Kernbereich der anderen Organisation, wenn sie diesen für das Gelingen der eigenen Reformen eine Priorität einräumen, da das Verbot der überkreuzenden Konditionalität (cross-conditionality) die Bedingungen der eigenen Finanzhilfe mit dem Umsetzen der Maßnahmen aus einem Programm zwischen dem Mitgliedstaat und der anderen Organisation verbietet.

Zwar geht die Weltbank davon aus, daß ihre unterentwickelten Mitgliedstaaten eine langfristig ausgerichtete, ganzheitliche Entwicklungsstrategie im Rahmen des CDF entwerfen, für IBRD-Staaten fehlt es bis jetzt allerdings an einer Umsetzung dieses Ansatzes in kurz- und mittelfristige Programme, wie dies im Rahmen des PRSP für einkommensschwache Staaten der Fall ist. Vielmehr hält die Weltbank in diesem Bereich weiterhin Struktur- und Sektoranpassungsprogramme bereit, die allerdings einen spezifischen Fokus auf Armutsbekämpfung legen.[1271] Das Fehlen eines gemeinsamen Programmes stellt ein Hindernis bei der Integration von Maßnahmen zur Armutsbekämpfung und für die makroökonomische Wirtschaftspolitik dar. Die Maßnahmen werden zwar nach den Regelungen des Memorandums von 1989 aufeinander abgestimmt, die inhaltlich im der Kompetenzaufteilung im Rahmen von PRSP übereinstimmen, die „Ganzheitlichkeit“ geht jedoch durch die getrennten Programme verloren.[1272]

Parallelen zwischen der Geschäftstätigkeit der Weltbank und des IWF, die keine Konkurrenzen erzeugen bzw. deren Konflikte durch Koordination und Kooperation aufgelöst werden können, treten bei der finanziellen Hilfe an einkommensschwache Mitgliedstaaten auf. Der IWF unterstützt diese Mitglieder im Rahmen seiner PRGF und tritt damit in Konkurrenz zur den DPL der Weltbank. Da er mit der PRGF allerdings nicht nur das in seinen Statuten enthaltene Ziel des Ausgleichs der Zahlungsbilanz verfolgt, sondern daneben die Armut reduziert und das wirtschaftliche Wachstum fördert, unterliegt er der Verpflichtung einer optimal-effektiven Zusammenarbeit gemäß Art. X, S. 1 IWF-Statuten mit der Weltbank, deren Ziel die Entwicklungshilfe in einkommensschwachen Mitgliedstaaten ist. Es stellt sich daher die Frage, ob das ersatzlose Streichen der PRGF oder ihre Verlagerung auf die Weltbank wünschenswert ist.

1271 Michaelis, Nachhaltige Entwicklung, S. 354.
1272 Michaelis, Nachhaltige Entwicklung, S. 365.

Zusammenfassend bleibt festzustellen, daß die Beziehung zwischen der Weltbank und dem IWF in folgenden Bereichen verbessert bzw. konkretisiert werden sollte: die Programme, welche die finanzielle Hilfe für Mitgliedstaaten mit mittleren Einkommen begleiten, müssen besser aufeinander abgestimmt werden; die Analysen und Forschungsvorhaben der Organisationen sollten sowohl bei den ihnen zugrundeliegenden Daten als auch in den Inhalten abgeglichen werden; außerdem stellt sich die Frage, ob die PRGF des IWF bei der richtigen Organisation angesiedelt ist oder es sich um eine ineffiziente Verdopplung des Hilfsangebots an einkommensschwache Mitgliedstaaten handelt.

5.5. Reformvorschläge für eine effektivere und effizientere Zusammenarbeit

Bereits seit dem 50-jährigen Bestehen der Weltbank und des IWF in 1994 entbrannte eine Diskussion über die Aufgaben, Ziele und Arbeitsweise der Organisationen und über mögliche Reformen.[1273] Hielten sich die meisten Stimmen daran, einen mangelnden Armutsbezug oder die Erfolglosigkeit vieler Programme zu kritisieren, so spitzte sich die Kritik an Weltbank und IWF mit Ausbruch der Verschuldungskrisen in Mexiko (1995), Asien (1997/ 98), Rußland (1998), Brasilien (1999), Ecuador (1999) und Argentinien (2001) weiter zu.[1274] Sowohl die Weltbank als auch der IWF reagierten auf die Vorhaltungen mit zahlreichen Ergänzungen und Änderungen ihrer Geschäftstätigkeit. So richtete

1273 Ausführlich setzte sich die Bretton Woods Commission in 1994 mit der Zukunft der Weltbank und des IWF auseinander (Bretton Woods Commission, Report). Holland, Bretton Woods, S. 1 ff.; Cavangh/ Wysham/ Arruha, Beyond Bretton Woods; Boughton/ Lateef, Fifty Years; Danaher, 50 Years.

1274 Die zahlreichen Reformvorschläge setzen sich mit der Reform der internationalen Finanzarchitektur als Reaktion auf die Finanzkrisen auseinander und umfassen u.a. eine Diskussion über einzelne Fazilitäten des IWF (ODC, Task Force Report, S. 7; Frenkel/ Menkhoff, Weltfinanzen, S. 82-89; Nunnenkamp, Umbaupläne, S. 38-41; ders., IWF und Weltbank, S. 30; Fischer, Presentation, S. 10-13; ders., Reforming, S. 566-575), eine verbesserte Krisenprävention und die Neustrukturierung des internationalen Finanzsystems (ODC, Task Force Report, S. 7-10; Siebert, Financial Architecture, S. 1 ff.; Gianviti, Reform, S. 108-113; Kenen, Financial Architecture, S. 49-155), eine Reform der gewichteten Stimmrechte im IWF und die Stärkung der Unabhängigkeit der Exekutivdirektoren (Gregorio/ Eichengreen/ Ito et al., Independent IMF, S. 78-93; Nunnenkamp, Umbaupläne, S. 41-47) Da in diesem Kapitel lediglich Reformen in Bezug auf die Zusammenarbeit und Beziehung zwischen der Weltbank und dem IWF diskutiert werden, werden einzelne Argumente aus den Reformvorschlägen aufgegriffen, die gesamten Reformansätze allerdings nicht ausführlich dargestellt. Zusammenstellungen der vielfältigen Meinungen in Fiesser, Finanzkrise, S. 143-178; Gramlich, Finanzarchitektur, S. 420-450; Williamson, Role of the IMF, S. 1 ff.

die Weltbank während eines dreijährigen Programms, des sogenannten Strategic Compact, ihre Zusammenarbeit mit den Mitgliedstaaten auf deren Bedürfnisse nach Informationen, umfassenden Entwicklungsprogrammen und der partizipatorischen Einbindung aller Gesellschaftsgruppen aus.[1275] Der IWF überdachte sein Angebot an Finanzhilfen und beendete einige der Fazilitäten, welche die Mitglieder seit längerem nicht in Anspruch genommen hatten. Er beschränkte seine Tätigkeit in der Armutsreduzierung auf seine Kernkompetenzen in makroökonomischen Reformbereichen.[1276] Außerdem baute er seine Überwachungstätigkeit aus und führte gemeinsam mit der Weltbank Bewertungen der Finanzsektoren (FSAP) und Systeme zur Datensammlung und -weitergabe (ROSC, SDDS, GDDS) ein.[1277]

Wie in den vorhergehenden Kapiteln dargestellt worden ist, verbesserte sich die Zusammenarbeit und Absprache zwischen den Organisationen nur teilweise, so daß weiterhin Konkurrenzen und Kollisionen in einigen Bereichen auftreten. Wie diese vermieden bzw. beendet werden können, soll in den folgenden Reformvorschlägen diskutiert werden. Zusätzlich wird untersucht, ob aufgrund der Verpflichtung gemäß Art. X, S. 1 IWF-Statuten, nach der dieser mit anderen internationalen Organisationen zusammenarbeiten soll, die PRGF des IWF eine als ineffiziente Verdopplung der Hilfe für einkommensschwache Staaten abgeschafft bzw. auf die Weltbank verlagert werden sollte. Diesen Überlegungen wird die Frage nach dem Auflösen des IWF oder einem Zusammenschluß mit der Weltbank vorangestellt, da sich durch diese weitere Reformen zur Steigerung der Effizienz und Effektivität erübrigen würden.

5.5.1. Auflösen des IWF

Im Zusammenhang mit den Reformvorschlägen über die Arbeitsweisen des IWF wurden auch Stimmen laut, die dessen Abschaffung forderten, da der IWF ein falsches Risikomanagement der privaten Gläubiger unterstütze. Diese würden die finanzielle Hilfe für hochverschuldete und in eine Krise geratene Mitgliedstaaten von vornherein einkalkulieren und die Risiken der Kreditvergabe damit auf den Mitgliedstaat verlagern.[1278] Das Bereitstellen der Hilfen von Seiten des IWF verhindere zusätzlich, daß die Mitgliedstaaten Reformen durchführten, zu denen sie ohne die Unterstützung des IWF gezwungen wären, um ihre Kredit-

---

1275 Siehe Kapitel 4.5.1.3, S. 269.

1276 IMF, Lending to Poor Countries, S. 3; IMF, Key Features, S. 3; IMF, Review of the PRGF, S. 17.

1277 Siehe Kapitel 4.5.2.4, S. 275; zum Reformprozeß in Krisenprävention und Krisenlösung des IWF siehe IMF, Strenthening the Architecture, S. 5-34; Speyer, Reform, S. 6-11.

1278 Feldstein, Refocusing, S. 30, der daraus folgert, der IWF solle seine technische Hilfe verstärken.

würdigkeit auf dem privaten Kapitalmarkt zu bewahren.[1279] Nach der Meinung von *Niskanen*[1280] kann dem IWF nur eine Rolle in der Krisenbekämpfung zukommen, wenn dieser als lender of last resort handelt und damit an die Stelle der nationalen Zentralbanken tritt. Diese Funktion ist ihm in seinen Statuten allerdings nicht übertragen worden.

Außerdem wird dem IWF vorgeworfen, er greife weitgehend in die Souveränität der Mitgliedstaaten ein, ließe sich von politischen Erwägungen leiten und verhindere damit das Herbeiführen der Reformen durch demokratische Prozesse.[1281] Darüber hinaus gibt es Stimmen, die eine Beeinflussung der Wechselkurse einer Währung vollständig ablehnen und daher keine Aufgabe für den IWF mehr sehen.[1282]

Dieses Vertrauen in die Marktkräfte und ihre regulierende Wirkung auf die Risiken der Kreditvergabe übersieht jedoch, daß die Geschäftstätigkeit des IWF als Sicherheitsnetz im Falle eines Marktversagens aufgrund Informationsmangels oder eines falschen Risikomanagements der Gläubiger unentbehrlich ist, um Finanzkrisen vorzubeugen und diese zu bekämpfen.[1283] Als Probleme des internationalen Währungssystems, deren Lösung ein Eingreifen des IWF erfordern, können ein schwaches Banken- und Finanzsystem in Schwellenländern gepaart mit wenig internationaler Überwachung, ein schwaches Schuldenmanagement ohne besondere Sicherungen im Krisenfall, anfällige Wechselkurssysteme und eine geringe Marktdisziplin aufgrund mangelhafter Informationen und aufgrund des Anreizes zu moralischen Verfehlungen (moral hazard) sowie die hohe Anfälligkeit der privaten Kapitalflüsse, deren Versagen in grenzüberschreitenden Wirkungen gipfeln kann, angesehen werden.[1284] Insbesondere ist die Argumentation, daß die privaten Geldgeber die Nothilfen des IWF in ihr Risikomanage-

---

1279 Meltzer, IFIAC, S. 19, der allerdings als Konsequenz daraus nicht das Abschaffen sondern das Einschränken der Geschäftstätigkeit des IWF fordert (S. 42 f.); vgl. Piper, Reformziel, S. 5; Frenkel/ Menkhoff, Weltfinanzen, S. 89.

1280 Niskanen, Reshaping, S. 332 f.

1281 Meltzer, IFIAC, S. 29; Hanke, Ablish, S. 1.

1282 Baldwin, Liquidate, S. 1.

1283 Piper, Reformziel, S. 5; Bergsten/ Huber/ Levinson et al., Dissenting Statement, S. 3; Eichengreen, Financial Architecture, S. 97 f.; Bird, Case for Treatment, S. 836; Frenkel/ Menkhoff, Weltfinanzen, S. 92; dies., Rezept, S. 224; dies., IMF Reform, S. 113; Falk, Reform, S. 9; Rockefeller, Why We Need the IMF, S. 20; Browne, Alternatives, S. 68; Weidmann, Internationale Finanzarchitektur, S. 10; Hills/ Peterson et al., Safeguarding, S. 88; Gregorio/ Eichengreen/ Ito et al., Independent IMF, S. 9-14; Hefeker, Handels- und Finanzarchitektur, S. 24 f.; Ahluwalia, Reforming, S. 14; Stiglitz, Globalization, der auf die Aufgabe des IWF hinweist, globale, öffentliche Güter (public goods) zu schützen (S. 239 f.), allerdings den IWF als wenig erfolgreich bei der Umsetzung dieser Aufgabe ansieht (S. 240-250).

1284 Hills/ Peterson et al., Safeguarding, S. 43 f.

ment einkalkulieren und damit drohende Verluste auf die Mitgliedstaaten und deren Steuerzahler abwälzen, empirisch nicht belegbar.[1285]

Damit Krisensituationen verhindert werden, ist der IWF bemüht, durch Krisenprävention und schnelles Bekämpfen auftretender Unsicherheiten seine Mitgliedstaaten zu unterstützen. In diesen Bereich fällt auch die Konditionalität der Finanzhilfen an seine Mitgliedstaaten, in der er diese zwingt, makroökonomische Reformen umzusetzen, die gleichzeitig mit den Zielen der Armutslinderung und des Umweltschutzes vereinbar sind.[1286] Insbesondere übersehen die Kritiker des IWF, daß Entscheidungen über Wechselkurspolitiken und deren Folgen nicht in der Hand eines einzelnen Mitgliedstaats liegen, sondern auch Volkswirtschaften der Nachbarstaaten mit stabilen Finanzsystemen beeinträchtigt werden können. Anstelle auf Krisensituationen jeweils national zu reagieren, kommt dem IWF eine zunehmend wichtige Rolle als internationaler Koordinator zu.[1287]

Damit sich wirtschaftliche Krisen nicht zu politischen auswachsen, umfaßt die Aufgabe des IWF die Sorge um die Stabilität des internationalen Finanzsystems, eine Frühwarnung bei "Krisenanbahnungen mit Ansteckungseffekten" (contagion) und die Funktion als Katalysator von privaten Geldern in die Mitgliedstaaten.[1288] Auch in Zukunft sollte der IWF diese Aufgaben wahrnehmen.

5.5.2. Zusammenschluß des IWF mit der Weltbank

Die Geschäftstätigkeit und Aufgaben der Weltbank und des IWF beinhalten viele Gemeinsamkeiten, aufgrund derer sich die Organisationen um eine enge Zusammenarbeit und Koordination bemühen. Überschneidungen treten insbesondere in den Programmen auf, die an die finanzielle Hilfe für einen Mitgliedstaat gebunden sind. Der Mitgliedstaat arbeitet dazu ein Reformprogramm[1289] aus, zu dem die Weltbank und der IWF Stellung nehmen und aus dem Maßnah-

1285 Nunnenkamp, Moral Hazard, S. 13, der das Auseinandersetzen mit dieser Frage als vollständig überbewertet ansieht und empirisch belegt, daß die Kreditentscheidungen des IWF und privater Geldgeber in Entwickungsländern unabhängig voneinander erfolgen; Frenkel/ Menkhoff, Rezept, S. 221 argumentieren, daß moral hazard sich in einer steigenden Krisenhäufigkeit zeigen müßte, bei der das Kreditvolumen des IWF stark wächst und sich Zahlungen stärker auf eine begrenzte Anzahl von Krisenländern mit überdurchschnittlichen Einkommen konzentrieren. Diese Entwicklung sei allerdings nicht zu beobachten.

1286 Bergsten/ Huber/ Levinson et al., Dissenting Statement, S. 3, 8.

1287 Frenkel/ Menkhoff, Rezept, S. 223.

1288 Stark, IWF, S. 2; Krueger, World Bank and the IMF, S. 2010; vgl. Holthus, IWF-Reform, S. 515, der von einem „Forum für die Vermeidung unvereinbarer Wirtschaftspolitiken" spricht.

1289 Es handelt sich bei diesen Vorschlägen der Mitgliedstaaten um einen Letter of Intent (IWF), einen Letter of Development Policy (Weltbank) oder ein PRSP; vgl. zu deren Inhalt Kapitel 3.2.5.3, S. 97 und 3.3, S. 103.

men in Kreditprogramme aufgenommen werden. Die Kompetenzabgrenzung zwischen den Organisationen regelt dabei, daß die Weltbank jegliche Bereiche der Entwicklungshilfestrategie durchführt, die nicht makroökonomischer Natur oder mit dieser eng verbunden sind.[1290] Um eine umfassende und abgestimmte Strategie zu erhalten, koordinieren die Weltbank und der IWF ihre Reformvorschläge bereits in einem frühen Stadium der Verhandlungen. Außerdem überschneiden sich einige Reformmaßnahmen in den Kreditverträgen der Weltbank und des IWF, da es ihnen untersagt ist, bei unterlassener Umsetzung einer Maßnahme aus dem Programm mit der anderen Organisation durch das Mitglied das eigene Programm einzuschränken oder zu beenden.[1291] Diese Vorgehensweise und Parallelität der Programme spricht für einen Zusammenschluß der beiden Organisationen, die außerdem in ihrem innerorganisatorischen Aufbau weitgehend miteinander übereinstimmen.[1292]

Das Zusammenlegen der Weltbank und des IWF würde die Abstimmung der Geschäftstätigkeit in verwaltungstechnischen Gremien wie FSLC und JIC entbehrlich machen und dem Mitgliedstaat die Möglichkeit nehmen, beide Organisationen gegeneinander auszuspielen. Allerdings ist ein Zusammenschluß nur logisch, wenn neben den gemeinsamen Aufgabenbereichen keine voneinander abweichenden Geschäftstätigkeitsbereiche vorhanden sind[1293] bzw. die effektive Durchführung dieser differierenden Aufgaben einem Zusammenlegen nicht entgegen stände. Wie unter Kapitel 5.5.1. dargestellt, nimmt der IWF eine wichtige Rolle in der Überwachung internationaler Finanzsysteme und der Bewertung von Krisenrisiken sowie die Bekämpfung der Krisen ein, so daß eine vollkommene Übereinstimmung seiner Aufgaben mit der Tätigkeit der Weltbank nicht vorliegt.

Gegen einen Zusammenschluß des IWF mit der Weltbank spricht außerdem, daß die Aufgabenbereiche des IWF als zu wichtig und umfassend eingestuft werden können, um eine Unterabteilung der Weltbank zu bilden. Die Arbeit des IWF würde ihren Fokus verlieren und in der Geschäftstätigkeit der sehr viel größeren Weltbank untergehen.[1294] Die Überwachungstätigkeit stellt die einzige Möglichkeit einer internationalen Organisation dar, die makroökonomischen Politiken der entwickelten Mitgliedstaaten zu bewerten, auch wenn die Konsultationen in Form einer externen Beratung ohne Bindungswirkung ablaufen. Außerdem besteht ein Unterschied zwischen der internen Organisation, Arbeits-

---

1290 Memorandum on Bank-Fund Collaboration in Assisting Member Countries vom 31. März 1989 (SM/89/54), Nr. 10; in: Boughton, Silent Revolution, S. 1058.

1291 vgl. Carreau, Merger, S. 2000.

1292 vgl. Crooke, Sisters in the Wood, S. 48, der mit der Begründung, die Organisationen seien durch die Finanzkrisen der 90er Jahre zu sehr beschäftigt, vorerst von einer Umsetzung der Zusammenlegung absieht.

1293 Ahluwalia, New Financial Architecture, S. 22; Browne, Alternatives, S. 68.

1294 Minton-Beddoes, IMF needs Reform, S. 125.

mentalität und Hierarchie der Weltbank und des IWF, die sich nicht zuletzt im unterschiedlichen Vorgehen bei der Planung eines Programms, den Geldquellen, dem Umgang mit Zahlungsausfällen, den Ansprechpartnern im Mitgliedstaat und den Bearbeitungszeiträumen niederschlagen.[1295] Das Aufheben der fruchtbaren Konkurrenz[1296] zwischen Weltbank und IWF durch ein Zusammenlegen der Organisationen würde zu einer Megaorganisation mit Monopolstellung führen, welcher die bedürftigen Mitgliedstaaten machtlos gegenüberständen und die außerdem schlecht zu kontrollieren wäre.[1297]

Auch wenn eine Megaorganisation nicht unbedingt den Namen "Weltbank" tragen müßte, könnten entwickelte Staaten, die in kurzfristige Zahlungsbilanzschwierigkeiten geraten, vor dem Ziehen von Geldern zurückschrecken, um keiner nachteiligen Reputation zu unterliegen. Zwar sind Ziehungen beim IWF ebenfalls mit der Annahme verbunden, daß dem Mitgliedstaat auf dem privaten Markt Gelder nicht in ausreichender Form zu Verfügung stehen, der IWF verbindet seine Hilfe allerdings mit einem Vertrauensbeweis in die Reform- und Wirtschaftspolitik des Mitgliedstaats. Dieses "seal of approval" könnte unter einer geeinten Weltbank mit IWF-Kompetenzen im Bereich der Finanz- und Zahlungsbilanzkrisen zu einem "Siegel der Entwicklungshilfe" verkommen.

Nicht zuletzt ist darauf hinzuweisen, daß die notwendigen Absprachen zwischen den Reformmaßnahmen der Weltbank und des IWF durch eine Zusammenlegung nicht entfallen würden. Auch innerhalb einer einheitlichen Organisation muß ein Ausgleich zwischen makroökonomischen Maßnahmen zur Stabilisierung der Zahlungsbilanzen, Entwicklungshilfe und mikroökonomischen Projekten gefunden werden. Die Vorteile von getrennten und unabhängigen Organisationen überwiegen daher gegenüber dem Gewinn an Koordination im Rahmen der finanziellen Unterstützung der Mitgliedstaaten unter dem Dach einer einheitlichen Organisation.

5.5.3. Abschaffen der PRGF des IWF oder Verlagern der Hilfe auf die Weltbank

Die konzessionäre Hilfe des IWF für einkommensschwache Staaten, die ihre Volkswirtschaften einem angemessenen Reformprogramm unterwerfen, zielt u.a. auf die Reduzierung der Armut und auf wirtschaftliches Wachstum im Mit-

---

1295 Polak, Coexistence, S. 152; Stiglitz, Millennium, S. F592.

1296 Krueger, World Bank and the IMF, S. 2015; Fischer, IMF and the World Bank, S. 190: „The main check on each agency is the presence of the other, across the street, working on a similar issue.“; vgl. Schieler, IMF and the World Bank, S. 206, der im Ergebnis allerdings für einen Zusammenschluß mit Übertragung einiger Aufgaben auf regionale Entwicklungsbanken plädiert (S. 207).

1297 Killick, Programmes, S. 164; Shihata, Quo vadis, S. 36; Fischer, IMF and the World Bank, S. 190.

gliedstaat.[1298] Wie in Kapitel 5.1.3.4. diskutiert worden ist, stimmt das Vorgehen im Rahmen der PRGF insofern mit den Statuten des IWF überein, als neben den genannten Zielen auch ein Ausgleich der Zahlungsbilanz angestrebt wird. Allerdings unterliegt die PRGF der Regelung des Art. X, S. 1 IWF-Statuten, nach welcher der IWF mit anderen internationalen Organisationen zusammenarbeitet.[1299] Da er bei der Verfolgung der Armutsreduzierung und des Wirtschaftswachstums mit dem Mandat der Weltbank konkurriert, ist abzuwägen, ob das Abschaffen der PRGF oder ein Verlagern auf die Weltbank effizientere Ergebnisse im Hinblick auf das Erreichen dieser gemeinsamen Ziele erbringen würde. Der Ansatz zu dieser Fragestellung liegt in der Problematik, daß sich die Spannungslage zwischen den kurzfristigen, makroökonomischen Ziehungen beim IWF und der langfristig orientierten, mikroökonomischen Entwicklungshilfe der Weltbank mit der Gründung der PRGF auf die Geschäftstätigkeit des IWF verlagert hat. Die Abgrenzungs- und Koordinationsschwierigkeiten finden nunmehr innerhalb dieser Organisation statt und führen zu einer Diskrepanz zwischen den verschiedenen Schwerpunkten seiner Geschäftstätigkeit.

Bevor die Vor- und Nachteile einer Beibehaltung des status quo, der Auflösung oder des Verlagerns der PRGF abgewogen werden, sollte das ersatzlose Streichen der PRGF in Erwägung gezogen werden. Die PRGF gehört eindeutig nicht zum Kernbereich der Aufgaben des IWF, dessen Finanzhilfe allen Mitgliedern in gleicher Weise kurzfristig zur Verfügung stehen. Diese Einheit der Mitgliedschaft zerreißt die konzessionäre Hilfe, die aus einem Treuhandfonds bezahlt wird und deren Inanspruchnahme auf einkommensschwache Mitgliedstaaten begrenzt ist. Das Streichen der PRGF und die Verlagerung der Hilfe auf die Weltbank als Maßnahme der Zurückführung der IWF-Finanzhilfe auf den in den Statuten festgelegten Bereich unterscheiden sich lediglich im Verlust der finanziellen Mittel. Da das Abschaffen der PRGF gegenüber der Verlagerung die Entwicklungsländer, die für die Umsetzung ihrer Entwicklungsstrategien auf finanzielle Hilfe angewiesen sind, ohne zusätzlichen Vorteil stark schädigen würde, muß von dieser Möglichkeit Abstand genommen werden.[1300] Im Folgen-

---

1298 Der einleitende Artikel der PRGF formuliert die Hilfe „in order to support programs to strengthen substantially and in a sustainable manner their balance of payments position and to foster durable growth, leading to higher living standards and a reduction in poverty." (IWF, Entscheidung vom 18. Dez. 1987, Nr. 8759-(87/176) ESAF, zuletzt geändert durch Entscheidung vom 23. Aug. 2001, Nr. 12560-(01/85) PRGF, Annex, Absch. 1, Paragraph 1; in: Sel. Dec. 2003).
Und in einem gemeinsamen Memorandum stellen Köhler und Wolfensohn heraus: „Both institutions, however, share the same broad objectives: helping to improve the quality of life and reduce poverty through sustainable and equitable growth" (Köhler/Wolfensohn, Enhanced Partnership, S. 2).

1299 Vgl. Kapitel 5.3, S. 298.

1300 Ausdrücklich ODC, Task Force Report, S. 6; allerdings gehen auch alle anderen Reformvorschläge von einem Verlagern auf die Weltbank aus und lehnen eine ersatzlose

den findet daher ein Abwägen zwischen dem Verlagern der PRGF auf die Weltbank und der Beibehalten des status quo statt.

5.5.3.1. Aufrechterhalten des status quo

Der status quo, bei dem die Weltbank für die Entwicklungshilfe zuständig ist, der IWF allerdings im Rahmen der PRGF Finanzhilfen im Gegenzug zur Umsetzung von makroökonomischen und strukturellen Politikreformen vergibt, ist geschichtlich gewachsen.[1301] Zu Beginn der 80er Jahre füllte der IWF mit seiner Strukturhilfe (damals Strukturanpassungsfazilität, SAF) eine Lücke zwischen der projektbezogenen Entwicklungshilfe der Weltbank und seinen makroökonomisch ausgerichteten Ziehungsmöglichkeiten. Erst als die Weltbank wenige Jahre später auch Strukturanpassungsdarlehen anbot, kam es zu Überschneidungen der Programme, die als Reaktion auf die steigende Kritik von Seiten der NROs und der armen Mitgliedstaaten einen größeren Armuts- und Umweltbezug erhielten.[1302] Die PRGF verbindet daher makroökonomische Reformen mit den Zielen der Armutsreduktion und des wirtschaftlichen Wachstums.

Grundsätzlich muß bei der Überlegung über die PRGF festgehalten werden, daß ein makroökonomisches Gleichgewicht einer der wichtigsten Faktoren für das Erreichen von wirtschaftlichem Wachstum ist und sich darüber hinaus auf die Verbreitung der Armut in einem Land auswirkt, da private Investitionen und Wachstum durch Inflation und Fiskaldefizite gehemmt werden.[1303] Die Weltbank ist somit im Rahmen einer erfolgreichen Entwicklungshilfe auf eine Bewertung der makroökonomischen Lage im Mitgliedstaat und die Umsetzung von geeigneten Reformen angewiesen. Für diesen Tätigkeitsbereich ist der IWF gegründet worden. Er bewertet und kontrolliert die makroökonomische Politik seiner Mitgliedstaaten während der jährlichen Art. IV-Konsultationen und unterstützt diese

---

Auflösung ab; eine Ausnahme bildet lediglich Langerbein, Breiter, S. 12, der die mangelnde Klarheit und Kontrolle der PRGF-Hilfe beklagt und in der Verbindung mit der HIPC die Gefahr sieht, daß ein "Perpetuum mobile der Schuldenerlasse" entstehen könnte.

1301 Die erste Finanzhilfe des IWF, die ausschließlich den Entwicklungsländern des IWF zur Verfügung stand, war der Treuhandfonds von 1974. Da es sich hierbei um dringend gebrauchte Zahlungsbilanzhilfe handelte, willigten die Exekutivräte beider Organisationen dem Erstellen des Treuhandfonds beim IWF zu (IWF, Jahresbericht 1975, S. 14; de Vries II, S. 666). Siehe zum Treuhandfonds und der Entwicklung der Strukturanpassungshilfe des IWF für einkommensschwache Mitglieder Kapitel 4.3.2.2, S. 217 und 4.4.3.3, S. 246.

1302 vgl. Speyer, Reform, S. 12.

1303 ODC, Task Force Report, S. 5; IMF, Response to Meltzer, S. 6; Gregorio/ Eichengreen/ Ito et al., Independent IMF, S. 49; Fischer, Presentation, S. 6; ausführliche Untersuchung des Einflusses makroökonomischer Politiken auf die Armutsreduktion in Ghura/ Leite/ Tsangarides, Is Growth Enough, S. 8-22.

bei der Umsetzung geeigneter Maßnahmen mit technischer Hilfe.[1304] Die PRGF ergänzt diese Arbeit durch finanzielle Kompensationshilfe in der Zeit der strukturpolitischen Übergänge. Insbesondere unterstützt die PRGF Mitgliedstaaten, die aufgrund ihrer hohen Verschuldung und einem geringen Volkseinkommen die hohen Kosten der Ziehungen beim IWF nicht aufbringen können bzw. für welche die vorgesehenen Ziehungsmöglichkeiten der Tranchen nicht ausreichen.[1305] Bei einem Verlagern der PRGF droht ein Ausschluß der einkommensschwachen Mitgliedstaaten von den Geldern des IWF, der dessen Aufgabe widerspräche, alle Mitglieder in ihren Zahlungsbilanzproblemen zu unterstützen.[1306]

Das Aufrechterhalten des status quo hat zudem den Vorteil, daß der IWF, der mit Fachwissen über makroökonomische Reformen ausgestattet ist und während der letzten Jahrzehnte Erfahrungen in diesem Bereich gesammelt hat, direkt mit den Mitgliedstaaten in Verbindung tritt. Da eine Beratung über Art. IV-Konsultationen und die technische Hilfe wenig Möglichkeit bieten, auf Mitgliedstaaten zum Umsetzen von Reformen zu bewegen, bietet die Vergabe von Geldern einen vorteilhaften Hebel.[1307]

Die Mitgliedstaaten, welche ein PRSP ausarbeiten, sind zurzeit in der Lage, ihre Strategie sowohl mit der Weltbank als auch mit dem IWF abzustimmen und dadurch nicht in die Abhängigkeit nur einer Organisation zu geraten. Die Arbeitsteilung zwischen der Weltbank und dem IWF verhindert eine Monopolstellung der Weltbank, die aufgrund ihrer Zuständigkeit für alle anderen Bereiche der Entwicklungshilfe der Hauptansprechpartner der Mitgliedstaaten ist. So steht beispielsweise den Forderungen der Weltbank, die Staatsausgaben zugunsten der armen Bevölkerung zu steigern, das Bestreben des IWF nach einer Senkung der Staatsausgaben und einer Steigerung der Effizienz gegenüber.

Insbesondere spricht die Tatsache, daß die Überschneidungen und Kollisionen der Meinungen der Weltbank und des IWF durch die Koordination ihrer Bewertungen der PRSP im gemeinsamen JSA auf ein Minimum gesenkt werden konnten, für den Erhalt der PRGF beim IWF. Aufgrund des gemeinsamen Statements aus 2000[1308] beschränkt sich der IWF in der Konditionalität der PRGF auf die Forderung von makroökonomischen Anpassungsmaßnahmen und stellt gleichzeitig sicher, daß seine Reformen nicht auf Kosten der Armen durchgeführt werden.[1309] Dieses Vorgehen führt zu einem hohen Grad an Synergie bei der Unterstützung der Strukturreformen der Entwicklungsländer und läßt den

---

1304 Hinweis auf die Einheit der Aufgaben des IWF unter IMF, Response to Meltzer, S. 6; Fischer, Presentation, S. 6, U.S. Treasury Department, Response, S. 22.

1305 U.S. Treasury Department, Response, S. 22.

1306 IMF, Response to Meltzer, S. 7.

1307 Vgl. U.S. Treasury Department, Response, S. 22.

1308 Köhler/ Wolfensohn, Enhanced Parntership, S. 3.

1309 IMF, Response to Meltzer, S. 6 f.; Shihata, Quo vadis, S. 30.

IWF gleichzeitig nicht als Entwicklungshilfeorganisation auftreten.[1310] Vielmehr baut der IWF in seinen Bewertungen und Ausarbeitungen auf den Erfahrungen der Weltbank auf.

Das Verlagern der PRGF auf die Weltbank würde außerdem verschiedene Problemen nach sich ziehen. So stellt die PRGF u.a. den organisatorischen Rahmen, in dem der IWF seine Hilfe der HIPC-Initiative bereitstellt. Außerdem ergänzen sich die Politikratschläge der Weltbank und des IWF im PRSP, welches die Mitgliedstaaten zu einer einheitlichen Entwicklungsstrategie zusammenfügen. Der Verlust der PRGF wirft daher die Frage auf, ob der IWF weiterhin beim Erstellen des PRSP mitarbeiten soll bzw. wie eine zeitliche Abstimmung der Ratschläge aus den Art. IV-Konsultationen mit den makroökonomischen Grundlagen der PRSP stattfinden kann.

Trotz der aufgezeigten Argumente für die finanzielle Unterstützung der einkommensschwachen Mitgliedstaaten durch die PRGF befindet sich der IWF in einem Zielkonflikt zwischen den Zielen in seinen Statuten und der Durchführung der PRGF. Art. I IWF-Statuten überträgt ihm die Aufgaben, ein multilaterales Zahlungssystem aufzubauen und die Stabilität der Währungen zu fördern. Diese Ziele sollen durch Konsultationen, Zusammenarbeit und finanzielle Hilfe zur Aufrechterhaltung der Zahlungsbilanzgleichgewichte erreicht werden. Die Maßnahmen, mit denen der IWF Einfluß auf die mitgliedstaatliche Politik nehmen kann, halten sich daher im makroökonomischen Bereich. Auch wenn der IWF seine Arbeit im Rahmen der PRGF auf Maßnahmen aus diesem Bereich beschränkt, stehen die Reduzierung der Armut und das Fördern des wirtschaftlichen Wachstums in den Mitgliedstaaten weiterhin den Zielen des IWF entgegen. Diese Zielsetzungen der PRGF setzen eine zeitintensive Partizipation aller Bevölkerungsgruppen, das Beachten sozialer und umweltpolitischer Aspekte und eine langfristige Förderung voraus und es sich bisher nicht bekannt, wie eine armutsorientierte Haushalts-, Geld- und Außenwirtschaftspolitik aussieht.[1311] Diesen Zielkonflikt vernachlässigt *Shihata*[1312], indem er die unterschiedlichen Ziele der PRGF als jahrelang gewachsene Rhetorik bezeichnet und ausschließlich auf den makroökonomischen Inhalt der Maßnahmen abstellt, um für eine Konformität mit den Statuten zu argumentieren. Der IWF muß allerdings seine gesamte Geschäftstätigkeit einschließlich der Vergabe von Geldern aus Treuhandfonds auf seine Ziele ausrichten, wie *Gold*[1313] unmißverständlich formuliert:

> „The IMF's concern should be limited to those causes that have an obvious, direct, and substantial effect on attainment of the IMF's purposes."

1310 Shihata, Quo vadis, S. 30.
1311 Goldberg, Armut, S. 463.
1312 Shihata, Quo vadis, S. 27.
1313 Gold, Interpretation, S. 501; vgl. auch Denters, IMF Conditionality, S. 128.

Auch rein rhetorisch genannte Zielsetzungen wirken sich auf die Ausgestaltung und Gewichtung der Reformmaßnahmen aus und halten den IWF von der Umsetzung seiner eigentlichen Ziele ab. Die gesamte Geschäftstätigkeit des IWF sollte auf Maßnahmen zur Stabilisierung der Währungen und Währungsbeziehungen ausgerichtet sein, die in einer ausgeglichenen Zahlungsbilanz ihren Ausdruck findet. Die Bereitstellung der PRGF wäre somit zu rechtfertigen, wenn Armut per se eine strukturelle Ursache für Wirtschafts- und Finanzkrisen wäre.[1314]

Auch wenn das wirtschaftliche Wachstum als ein Zwischenziel für das Erreichen einer ausgewogenen Zahlungsbilanz angesehen werden kann und damit die Konformität mit den Statuten hergestellt wird[1315], verhindern Einflüsse der nachhaltigen Entwicklung, die sich aus einer Kombination der ökonomischen, sozialen und ökologischen Entwicklungskomponenten zusammensetzt und armutsbekämpfende Maßnahmen beinhaltet, ein effektives und effizientes Erreichen der Stabilisierungsziele. Um einen hohen Grad an Synergie und einen idealen Ausgleich der Meinungen mit der Weltbank zu erreichen, müßte der IWF allerdings die nachhaltige Entwicklung beachten. Er befindet sich daher in einem Zwiespalt zwischen den streng makroökonomischen Maßnahmen, mit denen er teilweise armutssteigernde Politiken verfolgt würden, und der Ausrichtung der makroökonomischen Maßnahmen auf eine möglichst effektive Armutsreduzierung in den Mitgliedstaaten, die auf einer ausgewogenen und nachhaltigen Entwicklungsstrategie basiert, allerdings eine schnelle Anpassung der Wirtschaft verhindert und losgelöst von Maßnahmen zum Ausgleich der Zahlungsbilanz ein Handeln des IWF ultra vires darstellen. Dieser innere Widerspruch des IWF besteht unabhängig von den Bemühungen um eine Koordination und Kooperation zwischen ihm und der Weltbank und kann lediglich durch die Änderung bzw. Erweiterung seiner Ziele oder die Verlagerung der PRGF aufgelöst werden.

Die PRGF, wie alle anderen Hilfen des IWF auch, dient als indirekter Katalysator privater Gelder, da sich die Gläubiger weitgehend auf das Urteil des IWF über die Kreditwürdigkeit eines Mitgliedstaats verlassen. Mit einer Verlagerung der PRGF würde diese Katalysatorrolle in den einkommensschwachen Mitgliedstaaten entfallen. Allerdings ist fraglich, ob die weiterhin bestehende Beteiligung des IWF an der Ausarbeitung und Bewertung der PRSP nicht diese Funktion übernehmen könnte, denn das PRSP unterliegt auch bei einer Verlagerung der PRGF weiterhin der Bewertung des IWF, da die Weltbank im Bereich der makroökonomischen Politiken keine Kompetenzen inne hat.

Ein weiteres Argument für die Vergabe der PRGF durch den IWF besteht in seiner Möglichkeit, auf die entwickelten Mitglieder Einfluß auszuüben, damit

---

1314 Speyer, Reform, S. 12.

1315 Vgl. Kapitel 5.1.3.4, S. 288.

diese ihre Märkte für die Waren der unterentwickelten Staaten öffnen. Entwicklung findet nicht nur in der Wirtschaftsförderung des unterentwickelten Staates statt, sondern hängt zunehmend von den Zugängen zur globalen Wirtschaft und den Handelsbeziehungen mit anderen Entwicklungs- und den Industrieländern ab.[1316] Da der IWF insbesondere im Rahmen der jährlichen Konsultationen mit den Industriestaaten zusammentritt und diese teilweise einen Prestigeverlust durch eine schlechte Bewertung ihrer Wirtschaft befürchten müssen, ist der Einsatz zur Öffnung der Handelspolitik von Seiten des IWF wirkungsvoller als die Bitten der Weltbank, deren IDA ohnehin von der Mildtätigkeit der reichen Nationen abhängig ist, um sich zu finanzieren.

5.5.3.2. Gründung einer Tochterorganisation des IWF für einkommensschwache Mitgliedstaaten

Um die Diskrepanz zwischen den Zielen des IWF und den Zielen der PRGF aufzulösen, kommt eine Änderung der Statuten des IWF in Betracht, in denen festgelegt werden könnte, daß armutsreduzierende Maßnahmen und Ausgleichsmechanismen während der Geschäftstätigkeit beachtete werden sollten.[1317] Allerdings würde sich diese Änderung auf die gesamte Geschäftstätigkeit des IWF und somit auch auf den Inhalt der Konditionalität bei Ziehungen in den Kredittranchen und auf die technische Hilfe auswirken. Diese Verlagerung des IWF in Richtung Entwicklungshilfe vergrößert jedoch die Bereiche der Kompetenzüberschneidungen mit der Weltbank und lenkt den IWF von seiner Arbeit in der Krisenbekämpfung und kurzfristigen Finanzvergabe ab. Eine Änderung der Ziele des IWF ist daher nicht wünschenswert.

Allerdings könnten die Mitgliedstaaten dem IWF die Aufgabe übertragen, seine einkommensschwachen Mitgliedstaaten mit armutsreduzierenden und wachstumsfördernden Finanzmitteln zu unterstützen, indem sie eine Tochterorganisation des IWF gründeten. Nach dem Vorbild der IDA, die Finanzhilfen für die einkommensschwachen Mitgliedstaaten der Weltbank bereitstellt, führt die Gründung einer neuen Organisation unter dem Dach des IWF zu der notwendigen rechtlichen Trennung der Ziele der PRGF von denen des IWF. Die Abstimmung der Meinungen zwischen der Weltbank und einem "IWF für Entwicklungsländer", dessen Aufgabe in der Vergabe konzessionärer Finanzhilfe an einkommensschwache Mitgliedstaaten bestehen würde, könnte auf dieselben Weise geregelt werden, wie zwischen der Weltbank und dem IWF.

1316 o.V., Märkte öffnen, S. 13; de Rato (Gobal Imbalances, S. 5), der darauf hinweist, daß Handelshemmnisse, welche die Entwicklungsländer untereinander errichten, höhere Verluste und Kosten verursachen, als die Beschränkungen, denen sie von Seiten der Industrieländer unterliegen.

1317 Eine Neuformulierung der Ziele des IWF unter Einschluß der nachhaltigen Entwicklung regt Gerster an (IWF und Nachhaltige Entwicklung, S. 349).

Allerdings verlagert die Gründung eines IWF mit neuen Zielsetzungen die Problematik der inneren Diskrepanz von der rechtlichen Seite auf die praktische. Die Mitarbeiter, welche für die Entwicklungsländer zuständig sind, hätten der Bewertung der mitgliedstaatlichen Wirtschaftspolitik nach Art. IV IWF-Statuten andere Zielsetzungen zugrunde zu legen, als der Vergabe der Darlehen an die Mitgliedstaaten. Außerdem ist fraglich, ob diese sehr umfangreiche Lösung mit dem Verlagern der PRGF auf die Weltbank nicht einfacher gelöst werden könnte, insbesondere da die gleichen Folgeprobleme für die HIPC-Initiative, die zeitliche Abstimmung der Finanzhilfen der beiden Organisationen und die weitere Behandlung der einkommensschwachen Staaten im ursprünglichen IWF entständen.

Ein weiteres Argument gegen die Gründung einer Tochterorganisation des IWF liegt in der Einheit der Mitgliedschaft innerhalb der Organisation. Neben der Vergabe der Finanzhilfen besteht die Aufgabe des IWF in der Überwachung internationaler Grundsätze der Finanz- und Wechselkursregelungen und der Beurteilung der innerstaatlichen Wirtschaftspolitik in Bezug auf ihre Stabilität und das Wirtschaftswachstum. Bei einer unterschiedlichen Zielsetzung in der Vergabe der finanziellen Hilfe droht auch die Bewertung der Wirtschaftspolitik von diesen Grundsätzen überschattet zu werden. Außerdem könnte die Funktion des IWF als Katalysator der Gelder anderer Gläubiger und Kreditgeber durch die Gründung eines "IWF für Entwicklungsländer" beschädigt werden.

Nicht zuletzt spricht gegen die Gründung einer Tochterorganisation des IWF für einkommensschwache Mitgliedstaaten die Tatsache, daß diese zwar das Spannungsverhältnis innerhalb der Geschäftstätigkeit des IWF lösen würde, es allerdings zu neuen Überschneidungen mit der Weltbank kommen könnte, da eine präzise Trennung der Kompetenzen zwischen einer neuen internationalen Organisation, die mit dem Mandat der Armutsreduzierung ausgestattet worden ist, und der Weltbank kaum möglich erscheint.

5.5.3.3. Verlagern der PRGF auf die Weltbank

Die PRGF ist ein Ausdruck der mangelnden Abgrenzung zwischen Weltbank und IWF, durch welche außerdem der ursprünglichen IWF-Politik die Spitze genommen werden sollte.[1318] Abgesehen von den Diskrepanzen zwischen den Zielen in den Statuten des IWF und den Zielen der PRGF, auf die bereits mehrfach hingewiesen worden ist, und abgesehen von der Tatsache, daß die PRGF nicht zum Kerngeschäft des IWF gehört, nämlich der Krisenprävention, Krisenbekämpfung und der Sorge um stabile Finanzsysteme, würde eine Verlagerung der PRGF den IWF von seiner Stellung als Sündenbock für Mißerfolge und Fehlentwicklungen in den Entwicklungsländern befreien.[1319] Das mit dem PRSP

1318 Vgl. Speyer, Reform, S. 12.
1319 Piper, Reformziel, S. 5.

angestrebte "ownership" der Mitgliedstaaten würde sich damit nicht nur auf das Erstellen des PRSP erstrecken, sondern auch die politische Verantwortung für die Reformmaßnahmen in die Hände der Regierungen übertragen, die zur Zeit häufig auf die Zwänge von Seiten des IWF verweisen.

Das "ownership" der PRSP als Voraussetzung der PRGF steht in einem Widerspruch zu den übrigen Aufgaben des IWF. Dieser überwacht in den Art. IV-Konsultationen die in seinen Statuten festgeschriebenen Verhaltensnormen über ein multilaterales Währungssystem und die damit verbundenen nationalen Politiken, die ursprünglich Teil der mitgliedstaatlichen Souveränität gewesen sind. Die Disziplinierungsmaßnahmen der Überwachung sollen sich in denselben Politikbereichen in ein "ownership" der Regierungen wandeln, sobald der Mitgliedstaat mit dem IWF in Verhandlungen über ein PRGF tritt. Außerdem widerspricht das partizipatorische Vorgehen der Konditionalität des IWF, die ihre Wirkung am besten in kurzfristigen Stabilisierungszwängen entfalten kann.[1320] Sowohl die Mitarbeiter des IWF als auch die Mitgliedstaaten finden sich daher in widersprüchlichen Verhandlungssituationen wieder.[1321]

Die Verlagerung der PRGF auf die Weltbank könnte zu einer Klärung der Aufgabentrennung zwischen den Organisationen beitragen. Da die PRGF mit ihren Zielen der Armutslinderung und des wirtschaftlichen Wachstums eher als Entwicklungshilfe denn als Krisenbewältigung im internationalen Finanzsystem anzusehen ist, führt die heutige Trennung zwischen der Entwicklungshilfe der Weltbank und der PRGF des IWF zu Verwirrung in Bezug auf die Aufgabenbereiche der Organisationen.[1322] Insbesondere gehören die Zielsetzungen der PRGF zu den Zielen der IBRD und sind nicht in den Statuten des IWF enthalten.[1323] Neben der Vergabe der Finanzhilfe der PRGF strahlt die armutsbezogene Politik des IWF auch auf andere Bereiche seiner Geschäftstätigkeit aus und lenkt ihn von seinen eigentlichen Aufgaben ab. So erfordern die Bewertung der PRSP, die Zusammenstellung der Maßnahmenbündel eines Darlehens und die Möglichkeiten des Ausgleiches nachteiliger Effekte auf die Armen eine umfangreiche Recherche und ausführliche Kenntnis über die Entwicklungsmöglichkeiten der Mitgliedstaaten. Die Verlagerung der PRGF würde den IWF von diesen Arbeiten insoweit befreien, als die makroökonomischen Reformen des PRSP von den Mitgliedstaaten in Absprache mit der Weltbank und in Einklang mit allen übri-

---

1320 Sewell/ Birdsall/ Morrison, Right Role, S. 1.

1321 Williamson, Role of the IMF, S. 16; ODC, Task Force Report, S. 5; Falk, Reform, S. 6.

1322 Williamson, Role of the IMF, S. 14.

1323 Bei der Wiedergabe der Ziele des IWF irrt sich Weidmann, Internationale Finanzarchitektur, S. 11, der „Stabilität und Wachstum“ als dessen Ziele nennt und daraus die Zuständigkeit für Strukturreformen als „selbstverständlich zum Aufgabenspektrum des IWF“ gehörig ableitet. Die Aufgaben des IWF liegen vielmehr darin, die Stabilität der Währungen zu fördern und das Wachstum des Welthandels (und nicht der nationalen Volkswirtschaften) zu erleichtern (Art. I, Abs. ii und iii IWF-Statuten).

gen Entwicklungserfordernissen bewertet werden würden. *Stanley Fischer*, der erste, stellvertretende Geschäftsführende Direktor des IWF von 1994 bis 2001, führt dazu aus:

> „The Fund is relatively small, feels that it is elite, and should become elite. This means it should stop trying to compete with the World Bank in fighting poverty, improving the environment, and similar good causes not inherently related to the Fund's purposes."[1324]

Um die Anforderungen an die "Elite" des IWF zu erfüllen, müßte sich dieser auf seine Kompetenzen in der Überwachung und technischen Hilfe für makroökonomische Bereiche konzentrieren. Die Spezialisierung unterstreicht die Stellung des IWF als überwachende und beratende Organisation und stärkt damit die Anerkennung seiner Ratschläge.[1325] Die Bereitstellung der Fondsmittel in den Kredittranchen und Sonderfazilitäten steht dieser Ausrichtung nicht entgegen, da in der Konditionalität dieser Hilfen ein Spiegelbild der Überwachungstätigkeit des IWF liegt. Die kurzfristige Finanzhilfe verbindet sich vielmehr mit dem Mandat der Überwachung zu einer einheitlichen Handlungskompetenz, deren Entsprechung in den Maßnahmen der PRGF nicht zu finden ist.[1326]

Daß das PRSP eine Voraussetzung für die Gewährung von Geldern der Weltbank darstellt und der IWF somit daran gebunden ist, daß sich ein Mitgliedstaat an die Weltbank wendet, um Finanzmittel zu erhalten, steht dem Verlagern der PRGF nicht entgegen, da auch im status quo dem IWF kein Initiativrecht zur Hilfe zusteht, sondern die Bereitstellung der PRGF von einer Anfrage der Mitgliedstaaten abhängt.

Die Weltbank hat sich auf die Ausarbeitung von Entwicklungshilfestrategien für alle Bereiche der nationalen Armuts- und Strukturpolitik spezialisiert, mit Ausnahme der makroökonomischen Rahmenbedingungen.[1327] Diesen Bereich bearbeitet der IWF, der allerdings aufgrund seines eingeschränkten Mandats keinen Ausgleich zwischen makroökonomischen und entwicklungspolitischen Maßnahmen treffen kann, da er nur für erstere zuständig ist. Obwohl der IWF soziale und armutslindernde Politiken in seine Arbeit integriert, ist er aufgrund seiner Statuten an die makroökonomischen Maßnahmen gebunden und sieht

---

1324 Fischer, Mission, S. 168.

1325 Polak, Strengthening the Role, S. 49.

1326 Vgl. Polak, Strengthening the Role, S. 49; zum Zusammenhang zwischen Überwachungs- und Finanzierungsfunktion des IWF siehe auch Kapitel 3.1.2, S. 69.

1327 Vgl. Kompetenzabgrenzung Joint Statement by Horst Köhler and James Wolfensohn on the IMF and the World Bank Group: An Enhanced Partnership for Sustainable Growth and Poverty Reduction vom 5. Sept. 2000; zit.: Köhler/ Wolfensohn, Enhanced Parntership; ODC, Task Force Report, S. 6; Sewell/ Birdsall/ Morrison, Right Role, S. 1.

daher diese Reformvorschläge als primus inter pares an.[1328] Eine Verlagerung der PRGF würde die makroökonomischen Maßnahmen in eine umfassende Entwicklungsstrategie einfügen und damit den Mitgliedstaat davor bewahren, unter allen Umständen makroökonomische Maßnahmen umsetzen zu müssen.

Die Struktur und Organisation des IWF ist auf eine kurzfristige Finanzhilfe in Krisensituationen ausgerichtet. Seine Finanzmittel haben revolvierenden Charakter, d.h. der IWF hält einen Fonds mit mitgliedstaatlichen Währungen, aus dem jedes Mitglied bei Bedarf Ziehungen tätigen kann, der allerdings auf deren kurzfristige Rückzahlung angewiesen ist, um erneut zur Verfügung zu stehen.[1329] Der Zeithorizont der Entleihungen des IWF ist daher beschränkt. Auch wenn die Darlehen aus der PRGF nicht diesen Beschränkungen unterliegen, da es sich bei ihnen um Gelder aus einem Treuhandfonds des IWF handelt, werden die Rückzahlungen nach 3 oder 4 Jahren fällig und damit innerhalb eines Zeithorizonts, der nicht zu einer langfristig ausgelegten Entwicklungshilfe in einkommensschwachen Mitgliedstaaten paßt.[1330] Diesen Widerspruch stellte der IWF bereits in 1988, d.h. wenige Jahre nach Einführung der Anpassungsprogramme in einem Erfahrungsbericht fest:

> „Since the adoption of effective compensatory programs requires time and probably experimentation, the best way to protect the poor is by designing and developing a set of instruments not under the pressure of a crisis but through a conscious, long-term plan that will protect the most vulnerable groups.“[1331]

Nicht nur die Zeitspanne der Entleihungen sondern auch deren Höhe ist auf die unterschiedlichen Mandate der Weltbank und des IWF abgestimmt. So berechnen sich die Ziehungen des IWF nach der Quote eines Mitgliedstaats, d.h. nach deren Wirtschaftsleistung, da eine größere Volkswirtschaft im Krisenfall mehr finanzielle Unterstützung benötigt, als eine kleinere. Die Gelder der Weltbank werden dagegen entsprechend dem Grad der Armut und der Bedürftigkeit eines Mitglieds vergeben, da gerade die Mitglieder mit den geringsten Volkseinkommen auf die größte Hilfe angewiesen sind. Die Bemessung der Gelder der PRGF im Verhältnis zu den Quoten der Mitgliedstaaten konterkariert damit die Notwendigkeiten und Bedürfnisse der Entwicklungshilfe.

1328 Oxfam, Case for Reform, S. 45; Williamson, Role of the IMF, S. 15; Falk, Reform, S. 5; ähnlich mit Blick auf die Gefahren einer strengen Geld- und Zinspolitik in Entwicklungsländern Carvalho, Changing Role, S. 15 f.

1329 Stark, IWF, S. 2. Die Gefahr einer Schwächung des revolvierenden Charakters geben bereits die G-10 Staaten in 1987 zu bedenken. Sie regen daher die Rückkehr der IWF zu seiner traditionellen Rolle an (Report of Deputies of Group of Ten; in: Crockett/ Goldstein, International Monetary System, S. 54 f.).

1330 Williamson, Role of the IMF, S. 16; ODC, Task Force Report, S. 5; Oxfam, Case for Reform, S. 45; Stark, IWF, S. 2.

1331 Heller/ Bovenberg/ Catsamba et al., Adjustment Programs, S. 34.

Neben der Berechnung der Finanzhilfen ist die Weltbank mit einigen weiteren Mechanismen ausgestattet, die in der Entwicklungshilfe von großer Wichtigkeit sind. Die Auswahl der Reformmaßnahmen und Projekte geschieht in der IDA nach den vordringlichen Entwicklungsbedürfnissen einer Region (Art. V, Absch. 1, lit. b IDA-Statuten). Dagegen verknüpft der IWF die Konditionalität an seine Darlehen und Ziehungen, um deren Rückzahlung zu sichern. Er versucht somit von vornherein die Gelder in Bereiche zu lenken, in welchen die höchsten Erträge erzielt werden können und die eine zügige Rückzahlung garantieren. Diese Ausrichtung rechnet die arme Bevölkerung nicht zu den Hauptprofiteuren der Hilfen.

Ein weiterer Unterschied zwischen der Arbeit der Weltbank und des IWF besteht im Umgang mit den Mitgliedstaaten bzw. mit der armen Bevölkerung in den Mitgliedstaaten. Die Weltbank richtet das Erstellen der Entwicklungsstrategien und Maßnahmenprogramme auf die Partizipation aller Bevölkerungsteile aus. Sie versucht, eine enge Beziehung zu Mitgliedstaaten aufzubauen, indem sie Niederlassungen in diesen errichtet und nationale, geologische sowie ethnische Besonderheiten beachtet.[1332] Während der Missionen der Mitarbeiter in die Mitgliedstaaten diskutieren und verhandeln diese mit Vertretern der NROs, Regierungen, Verwaltung, Universitäten, Arbeitgeber- und Arbeitnehmervereinigungen und anderen gesellschaftlichen Gruppierungen. Die Bevölkerung erhält die Möglichkeit, sich direkt an die Weltbank durch ein Verfahren vor dem Inspection Panel zu wenden[1333] und die Immunität der Weltbank schließt Klagen gegen diese vor den zuständigen nationalen Gerichten gemäß Art. VII, Absch. 3, S. 1 IBRD-Statuten nicht aus. Außerdem enthalten die IBRD-Statuten in Art. V, Absch. 10 ein ausdrückliches Verbot der politischen Betätigung. Diese Grenze des Einmischens in die politische Tätigkeit der Mitgliedstaaten ist im Rahmen der Überwachungstätigkeit nicht wünschenswert, da der IWF in den Art. IV-Konsultationen die nationale Geld-, Währungs- und Fiskalpolitik beurteilen muß. Breitet sich sein Mandat im Rahmen der PRGF allerdings auf die Innen- und Sozialpolitik eines Mitgliedstaates bzw. die Einflüsse der makroökonomischen Politiken auf diese Bereiche aus, so kommt einem Verbot der politischen Betätigung im Mitgliedstaat eine hohe Bedeutung zu.

1332 Unter anderem gehören die Ausarbeitung eines Umweltaktionsplans (Environmental Action Plan), der Umgang mit indogenen Bevölkerungsgruppen (Indigenous Peoples) und die Planungen zur städtebaulichen und landwirtschaftlichen Entwicklung (Urban and Rural Development) mit in die Vorbereitungen der Weltbank-Hilfe; vgl. Kapitel 3.2.2.2, S. 84.

1333 Gründung des Inspection Panel als unabhängiges Kontrollgremium der Weltbank in 1993 durch IBRD Resolution No. 93-10; IDA Resolution No. 93-6 vom 22. Sept. 1993. Siehe dazu Bradlow/ Schlemmer-Schulte, Panel, S. 392-415; Schlemmer-Schulte, Inspection Panel, S. 486-508; Bradlow, Panel, S. 571-612.

Die Organisationsstrukturen der Weltbank und des IWF stimmen weitgehend miteinander überein, so daß in diesem Aspekt kein Argument für oder gegen die Verlagerung der PRGF gefunden werden kann. Wie aus Tabelle 17 [Aufteilung der Stimmrechte] zu entnehmen ist, ähneln sich auch die Stimmenmehrheiten der unterschiedlichen Gruppierungen der Mitgliedstaaten. Insbesondere dominieren die Entwicklungsländer weder im IWF noch in der Weltbank die Entscheidungen der Organsation.

Auch die berufliche Ausrichtung und die Anzahl des angestellten Personals in der Weltbank weichen erheblich von der des IWF ab. Die Weltbank beschäftigt etwa 8.800 Mitarbeiter, die eine Ausbildung als Ingenieure, Landwirte, Finanzplaner, Bildungsspezialisten und aus anderen technischen und sektorbezogenen Bereichen genossen haben, wohingegen die 2.681 Mitarbeiter des IWF hauptsächlich Volkswirte, aber auch Statistiker und Experten im Bereich des öffentlichen Finanz- und Steuerwesens sind.[1334] Die unterschiedliche Größe führt zu einer eher bürokratischen Organisation der Weltbank, die mehr Zeit mit der Planung ihres Haushalts, der internen Koordination und umfangreichen Sitzungen zubringt als der IWF. Damit hängt zusammen, daß die Entscheidungsfindung der Weltbank langwieriger ist und die Meinungsäußerung freier gehandhabt wird. So wird die Stellungnahme eines IWF-Mitarbeiters erst nach der Kontrolle durch seinen Vorgesetzten veröffentlicht, gilt in diesem Fall jedoch als offizielle Meinung des IWF, wohingegen die Äußerungen der Mitarbeiter der Weltbank teilweise als "personal views" deklariert werden.[1335] Die dezentrale, hierarchisch strenge Gliederung und das stringente Vorgehen des IWF führt zu schnellen Ergebnissen und einem effizienterem Handeln der Organisation, dem in der Reaktion auf Krisensituationen und der Ausarbeitung makroökonomischer Konditionalität sehr hohe Bedeutung zukommt. Allerdings ist es fraglich, ob dieses Vorgehen für eine auf Partizipation und "ownership" ausgerichtete Hilfe nützlich ist, in der den Prozessen der demokratischen und politischen Meinungs-

---

1334 IWF, Jahresbericht 2003, S. 103, Tabelle 9.5; Weltbank, Jahresbericht 2003 I, S. 135 Driscoll, IWF, S. 11; IMF, Factsheet, IMF/ World Bank, S. 1; Polak, Relationship, S. 21. Bei der Besetzung der Stellen ist sowohl der Präsident der Weltbank als auch der Geschäftsführende Direktor des IWF dazu verpflichtet, die geographische Verteilung der Herkunftsländer der Mitarbeiter zu beachten (Art. V, Absch. 5, lit. d IBRD-Statuten; Art. VI, Absch. 5, lit. d IDA-Statuten; Art. XII, Absch. 4, lit. d IWF-Statuten). Das Fachpersonal des IWF stammt zu 40,4% aus Entwicklungsländern und zu 59,6% aus Industriestaaten. Bei den Führungskräften liegt die Aufteilung bei 30,9% aus den Entwicklungsländern und 69,1% aus den Industriestaaten (IWF, Jahresbericht 2003, S. 103, Tabelle 9.5). Für die Weltbank stammen insgesamt 58% aller Angestellten und 38% des Führungspersonals aus armen Staaten (Gruppe II der Mitglieder; Weltbank, Jahresbericht 2003 I, S. 135).

1335 Polak, Relationship, S. 21 mit weiteren Einschätzungen über die unterschiedlichen „Charaktere“ der beiden Organisationen auf S. 22.

findung und der Identifikation mit den Reformmaßnahmen durch die Mitgliedstaaten oberste Priorität beigemessen wird.[1336]

Tabelle 17 Aufteilung der Stimmrechte

	Stimmrechte in Prozent		
	IWF	Weltbank	IDA
USA	17,11	16,40	13,90
Japan	6,14	7,87	10,92
BRD	6,00	4,49	7,02
Frankreich	4,95	4,31	4,33
Verein. Königr	4,95	4,31	5,00
EU	31,94	27,69	32,88
EU und USA	49,05	44,09	46,78

Stand: 30. April 2003 (Malta, Estland und Litauen sind keine Mitglieder

Quelle: IWF, Jahresbericht 2003, S. 143 und 162; Weltbank, Jahresbericht 2003, Bd. 2, S. 51-54 und 101-104

Teilweise wird angemerkt, daß die PRGF zur einheitlichen Behandlung der Mitgliedstaaten notwendig sei und die einkommensschwachen Mitgliedstaaten ohne sie keine anderweitigen Gelder des IWF erhalten könnten.[1337] Allerdings liegt diesem Argument die falsche Prämisse zugrunde, daß die Aufgabe des IWF primär in der Geldvergabe an seine Mitgliedstaaten bestehe und das Ziel oder der Grund der Vergabe zweitrangig sei. Vielmehr basiert die Arbeit des IWF auf dem Ziel, die Stabilität des multilateralen Währungssystems zu wahren und dies gegebenenfalls durch einen kurzfristigen Ausgleich der Zahlungsbilanzen mittels finanzieller Hilfe zu erreichen. So werden die Ziehungen aus den Tranchen von den Reformmaßnahmen der Konditionalität beherrscht und die Möglichkeit des Abschlusses von Bereitschaftskreditabkommen verdeutlicht, daß die Steigerung des Vertrauens in die Wirtschaft eines Landes und die Umsetzung von Reformvorhaben den tatsächlichen Geldfluß überschatten. Von diesem Prinzip ist der IWF bei der Unterstützung der Entwicklungsländer durch konzessionäre Hilfe abgewichen. Vielmehr bevorzugt die PRGF mit ihrem Ziel der Armutslinderung und des wirtschaftlichen Wachstums die einkommensschwachen Staaten gegenüber den Mitgliedern mit mittleren Einkommen und den Industriestaaten, welche lediglich auf kurzfristige Hilfe zurückgreifen können. Die Einheitlichkeit der Mitgliedstaaten würde somit besser gewahrt, wenn die PRGF auf die Weltbank verlagert und dafür eine Erleichterung für die einkommensschwachen Staaten bei kurzfristigen Ziehungen zur Bekämpfung der Zahlungsbilan-

1336 Williamson, Role of the IMF, S. 16; ODC, Task Force Report, S. 4 f.; vgl. über den unterschiedlichen Aufbau der Organisationen Shihata III, S. 122.

1337 U.S. Treasury Department, Response, S. 22.

zungleichgewichte eingeführt werden würde.[1338] Die Senkung der Kosten für Ziehungen auf konzessionäre Bedingungen kann mittels eines Subventionskontos erreicht werden, die seit Mitte der 70er Jahre für viele Fazilitäten des IWF eingeführt worden sind. Die Gleichbehandlung der Mitglieder des IWF wird daher durch das Gewähren von Krisen- und Zahlungsbilanzhilfe zu unterschiedlichen Zinssätzen und nicht durch eine Sonderunterstützung der Entwicklungsländer für ihr Wirtschaftswachstum hergestellt.[1339] Somit führt eine Verlagerung der PRGF zu einer einheitlichen Behandlung aller Mitglieder, die sich in Krisensituationen befinden, und hebt damit die heutige Unterteilung in eine allgemeine Hilfe für Krisenstaaten und eine besondere Unterstützung für Mitgliedstaaten, die einfach als arm zu bezeichnen sind, auf.[1340]

Ein Argument bei der Bewertung, in wie weit Weltbank und IWF für die Vergabe von Entwicklungshilfe gerüstet sind, gibt der Umgang mit in Verzug geratenen Mitgliedern oder Schuldnern, die ihre Rückzahlung vollständig aussetzen. Der IWF verfolgt seit 1990 eine Kooperationsstrategie (Strengthened Cooperative Strategy), die das Aufkommen von Schulden verhindern und eindämmen soll. Sie gründet auf den drei Elementen Prävention, Zusammenarbeit und Sanktionen.[1341] Die Prävention eines Zahlungsverzugs umfaßt die umfassende Beobachtung der und Kooperation mit den Mitgliedstaaten bereits bei der Vergabe der Darlehen und während der regelmäßigen Überwachung der Wirtschaftspolitik eines Mitglieds. Auf diese Weise sollen Zahlungsengpässe frühzeitig erkannt und gegebenenfalls durch eine strengere Politikgestaltung und die Vergabe zusätzlicher Geldmittel verhindert werden.[1342] Das zweite Element der Strategie zur Kooperation umfaßt die Koordination und Förderung zusätzlicher Gelder, zu dem auch die Vergabe von Rechten auf weitere Ziehungen beim IWF nach der Beendigung des Verschuldungszustands zählt (Rights Approach).[1343] Die dritte Komponente stellt die Sanktionsmaßnahmen dar, die nach Eintritt des Verzugs vorgenommen werden. Im Gegensatz zu den in den Statuten geregelten Maßnahmen, die bei Verzug der Ziehungen von Geldern aus dem allgemeinen Konto[1344] eintreten, führt eine nicht erfolgte Rückzahlung an den Treuhandfonds

---

1338 Vgl. Williamson, Focused IMF, S. 4; ODC, Task Force Report, S. 6.

1339 Williamson, Role of the IMF, S. 15.

1340 Vgl. ODC, Task Force Report, S. 5.

1341 IMF, Financial Organization, S. 102; Brau/ Geithner/ Gianviti, Overdue Obligations, S. 8.

1342 IMF, Financial Organization, S. 103.

1343 Beschreibung des „Rights Approach" siehe Kapitel 3.5.2, S. 162.

1344 Der Zahlungsverzug von Rückzahlungen an das allgemeine Fondskonto hat gemäß Art. V, Absch. 5, S. 2 IWF-Statuten zur Folge, daß die Möglichkeit einer Inanspruchnahme weiterer Mittel aus dem allgemeinen Konto für dieses Mitglied beschränkt oder entzogen wird. Verweigert das Mitglied weiterhin die Zahlung, so kann der IWF die Stimmrechte des Mitglieds aussetzen und, sollte auch diese Sanktion keinen Erfolg zeigen, das Mitglied zum Austritt veranlassen (Art. XXVI, Absch. 2, lit. b und c IWF-Statuten). Für

der PRGF nicht zu dem Verlust von Stimm- und Mitwirkungsrechten oder sogar der Mitgliedschaft im IWF, da es sich nicht um „allgemeine Fondsmittel“[1345] oder „Verpflichtungen nach diesem Übereinkommen“[1346] handelt. Vielmehr ist der IWF darauf beschränkt, die Möglichkeit von weiteren Entleihungen aus dem Treuhandfonds und die Einstufung als berechtigter „PRGF-Staat“ zu entziehen. Außerdem straft er das Mitglied durch weitere Maßnahmen ab, wie der Veröffentlichung der Verschuldungssituation im Internet und in Pressemitteilungen, dem Abbruch von technischer Hilfe und der „Erklärung der fehlenden Kooperation“.[1347]

Entgegen der strengen Abmahnung und Isolation der verschuldeten Staaten durch den IWF eröffnen die Statuten der IBRD und der IDA die Möglichkeit, Mitgliedern mit akuter Devisenknappheit (Art. IV, Absch. 4, lit. c IBRD-Statuten) oder im Zahlungsverzug (Art. IV, Absch. 7, lit. a IBRD-Statuten) eine Erleichterung der Rückzahlungsbedingungen ihrer Darlehen zu gewähren.[1348] Die Unterscheidung zwischen Devisenknappheit und Zahlungsverzug, die in den Statuten der IBRD vorgenommen wird, soll einen umfassenden Schutz der Integrität und Kreditwürdigkeit der Weltbank gewähren und den Mitgliedstaaten rechtzeitig vor einer Zahlungsunfähigkeit die Möglichkeit von Zahlungserleichterungen bieten. Gleichzeitig unterliegt die Anpassung von Darlehensbedingungen weit gefaßten Einschränkungen, welche die Interessen der Weltbank und ihrer übrigen Mitglieder, die gegebenenfalls für die ausgebliebenen Rückzahlungen aufkommen müssten, wahren sollen.[1349] Obwohl die IBRD-Statuten schon die sehr weite Formulierung beinhalten, daß „die Bank [...] die Rückzahlungsbedingungen ändern oder/ und die Laufzeit des Darlehens verlängern [kann]“, gewährt Art. V, Absch. 3 IDA-Statuten einen umfangreicheren Spiel-

---

eine Beschreibung der zu ergreifenden Sanktionen und ihre zeitliche Abfolge siehe: Brau/ Geithner/ Gianviti, Overdue Obligations, Annex I, S. 21-22, die sich auf IWF, Entscheidung vom 22. Aug. 2001, Nr. 12546-(01/84) beziehen.

1345 Art. V, Absch. 5, S. 1 IWF-Statuten (als lex specialis zu Art. XXVI, Absch. 2, lit. a IWF-Statuten).

1346 Art. XXVI, Absch. 2, lit. b IWF-Statuten.

1347 Brau/ Geithner/ Gianviti, Overdue Obligations, Annex II, S. 23-24; IWF, Entscheidung vom 22. Aug. 2001, Nr. 12545-(01/84) PRGF; in: Sel. Dec., 2003 und Entscheidung Nr. 8759-(87/176) ESAF vom 18. Dez. 1987 mit Änderungen, als Appendix II. Diese letztgenannten Maßnahmen führt der IWF auch bei Schulden gegenüber dem allgemeinen Konto durch, da sie ihre Grundlage nicht in den Statuten der Organisation haben. Vgl. hierzu die genannten Entscheidungen des Exekutivdirektoriums.

1348 Die Regelung in Art. IV, Absch. 4, lit. c, Abs. i IBRD-Statuten, nach der ein Mitglied während 3 Jahre die Rückzahlungen auch in seiner eigenen Währung leisten kann, sind bisher nicht angewandt worden, um die Einstufung der Schuldverschreibungen der Weltbank bei ihren Kreditaufnahmen auf dem Kapitalmarkt (Triple A Rating) nicht durch den Verlust von Integrität und Kreditwürdigkeit zu gefährden (Shihata III, S. 350).

1349 Art. IV, Absch. 4, lit. c, S. 2, IBRD-Statuten; Shihata III, S. 347.

raum. Diese Regelung läßt eine Erleichterung oder Modifikation der Bedingungen, die an die Mittelvergabe für ein Mitglied gebunden sind, nach einer Untersuchung der finanziellen und wirtschaftlichen Lage und Aussichten des Mitgliedstaates zu.

Nicht zuletzt wirkt sich die Zuordnung der PRGF zum IWF auch auf der Ebene der mitgliedstaatlichen Regierungen aus, in welchen unterschiedliche Ministerien für die Bereiche der Entwicklungshilfe und der Währungspolitik zuständig sind. In der BRD liegt die Zuständigkeit für die Beurteilung der PRGF im Gouverneursrat des IWF beim Bundesfinanzministerium und die Bundesministerin für Entwicklungshilfe ist für die allgemeine Entwicklungshilfestrategie im Gouverneursrat der Weltbank zuständig. Eine Verlagerung der PRGF würde diese Zuständigkeiten in eine Hand zusammenführen und dadurch ein Abgleichen der Meinungen in Kollisionsfällen erleichtern.

5.5.3.4. Weiterführende Probleme des Verlagerns der PRGF

Die Verlagerung der PRGF auf die Weltbank umfaßt das Übertragen der Gelder aus dem HIPC-PRGF-Treuhandfonds auf die IDA. Es handelt sich bei diesen Geldern um Gewinne, die der IWF durch den Verkauf seiner Goldvorhaben erwirtschaftet hat, und um Entleihungen auf dem Kapitalmarkt. Daneben hält der IWF ein Subventionskonto der PRGF, mit denen die Zinszahlungen der Mitgliedstaaten gesenkt werden. Dieses speist sich aus Beiträgen der Mitgliedstaaten und Übertragungen aus dem Konto für Sonderverwendungen des IWF.[1350] Da keine rechtliche Grundlage für Übertragungen aus dem Konto für Sonderverwendungen existiert, können diese Gelder in einem Subventionskonto für Ziehungen von regulären Fondsmitteln durch einkommensschwache Mitgliedstaaten verwendet werden.

Auswirkungen auf die Finanzierung der HIPC-Initiative entstehen insofern, als der IWF seine Schuldenerleichterungen gegenüber den berechtigten, hochverschuldeten Staaten in Form von zinslosen Darlehen und Zuschüssen aus dem HIPC-PRGF-Treuhandfonds begleicht. Einer Verlagerung der Umsetzung und Durchführung der gesamten HIPC-Initiative auf die Weltbank steht dabei entgegen, daß der IWF im Rahmen der Initiative über eigene Forderungen entscheidet. Der Beteiligung des IWF an den Verhandlungen mit den Schuldnerstaaten und der Ausarbeitung einer Entschuldungs- und Reformstrategie steht allerdings nicht entgegen, daß die letztendlich auszuzahlenden Gelder an die Mitgliedstaaten von der Weltbank verwaltet werden. Die IDA hält zur Umsetzung der HIPC-Initiative bereits verschiedene Konten, aus denen die Schuldenerlasse getätigt werden und zu denen auch ein Konto für die Schulden gegenüber multilateralen Geldgebern gehört.

1350 Vgl. Kapitel 3.4.1.2, S. 136.

Problematisch erscheint auch das Vorgehen beim Ausarbeiten der PRSP, die zur Zeit mit Unterstützung der Weltbank und des IWF durch die Mitgliedstaaten erstellt und anschließend von beiden Organisationen bewertet werden. Da makroökonomische Stabilität für das Erreichen erfolgreicher Entwicklungsstrategien zur Reduzierung der Armut und Förderung des wirtschaftlichen Wachstums unerläßlich sind, sollte der IWF weiterhin in die Ausarbeitung und Bewertung der PRSP eingebunden sein. Ähnlich der Koordination zwischen der Weltbank und dem IWF bezüglich ihrer Mitgliedstaaten mit mittleren Einkommen, bei denen die Weltbank sich vor Erstellen einer Länderstrategie der Nachhaltigkeit der makroökonomischen Situation im Mitgliedstaat vergewissert, kann auch die Hilfe für einkommensschwache Staaten von der Vereinbarung eines Programms mit dem IWF oder einer positiven Bewertung seinerseits abhängig gemacht werden.[1351] Denkbar wäre eine Stärkung der IWF-Position gegenüber der Weltbank durch die Verpflichtung, daß letztere ihrer Arbeit die Bewertung einer mitgliedstaatlichen Volkswirtschaft im Rahmen einer intensivierten Überwachung oder eines von Mitarbeitern begleiteten Programms des IWF (staff monitored program) zugrunde legen müßte.[1352] Da die Weltbank weiterhin an ihre Kompetenzen im mikroökonomischen und strukturpolitischen Bereich der Volkswirtschaften gebunden ist, obliegt die endgültige Bewertung, welche makroökonomischen Maßnahmen in das PRSP aufgenommen werden sollen, dem Mitgliedstaat nach Konsultation des IWF.[1353] Als Garantie, daß diese Maßnahmen umgesetzt werden, können die makroökonomischen Maßnahmen, ohne welche die Programme der Weltbank nicht erfolgreich umgesetzt werden könnten, als Bewertungskriterien in die Darlehensvertäge der Weltbank aufgenommen werden. Dieses Vorgehen ist aufgrund des Verbots der sich kreuzenden Konditionalität bereits heute gängige Praxis.

5.5.3.5. Zwischenergebnis: Verlagern der PRGF auf die Weltbank

Die erfolgte Argumentation führt zu dem Ergebnis, daß die PRGF eine aus historischen Gründen beim IWF angesiedelte Finanzhilfe ist, die dessen innerer Organisation und seiner Struktur sowie Arbeitsabläufen widerspricht. Vielmehr lassen die in den Statuten der Organisationen festgelegten Strukturen die Weltbank als die geeignetere Organisation zur Vergabe der Entwicklungshilfe für umfassende Entwicklungsstrategien erschienen. Der IWF tritt im Rahmen der PRGF in eine Konkurrenz zur Weltbank und versucht mit Maßnahmen der Ar-

---

1351 Vgl. Kapitel 5.4.3.5, S. 320.

1352 Siehe zur intensivierten Überwachung und den von Mitarbeitern begleiteten Programmen (SMP) Kapitel 3.2.3, S. 88.

1353 Für einen offeneren Dialog zwischen den internationalen Finanzinstitutionen und den Mitgliedstaaten unter Hinweis auf die Alternativen zu Reformvorschlägen und damit für eine Stärkung der demokratischen Prozesse in Entwicklungsländern plädiert Stiglitz, Millennium, S. F593 f.

mutsreduzierung, dem Schutz der Umwelt und dem Streben nach wirtschaftlichem Wachstum, seinen Mitgliedstaaten durch Maßnahmen zu helfen, die nicht in seinen Statuten enthalten sind. Daher sollte die "makroökonomische Entwicklungshilfe" der PRGF auf die Weltbank übertragen werden.[1354]

Allerdings ist darauf zu achten, daß die Weltbank ihr Mandat nicht auf den makroökonomischen Bereich der mitgliedstaatlichen Wirtschaftspolitik ausdehnt, wenn die PRGF als Gegenpol zur entwicklungspolitischen Hilfe der Weltbank entfällt. Vielmehr sollte sich die Weltbank auf ihr Mandat der Projektfinanzierung beschränken und Hilfen für die Umsetzung von Politikreformen auf besondere Umstände begrenzen.[1355] Die Entscheidung über makroökonomische Maßnahmen obliegt dem Mitgliedstaat, der zum Erstellen des PRSP die technische Hilfe des IWF einholen sollte. Damit die Bewertung des PRSP nicht allein in der Hand der Weltbank liegt, sollte eine Beteiligung des IWF verpflichtend festgelegt werden, wie dies beim Erstellen eines CAS durch die Weltbank bereits der Fall ist.[1356] Der IWF setzt sich im Rahmen der Art. IV-Konsultationen weiterhin mit den Problemen der einkommensschwachen Mitgliedstaaten auseinander und berät diese im Rahmen der technischen Hilfe für ein PRSP. Auf diese Weise bleibt er in den makroökonomischen Problemen der Armutsreduzierung und des langfristig ausgelegten Wachstums seiner Mitgliedstaaten involviert.[1357]

Die Geschäftstätigkeit des IWF konkretisiert sich durch die Verlagerung der PRGF auf seine ursprünglichen Aufgaben in der Krisenprävention und -bekämpfung, die gegenüber allen Mitgliedstaaten in gleicher Weise vorgenommen werden. Die Bewertung seiner kurzfristigen Finanzhilfe beschränkt sich damit grundsätzlich auf die Frage, ob die Veränderungen und Maßnahmen notwendig sind, um das Vertrauen der Kreditgeber eines Mitgliedstaats zu stärken und diese zu weiterer Kreditvergabe zu veranlassen.[1358]

5.5.4. Verbesserte Absprachen für Staaten mit mittleren Einkommen

Überschneidungen oder Kollisionen zwischen der Weltbank und dem IWF können im Umgang mit Mitgliedstaaten mit mittleren Einkommen auf zwei verschiedenen Ebenen auftreten. Zum einen besteht die Möglichkeit, daß beide Organisationen Finanzhilfe gewähren, deren Bedingungen und Reformpro-

---

1354 Stark, IWF, S. 2; Sewell/ Birdsall/ Morrison, Right Role, S. 1; Speyer, Reform, S. 12; Williamson, Focused IMF, S. 4; ODC, Task Force Report, S. 6; im Ergebnis auch Ahluwalia, International Financial Architecture, S. 22; Nunnenkamp, IWF und Weltbank, S. 27; Fischer, IMF and the World Bank, S. 189; Hills/ Peterson et al., Safeguarding, S. 116; Riesenhuber, IMF, S. 377.

1355 Hills/ Peterson et al., Safeguarding, S. 19.

1356 Williamson, Focused IMF, S. 4; ODC, Task Force Report, S. 6.

1357 ODC, Task Force Report, S. 5.

1358 Holthus, IWF-Reform, S. 515; Minton-Beddoes, IMF needs Reform, S. 133.

gramme sich widersprechen. Zum anderen sollte eine Absprache der Meinungen vorgenommen werden, wenn sich nur eine Organisation finanziell engagiert, die andere allerdings mit dem Mitgliedstaat durch technische Hilfe oder Art. IV-Konsultationen in Kontakt steht.

Finanzielle Hilfe des IWF an Staaten mit mittleren Einkommen, die in einen Widerspruch zu Hilfen der Weltbank treten kann, erfolgt größtenteils in mittelfristigen Programmen der EFF, die neben makroökonomischen Maßnahmen auch verwandte strukturpolitische Reformvorschläge unterbreiten. Die Weltbank erstellt für ihre Mitglieder grundsätzlich eine Länderhilfsstrategie (CAS), in der alle Hilfen zusammengestellt und koordiniert werden. Eine Abgrenzung zwischen den Kompetenzen der Weltbank und des IWF erfolgt in den gemeinsamen Memoranden[1359] der Organisationen, nach denen jeder von ihnen ein Kernbereich der primären Verantwortung zugeteilt worden ist, in dem die jeweils andere Organisation die Kompetenzen zu beachten hat.[1360] Trotz dieser Regelung treten Konkurrenzen und Kollisionen zwischen den Inhalten der Programme auf, da sowohl die Weltbank als auch der IWF strukturpolitische Aspekte ihrer Kernaufgaben beachten müssen und ein endgültiges Abgleichen der Reformvorschläge wie im Rahmen der Bewertung eines PRSP nicht erfolgt.

Teilweise wird gefordert, daß sich der IWF aus strukturpolitischen Maßnahmen vollständig zurückziehe und seine Konditionalität auf die Bereiche der Geld-, Fiskal- und Wechselkurspolitik einschließlich des Banken- und Finanzsektors beschränken soll.[1361] Diese Lösung würde zwar Kollisionen zwischen den Reformansätzen vermeiden, sie verkennt jedoch die Problematiken der Strukturpolitik und ihre enge Verbindung zu Maßnahmen, mit denen auf Krisensituationen reagiert wird.[1362] Der IWF setzt sich bereits im Rahmen seiner Art. IV-Konsultationen mit strukturpolitischen Themen einer Volkswirtschaft auseinander, da diese die Finanzstabilität eines Staates stark beeinträchtigen.[1363] Die Erkenntnisse aus dieser Arbeit können daher leicht in den Finanzhilfen des IWF umgesetzt werden.

Da beide Organisationen zumindest teilweise in den Bereichen der Struktur- und Sektoranpassung tätig sind, sollten sie möglichst eng zusammenarbeiten und die Kompetenzbereiche der jeweils anderen Organisation respektieren. Versäumnisse im Eingehen auf die Meinung der anderen Organisation liegen in den Regelungen über das Erstellen eines CAS, nach denen die Weltbank die Meinung des IWF nicht in ihr Programm einarbeitet, sondern sie dem Mitgliedstaat

1359 Vgl. Kapitel 5.4.4.1, S. 323.

1360 Einige Untersuchungen verweisen darauf, daß ein strenges Einhalten dieser Regelungen als Koordination ausreichen sei (ODC, Task Force Report, S. 6 f.; IMF/ World Bank, Collaboration on Country Progams, S. 13).

1361 Hills/ Peterson et al., Safeguarding, S. 90 f., 116.

1362 Gregorio/ Eichengreen/ Ito et al., Independent IMF, S. 49.

1363 Gregorio/ Eichengreen/ Ito et al., Independent IMF, S. 75.

neben den von ihr vorgeschlagenen Reformen präsentiert. Eine Koordination dieser parallelen Vorschläge wäre auf zwei Weisen denkbar. Einerseits könnte der Mitgliedstaat verpflichtet werden, ein umfassendes Reformprogramm ähnlich einem PRSP zu entwerfen, welches den Letter of Intent an den IWF und den Letter of Development Policy an die Weltbank ersetzt. Allerdings erfordert der Entwicklungsstand in Staaten mit mittlerem Einkommen kein umfangreiches Programm sondern vielmehr gezielte Maßnahmen in einzelnen Bereichen. Außerdem besteht ein grundlegender Unterschied zwischen den Hilfen an einkommensschwache und an Mitgliedstaaten mit mittleren Einkommen: die finanzielle Unterstützung im Rahmen der PRGF des IWF und der Entwicklungshilfe der Weltbank baut auf denselben Zielen, nämlich der Armutsreduzierung und dem Erreichen des wirtschaftlichen Wachstums auf, zu denen ein einheitliches und umfassendes Programm erstellt werden kann. Die Finanzhilfe an Staaten mit mittleren Einkommen zielt dagegen einerseits auf wirtschaftliches Wachstum sowie Armutsreduzierung von Seiten der Weltbank und andererseits auf das Erreichen der makroökonomischen Stabilität durch den Ausgleich der Zahlungsbilanz von Seiten des IWF ab. Diese unterschiedlichen Bereiche ergänzen sich in weiten Bereichen, ein einheitliches Programm ist allerdings entbehrlich.

Andererseits kann eine Koordination durch die Verpflichtung erfolgen, in einem frühen Planungsstadium mit der anderen Organisation in Kontoakt zu treten und die andere Organisation nach inhaltlichen Vorbehalten zu befragen.[1364] Dieses Vorgehen birgt die Gefahr in sich, daß die Bearbeitung von Programmen verzögert wird und zeitliche Verschiebungen der Analysen zu unterschiedlichen Ergebnissen führen. Die Übereinstimmung der mittelfristigen Strukturanpassungsziele von Seiten der Weltbank mit den makroökonomischen Maßnahmen des IWF sollte daher von einem gemeinsamen Ausschuß koordiniert werden, der ähnlich dem JIC bzw. dem FSCL keine inhaltlichen Abstimmungen sondern verwaltungstechnische Organisationsarbeit leistet. Ein solcher Ausschuß würde eine Schnittstelle zwischen den mitgliedstaatlichen Reformwünschen und den Meinungen der Weltbank und des IWF darstellen und mit allen beteiligten Partnern eng zusammenarbeiten. Insbesondere könnte er darauf achten, daß die Planung der Programme zeitlich mit den Art. IV-Konsultationen und anderen Bewertungen der mitgliedstaatlichen Volkswirtschaft abgestimmt wird, damit es in Zukunft nicht mehr zu Beschwerden der Mitgliedstaaten kommt, ihre Vertreter müßten dieselben Fragen wiederholt beantworten.[1365] Der Ausschuß könnte als Ansprechpartner für die Mitgliedstaaten dienen und über den Stand aller laufenden Hilfsprogramme und Planungen Auskünfte erteilen.

1364 IMF/ World Bank, Collaboration on Country Programs, S. 14, 16.
1365 Vgl. IMF, Evaluation Surveillance, S. 26.

5.5.5. *Koordination der Forschungsergebnisse und der Mitgliederinformationen*

Jeglichen Hilfen von Seiten der Weltbank und des IWF gegenüber ihren Mitgliedstaaten geht eine umfangreiche Forschungs- und Analysetätigkeit voraus, die auf Daten und Statistiken basiert. Unterschiede in den Ergebnissen der Analysen können daher bereits im Stadium der Datenerhebungen entstehen.[1366] Jeglichen Überlegungen über eine Kompetenzaufteilung oder Koordination der Forschungsergebnisse muß somit das Abgleichen und Vereinheitlichen der Datensammlung und das Erstellen von einheitlichen Statistiken vorangestellt werden. Die ODC Task Force[1367] schlägt dazu die Gründung einer unabhängigen Agentur vor, daneben käme allerdings auch die Vereinbarung allgemeiner Richtlinien über Mindeststandards von Daten und Statistiken in Betracht.

Die Kompetenz zur Vornahme der Forschungsarbeit ist ein Annex zu den Kernaufgaben der Organisationen. Um Überschneidungen möglichst zu vermeiden, sollten sich die Organisationen verstärkt auf das Wissen und die Erfahrungen der anderen Organisation beziehen und den Inhalt der Untersuchungen mittels einer verbesserten Informationspolitik koordinieren bzw. vermehrt gemeinsame Analysen durchführen.

Weitgehende Überschreitungen der Kompetenzen werden auch bei der Information der Mitglieder auf der Internetseite der Weltbank ersichtlich, die umfassende Informationen zu jeglichen Bereichen der Entwicklungshilfe und Wirtschaftsreformen anbietet. Verweise auf den IWF und dessen Veröffentlichungen im Internet sind eher oberflächlich vorhanden. Das Auffinden und der Umgang mit den Informationen würden daher erheblich erleichtert, wenn die Weltbank und der IWF eine gemeinsame Internetseite gestalteten, auf der sich Entwicklungsländer, NROs und andere Interessierte über Themen der Entwicklungs-, Wirtschafts-, und Finanzpolitik informieren könnten.

5.5.6. *Zusammenfassung: Reformvorschläge für eine effektivere und effizientere Zusammenarbeit*

Die Überlegungen über eine Verbesserung der Koordination und Kooperation zwischen der Weltbank und dem IWF haben ergeben, daß die grundsätzliche Trennung ihrer Kompetenz- und Aufgabenbereiche, wie sie heute besteht, mit einigen Änderungen beibehalten werden sollte. Weder ein ersatzloses Abschaffen des IWF noch ein Zusammenschluß der beiden Organisationen würde dazu beitragen, daß die Mandate zum Wohle der gesamten Mitgliederschaft erfüllt werden würden.

1366 Williamson, Role of the IMF, S. 17; ODC, Task Force Report, S. 13 beklagt sogar den teilweisen Gebrauch unterschiedlicher Statistiken innerhalb des IWF und regt die Gründung einer unabhängigen Agentur zur Datensammlung an.

1367 ODC, Task Force Report, S. 13.

Um den Widerspruch zwischen der PRGF des IWF, in der finanzielle Hilfe für makroökonomische Reformprogramme zur Armutsreduzierung und Förderung des wirtschaftlichen Wachstums in einkommensschwachen Mitgliedstaaten bereitgestellt werden, und seiner Geschäftstätigkeit, in der makroökonomische Maßnahmen als Mittel zur Stabilisierung der Wirtschaft und zum Ausgleich der Zahlungsbilanz eingesetzt werden, aufzulösen, sollte die PRGF auf die Weltbank verlagert werden. Mögliche Alternativen zu diesem Vorschlag, wie die Gründung einer Tochterorganisation des IWF für einkommensschwache Staaten oder eine Neuausrichtung der Ziele des IWF auf die Erfordernisse der nachhaltigen Entwicklungshilfe sind dagegen weniger überzeugend. Nach einer Verlagerung der PRGF wäre die Finanzhilfe des IWF auf die Vergabe von Geldern für kurz- bis mittelfristige Krisensituationen und für unvorhergesehene Entwicklungen der Zahlungsbilanzen beschränkt und würde allen Mitgliedstaaten in gleicher Weise zustehen. Allerdings wäre die Subventionierung der Ziehungen der einkommensschwachen Mitgliedstaaten wünschenswert.

Die Koordination der Finanzprogramme der Weltbank und des IWF bleibt trotz der Verlagerung der PRGF weiterhin von großer Wichtigkeit. Kollisionen und Konkurrenzen können in Staaten mit niedrigen und mit mittleren Einkommen dadurch entstehen, daß sich die makroökonomischen, mikroökonomischen und strukturpolitischen Reformvorschläge nicht miteinander vereinbaren lassen. Die Weltbank und der IWF sollten daher darauf achten, daß sie die Grenzen ihrer Kompetenzen einhalten und ihre Ansichten aufeinander abstimmen. Die Gründung eines gemeinsamen Ausschusses, der die Verwaltung und zeitliche Koordination der Planung der Konditionalität und des Politikdialogs vornimmt, würde die Zusammenarbeit zwischen den Organisationen und ein Abgleichen ihrer Meinungen erleichtern.

Eine weitere Verbesserung der Koordination ist im Rahmen der Forschungsprogramme und Analysen wünschenswert. Die Weltbank und der IWF sollten versuchen, sich auf die Bereiche ihrer eigenen Kompetenz zu beschränken und im Übrigen auf die Erfahrungen der anderen Organisation zurückgreifen. Von großer Bedeutung ist außerdem, daß den Bewertungen dieselben Daten und Statistiken zugrunde gelegt werden. Da die Ergebnisse der Forschungstätigkeit nicht nur den Mitarbeitern der Organisationen dienen sollen, sondern auch eine Informationsquelle für die Mitgliederstaaten bieten, wäre der Aufbau einer gemeinsamen Internetseite über neue Erkenntnisse in der Entwicklungshilfepolitik wünschenswert.

6. Schlußbemerkungen

Die Diskussion über eine Abgrenzung der Mandate der Weltbank und des IWF ist auch nach ihrer 60-jährigen Geschäftstätigkeit weiterhin aktuell. Wie die Rede "Is the IMF's Mandate Still Relevant" des Geschäftsführenden Direktors des IWF, *de Rato*, im Januar 2005 verdeutlicht, sucht insbesondere der IWF weiterhin nach den Schwerpunkten seines Mandats und rechtfertigt seine Existenz in der Öffentlichkeit.[1368]

Als Ergebnis der Analyse der Mandate der Weltbank und des IWF in dieser Arbeit konnten verschiedene Bereiche festgestellt werden, in denen die Geschäftstätigkeiten miteinander konkurrieren oder kollidieren, ohne daß ein Ausgleich der Mandate durch die bisher vorhandene Kooperation oder Koordination gefunden wird. In den Reformvorschlägen wird daher eine verbesserte Abstimmung der Maßnahmen zwischen den Hilfen für Mitgliedstaaten mit mittleren Einkommen durch die Gründung eines gemeinsamen Verwaltungsausschusses angeregt und es werden einige Verbesserungen im Bereich der Forschungstätigkeit und der Mitgliederinformation unterbreitet.

Wie die Diskussion über das Bestehen eines allgemeinen Gebots der Kooperation unter internationalen Organisationen ergab, ist das Geflecht der Aufgaben unter ihnen noch nicht als geschlossen und einheitlich zu bezeichnen, um Schlüsse auf die Maßstäbe gegenseitiger Rücksichtnahme zuzulassen und darauf aufbauend eine Verpflichtung zur optimal-effektiven Zusammenarbeit zu begründen. Das Verhältnis zwischen der Weltbank und dem IWF ist daher aufgrund der Regelungen in ihren Statuten zu beurteilen, die den Aufruf beinhalten, mit anderen Organisationen zusammen zu arbeiten. Diese Regelung ist grundsätzlich im Lichte der Ziele der Organisation zu beurteilen. Soweit die Organisationen in ihrem Sekundärrecht allerdings Zielsetzungen verfolgen, die über die Ziele der Statuten hinausgehen, wie dies in der Verfolgung der Armutsreduzierung und des Wirtschaftswachstums im Rahmen der PRGF des IWF der Fall ist, müssen sich diese Regelungen am gesamten Primärrecht der Organisation messen lassen und unterliegen daher dem Gebot der Kooperation aus Art. X, S. 1 IWF-Statuten und Art. V, Absch. 8, lit. a, S. 1 IBRD-Statuten.

Die Untersuchung, in wie weit die Kooperation und Koordination zwischen der Weltbank und dem IWF diesen Anforderungen entspricht, warf die Frage auf, ob die Vergabe der Gelder im Rahmen der PRGF des IWF nicht effektiver von der Weltbank vergeben werden könnten. Als Ergebnis der Diskussion wird vorgeschlagen, die PRGF auf die Weltbank zu übertragen, damit in Zukunft die Aussage des Präsident der Weltbank, *James D. Wolfensohn*, über die Trennung der Mandate zwischen der Weltbank und dem IWF einer Überprüfung mit der Wirklichkeit standhält:

1368 De Rato, Mandate.

„Broadly, our sister institution [IWF] has the responsibility for macroeconomic stabilization for our client countries and for surveillance. We have the responsibility for the structural and social aspects of development. Obviously, these are not two isolated roles [...] the two functions are like breathing in and breathing out. [...] What is key is that the two parts, namely macroeconomic aspects on the one side and the social, structural and human on the other, must be considered together.“[1369]

1369 Wolfensohn, CDF, S. 872 f., 874.

Anhang I Ausschnitt aus den Statuten des IWF (1945)

Quelle: Forschungsstelle für Völkerrecht und ausl. öff. Recht der Universität Hamburg, Satzung des Internationalen Währungsfonds (Englischer und deutscher Text) Reihe: Dokumente, Heft III; Frankfurt am Main, 1951

Art. I Ziele

Die Ziele des Internationalen Währungsfonds sind:

(i)Die internationale Währungszusammenarbeit durch eine ständige Organisation zu fördern, welche die Einrichtung für die Beratung und das Zusammenwirken auf dem Gebiete der internationalen Währungsprobleme schafft.

(ii) Die Ausdehnung und das in sich ausgeglichene Wachstum des internationalen Handels zu erleichtern und damit zur Förderung eines hohen Beschäftigungsgrades und Realeinkommens sowie zur Entwicklung der Produktionsmöglichkeiten aller Mitglieder als oberste Ziele aller Wirtschaftspolitik beizutragen.

(iii) Die Stabilität der Währungen und die Aufrechterhaltung geordneter Währungsbeziehungen zwischen den Mitgliedern zu fördern und die Währungsabwertungen aus Konkurrenzgründen zu verhindern.

[(iv) multilaterales Zahlungssystem]

(v) Das Vertrauen der Mitglieder zu stärken, indem ihnen die Hilfsquellen des Fonds unter angemessenen Sicherungen zugänglich gemacht werden, wodurch ihnen Gelegenheit gegeben wird, Störungen ihrer Zahlungsbilanz zu korrigieren, ohne auf Maßnahmen zurückgreifen zu müssen, die der nationalen oder internationalen Wohlfahrt abträglich sind.

[(vi) internationale Zahlungsbilanzen stabilisieren]

Der Fonds soll sich in allen seinen Entscheidungen durch die ihm in diesem Artikel gesetzten Ziele leiten lassen.

Art. IV, Abschnitt 5 Änderung der Parität

(a) Ein Mitglied soll keine Änderung der Parität seiner Währung beantragen, es sei denn zum Zwecke der Behebung einer grundlegenden Gleichgewichtsstörung.

(b) Eine Änderung der Parität einer Währung darf nur auf Antrag des Mitgliedes und nach Beratung mit dem Fonds vorgenommen werden.

[(c) Arbeitsschritte der Änderung beim IWF]

[(d) Ausnahme der Allgemeinen Änderungen]

(e) Ein Mitglied kann die Parität seiner Währungen ohne Zustimmung des Fonds ändern, falls die internationalen Geschäfte der Mitglieder des Fonds dadurch nicht berührt werden.

[(f) Ausschluß sozialpolitischer und allgemeinpolitischer Gründe im Entscheidungsprozeß des IWF]

Art. V Geschäfte mit dem Fonds
[Abschnitt 1; Die für den Verkehr mit dem Fonds zuständigen Stellen]
Abschnitt 2; Begrenzung der Geschäftstätigkeit des Fonds

Unter Vorbehalt anders lautender Bestimmungen dieses Abkommens beschränkt sich die Tätigkeit für Rechnung des Fonds auf solche Geschäfte, welche der Initiative eines Mitgliedes entspringen und seine Versorgung mit der Währung eines anderen Mitgliedes im Austausch gegen Gold oder seine eigene Währung zum Gegenstand haben.

Abschnitt 3; Bedingungen für die Inanspruchnahme des Fonds

(a) Unter nachfolgenden Bedingungen ist ein Mitglied berechtigt, die Währung eines anderen Mitgliedes gegen eigene Zahlungsmittel zu kaufen:

(i) Das Mitglied legt dar, daß es die Währung, die es zu kaufen wünscht, unmittelbar benötigt, um damit Devisenzahlungen vorzunehmen, die nicht im Widerspruch zu diesem Abkommen stehen;

(ii) Der Fonds hat keine Verlautbarung [...] herausgegeben, wonach seine Bestände in der gewünschten Währung knapp geworden sind;

(iii) Der beantragte Devisenkauf erhöht die Bestände des Fonds in der Währung des kaufenden Mitgliedes um nicht mehr als 25 % der Quote des Mitgliedes, wobei die Erhöhungsgrenze für die Dauer eines Jahres gilt, zurückgerechnet vom Tage des Kaufes; die Bestände dürfen ferner 200% der Quote nicht überschreiten. Die Erhöhungsgrenze von 25% soll jedoch nur maßgeblich sein, nachdem die Bestände des Fonds zuvor auf 75% der Mitgliedsquote gebracht worden sind, sofern sie bislang niedriger waren.

[(iv) kein Ausschluß des Mitglieds durch den Fonds]

(b) Kein Mitglied darf die Mittel des Fonds in Anspruch nehmen, um Zahlungsbilanzmittel gegen Devisengeschäfte zu erwerben.

Abschnitt 4; Verzicht auf Bedingungen dieses Artikels

Der Fonds kann nach seinem Ermessen und unter Wahrung seiner Interessen auf jede der in Abschnitt 3 (a) dieses Artikels vorgeschriebenen Bedingungen verzichten, besonders, wenn ein Mitglied eine große oder fortlaufende Inanspruchnahme der Mittel des Fonds vermieden hat.

Der Fonds soll dabei auf periodische und außerordentliche Bedürfnisse des den Verzicht beantragenden Mitgliedes Rücksicht nehmen. Er hat gleichfalls die Bereitschaft eines Mitgliedes in Rechnung zu stellen, als zusätzliche Sicherheit zu verpfänden Gold, Silber, Wertpapiere oder andere annehmbare Aktiven, deren Wert nach Meinung des Fonds seiner Interessen ausreichend schützt; er kann als Bedingung für seinen Verzicht die Verpfändung zusätzlicher Sicherheiten verlangen.

[Abschnitt 5; Ausschluß von der Benutzung der Mittel des Fonds]
[Abschnitt 6; Kauf von Devisen gegen Gold]

[Abschnitt 7; Rückkauf eigener Zahlungsmittel aus den Beständen des Fonds durch ein Mitglied]
[Abschnitt 8; Gebühren]

Art. VIII Allgemeine Verpflichtungen der Mitglieder
Abschnitt 1; Einführung

Außer den auf Grund der anderen Artikel dieses Abkommens eingegangenen Verpflichtungen übernimmt jedes Mitglied die in diesem Artikel enthaltenen Verpflichtungen.

Abschnitt 2; Verzicht auf Beschränkungen laufender Zahlungen

(a) Vorbehaltlich der Vorschriften des Artikels VII, Abschnitt 3 (b) und des Artikels XIV, Abschnitt 2, dürfen die Mitglieder ohne Zustimmung des Fonds Zahlungen und Überweisungen für laufende internationale Transaktionen keinen Beschränkungen unterwerfen.

[(b) Devisenbestimmungen]
Abschnitt 3; Vermeidung diskriminierender Währungspraktiken

Kein Mitglied darf irgendwelche diskriminierenden Währungsabmachungen treffen oder ungleichartige Währungspraktiken ausüben noch ein entsprechendes Vorgehen seiner in Artikel V, Abschnitt 1, bezeichneten Stellen gestatten, außer wenn ein solches Vorgehen den Bestimmungen dieses Abkommens entspricht, es sei denn, daß eine Ermächtigung des Fonds vorliegt. Bestehen Vereinbarungen oder Praktiken im Zeitpunkt der Inkraftsetzung dieses Abkommens, so haben die betreffenden Mitglieder über deren progressive Abschaffung mit dem Fonds in Beratungen einzutreten, es sei denn, die Abmachungen oder Praktiken werden auf Grund der Bestimmungen des Artikels XIV, Abschnitt 2, beibehalten oder eingeführt; in diesem Fall sind die Vorschriften des Abschnittes 4 jenes Artikels anzuwenden.

[Abschnitt 4; Umwechslung eigener Zahlungsmittel in fremder Hand]
[Abschnitt 5; Erteilung von Auskünften]
[Abschnitt 6; Gegenseitige Beratung der Mitglieder über bestehende internationale Abkommen]

Art. XIV Übergangszeitraum
Abschnitt 1; Einleitung

Der Fonds hat nicht die Aufgabe, Erleichterungen für Hilfswerke oder den Wiederaufbau zu gewähren oder sich mit der aus dem Krieg entstehenden internationalen Verschuldung zu befassen.

Abschnitt 2; Zahlungsrestriktionen

Während der Übergangswirtschaft der Nachkriegszeit dürfen die Mitglieder, ungeachtet der Bestimmungen anderer Artikel des vorliegenden Abkommens, Zahlungs- und Überweisungsbeschränkungen für laufende internationale Transaktionen aufrechterhalten oder den wechselnden Umständen anpassen

([besetzte Gebiete]). Sie sollen jedoch in ihrer Devisenpolitik stets auf die Ziele des Fonds Rücksicht nehmen und haben, sobald die Umstände es erlauben, alle durchführbaren Maßnahmen zu ergreifen, um mit anderen Mitgliedern zu Handels- und Finanzabmachungen zu gelangen, welche den internationalen Zahlungsverkehr und die Aufrechterhaltung der Währungsstabilität erleichtern. Insbesondere sollen die Mitglieder die gemäß diesem Abschnitt aufrechterhaltenen oder eingeführten Beschränkungen aufheben, sobald sie die Überzeugung besitzen, daß sie auch ohne dieselben in der Lage sein werden, ihre Zahlungsbilanz so auszugleichen, daß sie nicht übermäßig auf die Mittel des Fonds zurückzugreifen haben.
[Abschnitt 3; Erklärung gegenüber dem Fonds]
[Abschnitt 4; Maßnahmen des Fonds hinsichtlich der Restriktionen]
[Abschnitt 5; Art der Übergangsperiode]

Art. XV, Abschnitt 2 Erzwungene Beendigung der Mitgliedschaft
(a) Erfüllt ein Mitglied Verpflichtungen dieses Abkommens nicht, so kann der Fonds es von der Inanspruchnahme der Fondsmittel ausschließen. Keine Bestimmung dieses Abschnittes soll im Sinne einer Beschränkung der Bestimmungen des Artikels IV, Abschnitt 6, des Artikels V, Abschnitt 5 oder des Artikels VI, Abschnitt 1 ausgelegt werden.

(b) Wenn ein Mitglied nach Ablauf einer angemessenen Frist weiterhin einer unter dem vorliegenden Abkommen eingegangenen Verpflichtung nicht nachkommt, oder wenn in Bezug auf Artikel IV, Abschnitt 6, eine Meinungsverschiedenheit zwischen dem Mitglied und dem Fonds weiterbesteht, so kann das betreffende Mitglied durch einen Beschluß des Rates der Gouverneure, der durch eine Mehrheit der Gouverneure und eine Mehrheit sämtlicher Stimmen gefaßt wird, zum Rücktritt aufgefordert werden.

(c) Durch geeignete Vorschriften ist sicherzustellen, daß ein Mitglied, bevor es einem Verfahren gemäß (a) oder (b) unterworfen wird, innerhalb angemessener Frist von der gegen es gerichteten Beschuldigung unterrichtet wird und daß ihm in geeigneter Weise Gelegenheit gegeben wird, seinen Fall mündlich wie schriftlich darzulegen.

Art. XX Erstmalige Festsetzung der Paritäten
Abschnitt 1 Inkrafttreten des Abkommens

Das vorliegende Abkommen tritt in Kraft, sobald es im Namen von Regierungen unterzeichnet worden ist, die fünfundsechzig Prozent aller in Anhang A aufgeführten Quoten besitzen, und nachdem in ihrem Namen die in Abschnitt 2 (a) dieses Artikels erwähnten Urkunden hinterlegt worden sind, jedoch keinenfalls vor dem 1. Mai 1945.
[Abschnitt 2 Unterzeichnung des Abkommens]
[Abschnitt 3 Eröffnung des Fonds]

Abschnitt 4 Erstmalige Festsetzung der Paritäten

[(a) und (b) Bekanntgabe und Festsetzung der Paritäten]

(c) Ist die Parität einer Mitgliedswährung gemäß (b) festgesetzt worden, sei es daß die Frist von neunzig Tagen ohne Erhaben eies Einspruches verstrichen oder nach Erheben eines Einspruches eine Verständigung erfolgt ist, so kann das betreffende Mitglied Währungen anderer Mitglieder in dem vollen, nach diesem Abkommen zulässigen Umfange vom Fonds kaufen, sofern der Fonds die Devisengeschäfte aufgenommen hat.

[(d) bis (g) Besonderheiten für vom Feinde besetzte Gebiete]

[(h) bis (i) Aufnahme der Devisengeschäfte durch den Fonds]

(j) Die Parität der Währungen von Regierungen, welche nach dem 31. Dezember 1945 die Mitgliedschaft zu erwerben wünschen, wird nach den Bestimmungen des Artikels II, Abschnitt 2, festgesetzt.

[Ausfertigung]

Anhang II Ausschnitte aus den Statuten des IWF (1969)

Quelle: Pieske, Eckard, Gold, Devisen, Sonderziehungsrechte, Die internationale Währungsordnung, das Abkommen des Internationalen Währungsfonds, S. 46-94, 3. Auflage; Ottersweier, 1972

Art. I Ziele

Die Ziele des Internationalen Währungsfonds sind:

(i) die internationale Zusammenarbeit auf dem Gebiet der Währungspolitik durch eine ständige Einrichtung zu fördern, die als Apparat für Beratungen und die Zusammenarbeit bei internationalen Währungsproblemen zur Verfügung steht;

[(ii) Wachstum des internationalen Handels]

[(iii) Stabilität der Währungen]

[(iv) multilaterales Zahlungssystem]

(v) das Vertrauen der Mitglieder dadurch zu stärken, daß ihnen zeitweilig unter angemessenen Sicherungen die Mittel des Fonds zur Verfügung gestellt werden und ihnen so die Gelegenheit gegeben wird, Unausgeglichenheiten ihn ihrer Zahlungsbilanz zu bereinigen, ohne zu Maßnahmen Zuflucht nehmen zu müssen, die dem nationalen oder internationalen Wohlstand schaden;

[(vi) internationale Zahlungsbilanzen stabilisieren]

Der Fonds läßt sich in seiner Geschäftspolitik sowie bei allen Beschlüssen und Entscheidungen von den in diesem Artikel niedergelegten Zielen leiten.

Art. V, Abschnitt 3 Bedingungen für die Inanspruchnahme der Mittel des Fonds

(a) Ein Mitglied ist unter den folgenden Bedingungen berechtigt, vom Fonds im Austausch gegen seine eigene Währung die eines anderen Mitglieds zu kaufen:

(i) Das Mitglied, das die Währung zu kaufen wünscht, legt dar, daß sie in Kürze benötigt wird, um in dieser Währung Zahlungen vorzunehmen, die mit den Vorschriften dieses Abkommens vereinbar sind.

(ii) Der Fonds hat nicht gemäß Art. VII Absch. 3 angekündigt, daß seine Bestände in der gewünschten Währung knapp geworden sind.

(iii) Der beantragte Kauf wäre entweder ein Kauf in der Goldtranche oder er würde nicht bewirken, daß die Fondsbestände an der Währung des kaufenden Mitglieds innerhalb des mit dem Tag des Kaufs endenden Zeitraums von zwölf Monaten um mehr als 25% seiner Quote steigen oder 200% seiner Quote übersteigen.

(iv) [Nichtberechtigung durch Aussprache durch den Fonds]

(b) Ohne Erlaubnis des Fonds ist kein Mitglied berechtigt, die Mittel des Fonds für den Kauf einer Währung in Anspruch zu nehmen, die als Gegenposten in Devisen-Termingeschäften verwendet werden sollen.

(c) Die Inanspruchnahme der Mittel des Fonds durch ein Mitglied muß mit den Zielen des Fonds vereinbar sein. Der Fonds beschließt für die Inanspruchnahme seiner Mittel Geschäftsgrundsätze, die den Mitgliedern helfen, ihre Zahlungsbilanzprobleme in einer den Zielen des Fonds entsprechenden Weise zu lösen, und die ausreichende Sicherungen dafür enthalten, daß die Fondsmittel nur zeitweilig in Anspruch genommen werden.

(d) Die Darlegung eines Mitglieds gemäß (a) wird vom Fonds daraufhin geprüft, ob der beauftragte Kauf mit den Bestimmungen dieses Abkommens und mit den aufgrund des Abkommens beschlossenen Geschäftsgrundsätzen im Einklang steht; Anträge auf Käufe in der Goldtranche können jedoch nicht abgelehnt werden.

Art. VII, Abschnitt 2 Maßnahmen zur Wiederauffüllung der Fondsbestände in knappen Währungen

Der Fonds kann, wenn er ein solches Vorhaben für angebracht hält, um seine Bestände in der Währung eines Landes wieder aufzufüllen, entweder von der einen oder von beiden der folgenden Möglichkeiten Gebrauch machen:

(i) Er kann dem Mitglied vorschlagen, daß es zu den zwischen dem Mitglied und dem Fonds vereinbarten Bedingungen seine Währung dem Fonds leiht, oder daß der Fonds mit Zustimmung des Mitglieds diese Währung von der einen oder anderen Quelle innerhalb oder außerhalb der Gebiete des Mitglieds entleiht. Kein Mitglied ist jedoch irgendwie verpflichtet, dem Fonds solche Darlehen zu gewähren oder der Ausnahme eines Darlehens in seiner Währung durch den Fonds aus irgendeiner Quelle zuzustimmen.

(ii) Er kann von dem Mitglied den Verkauf seiner Währung an den Fonds gegen Gold verlangen.

Art. XIX Erläuterungen von Ausdrücken

Bei der Auslegung der Bestimmungen dieses Abkommens haben der Fonds und seine Mitglieder von folgendem auszugehen:

[(a) bis (i)]

(j) Unter Kauf in der Goldtranche ist ein Kauf der Währung eines anderen Mitglieds durch ein Mitglied mit seiner eigenen Währung zu verstehen, der nicht dazu führt, daß die Bestände des Fonds an der Währung des Mitglieds über 100% seiner Quote steigen; jedoch kann der Fonds für die Zwecke dieser Definition Käufe und Bestände ausschließen, die auf den Geschäftsgrundsätzen für die Inanspruchnahme seiner Mittel zur kompensatorischen Finanzierung von Ausfuhrerlösschwankungen beruhen.

Literaturverzeichnis

(Bei Beiträgen aus dem Internet bezieht sich die Angabe der Seitenzahlen in den Fußnoten auf den ausgedruckten Text. Bei Titeln, deren Kürzel lediglich aus dem Namen des Autors besteht, handelt es sich um Sammelwerke. Die Angabe eines Datums hinter der Internetadresse bezeichnet den Tag, an dem dieser Link im Internet gefunden worden ist.)

Adler, Entwicklungstheorie

Adler, John H.: Entwicklungstheorie und die Entwicklungsstrategie der Weltbank. Ein Überblick. In: Finanzierung und Entwicklung, 14. Jg. (1977), H. Dez., S. 31-34.

Ahluwalia, New Financial Architecture

Ahluwalia, Montek S.: The IMF and the World Bank in the New Financial Architecture. Research Papers for the Group of 24. New York 1999. (= International Monetary and Financial Issues for the 1990s. XI)

Ahluwalia, Reforming

Ahluwalia, Montek S.: Reforming the Global Financial Architecture. London 2000.

Ahmed/ Lane/ Schulze-Ghattas, Conditionality

Ahmed, Masood; Lane, Timothy; Schulze-Ghattas, Marianne: Refocusing IMF Conditionality. In: Finanzierung und Entwicklung, 38. Jg. (2001), H. Dez., S. 40-43.

Alexandrowicz, Agencies

Alexandrowicz, Charles H.: World Economic Agencies. Law and Practice. London 1962.

Alexandrowicz, Organisations

Alexandrowicz, Charles H.: International Economic Organisations. London 1952.

Allen/ Nankani, Debt

Allen, Mark; Nankani, Gobind: Debt Sustainability in Low Income Countries. Proposal for an Operational Framework and Policy Implications. Washington, D.C. 2003.

Altvater/ Hübner/ Lorentzen

Altvater, Elmar; Hübner, Kurt; Lorentzen, Jochen (Hrsg.): Die Armut der Nationen. Handbuch zur Schuldenkrise von Argentinien bis Zaire. Berlin 1987.

Andrews/ Boote/ Rizavi et al., Debt Relief
Andrews, David; Boote, Anthony R.; Rizavi, Syed S.; et al.: Debt Relief for Low-Income Countries. The Enhanced HIPC Initiative. Washington, D.C. 1999.

Aninat, Strengthening the Focus
Aninat, Eduardo: Strengthening the Focus on Poverty Reduction. Remarks at the Development Policy Forum, Berlin, June 15, 2000. Washington, D.C. (http://www.imf.org/external/np/speeches/2000/061500.htm) 15.03.2005.

Arnoldt, Weltbankübereinkommen
Arnoldt, Thomas: Praxis des Weltbankübereinkommens (ICSID). Anwendbares Recht und Kontrollverfahren beim Internationalen Zentrum zur Beilegung von Investitionsstreitigkeiten. Baden-Baden 1997.

Aschinger, Neues Währungssystem
Aschinger, Franz E.: Das Neue Währungssystem. Von Bretton Woods bis zur Dollarkrise 1977. Frankfurt a. M. 1978.

Aschinger, Währungssystem
Aschinger, Franz E.: Das Währungssystem des Westens. 2. Aufl. Frankfurt a. M. 1973.

Asherman, IMF
Asherman, Jeanne: The International Monetary Fund: A History of Compromise. In: New York Journal of International Law and Politics, 16. Jg. (1984), S. 235-304.

Aufricht, IMF
Aufricht, Hans: The International Monetary Fund. Legal Bases, Structure, Functions. London 1964.

Baker, Rede 1985
Baker, James: Rede auf der Jahresversammlung des Internationalen Währungsfonds und der Weltbank in Seoul, 08.10.1985 (Auszüge). In: Europa Archiv, 41. Jg. (1986), H. 1, S. D15-D20.

Baldwin, Liquidate
Baldwin, William: Liquidate the IMF. Forbes Magazine, 11.11.2002. o.O. (http://www.forbes.coom/forbes.2002/1111/018_print.html) 25.02.2005.

Bargelame, SZR
Bargelame, Massoud: Die Sonderziehungsrechte im internationalen Währungssystem. Berlin 1981.

Barth/ Roe/ Wong, Coordinating Stabilization
Barth, Richard C.; Roe, Alan R.; Wong, Chorng-Huey: Coordinating Stabilization and Structural Reform. Proceeding of the Seminar Coordination of Structural Reform and Macroeconomic Stabilization. Washington, D.C. 1994.

Beckmann, World Bank
Beckmann, David: The World Bank and Poverty in the 1980s. In: Finanzierung und Entwicklung, 23. Jg. (1986), H. Sept., S. 26-29.

Bell, IFC
Bell, Carl: Förderung privater Investitionen: Die Rolle der Internationalen Finanz-Corporation. In: Finanzierung und Entwicklung, 18. Jg. (1981), H. Sept., S. 16-19.

Benoit, Project Finance
Benoit, Philippe: Project Finance at the World Bank. An Overview of Policies and Instruments. Washington, D.C. 1986. (= World Bank Technical Papers. 312)

Bergsten/ Huber/ Levinson et al., Dissenting Statement
Bergsten, C. Fred; Huber, Richard; Levinson, Jerome I.; et al.: Dissenting Statement to the Report of the International Financial Institution Advisory Commission. Annex des Berichts. Washington, D.C. 2000.

Bernhardt I
Bernhardt, Rudolf (Hrsg.): Encyclopedia of Public International Law. Vol. II. Amsterdam, London, New York u.a. 1995.

Bernhardt II
Bernhardt, Rudolf (Hrsg.): Encyclopedia of Public International Law. Vol. IV. Amsterdam, London, New York u.a. 2000.

Bernhardt, Auslegung
Bernhardt, Rudolf: Die Auslegung völkerrechtlicher Verträge. Insbesondere in der neueren Rechtsprechung internationaler Gerichte. Köln, Berlin 1963. (= Beiträge zum ausländischen öffentlichen Recht und Völkerrecht. 40)

Bernstein/ Boughton, IMF and the Poor
Bernstein, Boris; Boughton, James M.: Adjusting to Development: The IMF and the Poor. Washington, D.C. 1993.

Betz, Stabilisierungspolitik
Betz, Joachim: Die Stabilisierungspolitik des Internationalen Währungsfonds. In: Verfassung und Recht in Übersee, 19. Jg. (1986), S. 169-185.

Bhagwati
Bhagwati, Jagdish N. (Hrsg.): The New International Economic Order: The North-South Debate. Cambrigde (Mass.), London 1977.

Bhatia/ Rothman, Einführung
Bhatia, Rattan J.; Rothman, Saul L.: Die Einführung einer erweiterten Fondsfazilität: das Beispiel Kenia. In: Finanzierung und Entwicklung, 12. Jg. (1975), H. Dez., S. 38-41.

Bindschedler, Internationale Organisationen
Bindschedler, Rudolf L.: Internationale Organisationen (Grundfragen). Aus: Strupp, Karl; Schlochauer, Hans-Jürgen (Hrsg.): Wörterbuch des Völkerrechts. Band 2. Berlin 1961. S. 70-89.

Bindschedler, Kollektivverträge
Bindschedler, Rudolf L.: Kollektivverträge. Aus: Strupp, Karl; Schlochauer, Hans-Jürgen (Hrsg.): Wörterbuch des Völkerrechts. Band 2. Berlin 1961. S. 252-254.

Bird
Bird, Graham (Hrsg.): Third World Debt. The Search for a Solution. Worcester 1989.

Bird, Case for Treatment
Bird, Graham: A suitable case for treatment? Understanding the ongoing debate about the IMF. In: Third World Quarterly, 22. Jg. (2001), H. 5, S. 823-848.

Bird, Conditionality
Bird, Graham: Conditionality and the Needs of Developing Countries. In: Intereconomics, 17. Jg. (1982), H. 1, S. 32-36.

Bird, IMF Lending
Bird, Graham: IMF Lending to Developing Countries. Issues and Evidence. London, New York 1995.

Bird, Monetary System
Bird, Graham: The International Monetary System and the Less Developed Countries. 2. Aufl. Hong Kong 1982.

Bleckmann, Völkerrecht
Bleckmann, Albert: Völkerrecht. Baden-Baden 2001.

Bleckmann, Völkerrechtsverträge
Bleckmann, Albert: Zur Wandlung der Strukturen der Völkerrechsverträge. Theorie des multipolaren Vertrages. In: Archiv des Völkerrechts, 34. Jg. (1996), H. 2, S. 218-236.

Blokker/ Schermers
Blokker, N. M.; Schermers, H. G. (Hrsg.): Proliferation of International Organizations. The Hague, London, Boston 2001.

Bock, Rolle
Bock, David R.: Die Rolle der Bank bei der Lösung der Schuldenkrise. In: Finanzierung und Entwicklung, 25. Jg. (1988), H. Juni, S. 6-8.

Bock/ Michalopoulos, Rolle
Bock, David; Michalopoulos, Constantine: Die Rolle der Bank in stark verschuldeten Ländern. In: Finanzierung und Entwicklung, 23. Jg. (1986), H. Sept., S. 22-25.

Böckstiegel/ Folz/ Mössner
Böckstiegel, Karl-Heinz; Folz, Hans-Ernst; Mössner, Jörg M.; et al. (Hrsg.): Völkerrecht, Recht der Internationalen Organisationen, Weltwirtschaftsrecht. Festschrift für Ignaz Seidl-Hohenveldern. Köln, Berlin, Bonn u.a. 1988.

Boeck, Entwicklungsländer
Boeck, Klaus: Die währungspolitischen Forderungen der Entwicklungsländer zur Schaffung einer neuen Weltwirtschaftsordnung. Hamburg 1978.

Böhmer, Finanzierungsinstrumente
Böhmer, Gerhard: Innovative Finanzierungsinstrumente der Weltbank. In: Die Bank, 10. Jg. (1987), H. 10, S. 528-534.

Boote/ Thugge, Debt Relief
Boote, Anthony R.; Thugge, Damau: Debt Relief for Low-Income Countries and the HIPC Initiative. Washington, D.C. 1997. (= IWF Working Papers. WP/97/24)

Boughton, Silent Revolution
Boughton, James M.: Silent Revolution: The International Monetary Fund, 1979-1989. Washington, D.C. 2000.

Bradlow, Panel
Bradlow, Daniel D.: International Organizations and Private Complaints: The Case of the World Bank Inspection Panel. In: Virginia Journal of International Law, 34. Jg. (1994), S. 553-613.

Bradlow/ Schlemmer-Schulte, Panel
Bradlow, Daniel D.; Schlemmer-Schulte, Sabine: The World Bank's New Inspection Panel: A Constructive Step in the Transformation of the International Legal Order. In: Zeitschrift für ausländisches öffentliches Recht und Völkerrecht, 54. Jg. (1994), S. 392-415.

Brau/ Geithner/ Gianviti, Overdue Obligations
Brau, Eduard; Geithner, Timothy; Gianviti, Francois: Review of the Fund's Strategy on Overdue Financial Obligations. Washinton, D.C. 2002.

Bredenkamp/ Schadler
Bredenkamp, Hugh; Schadler, Susan (Hrsg.): Economic Adjustment and Reform in Low-Income Countries. Studies by the Staff of the IMF. Washington, D.C. 1999.

Bretton Woods Commission
Bretton Woods Commission (Hrsg.): Bretton Woods: Looking to the Future. Commission Report. Washington, D.C. 1994.

Broches, International Legal Aspects
Broches, Aron: International Legal Aspects of the Operations of the World Bank. In: Recueil des Cours de l' Académie de droit international de la Haye, 98. Jg. (1959), H. III, S. 296-408.

Browne, Alternatives
Browne, Robert S.: Alternatives to the International Monetary Fund. Aus: Cavangh, John; Wysham, Daphne; Arruha, Marcos (Hrsg.): Beyond Bretton Woods. Alternatives to the Global Economic Order. London, Boulder (Colorado) 1994. S. 57-73.

Burton/ Gilman, Wechselkurspolitik
Burton, David; Gilman, Martin G.: Wechselkurspolitik und der IWF. In: Finanzierung und Entwicklung, 28. Jg. (1991), H. Sept., S. 18-21.

Camdessus, Concerns for the Poor
Camdessus, Michel: Addressing Concerns for the Poor and Social Justice in Debt Relief and Adjustment Programs. South Orange, N.J., 22. Okt. 1998 (http://www.imf.org/external/np/speeches/1998/102298.htm) 15.03.2005.

Camdessus, High Quality Growth
Camdessus, Michel: Aiming for "High Quality Growth". In: Finanzierung und Entwicklung, 27. Jg. (1990), H. Sept., S. 10-11.

Camps, Bretton Woods
Camps, Miriam: The new Bretton Woods. In: International Journal (Toronto), 35. Jg. (1980), S. 240-262.

Carreau, Merger
Carreau, Dominique: Why not Merge the International Monetary Fund (IMF) with the International Bank for Reconstruction and Development (World Bank)? In: Fordham Law Review, 62. Jg. (1994), S. 1989-2000.

Carvalho, Changing Role
Cardim de Carvalho, Fernando J.: The Changing Role and Strategies of the IMF and the Perspectives for the Emerging Countries. In: Brazilian Journal of Political Economy, 20. Jg. (2000), H. 1, S. 3-17.

Caspers, Zahlungsbilanz
Caspers, Rolf: Zahlungsbilanz und Wechselkurse. München, Wien, Oldenburg 2002.

Cassen, Entwicklungszusammenarbeit
Cassen, Robert: Entwicklungszusammenarbeit. Fakten Erfahrungen Lehren. Bern, Stuttgart 1990. (= Uni-Taschenbücher. 1570)

Cavangh/ Wysham/ Arruha
Cavangh, John; Wysham, Daphne; Arruha, Marcos (Hrsg.): Beyond Bretton Woods. Alternatives to the Global Economic Order. London, Boulder (Colorado) 1994.

Cernea, Soziologischer Ansatz
Cernea, Michael M.: Der soziologische Ansatz für eine nachhaltige Entwicklung. In: Finanzierung und Entwicklung, 30. Jg. (1993), H. Dez., S. 11-13.

Chahoud, Funktionswandel
Chahoud, Tatjana: Funktionswandel des IWF und der Weltbank. Aus: Altvater, Elmar; Hübner, Kurt; Lorentzen, Jochen; u.a. (Hrsg.): Die Armut der Nationen. Handbuch zur Schuldenkrise von Argentinien bis Zaire. Berlin 1987. S. 44-54.

Chahoud, Strukturanpassungspolitik
Chahoud, Tatjana: Strukturanpassungspolitik der Weltbank. Aus: Koll, Thomas U. (Hrsg.): Die Weltbank. Struktur, Aufgaben und Bedeutung. Berlin 1988. (=Schriftenreihe der Deutschen Gesellschaft für Vereinte Nationen. 1) S. 85-96.

Ciorciari, Prospective Enlargement
Ciorciari, John D.: A Prospective Enlargement of the Roles of the Bretton Woods Financial Institutions in International Peace Operations. In: Fordham International Law Journal, 21. Jg. (1998), H. 22, S. 292-354.

Clark, McNamara
Clark, William: Robert McNamara at the World Bank. In: Foreign Affairs, 60. Jg. (1981), H. 1, S. 167-184.

Clark/ Polak, International Liquidity
Clark, Peter B.; Polak, Jacques J.: International Liquidity and the Role of the SDR in the International Monetary System. Washington, D.C. 2002. (= IMF Working Papers. WP/02/217)

Clausen, Growth
Clausen, Alden W.: Accelerating Growth and Reducing Poverty: a Multilateral Strategy for Development. Bonn 1983.

Clausen, Rede 1985

Clausen, Alden W.: Rede des Präsidenten der Weltbank, Alden W. Clausen, auf der Jahresversammlung des Internationalen Währungsfonds und der Weltbank in Seoul am 8.Okt.1985 (Auszüge). In: Europa Archiv Dokumente, 41. Jg. (1986), H. 1, S. D11-D15.

Cline, International Debt

Cline, William R.: International Debt Reexamined. Washington, D.C. 1995.

Collier/ Guillaumont/ Guillaumont et al., Redesigning Conditionality

Collier, Paul; Guillaumont, Patrick; Guillaumont, Sylviane; et al.: Redesigning Conditionality. In: World Development, 25. Jg. (1997), H. 9, S. 1399-1407.

Coorey, Setting

Coorey, Sharmini: The Setting for Adjustment and Reform. Aus: Bredenkamp, Hugh; Schadler, Susan (Hrsg.): Economic Adjustment and Reform in Low-Income Countries. Studies by the Staff of the IMF. Washington, D.C. 1999. S. 9-22.

Corbo/ Fischer, Programs

Corbo, Vittorio; Fischer, Stanley: Adjustment Programs and Bank Support. Rationale and Main Results. Washington, D.C. 1991.

Corbo/ Fischer/ Webb

Corbo, Vittorio; Fischer, Stanley; Webb, Steven B. (Hrsg.): Adjustment Lending Revisited. Policies to Restore Growth. Washington, D.C. 1992.

Cornelius, Konditionalität

Cornelius, Peter: Das Prinzip der Konditionalität bei Krediten des Internationalen Währungsfonds. München 1988.

Crockett, Aspekte

Crockett, Andrew: Aspekte der Inanspruchnahme von Fondsmitteln. In: Finanzierung und Entwicklung, 19. Jg. (1982), H. Juni, S. 11-14.

Crockett/ Goldstein, International Monetary System

Crockett, Andrew; Goldstein, Morris: Strengthening the International Monetary System. Exchange Rate, Surveillance and Objective Indicators. Washington, D.C. 1987. (= Occational Papers. 50)

Crockett/ Heller, Changing Role

Crockett, Andrew D.; Heller, Robert H.: The Changing Role of the International Monetary Fund. Washington, D.C. 1978. (= Kredit und Kapital. 11)

Crooke, Sisters in the Wood

Crooke, Clive: Sisters in the Wood. The IMF and the World Bank. In: The Economist (Survey), 321. Jg. (1991), H. 12. Okt., S. hinter 68.

Dahm/ Delbrück/ Wolfrum, Völkerrecht I
Dahm, Georg; Delbrück, Jost; Wolfrum, Rüdiger: Völkerrecht. Band II, 1. Aufl. Stuttgart 1961.

Dahm/ Delbrück/ Wolfrum, Völkerrecht II
Dahm, Georg; Delbrück, Jost; Wolfrum, Rüdiger: Völkerrecht. Band I/ 3, 2. Aufl. Stuttgart 2002.

Dam, Rules
Dam, Kenneth W.: The Rules of the Game. Reform and Evolution in the International Monetary System. Chicago, London 1982.

Das
Das, Dilip K. (Hrsg.): International Finance. Contemporary Issues. London, New York 1993.

Daseking, Debt
Daseking, Christina: Debt. How Much is Too Much? In: Finanzierung und Entwicklung, 39. Jg. (2002), H. Dez., S. 12-14.

Daseking/ Kozack, Debt Trap
Daseking, Christina; Kozack, Julie: Avoiding Another Debt Trap. In: Finanzierung und Entwicklung, 40. Jg. (2003), H. Dez., S. 20-23.

Davis/ Ecevit/ Swiderski, Finanzierungsprogramme
Davis, Jeffrey M.; Ecevit, Leylâ U.; Swiderski, Karen A.: Finanzierungsprogramme - Ein Überblick. In: Finanzierung und Entwicklung, 30. Jg. (1993), H. März, S. 41-43.

Decressin/ Ebrahim-zadeh/ Dicks-Mireaux et al., Structural Reform
Decressin, Jorg; Ebrahim-zadeh, Zia; Dicks-Mireaux, Louis: Moving Ahead with Structural Reform. Aus: Bredenkamp, Hugh; Schadler, Susan (Hrsg.): Economic Adjustment and Reform in Low-Income Countries. Studies by the Staff of the IMF. Washington, D.C. 1999. S. 167 ff.

Dell, Question
Dell, Sidney: The Question of Cross-Conditionality. In: World Development, 16. Jg. (1988), H. 5, S. 557-568.

Dell, Stabilization
Dell, Sidney: A Note on Stabilization and the World Bank. In: World Development, 12. Jg. (1984), H. 2, S. 165-167.

Dell, Tranche
Dell, Sidney: The Fifth Credit Tranche. In: World Development, 13. Jg. (1985), H. 2, S. 245-249.

Denters, IMF Conditionality
Denters, Erik: Law and Policy of IMF Conditionality. The Hague, London, Boston 1996.

Deutsche Bundesbank, Devisenkursstatistik
Deutsche Bundesbank: Devisenkursstatistik. In: Statistisches Beiheft zum Monatsbericht 5, Jg. 2004.

Development Committee, About
Development Committee: About the Development Committee. Washington, D.C. (http://web.worldbank.org/WBSITE/EXTERNAL/DEVCOMMEXT/0,,contentMDK:20121744~menuPK:60001652~pagePK:64000837~piPK:64000843~theSitePK:277473,00.html) 15.03.2005.

Development Committee, Committee
Development Committee: The Development Committee. Its Orgins and Achievements, 1974-1990. Washington, D.C. 1991.

Development Committee, Communiqué 2004
Development Committee: Development Committee Communiqué vom 2. Oktober 2004. Washington, D.C. (http://www.imf.org/external/np/cm/2004/100204a.htm) 15.03.2005.

Development Committee, Members
Development Committee: Members and Observers. Washington, D.C. (http://web.worldbank.org/WBSITE/EXTERNAL/DEVCOMMEXT/0,,contentMDK:20121808~menuPK:60001654~pagePK:64000837~piPK:64000843~theSitePK:277473,00.html) 15.03.2005.

Development Committee, Organization
Development Committee: Organization and Function. Washington, D.C. (http://web.worldbank.org/WBSITE/EXTERNAL/DEVCOMMEXT/0,,contentMDK:20124430~menuPK:64031767~pagePK:64000837~piPK:64000843~theSitePK:277473,00.html) 15.03.2005.

Diehl
Diehl, Paul F. (Hrsg.): The Politics of Global Governance. International Organizations in an Independent World. London 1997.

Dooley/ Watson, Wiederbelebung
Dooley, Michael P.; Watson, C. Maxwell: Wiederbelebung der Schuldenstrategie. In: Finanzierung und Entwicklung, 26. Jg. (1989), H. Sept., S. 8-11.

Driscoll, IWF
Driscoll, David D.: Was ist der Internationale Währungsfonds? Washington, D.C. 1998.

Driscoll, IWF/ Weltbank
Driscoll, David D.: Internationaler Währungsfonds und Weltbank. Ihre Aufgaben in der Weltwirtschaft. Washington, D.C. 1989.

Ebenroth/ Bühler, Implementierung
Ebenroth, Carsten; Bühler, Stephan: Die Implementierung der Brady-Initiative in Mexiko und den Philippinen. In: Recht der Internationalen Wirtschaft, Jg. 1990, S. 23-28.

Ebke/ Norton
Ebke, Werner F.; Norton, Joseph J. (Hrsg.): Festschrift in Honor of Sir Joseph Gold. Heidelberg 1990.

Eichengreen, Financial Architecture
Eichengreen, Barry: Towards a new International Financial Architecture. A Practical Post-Asia Agenda. Washington, D. C. 1999.

Eigen, Rolle
Eigen, Peter: Die Rolle der internationalen Finanzorganisationen, Internationaler Währungsfonds und Weltbank. Neues Gewicht der Weltbank? o.O. 1988. (= Dokumentationen der Deutschen Gesellschaft für die Vereinten Nationen. 13)

El-Ashry, Umweltfazilität
El-Ashry, Mohamed: Die neue Globale Umweltfazilität. In: Finanzierung und Entwicklung, 31. Jg. (1994), H. Juni, S. 48.

Engshuber, Auflagenpolitik
Engshuber, Wolfgang: Die Auflagenpolitik des Internationalen Währungsfonds aus rechtlicher Sicht. In: Verfassung und Recht in Übersee, 19. Jg. (1986), S. 21-37.

Evang. Pressedienst
Redaktion des Evangelischen Pressedienstes (Hrsg.): Die Strukturanpassungspolitik von IWF und Weltbank: Ist eine Neubewertung erforderlich? Thesen, Referate und Diskussionsbeiträge einer Tagung des Institutes für Internationale Politik, Mai 1989. o.O. 1989. (= Entwicklungspolitik Materialien. III/ 89)

Falk, Reform
Falk, Rainer: Die Reform des IWF - Zwischenbilanz und Perspektiven der internationalen Debatte. Bonn 2001. (= WEED-Arbeitspapier.)

Feinberg, Changing Relationship
Feinberg, Richard E.: The Changing Relationship Between the World Bank and the International Monetary Fund. Aus: Diehl, Paul F. (Hrsg.): The Politics of Global Governance. International Organizations in an Independent World. London 1997. S. 217-232.

Feinberg/ Kallab
Feinberg, Richard E.; Kallab, Valeriana (Hrsg.): Adjustment Crisis in the Third World. New Brunswick, London 1984.

Feldstein, Refocusing
Feldstein, Martin: Refocusing the IMF. In: Foreign Affairs, 77. Jg. (1998), H. 2, S. 20-33.

Ferber/ Winkelmann, Währungsfonds
Ferber, Manfred; Winkelmann, Günter: Internationaler Währungsfonds, Weltbank, IFC und IDA. Frankfurt a. M. 1972. (= Taschenbücher für Geld, Bank und Börse.)

Fiesser, Finanzkrise
Fiesser, Caroline: Die mexikanische Finanzkrise 1994/ 95 und ihre Auswirkungen auf die Reform des Internationalen Währungsfonds. Hamburg 2004.

Fischer, Applied Economics
Fischer, Stanley: Applied Economics in Action: IMF Programs. In: The American Economic Review, 87. Jg. (1997), H. 2, S. 23-27.

Fischer, Changing Role
Fischer, Stanley: The Asian Crisis and the Changing Role of the IMF. In: Finanzierung und Entwicklung, 35. Jg. (1998), H. Juni, S. 2-5.

Fischer, Financial Sector
Fischer, Stanley: The IMF and the Financial Sector. Washington, D.C., 5. Juni 2000 (http://www.imf.org/external/np/speeches/2000/060500.htm) 15.03.2005.

Fischer, IMF and the World Bank
Fischer, Stanley: The IMF and the World Bank at Fifty. Aus: Genberg, Hans (Hrsg.): The International Monetary System. Its Institutions and its Future. Berlin, Heidelberg, New York u.a. 1995. S. 171-200.

Fischer, Mission
Fischer, Stanley: The Mission of the Fund. Aus: Bretton Woods Commission (Hrsg.): Bretton Woods: Looking to the Future. Commission Report. Washington, D.C. 1994. S. 161-170.

Fischer, Presentation
Fischer, Stanley: Presentation to the International Financial Institution Advisory Commission. Washington D.C. (2. Feb. 2000) (http://www.imf.org/external/np/speeches/2000/020200.htm) 15.03.2005.

Fischer, Reforming
Fischer, Stanley: Reforming the International Financial System. In: The Economic Journal, 109. Jg. (1999), H. 459, S. F557-F576.

Frankenfeld, IDA
Frankenfeld, Peter H.: International Development Association. Aus: Wolfrum, Rüdiger (Hrsg.): Handbuch Vereinte Nationen. 2. Aufl. München 1991. S. 304-310.

Frankl, IWF-Politik
Frankl, Thomas: Amerikanische IWF-Politik. Die Reagan-Administration. Frankfurt a. M., Bern, New York u.a. 1991. (= Europäische Hochschulschriften. 172)

Freiberg/ Jürgens, Rechtsgrundlagen
Freiberg, Ralf; Jürgens, Thomas: Rechtsgrundlagen der Entwicklung, des Aufbaus und der Befugnisse der Weltbankgruppe. Aus: Koll, Thomas U. (Hrsg.): Die Weltbank. Struktur, Aufgaben und Bedeutung. Berlin 1988. (=Schriftenreihe der Deutschen Gesellschaft für Vereinte Nationen. 1) S. 11-47.

Frenkel, Debt Problem
Frenkel, Michael: The International Debt Problem: An Analysis of the Brady Plan. In: Intereconomics, 24. Jg. (1989), H. 3, S. 110.

Frenkel/ Goldstein
Frenkel, Jacob A.; Goldstein, Morris (Hrsg.): International Financial Policy. Essays in Honor of Jacques J. Polak. Washington, D.C. 1991.

Frenkel/ Khan, Adjustment Policies
Frenkel, Jacob A.; Khan, Mohsin S.: The International Monetary Fund´s Adjustment Policies and Economic Development. Aus: Das, Dilip K. (Hrsg.): International Finance. Contemporary Issues. London, New York 1993. S. 86-100.

Frenkel/ Menkhoff, IMF Reform
Frenkel, Michael; Menkhoff, Lukas: An Analysis of Competing IMF Reform Proposals. In: Intereconomics, 35. Jg. (2000), H. 3, S. 107-113.

Frenkel/ Menkhoff, Rezept
Frenkel, Michael; Menkhoff, Lukas: Welchem Rezept folgt Meltzers IWF-Diät? In: Wirtschaftsdienst, 80. Jg. (2000), H. 4, S. 218-224.

Frenkel/ Menkhoff, Weltfinanzen
Frenkel, Michael; Menkhoff, Lukas: Stabile Weltfinanzen? Die Debatte um eine neue internationale Finanzarchitektur. Berlin, Heidelberg, New York u.a. 2000.

Friedmann/ Kalmanoff/ Meagher, Aid
Friedmann, Wolfgang; Kalmanoff, George; Meagher, Robert: International Financial Aid. New York, London 1966.

Fritsche, Stabilisierungs- und Strukturanpassungsprogramme
Fritsche, Ulrich: Stabilisierungs- und Strukturanpassungsprogramme des Internationalen Währungsfonds in den 90er Jahren: Hintergründe, Konzeptionen und Kritik. Berlin 2004. (= Sonderheft. 176/2004)

Fues, Gläubiger
Fues, Thomas: Weltbank und Internationaler Währungsfonds als Gläubiger. Statistische Analyse und Entschuldungsprogramm. Bonn 1994.

Fues, Schlüsselrolle
Fues, Thomas: Die Schlüsselrolle der Weltbank in der Anpassungsfinanzierung. In: blätter des iz3w, Jg. 1987, H. 146, S. 14-16.

Fues, Strukturanpassungskredite
Fues, Thomas: Die Strukturanpassungskredite der Weltbank - kritische Zwischenbilanz -. In: blätter des iz3w, Jg. 1989, H. 156, S. 43-47.

Fues, Thesen
Fues, Thomas: Thesen zu IWF und Weltbank. Aus: Redaktion des Evangelischen Pressedienstes (Hrsg.): Die Strukturanpassungspolitik von IWF und Weltbank: Ist eine Neubewertung erforderlich? Thesen, Referate und Diskussionsbeiträge einer Tagung des Institutes für Internationale Politik, Mai 1989. o.O. 1989. (=Entwicklungspolitik Materialien. III/ 89) S. 5-9.

Führmann, Washington Consensus
Führmann, Bettina: Abkehr vom Washington Consensus? Die wirtschaftliche Strategie der Weltbank zur Armutsbekämpfung. Duisburg 2003. (= INEF Report. 71)

Gabler
Gabler, Thomas (Hrsg.): Wirtschaftslexikon. 15. Aufl. Wiesbaden 2001.

Gandhi, Environment
Gandhi, Ved P.: The IMF and the Environment. Washington, D.C. 1998.

Geithner, Assessing Sustainability
Geithner, Timothy: Assessing Sustainability. Washington, D.C. 2002.

Genberg
Genberg, Hans (Hrsg.): The International Monetary System. Its Institutions and its Future. Berlin, Heidelberg, New York u.a. 1995.

Gerster, IWF und Nachhaltige Entwicklung
Gerster, Richard: Der Internationale Währungsfonds und Nachhaltige Entwicklung: Institutionelle Voraussetzungen und wirtschaftliche Implikationen. In: Aussenwirtschaft, 53. Jg. (1998), H. III, S. 347-361.

Ghura/ Leite/ Tsangarides, Is Growth Enough
Ghura, Dhaneshwar; Leite, Carlos A.; Tsangarides, Charalambos: Is Growth Enough? Macroeconomic Policy and Poverty Reduction. Washington, D.C. 2002.

Gianviti, Reform
Gianviti, Francois: The Reform of the International Monetary Fund (Conditionality and Surveillance). In: International Lawyer, 34. Jg. (2000), H. 1, S. 107-116.

Gilbert/ Powell/ Vines, Positioning the WB
Gilbert, Christopher; Powell, Andrew; Vines, David: Positioning the World Bank. In: The Economic Journal, 109. Jg. (1999), H. 459, S. F598-F633.

Goharin, Darlehenspolitik
Goharin, Mohsen: Die Darlehenspolitik der Weltbank insbesondere gegenüber den wirtschaftlich unterentwickelten Ländern. Diss. Freiburg (Schweiz) 1961.

Gold
Gold, Joseph (Hrsg.): Legal and Institutional Aspects of the International Monetary System. Selected Essays. 1. Washington, D.C. 1979.

Gold
Gold, Joseph (Hrsg.): Legal and Institutional Aspects of the International Monetary System. Selected Essays. 2. Washington, D.C. 1984.

Gold, Disasters
Gold, Joseph: Natural Disasters and Other Emergencies Beyond Control: Assistance by the IMF. In: The International Lawyer, 24. Jg. (1990), H. 3, S. 621-641.

Gold, Financial Assistance
Gold, Joseph: Financial Assistance by the International Monetary Fund: Law and Practice. 2. Aufl. Washington, D.C. 1980.

Gold, International Law
Gold, Joseph: The International Monetary Fund and International Law. An Introduction. Washington, D.C. 1965. (= Pamphlet Series. 4)

Gold, Interpretation
Gold, Joseph: Interpretation: The IMF and International Law. London, The Hague, Boston 1996. (= International Banking and Finance Law. 4)

Gold, Law and Reform
Gold, Joseph: Law and Reform of the International Monetary System. In: Journal of International Law and Economics, 10. Jg. (1975), S. 371-421.

Gold, Recent Legal Developments
Gold, Joseph: A Report on Certain Recent Legal Development in the International Monetary Fund. In: Vandebilt Journal of Transnational Law, 9. Jg. (1976), H. 2, S. 223-245.

Gold, Relationship
Gold, Joseph: The Relationship between the International Monetary Fund and the World Bank. In: Creighton Law Review, 15. Jg. (1982), H. 2, S. 499-521.

Gold, Resources
Gold, Joseph: Use of the Fund's Resources. Aus: Horsefield, J. Keith (Hrsg.): The IMF 1945-1965 - 20 Years of International Monetary Cooperation. Analysis. Vol. 2. Washington, D.C. 1969. S. 522-546.

Gold, SDR
Gold, Joseph: Special Drawing Rights. Character and Use. Washington, D.C. 1970. (= IMF Pamphlet Series. 13)

Gold, Second Amendment
Gold, Joseph: The Second Amendment of the Fund's Articles of Agreement. Washington, D.C. 1978.

Gold, Stand-by arr.
Gold, Joseph: The Stand-by Arrangements of the IMF. A Commentary on Their Formal, Legal, and Financial Aspects. Washington, D.C. 1970.

Gold, Third Report
Gold, Joseph: A Third Report on Some Recent Legal Developments in the IMF. Washington, D.C. 1978.

Gold, To Contribute
Gold, Joseph: "... To Contribute Therby To ... Development ...": Aspects of the Relations of the International Monetary Fund with its Developing Members. In: Columbia Journal of Transnational Law, 10. Jg. (1971), S. 267-302.

Gold, Trust Fund
Gold, Joseph: Trust Funds in International Law: The Contribution of the International Monetary Fund to a Code of Principles. Aus: Gold, Joseph (Hrsg.): Legal and Institutional Aspects of the International Monetary System. Selected Essays. 2. Washington, D.C. 1984. S. 862-875.

Gold, Uniformity
Gold, Joseph: Uniformity as a legal principle of the Fund. Aus: Gold, Joseph (Hrsg.): Legal and Institutional Aspects of the International Monetary System. Selected Essays. 1. Washington, D.C. 1979. S. 469-519.

Goldberg, Armut
Goldberg, Jörg: Front gegen die Armut? Neue Strategien der Bretton-Woods-Institutionen. In: Blätter für deutsche und internationale Politik, 45. Jg. (2000), H. 4, S. 456-464.

Goldstein/ Isard/ Masson et al., Policy Issues
Goldstein, Morris; Isard, Peter; Masson, Paul R.; et al.: Policy Issues in the Evolving International Monetary System. Washington, D.C. 1992. (= IMF Occational Paper. 96)

Golsong, IDA
Golsong, Heribert: International Development Association. Aus: Bernhardt, Rudolf (Hrsg.): Encyclopedia of Public International Law. Vol. II. Amsterdam, London, New York u.a. 1995. S. 1127-1129.

Goode, Assistance
Goode, Richard: Economic Assistance to Developing Countries through the IMF. Washington, D.C. 1985. (= Studies in International Economics.)

Gore, Rise and Fall
Gore, Charles: The Rise and Fall of the Washington Consensus as a Paradigm for Developing Countries. In: World Development, 28. Jg. (2000), H. 5, S. 789-804.

Goreux, Buffer-Stocks
Goreux, Louis M.: Der Einsatz von Buffer-Stocks. In: Finanzierung und Entwicklung, 15. Jg. (1978), H. Dez., S. 23-27.

Goreux, CFF
Goreux, Louis M.: Compensatory Financing Facility. Washington, D.C. 1980.

Göthel, Koordinierungssystem
Göthel, Dieter: Koordinierungssystem der UN. Aus: Volger, Helmut (Hrsg.): Lexikon der Vereinten Nationen. München, Wien 2000. S. 317-324.

Graf Vitzthum
Graf Vitzthum, Wolfgang (Hrsg.): Völkerrecht. 3. Aufl. Berlin 2004.

Graf Vitzthum, Quellen des Völkerrechts
Graf Vitzthum, Wolfgang: Begriff, Geschichte und Quellen des Völkerrechts. Aus: Graf Vitzthum, Wolfgang (Hrsg.): Völkerrecht. 3. Aufl. Berlin 2004. S. 1-77.

Gramlich, Finanzarchitektur
Gramlich, Ludwig: Eine neue internationale "Finanzarchitektur" oder: Der IMF in der Krise? In: Archiv des Völkerrechts, 38. Jg. (2000), H. 4, S. 399-454.

Gregorio/ Eichengreen/ Ito et al., Independent IMF
Gregorio, José De; Eichengreen, Barry; Ito, Takatoshi; et al.: An Independent and Accountable IMF. Geneva Reports on the World Economy.1 Genf 2000.

Group of 24
Intergovernmental Group of 24 on International Monetary Affairs: The Role of the IMF in Adjustment with Growth. Washington, D.C. 1987.

Gruss, Beitrag
Gruss, Hans-Jürgen: Der Beitrag der Weltbank zur Überwindung der Verschuldungskrise. Aus: Meessen, Karl M. (Hrsg.): Internationale Verschuldung und wirtschaftliche Entwicklung aus rechtlicher Sicht. Augsburger Symposium vom 27./ 28. Januar 1987. Baden-Baden 1988. (=Völkerrecht und Internationales Wirtschaftsrecht. 14) S. 51-67.

Guitián, Auflagen
Guitián, Manuel: Die Auflagen des IWF und der internationale Anpassungsprozeß. Ein Blick auf die 80er Jahre. In: Finanzierung und Entwicklung, 18. Jg. (1981), H. Juni, S. 14-17.

Guitián, Conditionality
Guitián, Manuel: Fund Conditionality: Evolution of Principles and Practices. Washington, D.C. 1981. (= IMF Pamphlet Series. 38)

Guitián, Rolle des Fonds
Guitián, Manuel: Die Rolle des Fonds bei der Anpassung. In: Finanzierung und Entwicklung, 24. Jg. (1987), H. Juni, S. 3-6.

Guitián, Unique Nature
Guitián, Manuel: The Unique Nature of the Responsibilites of the International Monetary Fund. Washington, D.C. 1992.

Guitián, Währungsinstitution
Guitián, Manuel: Der IWF als Währungsinstitution: die Herausforderung. In: Finanzierung und Entwicklung, 31. Jg. (1994), H. Sept., S. 38-41.

Gupta, Treuhandfonds
Gupta, Dhruba: Die Tätigkeit des Treuhandfonds. In: Finanzierung und Entwicklung, 15. Jg. (1978), H. Sept., S. 37-38.

Gupta/ Dicks-Mireaux/ Khemani et al., Social Issues
Gupta, Sanjeev; Dicks-Mireaux, Louis; Khemani, Ritha; et al.: Social Issues in IMF-Supported Programs. Washington, D.C. 2000. (= Occasional Paper. 191)

Gupta/ Nashashibi, Armutsbezug
Gupta, Sanjeev; Nashashibi, Karim: Der Armutsbezug von Programmen mit Fondsunterstützung. In: Finanzierung und Entwicklung, 27. Jg. (1990), H. Sept., S. 12-14.

Gupta/ Plant/ Dorsey, Expectations
Gupta, Sanjeev; Plant, Mark; Dorsey, Thomas: Is the PRGF Living Up to Expectations? In: Finanzierung und Entwicklung, 39. Jg. (2002), H. Juni, S. 17-20.

Gurumurthi, IMF
Gurumurthi, S.: IMF and the Developing Countries. An Agenda for Reform. Delhi 1995.

Guth, Debt Crisis
Guth, Wilfried: International Debt Crisis: the Next Phase. In: The Banker, 133. Jg. (1983), H. 689, S. 25-30.

Gwin/ Feinberg
Gwin, Catherine; Feinberg, Richard E. (Hrsg.): The International Monetary Fund in a multipolar world. Pulling together. New Brunswick (USA), Oxford (UK) 1989.

Haacker, Macroeconomics
Haacker, Markus: The Macroeconomics of HIV/ AIDS. Washington, D.C. 2004.

Hakura/ Nsouli, Millennium Development Goals
Hakura, Dalia S.; Nsouli, Saleh M.: The Millennium Development Goals, the Emerging Framework for Capacity Building, and the Role of the IMF. Washington, D.C. 2003. (= IMF Working Papers. WP/03/119)

Hanke, Abolish
Hanke, Steve H.: Abolish the IMF. Forbes Magazine, 17.04.2000. o.O. (http://www.forbes.com/forbes/2000/0417/6509084a_print.html) 15.03.2005.

Hanusch/ Kuhn, Volkswirtschaftslehre
Hanusch, Horst; Kuhn, Thomas: Einführung in die Volkswirtschaftslehre. 3. Aufl. Berlin, Heidelberg, New York 1994.

Haralz, IFC
Haralz, Jonas: The International Finance Corporation. Aus: Kapur, Devesh; Lewis, John P.; Webb, Richard (Hrsg.): The World Bank - Its first half century. History. Band 1. Washington, D. C. 1997. S. 805-899.

Hauff/ Werner
Hauff, Michael v.; Werner, Heinecke (Hrsg.): Strukturanpassungspolitik der Weltbank - Will die Weltbank mehr als Wirtschaftswachstum in Entwicklungsländern? Ludwigsburg, Berlin 1992.

Hauff/ Werner, Perspektive
Hauff, Michael v.; Werner, Heinecke: Die Perspektive der Strukturanpassungspolitik der Weltbank. Bleibt Strukturanpassung das entwicklungspolitische Paradigma der 90er Jahre? Aus: Hauff, Michael v.; Werner, Heinecke (Hrsg.): Strukturanpassungspolitik der Weltbank - Will die Weltbank mehr als Wirtschaftswachstum in Entwicklungsländern? Ludwigsburg, Berlin 1992. S. 111-120.

Hefeker, Handels- und Finanzarchitektur
Hefeker, Carsten: Handels- und Finanzarchitektur im Umbruch: Globale Integration und die institutionelle Arbeitsteilung von IWF, Weltbank und WTO. Hamburg 2003. (= HWWA Discussion Paper. 225)

Heller/ Bovenberg/ Catsamba, Adjustment Programs
Heller, Peter S.; Bovenberg, A. Lans; Catsamba, Thanos: The Implications of Fund-Supported Adjustment Programs for Poverty. Experiences in Selected Countries. Washington, D.C. 1988. (= Occasional Paper. 58)

Hemmer/ Marienburg, Strukturanpassungspolitik
Hemmer, Hans-Rimbert; Marienburg, Holger: Ökonomische Strukturanpassungspolitik in Entwicklungsländern. Giessen 2000. (= Entwicklungsökonomische Diskussionsbeiträge. 29)

Herlt, Baker-Plan
Herlt, Rudolf: Der Baker-Plan zur Lösung der internationalen Schuldenkrise - Die Chancen für einen Erfolg des "Programms für dauerhaftes Wachstum". In: Europa Archiv, 41. Jg. (1986), H. 6, S. 161-172.

Hills/ Peterson et al., Safeguarding
Hills, Carla A.; Peterson, Peter G.: Safeguarding Prosperity in a Global Financial System. The Future International Financial Architecture - Report of an Independent Task Force Sponsored by the Council on Foreign Relations. New York 1999.

Hino, Collaboration
Hino, Hiroyuki: IMF-World Bank collaboration. In: Finanzierung und Entwicklung, 23. Jg. (1986), H. Sept., S. 10-14.

Holland, Bretton Woods
Holland, Stuart: Towards a new Bretton Woods. Alternatives for the Global Economy. Nottingham 1994.

Holland, London Symposium
Holland, Stuart: The World Bank - Where Now? Aus: World Bank (Hrsg.): Recovery in the Development World. The London Symposium on the World Bank's Role (1985). Washington, D.C. 1986. S. 23-31.

Holthus, IWF-Reform
Holthus, M.: IWF-Reform: Beschränkung auf das Wesentliche. In: Wirtschaftsdienst, 79. Jg. (1999), H. Sept., S. 514-515.

Hooke
Hooke, A. W. (Hrsg.): The Fund and China in the international monetary system. Washington, D.C. 1983.

Horsefield I
Horsefield, J. Keith: The IMF 1945-1965 - 20 Years of International Monetary Cooperation. Chronicle. Vol. 1. Washington, D.C. 1969.

Horsefield II
Horsefield, J. Keith (Hrsg.): The IMF 1945-1965 - 20 Years of International Monetary Cooperation. Analysis. Vol. 2. Washington, D.C. 1969.

Horsefield III
Horsefield, J. Keith; de Vries, Margared G. (Hrsg.): The IMF 1945-1965 - 20 Years of International Monetary Cooperation. Documents. Vol. 3. Washington, D.C. 1969.

Hüfner, Vereinte Nationen
Hüfner, Klaus: Die Vereinten Nationen und ihre Sonderorganisationen. Strukturen, Aufgaben, Dokumente. Teil 2, Sonderorganisationen. Bonn 1992.

Hürni, Weltbank
Hürni, Bettina: Die Weltbank. Funktion und Kreditvergabe nach 1970. Diessenhofen 1980. (= Internationale Organisationen. 2)

Husain, Erfahrungen
Husain, Ishrat: Neuere Erfahrungen mit der Schuldenstrategie. In: Finanzierung und Entwicklung, 26. Jg. (1989), H. Sept., S. 12-15.

IBRD, Terms & Conditions
International Bank for Reconstruction and Development: Major Terms and Conditions of IBRD Loans. Washington, D.C. 2001.

IBRD, Weltbank
Internationale Bank für Wiederaufbau und Entwicklung: Die Weltbank, IFC und IDA. Arbeitsgrundsätze und Geschäftstätigkeit. Frankfurt a. M. 1963.

IDA, Allocating IDA Funds
International Development Association: Allocating IDA Funds Based on Performance. Fourth Annual Report on IDA' s Country Assessment and Allocation Process. Washington, D.C. 2003.

IMF
International Monetary Fund (Hrsg.): IMF in Focus. A Supplement of the IMF Survey, vol. 33, Sept. 2004. Washington, D.C. 2004.

IMF, Biennial Review
International Monetary Fund: Biennial Review of the Implementation of the Fund's Surveillance and of the 1977 Surveillance Decision. Overview. Washington, D.C. (2. Juli 2004) (http://www.imf.org/external/np/pdr/surv/2004/082404.pdf#overview) 15.03.2005.

IMF, Biennial Review - Modalities
International Monetary Fund: Biennial Review of the Implementation of the Fund's Surveillance and of the 1977 Surveillance Decision. Modalities of Surveillance. Washington, D.C. (2. Juli 2004) (http://www.imf.org/external/np/pdr/surv/2004/082404.pdf#overview) 15.03.2005.

IMF, Board Agrees on Changes
International Monetary Fund: IMF Board Agrees on Changes to Fund Financial Facilities. Public Information Notice. 00/79. Washington, D.C. (18. Sept. 2000) (http://www.imf.org/external/np/sec/pn/2000/pn0079.htm) 15.03.2005.

IMF, Compensatory Financing
International Monetary Fund: Compensatory Financing of Export Fluctuations - Developments in the Fund Facilities. A Second Report, Sept. 1966. Aus: Horsefield, J. Keith; de Vries, Margared G. (Hrsg.): The IMF 1945-1965 - 20 Years of International Monetary Cooperation. Documents. Vol. 3. Washington, D.C. 1969. S. S. 469-496.

IMF, Concessional Financing
International Monetary Fund: IMF Concessional Financing through ESAF. Washington, D.C. (April 2004) (http://www.imf.org/external/np/exr/facts/esaf.htm) 15.03.2005.

IMF, Conditonality
International Monetary Fund: Conditionality in Fund-Supported Programs - Overview. Washington, D.C. (20. Feb.2001) (http://www.imf.org/external/np/pdr/cond/2001/eng/overview/index.htm) 15.03.2005.

IMF, ESAF at Ten Years
International Monetary Fund: The ESAF at Ten Years. Economic Adjustment and Reform in Low-Income Countries. Washington, D.C. 1997.

IMF, Evaluation ESAF
International Monetary Fund: External Evaluation of the ESAF. Report by a Group of Independent Experts. Washington, D.C. (1998) (http://www.imf.org/external/pubs/ft/extev/index.HTM) 15.03.2005.

IMF, Evaluation PRSP/ PRGF
International Monetary Fund: Report on the Evaluation of Poverty Reduction Strategy Papers (PRSP) and the Poverty Reduction and Growth Facility (PRGF). Independent Evaluation Office; 6. Juli 2004. Washington, D.C. 2004.

IMF, Evaluation Surveillance
International Monetary Fund: External Evaluation of IMF Surveillance. Report by a Group of Independent Experts. Washington, D.C. 1999.

IMF, Factsheet Conditionality
International Monetary Fund: IMF Conditionality. A Factsheet. Washington, D.C. (20. Sept. 2004) (http://www.imf.org/external/np/exr/facts/conditio.htm) 15.03.2005.

IMF, Factsheet Emergency
International Monetary Fund: IMF Emergency Assistance: Supporting Recovery from Natural Disasters and Armed Conflicts. A Factsheet. Washington, D.C. (Sept. 2004) (http://www.imf.org/external/np/exr/facts/conflict.htm) 15.03.2005.

IMF, Factsheet HIV/ AIDS
International Monetary Fund: The IMF's Role in the Fight Against HIV/ AIDS. Washington, D.C. (1. Dez. 2004) (http://www.imf.org/external/np/exr/facts/hivaids.htm) 15.03.2005.

IMF, Factsheet IMF/ World Bank
International Monetary Fund: The IMF and the World Bank. A Factsheet. Washington, D.C. (24. Aug. 2004) (http://www.imf.org/external/np/exr/facts/imfwb.htm) 15.03.2005.

IMF, Factsheet Lending
International Monetary Fund: IMF Lending. A Factsheet. Washington, D.C. (21. Sept. 2004) (http://www.imf.org/external/np/exr/facts/howlend.htm) 15.03.2005.

IMF, Factsheet Money Laundering
International Monetary Fund: The IMF and the Fight Against Money Laundering and the Financing of Terrorism. A Factsheet. Washington, D.C. (30. Sept. 2004) (http://www.imf.org/external/np/exr/facts/aml.htm) 15.03.2005.

IMF, Factsheet PRGF
International Monetary Fund: The Poverty Reduction and Growth Faciliy (PRGF). A Factsheet. Washington, D.C. (23. Sept. 2004) (http://www.imf.org/external/np/exr/facts/prgf.htm) 15.03.2005.

IMF, Factsheet PRSP
International Monetary Fund: Poverty Reduction Strategy Papers. A Factsheet. Washington, D.C. (28. Sept. 2004) (http://www.imf.org/external/np/exr/facts/prsp.htm) 15.03.2005.

IMF, Factsheet SDR
International Monetary Fund: Special Drawing Rights (SDRs). A Factsheet. Washington, D.C. (29. Sept. 2004) (http://www.imf.org/external/np/exr/facts/sdr.htm) 15.03.2005.

IMF, Factsheet Standards and Codes
International Monetary Fund: Standards and Codes: The Role of the IMF. A Factsheet. Washington, D.C. (30. April 2003) (http://www.imf.org/external/np/exr/facts/sc.htm) 15.03.2005.

IMF, Factsheet Surveillance
International Monetary Fund: IMF Surveillance. A Factsheet. Washington, D.C. (21. Sept. 2004) (http://www.imf.org/external/np/exr/facts/surv.htm) 15.03.2005.

IMF, Factsheet Technical Assistance
International Monetary Fund: Technical Assistance. A Factsheet. Washington, D.C. (30. Sept. 2004) (http://www.imf.org/external/np/exr/facts/tech.htm) 15.03.2005.

IMF, Factsheet Transparency
International Monetary Fund: Transparency in Monetary and Financial Policies. A Factsheet. Washington, D.C. (14. April 2003) (http://www.imf.org/external/np/exr/facts/mtransp.htm) 15.03.2005.

IMF, Financial Organization
International Monetary Fund: Financial Organization and Operations of the IMF. 6. Aufl. Washington, D.C. 2001.

IMF, Fiscal Dimensions
International Monetary Fund: Fiscal Dimensions of Sustainable Development. Washington, D.C. 2002.

IMF, FSAP
International Monetary Fund: IMF Reviews Experience with the Financial Sector Assessment Program (FSAP) and Reaches Conclusions on Issues Going Forward. Public Information Notice No. 01/11. Washington, D.C. (5. Feb. 2001) (http://www.imf.org/external/np/sec/pn/2001/pn0111.htm) 15.03.2005.

IMF, FSLC
International Monetary Fund: October 2002 Progress Report on the Bank-Fund Financial Sector Liaison Committee (FSLC). Washington, D.C. (1. Okt. 2002) (http://www.imf.org/external/np/mae/fslc/100102.htm) 15.03.2005.

IMF, Fund Facilities
International Monetary Fund: Review of Fund Facilities. Proposed Decisions and Implementation Guidelines. Washington, D.C. (2. Nov. 2000) (http://www.imf.org/external/np/pdr/fac/2000/02/index.htm) 15.03.2005.

IMF, Fund´s Surveillance
International Monetary Fund: IMF Executive Board Reviews the Fund´s Surveillance. Public Information Notice No. 04/95. Washington, D.C. (24. Aug. 2004) (http://www.imf.org/external/np/sec/pn/2004/pn0495.htm) 15.03.2005.

IMF, HIPC/ PRSP Implementation
International Monetary Fund: IMF and World Bank Review Progress in HIPC/ PRSP Implementation. News Brief No. 00/79. Washington, D.C. (7. Sept. 2000) (http://www.imf.org/external/np/sec/nb/2000/nb0079.htm) 15.03.2005.

IMF, IMF Survey
International Monetary Fund: IMF Survey 10. Feb. 1997. Washington, D.C. 1997.

IMF, IMF's Poverty Reduction
International Monetary Fund: The IMF's Poverty Reduction and Growth Facility (PRGF). Washington, D.C. (30. März 2000) (http://www.imf.org/external/np/exr/facts/PRGF.htm) 08.06.2000.

IMF, IMF/ World Bank FSAP
International Monetary Fund: The IMF/ World Bank Financial Sector Assessment Program. Washington, D.C. (Feb. 2001) (http://www.imf.og/external/np/vc/2001/022301.htm) 12.08.2004.

IMF, IMFC
International Monetary Fund: International Monetary and Financial Committee. In: IMF Survey, Jg. 1999, H. 11. Okt., S. 317.

IMF, Implementation Committee
International Monetary Fund: Joint IMF World Bank Implementation Committee for the HIPC Initiative and the PRSP Program. IMF, Press Release No. 00/30. Washington, D.C. (16. April 2000) (http://www.imf.org/external/np/sec/pr/2000/pr0030.htm) 15.03.2005.

IMF, Key Features
International Monetary Fund: Key Features of IMF Poverty Reduction and Growth Facility (PRGF) Supported Programs. Washington, D.C. (16. Aug. 2000) (http://www.imf.org/external/np/prgf/2000/eng/key.htm) 15.03.2005.

IMF, Lending to Poor Countries
International Monetary Fund: IMF Lending to Poor Countries - How does the PRGF differ from the ESAF? Washington, D.C. (April 2001) (http://www.imf.org/external/np/exr/ib/2001/043001.htm) 15.03.2005.

IMF, Lends
International Monetary Fund: How the IMF lends: Terms and Conditions of Financing Facilities. Aus: International Monetary Fund (Hrsg.): IMF in Focus. A Supplement of the IMF Survey, vol. 33, Sept. 2004. Washington, D.C. 2004. S. 24-25.

IMF, METAC
International Monetary Fund: Inauguration of the Middle East Technical Assistance Center (METAC). Press Release No. 04/224. Washington, D.C. (25. Okt. 2004) (http://www.imf.org/external/np/sec/pr/2004/pr04224.htm) 15.03.2005.

IMF, Millennium Development Goals
International Monetary Fund: IMF Supports UN's Millennium Development Goals. News Brief No. 01/90. Washington, D.C. (19. Sept. 2001) (http://www.imf.org/external/np/sec/nb/2001/nb0190.htm) 15.03.2005.

IMF, New Conditionality Guidelines
International Monetary Fund: IMF Executive Board Approves New Conditionality Guidelines. Public Information Notice No. 02/43. Washington, D.C. (26. Sept. 2002) (http://www.imf.org/external/np/sec/pr/2002/pr0243.htm) 15.03.2005.

IMF, Organization
International Monetary Fund: Organization ... IMF Board of Governors Exercises Many Powers Through Executive Board. In: IMF Survey, Jg. 1992, H. Sept., S. 3-4.

IMF, Outlook
International Monetary Fund: Tabelle 15. In: World Economic Outlook, 3. Jg. (1983), S. 185.

IMF, Overdue Obligations
International Monetary Fund: IMF Addresses Problem of Overdue Financial Obligations. In: IMF Survey, Jg. 1992, H. Sept., S. 23-24.

IMF, Policy Monitoring Arrangement
International Monetary Fund: Policy Monitoring Arrangement. Washington, D.C. (8. Sept. 2004) (http://www.imf.org/external/np/pdr/2004/eng/090804.htm) 15.03.2005.

IMF, Policy Signaling Instrument
International Monetary Fund: IMF Executive Board Discusses Policy Signaling Instrument. Public Information Notice No. 04/114. Washington, D.C. (1. Okt. 2004) (http://www.imf.org/external/np/sec/pn/2004/pn04114.htm) 15.03.2005.

IMF, Policy Statement
International Monetary Fund: Policy Statement on IMF Technical Assistance. Washington, D.C. (1. April 2001) (http://www.imf.org/external/pubs/ft/psta/index.htm#annex) 15.03.2005.

IMF, PRGF-Operational Issues
International Monetary Fund: The Poverty Reduction and Growth Facility (PRGF) - Operational Issues. Washington, D.C. (13. Dez. 1999) (http://www.imf.org/external/np/pdr/prsp/poverty2.htm) 15.03.2005.

IMF, Public Expenditure
International Monetary Fund: World Bank - IMF Collaboration on Public Expenditure Work. In: IMF Survey, 24. Jg. (1995), H. Sept., S. 285.

IMF, Response to Meltzer
International Monetary Fund: The IMF Response to the Meltzer Commission Report. 7. März 2000. Washington, D.C. 2000.

IMF, Review CFF
International Monetary Fund: Review of the Compensatory Financing Facility. Washington, D.C. (18. Feb. 2004) (http://www.imf.org/external/np/pdr/ccff/eng/2004/021804.htm) 15.03.2005

IMF, Review FSAP II
International Monetary Fund: IMF Reviews Experience with the Financial Sector Assessment Program and Reaches Conclusions on Issues Going Forward. Public Information Notice No. 03/46. Washington, D.C. (4. April 2003) (http://www.imf.org/external/np/sec/pn/2003/pn0346.htm) 15.03.2005.

IMF, Review International Standards
International Monetary Fund: IMF Executive Board Reviews International Standards: Strengthening Surveillance, Domestic Institutions, and International Markets. Public Information Notice No. 03/43. Washington, D.C. (3. April 2003) (http://www.imf.org/external/np/sec/pn/2003/pn0343.htm) 15.03.2005.

IMF, Review of CCFF and BSFF
International Monetary Fund: Review of the Compensatory and Contingency Financing Facility (CCFF) and Buffer Stock Financing Facility (BSFF). Preliminary Considerations. Washington, D.C. (9. Dez. 1999) (www.imf.org/external/np/ccffbsff/review/index.htm) 15.03.2005.

IMF, Review of Fund Financial Facilities
International Monetary Fund: IMF Board Completes Review of Fund Financial Facilities. Public Information Notice. Nr. 00/101. Washington, D.C. (30. Nov. 2000) (http://www.imf.org/external/np/sec/pn/2000/PN00101.htm) 15.03.2005.

IMF, Review of the PRGF
International Monetary Fund: Review of the Poverty Reduction and Growth Facility: Issues and Options. Washington, D.C. (14. Feb. 2002) (http://www.imf.org/external/np/prgf/2002/021402.pdf) 15.03.2005.

IMF, Shortfall
International Monetary Fund: Shortfall from Services Included, Limits Raised Under Liberalization. Press Release No. 79/61, 7. August 1979. In: IMF Survey, 8. Jg. (1979), S. 245.

IMF, Signaling
International Monetary Fund: Signaling by the Fund - A Historical Review. Washington, D.C. 2004.

IMF, Social Dimensions
International Monetary Fund: Social Dimensions of the IMF's Policy Dialogue. World Summit for Social Development. Washington, D.C. 1995. (= Pamphlet Series. 47)

IMF, SRD
International Monetary Fund: IMF Completes Review of SDR Valuation. Press Release No. 00/55. Washington, D.C. (12. Okt. 2000) (http://www.imf.org/external/np/sec/pr/2000/pr0055.htm) 15.03.2005.

IMF, Strengthening the Architecture
International Monetary Fund: Report of the Managing Director to the International Monetary and Financial Committee on Progress in Strengthening the Architecture of the International Financial System and Reform of the IMF. Washington, D.C. (19. Sept. 2000) (http://www.imf.org/external/np/omd/2000/02/report.htm) 15.03.2005.

IMF, Supplement
International Monetary Fund: Supplement on the Fund. IMF Survey. Washington, D.C. (Sept. 2000) (http://www.imf.org/external/pubs/ft/survey/sup0900/index.htm) 15.03.2005.

IMF, Survey 1979
International Monetary Fund: Entscheidung vom 2. Aug. 1979, Nr. 6224-(79/135), Abs. 3. In: IMF Survey, Jg. 1979, H. 8, S. 253.

IMF, Technical Assistance
International Monetary Fund: Review of Technical Assistance. Washington, D.C. (17. Feb. 2004) (http://www.imf.org/external/np/ta/2004/eng/021704.pdf) 15.03.2005.

IMF, The Poor
International Monetary Fund: The IMF and the Poor. Washington, D.C. 1998. (= Pamphlet Series. 52)

IMF, Users` Guide to the SDR
International Monetary Fund: Users` Guide to the SDR. A Manual of Transactions and Operations in SDRs. Washington, D.C. 1995.

IMF/ IDA, Enhanced Initiative
International Monetary Fund; International Development Association: The Enhanced Initiative for Heavily Indebted Poor Countries. Review of Implementation. Washington, D.C. 2000.

IMF/ IDA, Modification
International Monetary Fund; International Development Association: Modifications to the Heavily Indebted Poor Countries (HIPC) Initiative. Washington, D.C. 1999.

IMF/ IDA, Progress and Implementation
International Monetary Fund; International Development Association: Poverty Reduction Strategy Papers. Progress and Implementation. Washington, D.C. 2000.

IMF/ IDA, PRSP
International Monetary Fund; International Development Association: Poverty Reduction Strategy Papers - Operational Issues. Washington, D.C. (10. Dez. 1999) (http://www.imf.org/external/np/pdr/prsp/poverty1.htm) 15.03.2005.

IMF/ IDA, PRSP Progress
International Monetary Fund; International Development Association: Poverty Reduction Strategy Papers - Progress in Implementation. Washington, D.C. (7. Sept. 2000)

IMF/ IDA, Strengthening the Link
International Monetary Fund; International Development Association: Heavily Indebted Poor Countries (HIPC) Inititative. Strengthening the Link between Debt Relief and Poverty Reduction. Washington, D.C. 1999.

IMF/ World Bank, Annual Progress Report
International Monetary Fund; World Bank: Guidelines for Joint Staff Assessments of PRSP Annual Progress Reports on Implementation. Washington, D.C. (9. Juli 2002)
(http://poverty.worldbank.org/files/jsaguide_annualprogrep.pdf) 15.03.2005.

IMF/ World Bank, Assistance
International Monetary Fund; World Bank: Assistance to Post-Conflict Countries and the HIPC Framework. Washington, D.C. 2001.

IMF/ World Bank, Collaboration on Country Programs
International Monetary Fund; World Bank: Strengthening IMF-World Bank Collaboration on Country Programs and Conditionality. 23. Aug. 2001. Washington, D.C. 2001.

IMF/ World Bank, Fighting Poverty
International Monetary Fund; World Bank: Memorandum - Fighting Poverty and Strengthening Growth in Low-Income Countries. Washington, D.C. (20. April 2001) (http://www.imf.org/external/np/omd/2001/042001.htm) 15.03.2005.

IMF/ World Bank, FSAP Review
International Monetary Fund; World Bank: Financial Sector Assessment Program - Review, Lessons, and Issues Going Forward. Washington, D.C. 2003.

IMF/ World Bank, I-PRSP
International Monetary Fund; World Bank: Interim Poverty Reduction Strategy Papers (I-PRSPs): Guidance on I-PRSPs and Joint Staff Assessments of I-PRSPs. Washington, D.C. (7. Sept. 2000) (http://web.worldbank.org/WBSITE/EXTERNAL/TOPICS/EXTPOVERTY/EXTPRS/0,,contentMDK%3A20195439~menuPK%3A493897~pagePK%3A148956~piPK%3A216618~theSitePK%3A384201,00.html) 15.03.2005.

IMF/ World Bank, JSA
International Monetary Fund; World Bank: Guidelines for Joint Staff Assessment of a Poverty Reduction Strategy Paper. Washington, D.C. (http://web.worldbank.org/WBSITE/EXTERNAL/TOPICS/EXTPOVERTY/EXTPRS/0,,contentMDK%3A20195439~menuPK%3A493897~pagePK%3A148956~piPK%3A216618~theSitePK%3A384201,00.html) 15.03.2005.

IMF/ World Bank, Memorandum HIPC/ PRSP
International Monetary Fund; World Bank: Memorandum: Heavily Indebted Poor Countries Initiative and Poverty Reduction Strategy Papers - Progress Reports. 7. Sept. 2000. Washington, D.C. 2000.

IMF/ World Bank, PRSP Preparation Status Report
International Monetary Fund; World Bank: Guidelines for PRSP Preparation Status Reports and Accompanying JSAs. Washington, D.C. (http://web.worldbank.org/WBSITE/EXTERNAL/TOPICS/EXTPOVERTY/EXTPRS/0,,contentMDK%3A20195439~menuPK%3A493897~pagePK%3A148956~piPK%3A216618~theSitePK%3A384201,00.html) 15.03.2005.

IMF/ World Bank, ROSC
International Monetary Fund; World Bank: Reports on the Observance of Standards and Codes (ROSCs): An Update. Washington, D.C. (30. März 2000) (http://www.imf.org/external/np/rosc/2000/stand.htm) 15.03.2005.

IMFC, Communiqué 2004
International Monetary and Financial Committee: Communiqué of the International Monetary and Financial Committee of the Board of Governors of the IMF. 24. April 2004. Washington, D.C. (http://www.imf.org/external/np/cm/2004/042404.htm) 15.03.2005.

Ipsen, Völkerrecht
Ipsen, Knut: Völkerrecht. 3. Aufl. München 1990.

IWF, Jahresbericht [Jahr]
Internationaler Währungsfonds: Jahresbericht [Jahr]. Washington, D.C. [Jahr].

IWF, Logik
Internationaler Währungsfonds: Die Logik der Schuldenerleichterung für die ärmsten Länder. Washington, D.C. (Sept. 2000) (http://www.imf.org/external/np/exr/ib/2000/deu/092300g.htm) 15.03.2005.

IWF, Weltwirtschaft
Internationaler Währungsfonds: Entwicklungen in der Weltwirtschaft. Politische Erwägungen. In: Finanzierung und Entwicklung, 17. Jg. (1980), H. Sept., S. 6-10.

Jafarey
Jafarey, V. A. (Hrsg.): Structural Adjustment and Macroeconomic Policy Issues. Washington, D.C. 1992.

Jakobeit, Konzept
Jakobeit, Cord: Das Konzept der Weltbank für die Länderplanung. Von der Projektpolitik zur umfassenden koordinierten Armutsbekämpfung. In: Entwicklung und Zusammenarbeit, 41. Jg. (2000), H. 9, S. 242-244.

Jakobeit, Menschliche Entwicklung
Jakobeit, Cord: Die Weltbank und "Menschliche Entwicklung". Ein neuer strategischer Ansatz aus Washington. In: Entwicklung und Zusammenarbeit, 40. Jg. (1999), H. 5, S. 124-125.

James, Grandmotherliness
James, Harold: From Grandmotherliness to Governance. The Evolution of IMF Conditionality. In: Finanzierung und Entwicklung, 35. Jg. (1998), H. Dez., S. 44-47.

James, Monetary Cooperation
James, Harold: International Monetary Cooperation since Bretton Woods. Washington, D.C. 1996.

Jansen, Funktionswandel
Jansen, Hans W.: Der Funktionswandel der Weltbank. Bonn 1958.

Jenks, Conflict
Jenks, C. Wilfred: The Conflict of Law-Making Treaties. In: British Yearbook of International Law, 30. Jg. (1953), S. 401-453.

Jenks, Coordination
Jenks, C. Wilfred: Co-ordination: a new problem ... In: Recueil des Cours de l' Académie de droit international de la Haye, 77. Jg. (1950), H. 2, S. 157-301.

Kafka, IMF Problems
Kafka, Alexander: Some IMF Problems After the Committee of Twenty. Aus: Frenkel, Jacob A.; Goldstein, Morris (Hrsg.): International Financial Policy. Essays in Honor of Jacques J. Polak. Washington, D.C. 1991. S. 102-124.

Kamarck, World Bank
Kamarck, Andrew M.: The World Bank: Challenges and Creative Responses. Aus: Kirschner, Orin (Hrsg.): The Bretton Woods-GATT System. Retrospect and Prospect after 50 Years. New York, London 1996. S. 106-127.

Kampffmeyer, Brady-Plan
Kampffmeyer, Thomas: Der Brady-Plan: Durchbruch an der Schuldenfront? In: Europa Archiv, 45. Jg. (1990), H. 3, S. 105-114.

Kapur/ Lewis/ Webb
Kapur, Devesh; Lewis, John P.; Webb, Richard (Hrsg.): The World Bank - Its first half century. History. Band 1. Washington, D. C. 1997.

Karl, Spätere Praxis
Karl, Wolfram: Vertrag und spätere Praxis im Völkerrecht. Berlin, Heidelberg, New York u.a. 1983.

Karl, Treaties
Karl, Wolfram: Treaties, Conflict Between. Aus: Bernhardt, Rudolf (Hrsg.): Encyclopedia of Public International Law. Vol. IV. Amsterdam, London, New York u.a. 2000. S. 935-941.

Kenen, Financial Architecture
Kenen, Peter B.: The International Financial Architecture. What's new? What's Missing? Washington, D.C. 2001.

Kenen/ Swoboda
Kenen, Peter B; Swoboda, Alexander K. (Hrsg.): Key Issues in International Monetary and Financial Reform. Washington, D.C. 2000.

Kepp, SZR
Kepp, Christian: Sonderziehungsrechte (SZR) und Entwicklungshilfe. Bremen 1985.

Khan/ Sharma, IMF Conditionality
Khan, Mohsin S.; Sharma, Sunil: IMF Conditionality and Country Ownership of Adjustment Programs. In: The World Bank Research Observer, 18. Jg. (2003), H. 2, S. 227-248.

Killick
Killick, Tony (Hrsg.): The Quest for Economic Stabilisation - The IMF and the Third World. London 1984.

Killick, Low-Income Countries
Killick, Tony: Can the IMF Help Low-Income Countries? Experiences with its Structural Adjustment Facilities. In: World Economy (U.K.), 18. Jg. (1995), H. 4, S. 603-616.

Killick, Programmes
Killick, Tony: International Monetary Fund Programmes in Developing Countries. Design and Impact. London, New York 1995.

Killick, Stabilisation Programmes
Killick, Tony: IMF Stabilisation Programmes. Aus: Killick, Tony (Hrsg.): The Quest for Economic Stabilisation - The IMF and the Third World. London 1984. S. 183-226.

King, Reorganisation
King, John A.: Reorganisation der Weltbank. In: Finanzierung und Entwicklung, 11. Jg. (1974), H. März, S. 5-8, 34.

Kirschner
Kirschner, Orin (Hrsg.): The Bretton Woods-GATT System. Retrospect and Prospect after 50 Years. New York, London 1996.

Klein, Internationale Organisationen
Klein, Eckart: Die Internationalen und die Supranationalen Organisationen. Aus: Graf Vitzthum, Wolfgang (Hrsg.): Völkerrecht. 3. Aufl. Berlin 2004. S. 245-355.

Klein, Pariser Club
Klein, Thomas: Innovationen beim Schuldenabbau: Der Pariser Club. In: Finanzierung und Entwicklung, 29. Jg. (1992), H. März, S. 42-43.

Klein, Vertragskonkurrenz
Klein, Friedrich: Vertragskonkurrenz. Aus: Schlochauer, Hans-Jürgen (Hrsg.): Wörterbuch des Völkerrechts. Band III. Berlin 1962. S. 555-560.

Köbler, Generalklausel
Köbler, Gerhard: Generalklausel. Aus: Tilch, Horst; Arloth, Frank (Hrsg.): Deutsches Rechts-Lexikon. Band 2. Buchstaben G-P. München 2001. S. 1870.

Köck, Implied powers
Köck, Heribert Franz: Die "implied powers" der Europäischen Gemeinschaften als Anwendungsfall der "implied powers" internationaler Organisationen überhaupt. Aus: Böckstiegel, Karl-Heinz; Folz, Hans-Ernst; Mössner, Jörg M.; et al. (Hrsg.): Völkerrecht, Recht der Internationalen Organisationen, Weltwirtschaftsrecht. Festschrift für Ignaz Seidl-Hohenveldern. Köln, Berlin, Bonn u.a. 1988. S. 279-299.

Koeberle, Policy-Based Lending
Koeberle, Stefan G.: Should Policy-Based Lending Still Involve Conditionality? In: The World Bank Research Observer, 18. Jg. (2003), H. 2, S. 249-273.

Köhler, Challenge of Transition
Köhler, Horst: The Continuing Challenge of Transition and Convergence. Wien (6. Nov.2000) (http://www.imf.org/external/np/speeches/2000/110600.htm) 15.03.2005.

Köhler, Entwicklungspolitik
Köhler, Horst: IWF wird keine Entwicklungspolitik mehr betreiben. Frankfurter Allgemeine Zeitung, 05.06.2000. In: Deutsche Bundesbank, Auszüge aus Presseartikeln, 7. Juni. (2000), H. 27, S. 18-19.

Köhler, Herausforderungen der Globalisierung
Köhler, Horst: Die Herausforderungen der Globalisierung und die Rolle des IWF. Berlin (15. Mai 2003) (http://www.imf.org/external/np/speeches/2003/051503g.htm) 15.03.2005.

Köhler, Rede Prag
Köhler, Horst: Rede vor dem Gouverneursrat des IWF am 26. Sept. 2000 in Prag. Prag (26. Sept. 2000) (http://www.imf.org/external/np/speeches/2000/092600.htm) 15.03.2005.

Köhler/ Wolfensohn, Enhanced Partnership
Köhler, Horst; Wolfensohn, James: The IMF and the World Bank Group: An Enhanced Partnership for Sustainable Growth and Poverty Reduction. Washington, D.C. (5. Sept. 2000) (http://www.imf.org/external/np/omd/2000/part.htm) 15.03.2005.

Koll
Koll, Thomas U. (Hrsg.): Die Weltbank. Struktur, Aufgaben und Bedeutung. Berlin 1988. (= Schriftenreihe der Deutschen Gesellschaft für Vereinte Nationen. 1)

Kremmydas, Cross-Conditionality
Kremmydas, Nicholas: The Cross-Conditionality Phenomenon - Some Legal Aspects. Aus: Ebke, Werner F.; Norton, Joseph J. (Hrsg.): Festschrift in Honor of Sir Joseph Gold. Heidelberg 1990. S. 195-222.

Krueger, IMF at 60
Krueger, Anne O.: The IMF at 60: What Role for the Future? Reykjavik (24. Juni 2004) (http://www.imf.org/external/np/speeches/2004/062404.htm) 15.03.2005.

Krueger, New Approach
Krueger, Anne O.: A New Approach to Sovereign Debt Restructuring. Washington, D.C. 2002.

Krueger, Preventing Financial Crises
Krueger, Anne: Preventing and Resolving Financial Crises: The Role of Sovereign Debt Restructuring. Rede in Sao Paolo, Brasilien am 26. Juli 2002. Washington, D.C. (26. Juli 2002) (http://www.imf.org/external/np/speeches/2002/072602.htm) 15.03.2005.

Krueger, Sovereign Debt Restructuring
Krueger, Anne: Sovereign Debt Restructuring and Dispute Resolution. Washington, D.C. (6. Juni 2002) (http://www.imf.org/external/np/speeches/2002/060602.htm) 15.03.2005.

Krueger, World Bank and the IMF
Krueger, Anne O.: Whither the World Bank and the IMF? In: Journal of Economic Literature, 36. Jg. (1998), H. Dez., S. 1983-2020.

Laar, World Bank
Laar, Aart van de: The World Bank and the Poor. Boston, The Hague, London 1982.

Lachmann, Auslandsverschuldung
Lachmann, Werner: Auslandsverschuldung der Entwicklungsländer. Aus: Gabler, Thomas (Hrsg.): Wirtschaftslexikon. 15. Aufl. Wiesbaden 2001. S. 336-337.

Lachmann, Entwicklungspolitik
Lachmann, Werner: Entwicklungspolitik. Grunglagen. Band 1. München, Wien 1994.

Lachmann, Entwicklungspolitik II
Lachmann, Werner: Entwicklungspolitik. Aus: Gabler, Thomas (Hrsg.): Wirtschaftslexikon. 15. Aufl. Wiesbaden 2001. S. 289-297.

Lal, Abschied
Lal, Deepak: Zeit zum Abschied für den Währungsfonds. In: Frankfurter Allgemeine Zeitung, Nr. 228 vom 01.10.1998.

Landell-Mills, Kredite
Landell-Mills, Pierre M.: Kredite zur Strukturanpassung: erste Erfahrungen. In: Finanzierung und Entwicklung, 18. Jg. (1981), H. Dez., S. 17-21.

Lang, Zahlungsbilanzfinanzierung
Lang, Otmar: Zahlungsbilanzfinanzierung afrikanischer Entwicklungsländer. Spardorf 1985.

Lange, Banken
Lange, Hans D.: Die Internationalen Banken. Göttingen 1963. (= Studien zum Internationalen Wirtschaftsrecht und Atomenergierecht. 11).

Langerbein, Breiter
Langerbein, Heinrich: Breiter, tiefer, schneller. Die Entschuldungsinitiative zugunsten armer Länder ist wirklichkeitsfremd. In: Frankfurter Allgemeine Zeitung, Nr. 258 vom 06.11.2001.

Larosière, Channeling Oil
Larosière, Jacques de: Success in Channeling Oil Surpluses Could Benefit World Economy. In: IMF Survey, Jg. 1980, H. June, S. 161, 169-174.

Larosière, Lösung
Larosière, Jacques de: Für eine Lösung der Internationalen Währungspolitik. In: Finanzierung und Entwicklung, 16. Jg. (1979), H. Sept., S. 12-14.

Larosière, Rede 1985
Larosière, Jacques de: Rede des Geschäftsführenden Direktors des IWF, Jacques de Larosière, auf der Jahresversammlung des Internationalen Währungsfonds und der Weltbank in Seoul am 8.Okt.1985 (Auszüge). In: Europa Archiv Dokumente, 41. Jg. (1986), H. 1, S. D7-D11.

Lastra, IMF
Lastra, Rosa Maria: The International Monetary Fund in Historical Perspective. In: Journal of International Economic Law, 3. Jg. (2000), H. 3, S. 507-523.

Lateef
Lateef, K. Sarwar (Hrsg.): The Evolving Role of the World Bank. Helping Meet the Challenge of Development. Washington, D.C. 1995.

Lateef, Century
Lateef, K. Sarwar: The First Half Century. An Overview. Aus: Lateef, K. Sarwar (Hrsg.): The Evolving Role of the World Bank. Helping Meet the Challenge of Development. Washington, D.C. 1995. S. 1-36.

Levinson, Dissenting Statement
Levinson, Jerome I.: Separate Dissenting Statement to the Report of the Independent Finanical Institution Advisory Commission. Annex des Berichts. Washington, D.C. 2000.

Lipton, Refocusing
Lipton, David: Refocusing the Role of the International Monetary Fund. Aus: Kenen, Peter B; Swoboda, Alexander K. (Hrsg.): Key Issues in International Monetary and Financial Reform. Washington, D.C. 2000. S. 345-365.

Lipton/ Shakow, Weltbank
Lipton, Michael; Shakow, Alexander: Die Weltbank und die Armen. In: Finanzierung und Entwicklung, 19. Jg. (1982), H. Juni, S. 16-19.

Lörcher, Neue Verfahren
Lörcher, Torsten: Neue Verfahren der internationalen Streitbeilegung in Wirtschaftssachen. Verfahren vor dem Internationalen Seegerichtshof, WTO-Panelverfahren, ICSID- und WIPO-Schiedsverfahren. Frankfurt am Main, Berlin, Bern u.a. 2001.

Lucke, IWF
Lucke, Peter: Internationaler Währungsfonds. Strukturen, Finanztransaktionen und Konditionalität aus völkerrechtlicher Sicht. Münster 1997. (= Deutsches und Internationales Wirtschaftrecht. 12)

Lusser, Verschuldung
Lusser, Markus: Internationale Verschuldung - Wege aus der Krise? In: Die Bank, 10. Jg. (1987), H. 8, S. 408-413.

Mason/ Asher, World Bank
Mason, Edward S.; Asher, Robert E.: The World Bank since Bretton Woods. Washington, D. C. 1973.

Masson/ Mussa, Role
Masson, Paul R.; Mussa, Michael: The Role of the IMF. Financing and its Interactions with Adjustment and Surveillance. Washington, D.C. 1995.

Mayer, Policy Dialogue
Mayer, Otto G.: Policy Dialogue between IMF, World Bank and Developing Countries. In: Foreign Trade Review, 25. Jg. (1990), H. 2, S. 148-162.

McDonald, Fondstätigkeit
McDonald, Ian S.: Fondstätigkeit - Fundierung der Öl-Fazilität. In: Finanzierung und Entwicklung, 12. Jg. (1975), H. Juni, S. 2-4.

McMorran/ Wallace, Makroökonomen
McMorran, Ronald; Wallace, Laura: Warum Makroökonomen und Umweltschützer aufeinander angewiesen sind. In: Finanzierung und Entwicklung, 32. Jg. (1995), H. Dez., S. 44-47.

McNamara, Rede 1969
McNamara, Robert S.: Ansprache des Präsidenten der Weltbank, Robert S. McNamara, vor dem Gouverneursrat am 29. September 1969. Washington, D.C. 1969.

McNamara, Rede 1977
McNamara, Robert S.: Vortrag am Massachusetts Institute of Technology. Cambridge, Massachusetts; 28. April 1977. Washington, D.C. 1977.

McNamara, Rede 1980
McNamara, Robert S.: Rede zur Jahrestagung in Washington D.C., 30. Sept. 1980. In: Finanzierung und Entwicklung, 18. Jg. (1981), H. Juni, S. 8-9.

Meessen
Meessen, Karl M. (Hrsg.): Internationale Verschuldung und wirtschaftliche Entwicklung aus rechtlicher Sicht. Augsburger Symposium vom 27./ 28. Januar 1987. Baden-Baden 1988. (= Völkerrecht und Internationales Wirtschaftsrecht. 14)

Meltzer, IFIAC
Meltzer, Allan H.: Report of the International Financial Institution Advisory Commission. Submitted to the U.S. Congress and U.S. Department of the Treasury. Washington, D.C. 2000.

Meng, Charter
Meng, Werner: The Charter of the United Nations. A Commentary. Oxford 1994.

Meng, Conditionality
Meng, Werner: Conditionality of IMF and World Bank Loans: Tutelage over Sovereign States? In: Verfassung und Recht in Übersee, 21. Jg. (1988), S. 263-277.

Michaelis, Nachhaltige Entwicklung
Michaelis, Nina Veronique: Nachhaltige Entwicklung und Programmgebundene Kreditvergabe der Wetlbank. Regensburg 2003.

Michalopoulos, Kreditvergabe
Michalopoulos, Constantine: Die Kreditvergabe der Weltbank zur Strukturanpassung. Die Art der Unterstützung von Reformvorhaben in Mitgliedsländern durch die Bank und ein Überblick über die Erfahrungen. In: Finanzierung und Entwicklung, 24. Jg. (1987), H. Juni, S. 7-10.

Miller-Adams, New agendas
Miller-Adams, Michelle: The World Bank: New Agendas in a Changing World. London, New York 1999.

Minton-Beddoes, IMF Needs Reform
Minton-Beddoes, Zanny: Why the IMF Needs Reform. In: Foreign Affairs, 74. Jg. (1995), H. 3, S. 123-133.

Mitra/ Selowsky, Decade of Transition
Mitra, Pradeep K.; Selowsky, Marcelo: Lessons from a Decade of Transition in Eastern Europe and the former Soviet Union. In: Finanzierung und Entwicklung, 39. Jg. (2002), H. Juni, S. 48-51.

Mosley/ Harrigan/ Toye, Aid
Mosley, Paul; Harrigan, Jane; Toye, John: Aid and Power - The World Bank and Policy-based Lending. Analysis & Policy Proposals. Vol. 1. London, New York 1995.

Munasinghe, Ökonomen
Munasinghe, Mohan: Der Ansatz der Ökonomen für eine nachhaltige Entwicklung. In: Finanzierung und Entwicklung, 30. Jg. (1993), H. Dez., S. 16-19.

Mussa, Surveillance
Mussa, Michael: IMF Surveillance. In: The American Economic Review, 87. Jg. (1997), H. 2, S. 28-31.

Mussa/ Boughton/ Isard, Future of the SDR
Mussa, Michael; Boughton, James M.; Isard, Peter: The Future of the SDR in Light of Changes in the International Financial System. Washington, D.C. 1996.

Narvekar, Collaboration
Narvekar, P. R.: Collaboration Between the Fund and the World Bank. Aus: Hooke, A. W. (Hrsg.): The Fund and China in the international monetary system. Washington, D.C. 1983. S. 119-137.

Naumann, Fragen
Naumann, Jens A.: Fragen an die Weltbank. Aus: Koll, Thomas U. (Hrsg.): Die Weltbank. Struktur, Aufgaben und Bedeutung. Berlin 1988. (=Schriftenreihe der Deutschen Gesellschaft für Vereinte Nationen. 1) S. 174-184.

Nayyar
Nayyar, Deepak (Hrsg.): Governing Globalization. Issues and Institutions. Oxford 2002.

Neldner, Geld
Neldner, Manfred: Geld- und Währungsordnungen. Gestaltungsmöglichkeiten und konkrete Erscheinungsformen. In: Wirtschaftswissenschaftliches Studium, 27. Jg. (1998), H. 6, S. 287-294.

Nicholas, Lending for Adjustment
Nicholas, Peter: The World Bank's Lending for Adjustment. An Interim Report. Washington D.C. 1988. (= World Bank Discussion Papers. 38)

Niehans, Außenwirtschaftstheorie
Niehans, Jörg: Geschichte der Außenwirtschaftstheorie im Überblick. Tübingen 1995.

Niskanen, Reshaping
Niskanen, William A.: Reshaping the Global Finanical Architecture: Is There a Role for the IMF? In: Cato Journal, 18. Jg. (1999), H. 3, S. 331-334.

Nowzad, Debt Problem
Nowzad, Bahram: The debt problem and the IMF's perspective. Aus: Bird, Graham (Hrsg.): Third World Debt. The Search for a Solution. Worcester 1989. S. 118-129.

Nowzad, Development
Nowzad, Bahram: Promoting Development. The IMF's Contribution. Washington, D.C. 1990.

Nowzad, Schuldenmanagement
Nowzad, Bahram: Schuldenmanagement in den Entwicklungsländern. In: Finanzierung und Entwicklung, 17. Jg. (1980), H. Sept., S. 24-27.

Nunnenkamp, IWF und Weltbank
Nunnenkamp, Peter: IWF und Weltbank: Trotz aller Mängel weiterhin gebraucht? Kiel 2002. (= Kieler Diskussionsbeiträge. 388)

Nunnenkamp, Moral Hazard
Nunnenkamp, Peter: The Moral Hazard of IMF Lending: Making a Fuss about a Minor Problem? Kiel 1999. (= Kieler Diskussionsbeiträge. 322)

Nunnenkamp, Umbaupläne
Nunnenkamp, Peter: Umbaupläne und Reparaturarbeiten an der internationalen Finanzarchitektur: Eine Zwischenbilanz aus deutscher Perspektive. Kiel 2001. (= Kieler Arbeitspapier. 1078)

Nuscheler, Magier
Nuscheler, Franz: "Die Magier des Marktes" - Warum die Reaganisten den IWF stützten und die Weltbank schwächten. In: blätter des iz3w, Jg. 1984, H. 121, S. 38-40.

o.V., Debt Sustainability Framework
o.V.: Bank and Fund Plan Debt Sustainability Framework. Washington, D.C. 2004.

o.V., Entwicklung
o.V.: Hin zu einer dauerhaften Entwicklung. Ein gemeinsames Aktionsprogramm für Afrika südlich der Sahara. In: Finanzierung und Entwicklung, 21. Jg. (1984), H. Dez., S. 29-30.

o.V., Facility
o.V.: The IMF's structural adjustment facility. In: Finanzierung und Entwicklung, 23. Jg. (1986), H. Juni, S. 39.

o.V., Map
o.V.: Map of the HIPC-Counrties. Washington, D.C. (http://www.worldbank.org/hipc/about/map/map.html) 15.03.2005.

o.V., Märkte öffnen
o.V.: Industrieländer sollen Märkte öffnen. IWF und Weltbank arbeiten enger zusammen. In: Handelsblatt, Nr. 173 vom 07.09.2000.

o.V., Rolle
o.V.: Verstärkte Rolle des IWF bei Zahlungsbilanzanpassung und -finanzierung. In: Finanzierung und Entwicklung, 18. Jg. (1981), H. März, S. 4-5.

o.V., Umweltfazilität
o.V.: Die globale Umweltfazilität. In: Finanzierung und Entwicklung, 28. Jg. (1991), H. März, S. 24.

ODC, Task Force Report
Overseas Development Council: The Future Role of the IMF in Development: An ODC Task Force Report. Washington, D.C. (April 2000).

Oxfam, Case for Reform
Oxfam Policy Department: A Case for Reform. Fifty Years of the IMF and World Bank. Oxford 1995.

Pätzold, Kompetenzüberschneidungen
Pätzold, Ralf Ingo: Kompetenzüberschneidungen zwischen UN-Organisationen. Dargestellt am Beispiel der Industrialisierung von Entwicklungsländern. Ausgburg 1973.

Payer, World Bank
Payer, Cheryl: The World Bank. A Critical Analysis. New York, London 1982.

Pearson-Bericht
Pearson, Lester B.: Der Pearson-Bericht. Bestandsaufnahme und Vorschäge zur Entwicklungspolitik. Wien, München, Zürich 1969.

Pender, Structural Adjustment
Pender, John: From 'Structural Adjustment' to 'Comprehensive Development Framework': conditionality transformed? In: Third World Quarterly, 22. Jg. (2001), H. 3, S. 397-411.

Petersmann, Financial Assistance
Petersmann, Hans G.: Financial Assistance to Developing Countries: The Changing Role of the World Bank and International Monetary Fund. Bonn 1988. (= Arbeitspapiere zur Internationalen Politik. 50)

Petersmann, Entwicklungsstrategie
Petersmann, Hans G.: Die Rolle und Entwicklungsstrategie der Weltbank. Ein Überblick. Aus: Koll, Thomas U. (Hrsg.): Die Weltbank. Struktur, Aufgaben und Bedeutung. Berlin 1988. (=Schriftenreihe der Deutschen Gesellschaft für Vereinte Nationen. 1) S. 48-65.

Petersmann, IFC
Petersmann, Hans G.: International Finance Corporation. Aus: Wolfrum, Rüdiger (Hrsg.): Handbuch Vereinte Nationen. 2. Aufl. München 1991. S. 318-320.

Petersmann, Legal Evolution
Petersmann, Hans G.: The Legal Evolution of the International Monetary System since Bretton Woods. In: German Yearbook of International Law, 25. Jg. (1982), S. 376-401.

Petersmann, Operations
Petersmann, Hans G.: The Operations of the World Bank and the Evolution of its Institutional Functions since Bretton Woods (1944-1984). In: German Yearbook of International Law, 26. Jg. (1983), S. 7-53.

Piper, Reformziel
Piper, Nikolaus: Reformziel Bescheidenheit. Süddeutsche Zeitung, München, 10. März 2000. In: Deutsche Bundesbank, Auszüge aus Presseartikeln, 20. März. (2000), H. 14, S. 4-5.

Please, World Bank
Please, Stanley: The World Bank: Lending for Structural Adjustment. Aus: Feinberg, Richard E.; Kallab, Valeriana (Hrsg.): Adjustment Crisis in the Third World. New Brunswick, London 1984. S. 83-98.

Polak, Changing Nature
Polak, Jacques J.: The Changing Nature of IMF Conditionality. Princeton (NY) 1991.

Polak, Coexistence
Polak, Jacques J.: The World Bank and the IMF: The Future of their Coexistence. Aus: Bretton Woods Commission (Hrsg.): Bretton Woods: Looking to the Future. Commission Report. Washington, D.C. 1994. S. 149-155.

Polak, Financial Policies
Polak, Jacques J.: Financial Policies and Development. San Francisco, California 1990.

Polak, Relationship
Polak, Jacques J.: The World Bank and the IMF. A Changing Relationship. Washington D.C. 1994.

Polak, Strengthening the Role
Polak, Jacques J.: Strengthening the Role of the IMF in the International Monetary System. Aus: Gwin, Catherine; Feinberg, Richard E. (Hrsg.): The International Monetary Fund in a multipolar world. Pulling together. New Brunswick (USA), Oxford (UK) 1989. S. 45-67.

Portmann, Weltbank
Portmann, Heinz: Die Weltbank als Kapitalleitstelle für Entwicklungsländer. Bonn o.J.

Potocnik, MIGA
Potocnik, Ines: Die Mulitlaterale Investitions-Garantie-Agentur. Völkerrechtliche Analyse der Rechts-, Organsations- und Handlungsformen der MIGA sowie deren Streitbeilegungsmechanismen unter Berücksichtigung neuerer Entwicklungen. München 1999.

Pownall/ Stuart, Kompensation
Pownall, Roger; Stuart, Brian: Die Kompensations- und Eventualfall-Finanzierungsvorkehrung des IWF. In: Finanzierung und Entwicklung, 25. Jg. (1988), H. Dez., S. 9-11.

Radke, Auflagenpolitik
Radke, Detlef: Auflagenpolitik und Politik-Dialog in der entwicklungspolitischen Zusammenarbeit. Berlin 1995.

Rato, Global Imbalances
Rato y Figaredo, Rodrigo de: Global Imbalances and Global Poverty - Challenges for the IMF. New York (23.02.2005) (http://www.imf.org/external/np/speeches/2005/022305.htm) 15.03.2005.

Rato, Mandate
Rato y Figaredo, Rodrigo de: Is the IMF's Mandate Still Relevant? Washington, D.C. (Jan. 2005) (http://www.imf.org/external/np/vc/2005/010105.htm) 15.03.2005.

Rawert, IWF
Rawert, Peter: Internationaler Währungsfonds. Aus: Wolfrum, Rüdiger (Hrsg.): Handbuch Vereinte Nationen. 2. Aufl. München 1991. S. 347-354.

Rees, Ökologen
Rees, Colin: Der Ansatz der Ökologen für eine nachhaltige Entwicklung. In: Finanzierung und Entwicklung, 30. Jg. (1993), H. Dez., S. 14-15.

Reid, McNamara
Reid, Escott: McNamara's World Bank. In: Foreign Affairs, 51. Jg. (1973), H. 4, S. 794-810.

Rettberg, Währungsfonds
Rettberg, Jürgen: Währungsfonds mit Weltbankgruppe und UNCTAD. München 1983. (= Studien zum internationalen Wirtschaftsrecht und Atomenergierecht. 69)

Rhomberg, SDR
Rhomberg, Rudolf R.: Failings of the SDR. Lessons from Three Decades. Aus: Frenkel, Jacob A.; Goldstein, Morris (Hrsg.): International Financial Policy. Essays in Honor of Jacques J. Polak. Washington, D.C. 1991. S. 150-169.

Ribe/ Carvalho, Anpassung
Ribe, Helena; Carvalho, Soniya: Anpassung und die Armen. In: Finanzierung und Entwicklung, 27. Jg. (1990), H. Sept., S. 15-17.

Riesenhuber, IMF
Riesenhuber, Eva: The International Monetary Fund under Constraint. Legitimacy of its Crisis Management. The Hague, London, Boston 2001. (= Legal Aspects of International Organizsation. 39)

Rist, Weltbank
Rist, Léonard: Die Weltbank vor einigen neuen Aspekten der Entwicklungsprobleme. Kiel 1965. (= Kieler Vorträge. 39)

Rockefeller, Why we need the IMF
Rockefeller, David: Why we need the IMF. The Wall Street Journal Europe, Brüssel, 7. Mai 1998 In: Deutsche Bundesbank, Auszüge aus Presseartikeln, 11. Mai. (1998), H. 29, S. 20-21.

Rose/ Sauernheimer, Außenwirtschaft
Rose, Klaus; Sauernheimer, Karlhans: Theorien der Außenwirtschaft. 13. Aufl. München 1999.

Ruffert, Zuständigkeitsgrenzen
Ruffert, Matthias: Zuständigkeitsgrenzen internationaler Organisationen im institutionellen Rahmen der internationalen Gemeinschaft. In: Archiv des Völkerrechts, 38. Jg. (2000), H. 2, S. 129-168.

Salda, Dictionary
Salda, Anna: Historcal Dictionary of the World Bank. International Organization Series. No. 11. Lanham, Md., London 1997.

Salge, Rolle des Staates
Salge, Oliver: Die Rolle des Staates im Entwicklungsprozeß - die Perspektive der Weltbank. Hamburg 2000. (= Sozialökonomischer Text. 80)

Salmen, Arme
Salmen, Lawrence: Den Armen zuhören. In: Finanzierung und Entwicklung, 31. Jg. (1994), H. Dez., S. 45-48.

Schadler, Anpassungsprogramme
Schadler, Susan: Wie erfolgreich sind die vom IWF unterstützten Anpassungsprogramme? In: Finanzierung und Entwicklung, 33. Jg. (1996), H. Juni, S. 14-17.

Schadler, Low-Income Countries
Schadler, Susan: Can the IMF Help Low-Income Countries. A Reply. In: World Economy (U.K.), 18. Jg. (1995), H. 4, S. 617-625.

Schadler/ Rozwadowski/ Tiwar et al., Economic Adjustment
Schadler, Susan; Rozwadowski, Franek; Tiwari, Siddharth; et al.: Economic Adjustment in Low-Income Countries. Washington, D.C. 1993.

Schalatek/ Unmüßig, Nachhaltigkeit
Schalatek, Liane; Unmüßig, Barbara: Nachhaltigkeit, wie sie die Weltbank sieht. Weltentwicklungsbericht 2003 zur nachhaltigen Entwicklung. In: Entwicklung und Zusammenarbeit, 43. Jg. (2002), H. 8/9, S. 254-255.

Schieler, IMF and the World Bank
Schieler, Max: The IMF and the World Bank at Fifty. Discussion. Aus: Genberg, Hans (Hrsg.): The International Monetary System. Its Institutions and its Future. Berlin, Heidelberg, New York u.a. 1995. S. 201-209.

Schlemmer-Schulte, Inspection Panel
Schlemmer-Schulte, Sabine: The World Bank Inspection Panel: A Model for other International Organizations? Aus: Blokker, N. M.; Schermers, H. G. (Hrsg.): Proliferation of International Organizations. The Hague, London, Boston 2001. S. 483-548.

Schlochauer
Schlochauer, Hans-Jürgen (Hrsg.): Wörterbuch des Völkerrechts. Band III. Berlin 1962.

Seidl-Hohenveldern/ Loibl, Organisationen
Seidl-Hohenveldern, Ignaz; Loibl, Gerhard: Das Recht der Internationalen Organisationen einschließlich der Supranationalen Gemeinschaften. 7. Aufl. Köln, Berlin, Bonn u.a. 2000.

Seidl-Hohenveldern/ Stein, Völkerrecht
Seidl-Hohenveldern, Ignaz; Stein, Torsten: Völkerrecht. 10. Aufl. Köln, Berlin, Bonn u.a. 2000.

Selowsky, Anpassung
Selowsky, Marcelo: Anpassung in den 80er Jahren: Ein Überblick über die Probleme. In: Finanzierung und Entwicklung, 24. Jg. (1987), H. Juni, S. 11-14.

Serageldin, Umweltverträgliche Gestaltung
Serageldin, Ismail: Umweltverträgliche Gestaltung der Entwicklung. In: Finanzierung und Entwicklung, 30. Jg. (1993), H. Dez., S. 6-10.

Sewell/ Birdsall/ Morrison, Right Role
Sewell, John W.; Bridsall, Nancy; Morrison, Kevin: The Right Role for the IMF in Development. Washington D.C. 2000.

Shihata
Shihata, Ibrahim F.I. (Hrsg.): The World Bank in a Changing World. Selected Essays, Vol. III. The Hague, London, Boston 2000.

Shihata I
Shihata, Ibrahim F. I.: The World Bank in a Changing World. Select Essays. Vol. I. Dordrecht, Boston, London 1991.

Shihata II
Shihata, Ibrahim F. I.: The World Bank in a Changing World. Select Essays, Vol. II. The Hague, London, Boston 1995.

Shihata III
Shihata, Ibrahim F. I.: The World Bank in a Changing World. Selected Essays, Vol. III. The Hague, London, Boston 2000.

Shihata, Complementary Reform
Shihata, Ibrahim F. I.: Complementary Reform. Essays on Legal, Judicial and Other Institutional Reforms Supported by the World Bank. The Hague, London, Boston 1997.

Shihata, Quo vadis
Shihata, Ibrahim F. I.: The World Bank and the IMF Relationship - Quo Vadis? London 2002. (= Essays in international finance & economic law. 36)

Shihata, Relationship
Shihata, Ibrahim F. I.: The World Bank Legal Papers. The Hague, Boston, London 2000.

Siebert, Financial Architecture
Siebert, Horst: Improving the World's Financial Architecture. The Role of the IMF. Kiel 1999. (= Kieler Diskussionsbeiträge. 351)

Silard, Global Environment Facility
Silard, Stephen A.: The Global Environment Facility: A new Development in International Law and Organization. In: George Washington Journal of International Law & Economics, 28. Jg. (1995), S. 607-654.

Silkenat, Role
Silkenat, James R.: The Role of International Development Institutions in International Project Financing. IBRD, IFC & Co-Financing Techniques. In: The International Lawyer, 17. Jg. (1983), S. 615 ff.

Simon, Souveränität
Simon, Werner v.: Die Souveränität im rechtlichen Verständnis der Gegenwart. Berlin 1965.

Speyer, Reform
Speyer, Bernhard: Reform des IWF. In: Bulletin (Deutsche Bank Research), Jg. 2000, H. 3, S. 5-15.

Spitzer, Stabilization Programs
Spitzer, Emil G.: Factors in Stabilization Programs. Aus: Horsefield, J. Keith (Hrsg.): The IMF 1945-1965 - 20 Years of International Monetary Cooperation. Analysis. Vol. 2. Washington, D.C. 1969. S. 492-510.

Spitzer, Stand-by arr.
Spitzer, Emil G.: Stand-by Arrangements. Purposes and Form. Aus: Horsefield, J. Keith (Hrsg.): The IMF 1945-1965 - 20 Years of International Monetary Cooperation. Analysis. Vol. 2. Washington, D.C. 1969. S. 468-491.

Stark, IWF
Stark, Jürgen: Der IWF soll künftig bei Krisen vor allem Moderator und Katalysator sein. Interview von Christian Burckhardt; Börsen-Zeitung, Frankfurt am Main, 17. März 2000. In: Deutsche Bundesbank, Auszüge aus Presseartikeln, 20. März. (2000), H. 14, S. 2-4.

Steckhan, Weltbankkredite
Steckhan, Rainer B.: Weltbankkredite für den Strukturwandel in der Dritten Welt. In: Zeitschrift für das gesamte Kreditwesen, 33. Jg. (1981), H. 20, S. 908-913.

Stern, World Bank
Stern, Ernest: World Bank Financing of Sturctural Adjustment. Aus: Williamson, John (Hrsg.): IMF Conditionality. Washington, D.C. 1983. S. 87-107.

Stiglitz, Globalization
Stiglitz, Joseph E.: Globalization and the Logic of International Collective Action: Re-examining the Bretton Woods Institutions. Aus: Nayyar, Deepak (Hrsg.): Governing Globalization. Issues and Institutions. Oxford 2002. S. 238-253.

Stiglitz, Millennium
Stiglitz, Joseph E.: The World Bank at the Millennium. In: The Economic Journal, 109. Jg. (1999), H. 459, S. F577-F597.

Stiglitz, Post-Washington Consensus
Stiglitz, Joseph E.: More Instruments and Broader Goals: Moving toward the Post-Washington Consensus. Helsinki 1998.

Stratmann, IWF
Stratmann, Günter: Der Internationale Währungsfonds. Seine Aufsicht- und Lenkungsfunktion. Göttingen 1972. (= Studien zum Internationalen Wirtschaftsrecht und Atomenergierecht. 47)

Strupp/ Schlochauer
Strupp, Karl; Schlochauer, Hans-Jürgen (Hrsg.): Wörterbuch des Völkerrechts. Band 2. Berlin 1961.

Stuart, Structural Adjustment
Stuart, Brian C.: Structural Adjustment and the Role of the IMF. Aus: Jafarey, V. A. (Hrsg.): Structural Adjustment and Macroeconomic Policy Issues. Washington, D.C. 1992. S. 110-128.

Sturc, Treuhandfonds
Sturc, Ernest: Der Treuhandfonds. In: Finanzierung und Entwicklung, 13. Jg. (1976), H. Dez., S. 30-31.

Tanzi, Finanzpolitik
Tanzi, Vito: Finanzpolitik, Wachstum und Stabilisierungsprogramme. In: Finanzierung und Entwicklung, 24. Jg. (1987), H. Juni, S. 15-17.

Taylor, Polonius Lectures
Taylor, Lance: Polonius Lectures Again: The World Development Report, the Washington Consensus, and How Neoliberal Sermons Won´t Solve the Economic Problems of the Developing World. In: The Bangladesh Development Studies, 20. Jg. (1992), H. 2-3, S. 23-53.

Taylor, Revival
Taylor, Lance: The Revival of the Liberal Creed - the IMF and the World Bank in a Globalized Economy. In: World Development, 25. Jg. (1997), H. 2, S. 145-152.

Tetzlaff, Armutsbekämpfung
Tetzlaff, Rainer: Armutsbekämpfung in der Dritten Welt: Hilft oder hindert die Weltbank? Aus: Weber, Hans-Herbert (Hrsg.): Die Weltbank nach 40 Jahren. Herausforderung und Antwort. Bonn 1986. (=Arbeitspapiere zur Internationalen Politik. 42) S. 58-69.

Tetzlaff, USA
Tetzlaff, Rainer: Die Weltbank: Machtinstrument der USA oder Hilfe für die Entwicklungsländer? Zur Geschichte und Struktur der modernen Weltgesellschaft. München, London 1980. (= Weltwirtschaft und Internationale Beziehungen. 19)

Tetzlaff, Weltbank und Währungsfonds
Tetzlaff, Rainer: Weltbank und Währungsfonds. Gestalter der Bretton-Woods-Ära. Opladen 1996. (= Analysen. 55)

Theile, SZR
Theile, Konstantin: Die Kopplung der Sonderziehungsrechte mit der Entwicklungsfinanzierung. Diessenhofen 1981.

Thiele/ Wiebelt, Anpassungsprogramme
Thiele, Rainer; Wiebelt, Manfred: Sind die Anpassungsprogramme von IWF und Weltbank gescheitert? Eine Bilanz der Erfahrungen von zwei Jahrzehnten. Kiel 2000. (= Kieler Diskussionsbeiträge. 357)

Thomas/ Chhibber/ Dailami et al., Economies
Thomas, Vinod; Chhibber, Ajay; Dailami, Mansoor: Restructuring Economies in Distress. Policy Reform and the World Bank. Oxford, New York, Toronto u.a. 1991.

Tietmeyer, Evolving Cooperation
Tietmeyer, Hans: Evolving Cooperation and Coordination in Financial Market Surveillance. In: Finanzierung und Entwicklung, 36. Jg. (1999), H. Sept., S. 20-23.

Tilch/ Arloth
Tilch, Horst; Arloth, Frank (Hrsg.): Deutsches Rechts-Lexikon. Band 2. Buchstaben G-P. München 2001.

Trotsenburg/ MacArthur, HIPC
Trotsenburg, Axel van; MacArthur, Alan: The HIPC Initiative: Delivering Debt Relief to Poor Countries. Washington, D.C. (Feb. 1999)
(http://www.worldbank.org/hipc/related-papers/hipc-initiative-feb99.pdf) 15.03.2005.

Twele, Entwicklungspolitik
Twele, Cord: Die Entwicklungspolitik der Weltbankgruppe vor dem Hintergrund der Schuldenkrise der "Dritten Welt" seit Beginn der achtziger Jahre. Frankfurt am Main, Berlin, Bern u.a. 1995. (= Europäische Hochschulschriften. 1687)

U.S. Treasury Department, Response
U.S. Department of the Treasury: Response to the Report of the International Financial Institution Advisory Commission. June 8, 2000. Washington, D.C. 2000.

UNCTAD, Report
UNCTAD: The Least Developed Countries 2000 Report. New York (2000) (http://poverty.worldbank.org/library/view/9741/) 15.03.2005.

United Nations, Millennium Declaration
United Nations: United Nations Millennium Declaration. Resolution adopted by the General Assembly. New York (18.09.2000)
(http://www.un.org/millennium/summit.htm) 15.03.2005.

Verdross/ Simma, Völkerrecht
Verdross, Alfred; Simma, Bruno: Universelles Völkerrecht. Theorie und Praxis. 3. Aufl. Berlin 1984.

Vocke, Zusammenarbeit
Vocke, Katharina: Die Zusammenarbeit zwischen dem Internationalen Währungsfonds, der Weltbankgruppe und internationalen Geschäftsbanken vor dem Hintergrund der Schuldenkrise. Frankfurt am Main 1991. (= Veröffentlichungen des Instituts für Bankwirtschaft und Bankrecht an der Universität zu Köln. XXXVIII)

Volger
Volger, Helmut (Hrsg.): Lexikon der Vereinten Nationen. München, Wien 2000.

Vries I
Vries, Margrate G. de: The International Monetary Fund 1972-1978. Narrative and Analysis, Vol. 1. Washington, D.C. 1985.

Vries II
Vries, Margrate G. de: The International Monetary Fund 1972-1978. Narrative and Analysis, Vol. 2. Washington, D.C. 1985.

Vries III
Vries, Margrate G. de: The International Monetary Fund 1972-1978. Documents, Vol. 3. Washington, D.C. 1985.

Vries, Adjustment
Vries, Margrate G. de: Balance of Payments Adjustment, 1945-1986. The IMF Experience. Washington, D.C. 1987.

Vries, IMF I
Vries, Margrate G. de: The IMF - 1966-1971. Narrative, Vol. 1. Washington, D.C. 1976.

Vries, IMF II
Vries, Margrate G. de: The IMF - 1966-1971. Vol. 2. Washington, D.C. 1976.

Wallace, MIGA
Wallace, Laura: MIGA: ein Erfolg. In: Finanzierung und Entwicklung, 29. Jg. (1992), H. März, S. 48-49.

Walle, Maßnahmen
Walle, Dominique van de: Maßnahmen zur Verringerung der Armut. In: Finanzierung und Entwicklung, 27. Jg. (1990), H. Sept., S. 6-8.

Walther, Armutsstrategiepapiere
Walther, Miriam: Armutsstrategiepapiere (PRSP) - Neuanfang in der Strukturanpassungspolitik von IWF und Weltbank? Bonn 2002. (= WEED Arbeitspapier.)

Walton, Armut
Walton, Michael: Bekämpfung der Armut: Erfahrungen und Aussichten. In: Finanzierung und Entwicklung, 27. Jg. (1990), H. Sept., S. 2-5.

Wapenhans, Herausforderung
Wapenhans, Willi: Die Herausforderung durch die Wirtschaftsreformen in Osteuropa. In: Finanzierung und Entwicklung, 27. Jg. (1990), H. Dez., S. 2-5.

Weaver, IDA
Weaver, James H.: The International Development Association. A new Approach to foreign Aid. New York, Washington, London 1960. (= Praeger Special Studies in International Economics and Development.)

Webb/ Shariff, Designing
Webb, Steven B.; Shariff, Karim: Designing and Implementing Adjustment Programs. Aus: Corbo, Vittorio; Fischer, Stanley; Webb, Steven B. (Hrsg.): Adjustment Lending Revisited. Policies to Restore Growth. Washington, D.C. 1992. S. 69-95.

Weber
Weber, Hans-Herbert (Hrsg.): Die Weltbank nach 40 Jahren. Herausforderung und Antwort. Bonn 1986. (= Arbeitspapiere zur Internationalen Politik. 42)

Weidmann, Internationale Finanzarchitektur
Weidmann, Jens: Der IWF muß in der internationalen Finanzarchitektur weiterhin eine zentrale Rolle spielen - nicht nur als 'Lender of Last Resort' für einige Länder. Handelsblatt, Düsseldorf/ Frankfurt am Main, 11. April 2000. In: Deutsche Bundesbank, Auszüge aus Presseartikeln, 13. April. (2000), H. 19, S. 10-12.

Weigeldt, Konditionalität
Weigeldt, Klaus: Die Konditionalität des Internationalen Währungsfonds in ihrem Verhältnis zur Staatssouveränität und zu den Menschenrechten. Zugleich ein Beitrag zu den Entwicklungen staatlicher Souveränität im modernen Völkerrecht. Aachen 1999.

Weltbank, Jahresbericht [Jahr]
Internationale Bank für Wiederaufbau und Entwicklung; Internationale Entwicklungsorganisation: Jahresbericht [Jahr]. [Band I oder II]. Washington, D.C. [Jahr].

Weltbank, Weltentwicklungsbericht [Jahr]
Weltbank: Weltentwicklungsbericht [Jahr]. Washington, D.C. [Jahr].

Weltbank, IDA
Weltbank: IDA im Rückblick. Die ersten 2 Jahrzehnte der Internationalen Entwicklungsorganisation. Frankfurt am Main 1982.

Whaites, PRSP
Whaites, Alan: PRSPs: Good News for the Poor? Social Conditionality, Participation and Poverty Reduction. Milton Keynes (UK) 2000.

Williamson I
Williamson, John (Hrsg.): IMF Conditionality. Washington, D.C. 1983.

Williamson II
Williamson, John (Hrsg.): Latin American Adjustment: How Much has Happened? Washington, D.C. 1989.

Williamson, Focused IMF
Williamson, John: A More Focused IMF. Washington, D.C. 2000.

Williamson, Progress of Policy Reform
Williamson, John: The Progress of Policy Reform in Latin America. Washington, D.C. 1990. (= Policy Analysis in International Economics. 28)

Williamson, Role of the IMF
Williamson, John: The Role of the IMF: A Guide to the Reports. Washington, D.C. (Mai 2000) o.J.

Williamson, SDR
Williamson, John: SDRs: The Link. Aus: Bhagwati, Jagdish N. (Hrsg.): The New International Economic Order: The North-South Debate. Cambrigde (Mass.), London 1977. S. 81-100.

Williamson, Washington
Williamson, John: What Washington means by policy reform. Aus: Williamson, John (Hrsg.): Latin American Adjustment: How Much has Happened? Washington, D.C. 1989. S. 1 ff.

Williamson, World Bank
Williamson, John: What Should the World Bank Think about the Washington Consensus? In: The World Bank Research Observer, 15. Jg. (2000), H. 2, S. 251-264.

Wilting, Vertragskonkurrenz
Wilting, Wilhelm H.: Vertragskonkurrenz im Völkerrecht. Köln, Berlin, Bonn u.a. 1996.

Wolfensohn, CDF
Wolfensohn, James D.: A Proposal for a Comprehensive Development Framework. Discussion Paper. January 1999. Aus: Shihata, Ibrahim F.I. (Hrsg.): The World Bank in a Changing World. Selected Essays, Vol. III. The Hague, London, Boston 2000. S. 871-891.

Wolfensohn, Integration
Wolfensohn, James D.: Die Herausforderung der Integration. Rede vor dem Delegiertenausschuß; Hongkong (China), 23. Sept. 1997 Washington, D.C. 1997.

Wolfensohn, Rede 1995
Wolfensohn, James D.: New Directions and New Partnership. Address to the Board of Governers, Annual Meeting, 10.Okt.1995. Washington, D.C. (http://web.worldbank.org/WBSITE/EXTERNAL/EXTABOUTUS/ORGANIZATION/PRESIDENTEXTERNAL/0,,contentMDK%3A20025722~menuPK%3A232083~pagePK%3A159837~piPK%3A159808~theSitePK%3A227585,00.html) 15.03.2005.

Wolff, SAP
Wolff, Peter: Strukturanpassungsprogramme. Versuch einer Bilanz nach 10 Jahren. Berlin 1991.

Wolff, Stabilisierungspolitik
Wolff, Peter: Stabilisierungspolitik und Strukturanpassung in der Türkei 1980-1985. Die Rolle von IWF und Weltbank in einem außengestützten Anpassungsprozeß. Berlin 1987. (= Schriften des Deutschen Instituts für Entwicklungshilfe. 87)

Wolfrum
Wolfrum, Rüdiger (Hrsg.): Handbuch Vereinte Nationen. 2. Aufl. München 1991.

World Bank
World Bank (Hrsg.): Recovery in the Development World. The London Symposium on the World Bank's Role (1985). Washington, D.C. 1986.

World Bank, Assistance Strategies
World Bank: Assistance Strategies to Reduce Poverty. Washington D.C. 1991. (= World Bank Policy Papers.)

World Bank, CAS
World Bank: Country Assistance Strategies. Washington, D.C. (http://web.worldbank.org/WBSITE/EXTERNAL/PROJECTS/0,,contentMDK%3A20120746~menuPK%3A51551~pagePK%3A41367~piPK%3A51533~theSitePK%3A40941,00.html) 15.03.2005.

World Bank, Development Grant Facility
World Bank: Development Grant Facility. Washington, D.C. (http://wbln0018.worldbank.org/dgf/dgf.nsf/DOCs/The+Development+Grant+Facility?OpenDocument) 15.03.2005.

World Bank, Development Policy
World Bank: Development Policy Lending Replaces Adjustment Lending. Washington, D.C. (10. Aug. 2004) (http://web.worldbank.org/WBSITE/EXTERNAL/NEWS/0,,contentMDK%3A20237378~menuPK%3A34458~pagePK%3A64003015~piPK%3A64003012~the SitePK%3A4607,00.html) 15.03.2005.

World Bank, ESW
World Bank: Economic and Sector Work. Washington, D.C. (http://web.worldbank.org/WBSITE/EXTERNAL/PROJECTS/0,,contentMDK%3A20120720~menuPK%3A41386~pagePK%3A41367~piPK%3A51533~the SitePK%3A40941,00.html) 15.03.2005.

World Bank, From Adjustment
World Bank: From Adjustment Lending to Development Policy Support Lending. Washington, D.C. (9. Jan. 2004) (http://lnweb18.worldbank.org/SCSL+Dev/OD+8.60/CW-OD-860.nsf/MenuDocIDLookup/E5740359969E938485256BDC004FCF1D?opendocument) 25.09.2004.

World Bank, FSAP About
World Bank: Financial Sector - About. Washington, D.C. (http://www1.worldbank.org/finance/html/about.html) 15.03.2005.

World Bank, FSAP Objectives
World Bank: Financial Sector Assessment Program: Program Objectives, Process, and Output. Washington, D.C. (http://www.worldbank.org/finance/html/fsap.html) 15.03.2005.

World Bank, Guarantees
World Bank: The World Bank Guarantees. Leveraging Private Finance for Emerging Markets. Washington, D.C. 2002.

World Bank, Guidelines: Procurement
World Bank: Guidelines: Procurement under IBRD Loans and IDA Credits. Mai 2004. Washington, D.C. 2004.

World Bank, IDA
World Bank: IDA. Washington, D.C. (http://web.worldbank.org/WBSITE/EXTERNAL/EXTABOUTUS/IDA/0,,pagePK%3A118644~theSitePK%3A73154,00.htm) 15.03.2005.

World Bank, IDA Resources
World Bank: How IDA Resources are Allocated. Washington, D.C. (Feb. 2004) (http://web.worldbank.org/WBSITE/EXTERNAL/EXTABOUTUS/IDA/0,,contentMDK%3A20052347~menuPK%3A116699~pagePK%3A83988~piPK%3A84004~theSitePK%3A73154,00.html) 15.03.2005.

World Bank, Investing in People
World Bank: Investing in People - The World Bank in Action. Directions in Development. Washington, D.C. 1995.

World Bank, Investment and Development
World Bank: Investment and Development Policy Lending. Washington, D.C. (2004) (http://web.wordbank.org/WBSITE/EXTERNAL/PROJECTS/0,,contentMDK%3A20120732~menuPK%3A268725~pagePK%3A41367~piPK%3A51533~theSitePK%3A40941,00.html) 15.03.2005.

World Bank, Lending Instruments
World Bank: Lending Instruments. Resources for Development Impact. Washington, D.C. 2001.

World Bank, LIBOR Equivalent
World Bank: LIBOR-Equivalent of Lending Rates. Washington, D.C. (http://treasury.worldbank.org/Services/Financial+Products/Lending+Rates+and+Loan+Charges/index.htm/) 15.03.2005.

World Bank, LICUS-Initiative
World Bank: LICUS Initiative: Low Income Countries under Stress. Washington, D.C. (http://www1.worldbank.org/operations/licus/) 15.03.2005.

World Bank, Macroeconomics
World Bank: Macroeconomics and Growth. Washington, D.C. (http://econ.worldbank.org/programs/macroeconomics/) 15.03.2005.

World Bank, Main Programs
World Bank: Main Programs. Washington, D.C. (http://web.worldbank.org/WBSITE/EXTERNAL/EXTABOUTUS/ORGANIZATION/CFPEXT/0,,contentMDK%3A20135640~menuPK%3A64060225~pagePK%3A64060249~piPK%3A64060294~theSitePK%3A299948,00.html) 15.03.2005.

World Bank, Matrix
World Bank: Comprehensive Development Framework Matrix. Washington, D.C. (http://siteresources.worldbank.org/CDF/Resources/CDFMATRIX2002.pdf) 25.09.2004.

World Bank, Meeting the Promise
World Bank: Comprehensive Development Framework - Meeting the Promise. Early Experience and Emerging Issues. 17. Sept. 2001. Washington, D.C. 2001.

World Bank, Post Conflict
World Bank: Post Conflict. Building Peace Through Development. Washington, D.C. (2004) (http://web.worldbank.org/WBSITE/EXTERNAL/NEWS/0,,contentMDK:20042303~menuPK:34480~pagePK:36694~piPK:116742~the SitePK:4607,00.html) 15.03.2005.

World Bank, Post-Conflict Fund
World Bank: Evaluation of the Post-Conflict Fund. Washington, D.C. (2002) (http://lnweb18.worldbank.org/ESSD/sdvext.nsf/67ByDocName/ThePostConflictFund) 15.03.2005.

World Bank, Post-Conflict Reconstruction
World Bank: Post-Conflict Reconstruction. The Role of the World Bank. Washington, D.C. 1998.

World Bank, Poverty Reduction
World Bank: Poverty Reduction and the World Bank. Progress and Challenges in the 1990s. Washington, D.C. 1996.

World Bank, Project Cycle
World Bank: Project Cycle. Washington, D.C. (2004) (http://web.worldbank.org/WBSITE/EXTERNAL/PROJECTS/0,,contentMDK%3A20120731~menuPK%3A41390~pagePK%3A41367~piPK%3A51533~theSitePK%3A40941,00.html) 15.03.2005.

World Bank, PRSP Evaluation
World Bank: The Poverty Reduction Strategy Initiative. An Independent Evaluation of the World Bank's Support through 2003. Washington, D.C. 2004.

World Bank, PRSP Overview
World Bank: Poverty Reduction Strategy Paper - Overview. Washington, D.C. (11.März 2004) (http://web.wordbank.org/WBSITE/EXTERNAL/TOPICS/EXTPOVERTY/EXTPRS/0,,menuPK:384209~pagePK:162100~piPK:159310~the SitePK:384201,00.html) 15.03.2005.

World Bank, Public spending
World Bank: Public Spending for Equity: The Distributional Dimension. Washington, D.C. (http://www1.worldbank.org/publicsector/pe/spending.htm) 03.09.2001.

World Bank, Renewal
World Bank: Renewal at the World Bank. Working Better for a Better World. Washington, D.C. 1997.

World Bank, Report
World Bank: Report on Adjustment Lending. Washington, D.C. 1988.

World Bank, Statistics
World Bank: Statistics. Washington, D.C. (http://web.worldbank.org/WBSITE/EXTERNAL/DATASTATISTICS/SCBEXTERNAL/0,,page:229515~theSitePK:239427,00.html) 15.03.2005.

World Bank, Supporting Country Development
World Bank: Supporting Country Development: World Bank Role and Instruments in Low- and Middle-Income Countries. Paper prepared for the Development Committee, 25. Sept. 2000. Washington, D.C. 2000.

World Bank, Task Force
World Bank: Report of the Task Force on the World Bank Group and the Middle-Income Countries. Washington, D.C. 2001.

Wright, Weltbank-Kredite
Wright, E. Peter: Weltbank-Kredite zur Strukturanpassung. In: Finanzierung und Entwicklung, 17. Jg. (1980), H. Sept., S. 20-23.

Wulff, Überschneidungen
Wulff, Otto: Überschneidungen zwischen den Abkommen über IWF und Weltbank. In: Die Bank, 7. Jg. (1983), H. 12, S. 573-581.

Zanzi, Anstieg
Zanzi, Aldo W.: Starker Anstieg der IWF-Transaktionen. In: Finanzierung und Entwicklung, 14. Jg. (1977), H. Sept., S. 5-6, 45.

Zanzi, Finanzierungsfazilität
Zanzi, Aldo W.: Ergänzende Finanzierungfazilität. In: Finanzierung und Entwicklung, 14. Jg. (1977), H. Dez., S. 4-5, 50.

Zanzi, Goldverkäufe
Zanzi, Aldo W.: Ein Jahr IWF Goldverkäufe. Monatliche Auktionen erhöhen Treuhandmittel. In: Finanzierung und Entwicklung, 14. Jg. (1977), H. Juni, S. 3.

Zippel, Baker-Plan
Zippel, Wulfdiether: Der Baker-Plan. In: Wirtschaftswissenschaftliches Studium, 16. Jg. (1987), S. 35-37.

Zuleeg, Implied powers
Zuleeg, Manfred: International Organizations, Implied powers. Aus: Bernhardt, Rudolf (Hrsg.): Encyclopedia of Public International Law. Vol. II. Amsterdam, London, New York u.a. 1995. S. 1312-1314.

Zuleeg, Vertragskonkurrenz I
Zuleeg, Manfred: Vertragskonkurrenz im Völkerrecht. Teil I: Verträge zwischen souveränen Staaten. In: German Yearbook of International Law, 20. Jg. (1977), S. 246-276.

Zuleeg, Vertragskonkurrenz II
Zuleeg, Manfred: Vertragskonkurrenz im Völkerrecht. Teil II: Verträge zwischen beliebigen Völkerrechtssubjekten. In: German Yearbook of International Law, 27. Jg. (1984), S. 367-385.

Verträge, Sekundärrecht und Gerichtsentscheidungen

IWF-Statuten (1945)
Übereinkommen über den Internationalen Währungsfonds vom 1./22. Juli 1944; BGBl. 1952 II, S. 638. In: Forschungsstelle für Völkerrecht und ausl. öff. Recht der Universität Hamburg; Satzung des Internationalen Währungsfonds (Englischer und deutscher Text). Reihe: Dokumente, Heft III. Frankfurt am Main 1951.

IWF-Statuten (1969)
Übereinkommen über den Internationalen Währungsfonds vom 1./22. Juli 1944; BGBl. 1952 II, S. 638. In: Pieske, Eckard: Gold, Devisen, Sonderziehungsrechte. Die internationale Währungsordnung, das Abkommen des Internationalen Währungsfonds. 3. Auflage. Ottersweier 1972.

IWF-Statuten
Übereinkommen über den Internationalen Währungsfonds vom 1./22. Juli 1944 in der Neufassung vom 30. April 1976; BGBl. 1952 II, S. 638; Neufassung vom 30. April 1976 gemäß Gesetz vom 9.1.1978, BGBl. II, S. 13; Dritte Änderung vom 28. Juni 1990 gemäß Gesetz vom 22.7.1991, BGBl. II, S. 814.

IWF, Sel. Dec. 2003
Selected Decisions and Selected Documents of the International Monetary Fund. Washington, D.C. 2003. In: http://www.imf.org/external/pubs/ft/sd/index.asp (15.03.2005).

IWF, Sel. Dec. 1999
Selected Decisions and Selected Documents of the International Monetary Fund. Aufl. 24. Washington, D.C. 30. Juni 1999.

IWF, By-Laws
By-Laws, Rules and Regulations of the International Monetary Fund. In: http://www.imf.org/external/pubs/ft/bl/blcon.htm (15.03.2005).

IBRD-Statuten
Abkommen über die Internationale Bank für Wiederaufbau und Entwicklung vom 1./22. Juli 1944; BGBl. 1952 II, S. 664; geändert gemäß Gesetz vom 30.7.1965, BGBl. II, S. 1089, Bek. v. 16.9.1992, BGBl. II, S. 1134.

IDA-Statuten
Abkommen über die Internationale Entwicklungsorganisation vom 24. Sept. 1960; BGBl. 1960 II, S. 2137-2157.

Weltbank, BP
The World Bank Operational Manual: Bank Procedures. In: http://wbln0018.worldbank.org/institutional/manuals/opmanual.nsf/textonly (15.03.2005).

BP 2.11 (Jan. 1995) Country Assistance Strategies
BP 2.30 (Jan. 2001) Development Cooperation and Conflict
BP 3.10 (Juni 2003) Financial Terms and Conditions of IBRD loans, IBRD Hedging Products, and IDA Credits
BP 4.02 (Feb. 2000) Environmental Action Plan
BP 4.20 (März 2003) Water Resources Management
BP 8.40 (Okt. 1994) Technical Assistance
BP 8.45 (Okt. 1999) Grants
BP 8.50 (Aug. 1995) Emergency Recovery Assistance
BP 8.60 (Aug. 2004) Development Policy Lending
BP 10.00 (Juni 1994) Investment Lending: Identification to Board Presentation
BP 10.04 (April 2004) Economic Evaluation of Investment Operations

Weltbank, OP
The World Bank Operational Manual: Operational Policies. In: http://wbln0018.worldbank.org/institutional/manuals/opmanual.nsf/textonly (15.03.2005).

OP 1.00 (Aug. 2004) Poverty Reduction
OP 2.30 (Jan. 2001) Development Cooperation and Conflict
OP 3.10 (Juni 2003) Financial Terms and Conditions of IBRD loans, IBRD Hedging Products, and IDA Credits
OP 4.02 (Feb. 2000) Environmental Action Plan
OP 4.07 (Feb. 2000) Water Resources Management
OP 4.20 (März 2003) Gender and Development
OP 8.40 (Okt. 1994) Technical Assistance
OP 8.45 (Okt. 1999) Grants
OP 8.50 (Aug. 1995) Emergency Recovery Assistance
OP 8.60 (Aug. 2004) Development Policy Lending
OP 10.00 (Juni 1994) Investment Lending: Identification to Board Presentation
OP 10.04 (Sept. 2004) Economic Evaluation of Investment Operations
OP 14.25 (Juni 2002) Guarantees
OP 14.40 (Feb. 1997) Trust Funds

UN-Charta
Charta der Vereinten Nationen vom 26. Juni 1945; BGBl. 1973 II, S. 431; 1974 II, S. 770; in der geänderten und bereinigten Fassung vom 28. Aug. 1980, BGBl. 1980 II, S. 1252.

Agreement between the United Nations and the International Monetary Fund vom 15. Nov. 1947: United Nations Treaty Series (UNTS), (1948), H. 16, S. 328-338.

Agreement between the United Nations and the International Bank of Reconstruction and Development vom 15. Nov. 1947: United Nations Treaty Series (UNTS), (1948), H. 16, S. 346-356.

Agreement between the United Nations and the International Development Association vom 27. März 1961: United Nations Treaty Series (UNTS), (1961), H. 394, S. 222-224.

WVK

Wiener Übereinkommen über das Recht der Verträge vom 23.5.1969; BGBl. 1985 II, S. 927.

International Court of Justice, Reports of Judgements, Advisory Opinions and Orders, 1949, S. 180.

Schriften zum Internationalen und zum öffentlichen Recht

Herausgegeben von Gilbert Gornig

Band 1 Michael Waldstein: Das Asylgrundrecht im europäischen Kontext. Wege einer europäischen Harmonisierung des Asyl- und Flüchtlingsrechts. 1993.

Band 2 Axel Linneweber: Einführung in das US-amerikanische Verwaltungsrecht. Kompetenzen, Funktionen und Strukturen der "Agencies" im US-amerikanischen Verwaltungsrecht. 1994.

Band 3 Tai-Nam Chi: Das Herrschaftssystem Nordkoreas unter besonderer Berücksichtigung der Wiedervereinigungsproblematik. 1994.

Band 4 Jörg Rösing: Beamtenstatut und Europäische Gemeinschaften. Eine Untersuchung zu den gemeinschaftsrechtlichen Anforderungen an die Freizügigkeit der Arbeitnehmer im Bereich des öffentlichen Dienstes. 1994.

Band 5 Wolfgang Wegel: Presse und Rundfunk im Datenschutzrecht. Zur Regelung des journalistischen Umgangs mit personenbezogenen Daten. 1994.

Band 6 Sven Brandt: Eigentumsschutz in europäischen Völkerrechtsvereinbarungen. EMRK, Europäisches Gemeinschaftsrecht, KSZE – unter Berücksichtigung der historischen Entwicklung. 1995.

Band 7 Alejandro Alvarez: Die verfassunggebende Gewalt des Volkes unter besonderer Berücksichtigung des deutschen und chilenischen Grundgesetzes. 1995.

Band 8 Martin Thies: Zur Situation der gemeindlichen Selbstverwaltung im europäischen Einigungsprozeß. Unter besonderer Berücksichtigung der Vorschriften des EG-Vertrages über staatliche Beihilfen und der EG-Umweltpolitik. 1995.

Band 9 Rolf-Oliver Schwemer: Die Bindung des Gemeinschaftsgesetzgebers an die Grundfreiheiten. 1995.

Band 10 Holger Kremser: "Soft Law" der UNESCO und Grundgesetz. Dargestellt am Beispiel der Mediendeklaration. 1996.

Band 11 Michael Silagi: Staatsuntergang und Staatennachfolge: mit besonderer Berücksichtigung des Endes der DDR. 1996.

Band 12 Reinhard Franke: Der gerichtliche Vergleich im Verwaltungsprozeß. Auch ein Beitrag zum verwaltungsrechtlichen Vertrag. 1996.

Band 13 Christoph Eichhorn: Altlasten im Konkurs. 1996.

Band 14 Dietrich Ostertun: Gewohnheitsrecht in der Europäischen Union. Eine Untersuchung der normativen Geltung und der Funktion von Gewohnheitsrecht im Recht der Europäischen Union. 1996.

Band 15 Ulrike Pieper: Neutralität von Staaten. 1997.

Band 16 Harald Endemann: Kollektive Zwangsmaßnahmen zur Durchsetzung humanitärer Normen. Ein Beitrag zum Recht der humanitären Intervention. 1997.

Band 17 Jochen Anweiler: Die Auslegungsmethoden des Gerichtshofs der Europäischen Gemeinschaften. 1997.

Band 18 Henrik Ahlers: Grenzbereich zwischen Gefahrenabwehr und Strafverfolgung. 1998.

Band 19 Heinrich Hahn: Der italienische Verwaltungsakt im Lichte des Verwaltungsverfahrensgesetzes vom 7. August 1990 (Nr. 241/90). Eine rechtsvergleichende Darstellung. 1998.

Band 20 Christoph Deutsch: Elektromagnetische Strahlung und Öffentliches Recht. 1998.

Band 21 Cordula Fitzpatrick: Künstliche Inseln und Anlagen auf See. Der völkerrechtliche Rahmen für die Errichtung und den Betrieb künstlicher Inseln und Anlagen. 1998.

Band 22 Hans-Tjabert Conring: Korporative Religionsfreiheit in Europa. Eine rechtsvergleichende Betrachtung. Zugleich ein Beitrag zu Art. 9 EMRK. 1998.

Band 23 Jörg Karenfort: Die Hilfsorganisation im bewaffneten Konflikt. Rolle und Status unparteiischer humanitärer Organisationen im humanitären Völkerrecht. 1999.

Band 24 Matthias Schote: Die Rundfunkkompetenz des Bundes als Beispiel bundesstaatlicher Kulturkompetenz in der Bundesrepublik Deutschland. Eine Untersuchung unter besonderer Berücksichtigung natürlicher Kompetenzen und der neueren Entwicklung im Recht der Europäischen Union. 1999.

Band 25 Hermann Rothfuchs: Die traditionellen Personenverkehrsfreiheiten des EG-Vertrages und das Aufenthaltsrecht der Unionsbürger. Eine Gegenüberstellung der vertraglichen Gewährleistungen. 1999.

Band 26 Frank Alpert: Zur Beteiligung am Verwaltungsverfahren nach dem Verwaltungsverfahrensgesetz des Bundes. Die Beteiligtenstellung des § 13 Abs. 1 VwVfG. 1999.

Band 27 Matthias Reichart: Umweltschutz durch völkerrechtliches Strafrecht. 1999.

Band 28 Nikolas von Wrangell: Globalisierungstendenzen im internationalen Luftverkehr. Entwicklung der Regulierung und Liberalisierung unter Berücksichtigung strategischer Allianzen und des Code-Sharing. 1999.

Band 29 Marietta Hovehne: Ein demokratisches Verfahren für die Wahlen zum Europäischen Parlament. Legitimation gemeinschaftlicher Entscheidungsstrukturen im europäischen Integrationsprozeß. 1999.

Band 30 Nina Kaden: Der amerikanische Clean Air Act und das deutsche Luftreinhalterecht. Eine rechtsvergleichende Untersuchung. 1999.

Band 31 Brigitte Daum: Grenzverletzungen und Völkerrecht. Eine Untersuchung der Rechtsfolgen von Grenzverletzungen in der Staatenpraxis und Folgerungen für das Projekt der International Law Commission zur Kodifizierung des Rechts der Staatenverantwortlichkeit. 1999.

Band 32 Andreas Fürst: Die bildungspolitischen Kompetenzen der Europäischen Gemeinschaft. Umfang und Entwicklungsmöglichkeiten. 1999.

Band 33 Gilles Despeux: Die Anwendung des völkerrechtlichen Minderheitenrechts in Frankreich. 1999.

Band 34 Michael Reckhard: Die rechtlichen Rahmenbedingungen der Sanktionierung von Beitragsverweigerung im System der Vereinten Nationen. 1999.

Band 35 Carsten Pagels: Schutz- und förderpflichtrechtliche Aspekte der Religionsfreiheit. Zugleich ein Beitrag zur Auslegung eines speziellen Freiheitsrechts. 1999.

Band 36 Bernhard Mehner: Die grenzüberschreitende Wirkung direktempfangbaren Satellitenfernsehens aus völkerrechtlicher Sicht. 2000.

Band 37 Karl-Josef Ulmen: Pharmakologische Manipulationen (Doping) im Leistungssport der DDR. Eine juristische Untersuchung. 2000.

Band 38 Jochen Starke: Die verfassungsgerichtliche Normenkontrolle durch den Conseil constitutionnel. Zum Kompetenztitel des Art. 61 der französischen Verfassung. 2000.

Band 39 Marco Herzog: Rechtliche Probleme einer Inhaltsbeschränkung im Internet. 2000.

Band 40 Gilles Despeux: Droit de la délimitation maritime. Commentaire de quelques décisions plutoniennes. 2000.

Band 41 Christina Hackel: Der Untergang des Landes Braunschweig und der Anspruch auf Restitution nach der Wiedervereinigung Deutschlands. 2000.

Band 42 Peter Aertker: Europäisches Zulassungsrecht für Industrieanlagen. Die Richtlinie über die integrierte Vermeidung und Verminderung der Umweltverschmutzung und ihre Auswirkungen auf das Anlagenzulassungsrecht der Bundesrepublik Deutschland. 2000.

Band 43 Karsten Bertram: Die Gesetzgebung zur Neuregelung des Grundeigentums in der ersten Phase der Französischen Revolution (bis 1793) und deren Bedeutung für die deutsche Eigentumsdogmatik der Gegenwart. 2000.

Band 44 Ulrike Hartmann: Die Entwicklung im internationalen Umwelthaftungsrecht unter besonderer Berücksichtigung von *erga omnes*-Normen. 2000.

Band 45 Thomas Jesch: Die Wirtschaftsverfassung der Sonderverwaltungsregion Hongkong. Eine Darstellung vor dem Hintergrund der Wiedereingliederung in die Souveränität der Volksrepublik China. 2001.

Band 46 Sven Gottschalkson: Der Ausschluß des Zivilrechtsweges bei Eigentumsverlusten an Immobilien in der ehemaligen DDR. 2002.

Band 47 Gilbert Hanno Gornig/Gilles Despeux: Seeabgrenzungsrecht in der Ostsee. Eine Darstellung des völkerrechtlichen Seeabgrenzungsrechts unter besonderer Berücksichtigung der Praxis der Ostseestaaten. 2002.

Band 48 Andreas Zühlsdorff: Rechtsverordnungsersetzende Verträge unter besonderer Berücksichtigung des Umweltrechts. 2003.

Band 49 Katja Schmitz: Durchgriffswirkung von Maßnahmen der UN und ihrer Sonderorganisationen unter besonderer Berücksichtigung von Resolutionen des UN-Sicherheitsrates - Die Entwicklung supranationaler Strukturen. 2003.

Band 50 Stefanie Rothenberger: Die angemessene Nutzung gemeinschaftlicher Ressourcen am Beispiel von Flüssen und speziellen Ökosystemen. Eine vergleichende Betrachtung zum modernen Verständnis eines klassischen völkerrechtlichen Nutzungsprinzips. 2003.

Band 51 Christoph von Burgsdorff: Die Umsetzung der EG-Datenschutzrichtlinie im nicht-öffentlichen Bereich. Möglichkeit einer zukunftsorientierten Konzeption des Datenschutzes in der Privatwirtschaft unter besonderer Berücksichtigung des BDSG. 2003.

Band 52 Frank Reinhardt: Powerline. Verfassungs-, verwaltungs- und telekommunikationsrechtliche Probleme. 2003.

Band 53 Chie Sato: Immunität Internationaler Organisationen. 2004.

Band 54 Johannes Thoma: EU-Recht und Schranken hoheitlicher Staatstätigkeit. 2004.

Band 55 Wolf Peterhoff: Rechtsansprüche enteigneter Volksgruppen und ihre Durchsetzbarkeit. 2004.

Band 56 Do-Hyub Kim: Das deutsche parlamentarische Regierungssystem als mögliches Modell für Korea. 2004.

Band 57 Alexander Koberg: Die Exilregierung im Völkerrecht. Eine Untersuchung ihrer rechtlichen Klassifikation. 2005.

Band 58 Nils Christian Carstensen: Das Verhältnis des Seerechtsübereinkommens der Vereinten Nationen von 1982 zu fischereirechtlichen Übereinkommen und deren Streitbeilegungsvorschriften. 2005.

Band 59 Oliver Franz: Osttimor und das Recht auf Selbstbestimmung. Eine Untersuchung zur Anwendung des Selbstbestimmungsrechts der Völker am Beispiel Osttimors. 2005.

Band 60 Michael Kadgien: Das Habsburgergesetz. 2005.

Band 61 Felix Wolf: Terrorversicherungen und europäisches Wettbewerbsrecht. Verschiedene Modelle staatlicher Beteiligung an einer Terrorversicherung für Wirtschaftsbetriebe und ihre Vereinbarkeit mit dem europäischen Wettbewerbsrecht. 2005.

Band 62 Heiko Bertelmann: Die Europäisierung des Staatshaftungsrechts. Eine Untersuchung zum Einfluss des Europäischen Gemeinschaftsrechts auf das deutsche Staatshaftungsrecht unter besonderer Berücksichtigung der Haftung für judikatives Unrecht. 2005.

www.peterlang.de

Heike Willax

IWF-Stabilisierungsprogramme und Financial Programming

Das Beispiel Thailand

Frankfurt am Main, Berlin, Bern, Bruxelles, New York, Oxford, Wien, 2005.
XIX, 323 S., 35 Abb., 15 Tab.
Europäische Hochschulschriften: Reihe 5, Volks- und Betriebswirtschaft.
Bd. 3162
ISBN 978-3-631-52749-8 · br. € 56.50*

Im Rahmen der Asienkrise leistete der Internationale Währungsfonds die bis dahin höchste Finanzhilfe seiner Geschichte, um die am stärksten betroffenen Länder bei der Bewältigung ihrer Zahlungsbilanzschwierigkeiten zu unterstützen. Die Kreditvergabe war an die Durchführung von Stabilisierungsprogrammen und wirtschaftspolitischen Auflagen geknüpft. Die Arbeit untersucht das Fallbeispiel Thailand. Im Mittelpunkt der Analyse steht dabei das theoretische Fundament der IWF-Arbeit: das Financial Programming. Zur Bewertung des Programmerfolgs entwickelt die Autorin ein thailandspezifisches makroökomisches Modell. Sie zeigt, dass das Stabilisierungsprogramm in Thailand im Kern erfolgreich war und der IWF – nach anfänglichen Startschwierigkeiten – zur Krisenbewältigung beitrug.

Aus dem Inhalt: Grundlagen der IWF-Stabilisierungsprogramme · IWF-Stabilisierungsprogramm in Thailand · Grundlagen des Financial Programming · Illustration des Polak-Modells · Financial Programming in Thailand (länderspezifisches Modell) · Kritische Beurteilung des IWF-Stabilisierungsprogramms in Thailand · Kritische Beurteilung des Instruments Financial Programming

Kolibri 360 GmbH
Ferdinand-Jühlke-Straße 7
99095 Erfurt, Deutschland
produktsicherheit@kolibri360.de

Druck:
CPI Druckdienstleistungen GmbH
im Auftrag der
Kolibri 360 GmbH
Ferdinand-Jühlke-Str. 7
99095 Erfurt